# 陳那現量理論及其漢傳詮釋

釋仁宥 著

中華佛學研究所論叢 53

# 通序

中華佛學研究所的前身是中國文化學院附設中華學術院的佛學研究所，自1968年起，發行《華岡佛學學報》，至1973年，先後出版了三期學報。1978年10月，本人應聘為該所所長；1980年10月，發行第4期《華岡佛學學報》。至1985年10月，發行到第8期之後，即因學院已升格為中國文化大學，政策改變，著令該所停止招生。於是，我假臺北市郊新北投的中華佛教文化館，自創中華佛學研究所；1987年3月，以年刊方式，發行《中華佛學學報》，迄1994年秋，已出版至第7期。這兩種學報，在現代中國的佛學研究史上，對於學術的貢獻和它所代表的地位，包括中國大陸在內，應該是最有分量的期刊了。

本所自1981年秋季開始，招收研究生，同時聘請專職的研究人員。1986年3月，便委託原東初出版社現為法鼓文化出版了研究生的第一冊研究論集——惠敏法師的《中觀與瑜伽》；1987年3月，出版了研究生的第一冊畢業論文——果祥法師的《紫柏大師研究》；1989年5月，出版了研究生的第一冊佳作選《中華佛學研究所論叢》，接著於1990年，出版了研究員的研究論著，曹仕邦博士的《中國佛教譯經史論集》及冉雲華教授的《中國佛教文化研究論集》。到目前為止，本所已出版的佛教學術論著，除了東初老人及我寫的不算之外，已達二十多種。

本所是教育機構，更是學術的研究機構；本所的教師群也都是研究人員，他們除了擔任授課工作，每年均有研究的撰著成果。本所的研究生中，每年也有幾篇具有相當水準的畢業論文，自從1989年以來，本所獎助國內各大學碩士及博士研究生的佛學論文，每年總有數篇很有內容的作品。同時，本所也接受了若干部大陸學者們的著作，給予補助。這四種的佛學著作，在內容的性質上，包括了佛教史、佛教文獻、佛教藝術、佛教語文、佛學思想等各方面的論著。

由於教育、研究以及獎助的結果，便獲得了數量可觀的著作成品，那就必須提供出版的服務。經過多方多次的討論，決定將這些論著，陸續精選出版，總名為「中華佛學研究所論叢」（Series of the Chung-Hwa Institute of Buddhist Studies，簡稱SCHIBS）。凡本所研究人員的專題研究、研究生的碩士畢業論文、本所舉辦的博碩士徵文、大陸學者的徵文、特約邀稿，及國際學術會議論文集等，透過中華佛學研究所編審委員會嚴格的審查通過，交由法鼓文化事業以此論叢名義出版發行。本所希望經由嚴格的審核程序，從各種來源中得到好書、出版好書，俾為佛教學術界提供好書。

出版「中華佛學研究所論叢」的目的，除了出版好的學術作品，更是鼓勵佛教研究風氣，希望由作者、讀者中能培養更多有志於佛教學術研究的人才。此外，更期望藉由本所與法鼓文化合作出版的學術論著，與國際各佛學研究機構的出版品相互交流，進而提高國內佛教研究的國際學術地位。

1994年7月30日　釋聖嚴序於臺北北投中華佛學研究所

# 林序

在佛教哲學甚至整體印度哲學的研究上，陳那哲學的貢獻有必要再度評價。傳統漢傳佛教的法義研究向來視陳那為大乘瑜伽行學派的詮釋者，世親的後繼者，三分說的主張者，《因明正理門論》的作者，新因明的奠基者。這些評價固然符實，然細究之，仍未能清楚點出他在六世紀對印度哲學造成知識論轉向的根本性貢獻。

造成華文學界這種關於印度哲學史圖像的不充分理解，有許多原因，其一是，義淨於景雲二年（711-712）譯出陳那《集量論》，該論並未傳世，致使漢傳佛教僅能根據《正理門論》認識陳那學說，將陳那理解為以立破為主要關切的因明學家，而不是在整體印度知識論有關鍵性地位的哲學家。於今看來，陳那《集量論》，經法稱的闡揚，成為印藏佛教哲學的根本經典。該部代表作，作為佛教知識論的奠基之作，對後來佛教哲學以至於整體印度哲學產生典範性的影響。舍爾巴茨基即以康德擬之，視之為印度批判哲學的先驅。陳那哲學的重要性，可見一斑。

從更寬大的視野來看，陳那的出現，標示印度哲學從形上學階段進展到知識論階段。這評價並不是說，在陳那之前印度哲學沒有知識論與邏輯。正好相反，陳那體系的完成來自對於先前印度知識論與邏輯的吸收與消化。若沒有初期印度邏輯與知識論的發展，如《正理經》與《如實論》，將無法出現六世紀陳那的集大成。即使如此，陳那之前印度哲學對於存有論的興趣，畢竟高於對知識論的興趣。陳那之前的佛教哲學亦然。以吾人熟悉的大乘佛學來說，不論二系或三系，學人多關注各家法義系統的研究，或性空唯名，或唯識無境，或悉有佛性，部派亦不例外，或主三世實有，或立現在實有，而皆未注意到這些形上學說是否經過嚴格知識論的證成。如何消除獨斷形上學的餘慮，特別是素樸實在論，成為大乘佛教哲學發展過程中的主要課題。陳那哲學得以脫離早期因明辯論術的性格，便是得之於他吸收了中觀與唯識二哲學系統的懷疑論方法，不論是龍樹的唯名論或世親的唯識論，都認為外在世界的認識必須經過批判性的考察。對陳那來說，存有論的問題必須經過邏輯、語言哲學和意識哲學的洗禮，才能獲得徹底的回答。這是他晚年完成《集量論》，致力於建立量論體系的洞察。他的睿見在於看到，任何形上學系統的確立必須經過量論的檢驗。顯然，陳那晚年已經超越了作為護教者的限制，更多地關注普遍哲學的奠基性工作。從這角度來看，陳那哲學絕不可局限於唯識學或因明學的範圍，而應該從整體印度哲學，甚至於從普遍哲學的角度來評價。

現代學界重視陳那的研究始於上世紀初的西方學界，先行者如舍爾巴茨基、弗勞瓦那、杜齊、宇井伯壽，後繼者如服部正明、北川秀則、Ernst Steinkellner、Richard Hays、桂紹隆等人，或治《正理門論》，或解《集量論》，進而在法稱量論的加持下，陳那哲學成為佛教哲學中的顯學。必須一提的是，並非僅是歐日學界獨領風騷，呂澂在二十年代後期完成的《集量論略抄》（附「集量論所破義」）、《觀所緣緣論會譯》、《因輪論圖解》、《因明正理門論本證文》，屢為宇井、杜齊引述，其成就不僅居當時國際學界前沿，至今仍是華文學界陳那研究的最高典範。其後，法尊法師雖於八十年代譯出陳那《集量論略解》、法稱《釋量論》，韓鏡清也留下不少陳那與法稱著作的譯稿，然時移物遷，欲上追呂澂的高度，仍有待學界努力。多年來，西方與日本學界在法稱量論的旗幟下，以印藏佛學傳統為領域，持續開發壯大佛教知識論的研究。相對之下，漢傳陳那研究顯得落寞，陳那著作缺乏尚存的梵典，或是主要的原因。

這種情況一直到了2005年開始有所改變，該年中國藏學研究中心和奧地利科學院亞洲文化及思想史研究所合作出版勝主慧（Jinendrabuddhi）的《集量論大疏》（*Jinendrabuddhi's Viśālāmalavatī Pramāṇasamuccayaṭīkā*），重建陳那《集量論》梵本的可能性露出了曙光。2006年底，國科會囑我主持哲學學門人才培育計畫。在毫無基礎的情況下，我選擇「佛教知識論」為主題，開始長達數年的國際團隊合作，分別邀請桂紹隆、褚俊傑、法光法師、姚治華、Mark Siderits、Tom Tillemans、Eli Franco、Birgit Kellner、John Taber 等量論專家來臺開設講座，其中褚俊傑兄還特別應邀開設勝主慧《集量論疏・現量品》的暑期密集課程。仁宥法師這本博士論文關於陳那《集量論・現量品》及勝主慧《集量論大疏》相關梵文段落的解讀，便是利用俊傑兄五次來臺，悉心指導的結果。若無這段因緣，由於我非梵學專長，要完成這項研究，實有其難度。

當然，另得見弘法師就近指導，也是一大因緣。加上仁宥法師自己努力不懈，才使得研究計畫得以開花結果，順利完成。

本書定題為「陳那現量理論及其漢傳詮釋」，當時即希望能夠區隔國際學界以印藏佛教文獻為主的量論研究潮流，開發漢傳量論研究的新徑。本來擔心漢傳詮釋缺乏足夠的材料，結果卻證明這擔心是多餘的。從仁宥法師的論文可以看出，玄奘學派的教學留下許多口義和後續的詮釋，顯示量論的漢傳雖不如法稱傳統的壯觀，但仍有其規模與特色。更令人欣慰的是，漢傳因明量論雖然在中國僅復興於晚明與民初，在日本則不分宗派，直到江戶時期，留下大量的註疏文獻，其中大部分仍未入藏，以寫本的形式保留在寺院與圖書館中。仁宥法師的拓荒性研究，從東亞因明量論的視角觀之，前景十分開闊。博士論文的出版只是研究的起點，在過程中看到材料而未及分疏細解，應繼續前行，讓這塊新拓地生機盎然，欣欣向榮。

林鎮國

（政治大學哲學系特聘教授）

# 緒序

陳那是印度佛教唯識學派知識論奠基人，所著《集量論》（含《自疏》），融其早年作品如《因明正理門論》等於一爐，對後世有著非常深遠的影響。但這一重要著作在漢傳佛典中缺譯，其梵文原典也失傳，僅存藏譯。2005年出版的勝主慧所著《集量論大疏．廣大離垢論》是註釋陳那《集量論》唯一源於印度的資料，因此對該論的研究在中國佛教研究中應具有特殊的意義。

勝主慧生活在一個法稱學說占統治地位的時代。法稱所著的《釋量論》幾乎成了佛教知識論學派的經典，而他的《正理一滴論》則成為佛教知識論入門必讀的課本。在《釋量論》中法稱名義上是給陳那的《集量論》作註疏，但實際上是借用陳那思想的框架裝填自己獨創的理論。在後法稱時代，法稱學說的耀眼的光輝奪走了人們注視陳那學說的目光。生活在這個時代的勝主慧一方面在思想上不能不打上法稱學說的烙印，尤其接受其解釋陳那思想的基本模式；但另一方面，他也敏感地看到了法稱光環中的暗影。他離開熱鬧喧騰的法稱學術圈，來到當時的大學府那爛陀寺，研讀陳那的《集量論》和其他失傳的專題小篇論著，以及其早年作品《因明正理門論》等著作，將這些資料吸收到他的《大疏》中，並且在某些章節段落中提出一些不同於流行當時的法稱學派的新見解，為我們保存了大量可貴的有關陳那思想的梵文資料。

對印度佛教認識論的研究，尤其是對法稱學派的研究，在歐美、日本佛教學界早已蔚然成風，其中的維也納學派，從已故佛勞瓦爾納（Erich Frauwallner, 1898-1974）到至今仍活躍在學術舞台的施泰因凱爾納（Ernst Steinkeller），備受學界重視。然而對陳那的研究是相對薄弱的，究其主要原因，乃是缺乏原始的梵文資料，而《集量論》的兩個藏文譯本又都行文晦澀難懂。雖說在中文文獻中保存相對比較多的有關陳那思想的資料，但這一部分資料零碎且缺乏系統。所以，主要依據中文和藏文資料所作的對陳那思想的研究，即便其中有些作得非常出色，也由於缺乏梵文資料佐證，難免留下許多無法解決的疑點。現在隨着勝主慧《大疏》梵文本的出版，對陳那思想作新的研究的條件已經成熟。

在這個時刻，仁宥法師研究陳那現量理論論文的出版是值得歡迎的。該論文的主題是對陳那「意現量」理論的研究。該理論一直是陳那研究的難點之一，因為陳那的論述過於簡略，而法稱的解釋又有明顯的遊離陳那之處。仁宥法師的研究不能說已經十分完善成熟，但有其特色。如作者所言，其探究「是透過雙軌來完成」。即一是用語文學的方法翻譯解釋《集量論》梵文重建本和新出版的梵文本勝主慧《集量論大疏》中相關段落；二是用歷史學方法從玄奘、窺基一派所傳，整理出《集量論》到中國被運用的情形。運用這樣研究方法，可以彌補前面提到的前人研究的缺失。概而言之，該論文的學術貢獻在於，參照新有的梵文資料對傳統中文資料中有關陳那意現量理論的傳譯作系統整理；並首次將梵文本勝主慧《集量論大疏》中「意現量」部分的疏文譯成中文，在這一部分中含有大量的梵文資料，補充中文資料的不足，或佐證中文資料中一些論斷，對我們重新認識陳那提供重要的幫助。

2015年6月10日　褚俊傑序於德國萊比錫大學

（德國研究基金研究員）

# 自序

這本論文是畢業論文的第三本，但是，第一次出版，心中不免雀躍。猶記剛進福嚴佛學院，既是新兵又感新奇，學習佛法和從早到晚的一連串作息，忙碌又充實。學習中，有次日文老師請假，請任教清大的師丈代課，他給了我們一張學習日文的羅馬字對照表，說明日文語詞變化的有跡可循關係，但似懂非懂。後來，遇到第一位指導教授陳一標先生教授日文，才知道那張表非常好用。

在我進入圓光研究所後，體認親自面對日文資料的必要性，所以，緊跟著陳老師的每一堂課，自己先查完字和句型，再聆聽老師如何翻譯。透過紮實的學習，自己能處理日文資料，而且撰寫畢業論文時，陳老師總能回應引導，也願意幫忙修改用詞，所以，第一本論文——《地論宗南道派初期心意識思想初探——以法上《十地論義疏》為中心》可說是得陳老師的心血所成。

學習成長中，遇到的老師，總能為學生開啟新的視窗。只是自己準備好了嗎？學習梵文是另一個剛入研究所就選定的領域，當時不知道將來用不用得著，只是因應學校要求而選。不過，也由此養成把天城體轉寫成羅馬字，以及分析詞的變化等嗜好，但是，雖然每個字都認識，卻不會翻譯。直到就讀政大之後，跟從見弘法師學習梵文，翻譯才算稍有概念；後來，褚俊傑教授來政大講讀陳那《集量論》梵本時，就更覺得翻譯順暢。

一般人覺得看到就認識了，然而，如果以為五根對五塵境產生識就是認知，就可以講明五識的認知，那麼，要回答以下的問題，是不可能的。即在五識的認知中，產生的貪、瞋、癡是要如何說明？這個問題包含意識如何得到前五識的對境、認識？以及產生貪等認識。提婆《廣百論本・破時品》說：「譬如無一識，能了於二義；如是無一義，二識所能知」——是說一個識不能緣兩個境，同樣沒有一個境可以讓兩個識認知到。護法解釋說：「雖許意識知五識境，然各自變，同現量攝。俱受新境，非重審知。由是故說：『無有一義二識能知』。復次，『亦無一識審知二義』，皆實有體。」——由此可知，意識可以知五識的境，但是，境是各自變，五識和意識緣境，都是屬現量，都是新境，不是一個境被五識認知，又被意識重複認知到。反過來說，一個識也不能認知兩個境，因為皆實有體，這是說「所緣緣」的條件之一。——這樣的說法，是我所未聞，但是，它一直在大正藏中，這說明什麼呢？珍貴的漢傳寶藏，一直都在，正等著被發掘的機緣。

其次，對於五識，陳那是主張無分別，亦即現量；但是，伴隨這樣的無分別的心所是屬有分別？還是無分別？因為心所是恒依於心王、與心王相應、繫屬於心王。就是直指與五識俱起的貪心所是該屬有分別？還是無分別？

還有，記憶又如何可以形成？又如何可以一再認識同一個人或事？瞬間轉境又如何可能？以及一直以來，把陳那之三分說當作四分說的基礎來看待，但是，這樣的三分說真的是四分說的基礎嗎？

唯識的道理，不用艱深的七、八、九識來說，直接用六識來說。從六識的結構就能成立唯識；從六識的認知，就能了解我們是如何虛妄分別的認知我們的世界。這部論文的存在，就在於此。

誠然，每部論文的完成，需要眾多的因緣，除了感謝我的師公、師父和常住師兄弟們、家人們等支持，讓我心繫於此，而無後顧之憂；以及恩師林鎮國先生的教導和遠見，並引介德國萊比錫大學褚俊傑先生來臺授課，褚教授的維也納大學博士論文，正是研究勝主慧這篇著作的2～5頌，所以，我是接著完成6～12頌，這樣的機緣殊勝。有這樣的後盾，非常感激恩師能夠幫助我，讓我無懼的直接面對文本。還有，撰寫期間為我蒐集國內外資料的法鼓文理學院圖書館館員的李佳勳居士，以及一路相挺的學弟學妹們，謝謝大家。

而論文能夠出版，要感謝中華佛學研究所給予機會，暨法鼓文化協助編輯製作；校稿期間，又得圓光佛學院掛單安住和師長、同學等護持，在此一併致謝。

出版在即，師公澄真老人示寂，謹以此書與封面老人親筆畫作，紀念老人之皓月禪心。

# 陳那現量理論及其漢傳詮釋

## 目錄

# 提要

現量理論是談吾人認識過程中的直接知覺，唯識學派中，首揭此理論的是無著（Asaṅga），而陳那（Dignāga, A.D. 480-540）❶承繼並加以改變，不僅把三量改為二量，也將現量的定義設為「離分別」。而其後繼發展，則由法稱（Dharmakīrti）宏揚開來，但是，眾所皆知，法稱與陳那的學說有別。到底陳那的主張是如何呢？《集量論》是陳那的現量理論的集大成，原本只有藏譯本，2005年，在中國藏學研究中心與奧地利科學院合作下，發行勝主慧的《集量論大疏》（PSṬ）梵文本的第一章之校註本（第一卷）和轉寫版（第二卷）。依此本還原PS和PSV，對於研究陳那的學說是重要標的。但是，勝主慧是八世紀的人，是以法稱學說為主流的時代，他的某些解說是否忠於陳那是被置疑的。

相對於此，七世紀玄奘從印度回國，沒有帶來法稱的學說，卻在講授翻譯中，引入陳那的《集量論》的部分頌文。而能證明這些的，是玄奘、窺基、慧沼、智周一派的七至八世紀的著作。雖然，漢傳是以不同的語言表達，但是，當時能將陳

---

❶ 這是根據E. Frauwallner，服部正明認為應修正為A.D. 470-530。Masaaki Hattori, *Dignaga on Perception, being the Pratyaksapariccheda of Dignaga's Pramanasamuccaya from the Sanskrit fragments and the Tibetan versions, Cambridge*, Massachusetts: Harvard University Press, 1968, p.4 註21。

那與無著等論典對比解讀現量理論，應該是有保留陳那的說法。至少沒有涉入法稱的學說。不過，由於漢傳保留無著、陳那兩個不同現量理論，所以，當時並行兩種學說；從圍繞於根、識和陳那不談根的差別等，但同樣主張緣現在境的「自正明了」、「非不現見，非已思應思」，就可以看出端倪。

因此，PS、PSV、PSṬ和漢傳詮釋的比對研究，就存在發掘陳那現量理論的可能空間。不過，此中涉及廣泛，實無法以一本論文總此研究成果，僅能以此論為初步研究，以待來者，屬拋磚引玉的工程。

由於本論處理PS1.6-12屬於意現量的部分，對於五識現量無法給出全面的說明。以下分述六頌的內容：

根據PS1.6，包含三種：取色法等對境作為認識對象、對欲望等的自我認知，以及瑜伽行者所見。而且，從對欲望等的自我認知引出概念構想的了知也是現量，所以，有PS1.7ab提出。

接著，從PS1.8cd量和果之關係，指出量＝果，揭開三分說的序幕；次說PS1.9a自我認知為結果，說明認識生起帶有兩種顯相，也就是自身的顯相和對境的顯相，對識的兩種顯相的自我認知就是結果。原因是PS1.9b所說，對認識的確定是認識必須具有行相。具有行相，是PS1.9c-d1所說對境顯相的事實，這是謀求瑜伽行派和經量部共許：認識僅僅是指具有認識對象的顯相。理由是PS1.9d所說，認識是通過顯相被認識。最後，基於識體對認識本身的認知，依不同行相，於PS1.10提出三分，而且三者不離。但是，緊接於後，提出雙重行相PS1.11ab。

即：

1. 對諸如色等**認識對境**而言，**認識**（一）都絕對具有認識對象的顯相和認識本身（一）的顯相；
2. 對認識對境的認識的認識而言，也會有與認識對境行相一致的認識（一）顯相和認識本身（二）顯相。

雙重行相說明後來的認識有以前消失的認識對境的顯相，證明認識有雙重性，也因為PS1.11c所說後時記憶的緣故，認識具有雙重行相並且必須是應被自我認知認識的事實。因為PS1.11d 說有經驗才能記憶，沒被經驗就不會有對它的記憶，如同對色等的記憶一般。PS1.12則是針對自我認知提出認識是被另一個認識所經驗的反論。但是，按照這個說法，不僅因為於此認識還會有記憶，而出現無窮無盡的結果；而且轉移到另一個對境也會變得不可能。但是，一般認為認識轉移是可能的。所以，必須承認認識可以被自我認知所認識，而且自我認知就是結果。以上是根據PS和PSV的內容大要。

不過，按照PSṬ，除了逐詞解釋PS和PSV之外，並處理有關現量的問題回應。如以具有行相和自我認知來尋求得到經量部的共許，還有，對於三分，回應唯識所問，沒有區分之性質的認識，如何會有認識主體的行相等區分。以及在雙重行相中，以每個後來的認識擁有以前消失的認識對境的顯相來回應無相說，諸如此等回應，都可在勝主慧的解釋中看到。

漢傳的文獻中，除了《因明正理門論本》等因明論典之外，確實沒有整體的說明；而散落各疏的文獻是需要結集整理，才能重建其要點。但是，散落諸說中，窺基一系顯然是著重於三分說，五俱意亦是重點，不過，相形之下，雙重行相就稍嫌勢弱。從內容差異來說，以「等無間緣」來說明意識的生起時，PSṬ是以自境所產生緊隨其後的色等剎那，作為助緣，才使意識產生；而窺基說識前後生不應理，而且遁倫《瑜伽論記》是指「同時無間，非前後無間」，因此，等無間緣，就有前後和同時無間之差異。此外，相同的部分很多，有被重視的一再提起，也有不被重視的一次說，所以，就不在此一一列舉。

總之，認識是要自己體驗的，這樣的過程是從五識到意識的構造，透過這樣的釐清，吾人應該可以在我們的認識中，留心我們在認識行相中所增加的分別，也可以發現我們認識的原初——那個離分別的現量。

關鍵詞：直接知覺、現量、離分別、貪等、五俱意

# 第一章 導論

## 一、研究背景及目的

一般而言，我們的認識習慣是通過五種感官而得，譬如清晨走在政大環山步道，見到綠樹環繞，陽光穿插其間灑落坡道，不知名的鳥聲，聽在耳邊，令人愉悅。迎風拂面，一股清新撲鼻，令人舒暢，坐下來品嘗香濃咖啡之後，結束慢活的晨間活動。在這個敘述當中，可以看到五種感官的功能之外，還多了不少連結的修飾詞，讓人能體會整個過程。不過，在佛教的認知理論中，❶完成這項工作，不是五識，而是意識。

在這個敘述中，若去掉種種連結的修飾詞，五識的認識，只有畫面。不過，五識之間彼此不能互通，畫面卻能在我們的記憶中一一浮現。此中的關鍵，應該是意識的功能。然眾所周知，意不能直接緣五境，意識如何得到五識全部的畫面呢？而意識得此畫面是與五識一起生起？或者緊隨其後生起？

顯然五識與意識的關係，是關係到意識在認識過程中，如何生起？長友泰潤在博士論文《印度哲学のマナス観》的序論中指出，意的問題是在認識過程的哪個位置，或者持有什麼樣的機能，這也深深關係著印度諸學派在認識論中，將直接

---

❶ 為免與當今的腦科學、認知科學等相混，就把研究範圍設定在佛教認知理論。

知覺看成什麼的這種問題。❷所謂直接知覺，是舊譯「現量」的現代語詞，是對於認識對象的直接知覺，這包括五種感官和意，可以說是成立認識的最初，按照陳那《集量論》所說，感官認識之外，有四種直接知覺，以外界色等為對象的意現量、樂等自己認識、瑜伽行者的知覺、伴隨概念的思維判斷的認識（＝分別知）的自己認識。❸而以外界色等為對象的意知覺，法稱之後，是對其存在意義持有疑問，只單單說是「依定說而被確立」，完全不觸及其構造。❹依此來看，對於意現量，既然法稱之後是存疑，那麼，陳那力主意現量存在的理論之構造是必須揭開。

而漢傳文獻於此有很大的決定性，雖然《集量論》在漢傳是闕本❺，但是，因為玄奘的著作沒有提及法稱，儘管法稱是七世紀的人❻。這意味著玄奘所傳，正是法稱之前的學說。

---

❷ 長友泰潤1995：頁1。

❸ 長友泰潤1995：頁1。作者提及這個看法也見於法稱的PV。另外，同本也提及法稱在NB是將樂等自己認識和分別知的自己認識包含於心心所的自己認識之中，以感官知以外的直接知覺為三種（頁45）。

❹ 長友泰潤1995：頁1-2。

❺ 經錄中只有兩本記錄，唐‧智昇撰《開元釋教錄》卷14（大正五五‧637下）和唐‧圓照撰《貞元新定釋教目錄》卷24（大正五五‧972中），都只列義淨是新編入錄，而且是單本。但是，之後的經錄再沒有登錄。不過，日本‧善珠（724-797）撰《成唯識論述記序釋》卷1有提到另一人翻譯：「《集量論》（四卷，《開元錄》為闕本，有二譯），陳那菩薩造，一、梁大清二年真諦三藏譯；二、唐‧景雲二年沙門義淨譯。」（大正六五‧325下-326上）。而梁‧大清二年（548），正是真諦譯《攝大乘論釋》時，不知是否有關係。

❻ 戶崎宏正1979：頁20-24。

而玄奘聽《集量論》有兩次，是回那爛陀寺聽戒賢論師講，又在南僑薩羅國從婆羅門習月餘。❼所以，玄奘所傳的《集量論》是陳那的，亦即玄奘、窺基一系的著疏，所提及《集量論》的內容，是陳那的講法。

不過，雖意現量有置疑空間，但是，從五種感官找出直接知覺的定義，是印度諸學派開啟此論題之始，如與佛教互動頻仍的正理學派❽。此派主張現量是「不被表示（avyapadeśya）」與「決定性的知（vyavasāyātmaka）」顯示是一種不被言表又是決定性的知的現量，確立了無分別和有分

---

❼ 唐・冥祥撰《大唐故三藏玄奘法師行狀》卷1：「已還那爛陀，請戒賢法師講《瑜伽論》。同聽者數千人，如是聽《瑜伽》三遍，《順正理》一遍，《顯揚》、《對法》、《因明》、《聲明》、《集量論》等各一遍。……如是五年。不捨晝夜。」（大正五十・216下）。唐・慧立本・彥悰箋《大唐大慈恩寺三藏法師傳》卷4：「至南憍薩羅國（中印度境）。……其國有婆羅門，善解因明，法師就停月餘日，讀《集量論》。」（大正五十・241上-中）。

❽ 關於正理學派和佛教交涉的歷史：

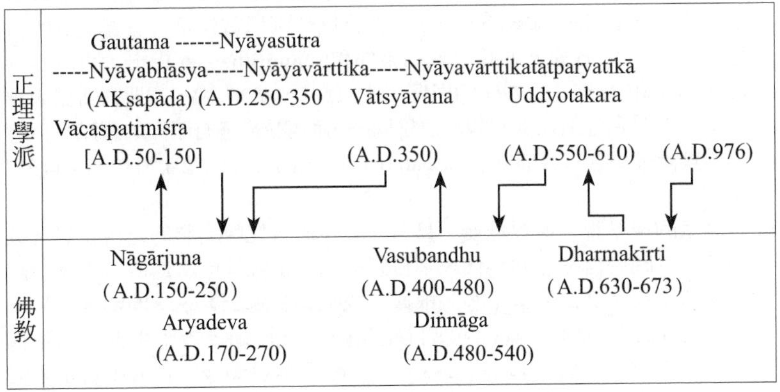


以上引自加藤利生（1993：頁27）。

別的發展。❾不過，陳那不採用這樣的詞，而以“anirdeśya”和“artha-niścaya”來表示。而服部也提過後者是等同於「“artha-vyavasthāpana”對對象的確定或證明」而不是含概念結構的確定（服部正明1968：頁103 註62）——可見這是對認識對象的行相之確定。

除正理學派以外，還有數論派❿、勝論派⓫，學界對

---

❾ 陳那主張現量離分別，而表現此的“anirdeśya”和“artha-niścaya”似乎與這些對應，如正理學派的現量定義是：「從感官和對象的接觸生，不被表示（avyapadeśya），無錯誤（avyabhicāri），決定性的知（vyavasāyātmaka）。」（*Nyāya-sūtra*＝NS,1.1.4）。村上真完提及定義的第一點是共通於實在論學派，第二點是此學派特有的看法。（村上真完1991：頁200）因此，正理學派歷來有相當多著墨於「不被表示（avyapadeśya）」這個主題。如Vātsyāyana、Uddyotakara、Jayanta-Bhaṭṭa、Vācaspatimiśra等。岡崎康浩曾提到Vācaspatimiśra在直照知（ālocana）之後，附與概念的意義，想要將有分別、無分別這樣的概念，在正理學派的傳統性知覺過程的結構中，賦與意義。進而說其有分別、無分別的幾個特徵：1.是就知覺過程的各階段而言，明確地定位有分別、無分別；2.將有分別與言語作用分開，定義為是含有限定、被限定關係（viśeṣaṇaviśeṣyabhāva）；3.將無分別只當作是含有普遍等的自體（svarūpa）者等。就此，誠如服部和Schumithausen指出，可以看到Kumārila 和 *Praśastapāda* 的影響，不只是1，就2來說，想要與言語表象切離，來取有分別知覺的觀點也是同一，而關於3是有不同的觀點，但純粹的實體等概念有共通於Vācaspatimiśra的面向。（岡崎康浩1990：頁917（27））。

❿ 數論派的現量說，幾經迭變，具有代表性而且比較完整的是自在黑《數論頌》（關於自在黑的年代，中村元提到：依高楠順次郎博士以真諦譯《婆藪槃豆法師傳》為中心，根據《成唯識論述記》、《因明大疏》、《金七十論》等漢傳資料，被推定是西元五世紀，幾乎和世親同時代的人。中村元1982：頁233-243）而其註釋本也頗多。根據中村了昭的整理，自在黑的註釋本共有九本：一、真諦《金七十論》（A.D. 546-

此已有不少的研究，⓬而且較多集中在*Praśastapāda*的這本綱要書。最後的彌曼莎學派⓭，特別是Kumārila是代表正統

569）。二、Gauḍapāda所造的論（bhāṣya），是八世紀。三、Māṭhara的評註（vṛtti），是西元550-800年。四、*Yukti-dīpikā*，P.Chakravarti以引用世親、陳那的作品比其他著者多，又所引佛教徒是法稱以前等五事，推定為六世紀左右的作品；此註釋書最大優點是，在學派內，豐富記載的諸師異派之說，對於學派外，特別是收錄和佛教徒的論戰。五、Vācaspatimiśra所造的*Sāṃkhya-tattva-kaumudī*，依J. H. Woods是西元841年。六、*Jayamaṅgalā*，作者未詳。七、Nārāyaṇa Tīrtha著的 *Sāṃkhya-Candrikā*，正確年代不明。八、*Sāṃkhya-saptati-vṛtti*（v1），E.A. Solomon認為第三本是補修此本，所以，以此本為v1。九、*Sāṃkhya-vṛtti*（v2），西元1119年。（中村了昭1982：頁245-276）。

⓫ 記載勝論派的理論，主要的文獻有玄奘翻譯的慧月（四至五世紀）《勝宗十句義論》、Kaṇādau《勝論經》（一世紀）、Praśastapāda（六世紀）的註（Praśastapādabhāṣya）等。（三浦宏文2006：頁63（342））。

⓬ 主要有宇井伯壽〈勝論経における勝論学說〉（《印度哲学研究》第三，1926，岩波書店）；金倉圓照《インドの自然哲学》（1971，平樂寺書店）；中村元〈ヴァイシェーシカ派の原典―Vaiśeṣika-sūtraとPadārthadharmasaṃgraha―〉（《三康文化研究所年報》10・11，1977-8），以上參考村上真完1986：頁113註1。此外，還有本多惠《ヴァイシェーシカ哲学体系》（1990，国書刊行会）；村上真完《インドの実在論-ヴァイシェーシカ派認識論》（1997，平樂寺書店），以上參考三浦宏文2006：頁74（331）。以及三浦宏文2008，其餘單篇恕不詳列。又村上真完整理服部正明、Lambert Schumithausen、宮元啟一等三人的不同說法，而就現量的相關問題，從數的認識、判斷分別之有無、言語表示階段、和對象的接觸、作為行動前提等方面來說明。相對於村上真完直接從勝論派的理論，來說明現量伴隨判斷之有無的四階段，宮坂宥勝的研究，則是採用陳那《集量論》（*Pramāṇasamuccaya-nāma-prakaraṇa*）及其註（*Pramāṇa-samuccaya-vṛtti*）和勝主慧（Jinendrabuddhi）*Viśālāmalavatī nāma pramāṇasamuccaya-ṭīkā*（以下略為《疏》）的藏譯本（東北目錄No.4268）中的陳述，分別就現量生起條件和關係到現量的所量等二項來說明勝論派。或許陳那所反駁的勝論派理論，可以在此得到一些解釋。

⓭ 彌曼莎（Mīmāṃsā）學派，本來是對吠陀祭祀的解釋學，後有Prabhākara

婆羅門思想的有力學者，幾乎網羅當時哲學上的問題來討論。不過，確立彌曼莎往認識論以及語言哲學方向發展之基礎的是Śabarasvāmim（五世紀），他對《彌曼莎經》的註釋，名為*Śabarabhāṣya*，是現存最古的註釋。⓮Kumārila解說Śabarasvāmim註的哲學部分，所作的《偈頌評釋》*Ślokavārttika*，是掌握他的哲學學說之主著。⓯而且，2005年John Taber也作了翻譯和評註，對於現量中所談的問題，作了分類。⓰不過，*Ślokavārttika*文中更多是Kumārila對陳那的回

---

（Prabhākara Miśra，七世紀）和Kumārila（Kumārila Bhaṭṭa，七世紀）二大學派興起，同時往哲學體系發展。關於Prabhākara（略為P）和Kumārila（略為K）的認識論、存在論學說的差異，有以下幾點：1.K肯定評註作者的六量（現量pratyakṣa、比量anumāna、聖教量（聲量śabda）、譬喻量upamāna、義準量arthāpatti、無體量abhāva）認識，相對於此，P不承認無的認識，因為它只不過是特定對象不存在的場合之知覺，沒有必要另外設立。2.P是只承認以聖教量為吠陀的教令，K再加上可信賴的人之言。3.對於現量同樣區分有分別知和無分別知，K在無分別知上，認為個體或類都不被意識，而P認為可被知覺。4.P認為比量只行於已知事實間，新的知識不能依此增加，而K是推理的項目不是已知事實，新的認識依此增加。5.至於譬喻量，P是將相似sādṛśya視為形而上學的獨立範疇，但K反之。6.對於義準量arthāpatti，P認為疑惑應是先行，K是反對此。7.作為世界觀的基礎，P設立實、德、業、同、和合、能力śakti、相似、數等八範疇；對此，K是承認實、德、業、同、無等五範疇。8.關於實，P設立地、水、火、風、空、我、意、時、方等九種實，而K是加上闇和聲而為十一種實。（金倉圓照1971：頁102-103）。

⓮ 參考村上真完1991：頁206，湯田豊1978：頁419。

⓯ 本多惠1996：頁1序。

⓰ JOHN TABER: *A Hindu Critique of Buddhist Epistemology. Kumārila on perception. The "Determination of Perception" chapter of Kumārila Bhaṭṭa's Ślokavārttika*. Translation and commentary. London AND New York 2005, Routledge Curzon.

應，尤其是*Śunyavāda*章，以無形象知識論立場，批判有形象知識論立場的佛教徒見解。⑰不過，將無形象知識論導入彌曼莎派的不是Kumārila，而是Śabarasvāmim的*Mīmāṃsābhāṣya*所引用的Vṛttikāra（五世紀）。⑱Vṛttikāra主張知是不持形象，而外界物體（artha）是持形象。因為它（artha）是作為與外界場所接觸的東西，直接被知覺。Kumārila取代此說，提出被把捉者（grāhya）的形象感受，而不伴隨把捉者（grāhaka）的確認。亦即形象的感受和其形象的知自身之確認不是同時性的，因而直接知覺的認識作用是涉及外界的實在。⑲

綜合上述，當時的印度實在論給予現量的定義，除了涉及外界的實在，進一步指出如正理學派的不被表示和決定性的知；勝論派說明現量伴隨判斷之有無的四階段；彌曼莎學派提及認識論和語言哲學的方向，和其表現實在論者的最具代表的形象說——有grāhya，而沒有grāhaka的確認。相對於印度諸學派，陳那不僅以影像行相建立認識，而且識自身也有經驗行相，亦即有grāhya，也有grāhaka。在影像行相清楚顯相上，定義現量是「離分別」，是沒有分別的直接知覺⑳。

---

⑰ 尤其是第一重見解，主張所取是知識，和第四個見解，主張知識是被自己認識，被認為是陳那的見解。以上參考寺石悅章1995：頁909（144）-907（146）。

⑱ 吉水清孝1985：頁406（63）。

⑲ 吉水清孝1985：頁405（64）。

⑳ 關於有分別、沒有分別，不是字面上的意思，而是如世親造·玄奘譯《阿毘達磨俱舍論》卷2〈1 分別界品〉所述：「論曰：傳說，分別略有三種。一、〔10〕自性分別，二、〔11〕計度分別，三、隨念分別。

其次，陳那揭示直接知覺理論，主要是《集量論·現量品》，誠如舍爾巴茨基所說，《集量論》以頌體寫作附有陳那自己的註解。但註解過於簡練，要不是有勝主慧（Jinendrabuddhi，八世紀）㉑的詳盡透徹而明晰的註本，恐

由五識身雖有自性而無餘二，說無分別；如一足馬名為無足，自性分別體唯是尋。後心所中自當辯釋。餘二分別如其次第。意地散慧諸念為體，散謂非定，意識相應散慧，名為計度分別。若定若散，意識相應諸念，名為隨念分別。」（大正二九・8中）〔10〕Svabhāva-vikalpa.。〔11〕Abhinirūpanā-vikalpa.。安慧糅・玄奘譯《大乘阿毘達磨雜集論》卷2〈1 三法品〉：「問：於六識中，幾有分別？答：唯一意識，由三分別，故有分別。三分別者，謂自性分別、隨念分別、計度分別。自性分別者，謂於現在，所受諸行自相行分別；隨念分別者，謂於昔曾所受諸行，追念行分別；計度分別者，謂於去、來、今，不現見事思搆行分別。復有七種分別，謂於所緣，任運分別、有相分別、無相分別、尋求分別、伺察分別、染汙分別、不染汙分別。初分別者，謂五識身，如所緣相，無異分別，於自境界，任運轉故。有相分別者。謂自性隨念二種分別。取過現境種種相故。無相分別者。謂希求未來境行分別。所餘分別，皆用計度分別以為自性。所以者何？以思度故，或時尋求、或時伺察、或時染汙、或不染汙種種分別。」（大正三一・703上）。

㉑ 關於勝主慧的年代，依服部的話，由於法稱以來，Durveka Miśra以前的事，資料不存的限定，所以無法設定。但是，此處採用Vidyabhusana的設定年代（S. C. Vidyabhusana: A History of Indian Logic, Calcutta1921（repr. Delhi1971）, p.323）。（塚本啟詳等1990：頁406註37）。吉田哲依船山徹（1995：頁58）所述，也主張是八世紀（吉田哲2012a：頁95）。片岡啟則是以A.D.725-785來說，並提及Steinkellner認為勝主慧是與文法學的Nyāsa作者同一個人，尤其PSṬ中，有表現文法知識（片岡啟2011：頁2、50註109）。Richard P. Hayes亦有提到四點來支持兩者的關係（Richard P. Hayes 1983: pp.709-717）。其次，就勝主慧來說，除了此本之外，沒有其他著作留下。褚俊傑是從他的生活時代背景來掌握：因為勝主慧生活在法稱學說盛行時代，他一方面接受其解釋陳那的思想的基本模式，但另一方面在那爛陀寺，研讀陳那《集量論》及自註和

怕是無法讀懂。㉒——所以，勝主慧的註解是解開陳那《集量論》理論的重要典籍，此本是唯一的複註。本論就是以勝主慧的梵文手抄本，和依此重建陳那《集量論》的梵文為底本，進行探究。在進入主題之前，先略述二人的背景及《集量論》之相關知識。

陳那是南印度人，依犢子部出家，後來親近世親；又曾在歐提毘舍巖洞中修行，後應那爛陀寺邀請破外道，並在此處作《觀所緣緣論》等，後又回到歐提毘舍匯集因明種種論義而成《集量論》。㉓按照船山徹簡述佛教認識論的思想史系統：㉔雖說佛教知識論的萌芽是可見於《瑜伽師地論》的「聞所成地」（矢板秀臣2005：頁3-41，95-124）和「菩薩地」的一部分，世親的著作等，但是，最初確立此體系的是陳那。先有《因明正理門論》（桂紹隆1982），晚年有《集量論》（正確的認識手段的集成Hattori 1968, Steinkellner 2005）。其後經自在軍（Iśvarasena）的時代，其弟子法稱（600-660頃）

---

《因明正理門論》，長年作註並努力提出新的見解。這一事實說明這個時代有重新重視陳那的學說的趨勢，加上船山徹提到當時那爛陀寺曾形成一個專門學術集團，勝主慧便是其一。又依PSṬ提供的信息，包括風格特點可以完全證實作為認識論思想家的勝主慧和作為語法學家的勝主慧是同一人的假說，正如Steinkellner在PSṬ前言中所指出的那樣。（這是參考褚俊傑教授於2010年7月，應邀到政大99學年度夏日學院推廣教育哲學學分班授課，講述陳那《集量論》講讀的課程所提供之講義。）

㉒ 舍爾巴茨基著，宋立道、舒曉煒譯1997：頁40。

㉓ 關於陳那的體系，印順參考多羅那他《印度佛教史》，在《印度佛教思想史》有整體介紹（印順1988：頁324-326）。

㉔ 船山徹2012：頁92-94。

運用獨特的術語概念使佛教知識論更加發展。法稱七部論中，廣為人知的是*Pramāṇavārttika*（正確的認識手段的詳解，戸崎宏正1979, 1985），*Pramāṇaviniścaya*（正確的認識手段的確定，Vetter 1966, 戸崎宏正1986-2003, Steinkellner 2007），*Nyāyabindu*（論理一滴，Malvania 1955）。其後，主要是對法稱諸著作的註釋，經天主慧（Devendrabuddhi, 630-690頃）、釋迦慧（Śākyabuddhi, 660-720頃）、調伏天（Vinītadeva, 690-750頃）等等，到了八世紀後半頃有「瑜伽行中觀學派」的寂護（Śāntarakṣita）、蓮華戒（Kamalaśīla），此外，就是與此重疊時期的八世紀中頃的註釋陳那《集量論註》勝主慧（Jinendrabuddhi, Steinkellner et al. 2005），最後期的是法上（Dharmottara, 740-800頃）、般若伽羅笈多（Prajñākaragupta，九世紀初）、寂護（Śāntarakṣita, 725-788）、蓮華戒（Kamalaśīla, 740-795）等。

舍爾巴茨基也提到世親門下有四位高足㉕，陳那精於量論，不過，如同他在犢子部時，因補特伽羅（人我）的說法

㉕ 關於世親門下，舍爾巴茨基是說精通十八部知識（即阿毘達磨）的安慧（Sthiramati）、解脫軍（Vimuktasena）精於經院哲學（智度論），德光（Guṇaprabha）嫻於戒律，陳那則精於量論（1997：頁39）。不過，關於安慧，印順長老提到安慧是德慧的弟子而非世親的弟子，如《印度佛教思想史》說：「安慧的『中論釋』，已評論到清辨Bhāvaviveka, Bhavya的『般若燈論』。清辨與護法Dharmapāla同時，而護法是陳那的弟子。安慧造（『中論釋』）論的時代，一定是在西元六世紀中。安慧是不可能親受世親教導的，所以玄奘說他是德慧的弟子，似乎更合理些。」（印順1988：頁324）。

與老師的看法不和，陳那在邏輯問題上也和世親不一致㉖。（1997：頁39）關於陳那的著作，呂澂提及義淨在《南海寄歸傳》中，曾說陳那有八論㉗：「(1)《觀三世論》、(2)《觀總相論》、(3)《觀境論》、(4)《因門論》、(5)《似因門論》、(6)《理門論》、(7)《取事設施論》（《取因假設論》）、(8)《集量論》。這些著作大致都有譯本存在。有漢譯本存在的：《觀總相論》、《理門論》㉘、《取事施設論》（《取因假設論》㉙）。有藏譯本存在的：《觀三世論》㉚、《集量論》

㉖ 陳那對於《論軌》（*Vādavidhi*）的世親說法持有疑問，這在第1章的Vādavidhi批判一開始就很清楚指出，而且這件事是在文軌《因明入正理論疏》之中被提及的。（塚本啟詳等1990：頁406，註35）。

㉗ 呂澂1996：頁2227-2228。

㉘ 此論只有漢譯，所以，對於本論的研究是朝向於梵文斷片的蒐集，和在*Pramāṇasamuccaya*中的平行關係中的文章參照等。有林彥明、宇井伯壽、G. Tucci英譯研究，和呂澂指出以*Pramāṇasamuccaya*為始的諸論之對應關係。其後，法稱關係的梵文寫本發現和文本的刊行，由於*Pramāṇasamuccaya*的文獻學研究進展等，本論資料上的環境突然改變。對應於此，桂紹隆運用先進的業績而作〈因明正理門論研究〉〔一〕〔二〕〔三〕〔四〕〔五〕〔六〕，嘗試作與*Pramāṇasamuccaya*的對比。（塚本啟詳等1990：頁404）。

㉙ 此論由13偈和釋所成，世俗上說為有的，實是假設，不外就是在識的似現的這樣主旨上，基本上可以說是唯識論書。但是，此論被說是與彌勒系統學說異質的，有經量部色彩。這個傾向也見於《掌中論》、《觀所緣論》，想是關聯到陳那晚年的論理學書。（塚本啟詳等1990：頁380）。

㉚ 此論雖然沒有梵文寫本，但是，此論全部33偈的大部分是根據Bhartṛhari的Vākyapadīya III Prakīrṇaka iii）Saṃbandha-samuddeśa第53-85，將其改編而成。所以，若對照原文可以還原梵文。又陳那改變原文的brahman為vijñāna等，可知陳那是基於唯識思想而進行改寫。服部正明有和譯。（塚本啟詳等1990：頁377）。

（此論義淨曾譯成漢文，後佚）。漢藏文譯本都存在的：《觀境論》（即《觀所緣論》）㉛。《因門論》、《似因門論》，沒有譯本存在，但藏譯中有《因輪論》㉜一書，不知是否即《因門論》」。因明八論之外，梵本存在的有《般若圓集要義論》（*Prajñāpāramitāpiṇḍārthasaṃgraha*）㉝、《入瑜伽論》

---

㉛ 藏譯有偈本、陳那自註、調伏天複註等三種，漢譯傳有自註本和護法釋。梵文有部分可從其他論書還原的可能。（塚本啟詳等1990：頁378-379）

㉜ 這部論的內容上，是根據因三相，來圖式化正因和似因的區別。亦即區別正因，和不成因、相違因、不定因，特別是為了將有關因的第二相、第三相的相違因和不定因排除在外，圖式化被認為是陳那創設的九句因。這個圖式稱為“hetucakra”。此詞不只是所謂同品有、無、俱這樣的原理原則，而且也說明包含以聲（śabda）為所證基體（sādhyadharmin）的具體性論證式。在翻譯上，D. Chatterji的英譯之外，有呂澂的中譯，武邑尚邦也和譯解說。還有，R. S. Y. Chi也有英譯，這些研究中，呂澂和R. S. Y. Chi的作品，沒有處理附加的6偈。（塚本啟詳等1990：頁402-403）而印順提及呂澂的作法：「呂澂依藏譯本，出《集量論釋略抄》，並與《因明正理門論》，互相比對印證。又譯出《因輪決擇論》。」（1988：頁352）又說：「《因輪決擇論》，就是說明因三相的正因，及不具三相的過失。」（1988：頁353）。

㉝ 陳那此本的偈頌是梵藏漢齊全，而其註釋本的『三寶尊（Triratnadāsa）釋』是有藏漢本。對於Ṣalu寺所藏寫本校訂本有Tucci和Frauwallner，後者以第2回發現的寫本訂正前者。不過，Tucci刊載藏文校訂和英譯及其註記。就翻譯而言，除了Tucci之外，還有宇井伯壽和服部正明的和譯。（塚本啟詳等1990：頁374-375）又就此論，印順長老說：「如來藏與我ātman，瑜伽學者是以真如tathatā、法界dharma-dhātu來解說的；這是無著與世親論的見解，多少融會了如來藏說。但世親的弟子陳那Diṅnāga，譯作「大域龍」，依（下本）『般若經』，造『佛母般若波羅蜜多圓集要義論』，卻這樣（大正二五・九一三上）說：「若有菩薩者，此無相分別，散亂止息師，說彼世俗蘊」。『大般若經』「初分」（上本十萬頌），說「實有菩薩」等一段經文，無著論解說為「遣除十種分別」

（*Yogāvatāra*）❸❹等。不過，漢譯藏經中現存有九部九卷，此中真諦譯《解捲論》（與義淨譯《掌中論》同本）❸❺，藏譯本也有，只是作者不同。

陳那因明八論中的《集量論》，是匯集以往有關因明的全部觀點。《集量論》全部有6品：現量品、為自比量品、為他比量品、觀喻似喻品、觀離品、觀過類品。此中前兩品是有所謂現量、比量兩種pramāṇa的基本論性格，是此論的主要部分，第5章是處理語義學・語言學的Apoha Theory，同樣有基本論性格，第3、4、6章是連結論爭學的傳統，自不待言是依前二章所說而展開議論。每個章（第5章除外）各自有前後

---

（大正三一・618中；大正三一・140上；大正三一・692下）。「實有菩薩」句，是對治「無相散動分別」的，世親解說為：「顯示菩薩實有空體」（大正三一・342下），以為菩薩以實有空性śūnyatā為體的。陳那的解說不同，如『釋論』說：「謂令了知有此蘊故，除遣無相分別散亂。如是所說意者，世尊悲愍新發意菩薩等，是故為說世俗諸蘊（為菩薩有），使令了知，為除斷見，止彼無相分別，非說實性」（大正二五・905中）。這是說，說有世俗五蘊假施設的菩薩，是為了遣除初學者的斷見。陳那這一系，重於論理，接近《瑜伽論》義，所以不取無著、世親調和真常大我的意見。」（1988：頁283-284）。由此看來，陳那不與真常調和的性格是與玄奘一系相同。

❸❹ 此論偈頌有梵藏，但是沒有漢譯，梵文寫本有2種。在校訂上，根據Shastri 73（紙葉）寫本的Bhattacharya本（按：此本是第2個寫本），有Frauwallner的訂正。兩寫本都欠7ab，所以此部分梵文不明。雖沒有正誤表，但是，可以參照服部譯的註上的解釋。就和譯來說，本偈的翻譯有芳村修基和服部正明，Dharmendra註的部分是吉田魚彥。（塚本啟祥等1990：頁376）。

❸❺ 此論只存於漢譯、藏譯，不過，關於作者，漢譯說是陳那，藏譯是提婆，說法不一致。但是，從其內容來看，是根據漢傳認為是陳那所作。（塚本啟祥等1990：頁378）。

段，前段是陳那自己的主張，後段是因應論題而被舉出之世親的《論軌》、正理學派、勝論學派、數論學派、彌曼莎學派的批判。第5章是陳那的Apoha Theory，沒有區分前後。（塚本啟詳等1990：頁406）。

《集量論》早先只有Vasudhararakṣita和Kanakavarman兩本藏譯，㊱對於此論的研究，從Vidyabhusana開始的許多學者，從事於蒐集諸書中引用、被批判的梵文斷片，想要和藏譯對讀，其成果是從1921到1986的研究，包括H. N. Randle、G. Tucci、E. Frauwallner、中村元、宮坂宥勝、服部正明、桂紹隆、E. Steinkeeller、原田和宗等（塚本啟詳等1990：頁407）。其實，與這一個方法同時，早在1930年Rāhula Sāṅkṛtyāyana到西藏中部開啟手抄本梵文文獻的研究開始，加上G. Tucci接踵而至，已經悄悄有了變化。後來這批梵文手抄本，因1986年北京成立中國藏學研究中心，就將其納入研究計畫，並於1987年開始進行西藏拉薩現存梵文貝葉經的整理研究。且於2004年，中國藏學研究中心與奧地利科學院合作，2005年第一本著作就是勝主慧的《集量論大疏》（*Jinendrabuddhi's Viśālāmalavatī Pramāṇasamuccayaṭīkā*）梵文本的第一章之校註本和轉寫版。透過這個手抄本的梵文文獻，同年E. Steinkeeller也集出陳那的《集量論註》。

---

㊱ 陳那和勝主慧的藏譯本：Dignāga, *Pramāṇasamuccaya-nāma-prakaraṇa*, Tib.: Vasudhararakṣita等譯（Toh 4203）和Kanakavarman等譯（Ota 5700）；Dignāga, *Pramāṇasamuccayavṛtti*, Tib.: Vasudhararakṣita等譯（Toh 4204, Ota 5701）和Kanakavarman等譯（Ota 5702）；Jinendrabuddhi, Tib.: Toh 4268, Ota 5766.（塚本啟詳等1990：頁406）。

本論的研究主要是跟著這批手抄本的梵文文獻，並著眼於《集量論·現量品》的第6-12頌的部分，尤其闡明意現量的artha和rāgādisva兩部分的認識（PS1.6ab），前者是取色法等對境為認識對象，後者是對欲望等的認識本身的認知。對於前者，認為有經量部和有部的色彩，[37]如桂紹隆認為「預設經量部之外界對象和心識的實在的二元論色彩」，[38]也提及「現量是不伴隨概念作用」是順有部的阿毘達磨。[39]

關於後者，長友泰潤表明意現量有經量部色彩：以色等對象為所緣，將之視為外界對象，以知的形相在知識中顯現；此點是與法稱相同。[40]也指出陳那別出於五種感官而成立意現量的理由是「不依靠感官」（indriyānapekṣatvāt），而且此說與*AKBh*（《俱舍論》）所說，從意觸生的受，「只依存於心」同樣是將意知覺別出於感官知的態度如出一轍。但是，法稱是

---

[37] 關於陳那的現量理論會有部派的色彩，印順長老有一說法可以參考：「唯識，有認識論上的唯識，有本體論上的唯識。我們所認識的一切，即是識的影象，這是認識論上的唯識。至於宇宙人生的本體，是否唯識，卻還有問題。有人雖主張認識中的一切，只是主觀心識的影象，但對認識背後的東西，卻以為是不可知，或者以為是有心有物的。假使說心是萬有的本體，一切從此出，又歸結到這裡，那就是本體論上的唯識了。這本體論的唯識，在認識上，卻不妨成立客觀的世界。佛教的唯識，當然是出發於認識論，又達到本體論的。到了本體的唯識論，又覺得所認識的有它相對的客觀性，這才又轉到認識論上不離識的唯識了。部派佛教裡，沒有本體論上的唯識學，認識上的唯識無境，卻已相當的完成。」（1970/1978：頁199）——所以，回到認識論上，採用部派佛教的說法，是有可能的。

[38] 桂紹隆1984：頁107-108。

[39] 桂紹隆1984：頁114-115。

[40] 長友泰潤1995：頁40, 50。

使意現量間接依存於感官。❹❶又，樂等自己認識是意現量時，原因也是「不依靠感官」。❹❷但法稱不是如此，如船山徹依*Nyāyabindu*所作解說，以刹那滅論為基礎，設想對象之流的時間系列和認識此的心之流的時間系列，有前一刹那的對象1存在，有認識此對象的感官知在瞬間產生，認識的瞬間既滅，此時，與對象1相似的另個存在的對象2產生，而且下一瞬間，對象2和同瞬間存在的感官知作為原因而使意識產生（同時對象3產生）。❹❸——這樣的說法，認識對象是先存在於感官知，而且意識是在其後產生，所以是與感官知是前後產生。船山徹也提到陳那和法稱對於意現量和自己認識有個重大不同是：意現量是被闡述為以形色等作為認識對象的直接經驗（知覺）之後不久產生的意之認識，同時，另一方面，樂等的自己認識亦是處理為意現量（mānasaṃ pratyakṣam, PS1.6ab, Hattori 1968: 27, Steinkellner 2005: 3）。可是，若論法稱，由於主要把後者方面作自己認識來處理，與意現量切離。其結果是意現量就變成專門只在和感官知的關係上來被闡述。❹❹因此，意現量是含括前

---

❹❶ 長友泰潤1995：頁43；長友泰潤也提及陳那成立的意現量的理由是不依存於感官，但是，法稱是使意現量以感官作為前提而生的依存於感官（頁50）。意現量的直接原因是以一刹那前的感官知和對象為原因，是以感官知為中介而間接依存於感官，所以，法上（Dharmottara）說意現量是依定說而確立。……而「不依存於感官」的規定和感官知同樣以外界色等為對象……將意現量間接地與感官結合的見解，以致於弱化意現量，有相對於感官知的這樣獨特性的結果（頁51-53）。

❹❷ 長友泰潤1995：頁40。

❹❸ 船山徹2012：頁101-102。

❹❹ 船山徹2012：頁104。

兩者，即artha和rāgādisva兩部分的認識（按：PS1.6ab的頌文就是如此主張，可見是陳那的說法），抑或單指前者，而讓樂等自己認識獨立出來，就成為陳那和法稱的區別。

不過，說為「樂等自己認識」的「貪等自證」之「自證」意思和三分中的自證分在形式上是不同的，但是，兩者同樣表達結果。按照桂紹隆所說，表達欲望等心作用和概念知（kalpanā-jñāna）的「自證」是屬獨創的意現量，但其對象不清楚。㊺而三分中的自證是有認識對象等三的同一知識，是持有自己形象和對象形象。㊻

縱使取色法等對境為認識對象，有被置疑經量部色彩，和以等無間緣方式有依感官知之嫌，但是，還是要在兩種認識手段的區別下，㊼回到現量緣自相，是離分別的條件下。對於

---

㊺ 相對於此，對於不將心心所當作對象的有部和以尼夜耶派為首的無形象知識論者，是不承認自證。（桂紹隆1984：頁114-115）。

㊻ 就認識結果來說，其一是宣說「知識持對象的形象而生」的有形象知識論；關於有形象和無形象的區別，在印度諸哲學派大分為二：一是認為知識像鏡面那樣臨摹對象的形象的有形象知識論；二是認為知識只不過是如水晶那樣描繪對象形象，其自身不受任何影響變化的無形象知識論。陳那對抗尼夜耶派和彌曼差派的無形象知識論，而宣說有形象知識論。以上參考桂紹隆1984：頁109。其二是陳那根據傳統唯識，說知識是作為知識自身而顯現，同時也作為對象而顯現，或者，是持有自己形象和對象形象的二種形象。作為知識的「自證」（svasamvitti）是合乎邏輯的給與認識手段、認識對象、認識結果三者全部為同一知識。（桂紹隆1984：頁110）在主、客上加入第三要素「自證」，恐怕是陳那的獨創。自證的理論就是將陳那以來的唯識派與傳統唯識派作出區別。（桂紹隆1984：頁111-112）。

㊼ 區別知覺（現量）和概念知（比量）的陳那立場，當考量到混淆兩者的

自相離分別，武邑尚邦也提到一個問題：㊽如勝主慧所說，名言和種類等，大致區分為「命名者」（abhidhāyaka）和「差別者」（viśeṣa），都是分別，就算是限定存在，而不能顯示存在的全體。由此推出，作為境的自相必須超越分別，而且它必須是事物作為全體而呈現。即所謂自相必須是對象自身的全體性的相。而能全相把握的，只有在識見識中，才是可能。陳那的「與境自相一致而且使之決定的自證」是現量這樣的意思，就是表現在這件事。這樣一來，不將自相視為事物的自相，而作為識的自相，那麼，所謂現量到底指什麼？如果現量只在「直接認識」這樣的意思來看，而且是如上解釋自相的話，那可說不是認識。其實，若就陳那來說，現量是作為現證的量，而保證直接認識的確實性。在這意味上，是所謂「與境自相一致而且使之決定的自證」，也是《集量論》中說量＝量果，量不外就是自證這個結果。

因此，對於此論，終究不能捨棄唯識的立場來看，或許這是與以往所了解的唯識不同的呈現。對於唯識學派，無庸置疑是要建立一切唯識，誠如印順長老提及：「瑜伽行系的特色，是依虛妄分別（的「分別自性緣起」），說『唯識所現』。為了論證唯識所現，陳那與法稱，發展了量論與因明。」㊾更詳實來說：「『唯心』或『唯識所現』，是瑜伽行

---

說一切有部和尼夜耶、勝論派兩者的認識論時，此立場是有重要意義。（桂紹隆1984：頁113）。

㊽ 武邑尚邦1968：頁161-162。

㊾ 印順1988：頁a5-6。

者修驗的心境，而說明一切唯識所現，說種子識變，是不夠的，必須依現行識——分別所分別中去說明。」㊿由此看來，現量理論的產生，更深層來說，是為了展現更具體的說明，讓一般人都能理解唯識。

不過，《集量論》要如何表現「分別所分別」這樣的具體唯識道理，窺基在《成唯識論述記》卷3解釋《集量論》所說所量、能量、量果時，說三者體一，「不離識故，說之為唯」，此中的「不離識」或許是關鍵。那麼，解釋唯識，除了「即是識」之外，應該還有「不離識」的方式，此如印順長老《唯識學探源》所說：

> 唯識的定義，「即是識」，「不離識」，論師們有不同的解釋。（1970/1978：頁28）

對於唯識的定義，有「即是識」，「不離識」之區別。有關於此，印順長老在《印度之佛教》中，同時提到這兩個詞：[51]

---

㊿ 原文是：「量」，是認識論；「因明」，是論理學（邏輯），都只是世間的學問。在瑜伽唯識派中發展起來，對佛法的影響極大，幾乎成為學佛者必修的科目。因明為五明之一，無著、世親以來，非常重視它。由於正理派等勢力增強，學風重視辯論，瑜伽行派不能不研究來求適應，而為了成立「唯識」，應該是發展的主因。「唯心」或「唯識所現」，是瑜伽行者修驗的心境，而說明一切唯識所現，說種子識變，是不夠的，必須依現行識——分別所分別中去說明。（印順1988：頁355）。

[51] 印順《印度之佛教》：「玄奘東來，乃有所謂『安、難、陳、護，一、二、三、四』之別。所謂一分、二分，實即相分實有與相分假有之諍也。唯識無義，以分別遍計所分別，熏遍計所執習氣，以能所交涉而熏

1.「即是識」是「以分別遍計所分別，熏遍計所執習氣，以能所交涉而熏成，生時即自然而現二分。相即是識之一分」，是安慧等所主張的見、相同種。

2.「不離識」是「依他之分別心，與離言之十八界性相接，則覺見、相相涉而成種，熏成各別種子。分別與所分別，各從自種子生，即境有自相，非識而不離識」，是難陀、親勝等所主張見、相別種。而陳那是見、相別種，加上自證分證知見分。

依此所說，唯識的解釋有兩種，而「不離識」與能量等三有關，若按照印老所說，陳那是見、相別種，在能緣心上表現自證分證知見分，而相分是所緣，這是印老以唯識立場來看《集量論》的一種說法，而且也提供一研究側面。

雖然無法斷定《集量論》到底是經量部或唯識，但是，根據漢傳經論的紀錄，陳那《集量論》隨著玄奘傳入《成唯識論》等，連帶開始被注意，如唐朝經論註疏提到《集量論》有六類：

---

成，生時即自然而現二分。相即是識之一分，『即是識』名唯識也。自唯識反流於『瑜伽』，依他之分別心，與離言之十八界性相接，則覺見、相相涉而成種，熏成各別種子。分別與所分別，各從自種子生，即境有自相，非識而不離識，『不離識』名唯識也。安慧等用見、相同種之『即識』；難陀、親勝等，則用見、相別種（不談獨影境）之『不離識』。相有自相而不離識，即相分實有，此後世之所謂二分，非唯識『唯二』之舊也。陳那師資，自見、相別種而稍加融會，然其三分、四分，則實有取於大眾系之『心自知心』，與唯識舊義異。然自證分證知見分，不變影像而直覺，護法之再事推衍，殊覺瑣屑無當！」（印順1985：頁302）。

| | |
|---|---|
| 自相 | 1.《瑜伽論記》卷5：「《集量論》說：現量唯取自相境故。」（大正四二・415上） |
| 五俱意 | 1.《瑜伽論記》卷15：「《集量》、《理門論》云：五識唯現量，同時意識亦爾。」（大正四二・639中）。<br>2.《瑜伽論記》卷17：「以取明了境必現量故。若有別緣者〔＊〕則違《集量論》等五識同時意識是現量過〔2〕量過。」（大正四二・704上）〔＊7-12〕則＝即【甲】＊。〔2〕〔量過〕－【甲】。<br>3.《瑜伽師地論略纂》卷14：「《集量》、《理門論》云：五識唯現量，同時意識亦爾。」（大正四三・198下）<br>4.《成唯識論述記》卷5：「《集量論》等云：五識俱時，必有意識。」（大正四三・389上）<br>5.《成唯識論述記》卷5：「《集量論》說：五俱意識必現量故。」（大正四三・419下）<br>6.《成唯識論述記》卷5：「《集量論》等五俱意識定現量者，必同緣故。」（大正四三・420下）<br>7.《大乘法苑義林章》卷1：「陳那菩薩《集量論》說：五識俱意是現量故。設五俱時，緣十八界，亦現量攝。隨五現塵，明了取故。」（大正四五・258上）<br>8.《成唯識論義蘊》卷4：「《集量論》云：五識俱時，必有意識。即此意識能引第二尋求意識生。」（卍續藏經七八・879上-下）<br>9.《成唯識論學記》卷4：「《集量論》等，五俱意識是定現量者，必同緣故。五俱之意，亦無法執等。以此為證。三藏云：五俱意識，三性不定，現非量等，亦非一定」（卍續藏經八十・113下）<br>10.《成唯識論疏抄》卷9：「《集量論》說：五俱意識必現量故者。此論文不盡理，五識俱時，意識許通現量、比量二量故。」（卍續藏經八十・525下） |
| 自證 | 1.《佛地經論》卷3：「《集量論》說：諸心心法皆證自體，名為現量。若不爾者，如不曾見不應憶念。」（大正二六・303上）<br>2.《成唯識論述記》卷3：「《佛地》第三云：《集量論》說，乃至若不爾者。如不曾見不應憶念。」（大正四三・319上）<br>3.《大乘起信論別記》卷1：「《集量論》諸說，心心法皆證自體，是名現量。」（大正四四・236中） |

| | |
|---|---|
| 自證 | 4.《大乘起信論廣釋卷第三、四、五》卷3：「《集量論》說諸心心所，皆證自體，名為現量。」（大正八五・1135下）<br>5.《起信論疏記》卷3：「《集量論》說：諸心心法，皆證自體，是名現量。若不爾者，如不曾見，不應憶念。」（卍續藏經七一・661上） |
| 定心 | 《瑜伽論記》卷10〈靜慮品〉：「《集量論》云：一切定心，皆是現量。」（大正四二・544上） |
| 三分 | 1.《佛地經論》卷3：「《集量論》中，辯心心法皆有三分。一、所取分，二、能取分，三、自證分。如是三分不一不異。第一所量，第二能量，第三量果。」（大正二六・303中）<br>2.《瑜伽論記》卷13：「《集量》唯立三分故」（大正四二・596下）<br>3.《成唯識論》卷2：「《集量論》伽他中說：似境相所量，能取相自證，即能量及果，〔4〕此三體無別。」（大正三一・10中）〔4〕此＝彼【元】【明】。<br>4.《大方廣佛華嚴經隨疏演義鈔》卷33〈9 光明覺品〉：「《集量論》伽陀中說：似境相所量一，能取相二，自證三，即能量及果，此三體無別。」（大正三六・252上）<br>5.《因明義斷》卷1：「《集量論》云：似境相所量，能取〔1〕見自證，即能量及果，是三體無別。《成唯識論》第二，四分廣明。」（大正四四・157上）〔1〕見＝相【甲】。<br>6.《因明入正理論後疏》：「陳那菩薩所造《集量論》〔18〕云：似境相所量，能取相自證，即能量及果，此三体無別。解云：似境相所量是相分，能取相是見分，自證是自證分。即能量明見分為能量，量果明自證分為量果，此三体無別，明不離識也。」（卍新纂續藏五三・898下- 899上）〔18〕《成唯識論》卷二ニ三分說ノ根拠トシテ引用サレル。シカシ《集量論》ノチベット 本文デハ，直チニソウト考エラレナイ。<br>7.《大乘法苑義林章補闕》卷8：「《集量論》中，即立三分，故彼頌云：似境相所量，即能量及果。謂相、見、自證，此三體無別。以境為所量，見分為能量，即應有量果，故立自證。」（卍續藏經九八・64下）<br>8.《起信論疏記》卷3：「《集量論》意：雖其見分不能自見，而有自證分用，能證見分之體。以用有異故，向內起故，故以燈焰為同法喻。又復此經論中，為顯實相故，就非有義，說無自 |

| | |
|---|---|
| 三分 | 見。《集量論》主，為立假名故，依非無義，說有自證。然假名不動實相，實相不壞假名。不壞不動，有何相違！」（卍續藏經七一・661上）<br>9.《大乘起信論別記》卷1：「《集量論》意：雖其見分不能自見，而有自證分用。能證見分之體，以用有異故，向內起故。故以燈炎為同法喻。由是義故，不相違背。又復此經論中，為顯實相故，就非有義，說無自見。《集量論》主，為立假名故，依非無義，說有自證。然假名不動實相，實相不懷假名。不懷不動，有何相違！」（大正四四・236中）<br>10.《成唯識論疏抄》卷5：「若大乘有二說。然此《唯識論》中，即說相分為所緣，見分名行相，自證名事；若《集量論》中，即說外本質境是所緣，相分名行相，見分名事。」（卍續藏經八十・396上） |
| 兩種行相 | 1.《成唯識論述記》卷3：「以影像相為行相者，出《集量》文。」（大正四三・317中）<br>2.《成唯識論疏義演》卷3：「《集量論》中，影像相分為行相也。」（卍續藏經七九・146上） |

依上表所列，自相、定心和兩種行相的議題是較少關切，而較著重五俱意、自證和三分的問題。似乎亦可看到當時確實談到「同時意識」或「五俱意識」或「五識俱意」，與五識同一所緣，是同時而不是前後，這樣的說明似乎與勝主慧、法稱以前一念為等無間緣依不同。尤其《成唯識論義蘊》提到「引第二尋求」這一線索。不過，《成唯識論學記》和《成唯識論疏抄》也發現有討論到是否通現量和比量的不定之爭議。

自證方面則很統一的提到是心心所法的「皆證自體」，可見是指貪等自證的心所法來說的自證現量。而且是《佛地經論》所引用的《集量論》之說，是以憶念成立自證。而《集量論》中的三分，也很工整的提到所量、能量、量果，三分不一不異或者三體無別。[52]元曉的兩本疏中都提到，見分不能自見，但有自證分用，能證見分之體。這是由於自證和見分的作用不同，以燈焰為同法喻。曇曠[53]亦有提及此說。[54]但是，靈泰的《成唯識論疏抄》卻提及大乘有二說，又說《唯識論》和《集量論》的三分有不同所指，即此《唯識論》中，說相分為所緣，見分名行相，自證名事；若《集量論》中，即說外本質境是所緣，相分名行相，見分名事——似乎唯識與《集量論》

---

[52] 我們或許會順理成章的認為三分說就應是這樣對應的，但印順長老在《印度佛教思想史》中，卻有這樣的區別：「在因明論理的卓見外，依佛法來說，是將重於認識論的現識變現，與重於論理學的正知——量論，結合起來；也是為了成立唯識變現，所以在認識論與論理學上痛下功夫。如唯識學中，立相分、見分、自證分；因明中，立所量、（能）量、量果——自證。又在現量中，立瑜伽者的直觀，與修持佛法的宗教經驗相結合。陳那的因明，或稱量論，不是一般的，而是以世俗的『因論』，作為成立、理解唯識現的方便。」（1988：頁353）——透過這樣的說明，可以了解《集量論》中沒有見、相、自證分等三分的說明，但有所量、量、量果，而且其後，緊接著提出雙重行相，來說明三分的成立。這應該是想要結合認識論與論理學吧！

[53] 本論引用唐・曇曠有兩本，根據上山大峻的研究，其先後是：一是《大乘起信論廣釋卷第三、四、五》，在涼州所作；二是《大乘百法明門論開宗義記》，晚年撰於敦煌。上山大俊也提及結城令聞以三點論證曇曠《大乘百法明門論開宗義記》的心識說是與西明寺圓測一致，而斷定曇曠的唯識思想是西明學派，但是，也有很多地方和窺基學說一致。以上參考上山大峻1990：17-83；河村孝照1993：45-46。而兩本中，前本是採用《佛地經論》所引用《集量論》之「皆證自體」之說，而《成唯識論述記》也引用；後本是說明八識配三量以及四分說，在窺基和智周都有相同的主張。因此，曇曠的博學，似乎不局於門派來看待。

[54] 唐・曇曠撰《大乘起信論廣釋卷第三、四、五》卷3：「問：如《集量論》說：『諸心心所，皆證自體，名為現量。不爾，於自心應不能〔10〕境故。』何故今說心不見心？答：二意異故，亦不相違。彼約俗諦安

所說是不同的，尤其以外本質境為所緣的說法，似乎與前述所傳經量部色彩，不謀而合。而兩種行相所說「影像相分」為行相，似乎更呼應靈泰所說「相分名行相」。是這樣嗎？

印順長老也有提及：對於成立於依識自體似現見分與相分的三分說中的自證分，在作為量果上，以「自知取境」的憶念來證明有自證，即使有部認為憑著念的作用能後念憶前心55，陳那也認為念具三分，才能憶前念，具量與量果二分；而且作為內心的二分，說自證分證知見分，來迴避「心能自知」的問題，這是融攝大眾部所說「心能知他，也能自知的意義56」。57

---

立道理，於其妄心，開為諸分，故說自證能見見分；此約真實，證會道理，說本真心，元非動念。既無見故，非能、所見。若唯俗諦所顯亦殊。此顯見分不能自見故，以指刀為同法喻。彼說自證能見見分故，以燈焰為同法喻。」（大正八五・1135下）〔10〕境＝憶【甲】。

55 這個說法，月稱也有提過，如印順《印度佛教思想史》：「陳那Diṅnāga立自證分，能證知見分，後起心才能知前心的了境。月稱以為：『念』有憶念過去的作用，所以立自證分是多餘的：而且有『心能自知』的過失。瑜伽行者成立「唯識」的種種譬喻，《入中論》一一的給與評破，成立緣起的心與境，勝義中都是空的，而世俗中都是有的——無自性的有。在世俗安立方面，如三世有，念能憶知過去，有心有色等，近於薩婆多部，不同的是一切如幻，沒有自性，所以有的稱他為「隨婆沙行」。」（1988：頁367-368）。

56 窺基《成唯識論述記》卷2：「然大眾部、一說部、說出世部、雞胤部，亦緣自心，亦緣心外法。」（大正四三・269中）；唐・如理集《成唯識論疏義演》卷3：「以大眾部許心自緣，即一念中，得雙緣自、他也。」（卍續藏經七九・154下）。

57 印順《印度佛教思想史》：「陳那以為：如沒有自證分，就沒有量果。即使能取境相，但以後的識體，由於沒有自知取境，所以不能自憶心心所了境的情形。對於這一問題，說一切有部Sarvāstivādin等，認為念smṛti

如此看來，若依據桂紹隆和印順長老的說法，關於「自證」一詞[58]，有兩種情形：1.是有兩種形象或顯現，這是三分；2.是對象不清楚的欲望等心作用和概念知（kalpanā-jñāna），而且漢傳的自證是證見分的作用。[59]相對於此，認識對象如何呢？梶山雄一說：

> 認識的對象不存在於外界這樣的事，意味只有認識是唯一的實在。知識內在形象和知識同時存在著，但

有憶念過去的作用，所以當時雖沒有能知自心，但後念能憶念以前的心。陳那以為：憶念是心所法，念也還是具足三分的，否則後念也不能憶知前念了。所以在所引的偈頌下，又有一偈說：憶念也有量與量果二分。在唯識學中，相分（所量）、見分（量）、自證分（量果），「此三體無別」。沒有別體而用有差別，所以可立為三分。《佛地經論》提到三分時，就說：「如是三分，不一不異」（大正二六・303上-中）。瑜伽唯識學，淵源於說一切有部及經部sutrāntika，堅守「指不自指，刀不自割」的原則，否認一剎那中，心能自知。現在自證分與見分，是內心的二分，那就可說自證分證知見分的了境情形了。……三分，四分說，堅守「心不自知」的原則，其實是融攝了大眾部Mahāsāṃghika所說：心能知他，也能自知的意義。總之，三分說是成立於依識自體，似現見分與相分的意義。說明唯識變現，實不外乎「唯識」與「二性」。三分、四分，是為了論究心識自知而引起的。」（1988：頁339-341）。

[58] 按照長友泰潤的研究，比對梵文和藏文，解析梵文中不依存於感官是成為意知覺的根據，而藏文是成為自證的根據。按照梵文的話，就會是陳那認為意不是感官。而對比彌曼差派的Kumārila的反駁，認為梵文的說明對於佛教論理學派來說，是比較妥當，而且陳那就是把意知覺當成不依存於感官的。以上參考長友泰潤1993：頁397-398。

[59] 自證緣見分時，是不變而緣的「冥證見體」，如慧沼《成唯識論了義燈》卷4所說：「問：護法正義，七緣八為我。自證緣見作何行相？答：不同見分。自證思量見分之時，不作內、外、我、非我解。但冥證見體。」（大正四三・743上）。

是，有形象時有知識，沒有形象時，知識也沒有，由於這樣的「絕對的必然性」（avyabhicāra），形象可說是知識的原因。又說：有部裡意識—意根—對象這樣認識的三要素，在否認外界存在的唯識派裡，是替換成意識—潛在能力（種子，亦即前剎那中的形象的原形）—知識的形象這樣的圖式。因此，將器官和對象置換成種子和知識的形象這樣的事，不只陳那，在《唯識二十論》第九詩節，世親也是做了這樣的事。（1989：頁129-130）[60]

---

[60] 這個以發識功能說為五根的說法，在印順《印度之佛教》中也有提及：「別有一要義也，佛說六塵、六根、六識為十八界。有力能生者為根，即有引發六識之功能體。細意識之意根與眼等五根，所關綦切：『五根所行境界，意各能受』；而意根『又為彼（五根之所）依』。其但言六識及意之分別心者，則大抵以五根為『不可見，有對』礙之細色；即身體中之生機，能生動而有因感發識之官能。此細色，由細心之意執取、攝持之。若於分別心之內在立種子心，則身中發識功能之五根，或者即視為能生識之種子。世親之《二十唯識論》，陳那之《觀所緣緣論》，均有此新意。」（1985：頁278）。詳述如《印度佛教思想史》：「《瑜伽論》等都說有五色根，而世親的《唯識二十論》，為了成立（認識論的）一切唯識，別立新義：『識從自種生，似境相而轉，為成內外處，佛說彼為十』（大正三一・75中）。這是說『似色現識』——如眼識『從自種子』生，名自種子為『眼處』了。陳那Diṅn-āga『觀所緣緣論』也說：「識上色功能，名五根應理」（大正三一・888下）以上參考印順1988：頁333。呂澂也有提及：像瑜伽學系的建立諸法以種子為因，固然和經部的隨界說一脈相通，而到了唯識理論發展之後，難陀主張以五識的種子作五根，陳那又謂五根即是識上色法的功能（均見《成唯識論》卷四），這些也都由經部所緣緣以根、境為先的理論推闡而出（因根、識不必同時，故可在種子上安立根的名字）。及至最後法稱重顯因明，將同時意識說成第二剎那，

此處是在說明取相的見分（即「知識內在形象」）和認識結果（即「知識」），但是形象是知識的原因。而針對形象亦即認識對象，有部的認識三要素圖式是「意識—意根—對象」，但是，唯識派是「意識—潛在能力（種子，亦即前剎那中的形象的原形）—知識的形象」，這是「將器官和對象置換成種子和知識的形象」，陳那和世親都是這樣。所以，在我們的認識中，所謂「根、境」，已經是一種“ākara”顯現。

整體的認識，透過自證和認識對象的說明，可以大致掌握陳那的主張，自證理論的說明，只是現量理論的一角，還有很多問題，正待一一申明。佛法重視緣起，因此，不會固守於一地一語一人，而重視此地此語此人。不管法之流向，隨其所至，就會順應而有所變化，但仍然會有想要透過留下的隻字片語，追問那個不變的企圖，亦即現量理論到了漢地，產生的變化固然是可觀的，但什麼是不變的則是我們想要揭露的。亦即本論研究目的有以下二點：

（一）勝主慧的複註本是解讀陳那《集量論》，又由於勝主慧的梵文本的逐詞解釋之風格，所以，Ernst Steinkellner依此重建陳那《集量論》的梵文本。於此，即使勝主慧在詞之外的解讀可能是傳承法稱，但是，逐詞蒐集仍有幾分可靠性。所以，仍想通過勝主慧的解讀來掌握陳那《集量論》6-12頌的意涵——到底意現量的相狀是如何？

---

以前念根識的對象相續為所緣，依然符同經部所緣緣的理論（參照Th. Stcherbatsky: BuddhistLogic, Vol. II）引自呂澂1996：頁2393。

（二）陳那《集量論》的學說內容，首先是由玄奘傳入。此論雖有義淨翻譯，但其後不久佚失。所以，玄奘在翻譯與講解時，會帶進此論的學說來佐助理解，因此，陳那的現量理論保留在玄奘所譯經論，以及門下的註疏中。加上玄奘並沒有傳入法稱之著作，因此，對照漢傳、梵文所述意現量、量和果、雙重行相等項目，構造陳那的現量理論之樣貌是可行的。

## 二、研究方法與研究範圍

### （一）研究方法

本論所要探究之陳那的現量理論與七至八世紀漢傳詮釋，是屬於陳那的認識論領域，是透過雙軌來完成，一是透過Ernst Steinkellner的《集量論》梵文重建本、勝主慧的複註，與服部正明、法尊法師、呂澂等的對譯方式來掌握陳那的學說；二是從玄奘、窺基一派所傳，整理出《集量論》到中國被運用的情形。雖然這部論曾經被義淨所譯，[61]但是不久佚失，經錄中不再出現。不過，在義淨之前，此論就已被玄奘、窺基一派廣泛的引用，而且是此派的重要理論──四分說的根基，所以，此派的註疏是重要的線索。

---

[61] 唐・智昇撰《開元釋教錄》卷9：「《集量論》四卷（景雲二年譯已上多取奏行年月所以出日〔4〕名同）」（大正五五・568中）以及《開元釋教錄》卷14：「《集量論》四卷，大唐三藏義淨譯（新編入錄）（單本）」（大正五五・637下）。

在雙軌的運作下，除了採用漢傳詮釋之外，也依《集量論》的梵文重建本，並對照法尊法師、呂澂和服部正明作註。在取材上，雖然語源文獻是參考的根據之一，並不是決定此論的唯一，這也是姚治華在〈論陳那的自證說〉中所提及的，在方法論上應避免「梵文中心論」。[62]但是，本論的架構仍是依PSV、PSṬ來開展，這是通過梵文，開啟漢傳的文獻。

面對這樣的題材，在方法論上，首先，無可避免的必須使用語言文獻學的方式；其次，在漢譯註疏上，透過思想史的處理，來掌握時、空、人的引據、解讀差異，廓清對文本的解讀分歧；最後，詮釋性格的分析，因為佛教經論的呈顯，常是以詮釋方式關聯真理證悟方式來表示，正如呂格爾所述「理解底本體論（the ontology of understanding）乃蘊藏於詮釋的方法論之中。」[63]，若不能理會，就像法華會上，雖有當機蒙益，但也有五百位不能信順而退席。吾人是凡夫，不敢退席，只好勉力而為。

## （二）研究範圍

陳那《集量論》的〈現量品〉，2005年前只有藏譯本，[64]沒有留下完整漢譯本。漢譯唯有民國初年的法尊法師《集量論略解》和呂澂的《集量論釋略抄》。此外，1956年武邑尚邦嘗試進行《集量論》本文的和譯，而作〈『集量論』本文の註

---

[62] 姚治華2006：頁56。

[63] 林鎮國2002：頁108。

[64] 吳汝鈞2009：頁58。

釋的研究〉；1968年服部正明從藏本轉譯而成英譯本。梵文方面，2005年Ernst Steinkellner等編及校註的*Jinendrabuddhi's Viśālāmalavatī Pramāṇasamuccayaṭīkā: Chapter 1*，是梵文和羅馬轉寫的校註，這是八世紀Jinendrabuddhi（勝主慧）的*Pramāṇasamuccayaṭīkā*（以下略為PSṬ）(65)，為現存唯一完整的複註本；同年Ernst Steinkellner依此本重建陳那的〈現量品〉及註*Pramāṇasamuccayavṛtti: Dignāga's Pramāṇasamuccaya, Chapter 1*（以下略為PSV），(66)對於陳那思想的揭露，提供更直接的材料。學界對梵文重建本的回應，有何建興老師翻譯的1-12頌，(67)以及2012年的吉田哲〈pramāṇasamuccayaṭīkā 第一章（ad PS1.6-8ab&PSV）和訳〉和片岡啟〈Pramāṇasamuccayaṭīkā ad I 8cd-10和訳〉，對陳那自宗的說明，提供重要的資源。

研究範圍的釐定，陳那現量理論，主要是《集量論》第6-12頌，此中除似現量的部分，即PSV1.7cd-8ab。細目如下：

---

(65) Ernst Steinkellner,Helmut Krasser, Horst Lasic: *Jinendrabuddhi's Viśālāmalavatī Pramāṇasamuccayaṭīkā: Chapter 1*, Part 1: Critical Edition and Part 2: Diplomatic Edition，China Tibetology Research Center, Austrian Academy of Sciences, China Tibetology Publishing House, Austrian Academy of Sciences Press,Beijing-Vienna 2005.

(66) Ernst Steinkellner, *Dignāga's Pramāṇasamuccaya, Chapter 1*, http://www.oeaw.ac.at/ias/Mat/dignaga_PS_1.pdf, 2005.

(67) 何建興《集量論・現量品》中譯，詳見http://www3.nccu.edu.tw/~96154505/5-2.pdf。

1.PSV1.6ab五俱意和貪等自證
2.PSV1.6cd 瑜伽現量
3.PSV1.7ab 概念構想（kalpanā）是現量
4.PSV1.8cd 量和果
5.PSV1.9a 自證是果
6.PSV1.9b-d具有行相・通過顯相
7.PSV1.10認識對象、認識手段、認識結果的三分說
8.PSV1.11雙重行相以及記憶論證
9.PSV1.12證明自證

其次，對譯部分是以Ernst Steinkellner的梵文重建本PSV和勝主慧的PSṬ的梵文為主，並對照服部正明、法尊法師、呂澂等的譯及註為輔，來建構「梵文資料研究篇」。即此部分的譯註，將以Ernst Steinkellner, Dignāga's Pramāṇasamuccaya, Chapter 1的梵文重建本為底本，參照七本相關著作，次序如下：

1.Ernst Steinkellner, *Dignāga's Pramāṇasamuccaya, Chapter 1*, http://www.oeaw.ac.at/ias/Mat/dignaga_PS_1.pdf, 2005.
2.Ernst Steinkellner,Helmut Krasser, Horst Lasic: *Jinendrabuddhi's Viśālāmalavatī Pramāṇasamuccayaṭīkā: Chapter 1, Part 1*: Critical Edition and Part 2: Diplomatic Edition, China Tibetology Research Center, Austrian

Academy of Sciences, China Tibetology Publishing House, Austrian Academy of Sciences Press, Beijing-Vienna 2005.

3.Masaaki Hattori, *Dignāga, on Perception, Being the Pratyakṣapariccheda of Dignāga's Pramanasamuccaya from the Sanskrit fragments and the Tibetan versions*. Cambridge: Harvard University Press, 1968.

4.武邑尚邦〈『集量論』本文の註釋的研究〉，龍谷大學論集351/354，1956/1957。

5.軌範師域龍造・呂澂〈集量論釋略抄〉，《內學年刊》第四輯，臺北：鼎文書局，1975。

6.陳那造・法尊法師譯《集量論略解》，北京：新華書店，1982。

7.韓鏡清譯（未發表手稿），陳那《集量論・現量品第一》；勝帝釋慧（Jinendrabuddhi）註，《集量論解說・現量品第一》。

8.何建興《集量論・現量品》，http://www3.nccu.edu.tw/~96154505/5-2.pdf。

最後，漢傳詮釋方面是以玄奘西行歸來（A.D. 645）乃至智周（A.D. 668-723）等七至八世紀的漢傳註疏為主軸，並以《因明正理門論本》所引《集量論・現量品》段落為主，兼及真諦、圓測、新羅元曉等註疏，建構陳那現量理論在漢傳的發展。

# 三、文獻回顧與評述

在我們的生活經驗裡，當我們在省思一個知識的來源時，所浮現的就是畫面，包括人或物的形狀、情緒、景、聲調等等，然後再往前回溯，找尋記憶的歸檔，經過判定、描述之後，我們知道它出現的時空，然後決定它的下個出口。這是一個經過注意、回想、喚起記憶的認識，完全是我所經驗的事情，而且能證成它的存在，只有我自己，這是一般人之生活通例。

對於這樣的認識，佛教認識論是以「量」“pramāṇa”來說，量在《瑜伽師地論》中，屬四種道理的「證成道理」（upapattisādhanayukti）項下。矢板秀臣考察《瑜伽師地論》的論理說，列舉「菩薩地」[68]和「聲聞地」[69]的說明，前者闡

---

[68] 彌勒說・玄奘譯《瑜伽師地論》卷36的〈4真實義品〉：「云何道理極成真實？謂諸智者有道理義，諸聰叡者、諸黠慧者、能尋思者、能伺察者、住尋伺地者、具自辯才者、居異生位者、隨觀察行者，依止現、比及至教量，極善思擇決定智所行、所〔智>知〕事，由證成道理所建立、所施設義，是名道理極成真實。」（大正三十・486中-下）。

[69] 彌勒說・玄奘譯《瑜伽師地論》卷34：「云何觀察地事變異無常之性？謂由觀見此地方所，先〔4〕未造立道場、天、寺、宅舍、市鄽、城牆等事，後見新造善作、善飾。復於餘時，見彼朽故、圮坼、零落、〔5〕頽毀、穿、缺。火所〔焚>焚〕燒，水所漂蕩，見是事已。便作是念——『如是諸行，其性無常。』何以故？如是色相，前後轉變，現可得故。……如是略由三種增上作意力故，尋思觀察內、外諸行是無常性。謂淨信增上作意力故，現見增上作意力故，比度增上作意力故，於前所舉，能隨順修無常五行，已辯變異、滅壞二行。」（大正三十・472中-下）〔4〕未＝來【聖】。〔5〕頽＝隤【元】【明】＊。

述基於聖言等三量，依證成道理來確立知境與所知事；後者具體說明三量，從變異（vipariṇāma）、滅壞（vināśa）、別離（viyoga）、法性（dharmatā）、合會（sannihita）等五方面來考察無常性，依世尊所說聖言量，觀一切法的無常，次依現量觀察變異之相，又依比量觀察滅壞之相，分別考察無常性。（矢板秀臣2005：頁11-12）——這是早於陳那的三量之說，是古因明的代表。

其次，就"pramāṇa"「量」一詞來說，矢板秀臣以《瑜伽師地論》〈本地分中聞所成地第十〉作為題材，研究「瑜伽論因明」，文中對於"pramāṇa"有提到三種：一是「理由」和「引喻」不矛盾時(70)，可作為「認識手段」（量"pramāṇa"），這是廣義的使用。總之，是成立「命題」意義的"pramāṇa"，包含同類等五；二是只把「現量」當作"pramāṇa"來使用，是狹義的"pramāṇa"，但是，「比量」和「正教量」不說是"pramāṇa"；三是在〈聲聞地〉將現、比、正教量列為三種量，所以，"pramāṇa"一詞至少有三種意義的使用。(71)吉田哲則提到兩義性：一是廣義的，因為這個「所謂pramāṇa是無欺的認識」的定義，不管是立於外界實在

(70) 彌勒說・玄奘譯《瑜伽師地論》卷15：「問：何故後說同類、異類、現量、比量、正教等耶？答：為欲開示因、喻二種相違、不相違智故。又相違者，由二因緣：一、不決定故，二、同所成故。不相違者，亦二因緣：一、決定故，二、異所成故。其相違者，於為成就所立宗義，不能為量，故不名量；不相違者。於為成就所立宗義，能為正量，故名為量，是名論所依。」（大正三十・359上）。

(71) 矢板秀臣2005：頁5。

論，或者立於唯識說，都是合適的。又根據此定義，人在行動之際，有關此人的目的實現，具有確實之物的特徵，因此，作為正確的認識的"pramāṇa"是設想人的行動和其目的的實現。二是意指成立認識這樣的行為的"pramāṇa"情況就不同了，若是外界實在論，「持有對象的形相是"pramāṇa"」而且認識對象是外界對象；若是立於唯識說的情況，認為認識持有「能取相」就作為"pramāṇa"。（吉田哲2011：頁40）雖然二人取材不同，不過，對於"pramāṇa"都從廣狹二義來說。

而「量」中的現量部分，是本論想要研究的主題，尤以陳那PS及PSV的意現量為始乃至雙重行相以及自我認知的證明。不過，有關於「意現量」是否包含自證是頗受爭議的，也依此有三或四種之區別。[72]吉田哲〈Pramāṇasamuccayaṭīkā

[72] 小林久泰提到Franco〔1993〕〔2005〕等，認為陳那承認「感官知」、「從意生的知覺」、「瑜伽的知覺」等三種；姚治華〔2004〕等認為自己認識獨立於「從意生的知覺」，所以，承認四種。（小林久泰2008：頁109）不過，正如本論一開始所列長友泰潤在感官認識之外，說有四種直接知覺，尤其是獨立列出樂等自己認識和伴隨概念的思維判斷的認識，似乎自己認識的歸屬頗讓人躊躇。不過，現量種類的分類，是涉及意現量的定義「不依存於感官」，按照這個定義，似乎有不是從五感官生這樣的對立意涵，所以，小林久泰說是廣義的mānasa，是和把自己認識分類成獨立知覺的一種這樣的狹義mānasa是不同領域。而Prajñākaragupta（智作慧）註釋PV時，在說完「從意生的知覺」之後，說「關於樂等『自己認識』也是『從意生的知覺』」（小林久泰2008：頁110），而按照智作慧的理解，所謂「從意生的知覺」是關於外在對象的「感官知」以及有關樂等內在對象的「自己認識」之後所起的「這個」狀態的認識。按照智作慧的理解，所謂陳那稱為「從意生的知覺」的「自己認識」

第一章（ad PS I 6-8ab & PSV）和訳〉的研究，處理PSV和PSṬ，並且從貪等自己認識開始，以「遍充關係」、「主題所屬性」、「結論」、「證因」的論證式來說明。（2012b：頁50-64）又有片岡啟提及以“vā”、“tu”這樣的接續詞來區別經量和唯識的對立之處，並依勝主慧的解釋有兩個經量部之說，與此不同的有kellner 2010。（片岡啟2011：頁2；2009：頁455-449）

進入現量的議題，仍不免要從現量的定義「離分別」談起，其次，按照PSV的6-12頌，主要是意現量，統合先進的現代研究如下：現量、離分別、五俱意和貪等自證、量和果。

## （一）現量 pratyakṣa

武邑尚邦《仏教論理学の研究》對於現量pratyakṣa的語意，指出：[73]陳那對於此語，顯示akṣam akṣam prati vartate.這一語義分解，這是古來，相當於現量的所謂「現現別轉」。而此語的語義分析，月稱《中論釋》則有二種分解：

1.pratyakṣa＝aparokṣa〔a+paras+akṣa〕

2.pratyakṣa＝akṣam akṣam prati vartate

---

是關於認識其自體的所謂「這個」的認識，通常我們依「自己認識」一詞來理解，和關於認識其自體的認識是不同的。（小林久泰2008：頁112）——由此可見到「自己認識」一詞的意義和內容。

[73] 武邑尚邦1968：頁138-139。

此中，第一是意味「不超越感覺器官（indriya）領域」這樣的事，第二就是「對應於（prati）每個的感覺器官（akṣam akṣam）而轉（vartate）」。此中，前者是月稱自身採用的，後者是陳那的。不過，武邑尚邦在後述提到月稱沒有充分理解陳那的立場，因為按陳那的立場來說，不是說「對應境」的這樣錯誤理由上，以嚴密的意味來說，應是說「對應根」，依這樣的規定，現量的真正意義才明顯。74

關於「根」，武邑尚邦依陳那《觀所緣緣論》的玄奘本和真諦譯的異譯本《無相思塵論》說明根不是單單被動，它能生自果，所以有發識的「勝能」（śakti），不過，此根是機能，是和境為內境共立，識的生起是「依機能說名根，緣內塵相名境」這樣的以境為緣，以根為所依而生，此機能和色境是相互為因而生，而根是根源。75因此，不是如月稱所批駁的「對應境」，亦即從對象產生的知之說法。

看過陳那和月稱的差異之後，武邑尚邦提到法稱和法上二人不用陳那「現現別轉」，法上以prati-gatam-āśritam-akṣam來說明pratyakṣa，即說「歸向於眼，並依存此」，這是意味「直接知對象」的意思，這顯然和陳那不同；法稱和法上，說現量為pratyakṣam kalpanāpoḍham abhrāntam.而再提出abhrānta（無錯亂）76的規定這點，顯然法稱可說是屬於經量部（Sāutrāntika），因此，法稱的kalpanāpoḍha必是和陳那不同。又，陳那說的「除分別」不是nirvikalpa而是

---

74 武邑尚邦1968：頁152-153。

75 武邑尚邦1968：頁150-152。

kalpanāpoḍha，顯示此是「對應於根」的解釋。因此，所謂「除分別」顯示不承認作為心外別法的對象和持有作為心內之境的對象，並以此為自相。[77]再者，服部正明早先也提到陳那在遮遣正理學派的現量規定的無錯亂之語時，是把錯亂當作是屬於意（manas）。意是以分別作用為本質，從而陳那的“kalpanāpoḍha”這樣的定義是預防錯亂的介入。[78]桂紹隆也提及法稱加入「無錯亂」（abhrānta）的限制，是依於有感官缺陷產生的謬誤知，陳那是將謬誤知的原因歸於「意」（manas），似乎認為謬誤知都是概念知。[79]——對於

---

[76] 關於「無錯亂」，陳那沒有採用，舍爾巴茨基提到三點，簡述如下：1.虛妄總是包含錯誤的感覺判斷，但判斷並不屬於認識的感性部分。陳那批判正理派的現量定義中包含「無錯亂」的特徵，他說：「錯亂的認識對象就是理性構造的對象」（PSV1.19）。2.重複無分別。陳那可能希望自己的邏輯學，能被實在論和觀念論者所同意。就如陳那批判世親《論軌》說「現量是（純）對象自身引起的認識」，因為它可以被加以實在論的解釋，還有，「無錯亂」會被解成對瑜伽行派的排斥，所以，陳那選擇被動、不被構造的純感覺定義。勝主慧亦有提到此點。3.「無錯亂」可作多方面解釋，所以，讓它進入自己的理論系統是危險的。（1997：頁181-184）。

[77] 武邑尚邦1968：頁154-156。

[78] 服部正明1954：頁124。

[79] 桂紹隆1984：頁117。關於這點，善珠《因明論疏明燈鈔》中也有提到相似的說法：「問：五識有時貪等俱起，如何唯說名現量耶？答：由意引故，雖貪等俱，無分別故，唯現量也。故《瑜伽》言：由二緣故，諸煩惱生。一、由分別故，二、由他引故。意識中者，具二緣生，五識相應，但由他力，不由分別，無分別故。」（大正六八·421上）。即使五識有貪等俱起，仍不影響五識現量的無分別，這是當時所接受的現量，能起分別的只是意識。桂紹隆也提及這裡應注意的事，是只要關涉佛教論理學，知識的真偽問題和知識的確實性

“pratyakṣa”，不是對應境，也不是感官的眼睛，而是對應根，是一種功能。也或許是表現「現量」的性格，如武邑尚邦提到以四種區分來說明現量的性格[80]，或許是因為有不依根的自證。貪等覺受的自證，是不通過根的現量；但是，若這種覺受移到作為對象的場合，就是分別，就不是現量。

武邑尚邦提到作為現量的理由，陳那是排除「根境接觸」的規定，以「除分別」一詞來顯示，是要除去一切概念性東西，但不是「無分別」。這顯示陳那獨特的現量認識的真實性和確實性，即他是將這點說為量果、是自證，那是因為它持有作用，並非像無分別那樣的空虛，由此自證才得決定對象的愛非愛。如此來看，陳那不是單依感性認識的意味，而顯示感性認識的確實性的根據。即所謂現量不單是pratyakṣa的譯詞，還有被規定為現現別轉的pratyakṣa，作為能夠保持其確實性（prāmāṇya）的規範（pramāṇa）之現證量意味的pratyakṣa-pramāṇa。而那是依覺受這樣的方法的自證。[81]——陳那的理論與印度實在論者的區別，就是除分別而不是「無分別」！而且，除分別的作用，是用來表達陳那獨特的真實性和確實性，以此說量果是自證，由此自證才得決定對象的愛非愛。此現量是有現現別轉的確實性效用。

---

（prāmāṇya）問題就是完全不同的問題。若就前者，只有現量是真知，其他都是謬誤知、偽知。關於知識的確實性，不只是真知的知覺，是偽知一部分的推理也是，只要它發揮有効性，就被視為確實的認識手段（桂紹隆1984：頁118）。那麼，陳那是屬於後者抑或前者呢？

[80] 武邑尚邦1968：頁184。

[81] 參考武邑尚邦1968：頁191。

## （二）離分別

現量的定義，陳那主張「離分別」，武邑尚邦提到陳那 “kalpanāpoḍha” 是對應根，又說這個定義是預防錯亂的介入。但也與法上的「直接知對象」和法稱加上「無錯亂」是不同的。“kalpanāpoḍha”，具體來說，如宇井伯壽說「遠離一切種類名言假立無異諸門分別是除分別的解釋」，並舉大疏所說三釋[82]，依NV引用現量除分別的原文，提到「分別」是「名言和種類的結合」，又說「與境自相一致而且使之決定的自證」是現量，而且其他本也是如此引用，所以，依此推定第一釋是全然臆說而不能採用的誤釋。（1965：頁636-638）宇井談了「分別」是什麼，但是，也說了現量實際是對自相的確定。

武邑尚邦又說，勝主慧（Jinehdrabuddhi，原文是勝主覺）提到陳那的「離分別」要離的名言、種類、德、業、實五種分別中，名言有存在性（astitva），其他沒有存在性，只作為所分別（parikalpita）存在。不過，對於名言，蓮華戒（Kamalaśīla）認為：「提多這樣的名稱，它是只關係到被給

---

[82] 是依窺基《因明入正理論疏》卷3所述：(1)「言種類者，即勝論師大有、同異及數論師所立三德等。名言即目短為長等，皆非稱實，名為假立。一依共相轉，名為無異。諸門六句，常無常等。」（大正四四 · 139上-中）；(2)「或離一切種類名言，名言非一，故名種類。依此名言，假立一法，貫通諸法，名為無異。遍宗定有，異遍無等，名為諸門。」（大正四四 · 139中）；(3)「或可諸門，即諸外道所有橫計安立諸法，名為諸門，計非一故。此即簡〔7〕非。若唯簡外及假名言，不簡比量心之所緣，過亦不盡。故須離此所有分別，方為現量。」（大正四四 · 139中）〔7〕非＋（盡）ィ【原】。

與的人的一生存在，實際上是剎那剎那地存在變化，所以，只不過指付與名稱而已。」那決不是表示存在本身。只要被說為名言（nāma）或者聲（śabda），就不能離開分別世界，不可能超出概念，即是yadṛccha-śabda，將此譯為「任意」、「恣意」來看，語感上有強烈的「一時想起、回想起」之感，因此，名和物不是在必然的結合上，可以說只有依人的一時想起的結合之意。[83]

離分別除了從「分別」事項來掌握，也是表現在自相上。而在二相方面，對於陳那依自相和共相而說兩種量來說，戶崎宏正提到將量限定在現量和比量，或許《論軌》中就有，只是陳那將其根據設限在對象有二種上，而且依自相和共相含攝所有對象，以前就已經存在（《大毘婆沙論》，大正二七·217以下），陳那就採用到他的認識論裡。（1979：頁105-106）對此，木村誠司綜合先進研究而進一步提及：（1999：頁316-308）

(1)依服部正明和梶山雄一的研究得到兩點：1.svalakṣaṇa —知覺—無分別知—明瞭。2.sāmānyalakṣaṇa—推理—有分別知—不明瞭，也一併表明陳那的自相和共相和阿毘達磨是完全不同的，因為兩者都是分別的對象。

(2)桂紹隆：採用《俱舍論》和對此的Yaśomitra註釋所說自相和共相，是方法巧妙介紹通說，即以個別相和一般相來看待，是以「個物」（individual）和「普遍」（universal）這樣

[83] 武邑尚邦1968：頁158-160。

的詞來理解自相和共相。（1984：頁106-107）不過，木村誠司認為只是利用少部分，是有所限。也提及桂氏說明陳那說時，顯示自相→共相的這種時間順序，而先前戶崎在《大毘婆沙論》是共相→自相。

木村誠司以世親《俱舍論》的梵文本和其諸註釋作為考察對象，透過此研究所得，《俱舍論》中，自相和共相併記場合，兩術語在單一・複合、時空所限或不限這樣情況下，都以明確地對立的型態來使用。顯然陳那所說二相是有所繼承，但「自相→共相」的時間序也是創新，不管是相對於《大毘婆沙論》和《俱舍論》來說，這樣的說法是不同的。

其次，對於自相所顯的「離分別」，學界朝向兩個方面：1.分別，2.五種類，以下依此分述。

**1. 分別 vikalpa、kalpanā**

而在《集量論》的梵文重建本中，「分別」除了是vikalpa之外，出現在說明自證的長行中之kalpanā是一個關鍵性說明，所以，了解學界對此的說明，將對於本論有所裨益。

對於kalpanā和vikalpa，Natalia Kanaeva提到現代的研究者們是把和「思考」或者「心的構想」這樣的西洋概念類比來理解的事實。[84]瑜伽行派基於佛教教義的中心思想，將kalpanā解為「心的構想」，亦即基於思維的知識，和〔直接地〕知覺是原則上不同的事。而且，將kalpanā置於低階經驗的實在性的

---

[84] Natalia Kanaeva，前川健一譯2008：頁83。

層次。(85)

不過，kalpanā在論理學者中，立場沒有完全一致。陳那在註釋《集量論》之中，提到「什麼是kalpanā？那是與名稱、種類的結合」（PS1.3d & PSV, PSṬ37,15-16）——這個定義，在所謂表象現實的過程是思考的意義中，必須被解釋。其次，更明顯的是，予以表象的是認知過程的結果，由於認知的進展而獲得明確的知識。(86)依陳那kalpanā的定義上，某些的論理形式，例如「概念」、「判斷」、「推論・結論」的東西是不見片鱗。法稱《量抉擇》中，僅只說kalpanā是對於對象的明顯心像（pratīti）的言語表現。在《正理一滴》定義kalpanā是：「持有和言語結合而得的表象的pratīti是kalpanā。」此是使作為kalpanā的第一要素的「pratīti」和〔西洋論理學的〕「概念」接近。此處所謂「概念」是將思考的對象歸於特定類，以共通述詞為基盤而與其他大部分的對象區別的思考。(87)

唯識典籍中，菅原泰典處理《莊嚴經論釋》提到兩點kalpanā的用法特徵，其一是作「所被分別」這樣的被動式。相對於此，kalpa是「分別」。也就是kalpanā、kalpa的兩詞是對應於遍計和依他，兩詞的不同就是唯識的骨架。而在此論之外的世親論書，《二十論》、《三十頌》沒有使用kalpanā，但《三性論》和此論相近，將kalpanā-mātra置於遍計，而kalpa-mātra是依他。《莊嚴經論釋》中kalpanā的第二特色，是

(85) Natalia Kanaeva，前川健一譯2008：頁84-85。
(86) Natalia Kanaeva，前川健一譯2008：頁87-88。
(87) Natalia Kanaeva，前川健一譯2008：頁90-91。

在《二十論》、《三十頌》經常出現的vijñapti-mātra，在《莊嚴經論釋》對應的是kalpanā-mātra。此是和kalpanā在被動的傾向中，存在有機的關係，可以說kalpa-kalpanā幾乎各自對應於vijñāna,-vijñapti。[88]

大野義山比對安慧《唯識三十頌釋論》中的vikalpa和parikalpita，言及vikalpa是兩方面的意味，即成為我法的意義和作為認識主觀的意義的兩方面意義，以及相應於此，parikalpita也有兩方面的意義，即作為我法的意義和能所對立面的意義的兩方面同時存在。所謂成為我法或者作為我法是發生論方面，又認識主觀或者能所對立方面，可說是認識論方面。[89]可見兩個詞都有發生論和認識論的可能。

與vikalpa有關的應該是「顯現」pratibhāsa這個詞，伊藤康裕指出瞬間地生起的vikalpa沒有，而有作為「顯現」的可能性。「顯現」表現虛妄分別，依《唯識三十頌釋論》「識轉變」而說此虛妄分別是有，但二取是無。安慧所說虛妄分別的「有」，不是常住不滅的實體性的東西，而是剎那剎那滅，以一邊變化一邊生這樣狀態的立場的「有」。安慧認為「有」是虛妄分別的有的「作為識轉變自體而有」，這是可以確認譬如表現為「作為實物」等。而二取依《中邊分別論釋疏》來說，「作為有事物本性的東西是不存在」，是被視為「如同兔角一般」不存在。不過，《中邊分別論釋疏》中有定型句表現為

[88] 菅原泰典1984：頁156-159。

[89] 大野義山1953：頁164-165。

「作為自體不存在，持有所取和能取的行相而顯現」，即使二取以勝義的立場是不存在，但二取的顯現在世俗的世界，理應不是完全不存在，作為二取顯現的具體實例，舉出象等的形相的顯現，表現這樣的「顯現」時，就使用prakhyāna一語，安慧以pra√khyā表示理應不存在而有的場合。[90]

對於“kalpanā”，瑜伽派是解為「心的構想」，和直接地知覺不同，屬於低階經驗的實在性層次。陳那主張是結合名、種，法稱則是持有和言語表現結合而得的表象的pratīti，與西洋論理學的「概念」接近，是對特定對象的。在唯識論典《莊嚴經論釋》中，有兩點特徵，一是所被分別，而且置於遍計，另一是似乎與 vijñapti 對應。vikalpa，一則是兼具我法意義的發生論和作為認識主觀的認識論，另一是有作為「顯現」的可能性。由此看來，似乎kalpanā是屬所取的性質，而vikalpa是屬能取的性質。

## 2. 五種種類

陳那對於「分別」，說有五種：名稱（nāman）、種（jāti）、性質（guṇa）、行為（kriyā）、實體（dravya）。吉田哲認為五種語言分類不是陳那自身的主張，因為依《集量論》的梵文重建本所述：“anye tu— arthaśūnyaiḥ śabdair eva viśiṣṭo 'rtha ucyata iti icchanti.”「然而，餘處認為——正是不以認識對象的名稱來說特定對象。」，也是因為他不會把五

---

[90] 伊藤康裕2008：頁150-153。

種類或者語言看成實在的對象（桂紹隆1984：頁113）。因此，吉田哲推定五種類的語詞分類是陳那以外的既存之說。（2010：頁115，117 註5、6、7）

如果五種類是當時「既存之說」，那麼，是屬於誰的呢？吉田哲從兩方面來說：1.文法學派，2.《阿毘達磨大毘婆沙論》的六種名。五種種類中，除了實體語之外，和印度語法學家波顛闍利（Patañjali）的*Mahābhāṣya*所舉五種種類一致。所以，「既存之說」確定是以文法學知識為樣本的作品。通過勝主慧，指出和非Pāṇini 學派系統的文法學關連。也指出與《婆沙論》的六種名有類似性，除了「時分名」之外，和陳那列舉五種類名類似。總之，陳那列舉五種種類之語詞是為了要表示：由於對象是依語言來被認識，所以，由於與五種種類之語言相關的這樣的諸要素之「分別」的結合是必要的，但是，就不能以言語表現的型態來認識認識對象的現量來說，不能有這樣的「分別」。（吉田哲2010：頁115-117）

## （三）五俱意和貪等自證

吉田哲對於勝主慧的五俱意解釋，說意現量有兩種：外界對象的認識和貪等的自己認識。不過，吉田哲對照服部的兩處藏譯，也發現「貪等的自己認識」的部分有不同，而另一個色等對境為所緣的部分是一致的。[91]岸根敏幸提及月稱說自證

[91] 兩處藏譯的貪等自證是：（1）（k）在貪，瞋，癡，樂，苦等中，也是因為自己認識不依於感官所以是意知覺。（2）（v）在貪，瞋，癡，樂，苦等因為不依於感官，所以是「自己認識」的知覺。（吉田哲

是原本經量部的主張，認為唯識學派取入自證這個說法。（吉田哲2012a：頁109 註13）

對於“artha-rāgādisva-saṃvitti”，吉田哲說勝主慧以獨特方式來解釋這個複合詞，分解為“artha- saṃvitti”（對象的認識）和“rāgādisva-saṃvitti”（貪等的自己認識），認為此說是按照法稱之NB等區別「以感官知作為等無間緣而生的意識」和「一切心心所的自己認識」的說法。（吉田哲2012a：頁100）

不過，對於“rāgādisva”，勝主慧是逐詞作了解釋“rāgādīnāṃ svaṃ rāgādisvam / svaśabdo[92]’yamātmavacanaḥ / arthaśca rāgādisvaṃ ca, tasya saṃvittirartharāgādisvasaṃvittiḥ / ”「對欲望等等的認識本身，就是『欲望等認識本身』，這個『本身』一詞，就是自我的反身詞。外境對象和欲望等認識本身，對他的認知，就是對外境對象的〔心王〕認識以及欲望等〔心所〕的認識本身的認知。」

---

2012a：頁107-108註6）。此中的差別在於PSV1.6ab的解讀，亦即（a）“mānasam api rūpādiviṣayālambanam avikalpakam anubhavākārapravṛttaṃ”和（b）“rāgādiṣu ca svasaṃvedanam indriyānapekṣatvān mānasaṃ pratyakṣam.”吉田哲認為若按照（1），（a）或者（b）是就「意知覺」來說，此說為Prajnakaragupta所引（服部正明，1968, p.92, note1.45, p.94, note1.47）；而（2）就成為（a）是說「意知覺」，而（b）是說「自己認識」（svasaṃvedana），此說被勝主慧PSṬ所支持，所以，（2）也有被支持的可能性（Cf.長友〔1989〕,〔1993〕）。（吉田哲2012a：頁96）。

[92] sva-,ātman-是反身代詞（reflexive pronoun），一般來說，使用於複合詞前分和反身性形容詞是表達「我自身的，你自身的，此人自身的」等等意味。以上參考菅沼晃1994：頁216。

又對於意識的認識“anubhavākārapravṛttaṃ”吉田哲是譯為「依以直接經驗為形相的東西而生起」，亦即意的現量是依所謂感官知等無間緣而產生。所以，吉田哲和片岡啟都是朝向勝主慧的解釋方法是依法稱的發展成果來解陳那的說明。（吉田哲2012a：頁104，114註41）

但是，從等無間緣生這個說法，窺基《成唯識論述記》在證明五俱意時，也說等無間緣可以多識俱生，不是前後而是同時。所以，將意識說成是透過五識等無間生的說法，歸為法稱之說，對於玄奘沒有傳入法稱的著作來看，是沒有必要。

其次，關於自證，依姚治華先生所介紹學界對意識反身性（自證）的研究有三，[93]認為陳那的自證是從屬於意識，其特性是思維（mānasa）而非「感知的」。是與意現量和瑜伽現量密切相關的現量，因而是高階思維而非高階感知。認為自證的意義是在意識的反身性，而且是與現象學一致，即當下自身意識不僅是可能，而且只有它才是意識的原初的反身性。然而，說自證是意識的，是思維非感知，但這樣的反身性是什麼？可以達到作為獨立的現量？顯然，自證的釐清，是陳那現量理論的關鍵。

---

[93] 三者是：1.是笛卡兒傳統，把「我思」作為絕對明證，努力使自身意識得為近代西方哲學的核心概念。但他關於自身意識的「完全性」（completeness）和「無謬性」（infallibility）受到當代學者摒棄。因為他們認為並非有意識狀態都意味著對自身的意識，而且並非所有對自身的意識都是絕對無誤的。這非常類似對大眾部主張「諸心心所法皆知其自性」的論斷之批判。2.是現象學派，他們都堅持自身意識必然是在認識當下時刻的發生。任何在認識活動之後的反思或反省都是第二性的、衍生的，並非當下直接的自身意識。佛教的有部與此正相反，認為其後第二

## （四）量和果

依據Ernst Steinkellner等編校的勝主慧註PSṬ和梵文還原本PSV，研究自證理論的，有2008年久間泰賢〈ジネーンドラブッディにおける「意による知覚」と「自己認識」〉，吉田哲發表〈ジネーンドラブッディの「自己認識」理解〉，文中主要針對認識手段的考察，將此議題放在唯識說和外界實在說之間，因為陳那似乎遊走於兩者之中，沒有明確表明自己的立場，相對於此，依於法稱的見解的勝主慧，明確意識到「勝義的認識手段」和「世俗的認識手段」的不同。[94]吉田哲2012年也發表〈ジネーンドラブッディによる意知覚解釈〉，所以，久間泰賢和吉田哲都先後注意到意現量和自證的關係，而片岡啟依戶崎宏正（〔1968〕〔1979〕〔1985〕）和服部（〔1968〕）的研究，按照法稱的理解，有兩個經量部之說，

刻的反省中的認識才是可能的，後期中觀學者也秉承有部的基本精神來批評陳那。而陳那的自證說就是在反對有部的反思說的背景下展開，他的基本思路與現象學派一致，即當下自身意識不僅是可能，而且只有它才是意識的原初的反身性。3.高階感知（higher-order consciousness）論與高階思維（higher-order thought）論：高階感知論溯源於洛克和康德的關於自身意識的「內感官」模式，即把自身意識理解為如同外感官觀察外物一樣而對內在表象所作的直接的、無概念化的把握。對於意識研究，區分高階、低階，低階意識是對外在對象的意識，而高階則是反身意識，但對此高階有認為是高階感知，有認為是高階思維，強調高階思維的直接性和非概念性。以上參考姚治華2006：頁51-55。

[94] 整篇文章大致區分成三個路徑：1.是關於認識手段的考察：說明是否要區分勝義和世俗；2.自己認識是認識結果：是唯識說和外界實在說要承認的；3.作為知的一般性質的「自己認識」。（吉田哲2008：頁71-78）。以下所述吉田哲部分皆屬這個範圍。

因為認識手段是持有對象的顯現，但是認識結果有兩種情形：一是PS1.8cd，外界對象認識，二是PS1.9自己認識，即共通於唯識的立場。（片岡啟2009：頁455）

不過，這當中涉及認識對象如何產生？而且陳那對此的態度是否一致？對此，褚俊傑提及一個思考點，即要考慮的是，這個認識的經驗，是內部所得或者外部所得，而不是被知覺的對象是否實際存在於外部（褚俊傑2006：236）。按照這樣的思維，要討論的只有表現經驗的顯現（appearance）或者說是行相（ākāra）。[95]可見在行相的說明上有共同之處。其次，就PSV1.8cd-9a來說，陳那表示不同於主張認知的對象是在外的人，認知方法就是結果的「量即是果」，因為作為結果的這個認知生起時，是伴隨認知行為，因為帶有認識對境的行相（viṣayākāra, aspect of an object-field）。或者更確切地說，自我認知是結果。認知生起是有兩種顯現：認知自身和對境的顯現（the appearance of the cognition itself and the appearance of the object-field），這兩種顯現的自我認知是結果。（褚俊傑 2006：pp.238-9）而PS1.9就是說明這個理由——對對

[95] 褚俊傑引用Mokṣākaragupta所提經量部對於外部的對象的看法，是因為它是無知覺（insentient），不能直接地被知覺。此外，又依AKBh（Abhidharmakośabhāṣya）和AKV（Abhidharmakośavyākhyā），說經量部定義“ākāra”是所有心心所執取所緣境（ālambana, object-support）的具體方式（prakāra）。提及心心所是伴有所緣境，因為他們執取他們的對境（viṣaya），而且他們有認識對象的行相（sākāra），因為正是所緣境以具體的方式，給心心所它的行相。行相在對象和主體之間是唯一不可或缺的聯系。（褚俊傑2006：pp. 236-8）。

象的確定（arthaniścayaḥ），但是有兩種不同方式，一、瑜伽系統：伴隨對境的認識（saviṣayaṃ jñānam）是“artha”（object-reference），而且根據自我認知的行相，這“artha”被理解為可愛或非可愛（PSV ad PS1.9b）。二、經量部：外在“artha”是可認知的對象，認識的僅僅是具有對境的顯現是認知方法（PSV1.9c-d1）。對於兩派的說法，陳那不談兩個系統的差別，而以共通於兩者的方式——認識是具有對象的顯現。而且根據PSṬ68,4-7，所謂行相是認知的對象，只有內在能認知，不是外在對象本身，因為不被知覺。尤其PSṬ74,11-12的「離分別」說明清楚的顯現是認知對象。（褚俊傑2006：pp.239-244）——由此可見，就成為認識手段的「量」來說，在認知內在對象上，兩個系統可以達到共識，只是一個形成認識對象，一個是認識本身。

顯然關於量和果，即認識手段和認識結果，陳那主張量即是果，又說自證是果，勝主慧的解釋，似乎有些曲折，因此，將依序處理量即是果，和自證是果。

**1. 量即是果**

就陳那來說，吉田哲說陳那一貫以唯識說作為自己的本來的立場，如PS1. 10所示：

> 有某物顯現的話，那是認識對象。另一方面，能取相和認識是認識手段和結果。從而，三者是不能區分的。

吉田哲於此說：陳那採用一種常識性見解，就知的自己認識性和有形相性等來說，不論立於唯識說和外界實在說的哪個都必須承認的事。就陳那來說，他並不明確表明自己的立場，可以說遊走在「勝義」和「世俗」之間。而勝主慧則很明確意識兩者的區別。也就是不能忽略世間人的常識是外界實在說，考察認識手段的目的，主要是在於把連常識世界中都會陷入謬誤的世間人，從這個謬誤中救出，所以，不能無視是世間人常識的外界實在說。

吉田哲又就作為知的一般性質的「自己認識」來說：就自己認識來說，不論立於唯識說和外界實在說的哪一邊都必須承認，但是，至於什麼是認識手段，兩者經常是不一致。唯識說是知自身的形相的能取相作為認識手段，而外界實在論則是使對象認識成立的「知顯現作為對象的事」就成為認識手段。而PS1. 9d2陳那主張「認識手段」或者「認識對象」只不過是知的一形相，兩者的區別只不過是應用施設假立來表現。因為對象是「依此而被量」（9d2）。對照於PS1. 8cd，「認識手段」、「認識對象」、「認識結果」三者的區別，沒有實體可言。

**2.自證是果**

關於自證是果，吉田哲提到兩面向：1.認識手段和認識結果是否區別，2.自己認識是認識結果，分述如下。

(1)認識手段和認識結果是否要區別：以自己認識和二形相性為主要問題，是PS1.8cd所說：

> 基於伴隨作用這樣的常識性理解，〔被說為〕認識手段〔。它〕不外就是結果。

陳那說認識手段和認識結果的區別是在常識的理解上被承認的，兩者實際不被區別，這區別只不過是由於語言的「施設假立的用法」（upacāra）。這裡，陳那自身言及「外界實在論者」，而且也述說自己與此不同立場，這裡顯示他本來的立場是唯識說。勝主慧解釋這裡時，還提到兩者就實體而言是不被區別，同時也述說「對象形相性」，也就是持有對象形相這件事是認識手段。

在PS1. 8cd的認識手段和認識結果的區別是以外界實在說為前提，而若即使立於外界實在說，認識手段和認識結果就實體來說，不是不同的東西，這是勝主慧的理解。

(2)自己認識是認識結果：陳那在認識手段和認識結果只是「施設假立的用法」上，接著說自己認識是認識結果：

> 或在此〔知覺〕中，自己認識是結果。（9a）
> 誠然，知是持有自己顯現和對象顯現這二種顯現而生起。有這二種顯現〔的知〕的自己認識是結果。

陳那在PS1. 9a直指自己認識就是結果，知是持自己的顯現和對象顯現的這兩種顯現而生起，有這兩種顯現的自己認識是結果。勝主慧在對PS1.9a的註釋中，先批判外界實在論者舉出外界的對象存在的根據。勝主慧提出的原因是：

①或有因為知的潛在印象（習氣）的成熟是不完全的，造成知這樣的結果不成立。然而，只有知是被自己認識而生起，所以自己認識才是結果。

②對象被決定正是按照認識，所以，結果正是這個（認識）。如果是按照持有這個（對象）被確定的本質就可能決定〔對象〕的話，所有的人的知就會是同一形相。但是，〔人們的〕認識（vijJapti）卻有種種形相。亦即對同一事物，由於認識主體不同，認識就伴隨精細、粗糙等形相的知，但是，一個實體不會持有很多形相。因而，不可能按照本質來判定對象。

勝主慧解釋此頌，認為不論外界實在說或唯識，都必須承認知的自己認識，所以，在註釋PS1.9b時說：「不只是立於因為認識手段，知是認識對象之時，〔人是〕相應於自證來理解對象，所以，自己認識是結果，在〔立於說外界〕對象〔是認識對象的觀點〕之時，也是這樣。」。並在PS1.10作了結論。勝主慧說：

> 【問】那麼，為什麼〔造論者〕說「自己認識是結果」呢？
>
> 【答】若論真實（paramārthatas），〔結果是〕以此（自己認識）為本質（tādātmya）故，說「自己認識是結果」。但是，按照施設假立的用法，而從是結果這個點來看，那個（結果）應視為對象的認識故，沒有矛盾。

在回應中，即使後項是在外界實在說的場合中，說「對象的認識是結果」，但前者論真實是認為它不外乎就是自己認識。相對於真實，PS1.10所說施設假立是被視為是敘述一般性的知。而且按照施設假立的話，一般知只能是就以內在於「能取相」、「所取相」這樣的知的形相為契機的自己認識來說是果。吉田哲認為，勝主慧承認的外界實在說，可說是以「自己認識」說這樣的共通部分為媒介，而必然要移轉到唯識說。

其實，這個關鍵在於結果是指什麼，這結果就是我們認識到什麼。勝主慧按照陳那所說，知是有兩種顯現，即作為自己的顯現和作為對象的顯現，來會通兩者——就作為自己的顯現來說，若知中有知的某個形相的話，正是伴隨以此為自己的形相而顯現，就是（伴有）能取相的意思；就作為對象的顯現來說，所謂對象（viṣaya）就是所取相（grāhyāṃśa）。不論有無外界對象，被認識的，都要「持二顯現」的知。相對於此，就外界實在論者而言，勝主慧按照複合詞分析來解說[96]，沒有外界對象，所謂認識對象，就是作為對象而顯現的知自身，而有外界對象的場合，也必是以自己認識為結果，即使知和對象不同，知也是以「相似於對象而顯現」。所以，不論立於兩說的哪個，都要承認知的自己認識。

---

[96] 就「作為對象的顯現」而言，有關“viṣayābhāsa”是被分析為外界對象作為所依的場合，這個知是“有相似於對象的顯現”（viṣayasyevābhāsa）這樣的有財釋之依主釋（tatpuruṣa）；另外，若不以外界對象為所依的場合，這個知是“有對象的顯現”（viṣaya ābhāsaḥ）這樣的有財釋之持業釋（karmadhāraya）。以上引自吉田哲2008：頁74。

綜合上述，吉田哲對於量和果的掌握，從量即是果中，要說明一般常識所能接受的，也是外界實在論所共許，要說明量是什麼，亦即認識手段是什麼？唯識派是知自身的形相的能取相，而外界實在論是對象的顯現。由此更進一步推演自己認識是果。首先是認識手段和認識結果是常識上安立的理解，是因應外界實在論者來說，但實際不區別。不區別在於持有對象形相這件事上。其次，站在結果被確定是在認識而不是在對象上，依認識主體不同而有不同的形相認識。或許這就是武邑尚邦強調的「對應根」而不是「對應境」。

## 四、全文結構大要

本論主要以PSV1.6-12頌之梵文重建本以及漢傳的傳譯和註疏為兩大軸，第一章是導論，說明《集量論》的陳那和勝主慧的生平和著作的略述以及相關理論。第二章是透過〈附錄三〉的陳那和勝主慧的對照。勝主慧的逐詞解釋，掌握PSV的意義和此本之外的解釋。第三章是以玄奘傳譯經論開始的七至八世紀的漢傳詮釋為主，找尋保留在這些典籍中的陳那現量理論。此中，「現量離分別」搭配PSV1.2-5頌的說明，PSV1.6-12頌也援引入意識的現量、量和果、兩種所緣・行相來說明。第四章結論。

# 第二章　PS. PSV. PSṬ
# ——以意的直接知覺為中心

## 一、前言

2005年中國藏學研究中心和奧地利科學院合作出版《西藏自治區梵文文本系列叢書》第一卷是勝主慧的《集量論大疏》，第二卷是此書的轉寫版，此本是保存於拉薩的梵文手抄本。書中前言提到，是「現存于世的唯一一部該著作抄本。此外，這部著于八世紀下半葉的註釋本，也是唯一一部對陳那《集量論》（*Pramāṇasamuccaya*）作品的註釋本」，就其重要性，說「一方面陳那這劃時代著作的梵文本還未被發現；另一方面，他與同一時期其他認識論學者、學派的辨議性著述也沒流傳下來；再者，吉年陀羅菩提（Jinendrabuddhi）還為我們提供了許多早于陳那時期的其他婆羅門古典印度哲學的引文或著作的記述，而這些作品大多已經無可挽回地消失了。」❶——Jinendrabuddhi有音譯為「吉年陀羅菩提」，本論是按照意譯中的仿譯❷形式，譯為「勝主慧」。經由先進這樣的介紹，

---

❶ 這是引自前言部分，Ernst Steinkellner, Helmut Krasser, Horst Lasic 2005: p.9-10。

❷ 對於佛典中仿譯的情形：「仿譯是把外語的一個語詞或詞組，甚至

大概可以知曉這部著作彌補這些遺憾，而且也可以看到早於陳那的古印度哲學的學說。整體來看，對於勝主慧的《集量論大疏》問世，令人振奮，引人想一窺堂奧。同年，奧地利維也納大學的Ernst Steinkellner教授也重建陳那的《集量論》（*Dignāga's Pramāṇasamuccaya*）梵文本問世，在處理陳那的現量理論上，提供重要的說明。

所以，本論主要就是以Ernst Steinkellner, *Dignāga's Pramāṇasamuccaya, Chapter 1*（略為PSV表之，以下例同）為主，佐以Ernst Steinkellner, Helmut Krasser, Horst Lasic: *Jinendrabuddhi's Viśālāmalavatī Pramāṇasamuccayaṭīkā*（略為PSṬ表之，以下例同）的說明，並參考歷來翻譯著作，包括1956年武邑尚邦〈『集量論』本文の註釋的研究〉、1968年服部正明（Masaaki Hattori）*Dignāga, on Perception*、1975年軌範師域龍造・呂澂〈集量論釋略抄〉、1982年陳那造・法尊法師譯《集量論略解》、韓鏡清譯（未發表手稿）：陳那《集量論・現量品第一》和勝帝釋慧（Jinendrabuddhi）註《集量論解說・現量品第一》、何建興《集量論・現量品》等七本。

這九本著作中，完整翻譯勝主慧❸的註有韓鏡清，其餘七

---

句子，照它原來的結構方式搬到自己的語言裡來。它最多情況存在於「詞」的層面。佛典中就有大量的仿譯詞，例如，「非-人」（a-manussa，指天神、夜叉等非屬人類的眾生）」，關於佛典仿譯詞的探討可參考朱慶之2000：頁247-62，以及蔡奇林2004 ：頁39-40之說明。

❸ 關於勝主慧的年代這個年代是未定，但依Ernst Steinkellner在PSṬ的Introduction所述是西元710至770年，註68亦提及參照 Funayama 1999: 92, p.xlii。

本是陳那的版本。再者，七本幾乎是參考藏文本，梵文本只有Steinkellner和何建興的梵文翻譯。

不過，這些參考本的譯詞沒有統一，所以，本論原則上是尊重各位作者的譯詞，在引文中列出，而在論文的說明上，加引號說明。其次，由於末學是首次作梵文的翻譯，❹在譯本中，為求能清楚表達梵文意義，嘗試以現代語法來翻譯，以「現量」為例，譯為「直接知覺」。其餘的如「根現量」、「意現量」等亦是同樣，會在第一次出現時，作出說明並且以下例同。

對於直接知覺亦即「現量」一詞，陳那給出“a-vikalpaka”脫離分別想像亦即「無分別」的定義，尤其在PSV1.5特別強調“sarve tv avikalpakā eva”：

> evaṃ tāvat pañcendriyajaṃ pratyakṣajñānaṃ nir-vikalpam.
>
> 首先，由五種感官產生的直接知覺的認識，是脫離分別想像。
>
> **paramatāpekṣaṃ cātra viśeṣaṇam, sarve tv a-vikalpakā eva.**

---

❹ 對於梵文的翻譯，學生很感激恩師林鎮國教授引介德國萊比錫大學褚俊傑教授來政大演講，並且向哲學所推薦在夏日學院開課，於2010年7月5日至30日邀請褚俊傑教授密集開課，所開科目正是陳那《集量論》，這個課程將陳那和勝主慧註的《集量論》梵文本中的「意現量」議題全部講完，真是恍如如專程為學生的論文而來，所以，學生的梵文翻譯受於褚教授之教益良多，希望學生的翻譯能符應師意而不違所教。所以，在此謹記以表達對兩位恩師的謝忱。

> 而在這個〔《集量論》〕文本，對此〔直接知覺〕的分別，是由於考慮到論敵的想法〔而提出的〕，然而，〔對陳那而言，是沒有差別的定義，〕所有〔直接知覺〕認識僅僅是脫離分別想像。

首先，由前五識產生的直接知覺是「脫離分別想像」（nir-vikalpa, free from change or differences），而且，提出直接知覺的唯一定義是「脫離分別想像」（a-vikalpaka, not hesitating），不過，兩詞舊譯都是「無分別」或「離分別」之意，並沒作什麼區別，❺但也因此造成對於這個概念混淆，因為我們不可能看到形色而不作取像，取像就會有形與色的不同。否則，只有盲人或者嬰兒才能無分別，也只有他們才有直接知覺。所以，這個概念是很重要，要待後述再作釐清。

其次，陳那只是考慮論敵的想法而提出前五識、意識、瑜伽等差別。所以，「脫離分別想像」的表示是重要的，尤其是對建

---

❺ 在博士口試試場上，口試委員針對 nirvikalpa 和 avikalpaka 這兩個詞的翻譯，覺得不妥。所以，學生請教褚俊傑教授，教授提到：這兩個詞都是對 kalpaka 的否定。kalpaka 確實有“差異變化”或“猶豫”，但在哲學文獻中它往往指“基於語言運用”或人們習以為常的“概念”或“觀念”而產生的“分別想像”或“觀念判斷”，如“這是瓶罐”“這是藍色”，但實際上“瓶罐”和“藍色”都不存在，只有原子存在。你若翻譯為“差別”，上述哲學含義就被忽略了。可以考慮“脫離分別想像”“不含概念分別”等等。總之，要考慮“想像”、“概念”等意思。——感謝教授的說明，所以，本論採用「脫離分別想像」來翻譯這兩個詞。

構概念的「識」來說，如何可以是「脫離分別想像」？所以，本文著重於意的直接知覺之說明。不過，為了能掌握直接知覺的意義，所以，在意的直接知覺之外，也參考前五識和瑜伽的直接知覺之說明，期望能釐清意的直接知覺的理論脈絡。

對於意的直接知覺有相當多的議題，包括意的認識對象是什麼？自我認知❻亦即「自證」要如何來說明是現量，還有陳那的特見──認識手段即是認識結果，也就是「量即是果」的問題。以下將從相關性來掌握意的直接知覺：一是前五識的直接知覺，二是意的直接知覺，三是認識手段和認識結果，四、三分說與雙重行相。循此脈絡逐步開演，希冀釐清其相關

---

❻ 關於「自我認知」是指「對認識自己的認識」，這是2010年7月5日至30日，政大邀請萊比錫大學褚俊傑教授講讀陳那《集量論》梵本時，在課堂上所作的說明。博士論文口試時，口試委員對於此一譯詞討論熱烈，所以，在論文修改期間，再與褚俊傑教授書信往返請益此譯詞的妥當性，教授的回答是：自我認知和自證都是對“svasaṃvedana”或“svasaṃvitti”的翻譯，所以，它們的意思是一樣的。但是“自證”在現代漢語裡的意思是“自我證明”，英文一般翻譯成self- attesting、self-proving，而不是像“自我認知”可以翻譯為self-cognition、self-awareness等等。我翻譯的原則是“忠實原文、明白易曉”，也就是說，既然是翻譯成現代漢語，就盡量用讀現代漢語的人能理解的詞。在現代漢語裡一般人不會把“自證”理解為“主體認識對其自身的認識”（the subjective cognition cognizes itself），而會理解為“自我證明”(self-proving)，或“不言而喻／不正自明”（self-attesting）等意思，只有讀古典漢傳因明學的人纔會把“自證”理解為“自我認知”（self-cognition）。所以我主張在現代漢語裡把他在譯作“自我認知”。就像“現量”要譯成“感官認識”或“直接認識”，因為讀現代漢語的人不懂什麼是“現量”。──由於本論的翻譯是師承褚俊傑教授，所以，維持本論所譯的「自我認知」。

陳述，對意的直接知覺能有清楚的掌握。

## 二、前五識的直接知覺

為什麼要談前五識呢？因為意的直接知覺是涉及前五識的對境，所以，要掌握意識的直接知覺，必然要回溯到前五識的說明，如PS1.5cd：

> **svasaṃvedyam hy❼ anirdeśyaṃ rūpam indriyagocaraḥ //5//**
> 實際上，色法是〔五識〕認識本身所認知的對象，是不能表達的，是感官認識的領域。

此中“svasaṃvedya”是「〔五識〕認識本身所認知的對象」，一般是譯成「自證」，是sva-√saṃvid的未來被動分詞。“indriyagocara”「感官的對象」是指前五識的認識對象。對此，武邑尚邦❽指出：「以自證（svasaṃvid）和離言（anirdeśya）兩點顯示五識現量的無分別，持有這兩點的色本

---

❼ 根據PSV1.5cd，有對應於PSṬ90,13：svasaṃvedyaṃ tvanirdeśyaṃ rūpamindriyagocara然而形色是感官的對象，是認識本身所認知的對象，是不能表達的。只是PSṬ使用“tu”，而PS是“hi”。

❽ 武邑尚邦參考西藏大藏經的北京版、ナルタン、德格等諸版，採用バスダラ・ラクシタ譯的《別行偈》和《本論》、金鎧（Kanakavarman,カナカバルマン）譯的《別行偈》和《本論》，主要是以バスダラ・ラクシタ為主。參見武邑尚邦1956：頁45。

身是境。」❾──由此看來，形色是作為前五識的對象，而表達直接知覺的是「自證」即「認識本身所認知」，以及「離言」即「不能表達的」。

服部正明也提示，陳那在後述第六章Dc.❿，亦即PSV1.40ab有對此作進一步的說明：

22,7 **kiṃ kāraṇam. svasaṃvedyaṃ hy anirdeśyaṃ rūpam**

為什麼呢？因為形色是〔五識〕認識本身所認知的對象，是不能表達的，

**indriyagocaraḥ.anekadharmo 'pīndriyārtho yo 'sādhāraṇena**

是感官的對象。即使感官的對象是不同的法，就不共來說，

**ātmanendriye 'vabhāsamānas tadābhāsajñānotpattihetuḥ,**

作為認識本身的諸感官，對已顯現是這個影像的了知的生因，

**sa pratyātmavedya eva jñānasvāṃśavat.**

則它就只是各個認識自身之認識對象，就像認知的認識本身部分一般。

**sa tadātmanāśakyanirdeśaḥ,**

它是不可能被我表達，

---

❾ 參考末學對陳那《集量論》1.6-12頌的梵文重建本所作的譯註之註1（略為〈附錄一〉，註1。以下例同）。勝主慧則是〈附錄二〉。

❿ Masaaki Hattori（服部正明）1968：p.91註43。

**nirdeśyasya sāmānyaviṣayatvāt.**

因為可被述說的是共有的境。

經由服部正明的提示，看到陳那對於五識的現量，有了更進一步的解說：因為了知的生因是「對己顯現」，如同認識本身部分，而且是不可能被我表達的「離言」。這樣的說明，尤其說明認識的生因是在於顯相。就認識的整體架構來說，五識和意識是必然相關，意的直接知覺之揭示，或許能讓吾人更清楚自己的認識。

## 三、意的直接知覺

對於意的直接知覺，服部也有提到在陳那、法稱之後，有三種看法：一接受意的直接知覺，是因為它在宗教上已確立。法上（Dharmottara⓫）更直言只因承認這一點沒有壞處，不過，像勝敵（Jitāri⓬）就在現量分類中直接刪去。二

---

⓫ 法上，750-810年左右。佛教理論學的思想家，同時也是法稱的註釋者之一。依據《王統記》記載，法上在八百年左右受闍夜毘陀王之邀進入克什米爾地區，之後並活躍於當地。此外在《布頓佛教史》中，則記錄著法上為善護及法源施之弟子。著作有《量決擇註疏》（*Pramāṇaviniścayaṭīkā*）、《正理一滴論註疏》（*Nyāyabinduṭīkā*）、《量考察論》（*Pramāṇaparīkṣā*）、《抽離論》（*Apoha-nāma-prakaraṇa*）、《他世間論証論》（*Paralokasiddhi*）、《剎那滅論証論》（*Kṣaṇabhaṅgasiddhi*）等。三枝充悳1987：頁162。

⓬ 勝敵，十世紀後半至十一世紀前半。後期中觀派的思想家、理論

是意的直接知覺是介於根現量和概念之間的過程，如智藏（Jñānagarbha[13]）等持有這個觀點；三是人之智的直覺，是與yogi-jñāna完全相同。不過，法上不認同此說，他認為意的直接知覺和瑜伽現量是不同的，因為前者受限於根現量，而後者不受限，而根現量對於意的直接知覺是等無間緣，而對於瑜伽現量是所緣緣。[14]所以，意的直接知覺的定位似乎並沒有清楚確立。到底陳那是如何說呢？

---

家。著作有《善逝宗義分別論》（*Sugatamatavibhaṅga*）、《善逝宗義分別論疏》（*Sugatamatavibhaṅgabhāṣya*）、《因實義教誡論》（*Hetutattvopadeśa*）、《幼童入門思擇論》（*Bālāvatāratarka*）、《類否定論》（*Jātinirākṛti*）、《不決定論捨離論》（*Anekāntavādanirāsa*）、《菩提心生起受持儀軌》（*Bodhicittotpādasamādānavidhi*）等。三枝充悳1987：頁108。

[13] 智藏，西元700至760年左右，為後期中觀派的思想家。主要著作有《二諦分別論》（*Satyadvayavibhaṅga*）、《瑜伽修習道》（*Yogabhāvanāmārga*）、《聖無邊門成就陀羅尼釋偈》（*Ārya-anantamukhanirāhāradhāraṇīvyākhyānakārikā*）等。三枝充悳1987：頁124。

[14] 服部正明提及三種說法：(1)一些接受它，僅只因為它是宗教上已確立的。阿含以後是在證成心理知覺中引用：dvābhyāṁ bhikṣavo rūpaṁ gṛhyate, kadācit cakṣuṣā tad-ākṛṣṭena manasā ca;參見NBT-Ṭippaṇī（Bibliotheca Buddhica,XI）, p.26.10-11; Tarkabhāṣā, p. 9.17-18.法上（Dharmottara，西元750至810年左右）清楚提到心理知覺是沒有方法可以證明。他接受它僅僅因為他認為在承認這一點上沒有壞處，只要它是如法稱所解釋這種性質的；參見NBT, p.63.1-2: etac ca siddhānta-prasiddhaṁ mānasaṁ pratyakṣam, na tv asya prasādhakam asti pramāṇam. evaṁ-jātīyakaṁ tad yadi syāt na kaścid doṣaḥ syād iti vaktuṁ lakṣaṇam ākhyātam asyêti. 勝敵（Jitāri，十世紀後半至十一世紀前半）在他的知覺分類中，刪去心理知覺；參見Hetutattvanirdeśa, p.273。(2)有些主張心理知覺是感官知覺和概念結構之間的一個中間過程。按照pramāṇa-vyavasthā理論

在PSV1.6ab的偈頌與長行指出：

**mānasaṃ cārtha-rāgādisva-saṃvittir akalpikā / (6ab)**
而且意〔識〕是指對外境對象的〔心王〕認識以及對諸如欲望等〔心所〕的認識本身的認知，是擁有脫離概念分別的特質。

**mānasam api rūpādiviṣayālambanam avikalpakam**
即使是意識，也是取色法等〔感官的〕對境作為認識對象，是脫離分別想像，

**anubhavākārapravṛttaṃ rāgādiṣu ca svasaṃvedanam**
是以經驗行相顯現，而且對欲望等的自我認知

---

（n.1.14），感官知覺和心理架構是兩個完全不同的認知方法。不過，若心理知覺是一方面感知而且另一方面心理的，不是被要求，感覺與料決不可能結合心理架構，來推論人類活動，基於口頭表達關於對象可能不會發生；參見DhP, p.62.29-31: iha pūrvaiḥ—bāhyârthâlambanam evaṁ-vidhaṁ mano-vijñānam astîti kuto 'vaseyam ity āśaṅkya, tad-abhāve tad-balôtpannānāṁ vikalpānām abhāvād rūpâdau viṣaye vyavahārâbhāva-prasaṅgaḥ syād ity uktam.智藏（Jñānagarbha）等是持有這個觀點；ibid., p.266(notes on p.62): "iha pūrvaiḥ"——tad astîti kuto 'dhigatam ity āśaṅkya vikalpôdayād iti sādhanaṁ Jñānagarbheṇôktam; ...ācārya-Jñānagarbha-prabhṛtīnāṁ mānasa-siddhaye yat pramāṇam upanyastaṁ vikalpôdayād iti... (3)有些認為心理知覺是人的智的直覺，那是經由屢次禪定修行於所有事物的真實狀態（samasta-vastu-sambaddha-tattvâbhyāsa），可達到全知（sarva-jñatva）的人；TS(P), 3381-3389。如此的心理知覺或許被認為與yogi-jñāna完全相同；參見TSP, p.396.1。可是，按照法上（Dharmottara），在心理知覺和瑜伽者知覺之間有一不同。前者是被在先的感官知覺所制約，而後者是無條件的。就心理知覺而言，感官知覺是samanantara-pratyaya（次第緣，等無間緣），但就瑜伽者的知覺而

**indriyānapekṣatvān mānasaṃ pratyakṣam.**

是意的直接知覺，因為獨立於感官之故。

這一段是陳那針對意的直接知覺所涵蓋內容所作的說明。從偈頌來看，用"ca"連結兩個認識對象，一是artha，二是rāgādi，特別以"akalpikā"「擁有脫離概念分別的特質」來說明意識現量的離分別性質。長行的說明，可以知道兩點：其一是意識的認識對象（ālambana），是取前五識的感官所取的色等對境（viṣaya），是脫離分別想像（avikalpaka）此點共通於五識。又以經驗行相（anubhavākāra）顯現，但是，這個「經驗」要說明什麼呢？其二是對欲望等的自我認知亦是意的直接知覺，因為它是不依賴感官。這也就是說自我認知是屬於意的直接知覺項下，對於欲望等心所的了知。久間泰賢也是這樣理解的。⓯

---

言，感官知覺是ālambana-pratyaya（所緣緣），因為瑜伽者已經洞察到其他人所知覺。參見NBT, p.59.2-3: īdṛśenêndriya-vijñānenâlambana-bhūtenâpi yogi-jñānaṁ janyate.tan nirāsârthaṁ samanantara-pratyaya-grahaṇaṁ kṛtam. 很難決定上述三個解釋哪個是最忠實於陳那的想法。以上參見Masaaki Hattori（服部正明）1968：p.93-94。

⓯ 久間泰賢說作為現量的實例有感官知（indriyajñāna）、意的現量、瑜伽行者的認知等三種。而意的現量含括對象（artha）的認識和欲望（rāga）等自己認識等兩種要素。（久間泰賢2008：頁92）。久間泰賢也列了學者中，對此有三種和四種的支持者，也談到姚治華同樣要受方法論的批判。（久間泰賢2008：頁97 註6）。而要把rāgādisvasaṃvitti從意的現量獨立出來，成為四種的說法，在梵文語法上明顯是不自然的，如Franco1993: 296f 所述。尤其按照勝主慧，陳那更不會把自己認識當作獨立範疇。（久間泰賢2008：頁92，97 註8，93-94）──但是，久間泰賢

有關於此，PSṬ提及「所有的認識，包括由感官產生的認識，都是以意作為基礎，這五種不同的認識（舊譯：五識身），都有兩種感官（指舊譯：五根、意根）為所依，為什麼〔陳那〕僅僅說「意」呢？」（PSṬ56,3），對此的回應是「因為意識是不依靠感官」，亦即認識只依於意而不是有色感官時，這個認識就被表述為認識。進而再追問為什麼五種感官認識和欲望等心所的認識本身的認知是意的直接知覺（PSṬ56,6-7）？

56,7 **svasaṃvitti-sāmānyena tat^jātīyatvāt / kathaṃ punar indriya-anapekṣatve pratyakṣa-śabdas yujyate /**

因為就一般意義的自我認知而言，都屬於它（意的直接知覺）的類型〔，所以自我認知也可以稱為意的直接知覺〕。既然是獨立於有色根，那麼，為什麼稱呼「直接知覺」這個詞是合理的？

**yāvatā^akṣa-nimittaḥ pratyakṣa-vyapadeśaḥ, uktam etat**

稱呼「直接知覺」這個術語，〔在語源學上〕是依於“akṣa”這個詞〔派生〕，但是作為術語，

**jñāna-viśeṣasya pāribhāṣikīyaṃ saṃjña^iti /**

可以用來稱呼各種類型的認識。

**atha vā manasas^api^akṣatvāt pakṣāntare^api adoṣaḥ //**

或者從另一種解釋，意也是一種感官，也是無過失的。

---

仍然是rāgādi-svasaṃvitti來解讀，而不是按照勝主慧rāgādisva-saṃvitti來解讀，雖然他知道sva＝ātman是「欲望等自身」。

回應這些認識本身的認知是意的直接知覺這一問題，只談「自我認知」"svasaṃvitti"，而不談別的，可見「自我認知」是統括前五識的心王及心所的認知。一般來說，它是歸為意的類型；然而稱為「直接知覺」，並不是因為與感官有關，而是以專門術語這樣的型態來稱呼，或者從意是一種感官來說也不妨。這是從語言學的角度來看待自我認知是直接知覺。

整體來說，「自我認知」是表達意識對於五識的心王和貪等心所的認識而且是直接知覺，循PSV和PSṬ的解釋，大致有三方面是重點：一是經驗行相產生anubhava-ākāra-pravṛtta，二是意識對於前五識的認識對象的認識artha-saṃvitti，三是對欲望等認識本身的認識rāgādi-sva-saṃvitti。因此，對於意的直接知覺將從認識對象和認識雙方來掌握。以下將循意的認識對象和意的認識是直接知覺來處理。

## （一）意的認識對象⓰

意的直接知覺除了要是經驗行相之外，對於兩個對象，服部正明也提到：勝主慧對偈頌中所說的"**artha-rāgādi-**

⓰ 關於認識對象褚俊傑教授提到梵文字裡的viṣaya、ālambana和artha有不同意義，譬如關於viṣaya和ālambana的不同，世親提到"object-field"和"object-support"之間的不同，如果某東西作用於某物，前者有後者作為它的"object-field"；而且為心和心所所取的是"object-support"。（AKBh19,16-17: kaḥ punar viṣayālambanayor viśeṣaḥ. yasmin yasya kāritram, sa tasya viṣayaḥ. yac cittacaittair gṛhyate, tad ālambanam.），所以文中設定"object-field"為"viṣaya"，"object-support"為ālambana，以及"object-reference"為"artha"。（褚俊傑 2006：211 註2）。

**sva-saṃvitti**”，覺得應區分為artha-saṁvitti和rāgâdi-sva-saṁvitti；還有，般若伽羅笈多（Prajñākaragupta，九世紀前半左右）將“sva”意指“svarūpa”，而表達為artha-rāgâdi-svarūpa-saṁvedanam；⓱另外，服部正明也提到Siṁhasūri以svalakṣaṇam代替svasaṁvedyam來讀，⓲這應該是後者自我認知認識的對象，所以，才採用前者，不過，於此凸顯“sva”到底是指什麼？為什麼可以與“svarūpa”互通？而武邑尚邦對意的直接知覺所述，直接說為「五俱意和貪等的自證之現量」，亦即意的直接知覺是指五俱意和貪等的自證。所以，對於意的直接知覺的兩個認識對象，應該分項來各別處理。

**1.artha**

承前所述，意識的認識對象，按照服部所說的勝主慧之區分，首先，就artha-saṁvitti來說，武邑尚邦認為是五俱意，而服部說勝主慧的——「其對象是從〔緊隨感官知覺的〕這個對象派生〔，即〕色等，並且以緊接經驗的形式產生的，也是沒有概念結構。」——此一說法，是受到法稱的影響。⓳恰巧法尊法師也有提及法稱的講法：「陳那菩薩對意的直接知覺所說甚略。法稱論師說意的直接知覺，唯是根識最後念、續起、緣色等境之一念意識，乃是現量。以後再續起，則不能親

---

⓱ Masaaki Hattori（服部正明）1968：p.93 註46。

⓲ Masaaki Hattori（服部正明）1968：p.91 註43。原書是*Nyāyāgamānusāriṇī Nayacakravṛtti of Siṁhasūri*, ed.together with NC by Muni Jambuvijaya。

⓳ Masaaki Hattori（服部正明）1968：p.93註46。

緣色等，是有分別，便非現量。又亦不許：同緣一境作一行相之二心俱生。故亦無有與五識同時俱轉之五俱意識。若緣異境，作異行相，則許容有二心俱轉，不為過失。如《釋量論》廣辨。」⓴，法尊法師提到法稱是不容許與五識同時俱轉的五俱意識，而是「根識最後念、續起、緣色等境之一念意識」。──這是關係到是否容許一境二心並起，亦即如果不是緊隨其後，而是同時，就是五俱意識。是一念意識抑或是五俱意識？頗啟人疑竇。

一般來說，意識和前五識同樣有各自的認識對象，如果意識可以認取前五識的認識對象，那麼，前五識就沒有存在的必要，但是，日常生活中，意識就是會得到前五識的認識，到底是如何得到的呢？勝主慧在PSṬ51,13-52,1設想認識對象的兩種可能：

> 51,13 **tatra mano-vijñānam indriya-gṛhītam eva arthaṃ gṛhṇāti tato vā anyam iti dvayī kalpanā /**
>
> 在這種情況下，意識認知有兩種可能性：被感官所執取過的對象，或者，是與感官執取不同的對象。

勝主慧設想意識的認知有兩種可能性說：如果是第一種，那麼，就不具有效性（“prāmāṇya”，韓鏡清譯為「能量性」㉑），

---

⓴ 請參照〈附錄一〉，註9。
㉑ 請參照〈附錄二〉，註3。

因為已經是認識過的，就像記憶。如果是第二種，就連盲人都可以看到外在對象。那麼，如果兩種都不可能，就要設想第三種可能。那就從意識的認識對象開始吧！

**（1）對境"viṣaya"：正在被感知的色等認識對象、屬同一類**

不過，意識的認識對象難道不是色等對境嗎？陳那PSV1.6ab也明白說：

> **mānasam** api rūpādiviṣayālambanam avikalpakam
>
> 即使是**意識**，也是取色法等〔感官的〕對境作為認識對象，是脫離分別想像

因此，取色等作為對境應該是無疑的，為什麼要特別提出來呢？於此，PSṬ說：

> 52,4 **nanu ca rūpādayo viṣayā eva, tat kimarthaṃ viṣaya-grahaṇam /**
>
> 色等難道不就是對境嗎？「對境」這個詞到底有什麼作用呢？
>
> **anālambyamāna-rūpādi-vyavaccheda-artham,na hi^avijñāyamāna-viṣayā bhavanti /**
>
> 為了排除不是正在被感知的認識對象的色等，因為沒有被認識的對境不存在。
>
> **upacāreṇa tu tat-jātīyatayā viṣaya-vyapadeśaḥ syāt, na tu mukhya-viṣayatvam /**

> 但是，就語言運用的層面來說，由於屬於同一類的，才可以稱呼為「對境」，而不是根本意義上的對境。

依上所述，以持業釋來說，色等是意識的認識對境，但是，勝主慧特別解釋「對境」（viṣaya）是為了排除不是「正在被感知的認識對象」的色等，而不是涵蓋所有的色等。又在語言運用上屬同一類，不是根本意義的對境；所以，韓鏡清於此，則是以假立而非實境界來說明「對境」㉒。

而這些對境是屬於誰的呢？根據PSṬ52,6，是感官的認識"indriya-jñānasya"，亦即前五識的認識。顯然這些感官認識的對境也是屬於意識，只是意識如何緣取前五識的對境呢？韓鏡清的翻譯是「無間根識」㉓，似乎是要標示這個階段，不是意識，也不是前五識。

綜合來看，意識的對境是正在被感知的前五識對境，所以，韓鏡清用了「無間」這一詞，到底這是什麼樣的對境呢？

**（2）色等對境的改變過的行相"rūpādi-viṣaya-vikāra"**

意識的對境是前五識對境，但是，是一個改變過的行相，如PSṬ說：

> 52.7 **rūpādi-viṣayāṇāṃ vikāro rūpādi-viṣaya-vikāraḥ, sa ālambanaṃ yasya tad- tathā-uktam/**

---

㉒ 請參照〈附錄二〉，註4。

㉓ 請參照〈附錄二〉，註5。

> 色等諸境的改變過的行相就是色等對境的改變過的行相，它的認識對象是這個〔改變了的行相〕，它就被這樣稱呼。
>
> **samudāya-vikāra-ṣaṣṭhyāś ca bahuvrīhir uttarapada-lopaś ceti vacanāt samāsa uttarapada-lopaś ca suvarṇa-alaṅkāra iti yathā /**
>
> 因為語法書這樣說：有財釋在屬格時，有堆積和改變的意思，以及複合詞的最後成分要被省略，複合詞的最後成分省略，就像人們說的「黃金手飾」（黃金改變過的手飾）。

由此可見，意識的認識對象是正在被感知的同一類五種感官的認識對境，而且是一種改變過的行相“vikāra”，對此韓鏡清譯為「變異」[24]，顯見意識的對境是改變了的行相。或許這個“vikāra”就像語法書所寫的複合詞的最後成分常被省略，以致常以“ākāra”來說。在PSṬ中，從第六頌開始談起的解釋，以“51,8 **mānasaṃ cet**yādi”為首，乃至“52,17 atastadyathoktaviṣayamevetyavagaccha”為止，是說明“vikāra”和“ākāra”的不同之處。而在那以後，除了似現量的兩處之外，[25]使用的都是“ākāra”，雖然不多敘述，但或許有助於掌握意識的對境差別所在。而勝主慧在PSṬ52,10，說它是依據第一剎那

---

[24] 請參照〈附錄二〉，註6。

[25] 小野 基・高島 淳2006：p.442。

的對境（artha）來的「第二剎那的特殊行相」（“uttarakṣaṇa-viśeṣa”），但不是數論派想的改變概念。

### （3）緊隨其後的色等剎那“anantara-rūpādi-kṣaṇa”

這個第二剎那的特殊行相是來自第一剎那的認識對境的改變過的行相，究竟是指什麼呢？意識的認識對象的第三種可能，就是──

52,13 **indriya-jñāna-viṣaya-janita-samanantara-rūpādi-kṣaṇa-ālambanamiti /**

〔意識是〕把感官認識的對境所產生的緊隨其後的色等剎那當作認識對象，

**anena aprāmāṇya-doṣaḥ pratikṣiptaḥ /**

通過這些，你們所指〔盲人看見外境〕的論證不足的過失，就可以反駁。

kutaḥ punas tasya niyata-viṣayatā^iti cet, yatas tasya yaḥ

提問：「為什麼意識會有確定的對境？」因為這樣的〔認識對象的〕確定性，即

samanantara-pratyaya-viśeṣaḥ sa

特殊的等無間緣，〔只有當一個助緣，〕

svaviṣaya-upajanita-anantara-rūpādi-kṣaṇa-sahakārī^eva tat janayati,

只有自境所產生緊隨其後的色等剎那當助緣時，才能使意識產生，

atas tad yathā^ukta-viṣayam eva^iti^avagaccha //
所以，應該這樣理解：意識只能是如前所說的對境。

這裡很清楚地指出意識的對境，就是緊隨感官認識的對境之後的「色等剎那」（“rūpādi-kṣaṇa”）當作認識對象。而這個特殊的等無間緣是當一個助緣，使意識產生。韓鏡清的翻譯亦有同樣的意思：「即此具有能與自境所生等無間之色等剎那俱起者為能生彼」㉖，是以「等無間之色等剎那俱起」來說意識的對境。所以，意識是有對境，而且是依於感官認識而來，正好反駁盲人可以看見外境的論證。關於此點，法稱亦有提及。㉗因此，意識的認識對象就是——

感官認識的對境所產生的緊隨其後的色等剎那（＝等無間緣）作為助緣使意識生

**2. rāgâdi-sva**

我們的認識，除了有行相的認識之外，就是沒有行相的，那就是我們的感受，欲望等的認識本身的認知就是這種。陳那對於意的直接知覺，在PS1.6ab顯示，除了五識對境的認識之外，就是rāgâdisva-saṃvitti，從梵文來看，陳那是置於意的直接知覺當中來談，並未別出一類型。而服部則

---

㉖ 請參照〈附錄二〉，註10。
㉗ 請參照〈附錄二〉，註11。

提到：法稱在他的現量類別中，意的直接知覺別出貪等自我認知（svasaṁvedana of rāga, etc.）㉘。以下將從"rāgâdi-sva-saṁvitti"的解釋來掌握。首先，就"rāgâdi"來說，PSṬ的解釋是：

> 53,14 [b]rāgādi-grahaṇaṃ spaṣṭa-saṃvedana-darśana-artham /
> 「欲望等」這個字是為了揭示明了的認知。
> sarva-jñānānām ātma-saṃvedanasya pratyakṣatvāt [b]/
> 因為對一切認識的自身的認知都是直接知覺。

透過"rāgâdi"要表明的，是一種明了認知行為，是所有認識都會產生的"ātma-saṃvedana"，有這種自我的認知才有認識，都有直接知覺的性質。這是透過"rāgâdi"來指出作為明了認知行為的自我認知。法稱《PVIN》也有此段文：㉙「樂等」這個字是用來顯現明了的認知行為，因為對所有認識而言，對自我的認知都有直接知覺的性質。此中，除了將"rāgâdi"替換為"sukhādi"之外，沒有不同，此段文似乎對於自我認知的直接知覺說明是重要的。

其次，"rāgâdi-sva"的"sva"到底是指什麼？是否與"svarūpa"互通？這應該從"rāgâdi-sva-saṁvitti"來了解，對

---

㉘ "參考NB, I,7-11: tat(＝pratyakṣaṁ) caturvidham: indriya-jñānam: …mano-vijñānam: sarva-citta-caittānām ātma-saṁvedanam:… yogi-jñānaṁ cêti."，以上引自Masaaki Hattori（服部正明）1968：p.93 註45。

㉙ 請參照〈附錄二〉，註12。

照PSV1.6ab的頌文，PSṬ的解釋是：

> 51,9 rāgādīnāṃ svaṃ **rāgādi-sva**m / **sva**śabdah ayam ātma-vacanaḥ/
>
> 對欲望等等的認識本身，就是「**欲望等認識本身**」，這個「本身」一詞，就是自我的反身詞。
>
> **artha**s ca **rāgādi-sva**ṃ ca, tasya **saṃvittir artha-rāgādisva-saṃvittiḥ** /
>
> 既是**對象**又是**欲望等本身**，對他的認知，**就是對於對象以及欲望等的認識本身的認知**，
>
> saṃvedyate jñāyate anayā-iti **saṃvittiḥ** / saṃvitteḥ pratyekam abhisambandhaḥ /
>
> 所謂**認知**，通過它，〔這個對象〕被認識、被感知到的就是〔意識的〕認知。〔意識的〕認知是各別〔與對象和欲望等認識本身〕連繫，
>
> sa^**avikalpikā** mānasaṃ pratyakṣam //
>
> 〔意識的〕認知是意的直接知覺，是**擁有脫離概念分別的特質**。

依上所述，可以看到這個複合詞，並不是“sva-saṁvitti”，而是“rāgâdi-sva”。而這裡的“sva”是自我的反身詞，是指「認識本身」，是指誰的認識本身呢？在這裡當然指的就是欲望等認識本身。所以，意的直接知覺的認識對象，就是「對於外境對象以及欲望等的認識本身的認知」。而這個「認知」

（saṁvitti）就是意的認知，是各別連繫著對象和欲望等認識本身，是擁有脫離概念分別的特質，就是直接知覺。

## （二）意的認識是直接知覺

意識的認識對象，一個是來自感官的對境，是緊隨其後的色等剎那，亦即以等無間緣的形式，作為助緣而產生的一個改變過的行相。因此，是一個新境，是具有效性（prāmāṇya），而對此的認識是以經驗行相顯現。另一個是對欲望等認識本身來說，是對此認識本身的認知，是自我認知。所以，意識的認識應該從這兩方面來掌握；而說為直接知覺，是因為對於對境脫離分別想像"avikalpaka"，而欲望等認識本身更進一步指出不能使用語言習慣。因此，對於意的直接知覺將從意的兩方面認識以及直接知覺的定義"avikalpaka"來處理。

### 1. 經驗行相顯現 anubhava-ākāra-pravṛtta

意識對於感官的對境的認識，是以"anubhava-ākāra-pravṛtta"「經驗行相顯現」方式，"anubhava"舊譯是「領納」，是受的定義，但是，情緒作用的受，似乎又無法使用於認識過程的說明，所以，採用「經驗」來表達這個認識是個人的體驗所得。對於這個顯現，PSṬ53,1-53,8（參照〈附錄三〉乙-2-1）有整體解釋，首先，勝主慧逐詞說明：

53,1 **anubhava-ākāra-pravṛttam iti / anubhūyate^anena^iti^anubhavaḥ /**

〔意的直接知覺〕「**是以經驗的行相產生**」：為它自己所體驗的就是**經驗**。

**ākāra** ābhāsaḥ / sa punar ananubhava-rūpas^api^asti, yaḥ smṛtyādīnām iti,

**行相**就是顯現。它（行相）也有不帶有經驗性質的，就像那些記憶等等的〔行相〕，

atas tad vyavacchedāya^**anubhava**-grahaṇam / **anubhava ākāra**s yasya, tat tathā^uktam /

因此，「**經驗**」這個詞就是要排除這種行相〔即不帶有經驗的行相〕。凡認識是經驗的行相，它就被這樣稱呼。

「經驗」"anubhava"一詞是個人的體驗，「行相」"ākāra"和"ābhāsa"是同格，所以，行相就是顯現。勝主慧也特別指出所謂「經驗」是有別於記憶等的行相，要排除不是經驗的行相，而這個經驗行相是誰的呢？

53,3 kiṃ punas tat /pūrvokta-nyāyena^indriya-jñānam eva /

提問：又這個經驗行相是誰的？依據前面所說的原理，就是感官認識。

tena^**anubhava-ākār**eṇa **pravṛttam** utpannam **anubhava-ākāra-pravṛttam** /

通過感官認識而**產生經驗的行相**，也就是出現，就叫做以經驗的行相產生。

etad uktaṃ bhavati-indriya-jñānāt samanantara-pratyayāt^utpannam iti /

如下就是所說的意思——從感官認識的等無間緣產生。

經由這個提問的引導，這個認識應該是有兩重：一是這個「經驗行相」是前五識的感官認識，二是通過前面的感官認識而產生經驗的行相就是 **“anubhava-ākāra-pravṛtta”**，與前面感官認識不同，亦即屬於意識的，而且兩重都是「經驗行相」。差別就在於第一重是“ābhāsa”，第二重是“pravṛtta”。雖然都是顯現，但是，從語意來看，“ābhāsa”有light，colour，appearance外觀、顯現，semblance外表，phantom幻象，phantasm of the imagination，mere appearance，fallacious appearance，reflection反射、影子等等，因此，是有著重於外形的表現。而“pravṛtta”有come forth，resulted，arisen，produced，brought about，happened，occurred, commenced，begun等起始、結果、產生、發生的意思，尤其是複合詞末有從……所產生、所成就、所始起的意思，所以，與認識的產生相關。

約莫可以說第一重是感官認識的取相，第二重是構成認識的意識，從這點來說，由於是通過感官認識的等無間緣產生，而這個說法也駁斥「盲人等也是可以執取對象」的置疑，因為意識是依賴於感官的緣作為它的緣。[30]

---

[30] cf.PSṬ53,5-8. PV3.239cd，法稱也有提及此說。

## 2.自我認知“svasaṃvedana”

對於認識本身的認識——「自我認知」，PSV中，有人提及如果欲望等認識本身的認知是直接知覺，那麼，概念構想的了知也應是直接知覺，這是置疑自我認知是直接知覺，也是讓人置疑既然直接知覺是離分別，為什麼陳那會應允？這裡不僅是要解釋「自我認知」，連帶要回應這個問題。按照PSṬ解釋陳那PSV1.6ab在長行的說明有兩個部分：一是對於自我認知的定義，二是以與內屬相違（vyāpaka-viruddha）回應邏輯主語（所依）不成。以及PSṬ解釋陳那PSV1.7ab：概念構想的了知“kalpanā-jñāna”也是直接知覺等三方面來看自我認知。

### （1）對於自我認知的定義

勝主慧對於“svasaṃvedana”作了定義，從這個定義可以說和之前翻譯為「自證」不同，而且讓人可以清楚的掌握認識過程，所以，以「自我認知」的譯詞來標示這個定義——

> 53,9 **rāgādiṣu ca svasaṃvedanam** iti / **svas**ya **saṃvedanaṃ svasaṃvedanam /**
>
> 而且對於欲望等的自我認知：對於認識本身的認知就是自我認知。
>
> saṃvedyate^anena^iti saṃvedanam /
>
> 依此而被認識到，所以，是認知（舊譯：覺知）。
>
> grāhaka-ākāra-saṅkhyātam anubhava-svabhāvatvam /

〔認識〕具有經驗的性質，就被看作是認識主體的行相，
anubhava-svabhāvatvāt^eva hi rāgādayas^anubhava-ātmatayā prakāśamānā^ātmānaṃ saṃvedayante,
因為欲望等正是由於具有經驗的性質，以經驗本身而顯相出來，〔並且〕讓它們（欲望）自己被認識到，
ātma-saṃvedanā iti ca vyapadiśyante /
所以，它們被稱作：自我的認知。
atas tad anubhava-ātmatvam eṣāṃ pramāṇam /
因此，具有經驗性質的本身就是這些欲望等等的認識手段。
yat punar bhāvarūpaṃ saṃvedanaṃ svādhigama-ātmakam, tat tasya phalaṃ veditavyam / ātmā tu teṣāṃ prameyaḥ /
再者，這個認知具有存在的性質，具有自我認識的性質，則這個〔認識〕就應被理解為它（認識手段）的結果。而這些欲望等等自身就是它們（欲望等）的認識對象。

按照前述的解說，"sva-saṃvedana"一詞，就是對認識本身的認知。也就是說，這個認知是依認識的認識本身才能獲得的。所以，對欲望等的認識是通過認識本身的體驗，具有經驗性質，以這樣的性質被看作"grāhaka-ākāra"認識主體的行相。以經驗本身顯相，又讓自己被認識，因此，說是自我認知。

具有經驗性質不只看作認識主體的行相，也是欲望等的認識手

段；而作為認識的結果，就是具有自我認識的性質，具有存在的性質。認識對象是欲望等自身。——這樣就把“rāgâdi-sva-saṁvitti”的認識結構大致理出，將此關係表列如下：

| 自我認知：欲望等由於具有經驗性質，以經驗本身顯相，而且讓欲望自己被認識，所以，稱自我認知。 | | |
|---|---|---|
| **認識對象prameya** | **認識手段pramāṇa** | **認識結果phala** |
| 欲望等自身顯相 | 具有經驗的性質＝認識主體的行相 | 具有存在性質、具有自我認識的性質 |

依此來看，對於認識自己本身的認知就是自我認知，“sva”就是認識本身，應該是與“svarūpa”互通，因為自相是被認識，因而是直接知覺。

### （2）以與內屬相違（vyāpaka-viruddha）回應邏輯主語（所依）不成

對於自我認知，有人置疑其存在，指其“āśrayāsiddhi”「邏輯主語不成（所依不成）」，換言之，自我認知離分別是要被證明的。而且自我認知對於認識（心王）和愉悅等心理現象（心所）而言是不存在的，尤其後者並不具認識性質，只是和認識共存於一個生命主體上，自身僅僅是認識對象的性質。對於附屬於心王的愉悅的心理現象，由於共存於一生命體，二者連繫共同對象，也就是自身，這樣的心理現象不能表現出來讓人認知，又如何讓自己認識它？（PSṬ54,10-55,1）

這個問題，法稱在PV3.250ab（PSṬ55,1a）也有提及，以如何作為"svarūpa"來切入議題。勝主慧和法稱都排除只要是存在事實，就可以認識的說法，因為會導致所有對象都會被認識的荒謬結論㉛，而訴諸認識不能脫離認識對象的行相，提出「認識必須具有愉悅等心理現象的行相，㉜否則，認識絕對不可能是對他們的認識」，若不承認此，會有內屬相違之過（PSṬ55,2-4），亦即──

> 55,4 **yat jñānaṃ yad ākāra-rahitam, na tat tasya saṃvedakam /**
>
> 如果一個認識是脫離〔認識對象的〕行相，那麼，就不能使它（認識對象）被認識到。
>
> **go-jñānam iva^aśvasya /sukhādi-ākāra-rahitaṃ ca sukhādi-jñānam / vyāpaka-viruddhaḥ //**
>
> 就像對牛的認識〔不能〕讓馬認識到。同樣的，愉悅等心理現象的認識是脫離愉悅等心理現象的行相，〔因此，不能讓愉悅等心理現象被認識到，所以，這

㉛ 法稱在PVIN I.23,12-24,1（w-wCi'e PSṬ55,3-4b）也有提及，可見否定知覺存在的說法是共同看法。請參照〈附錄二〉，註18。

㉜ 行相若是主動的能取，那麼，認識對象的樂等也被要求是有行相的。所以，窺基舉《集量論》來證明相分行相的成立，但智周還是認為站在唯識思想的立場只能有見分行相（智周《成唯識論演秘》卷三，大正四三・865下）。上述參考陳一標2007：頁18-19。法稱PV 3.274cd（PSṬ55,4c）也有提到認知沒有行相是無法讓人知道他的。請參照〈附錄二〉，註19。

裡邏輯證明的理由，被稱作〕與內屬（論理學上是如同煙中的火那樣）相違。

由於認識一定要具有其行相，以此來駁斥主張存在事實都會被認識，這樣的話，會導致所有對象都會被認識的荒謬結論。其次，脫離行相的話，會導致不能認識到那個認識對象，就像對牛的認識，可以讓人認識到馬。這個邏輯證明的理由是與內屬相違。不過，這個說法還必須能提出「行相」的說明：

55,6 **bhava tu jñānaṃ tad ākāram, tataḥ kim iti cet, idaṃ tatah^yat tad eva**

〔論敵提問〕：我姑且承認——認識是具有認識行相，從所承認的會導出什麼結論？由此得到如下結論：

**hlāda-paritāpādi-ākāra-anugataṃ sukhādi^iti siddhaṃ sukhādi jñāna-rūpam/**

愉悦等心理現象必須伴隨那些滿足、痛苦等的心理狀態，所以，〔由此〕證實愉悦等心理現象具有認識的性質。

**bodha-rūpaṃ hi vastu sātādi-rūpaṃ teṣām api siddham /**

因為具有認識性質的實際存在的東西〔是主體內在存在的東西〕，並有滿足等具體行相，對這些〔愉悦等心理現象〕也是可以成立。

**tatra jñānaṃ sukhaṃ duḥkham ityādikā yathā^iṣṭaṃ**

**sanjñāḥ kriyantām / na^atra kaścit^nivārayitā /**

因此，〔對這些內在存在東西〕你可以隨意稱呼它為「認識」、「愉悅」、「痛苦」等等〔，都是具有認識性質〕。在此〔名言範圍內〕沒有人會反對。

不只勝主慧主張認識必須具有愉悅等心理現象的行相，法稱也聲明認識要有認識對象的行相。㉝這裡指出行相就是具有認識性質的實際存在的東西，並伴隨有滿足、痛苦的心理狀態。法稱將此說為「有喜悅和抑鬱症等種種型態變化」㉞，都是指個人內在的心理狀態，它是真實存在讓我們感覺到它的存在。一般用語言來表述它為「認識」、「愉悅」、「痛苦」等等。

勝主慧以這種伴隨的心理狀態是真實讓人感覺到它的存在，來回應有人主張愉悅等心理現象是與意識相反性質的認識對象（PSṬ55,12-13 g），法稱說明此主張是“anubhava-khyāti”「對它的經驗的認識」㉟。表示正是對實存物而言，自我認知才被說是直接知覺，這個愉悅等心理現象並不是與自我認知相反的，所以，不存在邏輯主語（所依）不成（PSṬ55,13-56,2）。

**（3）概念構想的了知“kalpanā-jñāna”也是直接知覺**

將自我認知說為現量，是頗受置疑，如在PSV1.7ab之前

㉝ Rāhula Sāṅkṛtyāyana, PV 3.274cd (PSṬ55,4c)。請參照〈附錄二〉，註19。

㉞ Ernst Steinkellner,PVIN I.25,6-7 (f-fPSṬ.55,7-9e)。請參照〈附錄二〉，註21。

㉟ Ernst Steinkellner,PVIN I.22,13-14 (m-mCi 'e PSṬ1.55,12f g)。請參照〈附錄二〉，註22。

的長行就提出對此的置疑：

> yadi rāgādisvasaṃvittiḥ pratyakṣam, kalpanājñānam api nāma.
> 如果欲望等認識本身的認知是直接知覺，則概念構想的了知也是稱為直接知覺。

所以，回應說——

> **kalpanāpi svasaṃvittāv iṣṭā nārthe vikalpanāt / (7ab)**
> 概念構想對於自我認知，是可以承認〔是直接知覺〕，但對於〔外在〕認識對象不是〔直接知覺〕，因為〔後者〕有分別構想。

“kalpanā”，對自我認知來說，仍會被承認是直接知覺，不過，前五識的認識對象所產生的“kalpanā”不是直接知覺，因為它會落入分別（“vikalpanāt”）。㊱不過，“kalpanā”原本就不是前五識的認識領域，是屬於意識的分別，而在這裡對比同屬意的自我認知，是要闡明直接知覺是就認識本身的認知。因此，陳那在長行中，也簡短的說明：

> **tatra viṣaye rāgādivad eva apratyakṣatve ’pi svaṃ saṃvettīti na doṣaḥ.**

---

㊱ 請參照〈附錄一〉，註13。

因此，僅僅是如同欲望等，即使對境不是直接知覺，但是，對〔對境是〕認識自身的認知〔是直接知覺〕，以上是沒有過失的。

這裡因為有兩個位格，而且後一個是分詞，並且有"api"，所以，以絕對位格（Locative absolute）方式中的讓步句子，翻成「即使」，㊲與後面的句子構成相對意義。諸先進對於後句說自我認知是直接知覺是沒有過失，是沒有異議的，但是，對前一句，是有不同的。㊳

如一方面是把欲望等和對境當成是對對象的欲望等來說，如呂澂說：「彼於境義有貪愛等雖非現量，然說自證則無過失。此等亦顯現故。」；武邑尚邦：「若是于對象的話，就貪等本身而言，不是現量」。這都是表示對於對境的欲望，不是直接知覺。

另一方面，把欲望等和對境以例同關係來說，服部正明是"當它〔即，概念上的句法結構〕指向一個對象，它和渴望等不是現量。"；又加註說明「欲求一個對象，它是以前被經驗為使人快樂的不是現量，而我們的內部的欲望的體認是現量」。韓鏡清的「彼如貪等性，雖于境界非是現量」，以及何建興譯「此中〔，概念分別知緣取〕境物時，一如貪等〔緣境〕時，〔以分別境物的緣故，〕並不是現量。」。

---

㊲ Gary A.Tubb and Emery R. Boose, 2007: p.213的2.29.3詞條。

㊳ 以下的引用，參考〈附錄一〉，註14。

由此看來，應該是在於 **"rāgādi-vat"** 的 **"vat"** 解讀，此詞要不是以接尾詞的形式，作為形容詞變化的「擁有」[39]，就是沒有變化的副詞「如同」[40]，這裡的主詞是隱藏的kalpanā，呂澂是偏於「擁有」，而服部、韓鏡清和何建興，採用「如同」的意思。一般來說， **"vat"** 在此處是副詞型態，是沒有格變化，所以，就是「如同」的意思。

另外，就自我認知與前一句的關係解法又如何呢？我們暫且以前述為A，後述為B來說。就A來說，對境、欲望、自我認知是置於一個情境下來說，在這樣情況下，直接說自我認知是直接知覺。不過，呂澂說：「然說自證則無過失。此等亦顯現故」，提供自我認知因為是顯現之故，所以，是直接知覺。就B來說，服部正明說：「不過，〔概念上的句法結構的〕內在的覺察，不是〔本身是一概念上的句法結構〕，並且因此不妨〔容許它為一現量的類型〕。」，又加註說：「而我們的內部的欲望的體認是現量」。何建興說：「〔但在分別知〕證知自身時，〔沒有分別作用，則認許為是現量〕。」——服部提到的是分別本身的內在覺察，以及內部的欲望的體認，而何建興是「證知自身」，但呂澂提的是「顯現」。那麼，"svaṃ saṃvetti"應該是概念的內在覺察抑或內部欲望的體認抑是分別知證知自身，或者顯現的緣故？就不清楚。

不過，勝主慧對於「概念構想的了知也是稱為直接知覺」有整體的說明，首先，再度表明自我認知的認識對象——

---

[39] 釋惠敏・釋齎因1996：p.82。

[40] Gary A.Tubb and Emery R. Boose, 2007: p.236。

57,8 asya^ayam arthaḥ-yat svasaṃvedyam, tat sva-adhigamaṃ prati pratyakṣam,

認識的這個對象——凡自我認知認識的對象，它是對於認識本身的知識，就是直接知覺，

rāgādi-jñānavat / tathā ca kalpanā-jñānam iti svabhāvaḥ /

如同欲望等認識。同樣地，所謂概念構想的了知是採用自身行相邏輯（自性因）。

**satyam etad** ityādinā^iṣṭa-siddhiṃ darśayati /

通過「**確實如此**」等等，使見到有效的合法性。

說明認識對象是認識本身，而對它的認識就是直接知覺，採用的就是自身行相"svabhāva"，概念構想的了知作為認識對象，由於同樣依據"svabhāva"，所以，可以是直接知覺。就連認識對象是語言時，也是同樣依據"svabhāva"而為直接知覺，如：

57,10 evaṃ manyate-yatra viṣaye yat^jñānaṃ śabda-saṅketa-grāhi,

如是思考——在對境所在之處，當認識認取言詞的假名，

tat tatra śabda-dvāreṇa tasya viṣaya-grahaṇāt savikalpakaṃ bhavati,

則此處通過言詞的方法，變成是擁有分別，因為認識是執取對境的緣故，

svarūpaṃ ca^aśakya-samayaṃ yathā-uktaṃ prāk /

而且如同前面所說的，自身行相是不能使用語言習俗。
atas tatra^adhigantavye sarvaṃ jñānaṃ pratyakṣam eva^iti //
因此，當對境所在之處是應被認取時，則一切認識只能是直接知覺。

這是在置疑為什麼自我認知可以是直接知覺，如果自我認知可以是離分別的直接知覺，那麼，概念構想的了知應該也可以是直接知覺。就認識對象來說，自我認知的認識對象是以對於「認識本身的認識」（sva-adhigama）的方式表示，就是直接知覺，自我認知所取得的是自相（svarūpa），採用的是"svabhāva"，是不能使用語言習慣，所以認識不會有分別。以此來看概念構想的了知、語言也是運用這個邏輯，韓鏡清也說「若彼能起自覺作用，即此于能自了知之一端說為現量，猶為貪等諸識。謂分別智亦即為是，即自性。」[41]——因此，從自了知這一端來說，是直接知覺，但是，以"svabhāva"自身行相表明是更清楚。亦即認識執取對境是取自身行相，不能使用語言，所以是直接知覺。因此，似乎是著重於認識對象，由此也凸顯語言的連接與否是與直接知覺相關的。

## 3. 脫離分別想像：不能使用語言習慣

對於直接知覺，陳那唯一定義是「離分別」，在PSV1.5中，陳那表明由五種感官產生的直接知覺是"nir-vikalpa"，

---

[41] 請參照〈附錄二〉，註27。

所有直接知覺的認識是“a-vikalpaka”，都是「脫離分別想像」。而對於認識對象的色法來說，除了是自我認知認識的對象之外，也是不能表達的“anirdeśya”。這三個詞顯示語言和離分別似乎有關。

脫離分別想像的兩個詞之外，又在PS1.6ab指出意識對於兩個認識對象的認識是“akalpikā”「擁有脫離概念分別的特質」，在PSṬ是以“sāvikalpikā”（PSṬ51,11）來說明。不過，在PSV長行中，以色法為認識對象時，說是“avikalpaka”「脫離分別想像」，而PSṬ卻是將之用於另一個認識對象，亦即對欲望等的認知（PSṬ54,1），而且也使用來說明瑜伽的直接知覺是如同意的直接知覺（PSṬ56,11）。由此看來，akalpikā＝sāvikalpikā，而且也等同“avikalpaka”，尤其此詞也含括了意識的兩個認識對象和瑜伽的直接知覺，說明此詞是用來說明所有直接知覺。

脫離分別想像的第二個詞“nir-vikalpa”，在瑜伽的直接知覺中，解釋此詞是「因為脫離分別想像就是分明決定的緣故。」（PSṬ56,15）。而且在討論認識手段上，說「這個認識主體的行相作為除去概念構想的直接知覺是**認識手段**」（PSṬ74,11）。此外，又於欲望等的自我認知，以“nirvikalpaka” 說「不依於感官的認識」[42]（PSṬ54,10），又

---

[42] 對於“nirvikalpaka”，在*Monier Williams Sanskrit-English Dictionary*有兩個解說：1.形容詞時，是等於“nirvikalpa”不承認選擇性的、不受變化、沒有差異、承認無疑；2.中性名詞時，是「不依於感官的認識」。

於瑜伽的直接知覺，說此「不依於感官的認識是對象的分明顯示的性質，以及因為〔對象是〕明顯所成的結果。在明顯所成的結果是認識時，那麼，脫離分別想像是〔由於〕明了顯現。」（PSṬ57,5-6）。

因此，「脫離分別想像」的兩個詞“a-vikalpaka”和“nir-vikalpa”當中，前詞是通用於四種現量，而後詞或可說只用於五識，但是，在欲望等的自我認知和瑜伽的直接知覺卻有開展不同的解釋，那就是「脫離分別想像是〔由於〕明了顯現。」和「脫離分別想像就是分明決定」。而「明了顯現」和「分明決定」都是說明認識對境，而且是欲望等自我認知和瑜伽的直接知覺的認識對境。

其次，從語詞來看，“nir-vikalpa”、“nir-vikalpaka”、“avikalpaka”、“akalpikā”、“sāvikalpikā”這些詞的詞根是√kḷp，第一種動詞，有能夠、有用、成功、說、分別的意思，前置vi-是變化的意思，即有分別，而nir-、a-是否定；而-aka是表示動作的主體，有財釋，即擁有……者；-ikā是和-svabhāva, -ātman, -svarūpa同樣，是複合詞後分，有財釋，譯為以……為本質，擁有……。

最後，從不能表達的“anirdeśya”來看，PSṬ說脫離分別想像是因為不能使用語言習慣：

54,1 avikalpakatvaṃ tu tasya^aśakya-samayatvāt / viṣayīkṛte hi samayaḥ śakyate kartum /

但是，說它（直接知覺）是脫離分別想像，是因為它是不能使用語言習慣。因為，當某樣東西被取作境時，語言習慣才能被使用。

na ca^anutpannaṃ rāgādi-ātmānaṃ saṃvittir viṣayīkaroti,

不過，認知不可能把還未產生的欲望等自身取作境，因為認知〔自己〕還沒產生，

rāgādi-ātma-rūpatayā tasyā api^anutpannatvāt / utpanne^api rāgādi-ātmani saṃvittir abhilāpaṃ na yojayati /

由於〔認知〕具有欲望等等自身的性質，即使欲望等自身產生了，〔意識的〕認知不可能與語言連接。

tathā hi sa-abhilāpam ādāya tatra yojayet /

換言之，〔認識〕得到語言表述以後，才可以〔與語言相〕結合。

abhilāpa-grahaṇe ca kṣaṇikatvāt^na sā, na^api rāgādaya iti kiṃ kena yojyeta^iti //

不過，當獲得語言表述時，認識已經不存在，由於只存在於一瞬間，欲望等也不存在，那麼，誰會和誰相結合呢？

對於直接知覺的定義──「脫離分別想像」──是由於不能使用語言習慣（“aśakya-samayatvāt”, PSṬ54,1；aśakya-samayo, PV3.249a）。韓鏡清說：「無分別性者，于彼中不能表達性故。」，不能表達就是不能使用語言。亦即使用語言習慣來表達所見時，已是取作對境，也只有在此時才能與語言結合。不

過，可以用語言表述時，認識已經不存在。所以，不用說不能把未產生的欲望等自身取作境，即使欲望等產生，還是不會連接語言來表述。因為語言習慣不能通過認識獲得——

> 54,6 aśakya-samayatvāt^rāgādīnāṃ saṃvittir na^āviṣṭa-abhilāpā /
>
> 因為不能得到語言習慣，所以，欲望等認知是不可能有語言表述。
>
> yena yatra śabdasya samayo na gṛhītaḥ, na tat^śabdena taṃ saṃyojya gṛhṇāti /
>
> 如果對某個對象而言，語言習慣不能通過認識獲得，那麼，這個認識不能通過把它與語言相結合來認識它。
>
> tad yathā cakṣur vijñānaṃ gandham /
>
> 例如：通過眼睛了知味道的認識。
>
> na gṛhītas^ca rāgādi-ātmani tat saṃvedanena śabda-samayaḥ / kāraṇa-abhāvaḥ //
>
> 而就欲望等自身而言，〔對欲望等等的〕認知是不能採納語言習慣。〔這裡所使用邏輯證明的理由是〕原因不存在！

直接知覺是離分別，意指不能使用語言表述。因為，欲望等認知不可能連結語言習慣，就不可能有語言表述。而論其究竟是「語言習慣不能通過認識獲得」，既然如此，就不能與語言結合來認識。而就欲望等認知不能有語言，是由於「原因不存在」（"kāraṇa-abhāva"），即認知本身不可能有語言表述。

## 四、認識手段和認識結果

對於認識手段和認識結果這部分，從認識手段來說，以對境的行相來說明兩者的關係，從結果來說，結果是自我認知，連繫認識的雙重行相，也是三分說要被證明的角色，因此，先前的譯者會聯合三者的關係來作翻譯。如武邑尚邦是：「現量作為現證的量是自證（svasaṃvid），它在所謂自證的點上，持有作用，所以，在那一點上，承認自證知的果之性質。這裡敘述雖說現證而有作為結果的現證知的性質。」而較接近梵本的服部正明是「k.8cd.〔我們稱認知本身為〕『量pramāṇa』〔字面上，是認知方法〕，因為它〔通常〕是構想出包含〔正在認知的〕行為，雖然它主要是一個結果。」，並加註55：「陳那是將他的思想建立於sākāra-jñāna-vāda，這理論是指認知在自身持有對象的行相（ākāra）。」㊸——依二者所見，擔負連結認知方法的認識手段和作為結果的認識結果之工作，是「自證」，亦即認知本身有作用，這個作用是正在認知的行為，這是認識手段，而有認知則是認識結果。從另一方面來看，陳那將這個理論建置在「認知在自身持有對象的行相

㊸ 請參照〈附錄一〉，註16。

（ākāra）」上，顯見陳那是有相唯識論者。

對於具有行為的作用等同具有對象的行相上，武邑尚邦說：「成為果的知，真是具境相而生，被認為持有作用」；服部正明是：「量果產生本質上關聯被認知對象，所以〔因而〕包含〔正在認知的〕行為（savyāpāra）是看作不言自明的。」；呂澂：「即彼生時有境界相，謂具作用分別。」；何建興是：「具境界相（viṣayākāra）而生起，審知〔其似〕有〔緣取境物體相的〕作用」——在結果上，說具境相是有作用，亦即在結果上說「認識手段」。❹❹對此，般若伽羅笈多（Prajñākaragupta）倒是清楚解釋這個頌的含義，他是以新出生小孩為例，小孩展示相似於他的父親（pitṛ-sad-sadṛśa），可說是取他的父親的外形（pitṛ-rūpaṁ gṛhṇāti）。雖然，事實上，他沒有這樣取（他的父親的外形）的動作（vinâpi grahaṇa vyāpāreṇa）。❹❺由此看來，對境的行相使得認識手段和認識結果似乎是一體兩面。

所以，認識手段、認識結果、自我認知三者的關係，似乎是同一性，而在語言上分類為三。以下將就此三者的關係來探討。

## （一）認識手段是認識結果

對於主張有外境的人來說，手段和結果是不同，就像用

---

❹❹ 參見〈附錄一〉，註18。

❹❺ 參見〈附錄一〉，註21。

斧頭砍樹，斧頭是工具、手段，而結果是樹倒，兩者是在不同的位置。但是，這樣的思考方式，不能用來看待認識手段和認識結果的關係，因為它們是一種認識關係，是「應被理解為是決定因素和被決定的（vyavasthāpya-vyavasthāpaka-bhāva）。當我們有了清楚認識某些藍色，這個認知是被認知為是決定了的——認知藍色的東西，而不是黃色的東西（nīlasyêdaṁ saṁvedanaṁ na pītasyêti）——這個認知是由在認識自身中一些藍色的顯現（ākāra）」㊻，所以，在認識的過程上，陳那主張認識手段即是認識結果。如PS1.8 cd說：

**savyāpārapratītatvāt pramāṇaṃ phalaṃ eva sat //8//**
由於〔認識〕是帶有行為被體驗到，才被稱為認識手段；實際上，僅僅是認識結果。

所謂認識手段是「帶有行為被體驗到」，而實際上，是吾人所見的結果，因為認識對象相同，這是與外在實在論者不同的。PSṬ65,7說「帶有行為被體驗到」是表示與行為一起被認識到的意思。而「實際上，僅僅是認識結果」在PSṬ65,8說明「實際上，認識手段僅僅是結果」，結果是認識手段所達到的認識，認識手段是認識本身，所以與結果無異。PSV1.8 cd再進一步說：

㊻ 請參照〈附錄一〉，註19。

**tasyaiva tu phalabhūtasya jñānasya viṣayākaratayā utpattyā savyāpārapratītiḥ.**

而是，認識手段恰恰是認識結果的認識，由於〔認識〕產生是帶有對境的行相產生，所以，被看作是帶有行為。

**tām upādāya pramāṇatvam upacaryate nirvyāpāram api sat.**

由於這個〔帶有行為的〕因素，日常語言運用中被稱為認識手段，實際上，儘管並不具任何行為。

陳那說明**認識手段＝認識結果的認識**，帶有行為是因為認識產生時，帶有對境的行相產生，因此，**認識手段＝帶有對境的行相**，然而，實際上是不具任何行為。對於「認識手段恰恰是認識結果的認識」，PSṬ65,12-14說此句要表達的是：「完成的對象或完成的手段，都不具有相互獨立的性質。因為，在任何情況下，對完成的對象或完成的手段的指稱，都是伴隨認識行相來理解。而且，這裡也是存在。」——亦即**伴隨認識行相這件事，不論是認識手段或者認識結果都必須具有的**。對於認識手段，在PSṬ有分層說明：一是認識手段、認識結果的性質；二是與認識對象的相似性“artha-sārūpya”；三是認識的兩個部分之區別和連繫。

## 1. 認識手段、認識結果的性質

認識手段“pramāṇa”是什麼？陳那於此所下的定義是「由

於〔認識〕是帶有行為被體驗到」“savyāpārapratītatvāt”，而且在長行中，更解說帶有行為是因為帶有對境的行相產生“viṣayākaratayā utpattyā”（sg.ins）。陳那不僅作了自宗的解說，也想要與主張外在對象進行對話，所以，尋求彼此共許的點。因此，對於認識手段和認識結果的關係，將從兩方面來進行：1. 自宗之說，2.與外境論者共許之說。

**（1）自宗之說**

看成是認識手段，是因為「〔認識〕是帶有行為被體驗到」，不過，實際上看到的是結果。結果是具有認識手段的性質，所以，結果和認識手段是沒有區別。關於這點，法稱也有提到「認識具有認識對境的行相性質，正是成為認識的內在性質，而不是其他的認識對象是結果。」[47]顯見結果是就具有認識對境的行相性質，亦即具有認識手段的才是認識結果。對照韓鏡清的翻譯是：

> 說言“了知與所作故”者即說與所作同時了知故之義，此者謂安立為能量性之因，說言“許此能量之果性”者即能量之了知為果。又此唯自性，謂彼自作，是故無有不同。[48]

---

[47] Rāhula Sāṅkṛtyāyana, PV3.307ab (PSṬ65,9-10a)。請參照〈附錄二〉，註29。

[48] 請參照〈附錄二〉，註30。

「所作」應該是指帶有行為，「了知」是結果，「能量性」是認識手段，對於能量性的了知是結果。不過，相較於「又此唯自性，謂彼自作」，梵文似乎比較清楚說明具有認識手段，如PSṬ說具有行為的認識手段是「量」，完成對象的認識是「果」——

65,14 **jñānasya^adhigama-rūpatvāt sādhyatva-pratītir iti phalatvam upacaryate /**

由於認識是具有獲取認識行相的這種型態，被看作是完成的對象的認識，因此，才被比喻作結果。

**tasya^eva ca viṣaya-ākāra-parigrahāt savyāpāra-pratītir**

正是這個〔帶有行為出現的〕認識，由於具有抓取〔認識〕對境的行相的行為，被看作是帶有行為，

**iti pramāṇatvam upacaryate,vyavahriyate ity arthaḥ /**

所以，日常語言運用中被稱為認識手段，有日常語言中稱指的交流意思。

一般來說，認識結果指的是具有認識行相的情形，當然也可以說是完成對對象的認識。而這種似乎「抓取〔認識〕對境的行相的行為」，被看作是「帶有行為」，因此，日常語言運用上稱為「認識手段」：

66,1 **tathā hi tat jñānaṃ viṣaya-ākāratāṃ dadhānaṃ nirvyāpāram api sat**

換言之，這種認識由於採納認識對境的行相，實際上，儘管並不具任何行為，

**svaviṣaye^adhigam-ātmanā vyāpāreṇa khyāti,na^anyathā /**

但是，它還是被說成是具有對自身的對境的獲取行為的本質，僅僅如此而已。

**tasmāt sā^eva tasya^ātmabhūtā viṣaya-ākāratā pramāṇam iti //**

因此，正是這種具有認識對境的行相性質，成為認識的內在性質，〔認識〕帶有認識對境的行相之事實是認識手段。

似乎是「由於具有抓取**認識對境的行相**的行為，**被看作是帶有行為的**」，但實際上是「**它不存在任何行為**」。法稱也有談及「具有對自我的認識對象的獲取行為的本質」，這樣的行為就像燈光的有作用是在於自己的功能。㊾而末句作結說：「因此，正是這種具有認識對境的行相性質，成為認識的內在性質，㊿〔認識〕帶有認識對境的行相之事實是認識手段。51」，應該就是相當於韓鏡清所譯「又此唯自性，謂彼自作」吧！因此認識手段和認識結果的意義是──

---

㊾ Rāhula Sāṅkṛtyāyana,PV3.307c-308b (PSṬ66,1-2a)，請參照〈附錄二〉，註32。

㊿ 法稱PV3.307a亦有此句，請參照〈附錄二〉，註33。

51 韓鏡清亦說「是故即唯成為彼自體之境界行相說為能量」，請參照〈附錄二〉，註34。

認識手段＝帶有認識對境的行相，成為認識內在性質
認識結果＝完成對象的認識＝具有認識對境的行相性質
兩者的關係，可以表列如下：

**認識手段（行為）＝具有認識對境行相＝認識結果（完成）**

### （2）與外境論者共許之說

對於認識手段、自我認知是果是不是也可以得到外境論者的共許呢？外境論者「有外在認識對象的情況下，確立自我認知是果，也認為認識的**認識手段只能是對境的顯相事實，**[52] 然而，不是如同唯識派所說是認識主體的行相。」（PSṬ71,15-72,2）但PSV1.10bc就已明指認識主體的行相是認識手段。PSṬ說：

---

[52] 此說法可能是經量部，而且不只顯相，還有喚起的概念，如沖和史說：唯識派和經量部都是有形象知識論者。唯識派主張被認識的形象只存在於知的領域，而且唯有那個〔形象〕是我們的經驗領域，而經量部雖然主張被認識的形象都屬於知的領域，但知覺時，存在於知的外部的對象，持有和被認識的形象同樣的形象，其原因在於知的領域當中，被認識的形象被喚起的緣故。亦即經量部和唯識派認為形象出現在認識領域中的情況是認識的事實。這個思想在後代表明認識是所有認識內容的直觀——自己認識（自證svasaṃvedana）。經量部和唯識派首先第一很顯然是以經驗內容的「出現」作為前提（1988，頁292）。不過，經量部對於物體是直接被經驗的知覺像，其實在性是被推理出來的，而唯識派不是如此，可說是直接地經驗只有在有形象知識論內的範圍之內論述的學派。唯識派的思想，傳統上是以「唯識無境」這一詞來表示（1988，頁294）。

53,10 grāhaka-ākāra-saṅkhyātam anubhava-svabhāvatvam /

〔認識〕具有經驗的性質，就被看作是認識主體的行相。

71,12 iha^asati bāhye^arthe svasaṃvedana-phala-vyavasthāyāṃ grāhaka-ākārasya prāmāṇyaṃ vakṣyati /

當外在對象不存在，就確立自我認知是結果，則認識主體的行相，被說成是認識手段。

認識主體的行相是具有經驗性質，而且在確立自我認知是結果上，對於認識手段，外境論者主張只能是對境的顯相，而唯識論者認為是認識主體的行相。原因是認識對象不同。但是，認識主體的行相是自我認知理解的對象，為什麼不能立此為認識手段？

72,6 yadyapi sarva-kālaṃ **svasaṃvedyam** asti **svarūpam**,

儘管在任何時候，〔認識的〕**自身行相**，總是**自我認知認識的對象**，

tathā^api tad **anapekṣya** jñānasya bāhye prameye viṣaya-**ābhāsatā^eva pramāṇam**,

即使這樣，把這點**擱置**，在認識對象是外在時，**認識手段正是**認識**具有對境的顯相事實**，

na svābhāsatā, bāhye^arthe tasyāḥ sādhanatva-ayogāt / ayogas tu aparārthatvāt /

> 但不是自我的顯相事實，因為在認識對象是外在的前提下，成立它的認識的完成是不可能的。而說不可能是因為對象不一樣。
>
> grāhaka-ākāro hi^ātma-viṣayaḥ kathaṃ bāhye^arthe pramāṇaṃ syāt /
>
> 因為認識主體的行相是以自身作為它的對境，對外在對象而言，怎麼可能是認識手段呢？
>
> na hi^anya-viṣayasya^anyatra prāmāṇyaṃ yuktam //
>
> 因為對一個對境的認識不可能是對另一個對境的有效認識。

對於外境論者而言，認識手段是具有對境的顯現，只有兩種顯現之一，這樣是不可能完成認識，因為對象不同，認識主體的行相是以自身作為對境，[53]所以，外在對象不可能是認識手段。因為對境不同，不構成有效認識。所以，陳那尋求外境論者和唯識所共同承認的，就是「具有認識對象的**顯相**」，如PSV1.9d：

> yasmāt so 'rthaḥ
>
> 因為這個認識對象是
>
> **tena mīyate //9//**
>
> 通過它的顯相而被認識到。

---

[53] Rāhula Sāṅkṛtyāyana, Ce'PV3.346'c (PSṬ72,8a)。能取的本質因為對象不一樣。請參照〈附錄二〉，註70。

yathā yathā hy arthākāro jñāne pratibhāti śubhāśubhāditvena,
〔經量部：〕分別按照認識對象的行相是如何在認識中顯現，作為顯著、不顯著的東西〔顯現在認識中〕，
tat tadrūpaḥ sa viṣayaḥ pramīyate.
那麼，認識對境是以這樣的具體行相被認識到。

對於PS1.9d，勝主慧解釋此句是陳那說明有效性原因──「被認識到就是被確定」（PSṬ72,10）。服部解釋陳那否定認識對象獨立於認識的觀點，是很接近唯識理論：即便有外部的對象，它是被認為只存在於符合認識，而不是由它自己的本質。不是認識符合在認知以前獨立地存在的對象。[54]
經量部的顯現說是長行所示，按照認識對象在認識中的顯現，不論顯著不顯著，認識對境是以這樣的行相被認識到。此中對於顯相的說明──"śubhāśubhāditvena"的翻譯──不管是武邑尚邦或服部正明，乃至何建興，都是以「白」、「非白」來說明，除了法尊法師使用了「黑白」之外。[55]但是，這樣的語詞會讓人不清楚它是指什麼樣的狀況？不能理解它是指顏色的「白」嗎？但是，吾人生活中的認識並非如此。所以，從語詞的解釋來看，單單的"śubha"一字有bright，beautiful，agreeable，suitable，pure，distinguished，而成為"śubhāśubha"時，有pleasant and unpleasant（愉快和不愉快），agreeable and disagreeable（同意和不同意），

---

[54] 請參照〈附錄一〉，註29。
[55] 請參照〈附錄一〉，註29。

prosperous and unfortunate（豐裕和不幸），good and evil（善惡）。這當中也有「合意的、不合意的」意思，但就顯相來說，應該是清楚或模糊的區別，因此，筆者是採用「顯著（distinguished）、不顯著」來說明。

不過，我們的認識有「不顯著」的嗎？因此，推測那是透過顯相而無法表示的，即自我認知所揭示的，如勝主慧認為以顯現方式進入認識裡，自我認知也是同樣揭示[56]——

72,11 atra ca yathā dhūmena^āgnir anumīyate^ityucyate,
這裡像人們所說那樣：火依煙霧而推論出來，
na ca^asau sākṣāt tena^anumīyate, kiṃ tarhi tat-hetukena dhūma-jñānena,
而不是那個直接通過它來推理出來，而是通過對煙的認識（感官的直接知覺），推論火的原因，
tathā yadyapi—**sas^ arthas tena mīyate**^ity ucyate,tathāpi tat sādhanayā sva-saṃvidā-iti veditavyam /
同樣的，即使說：「**這個認識對象，是通過它的顯相而被認識到**」，不過，還是應理解為是通過自我認知來成立認識。

這裡要說明即使認識是通過顯相，但是，在我們日常生活中還是有顯相之外的認識，就像依眼前的煙霧顯相推論出火，這個

[56] Rāhula Sāṅkṛtyāyana, cf. PV3.349ab (PSṬ72,14-15b)。請參照〈附錄二〉，註71。

火是透過自我認知來成立的──

72,14 tathā hi **yathā yathā^artha-ākāro jñāne** sat-niviśate śubhāśubhādi-rūpeṇa,

換言之，**分別按照認識對象的行相，以顯著、不顯著等方式直接地進入認識裡**，

tathā tathā svasaṃvittiḥ prathate / yathā yathā ca sā khyāti,

同樣的，自我認知也是這樣揭示。分別按照它如何被認識到，

tathā tathā^artho niścīyate śubhāśubhādi-rūpādiḥ /

這個認識對象是以顯著、不顯著等方式被確定的。

yadi hi tad ākāram utpannaṃ syāt,tadā tādṛśasya^ātmanaḥ saṃvittiḥ syāt /

因為如果〔認識〕是以認識對象的行相產生的話，那麼，這樣的認識會是對它自己的認知。

tataś ca tadvaśāt^viṣaya-niścayo bhavet, na^anyathā /

那麼，對境由此而得以確定，僅僅如此而已。

tasmād viṣaya-ābhāsatā pramāṇam //

所以，才說具有認識對境的顯相是認識手段。[57]

---

[57] 《韓本註》：「如（？）是又若如（？）是說言“此義由彼為所量”等者，則當知由具有彼之能立所謂自覺故。如是者謂決定依彼如如（？）諸義行相淨不淨等自性，諸識如是如是（？）能增廣自覺。為如顯示此者，如是如是（？）決了淨不淨等色等義，若由是故，若彼行相已生起者，彼時即由此故成為似彼自體之自覺，由是亦依此增上力，決了境界，否則不爾。是故境界顯現性即是能量。」，頁36。

這是因為自我認知是「分別按照它如何被認識到，這個認識對象是以顯著、不顯著等方式被確定的」。亦即從顯相產生對於認識對境之確定的工作，就是自我認知！而**認識對境的顯相＝認識手段**，所顯的相是指認識對象的行相。——再加上前例說明「火依煙霧而推論出來」，火是原因，但是，看不到火，能看到的只是煙霧，從對煙的認識來認知原因是火。同樣的，自我認知不被看到，但是要經過自我認知來確定認識對境，才能算是認識。

關於煙產生火的認識，有「通過果推理因」來說明關注眼前的煙，怎麼會有火的認識呢？按照韓鏡清的翻譯：「謂心相續具有能生起有火行相諸識熏習差別者，雖能生起顯現烟慧，然無隨意性，是故能了知彼之烟識，即能領悟此中謂因法知者（？）熏習當（？）能明了生起具有清醒具有火行相慧比量，如色等依味等境為比知故非所諍論。」[58]——在心相續中，有生起火行相的「諸識熏習差別」，熏習的差別支持眼前的煙的認識，能清楚生起具有清醒、具有火行相，對照PSṬ——

> 75,12 **atha yad idaṃ kāryāt kāraṇa-anumānam, tat katham / kathaṃ ca na syāt /**
>
> 再者，怎麼可能這個因的推理通過果？〔勝主慧反詰：〕為什麼不可能呢？
>
> **yato dhūma-pratibhāsi jñānaṃ pūrvam eva^āvirbhavati,**

[58] 請參照〈附錄二〉，註89。

**paścād anala-pratibhāsi /**

從某個具有煙的顯現的認識來說，〔首先，有關煙的認識〕已經在前產生，〔才會帶有煙的認識，〕於後時有火顯現〔的認識，通過以前火的認識〕。

**na hi tat prāg dhūma-pratibhāsino jñānāt saṃvedyate /**

因為〔火的顯現〕認識不能從在前具有煙的顯現的認識被認知。

**tato^anagni-janya eva dhūmaḥ syād iti katham tena^agner anumānam / naiṣa doṣaḥ /**

由於煙只能無火生時才有，所以，怎麼可能通過煙推理對火的認識？這樣的錯誤不存在。

認識具有煙的顯相，但由自我認知確定是火的認識，但是，沒有火的顯相，如何通過煙來確定認識呢？

76,1 **dahana-ākāra-jñāna-janana-vāsanā-viśeṣa-anugata eva hi citta-santāno dhūma-ābhāsāṃ dhiyam utpādayati, na tu yaḥ kaścit /**

其實是帶著有關火的行相認識始生的特殊熏習的思想流程，由此產生煙的顯相的認識，而不是任何一個。

**atas taṃ gamayat^dhūma-jñānaṃ prabodha-paṭu-vāsanāṃ dahana-ākārāṃ buddhiṃ bhaviṣyantīṃ pratipattur gamayati /**

> 然後，關於煙的認識會讓火被認識到，火的行相的認識是被強烈分明的熏習喚醒，造成將來的認識〔，由煙就產生對火的認識〕。
>
> **atra hi hetu-dharma-anumānena rasāde rūpādivat^anumānaṃ bhavati^iti^acodyam //**
>
> 因為，在這裡指的是從因推理認識的特性，所以，不存在這樣的指責：即這是推理認識，就像從味道等推理顏色等認識。

這裡通過果來推出因的問題，以煙為例，推知對火的認識，因為火的顯現不能從在眼前的煙顯現的認識被認知。而且煙只能無火生時才有，如何可以推理出火的認識？那是因為帶著「有關火的行相認識始生的特殊熏習的思想流程，由此產生煙的顯相的認識」，造成「關於煙的認識會讓火被認識到，火的行相的認識是被強烈分明的熏習喚醒，造成將來的認識。」——這是因為我們的認識就是一個意識流，是含有種種特殊熏習的思想流程，亦即韓鏡清所譯「心相續」，有關煙的顯相認識是在火的行相認識產生，所以有煙的認識生時，就喚醒火的行相的認識。但是，有趣的是，法稱提到「沒有表明的正是使火的不顯相產生的認識」[59]，顯然沒有注意到顯相的認識，而是喚醒意識流中的認識。雖然如此，但不是像「從味道推理顏色」的推理認識。——這應該是從同一類來推理，因通過果推理出來

---

[59] 請參照〈附錄二〉，註87。

的，不算是比量。法稱也說「因為不依靠另一個認識對象，由於它是描述自身行相」❻⓪，韓鏡清是說「即能領悟此中謂因法知者」❻①，所以，不是比量。

然而，這裡還是要被置疑——就直接從意識來認識就好了，為什麼還要說通過顯現而來被認識？❻②

73,5 sā hi svasaṃvid, artha-saṃvido yat kāryam artha-niścayaḥ, tat karoti /

因為這一自我認知造就對象認識的（arthasaṃvidas）結果，即對認識對象的確定。

**ata upacāreṇa^artha-saṃvid eva kāryato draṣṭavya^iti amum arthaṃ sūcayitum evam uktam /**

所以，在日常語言的運用層面上說，對認識對象的認知，只能從結果被看見，所以，為了說明這個意思，〔陳那〕才會這樣說。

---

❻⓪ Rāhula Sāṅkṛtyāyana, Ce'ePV1.9bc (PSṬ76,4c)。請參照〈附錄二〉，註88。

❻① 請參照〈附錄二〉，註89。

❻② 關於煙推理火的說明，矢板秀臣提到法稱的結果因（kāryahetu）是從結果（煙等）推理原因（火等）。從原因推理結果的只有特定場合（Cf. PV I 7.）。此外，若論瑜伽論因明，煙和火是在火經常伴隨煙／依於存在的相互類似（依標相的類似）的關係上，不能視為因果關係。依煙比量為火的，不是依因果的比量（hetuphalato 'numānam），而是屬於依標相的比量（liṅgato 'numānam）。亦即依煙推理出火的，不是依因果的比量，而是依標相的比量。（矢板秀臣2005：頁17 註56，頁15 註51）。

對於認識對象，予以確定的是自我認知，而以日常語言運用來說，這個「確定」就是可以被看見的認識結果。可以表列顯相和自我認知的關係如下：

**具有認識對境的顯相＝認識手段──►產生對於認識對境之確定＝自我認知＝結果**

不管認識手段或者認識結果都具有同一對象，❻❸但是，為什麼外在對象還是以自我認知作為結果呢？

> 73,9 **paramārthatas tādātmyāt svasaṃvittiḥ phalam uktam /**
> 從真實義上說，由於具有同一性，自我認知才被說是果，
> **upacāreṇa tu kāryato^artha-saṃvittir eva sā draṣṭavya^iti^ aviruddham /**
> 但是，從世俗〔的日常語言〕來看，由於〔看到的是〕結果，所以，自我認知要被看到，只有對認識對象的認知，所以，〔這點〕並不存在矛盾。

從真實義來說，是因為同一性，韓鏡清是譯為「自性」❻❹，自我認知才說為果。法稱亦有提及此同一性是根據自身行相的思

❻❸ Rāhula Sāṅkṛtyāyana, cf. PV3.350a (PSṬ73,7a)。請參照〈附錄二〉，註73。
❻❹ 請參照〈附錄二〉，註75。

維，對認識對象的認知是由於具有同一性。[65]與此處所說似乎不同，但是，就認知的果來說，是由於同一性這個原因。從世俗來說，自我認知作為結果要被看到，就必須「只有對認識對象的認知」。

## 2. 與認識對象的相似性"artha-sārūpya"

勝主慧對此提出具體的說明（PSṬ66,4-6），指出一個行為和完成手段之間，不是不相干：

66,6 **sā^eva ca tasya kriyā sādhyā /**

正是這個行為才是完成手段的行為所完成對象。

**tatra rūpādau karmaṇi-anubhava-ātmanā sādṛśya-ātmano jñānasya tena svabhāvena karaṇa-bhūtena bhāvyam ,**

在這種情況下，認識有與對色等動作的經驗性質相似的本質，作為它的本質應該被理解成為原因，

**yena^idaṃ nīlasya jñānam ,idaṃ pītasya^iti vibhāgena vyavasthā kriyate /**

通過這樣的分別，才會有這是對藍色的認識，這是對黃色的認識，因此，以這樣區別方式，人們才有這樣的分別。

**anyathā sarvaṃ jñānaṃ sarvasya^arthasya syāt, na vā kasya cit kiñcit , aviśeṣāt //**

---

[65] 請參照〈附錄二〉，註74。

否則，任何認識都是對任何認識對象的認識，或者根本就沒有認識，因為沒區別之故。

對於認識手段和認識結果的關係，勝主慧再次說明「這個完成手段是對一個完成行為〔，並不是所有〕」，以及「在這種情況下，認識有與對色等動作的經驗性質相似的本質，作為它的本質應該被理解成為原因」。法稱也說「一個行為的成立是來自完成手段，因為沒有完成手段，就沒有完成行為」㊱以及「認識僅僅只有通過經驗，因為以相似為本質，作為它的本質是應被理解〔成為原因〕」㊲，這裡要指明的是，一個完成手段是對一個行為，認識結果不是來自很多認識手段，而是一對一的；而人們會有藍、黃的分別認識，是因為認識的原因，有與對色等動作的經驗性質相似的本質，沒有這個本質就沒有區別，就會任何認識都是對任何認識對象的認識，或者根本就沒有認識。而這本質又是指什麼呢？就是——

67,4 **so 'rtha-sārūpyāt anyato na sidhyati/tatas tad eva sādhanam artha-adhigateḥ,**

這個認識是不能通過與認識對象相似性以外的東西來認識。所以，只能是與認識對象的相似性，才是對認識對象之認識的完成，

---

㊱ Rāhula Sāṅkṛtyāyana, PV3.301 (PSṬ66,4-7d)。請參照〈附錄二〉，註35。

㊲ Rāhula Sāṅkṛtyāyana, PV3.302 (PSṬ66,7-9e)。請參照〈附錄二〉，註36。

> **sarva-kāraka-upayoge^api^asya^arthasya^iyam adhigatir iti sambandhasya tatas^eva^avyavadhānena siddheḥ /**
>
> 儘管所有原因全具備了，但是，這個認識是對這個認識對象的認識，所以，對這種連結，只能從認識的〔限定〕，通過〔相似性的成就之〕無間隔才能成立。
>
> **tat^ca tasya sādhanatvaṃ vyavasthā-samāśrayatvena, na tu nirvartakatvena, abhedāt //**
>
> 而且，這個〔與認識對象的相似性〕就是它（認識）的成就因素，〔是因為相似性〕是作為確定〔各種主體和客體〕的基礎，而不是製造認識的，因為〔能成和所成〕沒有分別之故。

要說明這個認識是對於這個認識對象的認識，不是別的，就是通過「與認識對象的相似性，才是對認識對象之認識的完成」❻❽，而這個相似性❻❾是「作為確定各種主體和客體的基礎❼⓪，而不是製造認識的，因為〔能成和所成〕沒有分別之故。」

---

❻❽ Rāhula Sāṅkṛtyāyana, PV3.304-5c '(PSṬ67,4-5e)。就認識對象本身來說，有相近的解說。請參照〈附錄二〉，註43。最接近的譯詞是Rāhula Sāṅkṛtyāyana, PV3.306ab (PSṬ67,5g). 但是，使用的是“prameyâdhigati”，似乎勝主慧和法稱有同樣提到，但是，勝主慧沒有使用法稱的詞句。請參照〈附錄二〉，註45。

❻❾ 法稱PVIN I.亦有提及，但是使用的是“tādrūpya”，而不是“artha-sārūpya”請參照〈附錄二〉，註40。

❼⓪ Rāhula Sāṅkṛtyāyana,PV3.315c (PSṬ67,7i)。有相同的詞句。請參照〈附錄二〉，註47。

——這樣的說法，到底在說明什麼呢？與認識對象的相似性是認識手段，也是認識的原因，作為被顯現的東西是客；能有區別的認識就是認識結果，是認識主體的行相，顯現所顯現的東西是主；因此，以相似性來確定主、客的關係，而不是因生果一般的製造認識，因為能成和所成是假立的分別。

### 3.認識的兩個部分之區別和連繫

認識手段是與認識對象的相似性，通過相似性有主客關係，是能成和所成的假立分別，但由於是假立，所以，被置疑所作就是作者。而若沒有真實區分，怎麼會見到認識對象、認識結果等的區別？前者是PSV1.8cd，後者是PSV1.9'd，認識手段在認識的能成和所成之間，引發兩個問題，以下就循此來理解。

#### （1）對應PSV1.8cd的PSṬ說明

有人以能成和所成沒有區別，來質問認識的兩個部分沒有區別，會變成同一性，那麼，所作就是作者，這個說法是沒有用的（PSṬ67,9-10）。對此的回應：

> 67,10 yato vastuno^abhede^api yo^ayaṃ dharma-bhedaḥ prameya-rūpatā^artha-adhigatiś^ca^iti,
>
> 因為從實際意義上來說，儘管沒有區別，但是，由於這個謂語的不同，認識主體具有認識對象的行相，以及對某個具體客體的認識，因此，

sas^abhyupagamyata eva vyāvṛtti-bheda-upakalpitaḥ,

想像互相分離的區別，應該是可以被接受的，

abhinne^api vastuni vijñāna-pratibhāsa-bhedena sādhya-sādhana-vyavasthā-darśanāt ca /

實際上，即使沒有區別，但可通過認識主體顯相區別，而且因為所成、能成是分開顯現。

以謂語不同回應「所作就是作者」說，儘管沒有區別，但是，認識主體具有認識對象的行相和認識，所以，透過認識主體的顯相，相像區別而成能、所，但，實際上是沒有區別。[71]就像蜜喻所說──

68,1 **yathā nipīyamānaṃ madhu madayati, ātmanā^ātmānaṃ dhārayati,**

如同蜜自己被滲透甜的成分一般，蜜使喝的人滿足〔既是所作又是作者〕，由〔認識〕自己持有認識本身，

**buddhyā gṛhṇāti^iti na^ayaṃ vastu-sanniveśī sādhya-sādhana-vyavahāra iti acodyam etat //**

---

[71] 法稱PVIN I.亦有提及相近的說明，但是，這兩個部分指的是“kriyā-karaṇayor”而勝主慧是“jñāna-aṃśayor”，法稱的是結果和原因，或可說是認識結果和認識手段，以此來對勝主慧和韓鏡清所說，「所作就是作者」，或可說這兩者就是認識主體上的兩個部分，但這與一般所說見分和相分的兩個部分，實在不同，但是，後述亦有提及「所成和能成是分開顯現」似乎也存在想像的空間。請參照〈附錄二〉，註49、50、51。

是通過認識來認識，所以，並不是與這個實體相連繫，〔使用日常語言來〕指稱所成、能成〔的分別〕，所以，這個說法並不存在可被指責之處。

就像蜜本身是甜，又可使喝的人滿足，是所作又是作者，純就認識認識本身來說，通過顯現認識對象的功能，說為認識手段，又使其成為認識結果，只是使用日常語言來指稱，而並不是與實體連繫來指稱。認識手段和結果的關係就像這樣，既是所作又是作者。

在認識和認識對象之間，居中作為連繫的，就是認識手段，不具行為但顯現似具有行為，如PSV1.8cd所說：「譬如結果是帶著因〔的行相〕而產生，同時感覺抓取因的行相，儘管結果不具行為」，PSṬ說經驗到藍等行相：

68,4 iha nīlādi-ākāras^eka eva^anubhūyate /

在這裡，被經驗到的僅僅是一個藍等行相。

sa vijñānasya^ātmabhūtas^avaśyam abhyupeyaḥ /

它必須被承認是認識的性質所成。

anyathā tasya^arthena sambandho na syāt /

否則，認識和認識對象之間的連繫就不可能。

na ca tasmāt tad-ākāram atad-ākāraṃ vā bahir vyatiriktaṃ vastu^upalabhyate /

不過，因為不管是帶有行相或不帶行相，只要是外在的事體，就不可能〔成為所緣〕被認識。

na ca^ālambanaṃ ghaṭate /

因為，〔外在實存物〕不可能成為所緣緣被觀察到。

這是對認識手段的最後說明，要被承認的是經驗到的行相是屬於認識的性質，對於行相的認可，才能連繫認識和認識對象，也才能說這個認識是對於這個認識對象的認識而不是別的。而就歸屬認識的性質，它必須是經驗到的行相，不能是外在的事體，因為外在的不可能成為所緣緣被觀察到。韓鏡清此處翻譯是：「亦非能緣與彼不同行相，或非彼行相外有實事。又不許為所緣。」──同樣針對經驗行相來說。

**（2）對應PSV1.9'd的PSṬ說明認識手段、認識對象的區別**

唯識派認為認識主體的行相是認識手段，被認識的行相是認識對象，陳那對帶有對境的行為稱為認識手段，認識手段所達到的認識是認識結果，認識手段和結果的認識對象相同。另外，自我認知是手段也是結果。與唯識相關的，應該是自我認知是結果，但是，唯識學派仍會有疑問：為什麼沒有區分之性質認識，會有認識主體〔、認識客體〕的行相等區分呢？以至於儘管沒有外在的認識對象，還有認識手段〔、認識結果〕等的差別？（PSṬ73,13-14）對此的回應是：

73,15 **naiva tattvatas tasya vibhāgo^asti,**

從真實義上說，認識是絕對沒有作任何區分，

**kevalam avidya-upaplutais tad grāhaka-ākārādi-vibhāgavat^iva lakṣyate /**

只有對那些被無明所蒙蔽的人，認識才會被他看成似乎如同認識主體的行相等的區分，

**ato yathā darśanam iyaṃ pramāṇa-prameya-vyavasthā kriyate, na yathā tattvamiti /**

所以，按照〔被無明蒙蔽的他們錯誤〕觀察來看，來確定認識主體、認識對象的分別，而不是按照真實。

從真實義上來說，認識絕對沒有作任何區分。之所以區分是按照被無明蒙蔽的人的認識，安立似乎如同認識主體的行相，確定認識主體、認識對象的分別，而不是按照真實。但是，現實所見明明是有區分——

74,1 **kathaṃ punar avibhaktaṃ sat tathā pratibhāsate /**

再者，為什麼說認識不能區分，但現實顯現是區分的？

**yathā mantrādi-upaplutā-akṣāṇāṃ mṛt-śakalādayo hastyādi-rūpa-rahitā api hastyādi-rūpāḥ pratibhāsante,**

如同對那些已經被咒語等影響眼睛的人而言，一塊一塊的泥土顯現大象等的行相，儘管泥土不具大象等的行相〔，但是，還是呈現大象的行相〕，

**yathā ca dūre maruṣu maha-analpo^api^ābhāti,**

以及如同在很遠的地方看沙漠，也像是很廣濶的曠野，[72]

**tathā^idam api^avidya-andhānāṃ jñānam atathā-bhūtam api tathā^ābhāti /**

這裡也是同樣的，對被無明遮蔽的人而言，認識儘管成為非實，還是成為可見。

不過，現實顯現是有區分？以咒語等影響眼睛之喻來說，泥土顯現大象等行相，儘管泥土不具大象等行相，又從遠處看沙漠，像是曠野，來說明「認識儘管成為非實，還是成為可見」。唯識學派的區分是如何呢？陳那PSV1.9’d：

**evaṃ jñāna-saṃvedanaṃ anekākāram upādāya tathā tathā pramāṇaprameyatvam upacaryate.**

按照前面所述認識過程，基於對〔感官〕認識的〔自我〕認知，由於不同的行相，所以，諸如此類分別通過這一方法，有認識手段、認識對象的區別。

這裡是在說明認識手段、認識對象的區別從何而來。對照PSṬ的解釋：

74,7 **evam** iti yathā^uktaṃ **dvy-ābhāsaṃ jñānam** iti / **jñāna-saṃvedanam** iti

---

⑫ Rāhula Sāṅkṛtyāyana,Ce’ePV3.355cd (PSṬ74,3b)。請參照〈附錄二〉，註77。

> 所謂「**按照前面所述認識過程**」，就是如同前述所說，認識是具有**兩種顯相**的認識。所謂「**基於對〔感官〕認識的〔自我〕認知**」
>
> jñānasya karmaṇaḥ saṃvedanaṃ darśanam / kim bhūtam / **anekākāram** /
>
> 就是把認識當作有動作的行為來了知，就是對認識的認知的觀察。實際情況是怎樣呢？是**由於不同的行相**。
>
> anekā ākārā yasya,tat tathā^uktam / te punar ākārāḥ,
>
> 某樣東西具有不同的行相，它就被這樣稱呼。再者，這些種種不同的行相，
>
> ya anena bhrāntena nirīkṣyante,grāhaka-pratibhāsādayas te vivakṣitāḥ /
>
> 指的〔是主體和客體之間不同顯相，〕是被那些腦子混亂的人所觀察到〔，真實並不是這樣〕，這些行相就是說認識主體和認識客體的區分顯相等。
>
> **upādāye**ti tat pramāṇa-nibandhanaṃ gṛhītvā /
>
> 所謂「**通過這一方法**」是指認識基於認識手段。

這裡說明「前述」是指認識具有兩種顯相的認識，而「**基於對〔感官〕認識的〔自我〕認知**」是指意識的自我認知，亦即「對認識的認知的觀察」來說，是以有動作的行為來了知，亦即文末所指「**通過這一方法**」，此方法就是經由「認識手段」取得認知。實際上，在這樣的過程中，有不同的行相，這些不

同的行相被那些腦子混亂的人所見❼❸，就是認識主體和認識客體的區分顯相。這些區分顯相是如何呢？

74,10 **tathā tathā**^ityādi / nirvikalpe tāvat^grāhaka-ākāraḥ kalpanā-apoḍhaṃ pratyakṣaṃ **pramāṇa**m,

以「**諸如此類分別**」為首的這句話，首先，討論脫離分別想像，這個認識主體的行相作為除去概念構想的直接知覺是**認識手段**，

spaṣṭa-pratibhāso grāhya-ākāraḥ svalakṣaṇaṃ **prameya**m/

帶有清楚顯現的認識客體行相，是作為自相，是**認識對象**。

liṅgaje 'pi grāhaka-ākāras^anumānaṃ **pramāṇa**m,

儘管通過邏輯標記（徵相）所產生出來的〔認識，對這樣的認識來說〕，就是認識主體的行相，是推理認識的**認識手段**，

vyakti-bheda-anuyāyi^iva^āspaṣṭa-pratibhāso grāhya-ākāraḥ sāmānya-lakṣaṇaṃ **prameya**m iti /

認識客體的行相是具有不清晰的顯像，就好像是跟隨不同的個體，分別與個體相連繫的共相，是**認識對象**。

**upacaryate**^iti vyavahriyate /

所謂「**區別**」就是按照日常語言的習慣用法來稱呼

---

❼❸ Rāhula Sāṅkṛtyāyana,cf.PV3.330'd (PSṬ74,9e)。請參照〈附錄二〉，註79。

〔他們為認識手段、認識對象〕。

這裡清楚羅列陳那所主張的兩個認識對象——「自相」和「共相」——的認識架構：

| 認識對象 | 認識手段 | 直接知覺／推理認識 |
|---|---|---|
| 清楚顯現的認識客體行相，是作為自相 | 認識主體的行相 | 直接知覺：脫離分別想像 |
| 具有不清晰的顯像，就好像是跟隨不同的個體的共相 | 認識主體的行相＝通過邏輯標記（徵相） | 推理認識 |

對於自相和共相等兩組認識對象的認識，首先，認識主體的行相是直接知覺的認識手段，帶有清楚顯現認識客體行相的個體相是認識對象。其次，通過標記產生的，就是認識主體的行相，是推理認識的認識手段，認識客體的行相是不清晰的顯像，就是認識對象。所以，這裡的區別就是對於個體相和共相等兩組認識對象的認識，按照日常語言習慣稱呼為認識手段、認識對象。亦即韓鏡清所謂「所假安立」㉔。不過，真正清除錯誤區別是——

74,14 etena^etat sūcayati —

通過上面所說，是要說明下述——

vyāvahārikasya pramāṇasya prameyasya ca^idaṃ svarūpam

---

㉔ 請參照〈附錄二〉，註81。

uktam atra^api vipratipannānāṃ sammoha-nirāsāya /

對按照日常語言運用稱呼為認識手段、認識對象的，這都被說成具有認識性質，即使在這裡也是為了消除那些對此有錯誤認識的迷惑。

loka-uttaram eva tu vibhrama-viveka-nirmalam anapāyi

〔儘管陳那說了這樣的話，〕但是，清除錯誤的區別只有出世，

pāramārthikaṃ **pramāṇa**ṃ tasya^eva ca gocaro bhūtaṃ **prameya**m iti //

有關真實義上的認識，這樣的認識才是**認識手段**，只有它所認識的範圍才是正確的**認識對象**。

認識手段、認識對象都是日常語言運用的稱呼，這樣的安立也是為了消除錯誤認識，但是，清除錯誤區別只有出世，[75]有關真實義上的認識才是認識手段，它所認識的才是正確的認識對象。所以，陳那PSV1.9’d加上末句：

nirvyāpārās tu sarvadharmāḥ.

但是，一切經驗到的現象是脫離行為的。

---

[75] Ernst Steinkellner, PVIN I.44,2-5 ([b-b] *Ce'e* PSṬ75,1-3a)：「而對一般理解而言，這個已經被說是認識手段的形式，即使其他〔認識對象〕在這裡也是，使不確實欺誑世間。因為如同慧僅依思維而生一般的種種行動，清除錯誤的區別，只有真實量。」請參照〈附錄二〉，註82。

「脫離行為」是指什麼呢？按照PSṬ是：

75,4 **nirvyāpārās tu sarvadharmā**s^iti /

〔陳那〕說：「**但是，一切經驗到的現象是脫離行為的**」。

etena tasya jñāna-saṃvedanasya bhrāntatvam udbhāvitam /

通過這句話（etena）揭示了將一認識〔作主客體分別〕的認知是錯誤的。

na hi tattvataḥ kasya cit^dharmasya^aneka-ākāra-darśana-ātmakas^vyavahāraḥ sambhavati,

因為，從實際意義上說，對任何一種現象而言，不可能有認識主客體之間交流的認識活動，來展示不同行相的性質，

ākārāṇām apariniṣpannatvāt / bhrāntir eva tu sā,

因為種種行相不是獨立存在。然而，它只能是錯誤的，

yad avidyāndhās tad avedya-vedakā-ākāram api jñānaṃ tathā paśyanti /

凡無知所造成盲目的人看到的認識，儘管表明對認識〔的認識主體、客體〕的行相的無知，他們還要把它看成有這樣的行相。

認識手段、認識對象是按照日常語言來安立稱呼，被說成具有認識性質，也是為了消除錯誤認識的迷惑，不過，能清除錯誤區別的只有出世。接著，陳那說：「**但是，一切經驗到的現象是脫離行為的**」——這是要說明「將一認識〔作主客體分別〕的認知是

錯誤的。」——對任何現象，不可能有「認識主客體之間交流的認識活動，來展示不同行相的性質」，因為「種種行相不是獨立存在」。所以，在這之後，說「帶有顯相就是認識對象，認識主體的行相及認知，就分別是認識手段和認識結果」，而且認識對象、認識手段、認識結果三者是不能各自分離。

## （二）自我認知是認識結果

除了PS1.8cd通過認識對境的行相，說明認識手段是認識結果之後，接著，PS1.9ab要說自我認知是認識結果，是通過什麼來說的呢？要憑什麼來說自我認知是認識結果，又憑什麼要承認自我認知呢？

對於自我認知是結果，正如服部所說："在承認自我認識作為量果上，陳那採用唯識派的教義作為他的理論的基礎。"是採用唯識派的論點。尤其服部提到在陳那的《觀所緣緣論》及其註疏（Ālambanaparīkṣā with vṛtti of Dignāga）："所謂感官（indriya）關連對象是什麼？不是身體的器官，而是能夠（śakti）產生一種認知（ibid., 7cd）或者能夠認知對象的顯現。這種能力是被認為是認識的顯現作為它自身（svâbhāsa）與它的顯現❻作為對象（viṣayâbhāsa）形成對比。"不過，服部也有提到經量部也有承認自證，但是對兩種顯相，是有異議的。❼經量部和唯識的不同，正如服部於ŚVV

❻ Masaaki Hattori（服部正明）1968：p.102 註61。參見〈附錄一〉，註25。
❼ 以上引用參見〈附錄一〉，註29。

（Ślokavārttikavyākhyā Tātparyaṭīkā of Bhaṭṭombeka）所列如下：

> ye 'pi Sautrāntika-pakṣam evaṁ vyācakṣate— bāhyo 'rthaḥ prameyam, vijñānasya viṣayâkāratā pramāṇaṁ sva-saṁvittiḥ phalam iti … [p,139.11-12], idānīṁ Yogācāra-pakṣe 'pi… teṣāṁ caitad darśanam —bāhyârtho nāsti, vijñānasya viṣayâkāratā prameyā, svâkāratā pramāṇam, sva-saṁvittiḥ phalam iti [p.139.19-21]⓻⓼

依上文所述，經量部是主張外在對象是所量（prameyam），識有對境行相的事實是能量（pramāṇa），自證是量果（phala）；唯識派的見解是不存在外在對象，識有對境行相的事實是確定認識的對象（prameyā），有自我的行相是能量，自證是量果。經量部和唯識派的主張，對於「自證是量果」是共許的，但對於pramāṇa和prameya是有不同的定位，如服部在註64提到：

> 如果是一個罐子被認知的認識這樣的話，則那必然是內在於認識中，自我認知的機能，其功能為pramāṇa，取罐子所形成的認識作為prameya而且產生sva-saṁvedana作為phala。唯識就是這樣解釋sva-saṁvitti的理論。然

⓻⓼ Masaaki Hattori（服部正明）1968: p.102 註61。

> 而，經量部有個限制因素：他們支持prameya是一個外部的事物之教義。假如經量部，呼應唯識，已確認自我認知的機能，即svâbhāsa＝grāhakâkāra，作為pramāṇa，他們的教義會受到侵犯，因為grāhakâkāra不會取外部的事物作為prameya。因此，在經量部的教義限制因素中，陳那認為認識的取對象的行相（viṣayâkāratā）應被認為是pramāṇa，外部的對象以此來認知，而且此就是為自我所認知。不過，陳那談到自我意識到的認識之本質性，在經量部教義的證成中是被忽略的。[79]

依此來看，唯識學派是認為：認知中具有取的機能是pramāṇa，此機能取相為prameya，具有這樣行為功能的是自證，就是phala。反觀經量部，推測外部事物存在為prameya，但是svâbhāsa≠grāhakâkāra，而是以有行相作為pramāṇa，亦即忽略「自我意識到的認識之本質性」。這或許是在說自證是指對認識自身的認知，但是經量部忽略這部分，因為認識手段並不是認識主體的行相而是對象的顯相。由此凸顯陳那特別提出雙重性的證明之必要。陳那對於認識結果，認為「對認識的兩種顯相的自我認知就是認識結果」，對於認識結果是自證，亦即自我認知上，還必須面對相關問題，以及說明自我認知是結果的因素。

---

[79] Masaaki Hattori（服部正明）1968: p.105 註64。參見〈附錄一〉，註29。

在PSṬ中，回應認識作為結果還未完成，表示還有別的原因，這個原因可能是指外在認識對象這一說明，[80]提出三項說明，推舉自我認知是認識結果：

（1）認識結果還未完成，可能是認識主體作為熏習成熟還未完成的緣故。但是，想獨立於認識主體來成立外在認識對象是不可能，因為脫離認識主體的認識是不可能。（PSṬ68,8-11）

（2）而自我認知正是從認識主體產生出來，所以，自我認知是結果；理由是按照自身存在（svabhāva），經驗是按照那個被確定認識的自身行相，這個認識才能被確定，[81]否則，會有所有認識都是一樣行相之荒謬結論。（PSṬ68,12-15）

（3）但是，各種認識有不同行相，在單一存在物上，由於認識者不同，會有清晰或不清晰的種種不同行相的了知產生。不同是來自於認識主體而不是存在物

---

[80] 此處法稱的PVIN I.也有相同的說法，請參照〈附錄二〉，註55。要證明外在對象存在，法稱也有說明：可以通過〔原因和結果的〕共同不存在而證明外在〔認識對象〔的存在〕。其論證是“vyatireka”，請參照〈附錄二〉，註56。

[81] 法稱PVIN I.有提到即使外在對象存在，也無法按照自身存在（svabhāva）來被確定，也就是PSṬ70,17d所說：沒有經驗是根據認識對象來的。請參照〈附錄二〉，註57、68、69。認識只能經驗，認識主體行相是以確定為本質，不然，會有多重自性的過失。請參照〈附錄二〉，註58。韓鏡清亦有同樣說法，請參照〈附錄二〉，註60。

有不同行相，否則，會產生多個存在物的荒謬。（PSṬ68,15-69,3）[82]

這是回應有外在認識對象的說法，但是，約莫可掌握自我認知作為認識結果，是與認識主體和認識自身行相相關。不過，這樣的回覆只是提出自我認知這一要項，究實而言，還必先說明自我認知的認知結構，以及證明自我認知是結果。

## 1. 自我認知的認知結構

陳那在PS1.9a「或者，在我們學派當中，自我認知是認識結果」，這一句話的解明，雖然有PSṬ所說，「或者」是指不同對象，「在我們學派當中」是指先前所說的直接知覺，但是，仍不能從中掌握自我認知是認識結果的說明。所以，PSV1.9a說：

**dvyābhāsaṃ hi jñānam utpadyate svābhāsaṃ viṣayābhāsaṃ ca.**

因為認識生起，帶有兩種顯相，也就是自身的顯相和對境的顯相。

**tasyobhayābhāsasya yat svasaṃvedanaṃ tat phalam.**

對認識的兩種顯相的自我認知就是認識結果。

---

[82] 要按照認識的自身行相，否則會有所有認識都一樣的結論，但是，認識有不同行相。請參照〈附錄二〉，註59。韓鏡清亦有同樣說法，請參照〈附錄二〉，註61。

從認識生起來說，有兩種顯相，對兩種顯相的自我認知是認識結果，PSṬ對此的解釋如下：

> 69,8 sva-ābhāsaṃ viṣaya-ābhāsaṃ ca^iti / svam ābhāsas^asya^iti sva-ābhāsaṃ svarūpa-ābhāsam, grāhaka-ākāram ity arthaḥ /
>
> **「自身的顯相和對境的顯相」**：**自身的顯相**就是這個對認識自身的顯相，是自身行相的顯相，指的是認識主體行相的意思。
>
> svarūpam eva^asya jñānasya^ābhāsaḥ,
>
> 只有認識自身的行相才是這個認識的顯相，
>
> yad eva hi jñānasya jñāna-rūpatvaṃ, tena^eva svena rūpeṇa^ābhāsate iti kṛtvā /
>
> 先作這樣的設想：因為認識行相只能是認識的認識行相，正是通過自身的行相而顯相。

這兩種顯相是自身和對境的顯相，自身顯相＝「自身行相的顯相」＝「認識主體行相」，認識自身的行相才是這個認識的顯相，亦即對認識自身的認識，是以其顯相呈現。而對境顯相是：

> 69,10 **viṣaya-ābhāsaṃ ca**^iti / atra yadā bāhyo viṣaye^āśrīyate,
>
> **「和對境的顯相」**：在這個複合詞中分析說：如果是就外在的對境而言，
>
> tadā viṣayasya^iva^ābhāsas^asya^iti vigrahaḥ yadā tu

> na^āśrīyate,
> 那麼，似乎是外在的對境的顯相，而如果不是外在的對境，
> tadā viṣaya ābhāsas^asya^iti /viṣayaḥ punar atra grāhya-aṃśaḥ,tatra viṣaya-vyavahārāt /
> 那麼，就是〔內在〕對境〔本身〕的顯相。再者，在這裡對境指的是認識客體方面，於此，因為是用來指稱對境。

對境顯相若不是就外在對境顯相，就是內在對境本身的顯相。兩種顯相中，自身顯相是認識主體行相（grāhaka-ākāra），相對於此，這裡指的就是對境顯相＝認識客體（grāhya）。而認識就是帶著這兩種顯相──

> 69,13 **tasya**^ityādi/ sati^asati vā bāhye^arthe^**ubhaya-ābhāsa**ṃ jñānaṃ saṃvedyate /
> 以「**認識的**」為首的這句話：不管外在對象的存在或不存在，認識都是**帶有兩種顯相**被認知到。
> **tasya yat svasaṃvedanaṃ** svānubhavaḥ, **tat phalaṃ** bhaviṣyati //
> **對這個**〔帶兩種顯相〕**而言，對它的自我認知**都是對自我的經驗，就應該是**認識的結果**。

誰能保有這兩種顯相呢？就是對認識本身的認知＝自我認知，它是對自身的經驗，就是認識結果。對這兩種顯相的認知就是

自我的經驗，就是認識結果。

## 2. 證明自我認知是結果

自我認知是結果是需要被證明，因為以其具有結果性質是不為外境論者所承認，因為對境是由眼等感官取得，而不是意識；而且自我認知對意識的認取並不等於對對境的認取，因為對境不同（PSṬ69,16-70,2）。陳那的回應是：

> **tadrūpo hy arthaniścayaḥ / (9b)**
> 因為對認識對象的確定性，是認識必須是具有行相。
> yadā hi saviṣayaṃ jñānam arthaḥ ,
> 因為，如果認識對象是指帶有對境的認識，
> tadā svasaṃvedanānurūpam arthaṃ
> 那麼，與自我認知的行相一致的認識對象就被認識到，
> pratipadyata iṣṭam aniṣṭaṃ vā .
> 不論〔對這個認識對象〕是想要或不想要的。

陳那提出的理由是「因為對認識對象的確定性，是認識必須是具有行相」，似乎「具有行相」是認識手段、認識結果、自我認知所必須具有的條件。陳那的解釋是認識對象＝帶有對境的認識，當用這樣的說明時，就是意識的認識對象，是感官認識的對境改變過的行相作為意識的認識對象。再加上此處所說「與自我認知的行相一致的認識對象就被認識到」。就這段解說，PSṬ有幾項說明。

**（1）認識對象是帶有對境的認識**

勝主慧對陳那所說「因為，如果認識對象指的是帶有對境的認識」下了結論──

70,4 **yasmāt yadā saviṣayaṃ jñānam arthaḥ, tadā**

因為，如果認識對象指的是帶有對境的認識，那麼，

**svasaṃvedana-anurūpam arthaṃ pratipadyate pratipattā^iṣṭam aniṣṭaṃ vā /**

與自我認知的行相一致的認識對象就被認識到，不論〔對這個認識對象〕是想要或不想要接受的事實。

tasmāt svasaṃvittiḥ phalaṃ yujyate /

所以，自我認知是結果是正確的。

說「自我認知是結果」是正確的。首先，對於認識對象提到「帶有對境」──

70,6 saviṣayam iti / saha viṣayeṇa saviṣayam /

所謂「帶有對境」：伴隨對境就是帶有對境。

tatra^antar jñeya-pakṣe grāhya-aṃśa-lakṣaṇena viṣayeṇa saviṣayam,

因此，在認為認識對象是內在的體系上，帶有對境是被定義為認識客體方面的對境，

tatra^eva viṣaya-vyavasthānāt /

因為確定對境的只有在認識客體方面。

以「具有行相」來達到外境論者的要求，那麼，如何有這個行相呢？就是伴隨對境的「帶有對境」，要被確定的對境是屬於認識客體方面。而這個說法是立足於「認識對象是內在的體系上」，所以，顯見這個說法是屬於唯識立場並非經量部。所以，服部註61說陳那：「在承認自我認識作為量果上，陳那採用唯識派的教義作為他的理論的基礎」、「支持唯識的教義，即認識對象無非是對象顯現於認識自身」，和「但量不是量果的意涵，其中應是有認識對境之建立的差別所在之意」——亦即對對境的主張有認識手段是認識結果，或者不是認識結果的，而由此區別來判斷是唯識或者經量部的立場。

其次，通過「認識對象是帶著對境的認識」要確定的是什麼呢？

71,2 kiṃ **yadā hi sa-viṣayaṃ jñānam arthaḥ, tadā**^iti^anena /
為什麼還要說——「**因為，如果認識對象是指帶有對境的認識，那麼**」，
asti prayojanam,yasmāt prāk svasaṃvedanaṃ pramāṇam uktam,
這句話有什麼用呢？是有作用的，因為前面已說過自我認知是認識手段，
tena ca jñāna-svarūpam eva saṃvedyate^iti svasaṃvedanaṃ tasya^eva phalam iti sphuṭam avasīyate /
而通過此要獲得確定的是：僅僅認識之自身的行相被認知到，因此，自我認知才是認識手段的結果。

通過「帶有對境」，顯示「自我認知是認識手段」，要確定的是，所謂認識，只有認識本身的行相，自我認知才是認識手段的結果。不過，後述「與自我認知的行相一致的認識對象就被認識到，不論〔對這個認識對象〕是想要或不想要」，也引生一個問題：

> 71,5 svasaṃvedanam eva pratyakṣam adhikṛtya idaṃ phala-vyavasthānam iti kasya cit^āśaṅkā syāt /
>
> 就會產生這樣的疑惑：關於直接知覺是僅只自我認知，才由此確定這個結果。

自我認知以帶著對境的方式作為認識對象，又以與自我認知的行相一致認識對象被認識到來說明認識，是不是直接知覺只有自我認知確定認識結果？當然不是，所有認識手段都是結果，為了消除這種猜測，才會說「因為，如果認識對象是指帶著對境的認識」（PSṬ71,6-8）。而關鍵的「帶有對境」是指什麼狀態呢？

> 71,8 **sa-viṣayam** iti ca sākalye^avyayībhāvaḥ / ata etat^uktaṃ bhavati—
>
> 而「**帶有對境**」指的是整個的不變的狀態（帶有對境的認識）。因此，〔陳那寓意下述而說〕如下所說——

> na kevalaṃ yadā jñānaṃ pramāṇasya prameyam apekṣate,
> 不僅僅是當認識是觀待於認識主體的認識對象時，
> tadā **svasaṃvedana-anurūpam arthaṃ pratipadyate** iti svasaṃvittiḥ phalam,
> 則「按照與自我認知行相一致來認識這個認識對象」，因此，自我認知是果，
> api tu yadā^api viṣayam, tadā^api^iti //
> 而且，只要有對境，也是帶著對境現起。

這是重要的解釋「帶有對境」，指的不是個體而是「整個的不變的狀態」。當我們的認識是觀待於認識主體的認識對象時，我們就是按照與自我認知行相一致來認識這個認識對象，所以，自我認知是果。這個「帶有對境」是要證明具有行相，所以，當要求認識是對這個對象的認識，則必須具有這個認識對象的行相，所以，只要有對境，意識對於對境的認識的認識，就會帶著對境現起。

**（2）以“vyavasthāna”解釋“niścaya”**

其次，對於認識對象的「確定性」（niścaya）是「認識必須是具有行相」，那麼，這個與自我認知的行相一致是用來確定對境的認識，這樣的確定會是有分別的嗎？正如何建興所作的翻譯和註：

> 因為，當具境物〔＝內境相〕的（savisaya）識知是對象時，我人依自證知，判別〔這作為內境相的〕對象為可欲或不可欲。
>
> 註22：「這似乎是否定外境下的觀點。人依照自證知所示內容，進而判別內境相為可欲或不可欲；亦即，知覺內境相同時，也有樂、苦領受等的自證知，以此知內境相之為可欲或不可欲。此判別或決定屬概念分別，應發生在現量知之後。依此理解，量果是見相二分所組成之識知的自證知，量可說是這自證知證知該識知的作用，所量則是該識知。[83]

對於「我人依自證知，判別〔這作為內境相的〕對象為可欲或不可欲」——因為「判別」，所以，似乎是有分別，而且是「知覺內境相同時，也有樂、苦領受等的自證知，以此知內境相之為可欲或不可欲。」——表面上看來，樂、苦是五遍行之受心所，而可欲或不可欲是五別境的欲心所，既是別境應是對於特定對象所生之心，顯然知覺內境相時，同時有遍行心所的受，所以，由此產生判定別境的欲，這樣的說法，已經朝向自我認知與有概念分別的切割，亦即有欲心所產生時，就不是直接知覺。所以，說「此判別或決定屬概念分別，應發生在現量知之後」。

---

[83] 請參照〈附錄一〉，註27。

雖然諸譯本都是站在依自我認知來決定，[84]但是，自我認知的這個確定作用是否涵蓋概念分別？如果有，就不能是直接知覺。但是，陳那主張自我認知是直接知覺。

這應該牽涉到頌文中的"niścaya"部分，到底有沒有概念分別？按照服部正明的說法：k.9b.因為確定對境（artha-niścaya）與其〔即，與自我認知〕相一致。"，對此或有人對於「確定」會抱持懷疑的態度，所以，服部加註說明：

> "'niścaya'一詞經常是使用於'adhyavasāya'（judgment），那是包含概念結構（vikalpa, kalpanā）（見Bud.Log., vol.II, índices.），然而，這裡artha-niścaya不是意指arthâdhyavasāya而是artha-vyavasthāpana對象的確定或證明。實在論者的觀點是，認識是確定為x的認知，或者y的認知，取決於這對象是x或y，反之，陳那支持對象確定為x或y，取決於sva-saṁvitti是x或y。"[85]

由此看來，"artha-niścaya"不等於"arthâdhyavasāya"，而是"artha-vyavasthāpana"「對象的確定或證明」。對陳那來說，這決定功能是屬於自我認知，亦即對象要與自我認知相符。

武邑尚邦在註中有提到：「指自證是作為量果而有作用的，是因為自證決定面向對象的行動。此事在《掌中論》也有

---

[84] 請參照〈附錄一〉，註26。

[85] Masaaki Hattori（服部正明）1968：p.103 註62。參照〈附錄一〉，註26。

暗示決定覺知的才是自證知。」——直指自我認知有「決定面向對象的行動」這樣的性質，徹爾巴斯基也將此說明為『面對對象的行動是依自證而被決定』。[86]與服部的「對象的確定或證明」是否相左呢？這得要從服部所提供的"vyavasthāpana"來看。

"vyavasthāpana"是√sthā的使役形的中性名詞，有to fix on、direct towards(loc.)、to charge with、appoint to (अर्थम्)、to settle、arrange、establish、determine、prove to be (logically) tenable等等之意，而"adhyavasāya"則有mental effort、apprehension、clinging to等意思，所以，服部和武邑尚邦對"niścaya"是持一致的見解，有指向、確定、建立、證明，而不是概念、執著之意。就這點來說，PSṬ的解釋是：

> 70,6 tatra^antar jñeya-pakṣe grāhya-aṃśa-lakṣaṇena viṣayeṇa saviṣayam,
> 因此，在認為認識對象是內在的體系上，帶有對境是被定義為認識客體方面的對境，
> tatra^eva viṣaya-vyavasthānāt /
> 因為確定對境的只有在認識客體方面。

對對境的確定是"viṣaya-vyavasthānāt"而且採用"vyavasthāna"，確實不使用"adhyavasāya"。所以，"niścaya"是用來確定對境，

[86] 請參照〈附錄一〉，註26。

而不是有概念作用的判別。在瑜伽的直接知覺之說明上，也有異曲同工之處——

> **yogināṃ gurunirdeśāvyavakīrṇārthamātradṛk //6//**
> 瑜伽行者所見，僅僅是脫離老師言教的認識對象。
> **yogināṃ** apy āgamavikalp**āvyavakīrṇa**m **arthamātra**darśanaṃ pratyakṣam.
> 即使對**諸瑜伽行者**，**脫離**經教所傳的教法，看見的**僅僅是認識對象**的是直接知覺。

對於直接知覺，不是夾雜言語教法，而是「**僅僅是認識對象**」。不過，服部也有指出Akalaṅka認為陳那確定直接知覺是起了緊密結合感官的作用，所以，沒道理把瑜伽者的直觀也視為一種直接知覺。對此，法上從詞源學意義來解明直接知覺。[87]這關係到瑜伽行者起現觀時，清楚顯現就是直接知覺，如PSṬ的解釋是：

> 56,12 **guru-nirdeśa-avyavakīrṇam** iti / atra viṣayeṇa
> 所謂「**脫離老師言教**」：關於這一點，是就對境而言，
> viṣayiṇo nirdeśāt^**āgama-vikalpo** guru-nirdeśa-śabdena^uktaḥ /
> **經教所傳的教法**是由於有關對境的指示，是通過**老師言教**的說明所說。

---

[87] 請參照〈附錄一〉，註11。

tena^**avyavakīrṇaṃ** rahitam ityarthaḥ / etena spaṣṭa-avabhāsitvam api tasya labdham,

因此，「**脫離**」是有「無」的意思。通過上面所述，對境的所得也是分明顯示，

nirvikalpasya spaṣṭatva-avyabhicāritvāt /

因為脫離分別想像就是分明決定的緣故。

**mātra**-śabdas^adhyāropita-artha-vyavaccheda-arthaḥ /

「**僅僅**」這一語詞，是指被增加的對象是排除的對象。

tena yad bhūtārtha-viṣayam āryasatya-darśanavat ,

因此，當對於真實對境是如同見聖諦時，那麼，

tad eva pramāṇam na^abhūtārtha-viṣayam viplutam pṛthivīkṛtsnādi /

這就是有效的認識而不是相反於非實的對境，如同見（darśanavat）地遍等。

瑜伽行者脫離老師言教，專注於對境，此時，直接面對對境，不假言語分說了。此時對境所得是「分明顯示」、「分明決定」。韓鏡清卻於此提及「于明了顯現性中令彼可聽聞」[88]，可見相當清明不昏昧，而不依於感官的認識就是這種情形──

57,5 nirvikalpakatvaṃ punas tasya spaṣṭa-avabhāsitvaṃ ca

又，不依於感官的認識是對象的分明顯示的性質，以及

---

[88] 請參照〈附錄二〉，註24。

bhāvanā-niṣpatti-phalatvāt /yad bhāvanā-niṣpatti-phalaṃ jñānam,
因為〔對象是〕明顯所成的結果。在明顯所成的結果是認識時，
tat^nirvikalpaṃ spaṣṭa-avabhāsi ca bhavati /tad yathā kāma-śokâdi-upaplutānāṃ priya-aviṣayaṃ jñānam/
那麼，沒有差異分別是〔由於〕明了顯現。例如對歡樂、悲痛等泛濫而言，喜好於非對境的認識。
tathā ca yogi-jñānam /svabhāvaḥ //
瑜伽者的認識也是同樣的。使用的是自身行相（svabhāva）的邏輯。

瑜伽的直接知覺是與意的直接知覺相關，不依於感官的認識就是「對象的分明顯示的性質」，以及「因為〔對象是〕明顯所成的結果」，就和"niścaya"的確定作用一樣，是對於「對象確定或證明」，是「確定對境」之意。法稱也有談到"sphuṭākalpadhīphalaṃ"[89]，所以，明了顯現和離分別、結果是有關係的，亦即完成認識＝明了顯現＝不依於感官的認識＝結果。這點是近於陳那主張認識手段即是認識結果的觀點。

---

[89] Rāhula Sāṅkṛtyāyana, PV 3.285(=PVIN1.31) (PSṬ57,5-6a)。請參照〈附錄二〉，註25。

### （3）認識如何只能通過自己認識自己？

勝主慧提到唯識派認為脫離意識的實存體是不存在，認識按照自己意欲經驗到自己的行相，就能確定自己想要或不想要的認識對象（PSṬ70,8-10）。[90]所以，有反對者提出置疑，認識怎麼只通過自己體會它自己呢？因為認識不可能承擔認識對象、認識主體等三種功能（PSṬ70,11-12），韓鏡清譯為「云何諸識由自體領納自體？即于此中，不應即是業、作者、作用事故。」[91]，怎能只說通過自己的認識，擔負三種功能？對此的回應：

> 70,12 na eva tasya parama-arthataḥ karmādi-bhāvaḥ / tathā^api
> 應該如此理解──從真實義上說，認識根本就沒有認識對象等的分別。儘管如此，
> tādātmyāt prakāśavat tatra tathā vyavahāro na virudhyate /
> 〔對此三種功能，〕由於是同一性之故，就像燈光，由於光和自身是一體，同樣照亮自己，表達諸如此類的日常語言的使用不應該受到阻礙。

認識對象、認識手段、認識結果等的區別，在真實義上是沒有這樣的分別；但是，在日常語言的表達上，作了這樣的區別。由於是同一性，就像燈光的光和自體是一體，同樣照亮自己。

---

[90] Rāhula Sāṅkṛtyāyana, cf. PV3.340 (PSṬ70,9-10a)。請參照〈附錄二〉，註64。
[91] 請參照〈附錄二〉，註65。

法稱說思維也是同樣的，為「有自身和擁有知覺」。[92]這是使用日常語言表達一體的認識。不過，透過韓鏡清譯為「雖于實際非能使自體光明，然以光明為自體正生起時，唯說能使自體（？）光明，（？）是形諸語言謂以領納為自體而生起之慧能使自體光明。」[93]，突然發現，燈不是一直都是亮的，但是，燈光一旦亮了，就可使之一體認知。而這燈亮就好比經驗性質產生一般。所以勝主慧說燈光不依別燈，以其帶有光的性質產生，才說自己擁有照明，同樣的，具有經驗性質產生時，認識就是認識自己，才說通過自己認識自己（PSṬ70,13-16）。其實，是具有光這樣的性質，才說擁有照明，類比於此，自我認知具有經驗這樣的性質，才說認識是認識自己。

綜合三者所述，自我認知亦即自證的認識對象是沒有脫離認識主體，而認識要被確定，就是要按照那個被確定的認識對境。其次，被自我認知所認識的，是認識客體方面，還有帶有對境，這是前五識的對境。最後，由於三種功能是同一性，具有經驗的性質，認識才稱為自我認知。

## 五、雙重行相與三分說

法尊法師《集量論略解》提到解釋量果有三：（1）境為所量，但特別強調「能量」，它是「能量度境之心」，「心了

---

[92] 請參照〈附錄二〉，註66。

[93] 請參照〈附錄二〉，註67。

證境之作用」。尤其對於「亦非無作用」，提到「亦非無差別」來論能量和量果的關係。[94]這裡的「能量」是認識手段，是說能量似乎具有行為，實質上不具行為。這是相當於前節（一）「認識手段是認識結果」（2）以自證、相分、見分為量果、所量、能量。說明心有決定境義，心有對境時，就可以按照自證了知樂不樂義。[95]這是相當於前節（二）「自我認知是認識結果」（3）以行相為所量，能取相為能量，能了知為量果。三者是一體，隨義不同安立。[96]這部分就是現在要處理

---

[94] 《法尊》有提到解釋量果有三：「初說境為所量，能量度境之心為能量，心了證境之作用，即許為能量，亦非無作用（"亦非無作用"句，有本作"亦非無差別"。則作能量與量果，亦非全無差別而解也。）。」（頁6-7），對應於PSV 1.8cd的長行：tad yathā phalaṃ hetvanurūpam utpadyamānaṃ upacaryate nirvyāpāram api sat. 由於〔認識〕產生是帶有對境的行相產生，所以，被看作是帶有行為。由於這個〔帶有行為的〕因素，日常語言運用稱為是認識手段，實際上，儘管並不具認識行為。

[95] 《法尊》量果第二說：「以自證為量果，心之相分為所量，見分為能量。境不離心，即由心自體決定境義。若時心具義境，爾時隨順彼心之自證即能了知樂不樂義。」（頁7），對應PSV: yat svasaṃvedanaṃ tat phalam. kiṃ kāraṇam.tadrūpo hy arthaniścayaḥ / (9b) yadā hi saviṣayaṃ jñānam arthaḥ , tadā svasaṃvedanānurūpam arthaṃ pratipadyata iṣṭam aniṣṭaṃ vā.自我認知就是認識結果。為什麼呢？因為對認識對象的確定性，是認識必須是具有行相。因為，如果認識對象是指帶著對境的認識，那麼，人們就可以按照與自我認知行相一致來認識這個認識對象，〔這個認識對象就被認識到，〕可以是人們喜歡或不喜歡的。

[96] 《法尊》量果第三說：「以行相為所量，能取相為能量，能了知為量果。此三一體，非有別異。約義不同，安立為三。」（頁7），對應於PSV1.10：yadābhāsaṃ prameyaṃ tat pramāṇaphalate punaḥ / grāhakākārasaṃvittyos trayaṃ nātaḥ pṛthak kṛtam //10// 帶有顯相就是認識對象，認識主體的行相及認知，就分別是認識手段和認識結果。因此，〔認識對象、認識手段、認識結果〕三者不能被看作相分離。

的三分說。

將三分說與雙重行相置於一處來談，主要是因為陳那在PS1.10提到三分：

āha ca

接著說：

**yadābhāsaṃ prameyaṃ tat pramāṇaphalate punaḥ /**

帶有顯相就是認識對象，認識主體的行相及認知，就分別是認識手段和認識結果。

**grāhakākārasaṃvittyos trayaṃ nātaḥ pṛthak kṛtam //10//**

因此，〔認識對象、認識手段、認識結果〕三者不能被看作相分離。

這裡完整的列出整個第10頌的文句，不作註解，長行緊接引出雙重行相：

atha dvirūpaṃ jñānam iti kathaṃ pratipādyam.

那麼，如何說明認識具有雙重行相呢？

經過前述一直在談的認識手段、認識對象、認識結果的錯綜複雜關係，走文到此，表明吾人認識的結構就是三分，但這個構造是架在雙重行相上。對照PSṬ所作說明：

76,6 āha ca^ityādinā tāṃ prameyādi-vyavasthāṃ darśayati / ya ābhāso'syeti vigrahaḥ/

通過以「接著說」開始的這句話，對認識對象等的確定，得到說明。分析：「一個認識具有這樣顯相」。

從「接著說」這一句話是表示「對認識對象等的確定」，所以，經由「一個認識具有這樣顯相」，確立三分說。以下說明認識手段等：

76,7 sva-aṃśasya ca mānatvena vidhānāt^iha viṣayābhāso gṛhyate /

由於認識自身方面是被定義為認識手段，所以，這裡指的是認識對境的顯相。

**prameyaṃ tad** iti sa viṣaya-ābhāsaḥ prameyam /

「就是認識對象」是指帶有對境的顯相就是認識對象。

**pramāṇaphalate punar grāhaka-ākāra-saṃvittyor** iti grāhaka-ākārasya pramāṇatā, saṃvitteḥ phalatā /

「認識主體的行相及認知，就分別是認識手段和認識結果」是指認識主體的行相就是認識手段，這個認知就是結果。

既是三分說的定論，就可以羅列如下：

**認識對境的顯相＝認識手段＝認識主體的行相**

**帶有對境的顯相＝認識對象**

**認知＝認識結果**

又說明三者的關係是：

76,12 **trayaṃ na^ataḥ pṛthakkṛtam** iti / **trayasya^api tattvato'pariniṣpannatvāt,**

「因此，三者不能被看作相分離」：因為三者的確也不是真實的存在，

**na jñānāt pṛthakkaraṇam //**

所以，不能從認識中作出區別。

這是對認識對象、認識手段和結果等三者的關係，作出切要的說明。因為是比喻性安立三者，並不是真實存在，所以，不能區別開來。雖說三分說到此已經確定，服部還有提到：「對於陳那，只有一個sva-saṁvitti的事實：認知的現象本身不是分化成主體和客體，也不會分化成行為和結果。……以唯識的理論為背景，陳那認為sva-saṁvitti的無差別的事實，是比喻地分化成能量pramāṇa和所量prameya。」[97]，所以，

---

[97] "對於陳那，只有一個sva-saṁvitti的事實：認知的現象本身不是分化成主體和客體，也不會分化成行為和結果。他的信念是基於唯識派的唯識理論，按照他們，我、法之類的這樣詞句，是可以指稱主體和客體，只不過是比喻性運用（upacāra）於意識的轉變（vijñāna-pariṇāma）（cf.Triṁś, k.1a-c: ātma-dharmôpacāro hi vividho yaḥ pravartate vijñāna-pariṇāme 'sau.）實際上，他們主張，那既不是主體也不是客體：這些是幻想的產物（parikalpita, utprekṣita）。由於成就（pariniṣ panna）分離虛構的主體和客體（grāhya-g rāhaka-rahita），人達到理解純粹意識（vijñapti-mātra）的狀態，其中沒有主體和客體之間的分化。（見Triṁś, k.20ff. etc.）純粹意識的狀態沒有持續性，因為它不是一個由它自己的性質存在的實體。一

陳那對於"pramāṇa"和"prameya"的安立是比喻性的運用（upacaryate），重點在證成自我認知。因此，第11頌ab說明雙重行相，第11頌c證明認識具有雙重性，第11頌d到第12頌，就是證明自我認知。也足可見雙重行相要說明三分，要證明自我認知。很有趣的是，在認識手段和認識結果中，要證明自我認知是結果，在雙重行相的結構上，要證明自我認知的存在。陳那對於自我認知確實用了很多心。所以，以下將從雙重行相、雙重性與雙重行相的證明、證明自我認知等三方面來掌握這個議題。

## （一）雙重行相

在第10頌之後長行緊接著啟問：「那麼，如何說明認識具有雙重行相呢？」，在整個文章鋪陳上， 這樣的提問顯得很突然，但這也是很重要的，因為三分說的成立與否，是和雙重行相成立有關。如有人說：

77,3 **kasmāt punas trairūpye praṣṭavye dvirūpatā-praśnaḥ /**
為什麼要對雙重行相提問，而不是對三種行相的質疑？
**dvairūpye siddhe svasaṃvittir api sidhyati^ity abhiprāyāt /**
〔陳那回答說：〕由於有這樣的意圖——如果雙重性

---

狀態存在於確定的條件下（paratantra）並且在下一剎那是被另一個替代（見n.1.66）。以唯識的理論為背景，陳那認為sva-saṁvitti的無差別的事實，是比喻地分化成能量pramāṇa和所量prameya。（後略)"，Masaaki Hattori（服部正明）1968：p.106 註65。以上請參見〈附錄一〉，註30。

> 被證明，〔第三種行相〕自我認知也會被證明。
>
> **dvairūpye hi siddhe viṣaya-sārūpyam ātmabhūtaṃ jñānasya saṃvedyate^ ity arthāt^ātma-saṃvedanaṃ sidhyati //**
>
> 因為當雙重性得到證明時，認識作為它本身，由於具有和認識對境相同的行相，也會被認知到的這樣一個意義，自我認知也會得到〔間接〕證明。

如果雙重性（dvairūpya）被證明，職是之故，自我認知可以得到證明，[98]它被證明的方式是「**認識作為它本身，由於具有和認識對境相同的行相，也會被認知到的這樣一個意義**」，似乎是說認知中，有認識本身以及具有和認識對境相同的行相」兩個顯相，而這個認知就是第三的自我認知，在這個認知中的兩個顯相就是雙重性。不過，自我認知問題留待後述，此處專就認識對境來說，陳那很重視雙重性的證成。

不過，對於意識的認識對境這部分的說明，不只要了解雙重性是什麼樣貌，還要掌握牽涉到前五識的認識對境成為第二重認識的對境行相這個問題，所以，以下分成兩部分來看：1.第二重認識的對境；2.雙重行相“dvirūpatā”的結構。

---

[98] Rāhula Sāṅkṛtyāyana, cf. PV3.425ab (PSṬ77,3-4b)。請參照〈附錄二〉，註93。

## 1. 第二重認識的對境

我們的認識是雙重行相，這是PS第11頌一開始就指出來了。但是，第二重認識的對境是如何產生的？從頌文來看：

**viṣayajñāna-taj[99]jñānaviśeṣāt tu dvirūpatā / (11ab)**

而認識具有雙重行相是由於認識對對境的認識的這個〔對境〕有特殊性。

所謂“dvirūpatā”指的就是“viṣayajñāna-taj-jñānaviśeṣāt”，對於這句的翻譯，“tat”和“viśeṣa”是關鍵，此處按照勝主慧的說明（請參考本論〈附錄二〉的PSṬ77,6-78,3，整體說明在〈附錄三〉的戊-2-1），“tat”是採用依主釋，指的是前面第一重“viṣaya”，屬於前五識的對境，這個對境在第二重行相，是有變化的，不再是前五識的對境。而“viśeṣa”[100]是以「特殊性」

[99] “tat”這個字，勝主慧是指前面根識的“viṣaya-jñāna”的“viṣaya”，而且認識對這個對境有特殊性viśeṣa，因為後述是第二種行相，指的是意現量的部分，而認識到這個對境是有變化的vikāra，是附加的adhika，不再是mūkhya（指前面根識viṣaya-jñāna），是處格的依主釋，與服部正明指的是對境的認識和對此認識的不同之相違釋有不同的解釋。以上是2010年7月5日至30日政大邀請萊比錫大學褚俊傑教授講讀陳那《集量論》梵本時，在課堂上所作的說明。以上的說明可以參考〈附錄三〉中，與此頌對應的PSṬ77,6-78,3段落的說明，是勝主慧的說明。

[100] 對於複合詞後項viśeṣa的解釋，有以下說明：“-viśeṣa, m., "distinction, difference, peculiarity," may form masculine *tatpuruṣa* compounds meaning "a particular" or "a distinguished."” 也有“*tatpuruṣas* in -viśeṣa and in *-bheda*, m., "difference" may also mean "a kind of, a variety of."”, Gary A. Tubb and Emery R.Boose, 2007: p.196。

來翻譯，表示第二重認識對境是受到第一重認識對境的制約。而諸先進大部分是採用相違釋，對於“viśeṣa”以「差別」或者「異」的意思來表示，如：[101]

《武邑》：「由於境識和其識的差別，覺知是二相。」
《服部》：“k.11ab.認知有兩種形式是從對象的認知和那個〔認知〕的認知之間的差異〔顯示〕。”
《呂》：「境識及識別，以為心二相。」
《法尊》：「由有了知境與了彼能知心。由此差別知覺有二相。」
《韓》：「境體智，彼之能知，差別故，說慧二相。」
《何》：「境知異於彼之知，以此二相義〔得成〕；」

整體來說，認識有二相，而二相所指是什麼？ 對於二相的說明，大致可以分成兩種：1.對境的認知和對那個認知的認知的不同：武邑尚邦、服部正明、法尊、韓鏡清、何建興；2.對境的認知和認知的不同：呂澂。對照PSṬ：

77,6 **viṣayajñāna-tajjñāna-viśeṣāt tu**^ityādi / **viṣaya-jñānaṃ** rūpādi-grāhi cakṣurādi-vijñānam/

---

[101] 請參照〈附錄一〉，註35。至於相違釋是古譯，今譯是並列複合詞（Dvandva），指A和B在句法有同等地位，其意思以「和、與」連接。（釋惠敏・釋齎因1996：p.114）而諸先進都是以「和」或「與」來說明二相所指為何，所以，歸為相違釋。

以「而〔認識具有雙重行相〕是由於認識對對境的認識的這個〔對境〕有特殊性」為首這句話：對對境的認識是對色等的認取者（grāhi），是眼等的了知。

viṣayajñāne tat-jñānaṃ viṣaya-jñāna-tat-jñānam /

對這樣東西的理解，這樣東西是在感官認識產生的，就是在感官認識產生的，對它的理解。

「對對境的認識」是第一重，指的是對色等的認取者（grāhi），即眼等的了知。那就像對一個東西的理解，是在感官認識中產生的，就是感官對這樣東西的認識。這是經驗行相。

其次，對於"viśeṣa"都是以差別來說對對境的認識和對認識的認識不同，由於這二組是差別的，所以，才會形成雙重行相。可是認識有分割嗎？認識不是一體的嗎？認識如何可以雙重又感覺是一體的呢？

又對於"taj-jñāna"不管是其識、認知的認知、彼之知或彼之能知，都是偏向認識的認識，而法尊「了彼能知心」似乎有點到對境的意思。總之，對於"taj-jñāna"是不解的。

韓鏡清的勝主慧的註解是「此中若由"彼"聲與境智識相連綴者，則取"彼"成為無義。雖無有彼亦知能緣境智識之智故。如是由取"彼"聲力故，雖成為功德，但與境界相連綴，此外非此中正當說故。」[102]——對於"tat"，同樣指出若與對境的認識連接來翻譯，是毫無意義，所以，是指「對境」。對照

[102] 請參照〈附錄二〉，註95。

PSṬ所說：

77,7 **atra yadi tat^śabdena viṣaya-jñānaṃ sambadhyeta,**
〔關鍵在“tat”如何理解？〕在這個複合詞當中，如果通過“tat”這個詞，指的是與“viṣaya-jñāna”相連接，
**tasya^upādānam anarthakaṃ syāt, vinā^api tena viṣaya-jñāna-ālambanasya jñānasya pratīteḥ /**
那麼，使用“tat”就會變得毫無意義，即便沒有“tat”這個詞，第二重認識（jñānasya）是以第一重認識（viṣaya-jñāna）作為認識對象（ālambana），這也是完全可以理解。
**tasmāt tat-śabda-upādāna-sāmarthyāt^guṇabhūto'pi viṣayaḥ sambadhyate,anyasya^iha^āprakṛtatvāt /**
所以，由於通過使用“tat”這個詞，指的是〔與第一重認識〕同一的對境（“viṣaya”），儘管〔此〕對境已變成第二位，還是屬於它（第一重認識的對境），〔為什麼呢？〕因為，其他不是主要的〔，也就是只有“viṣaya”是討論主題〕。

在說明雙重行相上，“tat”的解法是關鍵，對此提出兩種可能性：其一如果是連接“viṣaya-jñāna”，那麼，就會變得沒意義，因為沒有“tat”也是可以這樣表達。其二是指與第一重認識有相同的對境，雖然屬於第二位，但還是屬於第一重對境。當然，勝主慧是肯定後者。也由此指出“viśeṣa”的「特

殊性」之意義——

> 77,10 tad etad uktaṃ bhavati—viṣaya-jñāne viṣaya-ākāraṃ jñānam iti/tad eva viśeṣaḥ/
>
> 下述是〔陳那〕想要說的——具有認識對境的行相的〔第二重〕認識，是對〔第一重〕對境的認識產生。這點正是〔它的〕特殊性。
>
> tathā hi tad viṣaya-jñānāt^adhikena viṣaya-ākāreṇa viśiṣyate /
>
> 換言之，這是〔第二重認識被作了特殊的規定，〕通過它的對境行相〔變化，而具有特殊性〕，是附加（adhika）的，而且是因為對〔第一重〕對境的認識而被特殊化。

特殊性是指具有認識對境的行相的第二重認識，是對第一重的對境的認識產生的，而且是附加的對境，只是已經過變化了。韓鏡清是譯為「即說境識能了別境界行相，僅此為差別故」[103]，「如是此較境識為勝，即由境界行相有差別」[104]指出差別所在，是境界行相，但是，是境識的了別，而不是第二重認識，如此便無法顯示與五種感官的認識之差別。

對於這樣的雙重行相，第一重是對對境的感官認識是屬於經驗行相，是被論敵承認的。但是，第二重的第二重認識也

---

[103] 請參照〈附錄二〉，註96。

[104] 請參照〈附錄二〉，註97。

是經驗行相，而且具有第一重認識的對境行相這點，對他人而言，是不成立的，所以，雙重性質（dvairūpya）是要被證明的（PSṬ77,12-78,2）。

## 2. 雙重行相"dvirūpatā"的結構

這個雙重行相就是陳那在PSV1.11ab長行的說明：

**viṣaye hi rūpādau yaj jñānaṃ tad arthasvābhāsam eva.**

因為對諸如色等認識對境而言，認識（一）都絕對具有認識對象的顯相和認識本身（一）的顯相。

**viṣayajñāne tu yaj jñānaṃ tad viṣayānurūpajñānābhāsaṃ svābhāsaṃ ca.**

而對認識對境的認識的認識而言，也會有〔兩種顯相：〕與認識對境行相一致的認識（一）顯相和認識本身（二）顯相。

依上所述，"dvirūpatā"是指兩組認識：（一）就色等為認識對境而言，有認識對象的顯相和認知此對境的認識本身的顯相；（二）與（一）的認識對境行相一致的認識顯相和認識本身（二）的顯相。對照諸先進所譯：[105]

《武邑》：「所謂境是色等，根據這點，彼識是顯現

---

[105] 請參照〈附錄一〉，註36。

於〔所見事物的〕對象和其〔作為見者的識〕自身。所謂境識，是隨應所有境的識，而識是彼顯現和自顯現。」

《服部》："認知到色等事的對象的認知，有〔一雙重的顯現，那就是〕對象的顯現和它自己〔作為主體〕的顯現。但是,認知到這個對象認知之認知，〔一方面〕有那個認知的顯現，那是本著對象，而〔另一方面〕有它自己的顯現。"

《呂》：「境者，謂色等；識者，謂顯現彼；境識者，即與境相類似之識。凡識皆顯現彼義及自體。」

《法尊》：「境謂色等及由何了彼之識，此即義相與自相。了知境者，即隨順境相之識，是現義相。了知自識，即現自相。」

《韓》：「境者謂色等，由此知彼者：謂義及自顯現；境體智者：謂若與境等流之智（即行相），智謂顯現及自顯現（即見分）。」

《何》：「實在說來，以色等物為境的知（A1）有境顯現相與自顯現相，但是，該境知的知（A2）則有具彼境相之知（＝A1）的顯現相及其自顯現相。」（，並於此加註：「此處的「境知之知」是指對前一識知（A1）的分別知，而不是該知（A1）的自證知，因此，這裡所說無關乎證自證分。」）

關於第二重行相，武邑尚邦是「所謂境識，是隨應所有境的識，而識是彼顯現和自顯現」，服部是「認知到這個對象認知之認知，〔一方面〕有那個認知的顯現，那是本著對象，而〔另一方面〕有它自己的顯現。」，呂澂是「境識者，即與境相類似之識。凡識皆顯現彼義及自體。」，法尊法師是「了知境者，即隨順境相之識，是現義相。了知自識，即現自相。」，韓鏡清是「境體智者：謂若與境等流之智（即行相），智謂顯現及自顯現（即見分）。」、「"自顯現"者謂了別具有境界行相所有境界諸識」[106]，何建興是「該境知的知（A2）則有具彼境相之知（＝A1）的顯現相及其自顯現相。」由此來看，在陳那的長行解釋的"viṣayajñāne"，就是諸先進所譯的「境識」或者「境體智」、「境知」。但是，在後半句的"viṣayānurūpajñānābhāsaṃ svābhāsaṃ ca"敘述上，說明有兩個顯相，對於"viṣayānurūpajñānābhāsa"，不管是隨應或者是隨順，或者本著、與……等流、具……相，都是"anurūpa"，表示第二重認識所取的對境，有本著前五識所取對象的顯現，這是共同注意到的翻譯。而另一個"svābhāsa"是指自顯現，不過，這樣的表達是比較不清楚所指。再參考PSṬ解釋第一重如下：

> 78,3 **tad artha-sva-ābhāsam eva**^iti^etat pramāṇa-phalam /
> 「認識絕對會有認識對象的顯相和認識自身的顯相」，這點指的是認識手段和結果。

---

[106] 請參照〈附錄二〉，註103。

tatra^artha-ābhāsaṃ viṣaya-ākāratvāt, sva-ābhāsam anubhava-ākāratvāt /
認識有對象的顯相，因為認識具有認識對境的行相，認識具有認識自身的顯相是因為具有經驗的行相。

從這裡可以看到第一重認識所說兩種顯相，指的就是認識對象的顯相（認識手段）和認識自身的顯相（結果），前者是因為具有認識對境的行相，後者是因為具有經驗的行相。第二重的對境顯相是——

78,5 **viṣaya-anurūpa-jñāna-ābhāsam** iti
解釋「與認識對境行相一致的認識（一）顯相」這句話，
rūpāder viṣayasya^anurūpaṃ jñānaṃ viṣaya-jñānam eva,
所謂對對境的認識，是指對諸如顏色等等認識對境而言，與此行相一致的認識，
tad-ābhāsaṃ viṣaya-ākāra-viṣaya-jñāna-ākāram ityarthaḥ /
這個的顯相是指具有認識對境的行相之對境的認識行相這樣一個意義。
anena viṣaya-ākāraṃ viṣaya-jñānaṃ sva-jñānena^ālambyata iti^eṣa hetur uktaḥ /
通過這句話，說明這個理由：即對具有對境的行相之對境的認識，被認識自己的認識所認知。這是有道理的：

yatra hi jñāne yad vastu yena^ākāreṇa pratibhāsate,
因為對任何認識而言，當某個實存體以它自身的行相在某個認識中顯現出來，
tat tad-ākāram eva tena^ālambyate^ iti^etad yuktam /
那麼，這個實存體就是以它的行相被那個認識所認知。

第二重的對境是來自第一重的對境，所以說「**與認識對境行相一致的認識（一）顯相**」，這個顯相是指「具有認識對境的行相之對境的認識行相」。據此要說明的是：就具對境行相而言，會被認識這個對境的認識所認知；韓鏡清亦有同樣說法。[107]這是因為對認識而言，當某個實存體以其自身行相，顯現在某個認識裡，那麼，這個實存體就以它的行相被那個認識所認知。[108]譬如牛以頸下垂肉的行相顯現，對它的認識，只能是這個行相被認知，這個行相是作為因被認識到（PSṬ78,8-12）[109]。接著，第二重的認識本身的顯相：

78,13 **svābhāsaṃ ca^iti viṣaya-ākāra-viṣaya-jñāna-ābhāsaṃ sat svarūpeṇa^api pratibhāsata ity arthaḥ //**
然後，再討論「和認識本身（二）顯相」有這樣一個意義：把帶有對境行相的對境認識的顯相，以其自身行相再次顯現給現有的（第二重）認識。

---

[107] 請參照〈附錄二〉，註99、100。
[108] 請參照〈附錄二〉，註109。
[109] 韓鏡清亦有此說，請參照〈附錄二〉，註101、102。

勝主慧對於第二重的對境顯相的說明，多過於對認識本身的說明，對於認識本身的顯相，僅只一行文字說明。亦即帶有對境行相的認識，以其自身行相再次顯現給第二重認識。

這部分就是第二重認識的雙重性，前者是「**與認識對境行相一致的認識（一）顯相**」這句話，是指「具有認識對境的行相之對境的認識行相」，意思是與第一重認識對境行相一致的「對境」；後者是「**和認識本身（二）顯相**」是個很特別的解釋：「把帶有對境行相的對境認識的顯相，以其自身行相再次顯現給現有的（第二重）認識」——這裡指的是前五識的認識，以其自身帶著對境的顯相，顯現給現有的認識（意識）。對照前述雙重性要間接證明自我認知的引文：「**認識作為它本身，具有和認識對境相同的行相，也會被認知到**（77,4）」，應該可說是在認識本身的顯相上說的。而第二重的對境顯相是附加的。

綜合上述，表列如下：

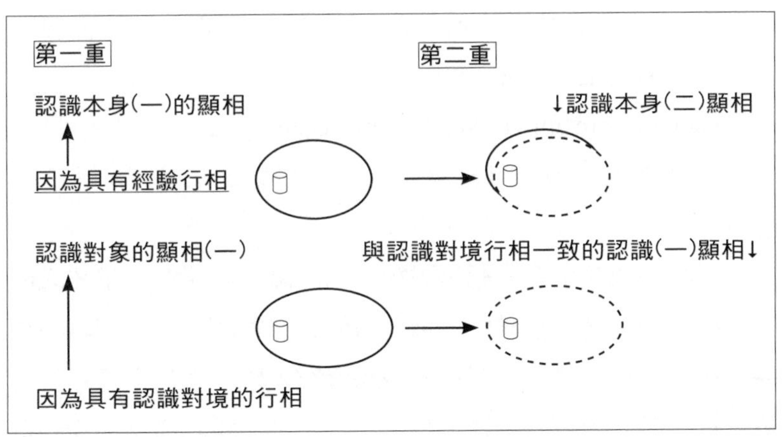


按照上圖，難怪陳那說沒有區別，只是認識本身（二）為什麼

還要再帶對境？可不可以只有認識自身或者只有與對境相似的行相呢？這樣的結構需要雙重性和自我認知的得到證明，所以，接下來的兩節要做這方面的處理。

## （二）雙重性與雙重行相的證明

綜合前節所述，重點主要有二，其一是認識有雙重行相，是指五識和意識的雙重行相結構；其二是雙重行相的基礎在於認識一定要有兩種顯相的雙重性。只是雙重性是對第二重認識來說？抑或對每個認識來說？又如果每個認識都具有雙重性，為什麼要進一步提雙重行相呢？

首先，要證明雙重性，陳那PSV1.11ab從反向的不具雙重性來說：

> anyathā yadi viṣayānurūpam eva viṣaya-jñānaṃ syāt svarūpaṃ vā,
> 否則，如果對對境的認識，只有與對境相似的行相，或者只有自身的行相，
> jñānajñānam api viṣayajñānenāviśiṣṭaṃ syāt.
> 對認識的認識也可能與對對境的認識是無差別。

「對對境的認識」這句話是說第一重認識，如果第一重認識沒有兩種顯現，而只是其中一種，會使第二重認識＝對認識的認識，和第一重認識＝對對境的認識沒有差別。顯然這是在說明第一重認識必須具有兩種顯相。不過，第二重認識還是受到置疑的，如：

77,12 **para-abhiprāyeṇa^evam uktam / paro hi viṣaya-jñānasya^anubhava-ākāraṃ kevalam icchati /**

〔陳那〕這麼說是由於考慮到論敵的想法。因為論敵只有承認對境認識的經驗行相。

**tat-jñānasya tu^anubhava-ākāro'pi^ asti /**

但是，對第二重認識（tat-jñāna）而言，也是有經驗的行相。

77,14 **na hi sa kaścid vādī, yo jñānasya jñāna-rūpaṃ na^icchati /**

因為沒有任何理論家（vādin）會不承認：「認識是具有認識的行相」這一點〔，所以，這點不用討論〕。

**viṣaya-ākāras tu na siddhaḥ parasya^iti / tena dvairūpyaṃ sādhyate //**

而〔要討論的是，後面的認識會具有在前的〕對境行相這一點，對他人而言，是不成立，所以，雙重性要被證明。

這裡有兩段文章，第一段是強調"anubhava-ākāra"是成立的因素，但第二重認識是否一樣有經驗行相？第二段是點出問題所在：後面產生的識怎麼會有在前的對境行相？所以，第二重認識的雙重性質要被證明。亦即陳那似乎主張雙重行相都各具雙重性，即不管是第一重認識或第二重認識都必須具雙重性。其次，陳那在PSV1.11ab長行中除了反向操作來回應證成之外，又提及「每個後來的認識就不會有以前消失的認識對境」，這是回應認識不帶行相的無相論者，最後是以後時記憶證明雙重行相。所以，在這部分有兩個部分的證明雙重性。以下就循此三處分述：回應不具雙重、回應無相論、後時記憶證明。

## 1. 回應不具雙重

倘若不具雙重行相；或者認識沒有兩種顯相，而單單只有一相的話，如前述PSV1.11ab的長行所說。此段敘述是說認識如果單單只有一相，就會無法區別對認識的和對對境的認識。服部正明認為按照C2＝（S2-（S1-O1））的程式來說，不管認識單單只是arthâkāra（＝°ābhāsa）或是svâkāra（＝°ābhāsa），都不能滿足前五識和意識的兩組行相的區別。[110]呂瀓是直接說「境體即識體，兩者應成無別」，法尊法師更是提及此處為不許「自證分」、「說即色等自知或成為自體者，則與知境全無差別。」韓鏡清是「若色性成為自智或彼之自性者，同（？）智與境體智，當無差別！」[111]——這裡應該是說不承認兩種顯相，而不是自證，雖然自證是間接被證明。還有，強調兩個認識的不同，但相較之下，何建興的翻譯——「如果該境知（A1）只有彼境相，或只有它的自〔顯現〕相，則這境知與這境知的知（A2）二者將無從區別」，由於同樣是依梵本，所以，清楚區別兩個認識的不同。

---

[110] Masaaki Hattori（服部正明）1968：p.108-109註70。請參照〈附錄一〉，註37。

[111] 以上引文，出自〈附錄一〉，註38。

但是，無可否認對PSV1.11ab的長行說明，很遲疑而阻滯一段時日之後，再重新面對，我的想法是：如果這是在說兩種顯現的雙重性的話，跟雙重行相有什麼關係，憑什麼可以證明認識有雙重行相？所以，陳那PSV1.11ab的長行所關注的，是對兩個認識的雙重性，論敵反對的那一方提出說明；尤其是──

78,15 **anyatheti** dvirūpatābhāve /
「否則」這一詞是如果說認識不具雙重行相（位格關係）。

破題就已經指出是就雙重行相“dvirūpatā”來說的，亦即是在雙重架構下，對兩個認識的雙重性成立提出重要的說明。因此，要分成兩個部分來處理：第一重認識的雙重性和第二重認識的雙重性。

**（1）第一重認識的雙重性**

對照PSṬ所說，首先，就第一重認識來說，似乎認為只有一個對境行相，而沒有經驗的行相──

78,15 **yadi viṣaya-anurūpam eva viṣaya-jñānaṃ syāt^iti na^anubhavarūpam api/**
如果說對對境的認識只有與對境行相一致的話，而沒有經驗的行相。
**nanu ca naiva kaścid viṣaya-ekarūpaṃ jñānam icchati, tat**

**kimartham idam uktam /**

難道這不是要被承認的嗎？任何認識只具有一個對境的行相，〔這是公認的，〕為什麼還要說〔具雙重行相〕這樣的話呢？

**viṣaya-ākāre jñāne sādhyamāne kvacid iyam āśaṅkā syāt—**

證明認識具有認識對境的行相時，總是會有這樣的疑惑——

**viṣaya-ākāraṃ cet^jñānaṃ pratipadyate, svarūpa-parityāgena^eva pratipadyate^iti /**

如果認識是具有對境的行相而生起的話，那麼，就只能捨棄自身的行相而生起。（這是反對者的意見）

**atas tāṃ nirākartuṃ svarūpam ajahad eva tad viṣaya-ākāram anukaroti^iti darśana-artham etad uktam /**

所以，為了消除這個疑惑，為了說明認識採納認識對境的行相，〔採納〕同時並不會放棄自身行相，因此，〔陳那〕才會說這樣的話。

就第一重認識來說，對對境的認識如果只有與對境行相一致的話，而沒有經驗的行相，亦即沒有認識本身（一）的行相，就會讓人置疑要不要捨棄自身的行相？如韓鏡清所說「謂當成立具有境界行相為識時，有人作如是疑：若當成立具有境界行相為識者，則說當由捐棄自性成立，是故為除此疑，說此為顯彼唯不舍自性，能隨同境界行相。」[112]，關於「沒有自身行相」，因為認識具有一個「對境的行相」是公認的，一般覺得認識到某樣東西，就是具有它的行相，這是沒有人會反對的，但是，陳那進一步指出要有自身的行相，來消除採納同時是否要捨棄自身行相的疑惑。

**（2）第二重認識的雙重性**

第一重認識會被置疑的是捨棄自身行相，而第二重認識會被質問的，如韓鏡清所說「或言自性，或唯領納行相，亦非具有境界行相，識之識亦說非由境界識所差別，識之識者謂能緣境界識之識。此非由境界識所差別，即非是所差別。」[113]，是「能緣境界識之識」的「識之識」，是就第二重認識來說，對照PSṬ——

79,3 **svarūpaṃ vā**^iti / anubhava-ākāram eva vā, na viṣaya-ākāram api /

「或者只有自身的行相」：或者只有經驗的行相，而沒有對境的行相。

**jñāna-jñānam api viṣaya-jñānena^aviśiṣṭaṃ syāt^iti /**

「對認識的認識就和對對境的認識不會有區別」：

jñāna-jñānaṃ viṣaya-jñāna-ālambana-jñānam,tad viṣaya-jñānena^aviśiṣṭam aviśeṣitaṃ bhavet /

---

[112] 請參照〈附錄二〉，註104、105。

[113] 請參照〈附錄二〉，註106。

「對認識的認識」是以〔第一重〕對境的認識作為所緣來認識，這個認識就不會被〔第一重〕對境認識所限定，即不會被區分。

viṣaya-anukāra-anurakta-viṣaya-jñāna-ākāratvena viśeṣeṇa viśiṣṭaṃ na^utpāditaṃ syāt^ityarthaḥ/

上述亦即可能由採納對境行相賦予特徵的對境認識的行相之特殊性所規定的認識就會無法產生這樣的意思。

「或者只有經驗的行相，而沒有對境的行相」——那麼，會有對認識的認識和對對境的認識無法區別的情況。對認識的認識是如何呢？對對境的認識又如何呢？前者是第二重認識，把第一重認識當作所緣，第二重認識就被第一重對境認識所限定，但是，因為只有自身的行相，也就是只有經驗的行相，就不會被第一重對境認識所規定而有所區別，如對某個物體的認識：

79,6 yadi hi^ālambanena^ātmīya-ākāra-anugataṃ sva-jñānam utpādyate^ iti^etad asti,

實際上，如果如下所說是對的話，即〔對某個物體的認識，而〕這個認識是被這個物體的自身行相所覆蓋（anugata），而且通過認識對象產生對它的認識，

tadā viṣaya-jñānāt^utpadyamānaṃ jñānaṃ yathā^ukta-ākāra-viśiṣṭaṃ syāt /

那麼，才會有從對境認識產生的認識，才會有被如上所說的特殊性行相所規定的認識。

asati tu^asmin yathā viṣayaḥ sva-jñānaṃ na viśeṣayati,
但是，如果不是這樣的情況，就會出現如同對境，不能對它的（sva）認識作特殊規定，
svasārūpyeṇa viśeṣeṇa viśiṣṭaṃ na-utpādayati,
與認識對象自身相似行相的特殊性所規定的這個認識也不會產生，
tathā viṣaya-jñānam api sva-jñānaṃ na viśeṣayet /
就像對對境的認識也是不能對它的認識作出某種特殊規定。〔這個認識也不能以與它行相一致的特殊性所規定。〕

「這個認識是被這個物體的自身行相所覆蓋，而且通過認識對象產生對這個物體的認識」——由此要說明通過認識對象才能認識。整合其意義是：產生對境的認識的認識，這個認識會受到如同對境對它的認識作特殊規定一般，因為與認識對象自身相似行相的特殊性會規定這個認識。這個認識就是第二重認識，是被這個特殊性所規定——

79,10 **viśeṣayati ca / tasmāt^viṣaya-jñānasya^api^asti viṣaya-ākāraḥ /**
但是，實際上是作了規定。因此，就對對境的認識（第一重認識）而言，〔在被第二重認識時，〕也是必須帶有對境的行相〔，否則，就不會對第二重認識作規定〕。

**yad yad ākāraṃ sva-jñānena^ālambyate, tad ākāraṃ tad bhavati /**

當某個實存體，以它自己的行相被對它自己的認識所認識，那麼，這個實存體在對它的認識中，帶著它的行相。

這裡很清楚的指出：實際上，是作了規定，就是第一重認識被當作所緣來認識時，必須帶著對境的行相，如韓鏡清說「境界識中亦有境界之行相」[114]才可以對第二重認識作了規定，才有了區別。從具有對境行相來確定認識，即——

79,13 **viṣaya-ākāraṃ ca viṣaya-jñānaṃ sva-jñānena^ālambyate,**

帶著對境的行相的對境認識會被它的認識所認知，

**tad-ākāro 'yam ālambyate^iti^asyā vyavasthāyās tad-ākāra-nibandhanatvāt /**

具有對境（tad）的行相是被這個認識所認知，作這樣的確定，是因為依於具有它的行相的理由。

**tasyāṃ sādhyāyām idaṃ kāryam /tad-ākāratve tu svabhāvaḥ /**

如果它是要被證明的命題，這個理由是果（kārya）。若是通過行相推知，使用的是自身存在（svabhāva）。

---

[114] 請參照〈附錄二〉，註108。

由於具有行相這樣的結果，是證明的理由，也是符應論文中經常使用的自身行相（svabhāva）的證明。[115]韓鏡清也說「如是安立此緣具有彼之行相者，謂由有如是因性即具有彼之行相故，于彼所成立中，說此為果，于彼之行相中說為自性」[116]，勝主慧也提到其實不只日常生活的實例如此，就連「對某種想法的認識也是這樣」（PSṬ79,15），也是有雙重性，也是有雙重行相的認識。

## 2. 回應無相論

對於無相論主張「對對境的認識絕對是不帶行相產生」，認為這個認識是認識對象的結果，成為記憶，認識對象被記憶為造成對經驗認識的原因，之所以會判定具有認識對象的行相，是因為迷誤原因，把經驗的認識和認識對象相連結而作出帶相的判定（PSṬ80,4-6）。韓鏡清是「由領納識與義相應故亂識堅執義之行相性」。[117]對正理學派、彌曼莎和毘婆沙師來說，認識只有一個行相，或是svâbhāsa或者arthâkāra。[118]陳那在PSV1.11ab的長行中作出回應——

> **na cottarottarāṇi jñānāni pūrvaviprakṛṣṭaviṣayābhāsāni syuḥ, tasyāviṣayatvāt.**

---

[115] 請參照〈附錄二〉，註110。

[116] 請參照〈附錄二〉，註111。

[117] 關於這段無相論者的觀點是在〈附錄二〉，註113、118。

[118] 請參照〈附錄一〉，註33。

每個後來的認識就不會有以前消失的認識對境的顯相，因為這個〔以前消失的〕對境不是後來認識的對境。

如果沒有雙重性，我們後來的認識都不會有之前認識對境的顯相（viṣayābhāsa）。但是，現實生活當中，還是存在過往的對境行相，我們才能描述言說。對此，PSṬ說：

80,8 **uttarottarāṇi viṣaya-jñāna-jñānādīni tāni pūrvasya^anubhava-jñānasya yas^viṣaya**
每個後來的認識是對對境認識的認識等等，每個後來的認識，絕對不會有以前已經消失認識對境的顯相，〔因為〕對境對以前經驗的認識而言，
**uttarottara-jñāna-apekṣayā jñāna-antaritatvāt^viprakṛṣṭas tad ābhāsāni na^eva bhavanti, na^eva prāpnuvanti^ity arthaḥ /**
通過觀待每個後來的認識，因為已經是相隔很遠的認識，是消失的東西，〔每個後來的認識〕就是不會獲得〔這樣的認識對境的顯相〕。
**kutaḥ / tasya^āviṣayatvāt /**
為什麼呢？因為這個〔以前消失的〕對境不是後來認識的對境。

所謂「每個後來的認識」，是指「對對境認識的認識」等等每個後來的認識，對這些認識來說，如果不帶對境，絕對不會有

以前消失的對境顯相。因為不是後一個認識的對境。那麼，我們怎能有過去的對境認識呢？「這個對境不是後來認識的對境，而是第一重認識的〔對境〕。」（PSṬ81,1），而且「具體來說，每個後來的認識都要認取每一個被附加的行相。」（PSṬ81,4）。所以，後來的認識都會認取被附加的行相，而這個附加的是前一個的認識的對境。還有在證成雙重性時，也提到對於第一重認識必須帶有對境行相：

> 81,9 tasmāt tāni svabhāvate eva tad ākārāṇi bhavanti^iti^ abhyupeyam /
>
> 所以，就其本質而言，這些認識必須是帶有對境的行相，這點必須被承認。
>
> na ca^ādyasya jñānasya viṣaya-ākāra-śūnyatve pūrva-viprakṛṣṭa-artha-ābhāsāni bhavanti yathā^uktaṃ prāk /
>
> 不過，如果第一重認識，不帶有對境的行相，那麼，這個認識就不會帶有第一重已經久遠的認識對象的顯相。如前所說。
>
> tasmāt tad api^artha-ābhāsam eṣṭavyam / **ataś ca siddhaṃ dvairūpyam** //
>
> 所以，第一重認識也是帶有對象顯相，這點必須被承認。**所以，證明認識必須帶有雙重性。**

所以，不只要成立第二重認識有帶著對境的行相，而且第一重認識也是帶有對象顯相。雙重性意謂每個認識都必須是有經驗行相和對境的行相等兩種顯相。只不過要解釋第二重認識即對境的認識的認識何以會有與第一重認識對境行相致的顯相。當然，這個是以第一重認識為所緣而附加的對境。韓鏡清亦如是說：「于第一識境行相空性中不成諸先前所顯現久遠，如前已說。是故此亦當許義顯現性。是故亦已就二相」[119]。

了解雙重行相架構下的兩個認識都有兩個顯相的雙重性之後，最後再統整陳那PSV1.11ab的長行，解釋第二重認識的兩種顯相配三分來回覆置疑——

> 81,13 **viṣaya-jñāne tu yat jñānam,**
>
> 〔論敵〕置疑：「這個認識是從對對境的認識產生的〔第二重認識〕，
>
> **tad viṣaya-anurūpa-jñāna-ābhāsaṃ svābhāsaṃ ca**^iti^etad eva kutaḥ,
>
> 具有與對境的行相一致的認識的顯相以及對〔第一重〕對境的認識的認識本身的顯相」，為什麼就是這樣？

這段文是第二重認識的全文，在雙重行相已經提過，只是經過「回應不具雙重」、「回應無相論」之後，整合第二重認識之模式再次提出，並被提問。如韓鏡清所譯：「何故唯說為具有與境等同識顯現及自顯現耶？」[120]。而經此提問，進而以三分說來表達：

---

[119] 請參照〈附錄二〉，註121。

[120] 請參照〈附錄二〉，註123。

81,14 yatas tad vaśena viṣaya-jñānasya viṣaya-sārūpyaṃ syāt iti cet,

由於通過此，對對境的認識，如果是和認識對境相同行相的話，

yatas tasya viṣaya-jñāna-sambandhinau tat^dvāra-āyātau

那麼，對這個認識而言，由於各別與對境、認識相連繫，通過此途徑而被認識〔的雙重行相〕：

viṣaya-ākāra-anubhava-ākārau tṛtīyaś ca svābhāsa-lakṣaṇa ākāra iti^ete traya ākārāḥ sva-jñānena^ālambyante /

〔所執〕對境的行相和〔能執〕經驗的行相二個，再加上第三個是具有認識本身顯相特徵的行相，所以，這三種行相被自己的認識當作認識對象而被認知。

etat^ca─uttarottarasya jñānasya^ekaika ākāro'dhika upalabhyate^iti^anena samprati^eva^ākhyātam /

前面已經說過的——每個後來的認識，都要認取每一個附加的行相，通過這樣的說法，〔三分說〕就得完整的解釋。

PSṬ以三種行相來回應：對境的行相、經驗的行相、具有認識本身顯相特徵的行相，這三種行相被對它的認識所認知。韓鏡清簡要的表達三種行相為自識所緣：

若由是故，以彼具有與彼之境識相應為句（？）而至境界之行相及領納行相以及第三具有自顯現之行相，

如是所說此三即由此故，由自識能緣。[121]

三種行相：境界之行相、領納行相以及第三具有自顯現之行相，都為自識所緣。

### 3. 後時記憶證明

後時記憶在PS1.11c和d分別證明雙重性和自我認知，而在這裡先處理證明雙重性的部分。從記憶必須連繫雙重行相來說認識本身的行相（svâkāra）——

**smṛter uttarakālaṃ ca (11c)**

又因為後時的記憶，

**dvairūpyam iti sambandhaḥ. yasmāc cānubhavottarakālaṃ viṣaya iva jñāne**

要與〔認識的〕雙重行相連繫。就如同對認識對象有經驗的認識一樣，對於〔認識的〕認識，

**'pi smṛtir utpadyate, tasmād asti dvirūpatā jñānasya svasaṃvedyatā ca.**

也會有記憶產生，由於這個原因，認識具有雙重行相並且必須是應被自我認知認識的事實。

使用記憶論證，是要證明認識具有雙重行相，而且是自我認知

---

[121] 請參照〈附錄二〉，註124。

認識的事實。因為記憶會連繫雙重行相，亦即雙重性。服部在註中有提到11ab的長行（Hb）中所說──「主要是為了證明自己的認知範圍內有arthâkāra」，而這裡是「經由一個過去認識的記憶事實，陳那證明認識有svâkāra與arthâkāra一起。記憶是由以前的印象（saṁskāra）所引起。」而且相對於認識外部對象的無相論者，這樣的印象是很難說明過去認識的記憶事實。❶²²透過後時記憶的連繫，說明認識具有雙重性，PSṬ解釋PSV1.11c的說明，提及前面是對「單個對境的認識」來說，是通過「與對境行相一致的特殊性」證明雙重性，而後時認憶要通過什麼來證明諸認識的雙重性呢？

82,10 **smṛter uttarakālaṃ ca**^ityādi /

以「又因為後時的記憶」為首的這句話。

pūrvam ekasya viṣaya-jñānasya viṣaya-sārūpyeṇa viśeṣeṇa dvairūpyaṃ sādhitam /

對在前的單個對境的認識而言，是具有雙重性，通過與對境行相一致的特殊性就已被證明。

idānīṃ jñānānāṃ paraspara-vivekena smṛteḥ sādhyate /

現在，諸認識〔的雙重性還要被證明〕，是通過每個認識記憶是彼此不同來被證明。

yathā hi paraspara-vilakṣaṇeṣu rūpādiṣu^anubhūteṣu^anyonya-vivekena smṛtir bhavati,

---

❶²² 請參照〈附錄一〉，註39。

換言之，當對那些彼此不同特徵的顏色等認識對境被經驗時，由於互不相同，記憶就產生，如同記憶〔會對前二有不同記憶〕，

tathā jñāneṣu^api / **tasmāt^asti dvirūpatā jñānasya** /

對〔後面的〕認識也是。**由於這個原因，認識具有雙重行相。**

後時記憶證明諸識雙重性，是由於「記憶是相互不同」。對那些不同顏色等認識對境來說，由於「相互不同」的特徵，所以，認識它們之後會產生不同記憶。諸識產生的認識也如同記憶。這種「相互不同」是說明記憶不是僅僅由經驗產生，區別也會有記憶。否則，一切認識都會沒有區別的（PSṬ82,13-83,3）。後述也提到有人反對，提出認識有經驗性質，性質相同，但是，「由於因緣聚合體是不同（"sāmagrī-bhedāt"）」，才會有不同心理，不同的認識，造成不同型態的記憶（PSṬ83,4-6）。[123]對此的回應是：

83,6 asat^ etat / spaṣṭo hi bhedaḥ smṛti-nibandhanam /

這是不對的。因為清楚的差別會與記憶相連繫（因果連繫）。

---

[123] 韓鏡清以「如所領納自體相同時」對照「正如同如果〔任何的認識〕具有經驗的性質，那麼，性質上都是一樣」，又以「聚合」來翻譯「聚合體」來看，似乎是就個人的經驗來談差別所造成的記憶，不同時間、不同心理的不同認識。請參照〈附錄二〉，註130。

tathā hi kasmin^cid upekṣā-sthānīye viṣaye yat^jñānaṃ dhārāvāhi, tasya^api^aparāpara-indriyādi-sāmagrī /

具體來說，在某種情況下，認識對象受到忽略時，具有流程的認識（意識流），對它而言，也會有各不相同的原因如感官等的因緣聚合體。

tathāpi na bhedena smaraṇaṃ yathā^iyantas buddhi-kṣaṇā vyatītā iti /

儘管如此差別，記憶力並不是如同已經過去的剎那的認識那樣來記憶〔，所以，因緣聚合體差別和記憶沒有關係，駁斥論敵〕。

依上所述，「記憶力並不是如同已經過去的剎那的認識那樣來記憶」，而是「因為清楚的差別會與記憶相連繫（因果連繫）」，韓鏡清是譯為「明了差別是念因故」[124]，在這意識流程中，有感官等造成不同的記憶。如同兩個雙胞胎，外表雖同但個性有別。倘若認識對象久遠模糊，看起來不帶差別，就像不同的二人，仍會作出錯誤指稱，那是「由於認識對象的差別不清楚，所以，對它們產生不帶區別的記憶」（PSṬ83,8-11）。因此，「對象所造成的某些經驗是有差別，以至於有後來種種不同的記憶產生，由於這個是被承認的，所以，認識是具有與認識對象一致的行相，這是應該被承認的。所以，認識具有雙

[124] 請參照〈附錄二〉，註131。

重行相就得到證明。」[125]（PSṬ83,11-13）——透過後時記憶，說明認識對象所造成的經驗有差別，以致產生不同記憶，可見認識對象的差別是與我們的認識一致，亦即認識具有與認識對象一致的行相，認識具有雙重行相就得到證明。

## 4. 雙重性的實例

對於雙重性的說明，如何置於日常生活的實例來說明呢？可以把它具體化說出來，就是五種感官對實物的觀察，除此之外，意識如何表達呢？以下就按照勝主慧對此的說明來看。

### （1）以實物為例

#### ① 牛的頸下垂肉行相：對對境的認識要帶對境的行相才能規定認識

一般的認知，是通過五種感官所認識的，但是，它是如何形成我們的認識？要表達我們的認知，一定要能說出認識對象的行相——

79,12 tad yathā sāsnādi-mad-ākāraḥ sva-jñānena^ālambyamāno gauḥ sāsnādi-mad-ākāraḥ /

---

[125] 最主要是認識要帶著對境的行相，才能造成不同記憶，才能說服有雙重行相存在。請參照〈附錄二〉，註132。又從記憶進一步來證明有對它的經驗，這是彼此有因果關係的緣故。以上參見〈附錄二〉，註133。

譬如牛以有頸下垂肉的行相是被對它的認識，當作認識對象來認識，這個牛必須帶著牛的頸下垂肉的行相。

viṣaya-ākāraṃ ca viṣaya-jñānaṃ sva-jñānena^ālambyate,

帶著對境的行相的對境認識會被它的認識所認知，

tad-ākāro 'yam ālambyate^iti^asyā vyavasthāyās tad-ākāra-nibandhanatvāt /

具有對境（tad）的行相是被這個認識所認知，作這樣的確定，是由於具有它的行相的理由。

tasyāṃ sādhyāyām idaṃ kāryam /

如果它是要被證明的命題，這個理由是果（kārya）。

tad-ākāratve tu svabhāvaḥ / viṣaya-anubhava-jñānaṃ ca^atra upalakṣaṇa-mātram /

若是通過行相推知，使用的是自身存在（svabhāva）。而在這裡對對境經驗的認識僅僅是通過實例而言。

對第一重認識而言，當要被第二重認識時，也必須帶著對境的行相，才能對第二重認識作規定。所以，必須帶著第一重認識的對境行相。就像牛，以頸下垂肉的行相為特徵，而帶著這個行相的對境認識，亦即第一重認識，會被它的認識所認知。證明的理由是果＝具有對境行相；若是通過行相推知，就是按照自身存在（svabhāva）。

**② 瓶子：後來的認識要認取附加第一重的對境行相**

這個實例要說明每個後來的認識都要認取每一個被附加的行相，日常生活中，我們順口講出的瓶子，通常不會特意記住。但是，一旦被要求，回想就連著瓶子的形狀、顏色，所以，原來我們的認識是帶著認識對象的對境行相——

> 81,4 ghaṭa-jñāna-jñānena hi ghaṭa-ākāraṃ jñānam ālambamānaḥ saha ghaṭa-ākāreṇa ghaṭa-ākāraṃ jñānam āsīd iti pratyeti /
>
> 〔譬如〕把帶有瓶子的行相的認識當作他的認識對象的人，就會帶著瓶子的行相來作認識，而且以對瓶子的認識的認識形式，他會想剛才有個帶著瓶子的行相的認識。
>
> tat-jñānena tu ghaṭa-jñāna-jñānam ālambamāno ghaṭa-jñāna-jñānam āsīd iti saha ghaṭa-jñāna-ākāreṇa ghaṭa-jñāna-jñānam /
>
> 更進一步〔，以剛才所說認識的認識方式〕，把對瓶子的認識的認識，作為認識對象的人，就會帶著瓶子的認識行相，產生瓶子的認識的認識，是帶著瓶子認識的行相的認識，而且他會想剛才有個瓶子的認識的認識。
>
> evam uttareṣu^api veditavyam /
>
> 按照前面所述，以後不斷產生的認識也是應該如此理解。

因此，以瓶子的行相的認識作為認識對象的人，會附帶瓶子的行相，而且就對瓶子的認識的認識來說，這個人會想剛才有個帶著瓶子的行相的認識。其次，以對瓶子的認識的認識作為認識對象的人，會帶著瓶子的認識行相，產生瓶子的認識的認識，這個人會想剛才有個瓶子的認識的認識——這前後段的說明，若按照認識對象來判斷，前段似乎訴說新的認識，而後段似乎是已入記憶的歷程。但是，不管是新知或已成記憶，都要帶著對境的行相。對照韓鏡清所說的瓶識——「于瓶識之識中緣具有瓶行相識時，所謂已成具有瓶行相識與瓶行相共同被了知」[126]——帶著瓶子的認識的認識會帶著瓶子的行相被記住。

**（2）以想法為例**

以實物的行相來說，或有憑據，但是，在腦海中浮現的想法呢？這是例同牛的頸下垂肉之行相來說某個想法——

> 79,15 cintā-jñānam api yathā cintitā-artha-ākāraṃ jñāna-ākāraṃ ca sva-jñānena^upalabhyate /
>
> 對某種想法的認識也是這樣，按照它被想過的對象行相，以這樣認識行相被它自己的認識所認識。
>
> tathā hi yathā viṣaya-jñāna-jñānaṃ viṣaya-anubhava-jñānasya na kevalām artha-rūpatām anubhava-rūpatāṃ vā pratyeti,
>
> 具體來說，就如同對對境認識的認識，不僅要承認具有對境經驗的認識是認識對象的行相，或者是經驗的行相，
>
> api tu^īdṛś-arthaṃ tat-jñānam āsīd iti^ubhaya-ākāraṃ gṛhṇāti,
>
> 而且也是認取雙重行相：「有這樣的認識對象以及對

---

[126] 請參照〈附錄二〉，註117。

> 這樣東西的認識」，
> tathā^īdṛg-artha-ākārā cintā^āsīd iti sva-jñānena gṛhyate //
> 而且會被它自己的認識所認識：「以這樣的認識對象行相以及對它的想法。」

按照對境行相、第一重認識、第二重認識來看，被想過的對象行相是對境行相；此中，要承認：認識對象的行相、經驗的行相。而且認取雙重行相：1.這樣的對境被它自己的認識所認識＝第一重認識，這個關係就是「有這樣的認識對象以及對這樣東西的認識」。2.第二重認識就是認識到這層關係：「以這樣的認識對象行相以及對它的想法」。韓鏡清也提及此說：

> 即領納境界識能了知單純之義相性或領納相性，然亦能取所謂與此相同之義及彼了別識二種行相生起，如是即說思維似此諸義行相乃為自識所取故。[127]

此中的領納境界識是第一重認識，是「了知單純之義相性或領納相性」；不僅認取雙重行相是「能取所謂與此相同之義及彼了別識二種行相生起」，也提及會被自己的認識所取——「思維似此諸義行」。

---

[127] 請參照〈附錄二〉，註112。

**（3）記憶**

從後時記憶要說明具有與認識對象一致的行相有二：

① 透過記憶的近、遠，回應證明認識等等，也是需要說證明它的理由，會永無止盡──

na^etad asti / yasya hi jñānasya sat-nikṛṣṭo viṣayaḥ,

不會這樣的。因為對這樣的認識而言，有靠近現有的認識對境，

tatra sandeho jāyate ─ kim ayaṃ nīlākāro viṣayasya, jñānaṃ tu nirākāram,

才會產生這樣的疑惑：難道這個藍色行相是屬於認識對境的，而認識是不帶行相的嗎？

uta jñānasya^iti /yasya tu jñānasya viprakṛṣṭo viṣayas tadānīṃ na^asti^iti niścitaḥ,

或者〔藍色的行相〕屬於認識的。對那些比較久遠的認識對象的認識而言，在這狀況下，根本就沒有這樣的疑惑，這點是肯定的，

tasya viṣaya-ākāratāṃ prati saṃśayo na bhavati eva^iti na^anavasthā //

對那些比較久遠的認識而言，對於具有認識對境的行相上，不會有疑惑，也就不會有無窮的狀態。

對於「靠近現有」的認識對境，或許會有藍色行相是否屬於認識對象的懷疑，但是，對於久遠的認識對象而言，具有認識對

境的行相是不會有疑的，也就不會引來無窮的證明理由。[128]

② 透過記憶的差別說明認識具有與認識對象一致的行相，證明認識具有雙重行相。由於對象被經驗是有差別，以致有種種記憶，因為相互不同而形成記憶，否則，如同久遠記憶模糊以致不帶有差別。PSṬ所舉的例子是——

> 83,1 bhedena^ananubhūteṣu rūpa-jñānam āsīt^mama,
> 有區別卻不被經驗到，對我而言，有個關於色的認識
> na śabda-jñānam iti śabda-jñānaṃ vā na rūpa-jñānamiti yā^iyaṃ vivekena smṛtiḥ, sā na syāt//
> 而不是關於聲音的認識，或者聽到聲音的認識而不是看到某種色的認識，這樣的記憶，以不同形式產生的記憶，就不可能了（亦即就不會有不同的記憶）。

透過記憶要掌握差別所在，雖然我們的記憶，主要是來自經驗，但是，清楚差別會與記憶連繫，所以，「有區別卻不被經驗到」，但被記住了。就像色、聲的認識，是以不同形式產生記憶。

## （三）證明自我認知

如前所述，第11頌ab說明雙重行相，第11頌c證明認識具有雙重性，第11頌d到第12頌，就是證明自我認知。這裡是第

---

[128] 請參照〈附錄二〉，註129。

三階段的工作，要在雙重行相的架構下，證明自我認知的存在。不過，整體來說，是在回應有人主張認識被另外的認識所經驗，反對通過認識自身來認知，亦即反對自我認知。服部提到這個主張是正理學派[129]，陳那對此的回應是後時記憶和對境轉移的可能，因此，以下將按照陳那的回應來解決。

## 1. 後時記憶

後時的記憶因為要與這雙重行相連繫，就像「對認識對象有經驗的認識」，對於認識的認識也會有記憶，因此，以後時的記憶證明認識的雙重行相並且必須是自我認知的事實。前節以相互不同來說明記憶特性，因為清楚差別會連繫記憶，說明認識具有與認識對象一致的行相。接著，此處便是證明自我認知。服部提及「所謂這個認識有svâkāra與arthâkāra一起，意味著認識是由其自身認知。對於在前的認識的記憶這一事實也是證明自我認識」[130]。對於自我認知的證明，要透過記憶，而且關連svâkāra與arthâkāra。首先，陳那是以「經驗」來回答，也就是會有記憶，必定是自身經歷過的，要有經驗在先，才有記憶在後（PSṬ83,14-84,1）。如：

**na hy asāv avibhāvite //11//**

〔當這個認識是還未被經驗時，〕對它的記憶是絕對不可能。

---

[129] 請參照〈附錄一〉，註41。

[130] 請參照〈附錄一〉，註39。

na hy ananubhūtārthavedanasmṛtī rūpādismṛtivat.

如果對認識對象的認知還沒有被經驗的話，那麼，就不會有對它的記憶，如同對色等的記憶。

按照服部所說，「記憶是在前的經驗（anubhava）的結果（kārya）」，這是從結果來保證記憶具有這樣的功能。甚至提及世親回應經量部說：識有對象出現在它自身是後來意識的記憶。[131]或可說構成記憶的是對對境的認識的認識。對照PSṬ：

84,2 ātmanā^eva jñānasya^anubhavo yuktaḥ, na^anyena^iti niścitya^āha—

認識的經驗只能通過認識自身產生，這才是合理，而不是通過別的，對此作了肯定之後〔，陳那〕說：

**na hi^asau^ityādi** / asya^ayam arthaḥ—yatra smṛtiḥ,

「〔當這個認識是還未被經驗時，〕**對它的記憶是絕對不可能。**」等等。這句話是有如下含義——凡是對某種東西有記憶的，

tatra^anubhavaḥ, rūpādivat / asti ca smṛtir iti kāryam //

就必須要有對它的經驗，如同對色等〔有經驗才有記憶〕。記憶有這樣的因果關係。

要如何得到「經驗」？親力親為才能得到。那麼，認識的經驗

[131] 請參照〈附錄一〉，註40。

呢？要通過認識自身（“ātman”）產生，所以說未被經驗就無法有對它的記憶。這是從因果關係出發，來標示記憶和經驗的關係。但是，對於通過認識自身產生，有人另外提出認識「會被另外的認識所經驗」（PSV1.12a），陳那回應這是對已證明要再證明的命題（PSṬ84,6-7）──

**jñānāntareṇānubhave 'niṣṭhā**

當〔認識〕被別的認識經驗時，就會出現無窮無盡的結果。

anavasthā iti tajjñāne **jñānāntareṇa** anubhūyamāne. kasmāt.

所謂無窮無盡的結果是對這個認識對境的認識〔不是被這個認識本身所認識，而〕是被另外的不同認識所經驗。為什麼呢？

如果認識不是通過認識本身產生，而是被另外不同的認識所經驗，就會出現無窮無盡的結果。陳那這麼肯定，是因為認憶──

**tatrāpi hi smṛtiḥ /(12'b)**

因為對這個〔認識〕而言，還會有記憶。

yena **hi** jñānena taj jñānam anubhūyate, **tatrāpy** uttarakālaṃ **smṛtir** dṛṣṭā yuktā .

因為這個〔對境的〕認識被另一認識所經驗，對經驗它的認識而言，必然要承認後時會有記憶。

tatas tatrāpy anyena jñānena anubhave 'navasthā syāt.

然後，對經驗它的認識，還會再被另一個認識所經驗，〔對經驗認識再有記憶，〕如此就會無窮無盡。

此時將「記憶」拉進來說無窮無盡的結果，因為對對境的認識的另一個認識而言，還要承認後時記憶，對於這一個「另一個認識」還要被另一個認識經驗，然後再有記憶，沒完沒了的一個接著一個。[132]PSṬ的解釋是——

84,7 na cānanubhūte ca^ananubhūte smṛtir **yuktā** /

雖然，沒有不被經驗過的〔感官認識不可能被有分別來〕認識，但是，**必然**不會有不被經驗的〔將來產生在意識的〕記憶。

tato'nyena tad-ālambanena jñānena bhāvyam / **tatra^api** ca **smṛtiḥ** /

〔如果一個認識被另一個認識，〕那麼，另外的認識就必須把前面的認識當作認識對象來認識。**對另外的認識，也是作認識的認識**，才會有記憶。

**tatas tatra^api^anyena**^iti /ato jñāna-antareṇa^**anubhave^ anavasthā** jñānānām /

所謂「**然後，對經驗它的認識，還會再被另一個認識所經驗**」。如果這樣的話，**對一個經驗**還會被另外的

[132] 韓鏡清譯，請參照〈附錄二〉，註134。

認識再次經驗，這些認識就會無窮無盡。

此處強調形成記憶一定要經驗過的，因此，如果認識要被另外的認識來認識，那麼，另外的認識就把前面的認識當作認識對象來認識，對於這個另外的認識，還要作認識的認識的動作，亦即經過雙重行相的歷程，才會有對這個另外的認識的記憶。但是，對記憶的認識，還要再被另一個認識經驗，然後，經驗再被另外認識認識、經驗，就會無窮無盡。

## 2. 對境轉移的可能

陳那以後時記憶回應有人主張一個認識會被另外一個認識所經驗，造成無窮無盡的結果。其原因是，對於這個另外的認識，除了後時還會有記憶之外，就是還會被另外的認識所經驗。當然，對論敵窮追猛打之後，最後陳那還提出──「對境轉移的可能」這個理由，如PS1.12cd：

**viśayāntarasañcāras tathā na syāt sa(=sañcāra) ceṣyate //12//**

如果這樣的話，〔認識只會緣前識，認識從一個對境〕轉移到另一個對境，就會變得不可能。但是，這種認識轉移一般認為是可能的。〔所以，論敵的主張是與一般認識相違矛盾。〕

tasmād avaśyaṃ svasaṃvedyatā jñānasyābhyupeyā. sā ca phalam eva.

所以，我們必須承認認識可以被自我認知所認識。而自我認知恰恰就是結果。

因為認識還要被另一個認識所認識，所以，對於這個認識而言，從過去的對境轉移，似乎是不可能。這是因為在一個認識上，產生的這個認識鎖鍊，使每個後來的認識不斷的取每個過去的認識作為認識對象，造成不可能轉移到另一個對境（PSṬ84,10-11）。韓鏡清很簡要的指出前半段是「若僅成就一識者，則識相續后后識緣前前識即成無量過之義」[133]，就是在一個認識上來說。

服部也有提到Kumārila，承認這樣的認識鎖鍊，「後續的認識不是自然地生起，而是經由人的努力，而且因此，可能打破這個認識鎖鍊。當人厭煩這努力，或者當要認知另個對象之時，以一個不再看到對象的方式——當某人的眼睛厭煩注視它或當他們轉向另個對象——人就不再理解此認識。因此，認識一定從一個對象轉移到另一個」[134]，在PSṬ作了這樣的解釋：

> 84,12 **viṣaya-antara-sañcāra** ityādi / viṣaya-antare jñānasya pravṛttir **na syāt** /
>
> 以「〔造成與我們日常生活經驗相反的東西就出來，認識就不可能出現從一個對境〕**轉移到另一個對境**」這句話為首等等。認識**不可能**轉移到另一個認識對境。
>
> **iṣyate ca** / tatra yato jñānāt sañcāraḥ, tasya svasaṃvedanaṃ syāt //

[133] 請參照〈附錄二〉，註135。

[134] 請參照〈附錄一〉，註42。

> 但是，轉移是被大家所承認的。從對某個認識對象的某個認識轉移出來，對轉移的出發點的認識而言，就是自我認知。

如果認識都是在一個認識鎖鍊中，那麼，每個後來的認識不斷取過去的認識作為認識對象，那樣的話，認識就不可能從一個對境轉移到另一個對境。但是，我們的認識，一般來說是「從對某個認識對象的某個認識轉移出來」，到另一個認識對境。而且「對轉移的出發點的認識而言，就是自我認知」，也就是能夠控制這個對境到另一個對境是自我認知。這不僅是因為它是經驗的，而且是有同一性，才能帶著整個認識移轉。這也就是自我認知的一個特性。

接著，論敵緩和這個認識鎖鍊而說：「到了認識鎖鍊的最後階段」，就再也不被另外認識所認知——

> tad ekam ananubhūtam asmṛtam eva ca^āstām/ato viṣaya-antara-sañcāraḥ syāt^iti /
>
> 只有唯一最後的認識，才有可能一直不被別的再次經驗，也不會被別的再次記憶。這樣的話，才可以轉移到另一個對境。

唯一最後的認識，可以不被別的認識再次經驗、記憶，就可以轉移到另一個對境。以不再被經驗來說服可以轉移對境，這是不可行的，因為還有其他情形可以不被經驗的，如：

85,3 tathā hi yadi antyaṃ jñānaṃ na^anubhūyeta,
具體來說，如果最後的認識不能被經驗，
tataḥ sarvāṇi pūrvakāla-bhāvīni jñānāni^ananubhūtāni syuḥ, tad upalambhasya parokṣatvāt /
那麼，每個前面時段所出現的認識，都可以成為不被經驗的，因為前面的認識〔時間久遠，對後來的認識而言〕是不可直接觀察到。
yasya yad upalambhaḥ parokṣaḥ, na tat tena^anubhūtam /
對某個認識而言，如果對這個認識〔由於時間久遠〕已經是不可直接觀察到，那麼，這個認識就不可能被它經驗。

想用不被經驗是無法說服的，因為前面的認識久遠不可直接觀察，也是不可能經驗的。最後的認識並不是唯一。所以，文末以「因為和周遍相矛盾」（PSṬ85,8）來終結，並下結論——

85,9 syāt etat — yad ātmanā^anubhūtaṃ jñānam, tad eva pratyakṣaṃ bhavati /
這個說法可能是——只有被自身經驗過的認識，才是直接知覺。
tena parair yad anubhūtam,na tat pratyakṣam iti /sa tarhi^ātma-anubhavaḥ kutaḥ siddhaḥ /
所以，被別的認識所經驗的認識，則不是直接知覺。如果這樣的話，怎麼證明被自身所經驗的呢？〔下面

說證明是有困難。〕

認識要通過認識本身產生，才是直接知覺，被別的認識經驗就不是直接知覺。但是，對於認識要被另一個認識所認識的問題，和自我認知同樣遇到一個問題，就是——

85,10 yadi hi^anubhavaḥ sidhyet, tad ātmani paratra vā^iti syāt vibhāgaḥ /
其實，如果經驗是可被證實，則會產生不確定性：經驗發生是在認識自身或是在另外的認識？
sa eva tu^asiddhaḥ /
而就這種分辨本身，其實是沒法證成的。
tasya^asiddhau ubhayatra^api parokṣatvena ^āviśeṣāt^ātmani^ayam anubhavo na^anyatra^iti^etat parokṣa-upalambhena durjñānam /
當分辨本身不能證實時，在認識自身或者另外的認識的兩者情況下，都〔不是很明確的，〕是由於不能直接觀察到，因為是不具有差別性，所以，這個經驗是在自身，而不在別的認識產生，這個說法由於是不能直接觀察的感知，所以，很難知道它。

這個問題就在於經驗（anubhava），也就是領納於心的認識，是無法證實，如果可以證實，也會產生不確定性。這個不確定性是在於分辨本身無法證成，因為「不能直接觀察到」、「不具有差別性」。而就自我的經驗本身來說——

> 85,13 tat kuta ātma-anubhavaḥ /yadi hi grāhya-upalambha-asiddhau api vastu pratyakṣam iṣyate,
>
> 自我的經驗是如何呢？其實，如果因為某個實存體即使認識對象和認識對象的取得二者都不成立，還是被認為是直接知覺，
>
> sarvam idaṃ jagat pratyakṣaṃ syāt, apratyakṣa-upalambhatvena^āviśeṣāt /
>
> 則這個世間可能全是直接知覺，〔這樣仍然〕當作不是直接知覺的方式取得認識，因為不具有差別性。
>
> na ca bhavati / **tasmāt svasaṃvedyatā jñānasya^abhyupeyā**^iti //
>
> 不過，沒有這樣的認識。**因此，認識是自我認知所認識的事實，這點是被承認**如上。

這個自我體驗不能離認識對象等二者，若離此二，還被認為是直接知覺，那麼，這個世間的認識可能都是直接知覺，因為「不具有差別性」。——但是，沒有這樣的認識，所以，認識是自我認知所認識的事實是要被承認的。武邑尚邦對此也有作了說明，顯然自我認知是建立在兩種顯相上，是在識的顯現上，闡明直接知覺的性格。[135]

---

[135] 請參照〈附錄一〉，註45。

# 六、結論

正如PSV1.5所說，所有直接知覺是「脫離分別想像」“avikalpaka”，前五識只有自性分別，從顯相來說是「脫離分別想像」“nirvikalpa” 是直接知覺。但是，對於了別諸法的意識如何可以表現直接知覺呢？

關於這點，首先，要從陳那對於直接知覺的唯一定義——「脫離分別想像」亦即「離分別」或「無分別」來看，雖然大家都是熟悉以離分別或無分別來說，但是，這個詞會讓人混淆，明明取境分明，為什麼還是離分別？因此，就以現代語言來翻譯，來表達直接知覺不能使用語言習慣這個情況，證明的理由是「原因不存在」“kāraṇa-abhāva”，即我們不能通過把某個對象和語言相結合來認識。依此來看，我們一旦使用語言來表述時，它就不是直接知覺。那麼，我們的意識有不使用語言來思考的時候嗎？

要揭開這個謎底，就從PS1.6ab說出兩個認識對象開始。其實，從前五識的PS1.5cd就已經可看出端倪，也是從認識對象來說，從它的認識領域是形色，而形色是自我認知認識的對象，而且是不能言說的離言來看，如果自我認知認識是屬於意識，那麼，前五識對於形色達到認識的是在意識。反之，就是前五識達到認識，也就是前五識有自我認知認識的功能。但是，本論主要部分是從PS1.6-12來處理，是無法給出兩者孰是孰非，不過，此範圍卻可以給出意識的認識，是待雙重行相來解明。

按照PS1.6ab，意識的認知是對於外境對象的〔心王〕認識和對欲望等〔心所〕的認識本身的認知，是“akalpikā”「擁有脫離概念分別的特質」。所以本論就從這兩方面著手。就前者而言，從前五識到意識有一個雙重行相的認識結構，是基於意識的認識有雙重性。而這雙重行相是落在PSV1.11ab的“tat”解法，它是指前五識的對境，表示意識有與前五識相同的對境顯相，和認識本身的顯相——這裡就是意識的雙重性認識。雖說相同的對境，不過，這是個改變過的行相，也就是“vikāra”。從雙重行相又引出三分說，這個認識過程上，又涉及認識手段和認識結果，因此，從基本的意的直接知覺開始，介紹認識對象和認識，以及認識手段和認識結果的關係，一方面說認識手段是認識結果，另一方面說自我認知是認識結果。最後，是由此構造出雙重行相和三分說。不過，這樣的構造，是在唯識和經量部往來問答中完成，陳那是唯識學派，這樣的說法，顯然是與唯識有關，因此，從以下四方面來作結：一、認識對境和認識，二、認識手段和認識結果，三、雙重行相和三分說，四、唯識立場。

## （一）認識對境和認識

首先，前五識的心王之對境，使意識的認識產生的，是「只有自境所產生緊隨其後的色等剎那當助緣時，才能使意識產生」，以此等無間緣產生的對境作為助緣，才能使意識產生。關於意識的對境，在PSṬ有三段說明：1.對於對境

“ viṣaya” 的定位，是正在被感知的色等認識對象，2.而且這個對境是“rūpādi-viṣaya-vikāra”，是色等對境的改變過的行相，3.是感官認識的對境所產生的緊隨其後的色等剎那“anantara-rūpādi-kṣaṇa”的這個時間點。另一個對境是欲望等的認識本身“rāgâdi-sva”，這是心所，也是讓人懷疑可以是直接知覺之處，所以，特別強調不是就欲望等來說，而是就對於認識本身“-sva”（“ātma”）的認識來說。

就認識來說，是經驗行相顯相和自我認知。就前者而言，所謂「經驗」，是由它自己所體驗，就是排除不帶有經驗性質的。「行相」就是顯現“ābhāsa”，這個經驗行相是屬感官認識，而意識通過感官認識產生經驗行相，是採用「產生」“pravṛtta”也就是「出現」“utpanna”這個詞，並表示意識「以經驗行相產生」“anubhava-ākāra-pravṛtta”，但是，為什麼不是“ābhāsa”，可能是要闡明通過感官認識產生的緣故。因為勝主慧在這部論的風格是以用詞表示前後差別，如“vikāra”和“ākāra”。感官認識是論敵唯一承認的直接知覺，但是，不承認意識有直接知覺，問題在於它是否有經驗行相，而此處指出意識的直接知覺，是通過感官認識產生的經驗行相。擁有與前五識對境一致的認識對境和認識本身。

就自我認知而言，是就欲望等認識本身的認知“**rāgādisva-saṃvitti**”，通過認識本身的體驗，以這種經驗性質被看作認識主體的行相，也是認識手段。以其經驗本身顯相，又讓自己被認識，是自我認知。具有存在性質、自我認識的性質就是結果。若論證明是具有愉悅等心理現象的行相。對欲望等的自我認知是直接知覺，採用的是自身行相“svabhāva”的證明，被認識的是自身行相，不能使用語言。除了欲望等認識本身的認知之外，概念構想的了知“kalpanā-jñāna”、言詞的假名等，也都是以自我認知的形式當作直接知覺。

## （二）認識手段和認識結果

了解認識對境和對它的認識之後，進而解釋為什麼可以得到認識，這是通過認識手段取得認識結果。PSV1.8cd說我們見到的，其實是結果，而說認識手段是因為帶有對境的行相產生，被看作是帶有行為。PSṬ解釋為認識結果是完成對象的認識，認識手段因為抓取對境行相，所以被看作具有行為，但是，實際不具任何行為。以其具有認識對境行相性質，成為認識的內在性質，所以說認識手段是「帶有認識對境的行相之事實」。亦即如下：

**量＝認識手段＝帶有認識對境的行相，成為認識內在性質**
**果＝認識結果＝完成對象的認識，具有認識對境的行相性質**

認識手段一如上述所說是「帶有認識對境的行相之事實」，似乎有抓取行為，但其實不帶任何行為。此外，也是作為認識的本質或說為原因，以其是「與認識對象的相似性」“artha-sārūpya”，才可以達到結果——對認識對象之認識的完成。並以這個相似性，一方面通過認識主體顯相區別，來確定主客關係，分開顯現為能成和所成的假立關係。但，實際沒有區別，如蜜喻所示。另一方面在回應真實義上，認識沒有作區分，但是，現實見有認識手段等區分，對於被無明遮蔽的人，認識儘管非實但是可見。

「具有認識對象的顯相」也是陳那尋求與外境論者共同承認的。這個認識對象是通過它的顯相而被認識到，按照其在認識中顯現，作為顯著、不顯著的東西。不過，這個也應理解是通過自我認知來成立認識，為什麼呢？由於是以認識對象的行相產生，那麼，這樣的認識會是對它自己的認知，那麼，對境由此而得確定。亦即從顯相產生對於認識對境的確定工作，就是自我認知。由此來看，自我認知是通過「顯著」的顯相。還有一種是「不顯著」的顯相，就是「因的推理通過果」，亦即「由果推因」，雖然看到煙的顯相，但由自我認知確定是火的認識。如法稱解釋「沒有表明的正是使火的不顯相產生的認識」——這樣的說明，正好補充陳那「分別按照認識對象的行相是如何在認識中顯現，作為顯著、不顯著的東西〔顯現在認識中〕」中的「不顯著」究竟指何！

不管怎樣，顯相的顯著、不顯著，都要經過自我認知來確定，但是，不能跳過顯相，直接從意識來認識，因為「確定」是可以被看見的認識結果。而且除了同一性之外，這個被看見的結果，亦即「認識手段只能是對境的顯相事實」也是被外境論者所承認。

最後，說到認識結果，除了PS1.8cd認識手段之外，PS1.9ab說自我認知也是認識結果。按照PSṬ，PS1.9a所說的「或者」是指不同對象，所以，認識手段、自我認知都可說是認識結果，而且是相應於不同的認識對象。自我認知是對於自身和對境的兩種顯相的自我認知，是對自我的經驗，就是認識結果。但是，認識如何通過自己體會它自己呢？通過自己的認識擔負認識對象等三種功能？真實來說，沒有三種區別，在日常語言的表達上，作了區別，由於同一性的，就像燈亮時，整體被認知，燈亮擁有光的性質就如擁有經驗性質，三種功能是同一性，具有經驗性質，認識才稱為自我認知。

證明自我認知是結果，PS1.9b是訴諸對認識對象的確定性“artha-niścaya”，是認識必須具有行相。這個行相就是因為「帶有對境」，亦即伴隨對境作為認識對象。因此，當認識是對這個對象的認識，則必須具有這個認識對象的行相，所以，意識對於對境的認識的認識就會帶帶著對境現起。這個確定性是“niścaya”是對對境的確定，此詞有指向、確定、建立、證明而不是概念、執著之意。PSṬ是以“viṣaya-vyavasthāna”確定對境來說明。不是有概念作用的判別，這與瑜伽的直接知覺是同樣的，專注於認識對象，對境所得是分明顯示，「因為脫離分別想像就是分明決定的緣故」。由於認識對象是分明顯示、分明決定，所以，才有確定。使用的是自身行相邏輯“svabhāva”來證明。

## （三）雙重行相和三分說

按照PSV1.10的說明，三分說應該是架構在雙重行相上，而認識會有雙重行相的原因是PS1.11ab所示：「由於認識對對境的認識的這個〔對境〕有特殊性」。雙重行相是（一）以色等為對境之認識對象的顯相和認知此對境的認識本身的顯相；（二）與（一）的認識對境行相一致的認識顯相和認識本身（二）的顯相。雙重行相各有兩組雙重性，第一重是前五識的認知，第二重是意識的認知。此中重點是意識的對境和其認識本身：

1.就對境來說，附加的第二重對境是屬於第一重的對境，是經過變化而來，受第一重對境的制約。
2.就認識本身顯相來說，把帶有對境行相的對境認識的顯相，以其自身行相再次顯現給現有的第二重認識。

綜合上述，整個雙重行相圖示如下：（“←”：以箭頭前者為所緣境；“+”：伴隨對境）

| 第一重（第一重認識） | 第二重（第二重認識） | |
|---|---|---|
| 對境的認識 ←—— | 經驗行相 ←—— | 識體對認識本身的認知（自我認知） |
| + | + | |
| 對境------------------------ | 與對境相似的顯相 | |

對境一直是第一重對境，只是到了第二重認識時，以相似的顯相表示；第一重認識是經驗行相是公認的，但是，第二重認識也是經驗行相就備受注目了。而由識體對認識本身的認知就是結果。此外，要證明雙重行相，雙重性是一個基本證明：

1.回應不具雙重：就雙重性來說，根據PSṬ，對第一重認識來說，如果只有與對境行相一致的話，沒有經驗行相，會被置疑捨棄自身行相，所以，採納認識對境的行相，同時並不會放棄自身行相。對第二重認識來說，或者只有經驗行相，而沒有對境的行相，那麼，會有對認識的認識和對對境的認識無法區別。因為第二重認識以第一重認識為所緣，並且帶有對境的行相，第二重認識就被第一重對境認識所限定。這個就是特殊性所限定。經由雙重性成立雙重行相的認識。

2.回應無相論：PSV1.11ab說，如果沒有雙重性，那麼，每個後來的認識就不會有以前消失的認識對境的顯相，因為它們不是後來認識的對境。所以，後來的認識都會認取被附加的對境。而且第一重認識也帶有對象顯相，否則這個認識就不會帶第一重已經久遠的認識對象的顯相。所以證明認識必須帶有雙重性。為什麼對對境的認識的認識具有與對境行相一致的認識顯相以及對對境的認識的認識本身的顯相呢？每個認識都含括三種行相：對境的行相、經驗的行相、具有認識本身顯相特徵的行相。這三種行相被對它的認識所認知。

3.後時記憶證明：PSV1.11c使用記憶論證，證明認識具有雙重行相，並且必須是自我認知的事實。PSṬ指出前述單個對境的認識具雙重性，通過與對境行相一致的特殊性就已被證明；而現在是談諸認識的雙重性證明，是通過每個認識記憶是彼此不同來被證明。以相互不同為特徵，產生不同記憶，來說明諸識的雙重性。記憶不僅是由經驗產生，區別也會有記憶。──透過後時記憶，說明認識對象所造成的經驗有差別，以致產生不同記憶，可見認識對象的差別是與我們的認識一致，亦即認識具有與認識對象一致的行相，認識具有雙重行相就得到證明。

其次，要證明自我認知，是第11頌d到第12頌。提出後時記憶和對境轉移的可能來作部分證明。

1.後時記憶：按照陳那，記憶一定要經驗，PSṬ提及認識的經驗只能通過認識自身產生，是從因果關係出發，來標示記憶和經驗的關係。有人提出「會被另外的認識所經驗」，陳那以這樣的認識會出現無窮無盡的結果。因為對這個〔認識〕而言，還會有記憶。

2.對境轉移的可能：繼後時記憶之後，PS1.12cd再提出轉移到另一個對境，就會變得不可能。但是，認識轉移一般認為是可能的。而對於認識還要被另一個認識所認識而言，從過去的對境轉移似乎不可能。因為在一個認識上產生認識鎖鍊，每個後來認識不斷取過去認識作為認識對象，造成不可能轉移。但是，一般認為轉移是可能，而要從某個認識轉移到另一個認識對境，是自我認知，這不僅是因為它是經驗的，而且是有同一性，才能帶著整個認識移轉。即使論敵以不再被經驗來說服可以轉移，仍不能改變，因為前面的認識也可以不被經驗，最後的認識並不是唯一。認識要通過認識本身產生，才是直接知覺。

其實，無可否認，不管是自我認識或者被另外認識所經驗，都無法證實。因為不能直接觀察到。但是，脫離兩種顯相來成立直接知覺是沒有這樣的認識，所以，反顯自我認知是建立在識的兩種顯相上，闡明直接知覺的性格。

## （四）唯識立場

雖然對於陳那、法稱所發展的佛教量論學派也稱為經量瑜伽行派，[136]但是，陳那在PS和PSV是表現唯識的立場，這是由於區別經量部和瑜伽派的不同觀點。因為從整體架構上來看，意現量不只談到對境，也談到識自體有經驗行相。亦即意現量有以色等為境的五識心王的認識對境，在PSV1.6的解釋中，不只對境：

> **mānasam** api rūpādiviṣayālambanam avikalpakam
> 即使是**意識**，也是取色法等〔感官的〕對境作為認識對象，是脫離分別想像，
> anubhavākārapravṛttaṃ
> 是以經驗的行相產生，

---

[136] 何建興2004：頁6。

還有顯示意識是以經驗行相產生，PSṬ53,1解釋此「以經驗的行相產生」是為它自己所體驗的，就是「經驗」（anubhava）；「行相」（ākāra）就是顯現。而「經驗」是要排除像記憶這樣的顯現。最後，說明意識「產生」（pravṛttaṃ）的這個過程，是從感官認識的等無間緣產生，避開盲人也會看見對象的置疑。因此，意識有如同前五識的認識一般，擁有自己體驗之經驗行相，不只伴隨對境而已，這不是經量部所主張的認識構造。

其次，陳那在兩種行相裡，也表明必須有與對境相似的行相和認識自身的行相，如PSV1.11ab：

> anyathā yadi viṣayānurūpam eva viṣaya-jñānaṃ syāt svarūpaṃ vā,
> 否則，如果對對境的認識，只有與對境相似的行相，或者只有自身的行相，
> jñānajñānam api viṣayajñānenāviśiṣṭaṃ syāt.
> 對認識的認識也可能與對對境的認識是無差別。

這是陳那對於“dvirūpatā”所作的解釋，勝主慧分成兩段的說明，以PSṬ78,15為始，闡述「否則，如果對對境的認識，只有與對境相似的行相」以及「或者只有自身的行相，對認識的認識也可能與對對境的認識是無差別」的解釋。按照PSṬ，前者是符應一般所承認的，認識是具有對境的行相而生起，相對於此，後者是只有經驗的行相，而沒有對境的行相，那麼，受到

對境認識的行相特殊性所規定的認識就無法產生，就和第一重對境的認識沒有差別。譬如PSṬ79,12-80,3所舉牛以頸下垂肉的行相被認識，帶著對境行相的對境認識會被它的認識所認知，能這樣確定的理由，是由於識自身具有它的行相。具體來說，是認取兩種行相：「有這樣的認識對象以及對這樣東西的認識」，而且會被它自己的認識所認識：「以這樣的認識對象行相以及對它的想法」。——由此可知，陳那的兩種行相和表現三分說的說明，都是唯識的，因為除了對境的行相，也有經驗的行相。

又關於兩種行相和三分說，是要表達認識的雙重行相。陳那之三分說理論，透過PSṬ81,13說明PSV1.11ab「**這個認識是從對對境的認識產生的〔第二重認識〕，具有與對境的行相一致的認識的顯相以及對〔第一重〕對境的認識的認識本身的顯相**」，是「〔所執〕對境的行相和〔能執〕經驗的行相二個，再加上第三個是具有認識本身顯相特徵的行相」。而且也說明此對境不是後來認識的對境，是附加的行相，而這個後來的認識就是連繫對境和認識成為三分。因此，說明我們的認識結構是雙重行相，而雙重行相是以兩種行相為基，而達到認識是三分。

最後，後來認識所認取之附加的對境的行相是源自於外境，或者是內境？依照PSṬ81,10所說——「不過，如果第一重認識，不帶有對境的行相，那麼，這個認識就不會帶有第一重已經久遠的認識對象的顯相。如前所說。所以，第一重認識也是帶有對象顯相，這點必須被承認。**所以，證明認識必須帶有**

**雙重性**。」——第一重認識也是帶有對象顯相，才能給後來的認識。由此可知，雙重行相的兩個對境都是屬於內在的顯相。

可是，在PSV1.9'd回應瑜伽派時，提到——「為什麼沒有區分之性質的認識，會有認識主體〔、認識客體〕的行相等區分呢？以至於儘管沒有外在的認識對象，還有認識手段〔、認識結果〕等的差別。」、「再者，為什麼說認識不能區分，但現實顯現是區分的？」——這一問題，雖有回應以真實義來說，是沒有區分，而按照被無明所蒙蔽的人之觀察，才會有認識主體、認識對象的分別。但是，為什麼要這樣的發問？表示這樣的區分是與以往不同。

承上所述，由於諸先進的研究和勝主慧註的梵文，對於陳那的直接知覺理論，已約略掌握其結構，不過，傳入中國，會是怎樣的呢？有關前五識和意識的關係，按照唯識早期經典，元魏菩提流支《深密解脫經》：

> 若一境界現前一識身起，無分別意識即共眼識一時俱生。廣慧，若二、三、四、五境界現前五識身起，無分別意識即與五識一時俱生。（大正十六 · 669上-中）

再對照玄奘《解深密經》：

> 與耳鼻舌身識俱隨行，同時同境有分別意識轉。廣慧，若於爾時一眼識轉，即於此時，唯有一分別意識，與眼識同所行轉。若於爾時二、三、四、五諸識

> 身轉，即於此時，唯有一分別意識，與五識身同所行轉。（大正十六・692中）

關注這兩段文，對於意識，菩提流支是「無分別意識即與五識一時俱生」，玄奘是「唯有一分別意識，與五識身同所行轉」，可以發現此處說的意識，一為「無分別意識」，一為「唯有一分別意識」，對於意識顯然有不同的見解。而這樣的意識與五識的關係如果是直接知覺的關係，那麼，「無分別意識」似乎沒有問題，但該如何解釋是「分別意識」？再者，就意識和五識的關係來說，「即共眼識一時俱生」、「即與五識一時俱生」、「與眼識同所行轉」、「與五識身同所行轉」，不管是「一時俱生」或「同所行轉」，似乎指出意識是與五識俱生，但是這都是要進入傳到中國的論典詮釋來看。到底意識的直接知覺認識是如勝主慧所說，是緊隨五識之後的色等剎那，或者是《解深密經》所述五俱意識，將是我們要繼續努力的目標。

# 第三章　陳那現量理論在漢傳的發展

由於玄奘法師帶回大量的梵文經論，並受到當時朝野的支持，成立譯經院，激起譯經史上的一大波瀾，促使唯識學能更全面性的發展，打開國人研究唯識的新頁。唯識在中國的發展，早在玄奘之前，傳入唯識的三性說，是由傳入世親釋《攝大乘論釋》的真諦之攝論學說傳遍全國。而能與此相媲美的，是以護法說為主，糅譯諸釋所成之『成唯識論』的四分說。

比較特別的是，將唯識從說明諸法生起的賴耶緣起，往認識論的轉移，是玄奘、窺基一系所傳的四分說。不過，此說法是護法論師的創見，是依於陳那《集量論》的三分說。但是，陳那的三分說的全貌，卻是很少提及。

職是之故，溯源找尋陳那的三分說是個重要標的。不過，雖然是引用《集量論》，但是，根據經錄，只有義淨在景雲二年（711）譯出四卷《集量論》，並且只出現在唐本《開元錄》、《貞元錄》，此後便不見於載錄。❶此論顯然已經遺失，很難得窺全貌。不過，陳那《集量論》既然沒有譯出，那麼，散落著疏作為證明的《集量論》之片段文字，是來自哪裡呢？而且窺基（632-683）的年代要比義淨本早，就已經在《成唯識論述記》卷5提到：「《集量論》說五俱意識必現量

---

❶ 只出現於《開元釋教錄》卷14：「《集量論》四卷，大唐三藏義淨譯（新編入錄）（單本）」（大正五五・637下），而且是新編入錄，但之後就不見載錄。

故」（大正四三・419下）的說明，這是玄奘譯《成唯識論》以及《佛地經論》所述❷以外，再加上《因明正理門論本》中的《集量論》的文章段落，並沒有標明是《集量論》，因此，只有一個可能，那就是在傳譯的過程中，玄奘已經教授《集量論》的說法。所以，檢列玄奘、窺基一系的唯識著疏，或許能提供此論的學說的梗概。於是，統疇於此一章，希冀對於現量理論能有全面性掌握。

承上所述，大域龍造・玄奘譯《因明正理門論本》，有比較完整保留陳那自宗之說，之所以覺得這部分是比較完整，是因為對照於奧地利維也納大學的Ernst Steinkellner教授所重建的梵文本，似乎有對應的脈絡可尋，這是線索之一。除了《因明正理門論本》之外，窺基、圓測、慧沼、智周等人的著疏亦是重要的說明，這是線索之二。不過，要配合諸論、疏的說明，將按照舊譯的語詞來進行整理、分析。

對於現量理論的掌握，主要是《成唯識論》、《因明正理門論本》，而《唯識二十論》和慧沼《大乘法苑義林章補

---

❷ 護法等造・玄奘譯《成唯識論》卷2：「如《集量論》伽他中說：『似境相所量，能取相自證，即能量及果，〔4〕此三體無別』」（大正三一・10中）〔4〕此＝彼【元】【明】。親光等造・玄奘譯《佛地經論》卷3：「《集量論》說：『諸心心法皆證自體，名為現量。若不爾者，如不曾見不應憶念。」（大正二六・303上）和「《集量論》中，辯心心法皆有三分。一、所取分，二、能取分，三、自證分。如是三分不一不異。」（大正二六・303中）。還有唐・澄觀述《大方廣佛華嚴經隨疏演義鈔》卷33〈9 光明覺品〉：「如《集量論》伽陀中說：似境相所量，一、能取相，二、自證，三、即能量及果。此三體無別。」（大正三六・252上）。

闕》卷8的「二量章」也有提到重要的陳述。所以，對於這部分的探究，主要是以《唯識二十論》和《成唯識論》、《二量章》、《因明正理門論本》為主。《唯識二十論》否定外境存在，標舉現量與現覺的不同，而且意識擔負有言詮的現覺，但是，意識也有現量。對於意識現量，《成唯識論》會有什麼令人耳目一新的說明呢？是頗受期待的。以此論為中心，就窺基、慧沼、智周等人的著疏為主要題材。慧沼在《大乘法苑義林章補闕》中，闢「二量章」來說明現量和比量，並在唯識中，定位二量。由此可以看到慧沼的年代，已經意識到二量，而且有掌握二量的相關說明之需求。因為使用出體、釋名、廢立、諸門等四項，而且在諸門項下又以六門：一、約識辨，二、約心明，三、約心所，四、約分顯，五、約分別，六、問答辨等來架構二量的理論。總此九門來看二量，不可不謂之慎重其事。不過，本論著重於現量理論的呈顯，所以，重複前述或者非現量的部分，將不羅列討論。

《集量論・現量品》的論文，在漢傳經論中，有比較完整提到的，或可說比較核心的，是玄奘譯《因明正理門論本》。按照玄奘譯《因明正理門論本》卷1所述現量，有兩段文：1.二相乃至根現量，2.意識、自證、定心等現量，幾乎是自宗說法的大要。不過，很可惜的是，窺基等人都是依商羯羅主造・玄奘譯《因明入正理論》作疏。然而，可喜的是，他們都比對《因明正理門論本》的論文來說明其要旨，所以，雖不是正面得到具體解釋，但是，也可由此有幾分掌握。

再者，在《卍新纂大日本續藏經》（略為《卍新纂續藏》，以下例同。東京：國書刊行會）❸中，智周《因明入正理論疏抄》的後半有《因明入正理論略抄》、《因明入正理論後疏》兩篇論文，後者有慈門寺沙門淨眼續撰的撰號，但前者是缺撰號。不過，武邑尚邦認為是淨眼所撰，而且在內容上，沈劍英在2007年發表的〈《因明入正理論後疏》研究（上）——淨眼論現量與比量〉，提及二疏寫卷具有互補的性質。❹亦即現量理論的說明是在《因明入正理論後疏》。而且沈劍英在〈唐淨眼因明疏抄的敦煌寫卷〉中，說「所以此寫卷產生的年代當在初唐時期，至遲當不會晚于盛唐」❺，可見淨眼的年代是更早於此。而且智周在《因明入正理論疏前記》卷3提及

---

❸ 這部新纂的藏經加入新資料：唐・淨眼撰，《因明入正理論略抄》、《因明入正理論後疏》。根據平成元年河村孝照的「新卍字續藏編後語」所述：淨眼的因明註釋書，自古即被作為佚書處理。但是，這次被日本龍谷大學教授、日本學術會議員（當時）武邑尚邦博士，在伯希和本二〇六三之一及二中所發現，而收錄於《續藏》。《略抄》，是摘錄重要問題點的問答科簡，也就是要文解釋書；《後疏》，則是揭示本文而解釋，也就是隨文解釋。後疏有「慈門寺沙門淨眼撰」之撰號，而略抄缺少第一部，因此沒有撰號的部分。但是，發現者武邑先生引用後世的文獻，加以比對，檢證出此書很明顯的是由淨眼所撰。略抄是要文解說，後疏是隨文解釋，二書雖然是各別獨立的文獻資料，但是，根據武邑先生的研究，將二者合起來，可知是「因明入正理論」全部的註釋，故這次也將之編入收錄。為方便研究者收藏，也收錄了武邑先生的註釋、附表。以上轉引自CBETA文獻資料項下：http://www.cbeta.org/data/budadata/xuzangjing_bhu.htm 。

❹ 沈劍英〈《因明入正理論後疏》研究（上）——淨眼論現量與比量〉，《正觀雜誌》43，2007，頁176。

❺ 沈劍英〈唐淨眼因明疏抄的敦煌寫卷〉，張忠義、光泉、剛曉主編《因明新論：首屆國際因明學術研討會文萃》，中國藏學出版社，2006，頁29。

兩次眼法師❻，更進一步指出在智周之前或同時代的人，亦依此確定，決不可能在智周之後。關於淨眼的著作，按照如下所列：

1.日本圓超錄《華嚴宗章疏并因明錄》卷1《華嚴宗章疏并因明錄》：「理門疏三卷（淨眼述）」（大正五五・1134下）。
2.日本藏俊撰《注進法相宗章疏》卷1：「同理門論述記一卷　泰法師；同疏二卷　圓測；同疏三卷　文軌；同疏三卷　淨眼」（大正五五・1143上）。
3.日本藏俊撰《注進法相宗章疏》卷1：「因明入正理論疏三卷（在序）　大乘基〔＊〕撰；……同論疏三卷　大莊嚴寺文軌……同論述記一卷　神泰；同論記一卷　元曉；同抄一卷　文備；同古迹一卷　太賢；……同論略纂四卷〔19〕（文中云如要釋及義決）　惠沼；同論纂要一卷　同上……同論別義抄一卷〔25〕（或直云抄）　淨眼」（大正五五・1143中-下）〔＊28-50〕〔撰〕－【甲】＊。……〔19〕〔文中…決〕九字－【甲】。……〔25〕〔或直云抄〕－【甲】。
4.日本永超集《東域傳燈目錄》卷1：「因明正理門論述記一卷（神泰亦云鈔）……同論疏二卷（圓測）；同論

❻ 智周《因明入正理論疏前記》卷3：「然有破云：此眼法師因、喻亦爾者，亦取遮，不取表，故言亦爾。此難亦非至不為定量故者，此疏主非眼法師出，此二過也。」（卍續藏經八六・968上）。

疏三卷（文軌可尋）；同論疏三卷（淨眼）」（大正五五・1159下）

5.日本永超集《東域傳燈目錄》卷1：「因明入正理論三卷（基）……同論記一卷（元曉神泰靖邁明覺三德造疏皆三藏時也云云）；同論疏一卷（淨眼玄奘門人一乘院）……同論別義鈔一卷（淨眼或直云抄）」（大正五五・1159下- 1160中）

依上所述，淨眼法師著有《因明正理門論疏》三卷，以及《因明入正理論別義抄》（或直云抄），日本永超《東域傳燈目錄》還提及《因明入正理論疏》，依此來看，淨眼法師對兩本因明論著都有作疏。不過，依據《卍新纂續藏》，目前只存《因明入正理論》的抄和疏，沒有留下《因明正理門論》的疏。因此，《因明正理門論本》只能按照《因明入正理論》的抄和疏來處理。

綜合來說，對於漢地所傳的現量理論，想透過玄奘傳入的七至八世紀的文獻，包括玄奘所譯印度典籍以及玄奘窺基一系所傳的，即以《唯識二十論》、《成唯識論》、《因明正理門論本》等為中心的相關敘述，延續梵文的處理方式，從現量離分別、五識現量、意識現量、量和果等方面來進行，掌握陳那現量理論在漢地的變化，希望能對陳那現量理論的釐清有所助益。

# 一、現量離分別

陳那定義現量是「離分別」，但是，傳入中國的量論，並不是一開始就是陳那的主張，就像窺基撰《瑜伽師地論略纂》卷6所說現量定義諸部不同：「此中非不現見等三種，名現量者。《入正理》說：此中現量，謂無分別。若有正智，於色等義，離名、種等所有分別，現現別轉，故名現量。諸部不同。此論與因明亦別，皆如彼疏。觀此文說，世間亦有清淨現量，故淨定心，亦現量攝。非要得境體，五俱意等，名現量體。」（大正四三・94下）由此看來，量論不是陳那特出。但陳那有不同以往的表現，首先，在進入五識和意現量之前，談到二量：

> 為自開悟，唯有現量及與比量。彼聲、喻等，攝在此中，故唯二量；由此能了自、共相故。非離此二，別有所量，為了知彼，更立餘量。故本頌言：『**現量除分別，餘所說因生**』，此中現量除分別者，謂若有智，於色等境，遠離一切種類、名言假立無〔3〕異諸門分別。由不共緣，現現別轉，故名現量。（大正三二・3中）〔3〕異＝量【宋】【元】【明】【宮】。

陳那立量只有現量和比量，古時或立三立四，陳那將聖教量、譬喻量等納入此中，僅立這兩種量。❼而且自、共相各是現量和比量的所量。從「現量除分別，餘所說因生」來看，現量是除分別，其他的法都是從此因生❽。就「現量除分別」是智在色等境上，離一切種類、名言，以及種種假立分別。以「不共緣，現現別轉」說名現量。而「有法非一相，根非一切行，唯內證離言，是色根境界」說明根現量。對照商羯羅主造・玄奘譯《因明入正理論》卷1：

> 復次，為自開悟，當知唯有現、比二量，此中，現量謂無分別，若有正智，於色等義，離名、種等所有分別，現現別轉，故名現量。（大正三二・12中）

現量定義為無分別，與前述「除分別」不同。歸納兩段的重

❼ 唐・窺基撰《因明入正理論疏》卷1：「諸量之中，古說或三。現量、比量及聖教量，亦名正教及至教量，或名聲量，觀可信聲而比義故。或立四量，加譬喻量，如不識野牛，言似家牛，方以喻顯故。或立五量，加義准量，謂若法無我，准知必無常。無常之法，必無我故。或立六量，加無體量。入此室中，見主不在，知所往處，如入鹿母堂不見苾芻，知所往處。陳那菩薩廢後四種，隨其所應，攝入現、比。故《理門》云：彼聲、喻等，攝在此中。由斯論主，但立二量。此上略明古今同異，別義所以。」（大正四四・95中）。此外，據戶崎宏正博士所說，推測二量的想法已見於世親的《論軌》，而陳那的功績是明確給出根據為「現量是以個別相為對象，比量是以普遍相為對象，於此之外，沒有對象，所以認識手段唯是二種」。以上引自桂紹隆1982：頁83。

❽ 大域龍造・玄奘譯《因明正理門論本》卷1：「已說現量，當說比量。餘所說因生者，謂智是前智，餘從如所說，能立因生，是緣彼義。此有二種。謂於所比審觀察智，從現量生，或比量生。及憶此因與所立宗不相離念。由是成前舉所說力念因，同品定有等故。」（大正三二・3下）。

點於下：1.量只有兩種，即現量與比量，是由自、共相來作區別。2.現量是「現量除分別」或者「現量謂無分別」。3.關於現量所離的分別是指種類、名言等分別。4.現量的定義是「由不共緣，現現別轉」，尤其是兩段文都提到「現現別轉」，是主要的線索。所以，在玄奘傳譯經論和諸註疏中，分別處理現量、離分別等主題。

## （一）現量

對於現量的定義，窺基《唯識二十論述記》提到陳那以前，都說三量，但是，對於什麼是「現量」？古來就存有異說：

> 陳那以前，古內外道，大小乘師，皆說三量。一、現量，二、比量，三、聖言量。……言現量者，諸部說異。且薩婆多，用世友說：以根名見，根體是現量，以顯現義是根義故。此能量境，故名現量，是持業釋。法救說：識名見，能量境故，識名現量，持業如前。妙音：慧名見，能量法勝，慧名現量。正量部說：心心所法，和合名見，心心所法，合名現量。經部師說：根識和合，假名為見，假能量境，假名現量。吠世史迦：德句義❾中，覺為現量。數論師說：十一根中，五根是現

❾ 慧月造・玄奘譯《勝宗十句義論》卷1：「德句義云何？謂二十四德，名德句義。何者名為二十四德？一、色，二、味，三、香，四、觸，五、數，六、量，七、別體，八、合，九、離，十、彼體，十一、此體，十二、覺，十三、樂，十四、苦，十五、欲，十六、瞋，十七、勤

量，若歸於本，自性是現量。大乘師說，根名為現，依、發、屬、助、如根五義❿，勝餘故。然是色法不能量境，唯心心所能量度故。心心所法，正是量體。依現之量，名為現量。此依士釋。若無著以前，但說二分，唯一見分，為現量體。無著以後，陳那菩薩，立三分者，見、自證〔3〕分為現量體。護法以後，見分、自證、證自證分為現量體。安慧：諸識雖皆有執，然無隨念、計度分別，明現取境，名為現量。無漏皆現量，如說善等性。小乘有五，外道有二，大乘有四，合有十一種。出現量體，廣如餘處，此略顯示。陳那以後。其〔4〕聖言量攝入此中，此體除此，外更無故，如因明疏。今者世親說有三量，故論說言一切量中，現

---

勇，十八、重體，十九、液體，二十、潤，二十一、行，二十二、法，二十三、非法，二十四、聲。如是為二十四德。」（大正五四・1263上）。

❿《成唯識論》卷5：「隨根立名具五義故，五謂依、發、屬、助、如根。」（大正三一・26上）；窺基《成唯識論述記》卷5：「論：隨根立名，具五義故。述曰：勝於境故，偏從根稱。何謂五義？論：五謂依、發、屬、助、如根。述曰：謂依於根，根之所發，屬於彼根，助於彼根，如於根故」（大正四三・416上）。唐・曇曠撰《大乘百法明門論開宗義記》卷1：「隨根立名，具五義故。五謂依、發、屬、助、如根。一、依眼之識，故名眼識，要根不壞，依眼識生。縱色現前，盲不見故。二、眼所發識，故名眼識。如病損眼，識並見黃，不由色壞，識謬見故。三、屬眼之識，故名眼識。眼識種子，隨眼種生。不隨色種，眼識生故。四、助眼之識，故名眼識。由識合根，有所領受，根有損益，非由色故。五、如眼之識，故名眼識。如根能照，定是有情，色於是中，非決定故。眼識既爾，餘識准之。隨境立名，雖順識義，但依五根未自在說。」（大正八五・1050下）。

量為勝，〔5〕取現境故，證自相故。大、小二乘，外道、內道，皆共許爾。故今總敘貶議諸量，現量勝餘。（大正四三·998下-999中）〔10〕尺＝丈【甲】。〔3〕〔分為…自證〕十三字－【甲】。〔4〕聖言＝諸【甲】。〔5〕（親）＋取【乙】。

對於現量，諸部不同，窺基介紹「小乘有五，外道有二，大乘有四，合有十一種」如下：

<table>
<tr><td>薩婆多的世友：以根名見，根體是現量，以顯現義是根義／持業釋</td><td>法救：識名見，能量境故，識是現量／持業釋</td><td>妙音：慧名見，能量法勝，是名現量／持業釋</td><td>正量部：心心法和合名見，合名現量</td><td>經部：根識和合，假名為見，假能量境，假名現量</td></tr>
<tr><td colspan="2">吠世史迦（勝論）：德句義中，覺為現量</td><td colspan="3">數論：十一根中，五根是現量，若歸於本，自性是現量</td></tr>
<tr><td>大乘師說：根名為現，依、發、屬、助、如根。心心所法，正是量體。依現之量，名為現量。此依士釋</td><td>無著以前，但說二分，唯一見分，為現量體</td><td>陳那菩薩，立三分者，見、自證分為現量體</td><td>護法以後，見分、自證、證自證分為現量體</td><td>安慧：諸識雖皆有執，然無隨念、計度分別，明現取境，名為現量</td></tr>
</table>

對於「現量」，無庸置疑，古來就有異說。見者是現量，如薩婆多是能量境義，能量者如世友主張是根體，法救是識，妙音是慧。而主張和合的，如正量部是現量＝心心所和合，經部是現量＝根識和合的假。勝論師是現量＝覺，數論師是現量＝

十一根中的五根、歸本於自性。

相對於薩婆多等主張以五種感官的見作為現量，而大乘師是根名為現，心心法是量體，依現之量名現量。既在心分，無著以前是二分，唯一見分是現量體，無著以後，陳那立三分，見分、自證為現量體，護法以後，見分、自證、證自證分為現量體；而安慧主張諸識雖皆有執，然無隨念、計度分別，明現取境，名為現量。由此看來，對於現量，有根見、和合和心分之差異。

從現量有這樣多的不同說法來看，說明大、小乘，內、外道都有注意到現量這個議題。而從現量的特點來說，或者共許的，就是在於取現境、證自相。但是，從小乘五個觀點來看，都是以持業釋居多，能量境是重點，亦即取境者如根、識、慧，而正量和經部都採用和合。而大乘是注意到現量體，就是能量度的現量體，此時才有心分說的發展。

既然現量定義諸部不同，就按照玄奘所傳譯諸論所說，整理其梗概，了解流傳到中國的現量，是如何被當時的人所了解。因此，以下將從兩方面來探查：1.玄奘傳譯論典所說的「現量」；2.「現現別轉」一詞之考察。

## 1. 玄奘傳譯論典所說的「現量」

玄奘雖然不是始傳「現量」，但是，透過傳譯論典，可以看到不同於真諦三藏（499-569）所傳譯——如德慧造・真諦譯《隨相論（解十六諦義）》卷1：「若破外道計我者。外道立我義，以四智證知有我。一、證智，二、比智，三、譬智，四、聲智。以此四智證知有我。」（大正三二・164下）；以及唐・圓測撰《解深密經疏》卷2所載：「真諦記云：夫論立義，有其三義；一者現量，二、依比量，三、聖言量。為思諸法勝義諦相，於彼思議，即是外道所說現量。」（卍續藏經三四・668中）——「現量」是屬於外道所說，真諦所傳譯的現量是不同於玄奘，可見現量理論的形成時間短。以下按照性質和種類來區分。

**（1）性質**

在玄奘傳譯的論典中，什麼情況才是「現量」呢？首先，無著造・玄奘譯《大乘阿毘達磨集論》卷7〈4 論議品〉：

> 現量者，謂自正、明了、無迷亂義；比量者，謂現餘信解；聖教量者，謂不違二量之教。（大正三一・693下）

對照安慧糅釋・玄奘譯《大乘阿毘達磨雜集論》卷16〈4 論品〉：

> 現量者，謂自正、明了、無迷亂義。「自正」義言，顯自正取義，如由眼正取色等。此言為簡世間現所得瓶等事，共許為現量所得性。由彼是假故，非現量所得。「明了」言，為簡由有障等不可得因故，不現前境。「無迷亂」言，為簡旋火為〔2〕輪、幻、陽焰等。比量者，謂現餘信解。此云何？謂除現量所得，

> 餘不現事，決定俱轉，先見成就。〔3〕今現見彼一分時，於所餘分，正信解生。謂彼於此，決定當有，由俱轉故。如遠見烟，知彼有火，是名現量為先比量。聖教量者，謂不違二量之教。此云何？謂所有教，現量、比量皆不相違，決無移轉，定可信受，故名聖教量。」（大正三一・772上）〔2〕輪＝轉【宮】。〔3〕今＝令【宋】【元】【明】【宮】。

無著《大乘阿毘達磨集論》是立三量，對於現量是定義「**自正明了，無迷亂義**」⓫，安慧對此作解，「自正」是指自己正在執取的，而不是世間共許的瓶等事，因為是假立的。「明了」是簡別不是現前的境，「無迷亂」是簡別旋火輪等虛幻不實。對於比量是「現餘信解」，透過正信解生，比量因此而生。如遠見烟來說，是現量先於比量的關係。因此，現量是指自己正在執取的現前的境，而且現量先於比量，是決定當有的關係。聖教量是「不違二量之教」，現量和比量是定可信受，所以，名聖教量。

其次，彌勒說・玄奘譯《瑜伽師地論》卷15：

> 現量者，謂有三種：一、非不現見，二、非已思應思，三、非錯亂境界。（大正三十・357上）⓬

---

⓫「自正明了，無迷亂義」的梵文是：pratyakṣaṃ sva-sat-prakāśa^abhrānto 'rthaḥ //認識對象因為認識本身存在顯現無誤，所以是現量。以上參考早島理 2003：頁924。

「非不現見」現量者，復有四種：謂諸根不壞，作意現前，相似生故，超越生故，無障礙故，非極遠故。（大正三十・357上）

「非已思應思」現量者，復有二種：一、纔取便成取所依境，二、建立境界取所依境。纔取便成取所依境者，謂若境能作，纔取便成取所依止。猶如良醫，授病者藥。色、香、味、觸，皆悉圓滿，有大勢力，成熟威德。當知此藥色、香、味、觸，纔取便成取所依止。藥之所有大勢〔1〕威德，病若未愈，名為應思。其病若愈，名為已思。如是等類，名纔取便成取所依境。建立境界取所依境者，謂若境能為建立境界取所依止，如瑜伽師於地思維水、火、風界。若住於地，思維其水，即住地想，轉作水想；若住於地，思維火、風，即住地想，轉作火、風想。此中地想，即是建立境界之取，地者即是建立境界取之所依。如住於地。住水火風。如其所應。當知亦爾。是名建立境界取所依境。此中建立境界取所依境，非已思維，非應思維。地等諸界，解若未成，名應思維；解若成就，名已思維，如是名為非已思應思現量。（大正三十・357中-下）〔1〕威＝熟【宋】【元】【明】【宮】。

---

⓬ 請參照矢板秀臣2005：頁5所說，此段梵文是HV:3.26 p.6*, 8-9: pratyakṣaṃ katamat. yad aviparokṣam anabhyūhitam anabhyūhyam avibhrāntañ ca.

> 「非錯亂境界」現量者，謂或五種或七種。五種者，謂非五種錯亂境界。何等為五？一、想錯亂，二、數錯亂，三、形錯亂，四、顯錯亂，五、業錯亂。七種者，謂非七種錯亂境界。何等為七？謂即前五，及餘二種遍行錯亂，合為七種。何等為二？一、心錯亂，二、見錯亂。（大正三十・357下）

亦即現量必須具有「非不現見」、「非已思應思」、「非錯亂境界」等三條件。《顯揚聖教論》也有類似的說法。⓭「非不現見」是指諸根正常而且專注於眼前，後述的「相似生故」等是此類的四種情況。「非已思應思」有纔取便成和建立境界兩種情形，但都是指介於已思和應思之間。一是境能作，就像藥的色香味觸具有功效，二是建立境界取所依境，就像瑜伽師住於地想，轉作水、火、風界，此中的地想就是建立境界的所依，於此有未解和解的過程。⓮「非錯亂境界」有想、數、

---

⓭ 與此相似的，有無著造・玄奘譯《顯揚聖教論》卷11〈2 攝淨義品〉：「現量者有三種相。一、非不現見相，二、非思搆所成相，三、非錯亂所見相。……」（大正三一・532上-下）。

⓮ 「解」意是按照唐・窺基《瑜伽師地論略纂》卷6的解釋：「當知此藥色、香、味、觸，纔取便成所取依止者。其能依止，謂藥威勢。此非現量威勢。所依色香味觸，任運纔取，便是所取，威勢之所依止，此為現境。能取之者，名為現量。……返顯前說纔取，便成取所依境，能緣彼心是名現量。此中建立境界，取所依境，非已思維，非應思維等者，謂外空地等。為定境本質者，是建立境界，取所依境，建立定心影像境故，此現境體。能取之心，說名現量。地等諸界。貫前方便。解若未成未來，名應思維等，非現境體，能取彼心，非定現量。返顯建立境界，取所依境，名為現境。」（大正四三・94中-下）。

形、顯、業等五種或前五加心、見二錯亂為七種的區別，和無著《大乘阿毘達磨集論》所說「自正明了，無迷亂義」，似乎有相同訴求。亦即非不現見＝自正，非已思應思＝明了，非錯亂境界＝無迷亂義。

不過，為免有所遺漏，再引述慧沼《大乘法苑義林章補闕》卷8〈二量章〉。關於現量的定義，當時的慧沼就已經整理舊譯和《因明正理門論本》的說明，而且也說出同異所在：

> 二量各三。一、尅勝且現量體，謂唯取彼遠離分別，緣於自相，諸明了智。故《理門》云：「現量」者：「謂若有智於色等境，遠離一切種類、名言假立無異諸門分別。由不共緣，現現別轉，故名現量」。《雜集》第十六云：「現量者，謂自正明了，無迷亂義」。「自正」簡離諸妄分別，謂為現量；「明了」簡離被映障⓯等；「無迷亂」簡離旋火輪等。離此不正及不明了、迷亂三緣，名為現量。《顯揚》第十一云：「現量者，有三種」。一、非不現見，即攝《雜集》明了；二、非思構所成，即攝《雜集》自正。三、非錯亂境界，即攝

⓯ 此是四種障之一，窺基撰《瑜伽師地論略纂》卷2：「四種障中，覆弊障者，屋宇等；隱沒障者，謂神通、藥草等，隱令不見；映奪障者，謂勝力映奪，即日光等，影眾星火光等；幻惑障者，謂由鬼魅等，及呪術等，諸幻惑障。」（大正四三・21上）。遁倫集撰《瑜伽論記》卷1：「覆蔽障者，屋宇等；隱沒障者，謂神通藥草等，隱令不見；映奪障者，謂勝力映奪，即日光等，映眾星等；幻惑障者，由鬼魅等，及呪術等，諸幻惑障。」（大正四二・333中）。

> 《雜集》無迷亂緣。《瑜伽》第十五，現量亦三。二名非〔巳>已〕思應思[16]，即非思構之異名也。餘二名及三義，皆同《顯揚》，三各有多，廣如彼釋。自正、明了、無迷亂義，隨應通境，及能緣心，皆名現量。今者尅勝，但取彼智。第二相從體者，即現量境，及五色根，亦名現量。《瑜伽》、《顯揚》皆云：由非不現見、非思搆所成、非錯亂所見，名為現量。……第三具攝體者，心及心所，但離於前所說分別、諸不現等，皆名現量。（卍續藏經九八·59下）

《雜集》、《顯揚》、《瑜伽》的相似說法，是不言可喻的。然而，對於現量，慧沼從三方面來綜合各經論所傳的現量：一、尅勝且現量體，二、相從體，三、具攝體。歸納如下：

1.以智取勝且為現量體：指「唯取彼遠離分別，緣於自相，諸明了智」——從這裡的說明可知，所謂現量是要符合以下的要件：1.離分別，2.緣自相，3.明了智。亦即玄奘譯《因門正理門論本》所說現量：「若有智於色等境，遠離一切種類、名言假立無異[17]諸門分別。由不

---

[16] 彌勒說·玄奘譯《瑜伽師地論》卷15：「現量者，謂有三種。一、非不現見，二、非已思應思，三、非錯亂境界。」（大正三十·357上）。

[17] 智周《因明入正理論疏前記》卷3：「名言者，謂即一切目短為長，呼青為黑等，但由名言假有詮名，以為共相，非稱實名為假立，依共相轉名為無異。」（卍續藏經八六·973上）。

共緣，現現別轉，故名現量」。

與上述不同的是，安慧糅・玄奘譯《大乘阿毘達磨雜集論》的「現量者，謂自正明了，無迷亂義」；以及與此相當的無著造・玄奘譯《顯揚聖教論》和彌勒說・玄奘譯《瑜伽師地論》的「非不現見」＝明了；「非思構所成」、「非已思應思」＝自正；「非錯亂境界」＝無迷亂等。因為按照此三點，「隨應通境，及能緣心」，都可名現量。而此處以智取勝，亦即從認知上來看，說離分別、緣自相、明了智。

2.相從有跟隨或在一起的意思，意指跟隨或與現量認知一起的現量境以及五色根，皆名現量。此處再提《瑜伽》、《顯揚》所說，可見慧沼認為二論所說是屬此類。

3.具攝心及心所，只要是離分別等，皆名現量。

慧沼對於「現量」，不僅從論典來區分，也從說為現量的關連項：境和五色根來說，甚至談到心及心所都可以是現量，只要是離分別等的條件下。與前述的非不現見＝自正，非已思應思＝明了，非錯亂境界＝無迷亂義，在含括根、境來看，似乎是相同的。尤其正在執取現前的境上，是相同的，依勝主慧的解說，陳那在這方面也應該是繼承的，但沒有接受「非錯亂境界＝無迷亂義」。

**（2）種類**

關於現量的種類，是在說明屬於現量有哪些？這應該是慧沼前述三種中的後二種，亦即根與境以及心與心所。於此，彌勒說・玄奘譯《瑜伽師地論》卷15說：

> 問：如是現量誰所有耶？答：略說四種所有。一、色根現量，二、意受現量，三、世間現量，四、清淨現量。色根現量者，謂五色根所行境界，如先所說現量體相。意受現量者，謂諸意根所行境界，如先所說現量體相。世間現量者，謂即二種總說為一世間現量。清淨現量者，謂諸所有世間現量，亦得名為清淨現量。或有清淨現量，非世間現量。謂出世智，於所行境，有知為有，無知為無，有上知有上，無上知無上，如是等類，名不共世間清淨現量。（大正三十・357下）

前述的「非不現見」等現量性質或條件是屬於四種所有：有色根、意受、世間、清淨。前兩項是如前所說三種條件，世間現量是總合色根和意受現量，清淨現量又分兩個，一是所有世間現量，二非世間現量，是出世智所行的境。亦即清淨現量含括共世間和不共世間兩個。

其次，眾賢造・玄奘譯《阿毘達磨順正理論》卷8：

> 現量有〔6〕三：依根、領納、覺了，現量性差別

> 故。……如苦受等，必為領納現量受已，方有緣彼現量覺生。如是色等，必為依根現量受已，方有緣彼現量覺生。現所逼故，定應信受。若領納受時，非緣受〔7〕為境，緣受為境時，非領納受者，世尊何故作如是言：受樂受時，如實了知受於樂受，乃至廣說。此無違失如是所說。是觀察時，非領納時。顯觀行者，於曾領納，現量所得樂等受中，無迷謬故，作如是說。是故不應於諸現量曾未受境，有現量覺。由此五識唯緣現境，必以俱生，為所緣故。（大正二九 · 374下-375上）〔6〕三＝二【宋】【元】【明】。〔7〕為＝受【宋】【元】【明】【宮】。

按照經文註解來看，這不是就現量的性質或者定義來說，而是現量種類，這裡就現量性差別說依根、領納、覺了三種。現量一定是現在所經驗的，就像苦受等是領納現量之後，才能覺受為苦等，色等也是依根現量之後，才能產生認知。後文又說「五識唯緣現境」，所以，依根是說五識現量，只是採用「依根現量」這個詞。此外，此處雖未言及覺了現量，但於卷73卻作了完整解釋：

> 然許現量總有三種：依根、領納、覺慧，別故。依根現量，謂依五根現取色等五外境界。領納現量，謂受想等心心所法，正現在前。覺慧現量，謂於諸法隨其所應，證自、共相。（大正二九 · 736上）

清楚地說明現量有三：依根、領納、覺慧。依根現量是就五根現取色等五外境來說，領納現量則是就受想等心心所法來說，特殊的是，覺慧現量是相應諸法，證自、共相。依根可說是五識現量，領納是自證現量，但是，覺慧現量有證自、共相之說，顯然不只是意現量。

再對照慧沼〈二量章〉所說：

> 又五色根，亦名現量，故《瑜伽》十五等云：如是現量，誰所有耶？略說有四。一、色根現量，謂色相，五根所行境，此明境界。能有現量，即是五根。《理門論》中，解比量〔巳>已〕云：「彼處亦應於其現因，說為現量。」現因即根、境，能生現故，皆名現量。……《瑜伽》、《顯揚》俱問云：「如是現量，誰所有耶？答：略說四種所有。一、色根現量，二、意處現量，三、世間現量，四、清淨現量。色根現量者，謂色相，五根所行境界，如前所說，現量體相。意處現量者，謂諸意根所行境界，如前所說，現量體相」。既云所行境界，明說彼境，名有現量。餘二即前，約能緣心，有世、出世，以辨於境，更無別也。問：此文總說，何以得知說心為現量？答：即彼文解「清淨現量」云：謂世間現量亦是清淨現量。有清淨現量，非世間現量。謂出世智，於所行境，不共世間，名清淨現量。明非說境，境通世間、出世間緣故，不名不共。（卍續藏經九八．59下-61上）

現量略說有四種：一、色根現量，色即色相，是五根所行境，而能有現量的是五根。為了成立「色根現量」，引用《因明正理門論本》談到比量的現因，亦即根、境，以其能生現，說為現量。又引《瑜伽》、《顯揚》，強調「境」為現量。因此，「明說彼境，名有現量」，表示色根和意根兩種現量，都是約境來說；後二種的世間和清淨現量是就能緣心來說。如何說後二是說心為現量？因為解釋清淨現量時，談到出世智於所行境，不共世間，以此境可以通世間、出世間，不會以境來說為「不共」，因此，清淨現量不是就境來說。這四種現量是依《瑜伽師地論》所說。所以《瑜伽》等論的現量，是由所行境界或能緣心兩方面來說。

除了四種現量，其實也就八識來說現量：

> 若在散位，五、八唯現，第七非二。第六通二：與五俱緣，離諸分別，即現量收。雖與五同緣，而分別取，非稱本境，即非量攝；若稱境智，即比量攝。取於假立，一因通餘，名為分別，非謂一切。作此假立，唯第六能，是故比量，唯在第六。現量通八，隨其所應，如前分別。（卍續藏經九八 · 62上）

慧沼〈二量章〉也提到五、八二識是唯現量，第七是非量，第六意識有兩種情形：一是五俱意，離分別就是現量；二是與五同緣但分別取，不稱本境就屬非量，反之，若稱境智就是比量。能作假立而成分別的，只有第六，所以，比量只在第六。

八識配三量的說法，也出現在曇曠《大乘百法明門論開宗義記》⓲卷1：

> 而能量境則有差別。謂八識量總有三種：一者現量，現謂現前，量謂量度，謂於現前明了色等，不迷亂相而得了知。離諸名言、種類分別，照鏡明白，故名現量。現即是量，持業釋也。二者比量，比謂比類，量義同前。謂於不現在前色等，而藉眾相，於所觀義，有正智生。了知有大或無常等，是名比量。比即是量，亦持業釋。三者非量，謂若有境，非可現知，明白而照，亦非眾緣而可〔1〕比度。境體實無，非可量度，於非量處而起心量，故名非量，故非六釋。然此三量皆約心論，不約境說，非能量故。故八識中，五、八二識，唯是現量。由無計度、隨念分別，但於境界任運轉故。若末那識，唯是非量，緣第八識執為我、法，於非我、法而橫計故。若第六識，通有三量，具自性等一切分別，能遍了知一切境故。故四分中，初之相分，唯是所量。後三通二，次之見分，通其三量。其後二分，唯是現量。證自體者，必現量故。此依因位八識而說，若依果位，亦有

⓲ 此本是京西明道場曇曠撰《大乘百法明門論開宗義記》的燉煌本：「〔1〕大乘百法明門論開宗義記」（大正八五‧1046上）〔1〕【原】佛蘭西國民圖書館藏燉煌本，P. 2180，【甲】大英博物館藏燉煌本，S. 1923，【乙】大英博物館藏燉煌本，S. 2651，【丙】佛蘭西國民圖書館藏燉煌本，2161，甲乙丙三本共首缺。

> 差別。謂正體智，一切現量，若後得智，亦通三量，緣自共相一切境故。（大正八五·1052中-1053上）〔1〕比＋（量）【乙】。

就能量的心來說，八識有三種量，對現量的定義是「現謂現前，量謂量度」，是「於現前明了色等，不迷亂相而得了知」——這句話是與無著的《雜集論》所說「自正明了，無迷亂義」相同。或者「現即是量」是持業釋⓳，「離諸名言、種類分別」是陳那的現量意義。不過，「照鏡明白」似乎是經常用來說明現量。最特殊的是加入「非量」——「境體實無，非可量度，於非量處而起心量」——的說明，是現、比二量之外，但慧沼沒提第三量。唐·澄觀《大方廣佛華嚴經隨疏演義鈔》卷70〈26 十地品〉：

> 前五轉識緣五塵境，是現量故。第六意識緣一切法，通三量故。第七末那緣賴耶為境，是非量故。第八賴耶緣於三境：種子、根身、器世間故，亦現量攝。廣如唯識。（大正三六·560中）

澄觀（720-840）這個說法是從八識來看，前五識以五塵為境是現量，第六意識緣一切法，是通三量，第七末那是以賴耶為

⓳ 唐·窺基撰《大乘法苑義林章》卷1：「初持業釋，亦名同依。持謂任持，業者業用，作用之義。體能持用，名持業釋。名同依者，依謂所依。二義同依一所依體，名同依釋。」（大正四五·255上）。

境，是非量；第八賴耶是緣種子、根身、器世間等三境是現量。由此來看，意識「通三量」的說法應該是晚期。智周《大乘法苑義林章決擇記》卷1也說：「即一剎那意通三量，量謂能緣識之功能。」不過，這應該是與窺基《大乘法苑義林章》卷1所說「**五俱意，義通現、比及非量攝**」有關。⑳

綜合慧沼和曇曠、澄觀有關現量種類的八識、能量三分、兩種智配三量如下：

【慧沼】

| | 現量 | 比量 | （非量） |
|---|---|---|---|
| 五識 | 唯現 | | |
| 六識通二 | 與五俱緣，離諸分別，即現量收。 | 1.若稱境智，即比量攝。<br>2.取於假立，一因通餘，名為分別。作此假立唯在第六，是故比量，唯在第六。 | 雖與五同緣，而分別取，非稱本境，即非量攝。 |
| 七識 | 非二 | | |
| 八識 | 唯現 | | |

⑳ 唐·智周撰《大乘法苑義林章決擇記》卷1：「章：五俱意至及非量〔10〕攝者。與五同時緣十八界，同緣五境，現量所收。〔11〕於眼等比量所攝，非稱境知，非量所攝。即一剎那，意通三量，量謂能緣識之功能。如一眼識尚有多能，此亦何失。然由其境明昧等致差，令意識有三量起。」（卍續藏經九八·104上）〔10〕一無攝字。〔11〕於上一有緣字。智周的說明是來自窺基《大乘法苑義林章》卷1所說「五俱意，義通現、比及非量攝」：「與五俱意所有五心，有義唯現量，作證解故。

【曇曠】【澄觀】

| | 八識 | | 能量三分 | | 兩種智 | |
|---|---|---|---|---|---|---|
| 現量 | 五、八二識（由無計度、隨念分別，但於境界任運轉故） | 意識通三量（具自性等一切分別，能遍了知一切境故） | 見分（通三量） | 自證，證自證唯是現量 | 正體智一切現量 | 後得智通三量（緣自共相一切境故） |
| 比量 | | | | | | |
| 非量 | 末那識（緣第八識執為我、法，於非我、法而橫計故） | | | | | |

由此看來，對於八識配現量的說法，是有共許的定型。此處不論非量的說法。澄觀的說法，圓測也有提過㉑，經過一百

---

陳那菩薩《集量論》說：五識俱意是現量故。設五俱時，緣十八界，亦現量攝。隨五現塵，明了取故。有義不定，性尚不同，何況現量。《集量》不說五俱之意，唯是現量，何得定判！堅執、比度既許五俱，定唯現量，於理未可，故五俱意，**義通現、比及非量攝**，通緣三世及非世境。若緣一境，與五一俱，率爾、等流定唯現量，中間三心，不與五俱，通比、非量。剎那論之，緣過去境。」（大正四五・258上）。

㉑ 圓測《解深密經疏》卷3：「有漏意識遍緣十八界，諸論皆同。（通量、非量或現或比）若〔巳>已〕轉依，亦遍緣諸法。故《唯識》（《成唯識論》）云：妙觀察智相應心品，緣一切法自相、共相，皆無障礙。（唯是現量，通真、俗智）有漏第七，唯緣第八賴耶見分，執為我、法，諸論悉同。（唯是非量）無漏末那，依唯識論，三釋不同。故彼云：平等性智相應心品。有義，但緣第八淨識，如染末那緣藏識故。有義，但緣真如為境，緣一切法平等性故。有義，遍緣真俗為境。《佛地經》說：平等性智證得十種平等性故。《莊嚴論》說：緣諸有情自他平等，隨他

多年，曇曠（774）與澄觀有同樣的說法，似乎是玄奘一系所傳，可見現量理論備受關注，業已建立其型式。

綜觀性質和種類來說，無著《大乘阿毘達磨雜集論》以來，乃至《瑜伽師地論》、《因明正理門論本》、《阿毘達磨順正理論》，傳入中國有三個系統：

1.無著、彌勒所傳「自正明了無迷亂義」、「非不現見、非已思應思、非錯亂境界」等，是著重根、境的認識；是色根、意受、世間、清淨等四種現量所有，前二是約境，後二是就能緣心。
2.陳那《因明正理門論本》所傳：離分別，緣自相，諸明了智，而具攝心心所。
3.眾賢《阿毘達磨順正理論》是按照現量性差別，區分依根、領納、覺慧等現量。

不過，就八識配三量來看，對於意識，慧沼認為第六通二：1.與五俱緣，離諸分別，屬現量，2.與五同緣而分別取，不稱本境，屬非量；若稱境智，即比量攝。曇曠也是主張第六識通三量，窺基「五俱意，義通現、比及非量攝」、智周「一剎那意通三量，量謂能緣識之功能」都有相同的主張。似乎對於五俱意的現量留有想像的空間。

---

勝解，示現無邊佛影像故。（唯是現量通真俗智）」（卍續藏經三四·722上-下）。

如此看來，陳那在現量種類中，五識和領納現量是繼承舊說，依勝主慧之說，似乎取五根為所依。而意現量有約境來說，有以離分別來區別與五同緣但分別取的意識，這點是窺基、慧沼、智周共同看法。

## 2.「現現別轉」一詞之考察

整理上述各論所述現量之後，對於現量的詞義，有直接對於「現量」一詞的解明，還有，就是給出「現現別轉」這一個詞義。前者如慧沼〈二量章〉以離合釋來說：

> 言現量者，先離後合。離者：現謂明顯；若境若心，俱悉明顯。明離分別、思搆、錯亂，顯離映障。量謂量度，能緣之心，及所度境，俱名為量。此離釋〔巳>已〕。合釋者：若境名現，心名為量，即現之量，名為現量，依主釋也，此境心合目。若心名現量者，現體即量，以能量心，離諸分別，非或翳等之所覆障，名之為現，能知於境，名之為量，持業釋也。境名現量者，境體名現，心名為量。現體非量，有彼量故，或現屬心，境體非現，亦不名量，如無常等。用彼現心，而為量故，名為現量，俱有財釋。（卍續藏經九八 · 60下）

慧沼從離合釋來解「現量」一詞，就離釋來說，「現」是明顯，不管是境或心，都是明顯，以此遮除分別、構想、錯亂，

「量」是量度，包括能緣心和所度境。就合釋現量來說：

1.若境名現，心名為量，即現之量名為現量，是依主釋。是就心與境合說來看。
2.若心名現量，現體就是量，以能量心離分別或不被翳所障名為現，而能知境名為量，是持業釋。
3.若境名現量，境體名現，心名為量，用現心為量，是有財釋。

以離合釋來解現量來看，慧沼是將現量置於心境合、心、境等三方面來看，甚至四種現量，他也是涇渭分明的從境、心來分類。

相對於此，兩本因明都提到「現現別轉」，不同在於陳那造《因明正理門論本》有前置「由不共緣」來說現量：

> 《因明正理門論本》卷1：此中，現量除分別者，謂若有智，於色等境，遠離一切種類、名言假立無〔3〕異諸門分別，由不共緣，現現別轉，故名現量。（大正三二・3中）〔3〕異＝量【宋】【元】【明】【宮】。
>
> 《因明入正理論》卷1：此中，現量謂無分別，若有正智，於色等義，離名、種等所有分別，現現別轉，故名現量。（大正三二・12中）

一如上述，二論確實有別，《因明正理門論本》多了「由不共緣」，這是現量的依主釋，對照梵文PSV1.4ab如下：

atha kasmād dvayādhīnāyām utpattau pratyakṣam ucyate na prativiṣayam.
那麼，諸二法依止的生起中，為什麼只說依根而不是依對象呢？
**asādhāraṇahetutvād akṣais tad vyapadiśyate / 4ab**
由於是不共因故，認識按照感官定名。
na tu viṣayai rūpādibhiḥ.
而不是按照顏色等認識對象〔來定名〕。
tathā hi viṣayā manovijñānānyasantānikavijñānasādhāraṇāḥ.
換言之，所有對象對於意識及他人心續的認識而言是相同的。
**asādhāraṇe**na ca vyapadeśo dṛṣṭo yathā bherīśabdo yavāṅkura iti.
而且定名就是按照**不共**所見，如同鼓聲、麥芽。
tasmād upapannam etat pratyakṣaṃ kalpanāpoḍham.
因此，獲得這個直接知覺是離概念構想。

透過「由不共緣」來找出「現現別轉」，應該就是 "**asādhāraṇahetutvād akṣais tad vyapadiśyate** / 4ab"。[22]從引

[22] 桂紹隆也提到：pratyakṣa的語源解釋中的「由不共緣」，若論梵語是被設

出這句頌文的前句長行，可以看到認知是來自於兩種根據，而不是認識對象。還有，識是依根立名，理由是「由不共緣，現現別轉」，亦即「由於是不共因故，它分別被諸感官定名」。**"akṣais"** 是感官的複數，應該就是「五根非一」。而後述長行的「而不是經由色等所行境」，正是凸顯此不共所指正是五種感官的五根。尤其以鼓聲、麥芽來說明，是由於所依這樣的不共因素，來為識定名。但是，此句話的重點是在於定名是由於不共所見，並不是說現量之解讀，雖然末句也指出現量是「離概念構想」。不過，「由不共緣」這樣的前置詞有什麼意義呢？根據窺基《因明入正理論疏》卷3：

> 論：現現別轉，故名現量。
>
> 述曰：此顯名也。此四類心，或唯五識現體非一，名為現現。各附境體，離貫通緣，名為別轉。由此現現，各各別緣，故名現量。故者，結上所以，是名現量，顯其名矣。……依《理門論》云：「由不共緣，現現別轉，故名現量。」五根各各明照自境，名之為現。識依於此，名為現現，各別取境，名為別轉。境各別故，名不共緣。若爾，互用豈亦別緣？答：依未自在，且作是說。若〔9〕依前解，即無此妨。或現之量，五根非一名現現，識名為量，現唯屬根，准《理

想為 'asādhāraṇahetutvāt' 如服部〔17〕1.33所指，是溯源於阿毘達磨的感官知的語義解釋，「緣」是意味原因，絕不是意味對象等。（Cf. 宇井〔3〕693、戶崎 p.104下）以上參見桂紹隆 1982：頁85。

門》釋，理則無違。若通明四，意根非現，又闕其識自體現名。但隨所應，依主、持業二種釋也。（大正四四・139下）〔9〕依＝作ィ【原】。

「現現」是指四類心，或者五識現體非一。㉓由此表示這個詞有兩種解，即要不是指四類心，就是五根、五識，也因此影響「別轉」的意思：

1.四類心：「別轉」是各附境體，離貫通緣。㉔

2.五識：五識現體非一名現現。由此現現各各別緣，故名現量。

3.五根：舉《理門論》所說，是五根各各明照自境名現，識依於此，名為現現。或以依主釋說「現之量」，五根非一，名現現，識名為量，現唯屬根。但只適合《因明正理門論本》而不能通說四類心。因為意根非現又缺其識自體現名。由於現現是各各別緣其境，所以，名為現量。各別取境，名為別轉，由於境各別，所以，名不共緣。

---

㉓ 智周《因明入正理論疏前記》卷3：「此四類心者，此意即此一段論文，即含四類，此一解也。疏：或唯五識，現體非一，名為現現，是第二解也。」（卍續藏經八六・974下）。

㉔ 窺基《因明入正理論疏》卷3：「問：別明於五。五根非一，各現取境，可名現現別轉。餘三如何名現別轉？答：各附體緣，不貫多法，名為別轉。」（大正四四・139中）；智周《因明入正理論疏前記》卷3：「各附體緣者，即總答前四類，各各附當體緣也。後三非一，得名現現名，附體名為別轉。」（卍續藏經八六・974上）。

綜合三者，「別轉」有各附境體或者各別取境的意思，「現現」是四類心或者五根、識。再者，按照依主釋的解法，雖可以解五根等，但無法解意根；最後，對於「現現別轉」這個議題，如果配合漢傳原文，可區分為二：1.五根：前置「由不共緣」，2.四類心：缺前置。首先，「現現」若指五根，根據《因明正理門論本》，就是前置「由不共緣」，智周《因明入正理論疏前記》卷3說：

> 《理門》由不共緣至名不共緣者，此意五根各各明照自境名為現，識依此上，名為現現，此上意識、根俱名現，五根各取境不同，即名別轉。眼緣色，耳緣聲，由此名不共緣。若爾，互用豈亦別緣成難也。……若依前解，即無此妨者，即前四類心是也，即此四類心，各各緣境，附自境體，亦得名為別轉也，即無此妨者，若〔2〕作四類心外，即無此妨。若依前解以下，疏文顯此兩解：依《理門》即互用妨，若通取四種，即無互妨；若取根名現，識名量，《理門》為勝。或現之量者，此即根名現，識名量，現家之量即依主釋也。
>
> 准《理門》至無違者，由《理門論》中，由不共緣等文，但明五識、五根，即此依主釋，亦明五根一等，故不違彼論文也。今觀此文意五十，通依主、持業兩釋。意識唯持業，無依主，且五識持業者，五識證現境故，名之為現，現十非一名為現現，現即是量，

故名持業釋也。意釋亦爾，證現境故名現，現即是量，名為現量，亦持業也。為意根非現門，依主釋，意根非現者，由四種中，第二即是五俱意識，若意名量，不可一法名現名量，其自證是量，亦闕其現故，前解有過。《理門》即無違意根非現者，若等無間名意根，根非現也。又闕其識自體現名者，若第七為意根，七乃非量，云何名現量？審又闕其識者，即此第七識體，即非量接故言。（卍續藏經八六·974下-975中）〔2〕作一作除。

依上所述，表列如下：

【智周】

| |
|---|
| ◎**由不共緣，現現別轉：**指五識、五根；五根各照自境名現，識依此上名現現，五根各取境不同，是不共緣，名為別轉。<br>·**難：**若以根為現，有六根互用妨<br>➢**依主釋：**取根名現，識名量，或現之量。<br>➢**持業釋：**五識證現境名現，現即是量，名為現量。 |
| ◎**現現別轉（缺前置）：**四類心；各各緣境，附自境體，名為別轉。<br>·**無此難：**無互用妨<br>➢**持業釋：**意識只有持業釋，無依主釋。<br>1.意根非現：五俱意識，不可於意名現又名量；等無間名意根，根非現。而自證是量，亦缺其現。<br>2.缺識自體：若第七為意根，但為非量。 |

《理門論》對於「現現別轉」的解釋——「五根各各明照自境名為現，識依此上，名為現現，此上意識、根俱名現，五根各

取境不同，即名別轉。」——會產生的妨難，是以根為現的說法，會有六根互用者，也是別轉的問題。而「若依前解，即無此妨」即說明按照《理門論》就有互用妨，若是四類心，即無此妨。因為四類心各各緣境，附自境體，亦可名為別轉。又從依主釋和持業釋來說，《理門論》是就五識、五根來說，說現之量是依主釋，根名現，識名量；又可用持業釋——證現境故名現，現即是量，名為現量——來說明五根、五識或意識。不過，意識只有持業釋，因為五俱意識、自證都是量而非現；或者等無間是意根但非現；若第七是意根，第七乃非量，都不能採用依主釋。

其次，淨眼《因明入正理論後疏》也提到「現現別轉」有三種說法：

> 言現量者，《理門論》及《入正理論》皆云：「現現別轉，故名現量」，諸大德等略有三釋。
>
> 一云：同時心王及心所法，各自現影不同，故言現現別轉。此釋恐不當。其理先釋現量名，心不得該於比量。其比量上，亦有同時心王、心所，各自現影別轉之義，故知此解不當也。
>
> 一云：五識依現在根，量度五塵等，故言現現別轉，此即依現之量，名為現量，即依仕釋也，此亦不當理。此釋亦該於比量，具如意識，起比量時，亦依現在末那為根，應名現量。若依小乘，可作是釋，以彼唯依過去意根。若爾，大乘意識，亦通依過去意根，

何故唯約末那而生此難？若爾，五識亦依過去意根，應不名為依現之量。若言五識，雖依過去，而就不共五根為名故依現者，亦應意識畢竟不得名為現量。（宗）以依意根故。（因）諸依意根者，皆非現量，猶如比量。（同喻）是故不得以依現故，名為現量。故此解不當也。

一云：現在五識，量現五塵，故言現現別轉，名為現量。此即現是量，名為現量，即持業釋也。此釋亦不當理，該比量故。意識比知烟下火時，豈非現在？此亦應名現即是量，故此解亦不當理也。

今解云：色等諸法一一自相，不為共相之所覆故，各各顯現，故名現現。五識等識，於顯現境各別轉，故言現現別轉。此即量現之量，故名現量，此即依仕釋也。又釋：現量之心，取二境，分明顯現，勝過比量，故稱現現別轉也。此現即是量，故名現量，此即持業釋也。此別轉言，且據散說。若約定論，總緣亦得，此如後說。（卍新纂續藏五三 · 897上-中）

現現別轉有三種釋，但是，都會涉及比量：

1.同時產生的心王及心所，各自現影別轉。淨眼對此解，認為比量也會有這種情況，這樣會失去現量的不共之處，所以不妥當。
2.五識依現在根來量度五塵，這是依現之量，是依主釋。

不過，淨眼認為此解也涵蓋比量，就像意識起比量時，也依現在末那為根，此時是不是也應是現量呢？這裡提到若是小乘採用過去意根，就可作此釋。不過，這也會被置疑為什麼過去意根可以，而末那作為根不行？況且五識亦是依過去意根，如此就不能說是依現之量。不過，最後也挑明說：如果五識現量是以不共五根來說，那麼，意識不得為現量，因為依意根的都不是現量。所以，依現在根來說現量，也是不妥當的。

3.現在五識量度現前的五塵，這是即現是量，是持業釋。淨眼認為即現之義，會連意識比度烟是火時，亦是現在，也會歸於現量。所以，也是不妥當。

上述2和3都是從五根、識的依主釋和持業釋來說，但是，意現量就無法從根屬現的依主釋來說，也不能是識取境的即現是量的持業釋來解，因為會連意識比度烟為火都是現量。所以，淨眼以例同比量來否定上述三說，提出自解：

【淨眼】

| 1.就色等自相是各各顯現來說，是名現現；五識等於顯現境各別運轉，所以說現現別轉。這是量現之量，所以名現量，是按照依主釋。 |
|---|
| 2.現量之心取二境分明顯現，勝過比量，所以稱現現別轉。這個現即是量，是持業釋。 |

如此看來，淨眼就五識於色等自相的顯現境各別運轉，和取二境分明，來說現現別轉。完全是在識的顯現上來說，是近於PSV的五識之直接知覺和雙重行相。不過，以根為現，或者五

識緣境是大部分所傳。如藏俊（1104-1180）《因明大疏抄》記載與淨眼大約同期的文軌，對於現現別轉也有二釋：

> 文軌疏三云：「五根照境分明，名之為『現』；五根非一，故云『現現』；別依五現根，別生五識，故云『別轉』。此五識心、心所是現量體，依現根起，現之量故，名為現量，此依主釋也」。此即約五識釋現量名。……
>
> 又釋：「五識照境明白，名之為『現』；五識非一，故云『現現』；五識各緣自境而起，故云『別轉』。現即是量，名為現量，此持業釋也。」此釋則通一切現量，以同緣意識及定心等照境分明，皆名為現，現即是量名現量。（大正六八 · 762中）

若從「五識心、心所是現量體」和「別轉」的解釋來看，是屬於淨眼所說的第1種。很工整的解釋，五根照境或五識照境名為「現」，就非一來說「現現」，依五現根生五識或者五識各緣自境而起為「別轉」。只是現量一詞，不管是依主釋或持業釋，似乎都是就五識來說。很特別的是文軌的兩釋，前說是「此即約五識釋現量名」，後說是「此釋則通一切現量」，可見對於「現現別轉」就有兩解，亦即窺基和智周所說五根、識和四類心之區別，而現量有依主釋、持業釋，並且五識具兩釋，而意識只有持業釋。

最後，善珠（724-797）《因明論疏明燈鈔》解釋窺基所說，有四說：

> 文：論現現別至文巧略也者，下有四說。此初二說也。此四類心者，是第一說也。此說意云：「論云：若有正智，於色等義，離名種等，所有分別，現現別轉，故名現量。」此一段文，具含四類，故云：「此四類心」。即為第一解也。其四類心，離諸分別，名現量者，上廣說已，故今略舉，故云：「此四類心也。」此四類心者，第一說也。
>
> 或唯五識者，第二說也。二說同解云：「現行心識，其體非一，名為現現。即此心體，隨緣現起，各附境體，親明而取，離貫通緣，名為別轉。且如眼識緣現見青，不知此青，是不現青相似共相。故云：『離貫通緣』也。」此與軌師第二解同也。故彼文云：「又釋：五識照境明白，名之為現，五識非一，故云現現。五識各緣自境而起，故云別轉。現即是量，名為現量，此持業釋也。」此釋則通一切現量，以同緣意識，及定心等，照境分明，皆名為現，現即是量，名為現量。已上，文稍似別，義旨一也。（大正六八·421下-422上）

第一說是四類心：一、五識身，二、五俱意，三、諸自證，四、修定者等。又指此是商羯羅主《因明入正理論》所說——「論云：若有正智，於色等義，離名種等，所有分別，現現別轉，故名現量。」——是缺「由不共緣」在前的「現現別轉」。第二說是五識，現行心識，其體非一，所以名「現現」；「別轉」是指此心體各附境體，親明而取，是不以共相見的——如眼識緣現見青，不知此青，是不現青相似共相——「離貫通緣」。也就是不會安立名稱。而說此與文軌第二解相同，而且文軌的解釋是通一切現量，因為都是「照境分明，皆名為現，現即是量，名為現量」，就是持業釋。接著，第三說如下：

> 文：或是與故至即無此妨者，第三說也。《理門論》云：由不共緣等者，西明三說。一云：不共別依為增上緣，能生現量，眼等五識，名不共緣。二云：五識各緣自境，名不共緣。三云：現量五識，不緣共相、種類等相，名不共緣。今疏主意同第二說。五根各各明照自境名之為現等者，此第二說同備師說。故彼文云：五根明對諸境，名之為現。五識生時，各依自根而取自境故，明現現別轉。若爾，互用等者：若境各別故，名不共緣者，諸根互用，豈亦別緣？諸根互用有其二解，如《樞要》說。前解中無不共緣言，故無此妨。
>
> 文：或現之量至二種釋也者，第四說也。即同軌師第一說也。故彼文云：「五根照境分明，名之為現，五根非一，故云現現。依五現根，別生五識，故云別轉。此五識心心所，是現量體，依現根起。現之量故，名為現量，此依主釋。」此即唯約五識釋現量

> 名，以同緣意識，及定心等，雖依第七末那別起，然末那顛倒，取境不明，不得名現。其第八識，照境雖明，得名為現。然能依七識，或量非量。又七、八識，不共許故，故此釋中，但據五識。已上現唯屬根等者，顯依主釋也。准《理門》釋理，則無違者，此第三說順《理門》旨。彼論既云：「是色根境界」，依根照境，識方得起。根為所依，識得生故。故現屬根，量是識也。現之量故，依主釋也。又由不共緣者，明五根、五識各相依起，各緣自境。此第三說亦同彼論，理則無違。若通明四，意根非現者，若通明四類，第二類同緣意識之所依根，非是現故，不得說言：現之量故，依主釋。所以爾者，若前滅意名意根者，非照境故，不得名現。若第七意名意根者，是顛倒故，亦非現也。又闕其識自體現名者，若現屬根，第三類諸自證分，無別所依根，不得說言現之量故，依主釋也，故云：又闕其識自體現名也。識自體分、識自證分，一體異名也。（大正六八．422上-中）

相對於前述，第三說這裡涉及「由不共緣」，於此，提及西明有三說：1. 不共別依為增上緣，能生現量，眼等五識，名不共緣。2. 五識各緣自境，名不共緣。3. 現量五識，不緣共相、種類等相，名不共緣。此中，疏主亦即窺基和文備同樣主張第二說，亦即「五根各各明照自境名之為現」、「五根明對諸境，名之為現。五識生時，各依自根而取自境故，明現現別轉」。

不過，由於加入這個「由不共緣」條件，會被置疑：若主張境各別，就是不共緣的話，諸根互用就會被納入不共緣。反之，沒有「由不共緣」這個條件，就不會有這個問題。這點智周在前文就提過了。

第四說是與文軌的第一說同，只約五識釋現量，因為同緣意識和定心，雖依第七末那，但是，第七取境不明，不能名現，第八識雖可名現，但能依七識或量非量，再加上第七、第八不是共許，所以，只就五識。此說是「現唯屬根等」的依主釋。和《理門論》相同，但是，此「現屬根」之說，無法通明四種現量，因為同緣意識的所依根不是現，因為意根若是無間滅意，不能照境，不得名現；若是第七意，則是顛倒，所以，也非現。再加上第三諸自證，是識自體顯現，沒有別的所依根，就沒有依主釋的現之量，就無法得到現名。所以，依主釋的現屬根這個條件只就五識，不能通所有現量。——這裡清楚解釋意識為什麼無法使用依主釋，關鍵在於「意根」要指什麼？既然無法指定，也就無法把「現屬根」植入現量作為定義。將此四說羅列於下：

| 第一說：<br>四類心；離諸分別，名為現量。 |
|---|
| 第二說：<br>唯五識；「現行心識，其體非一，名為現現。即此心體，隨緣現起，各附境體，親明而取，離貫通緣，名為別轉。且如眼識緣現見青，不知此青，是不現青相似共相。故云：『離貫通緣』也。」與文軌第二解同，通一切現量，屬持業釋，因同緣意識及定心等，照境分明，名為現，現即是量，名現量。 |

| 第三說： |
| --- |
| 解《理門論》的不共緣等，西明三說。疏主意同西明的第二說，即五根各各明明自境，名為現，五識生時，各依自根而取自境。此說與文備相同。又解互用妨：若境各別是所謂「名不共緣」，那麼，諸根互用時，是不是也屬別緣。 |
| 第四說： |
| 與文軌第一說相同。五根照境分明，名為現，五根非一，名現現，五現根別生五識，名別轉。五識心心所是現量體，依現根起，以現屬根的依主釋。由不共緣是就五根、識各相依起，各緣自境，而此不能通明四類，因為意根非現，就同緣意識的所依根，或者前滅意，或者第七意都是非現。而諸自證分是識自體顯現，沒有別的所依根。 |

因此，前置「由不共緣」是就五根、識，屬依主釋；而缺此前置是通明四類，屬持業釋。不過，為什麼「現現別轉」會有不共緣與否的不同？智周解釋窺基所述「文同《理門》，義何妨別」㉕於智周《因明入正理論疏前記》卷3說：

> 文同《理門》，義何妨別者，即彼《理門》云：「現現別轉，名為現量」，此意但約五識作，今此論中，各別取境者，即前四類。何者？是一、五識，二、五俱意，三、自證，四、定心，明此四類，各各自證境，故言義別，現現別轉者，此文即同，故文同義別。〔1〕若依初解，即無此妨者，若依初，但約五

㉕ 窺基《因明入正理論疏》卷3：「問：別明於五，五根非一，各現取境，可名現現別轉。餘三如何名現別轉？答：各附體緣，不貫多法，名為別轉。文同理門，義何妨〔8〕別」（大正四四・139中）〔8〕別＋（耶）ィ【原】。

識解，即無此問妨成。此四類心者，此意即此一段論文，即含四類，此一解也。疏或唯五識，現體非一，名為現現，是第二解也。

各附境體至名現量者，通釋上二解也。今五根名現，顯現非現量名現，現量唯心，非根有量也，即此上解，且約五識名顯現。（卍續藏經八六·974下）

〔1〕若依初解即無此妨者無疏亦依新疏乎。

這是同於前述善珠的前二說，亦即「現現別轉」，在《理門論》是約五識，而《入正理論》是約四類心各別取境，各各自證境，所以是「義別」。「若依初解，即無此妨」是約五識亦即按照《理門論》，就不會有問題。總說「現現」有兩解，一是約四類心，二是約五識。

綜合淨眼之外的現現別轉的諸說，依1.四類心，2.五識，3.五根來看其異同：

| | 窺基 | 智周 | 文軌 | 善珠 |
|---|---|---|---|---|
| 現現 | 1.四類心<br>2.五識現體非一名現現。由此現現各各別緣，故名現量。 | 1.四類心：無互用妨。<br>2.由不共緣，現現別轉：同左2、3。<br>3.通依主、持業兩釋。五識證現境故，名之為現，現十非一名為現現，現即是量，故名持業釋。意識唯持 | 1.五識照境明白名現，五識非一名現現；現即是量，名為現量，持業釋。此通一切現量，因為同緣意識及定心等照境分明名為 | 1.四類心，離諸分別，名現量。<br>2.五識，現行心識，其體非一，名為現現。同左文軌1.。<br>3.不共緣等：(1)五識各緣自境名不共緣。(2)五根各各明照自境 |

| | 窺基 | 智周 | 文軌 | 善珠 |
|---|---|---|---|---|
| 現現 | 3.《理門論》：五根各各明照自境名現，識依於此，名為現現。 | 業，證現境故名現，現即是量，名為現量。 | 現，現即是量名現量。<br>2.五根照境分明為現，五根非一名現現。五識心心所是現量體，依現根起，現之量名現量，依主釋。 | 名現，同文備所說，五根明對諸境名現，五識生，各依自根而取自境，故明現現別轉。順《理門論》。<br>4.或現之量…：同左文軌2.唯約五識釋現量名。 |
| 別轉 | 1.各附境體，離貫通緣。<br>2.各別取境名為別轉。境各別名不共緣。 | 1.同左。各各緣境，附自境體，名為別轉。意識只有持業釋。因為意根非現又缺識自體。<br>2.識、根俱名現，五根各取境不同，即名別轉。 | 1.五識各緣自境而起，名別轉。<br>2.別依五現根，別生五識，名別轉。 | 2.即此心體，隨緣現起，各附境體，親明而取，離貫通緣，名為別轉。此與左文軌1.同。 |
| 意根問題 | 或以依主釋說「現之量」，五根非一，名現現，識名為量，現唯屬根。但此不能通說四類心，因為意根非現又缺其識自體現名。 | 意根非現，四種中第二是五俱意識，若意名量，不可一法名現名量；自證是量亦闕現。若等無間名意根，根非現；又第七為意根，第七非量，所以，意識無法以依主釋來說現量。 | | 因為同緣意識及定心等，雖依第七末那，但第七取境不明，不得名現。第八照境雖明，得名為現，但能依七識或量非量。又七、八識不共許故。因此，現屬根的依主釋只有五識。<br>同緣意識之所依根非現。因為若前滅意名意根，非照境 |

| | 窺基 | 智周 | 文軌 | 善珠 |
|---|---|---|---|---|
| 意根問題 | | | | 不名現；若第七名意根，是顛倒亦非現。而「又闕其識自體現名者」是指若現屬根，諸自證分，無別所依根，不說現之量的依主釋。此識自體、證自證分是一體異名。 |

綜合言之，窺基等人對於「現現」有兩解，第一解是指四類心：五識身、五俱意、諸自證、修定；「別轉」是各各緣境，附自境體，離貫通緣。第二解舉《理門論》所說，是「五根各各明照自境，名之為現。識依於此，名為現現，各別取境，名為別轉」。或是五識現體非一，五根各各明照自境，名為「現」，識又依於此，名為「現現」，各別取境，名為「別轉」。而且，前置「由不共緣」是就五識的依主釋來說，這是《因明正理門論本》所說。而缺「由不共緣」的是就四類心，亦即是就五識的持業釋通所有現量，這是《因明入正理論》所說。

不過，巧合的是第二章第三節意的直接知覺（頁120）最後有提到——「脫離分別想像」的兩個詞“a-vikalpaka”和“nir-vikalpa”當中，前詞通於四種限量，而後詞只用於五識——這點和「現現」有兩種解，似乎有關。

又從六離合釋來看，現量有兩釋，一是「現之量」的依主釋，五根非一，所以名現現，識名為量，現只屬根，但是，此說會有六根互用也是別轉的問題。二是持業釋，是通五根、識和意識，證現境故名現，現即是量，名為現量，因為五俱意識、自證都是量而非現。而不管第七是意根或前滅意都不可以採用依主釋，因為第七取境不明，或量非量。而由於境各別，所以說「由不共緣」。

不同上述的淨眼，是不涉及根，而從「相」來說，近於陳那之說，同樣從依主釋、持業釋來思考並提出：一、就色等自相是各各顯現來說，是名現現；五識等於顯現境各別運轉，所以說「現現別轉」。這是量現之量，所以名現量，是按照依主釋。二、現量之心取二境分明顯現，這個現即是量，是持業釋。

## （二）離分別

既然是談「離分別」，就已經是在陳那的現量理論範圍內來談，此詞或有「除分別」，甚至以「無分別」來指稱。要了解什麼情況是這樣的指稱，就不能離開其所緣來談，[26]如《解深密經疏》卷3：

> 廣慧！若諸菩薩於內各別，如實不見阿陀那，不見阿陀那識，不見阿賴耶，不見阿賴耶識，不見積集，不見心。釋曰。……又解云：於內各別者，內謂真如諸法自體，故名為內。各別者，隨詮顯真，名為各別。

[26] 這雖是透過認知關係來想像，不過，何建興〈陳那論感官知覺及其對象〉一文也圍繞在離分別和自相的問題，所以，將離分別和自相置於此項來探討，此中關係理應相距不遠。

> 此意說地上菩薩，依勝義諦，由根本智，於內各別。由證真如境上，如實不見阿陀那用，如實不見阿陀那體。賴耶及心體用差別，准此應知。又解云：於內各別者，阿陀那等諸法體上，皆有自共相道理。於中自相，現量境故，名之為內。諸法自相，各附自體，名為各別。是故《雜集》第一云：「自內所受是知義」。此即現量知自相義。又《瑜伽》第二，復作此言：「依知言說者，謂各別於內所受所證所觸所得，由此因緣，為他宣說」，若依此釋，正體、後得，皆是現量，如實了知陀那自相，離諸分別，故名不見，非無分別乃名不見。（卍續藏經三四 · 739上-下）

這裡是《解深密經》中，最後的經文「不見阿陀那……」的解法。此中關係句應該是在「於內各別」上，圓測在第二解上，採用自、共相來說，諸法自相，各附自體，名為各別。而且「各附自體」所指是「境體」的話，就是「現現別轉」中的「別轉」之意，是文軌和善珠所說，五識各緣自境而起。對於窺基和智周來說，亦是共通於五識和四類心。又依《雜集論》、《瑜伽師地論》來看此「內」所受的知，不管是根本智、後得智都是現量，按照現量的自相是離諸分別，所以，說為「不見」，並不是「無分別乃名不見」。淨眼《因明入正理論後疏》也說：

> 二、率爾五識同緣意識，及第八識，亦離名等，一心有

> 分別故。《理門》〔26〕云：「意地亦有離諸分別，唯證行轉」。三、一切自證分，四者，一切定心，名離分別故。理門論〔27〕云：「又於貪等諸自證分，諸修定者，離分別，皆是現量。」此顯分別之心，猶如動水增減所緣，不名現量無分別心，譬於明鏡稱可所取，故名現量。（卍新纂續藏五三・900中）〔26〕《因明正理門論》意識ノ現量ヲ示ス。—mānasaṁ cārtha-rāgādi-svasaṁvittir akal-pikā.。〔27〕貪等ノ自証ノ現量，修定者ノ現量ヲ示ス。《正理門論》ノ本文。

率爾五識同緣意識、第八識，一切自證分、一切定心都是離分別，相對於分別心是如動水，而說現量無分別心，是譬如明鏡顯現其可取的像。由此可見，現量是離分別而不是無分別。因此，從兩方面來分別探討：1.因明論疏中的「離分別」，2.自相和共相。

### 1. 因明論疏中的「離分別」

按照兩本因明論所述——「此中現量除分別者，謂若有智，於色等境，遠離一切種類、名言假立無異諸門分別」，「現量謂無分別，若有正智，於色等義，離名、種等所有分別」——關於現量所離的分別是指種類、名言等分別。換句話說，這是現量所要遮除的。不過，窺基《因明入正理論疏》卷3提到：

> 若有正智，簡彼邪智。謂患翳目，見於毛輪、第二月等。雖離名、種等所有分別，而非現量。故《雜集》云：「現量者，自正明了，無迷亂義」。此中正智，即彼無迷亂，離旋火輪等。於色等義者，此定境也。言色等者，等取香等，義謂境義，離諸映障，即當《雜集》明了。雖文不顯，義必如是。不爾，簡略過失不盡，如智不邪，亦無分別，緣彼障境，應名現量故。（大正四四・139上）

雖然現量離分別，但像有翳病的眼睛，見到毛輪、第二月，離名、種等分別，也不是現量。按照窺基，「正智」二字是簡除患翳目的邪智，也就是《雜集》的無迷亂意。而這也是二本因明不同之處，因為陳那是「若有智」，而商羯羅主是「若有正智」，顯然是含容《雜集》之「無迷亂義」說。其次，窺基《因明入正理論疏》卷3也提到名、種等所有分別：

> 論：離名、種等所有分別。
>
> 述曰：此所離也。謂有於前色等境上，雖無映障，若有名、種等諸門分別，亦非現量，故須離此名言分別、種類分別，等取諸門分別。故《理門論》云：「遠離一切種類、名言假立無異諸門分別」。言種類者，即勝論師大有、同異，及數論師所立三德等；名言即目短為長等，皆非稱實，名為假立。一依共相轉，名為無異，諸門六句，常無常等。或離一切種類名言，名言非一，故

> 名種類。依此名言，假立一法，貫通諸法，名為無異。遍宗、定有、異遍無等㉗，名為諸門；或可諸門即諸外道所有橫計，安立諸法，名為諸門，計非一故，此即簡〔7〕非。若唯簡外及假名言，不簡比量心之所緣，過亦不盡。故須離此所有分別，方為現量。（大正四四·139上-中）〔7〕非＋（盡）ィ【原】。

要離的分別是名言、種類之外，還有無異諸門分別的解釋差異。「種類」就是勝論師六句義中的大有性及同異性㉘，以及數論師所立三德等，又名言非一因而名「種類」。「名言」是目短為長，名言和種類都非稱實，所以名假立。「無異」指的是「依共相轉」、「依此名言，假立一法，貫通諸法」，說的正是共相。而「諸門」是「常、無常等」、「遍宗、定有、異遍無」等因三相，或諸外道所有橫計，不論從因或從果計，都是分別。整體而言，若只簡別外道及假名言，不簡別比量心的

---

㉗ 這裡所說應該是指因三相，亦即商羯羅主造・玄奘譯《因明入正理論》卷1：「因有三相，何等為三？謂遍是宗法性、同品定有性、異品遍無性。」（大正三二・11中）。

㉘ 印順《中觀論頌講記》提及：「勝論派在有名的六句義中，有大有性及同異性兩句。大有是大同，有是存在，一切法都是存在的；一切法的所以存在，必有他存在的理性，這就是大有。同異性，是除了大有的普遍存在以外，其他事事物物的大同小同，大異小異。這一切法的所以有同有異，必有同異的原理，這就叫同異性。如人與人是共同的；而人與人間又有不同，這就是異。又人與牛馬是異；人與牛馬都是有情，這又是同。一切法有這樣的大同小同，大異小異，證明他有所以同所以別異的原理。」，以上參見印順1952，頁242。

所緣不行，所以，要離名言、種類與共相的常、無常等、推論的諸門所有分別以及外道所有橫計。對照梵文所述：

tatra

在我們體系上，

**pratyakṣaṃ kalpanāpoḍhaṃ**

直接知覺是離概念構想的

yasya jñānasya kalpanā nāsti, tat pratyakṣam. atha kā^iyaṃ **kalpanā**㉙ nāma.

對認識而言，沒有概念構想，就是直接知覺。那麼，這個**概念構想**應是什麼？

**nāmajātyādiyojanā //3//**

和名稱、種類等用法連繫的。

yadṛcchāśabdeṣu **nām**nā viśiṣṭo 'rtha ucyate ḍittha iti. **jāti**śabdeṣu jātyā gaur iti.

名就是諸偶發語，說特定的對象，所謂ḍittha就是。**種類**的諸名稱中，就種類來說，所謂牛就是。

guṇaśabdeṣu guṇena śukla iti. kriyāśabdeṣu kriyayā pācaka iti.

屬性的諸名稱，就屬性來說，所謂白色就是。在行為的諸名稱上，基於作用，所謂烹調就是。

dravyaśabdeṣu dravyeṇa daṇḍī viṣāṇīti.

---

㉙ 桂紹隆提及"kalpanā"這個詞，譯為「概念的思維」，似乎可以譯為概念的構成、概念作用等等，要言之，在知覺表象上，結合語詞的事。（Cf. PS I.3d: nāmajātyādiyojanā）。以上參見桂紹隆1982：頁84-85。

物質實體諸名稱上，就實體來說，說有棍子的警察，有牙的象。

atra kecid āhuḥ—sambandhaviśiṣṭa iti. anye tu— arthaśūnyaiḥ śabdair eva viśiṣṭo 'rtha ucyata iti icchanti.

關於此點，或說——以連結為特徵。然而，餘處認為——正是不以認識對象的名稱來說特定對象。

yatraiṣā kalpanā nāsti tat **pratyakṣam**.

凡不存在這個概念構想之處，就是**直接知覺**。

由此可看到陳那著重於說明現量要離的分別是什麼？而並沒有「無迷亂義」的說明。㉚這概念構想是指「名」，說的是特定的對象；「種類」就像牛，而這個「等」所指，應該就像白色的屬性、烹調作用的行為名稱，有棍子的警察等具實體的名稱。依上所述，關於概念構想，應該是指以連結為特徵，或者說現量就是沒有以名稱來稱說特定認識對象的，亦即斷了這種名義關係的連結。不過，既然離分別是離名、種分別，就是概之以離諸偶發語亦即專有名稱說特定對象，以及種類的牛、屬性、

㉚ 陳那對於錯亂，認為是來自於意識混淆境的緣故。參見PSV 1.7ab：na ca vyabhicāriviṣayatve, manobhrāntiviṣayatvād vyabhicāriṇaḥ. 對錯亂而言，意混淆境的緣故，而不是在錯亂的情況下。vyavasāyo 'pi hi niścayaḥ sa sāmānya-ādivad gavādi no vikalpya adarśanān na sambhavati. 的確即使最初知覺是得決定，如同普遍性等，對我們而言，錯看為牛等，它是不可能，因為不可見的緣故。athāyathārthādijñānanivṛttaya ucyate, tathāpy ayuktaṃ viśeṣaṇam. avyabhicārāc ca. 所以說境不如實等是不生了知，區別同樣也是不如理。而且有決定性的緣故。sarvā hīndriyabuddhiḥ svārthamātragrāhiṇī. 因為一切諸根覺知唯取自境。

行為、作用、物質實體等，為什麼會說斷了這種連結，不以對象名稱來說特定對象，但又在這一段文說明名、句、文作為對象時的狀況，對象就是名等，要如何表顯現量呢？就是不要這種名定屬於義的連結關係。因此，慧沼《因明義斷》卷1提到：

> 因明現量離名分別者，非謂不緣名、句、文等云：「離名分別」，以不如名定執其義，亦不謂義定屬其名，及外道教諸邪名言云：「離於名」。《瑜伽》等論，與此相似。（大正四四・156下-157上）

「離名分別」並不是說不緣名、句、文等，而是離名和義相屬關係，以及外道認為名言就是法自相㉛。唐・澄觀《大方廣佛華嚴經隨疏演義鈔》卷13也有提及類似的說法：

> 問：同時意識既是現量，何得緣字名耶？答：現量亦緣名等自相，如《理門論》說。不緣者，不緣名義相繫屬故。（大正三六・95下）

同時意識既是現量，則可以緣字、名嗎？澄觀提到《理門論》是同意現量緣名等自相，而現量所不緣的是名和義的相繫屬關係。這個連結關係，還要透過下節的自相和共相來了解。

---

㉛ 唐・窺基撰《因明入正理論疏》卷3：「諸外道等計：一切名言得法自相。如說〔5〕召火但取於火，明得火之自相。」（大正四四・138上）〔5〕召＝招ィ【原】。

## 2. 自相和共相

自相和共相的議題，從玄奘傳入之後，是廣受討論，尤其陳那並沒有說明，加上自相是通稱，所以，對於自相和共相這一組名詞，會有什麼樣的解釋呢？是令人期待的。不過，既然離分別是涉及名義相屬連結關係，自相與語言的關係自然是要了解的，但是，表詮是屬共相，此中的分際自是要釐清的。因此，以下將從三方面來了解：1. 共相是否為現量境？2. 語言是否現量所得？3.因明論疏中的自相和共相。

### （1）共相是否為現量境？

陳那立二量是因為認識對象只有兩種，如果共相也可以是現量，那麼，有兩種可能，要不是非陳那之說，就是屬現量，然而，是在什麼情況下，歸屬現量？一如親光造・玄奘譯《佛地經論》卷6所說：

> 云何能知諸法共相？若共相境，現量所知，云何二量依二相立？有義：二量在散心位，依二相立，不說定位。若在定心，緣一切相，皆現量攝。有義：定心唯緣自相，然由共相方便所引，緣諸共相所顯理者，就方便說，名知共相；不如是者，名〔2〕知自相。由此道理，或說真如名空、無我，諸法共相。或說真如，二空所顯，非是共相。如實〔3〕義者，彼《因明論》立自、共相，與此少異。彼說一切法上實義，皆名自相。以諸法上自相、共相，各附己體，不共他故。若

> 分別心立一種類，能詮、所詮，通在諸法，如縷貫花，名為共相。此要散心分別假立，是比量境，一切定心，離此分別，皆名現量。雖緣諸法〔4〕若無常等，亦一一法，各別有故，名為自相。真如雖是共相所顯，以是諸法自實性故，自有相故，亦非共相。不可以其與一切法，不一不異，即名共相。自相亦與一切共相，不一異故。是故彼論說諸法上所有實義，皆名自相。（大正二六 · 318上-中）〔2〕知＝如【元】【明】。〔3〕義＝說【宋】【元】【明】【宮】。〔4〕若＝苦【宮】。

既然我們的認識有二相，那麼，共相是如何被認知？一如文中開頭詰問「若共相境，現量所知，云何二量依二相立？」這正是臆測自相、共相境，到底是不是相應二量而生？或者共相也是要先經過現量？《佛地經論》傳有三說：

1. 有說若在散心位是按照二相，若在定心則都是現量。
2. 有說定心只緣自相，但由共相方便所引，就緣其顯現的理，所以，說名知共相。因此，或說真如是共相，或說真如是二空所顯，不是共相。
3. 因明論者認為一切法上實義都是自相，因為自、共相各有其體，所以，不會相混。對於諸法共相的無常等，也是一一法各別有的，因此是自相；真如亦是，雖是共相所顯，由於是諸法自身實性，是自有的相，因此非共

> 相。所以，《因明論》是諸法所有實義都名自相，是離分別。而共相是以分別心假立一種類的能詮、所詮，通於諸法，如縷貫花。

按照《佛地經論》的三說，二相在散心和定心有差別，定心是現量，在這裡要說明共相在定心是現量的情況，又因明論者認為自、共相各有其體，不會相混，離分別和分別心假立是二相的區別。窺基《成唯識論述記》卷10也提到這三說：

> 問：何等作意能斷耶？答：總緣作意，觀一切法皆無我性，能斷煩惱。師子覺云：總緣作意者，合緣一切法共相行作意。答：如《佛地》第六說，云何佛能知共相？共相既依比量而立，豈佛知共相是比量耶？彼有三說。「有義：二量是散心位，依二相立，不說定心。若在定心，緣一切相，皆現量攝。」由此總緣智，亦現量攝，斷惑無失。即由定照共相自體故，說定心為現量也。第二說「有義：定心唯緣自相，然由共相方便所引，緣諸共相所顯理者，就方便說，名知共相。不如是者，名知自相。由此道理，或說真如名空、無我，諸法共相；或說真如，二空所顯，非是共相」。由此義故，對法等說，緣共相智，能斷惑者，依方便說。實自相觀，方能斷之。第三說「如實義者，彼《因明論》立自、共相，與此少異。彼說一切法上實義，皆名自相。以諸法上自相、共相，各附已體，不共他故。若分別心立一種類能

詮、所詮，通在諸法，如縷貫華，名為共相。此要散心分別假立，是比量境，一切定心，離此分別，皆名現量。雖緣諸法苦、無常等，亦一一法，各別有故，名為自相。真如雖是共相所顯，以是諸法自實性故，自有相故，亦非共相。不可以其與一切法，不一不異，即名共相。自相亦與一切共相，不一異故。」是故彼論，與此不同。由此義故，對法等說，緣共相智，能斷惑者，依分別心，於一種類，真如之上，通在諸法，說名共相。或真如體，諸法皆有義，名共相。緣此之智，名共相智。論實，真如法實性故，非是共相，據實而言，即別相智，能斷惑也。共相假立，已如前辨。（大正四三・584中-下）㉜

---

㉜ 安慧糅・玄奘譯《大乘阿毘達磨雜集論》卷7〈1 諦品〉：「問：何等作意能斷耶？答：總緣作意觀一切法，皆無我性，能斷煩惱。總緣作意者，謂〔1〕合緣一切法，共相行作意。」（大正三一・727上）〔1〕合＝令【明】。唐・窺基撰《成唯識論別抄》卷9：「問：何等作意能斷耶？答：總緣作意，觀一切法，皆無我性。能斷煩惱：師子覺釋云：總緣作意者，令緣一切法，共相作〔8〕作意。解云：然《佛地》第六，三師別釋。初云：二量，依散心位，不說定心。若在定心，緣一切相，皆現量攝。由此總緣智，亦現量攝，由此亦能斷惑無失。二云：定心唯緣自相，然由共相方便所引。緣謂共相，所顯理者，就方便說，名知共相。不如是者，名知自相。由此道理。或說真如。名實空無我。諸法共相。或說真如。二空所顯。非是共相。由此義故。對法等說，緣共相智，能斷惑者，依方便說。理實自相觀智，方能〔9〕道斷之。如實義者，自、共相二，自有二門。一、依二量以辨自、共。現量得者名自相，比量得者名共相，此通一切法。二、依諸法以明自、共，色等自相不相離亂，名為自相；若無著等，遍在有為，名為共相。真如既是諸法通性，名為共相。然此真如，自相離相，名為自相。對法等說，共相作

窺基為什麼這裡要談到《佛地經論》所述共相三說？因為要回答什麼樣的作意能斷煩惱？答案是「總緣作意」，而此作意是「合緣一切法共相行作意」。所以，要了解什麼是共相。因此，舉《佛地經論》第六所說佛知共相是如何？窺基有就此三說作說明。

第一說是以總緣智亦是現量，所以，能斷惑即由定照共相自體，由此說定心為現量；第二說舉對法等之說，依方便說緣共相智能斷惑，其實是觀自相才能斷惑；第三說，是按照因明所說，與《佛地經論》是不同。因明是主張「一切法上實義，皆名自相」，所以，自、共相只要是各附己體，就是自相。

而由此義，對法等說共相是依分別心，於一種類，真如之上，通於諸法；或者諸法皆有真如體之義。那麼，緣這些共相的智，就是共相智。而就斷惑來說，真如是諸法實性，不是共相，因為能斷惑，所以，是別相智。依此來看，在通於諸法上來說，真如是共相，但究實斷惑而言，是自相。這終究是能斷煩惱來說合緣共相行作意，此中的共相，看來無非就是自相，如此才能斷煩惱。

不只真如是共相亦是自相，定心中的共相，也可以是現

---

意，能斷惑者，如真如遍通諸法之理，名為共相。然現量智，離分別故，正證真如，實自相故，名緣自相。由觀證理，能斷惑故。由此諸論，或云共相智，能斷煩惱；或說〔10〕智自相智，能斷惑者。互不相違也。」（卍續藏經七七・923上-下）〔8〕作字疑剩。〔9〕道字疑剩。〔10〕智字疑剩。

量，如唐・遁倫集撰《瑜伽論記》卷5所說：

> 今據此文，但無常觀〔3〕則非現量，以是共相觀故。故《集量論》說，現量唯取自相境故。故彼論說，五識、賴耶散心緣境自相，是其現量。意識中，若是定心雖緣有為，作無常觀，一一別證諸行體上無常，是故現量，皆自相境。戒賢論師云：如四善根，觀五蘊無常，總於五蘊上，有一無常相，當觀心現。如以一縷，總括眾華，此即五蘊共一無常相，此非現量。若如見道，觀五蘊無常，則有五箇無常相，當觀心現，以一觀心，有其五解，別證五蘊，無常亦是自相境。西方有釋云：如小乘見道，但觀無常所顯真如，是勝義自相，故是現量。若散心緣共相法，不知自相，如遠見火之煙，〔4〕此知有火。以不知彼火熱自性，亦不知彼是何等火？草火糞火等。（大正四二・415上-中）〔3〕則＝即【甲】。〔4〕此＝比【甲】。

這是以無常觀為例，是共相不是自相。相對於此，《集量論》說五和八的散心緣自相，意識中的定心緣境是一一別證諸行，都是現量。而且戒賢論師提到無常相有兩種情形：在四善根觀五蘊無常，是「五蘊共一無常相」時，如一縷總括諸華，所以不是現量；但是，見道時，觀五蘊無常，就有五個無常相，一觀心現就有五解，別別證五蘊的無常，所以，無常也是自相境。西方有釋：小乘的見道，如果觀無常所顯，是勝義自相，就是現量；如果散心緣共相，是用推知的，就是共相。可見共相在見道時，若別別證相或者觀其所顯相，就是現量，是朝向訴諸證相來說現量。

慧沼《大乘法苑義林章補闕·二量章》卷8也有提到「境上無常亦得名自相」：

> 自性若在第六識者，唯有現量。《雜集論》云：『謂於現在所受諸行自相分別』。既言自相分別，明無比、非量。緣境共相，比度妄計，比非量故。或亦有比量，自相即境體，比量之心，稱境知故，亦名自性，不唯局付自體之上，名為相，如境上無常，亦得名自相，體是無常故。然前解勝，緣自相行，合《理門》故。此據《雜集》自性分別。唯識攝論，若設縱者，亦同《雜集》。若取自境，名自性者，即五、八識自性分別，唯是現量。第七唯非量。此皆據見分，不約後二分，後二分唯現量故。（卍續藏經九八·65下-66上）

意識的自性、隨念、計度三種分別中，屬於現量的只有自性分別，自性分別在第六識是「唯有現量」，按照《大乘阿毘達磨雜集論》卷2〈1 三法品〉是：「謂於現在所受諸行自相行分別」（大正三一·703上），既是於自相進行分別，是沒有比、非量。這種緣自相是符合《因明正理門論本》。此外，還有就比量來說，亦可以是自相，即「自相即境體，比量之心，稱境知故，亦名自性，不唯局付自體之上，名為相，如境上無常，亦得名自相」，所以，境上無常亦可以名為自相，因為自相即境體，稱境知可以是自相。因此，能稱境知就是自相。就此而言，應該是與《佛地經論》所述三師的解釋的第三種《因明正理門論本》所說自、共相定義有關，因為一一法是各別有，即使無常、苦或者真如，都是自相。㉝——這應該是就認識本身來說，稱境知就是自相，是意識中的共相，屬現量的情形。

### （2）語言是否現量所得？

對於自相和共相的認識，為什麼要說現量是證自相，是不能言表？窺基在《成唯識論述記》卷2提到：

---

㉝ 慧沼《大乘法苑義林章補闕》卷8：「問：既約二相〔4〕以立現、比，其自、共相體性是何？復與經中二相同異？答：《佛地論》中有三師釋。一云：定心通緣自、共二相，並是現量。而《因明論》中，約緣自、共二種相者，據散心說。二云：定心唯緣自相，然由共相方便所引，〔5〕既諸共相所顯理故，就方便說，名知共相。不如是者，名知自相。由此道理，或說真如，名空無我，是法共相。或說真如二空所顯，非是共相。三云：如實義者，《因明》二相，與《經》少異。《因明》意云：諸法實義，若自若共，各附〔巳>己〕體名自相；若分別散心，立一種類，能詮所詮，通在諸法，如縷貫華，名為共相。一切定心，離此分別，皆為自相，並是現量。雖緣諸法苦、無常等，亦一一法，各別有故，但緣自相。真如體是諸法實性，亦自相攝。其後得智，雖緣名名及所詮義，然不執義定帶於名，亦不謂名定屬於義。由照名義，各別體故，亦是自相。《經》意云：妙觀察智，緣諸法自相，色聲等體，名緣自相。緣法差別常、無常義，名緣共相，故不同也。准此即達自、共相體，經論意別。」（卍續藏經九八・67上-下）〔4〕以一作似。〔5〕既一作緣。

言說若著自相者，❸❹說火之時，火應燒口，火以燒物為自相故。緣亦如是，緣火之時，火應燒心。今不燒心及不燒口，明緣及說，俱得共相。若爾，喚火何不得〔6〕水？不得火之自相故，如喚於水。此理不然！無始串習，共呼召故。今緣於青，作青解者，此比量知，不稱前法。❸❺如眼識緣色，稱自相故，不作色解。後起意識緣色共相，不著色故，遂作青解，遮餘非青之物，遂作青解。非謂青解，即稱青事。故《二十唯識》伽他中言：『現覺如夢等，已起現覺時，見及境已無，寧許有現量』，比謂假智，唯緣共相而得起故。法之自相，離分別故；言說亦爾，不稱本法，亦但只於共相處轉，如說青蓮華等，有所遮故。今大乘宗，唯有自相體，都無共相體。假智及詮，但唯得共，不得自相。若說共

---

❸❹ 唐·惠沼述《成唯識論了義燈》卷3：「釋燒心口。外人返難：如汝定心及五·八識得法自相，緣火之時，何不燒心？答宗計有別。汝執言說得自相者，如似身根，得火自相，即覺燒熱，火以燒熱為自相故。心等亦然，既得自相，何不燒熱？此就外道難，非大乘宗。大乘宗者，根非所燒，而言得自相者，各附己體，分明而得。非分別貫通餘法，名得自相，不同外道。若外道餘乘，各執言說，得法自相，亦同身根，故作此難，大乘不爾故自無過。」（大正四三·716上）。

❸❺ 唐·惠沼述《成唯識論了義燈》卷3：「言今緣青，作青解者，此比量知，不稱前法。如眼識緣色，稱自相故，不作色解。後起意識，緣色共相，作青等解。問：前言緣瓶，雖不堅執，是非量收，非青青解，何名比量？答：瓶依多法作一解，不稱法體非量收。青不依多順法體，由有分別，比量攝。若爾定心作青等解不？若不作解，云何遍處勝處，作青等觀？若作青等解，定心應比量。答：雖作青解，各附自體，不貫通餘，得是現量。」（大正四三·716上）。

> 相，唯有觀心。現量通緣自相、共相。若法自相，唯現量得，共相亦通比量所得，乃至故言唯於諸法共相而轉，此之自相，證量所知，非言說等境故。（大正四三 · 296下- 297上）〔6〕水＝火【甲】。

如果顯示火的自相是有溫度的熱，應該說時會燒口，心緣火時，火應燒心，但是，都不會燒心或口，所以，緣及說是得共相。這裡要釐清什麼是自相？什麼是共相？自相就像是眼識緣色，與自相相稱，雖著色境但不會對色作解。而後起意識緣色共相，是不著色境，而用言語作解，是「不稱前法」、「不稱本法」。就像《唯識二十論》所說，自性不能用言說，是因為言語是比量認知，亦即當能言表時，是屬於後起意識。如說「緣色共相」，所作青解是「遮餘非青之物」，所以，共相的解說是有遮詮之意。

而大乘宗只有自相體，「若說共相，唯有觀心」，沒有共相體，所以，只有能觀的心能作共相解。㊱相對於此，說「現量通緣自相、共相」，與自相相稱的是「證量所知」，因此，無法言詮。關於「假智及詮，但唯得共，不得自相」，惠沼在《成唯識論了義燈》卷3有提及：

---

㊱ 唐 · 智周《成唯識論演祕》卷2：「疏：若說共相，唯有觀心者，大乘共相，體性是無。唯觀心中，作共相解，約此行解，名為共相。具如燈辨。」（大正四三 · 856上）唐 · 道邑《成唯識論義蘊》卷2：「唯有觀心者，大乘共相，無其實體，唯有能觀之心，作共相解。現量通緣自相、共相者，如在觀中，緣其苦、空等，雖是共相，亦現量故。」（卍續藏經七八 · 817上）。

> 問言：假智詮依共相轉，為緣故名轉？為行解名轉？若緣故名轉，共相體無，智緣何起？答：共相雖依本質自相，增益似有，假智緣時，還依本質以變相分。質相俱，無彼共相體，智但緣相，不能緣著彼之共相。義說共相，以為所緣，顯詮緣不著，名依共轉。或於行解，亦得名轉。但生行解，無彼共相。若爾，何故名依共相轉？答：依共相解轉。若爾，行解、緣用有何差別？答：如我執心所緣無我，而自執情，妄作我解。即緣妄解，能執心生。故論云：起自心相，分別〔1〕許度，執為實我。起自心相，疏有兩解：此依後解。法執亦然。此假智詮，雖非堅執，行相似彼。若爾，行解所取及以共相，俱無體性，何得成緣？答：假智緣時，隨其所應，必定質相，心方得生，故成緣義；非無相質，而心獨起。問：既論色體，實非青、黃，然假智詮，詮緣青時，為遮為表？若但是遮，應無所詮緣，如何實色等，說有青、黃等？若亦有表，即詮緣青等，如何說言：不得自相？答：如似色言，依法假立，非體如言，即實是色。青等亦爾，但遮於餘，意欲表此，說通遮表，非以有表，即得自相。五、八緣時，不作色、非色，青、非青等解，但證相緣故得自相。（大正四三 · 716上-中）
> 〔1〕許＝計？。

這裡談的是依智詮說，是依共相轉，但是，是作為緣用或是行解才名為轉呢？如果沒有共相體，那麼，智緣什麼生起？對此回應，共相是依本質自相而增益似有，智緣取時，也仍是依此本質自相變相分來緣取，而不能直接緣取共相。而行解是無彼共相，但依共相解轉，所以，名依共相。

但是，不管是緣用或行解，為何都說依共相轉？而二者有何差別？雖然前文已就共相無體來說，就緣用來說「義說共相，以為所緣，顯詮緣不著，名依共轉」這裡是就言詮緣不到共相，但依共相的義說；就行解來說是「依共相解轉」才名為依共相轉。不過，就如依妄情而生妄解一般，能執心便由此產生。

不管怎樣，假智緣取一定要憑藉相，才能生起。而採用言詮時，如詮緣青時，是遮還是表？如果是遮，應沒有所詮可緣，如何說有青、黃等。如果是表，就是詮釋緣青等，為何說不得自相？回應於此說：就像色是依法假立，並不是真實有那個東西，而說出來是通於遮表，不是有表就可得其自相。就像五識、八識緣時，是以證相緣取，所以，得自相。關於遮詮，唐・圓測撰《般若波羅蜜多心經贊》卷1說：

> 自相唯是現量智得，非假智言所可得故。若假智言所詮得者，謂即共相。且如說青、莖、葉等相，其相各異，唯現量得。由斯假智及諸名言，但能詮表青上共相。而說青時，遮黃等故，名為說青。非正表青，故說遮詮。（大正三三・545中）

自相是現量智得，共相是透過言詮所得，說自相是顯青、莖、葉等相的不同，是現量；而若透過言語表詮的就是詮表青的共相。不過，說青並不就是表青，而是遮黃等，所以，不能用語言確實指出某物，而正是以遮來表詮的方式。

整體來說，共相是依自相增益而成的相，是與假智相應而生的，而透過智言詮的是通遮表，亦即由遮來表顯，即有遮詮之意。而證現量的五識和八識是離言詮，只證相故而得自相。既然共相是以遮詮表示，那麼，言詞作為境時，也不能是現量嗎？慧沼有談及名、句詮的自、共相問題：

> 問：現、比量心，緣自、共相，與名、句詮二相何別？答：……〔3〕現約二，亦有同有別。若名、句詮於色、聲常、無常等，現量亦緣，斯即可同。據不依〔4〕名而緣二相，此即少別。〔5〕實之，名詮自相，句詮差別，但依心變，無變體性，共相而轉。現量帶證彼之二相，總名自相，即乃有別。又現量心，若起言說，所緣亦同，行解之心，名為假智。假智及詮，俱依諸法共相轉故。又現量心，尋彼名言所詮之法，雖不定計名屬義等，而作行解，亦與彼同。聲不及處，智不轉故。……若五、八識，在於因位，及於定心，緣於諸法，所帶相分，通有體、無體。彼名句詮所有共相，一向無體，及無分別，親證真如，如此等自相，並與彼別。准此名、句所詮二相，與經所說自、共二相，體亦有別。經約法體，名句所詮〔6〕所解心及想心安立。

> 問：假〔7〕名及詮所依共相，體性是無，如何現量得與彼薩？
> 答：現量之心，亦緣無故，但不同散，以其名言定屬於義，義屬於言，故為現量。」（卍續藏經九八 · 68上-下）〔3〕現下一有量字。〔4〕名一作望。〔5〕實一作言。〔6〕所一作行。〔7〕名一作智。

名稱和句子有可能是現量嗎？從末句來看，雖然名句是依共相，但是，此處說現量也可以緣無體，但不同於散位，因為散位是名與義相屬。因此，現量也是可以緣無體的名句嗎？

引文中的第一個回答，對於名、句和二量的關係，慧沼這裡使用的是「有同有別」。於此，智周《成唯識論演祕》卷2同樣提及：

> 問：此名、句二所詮自、共，與現、比量所緣何別？
> 答：有同、別。……現量望彼而言同者，但言名、句詮於色、聲、常、無常等，此自、共相，現量亦緣。而言別者，名、句所詮，但依心變，無實體性，唯共相轉；現量帶詮彼之二相，總名自相。又現量心，尋彼名言所詮之法，雖不定計名屬義等，而作行解，亦與彼同。聲不及處，智不轉故。……若五、八識在於因位相，正義有體，定所帶相，通有、無體。名、句所詮共相無故，故與彼別。
> 問：名、句所詮，心變無體，唯共相轉。比量亦爾，

> 二能變心，及二所緣竟何別耶？
>
> 答：句等所詮該於一切自類之法，名為共相；比量所緣，通於異類，名為共相，如所作因通聲、瓶故。比量之心，立一種類，貫比餘法；尋句等心即不如是，故有差別。……
>
> 問：名、句所詮，與經所說二相何別？
>
> 答：經依法體。名、句所詮，想心安立。
>
> 問：何故不取緣名等智所有相分為共相等，但取行解心變者耶？
>
> 答：所變相分不通餘類，不得名共。行解通餘，故名共相。（大正四三 · 850中-下）

名、句所詮自、共相和現、比量所緣自、共相有什麼差別呢？這是一個有趣的問題，而透過慧沼和智周的解析，大致可以掌握其差別所在。回應這個問題的答覆是有同有別。同的是，如果名、句是用來詮釋色、聲、常、無常等，這樣的自、共相，亦屬現量所緣。而差別所在，是名詮自相，句詮差別，依心變而無實體性，唯是共相轉；而現量是以帶著證彼二相為自相，因此不同。慧沼在引文中舉現量有兩種情形，而智周只有第2項：1.又現量心，若起言說，所緣也是有言詮，此時行解之心，名為「假智」。因為假智及詮，都依諸法共相轉。2.縱使現量心，按照名言所指，但不定會計度名義關係來作解，這是相同的。㊲關於五、八識，在因位或定心的所帶相分是通有體、無體。而名句所詮一向無體，是與五、八識不同。

智周也處理二者共相不同：名、句所詮和比量所緣的共相，不同在於前者是就一切自類之法，而後者是通於異類，如所作因通聲、瓶；比量之心是立一種類，貫比餘法，而名、句等不是。因此，比量只緣取通餘的行解心變的共相。

又，名、句和經所說自、共的體是不同，經是約法體，而名句所作是心及想心安立。慧沼也提及名及詮依共相，如何會是現量？因為現量之心，亦是緣無體。因為現量是證相，而不是顯示名義關係，所以，縱使緣名言之無體法，只要不是名義的連結上，也可以是現量所緣。

雖然是談自相和共相，但是，著眼點是放在現量所緣的自相和共相，不過，也意外令人驚奇，名、句所詮和比量所緣的共相，並不能劃上等號，即便名、句也是有現量。

### （3）因明論疏中的自相和共相

《因明正理門論本》所述「為自開悟，唯有現量及與比

---

㊲ 唐・智周《成唯識論演祕》卷2：「疏：不得共相之別義者，即共相差別義。差別之義，句所得故。問：此名、句二所詮自、共，與現、比量所緣何別？答：有同、別。且比量心而有同者，通緣彼二，若不爾者，如何得言聞謂比量？比量據此得緣彼二。而言別者。於自、共相，為欲了知，心相、行解〔1〕實比餘法，方名比量所取共相。現量望彼而言同者，但言名、句詮於色、聲、常、無常等。此自、共相，現量亦緣。而言別者，名、句所詮，但依心變，無實體性，唯共相轉。現量帶詮彼之二相，總名自相。又現量心尋彼名言所詮之法，雖不定計名屬義等，而作行解，亦與彼同。聲不及處，智不轉故。」（大正四三・850中-下）。〔1〕實＝貫【甲】。

量。彼聲、喻等㊳，攝在此中，故唯二量；由此能了自、共相故。非離此二，別有所量，為了知彼，更立餘量。」量只有兩種，即現量與比量，是由於我們所能認識的對象，只有自相和共相。對應梵文是：

tatra

於此，

**pratyakṣam anumānaṃ ca pramāṇe**

有效的認識即直接知覺和推理認識，

te dve eva. yasmāt

有效的認識只有兩種。因為

**lakṣaṇadvayam /2ab**

認識具有兩種特徵；

**prameyaṃ**

認識對象

na hi svasāmānyalakṣaṇābhyām anyat prameyam asti.

因為沒有存在和自、共相不同的認識對象。

svalakṣaṇaviṣayaṃ ca pratyakṣaṃ sāmānyalakṣaṇaviṣayam anumānam iti pratipādayiṣyāmaḥ.

並且解釋說：直接知覺是以自相作為認識對象，比量是以共相為認識對象。所以，這點我還要作解釋。

yat tarhīdam anityādibhir ākārair varṇādi gṛhyate 'sakṛd vā tat

---

㊳ 桂紹隆對於聲、喻是譯成「證言」（śabda）、「比定」（upamāna）。以上參見桂紹隆1982：頁82。

katham. ㊴

顏色等被認知，通過無常等行相，為什麼會這樣理解它呢？

asty etad grahaṇam, kiṃ tu

是這個能取，不過

**tasya sandhāne㊵ na pramāṇāntaram**

**在認知的連結中，沒有其他的有效認識**

svasāmānyalakṣaṇābhyāṃ hy avyapadeśyavarṇatvābhyāṃ varṇādi gṛhītvānityatayā cānityaṃ varṇādīti manasā sandhatte.

因為基於自相有不能言詮，共相有種類的性質，色等伴隨以無常的事實，而與意結合說：色等是無常。

tasmān **na pramāṇāntaram.**㊶

---

㊴《武邑》：若以所謂「此是無常」的方式，認知〔青黃赤白等的〕顯色，或者時間不同，是如何認知〔事物〕等？《韓》：「若由所說『此是無常』等行相印可顯色等時，云何此印可非一次耶？」，這是不同其他四本的譯法。

㊵這裡《武邑》等六本都指是所量的自、共二相。

㊶《武邑》是「只有自相和共相。作為是不可說的顯色自身，認知顯色等〔由於是顯色之共相的無常性等〕，依意結合無常性等為『顯色等是無常』。」（頁47）《呂澂》是「謂先未設假名但取色等境已，次由共相分別無常，如是由意結合無常色等。」（頁7）《韓》「既自共相不說不同，并依顯色性等，攝顯色等已，共相者：謂『顯色等無常』，由意能令無常性等極善相應」（頁2）《何》：「因為，人先依不可說（*avyapadeśya*）自相和色性（*varṇatva*）共相識取該色等物，再藉意識（*manas*）將無常性〔共相〕連結至〔該物，形成〕『這色等物是無常』〔的認識〕」（頁2）。雖然上列諸本有些不同，亦即將不可說歸為自相是一致，但顯色／色性（varṇatva）是歸誰呢？有不同看法。不過，因為"gṛhītvā"是絕對分詞（ger.），指同一主體的兩個主、伴動作或者前後的順序。所以，自、共二相相關，但前後產生。相對於此，《法尊》的翻譯很特別：「緣自相者即屬現量，以正理推知色無常者即屬比量。若

因此，沒有其他的有效認識。

**na ca //2//**

也不會

**punaḥ punar abhijñāne**

重複認知

yad asakṛt tad evārthaṃ praty abhijñānam, ㊷tathāpi na pramāṇāntaram. kiṃ kāraṇam.

屢屢者，正是這個對於事物的回想，同樣沒有其他的有效認識。為什麼呢？

**'niṣṭhāsakteḥ㊸**

因為無窮之用故

yadi sarvaṃ jñānaṃ pramāṇatveneṣyate, evaṃ pramāṇam anavasthitatvena syāt.

---

由意識結合，未得定解即屬非量，俱非現、比。」（頁2）。於此可確信「推知色無常」是指比量，而且可看到法尊法師加添說明，不過，「未得定解即屬非量，俱非現、比」是很特別。

㊷ 這裡的譯法是將"prati"與業格的"artham"合譯為對於事物。不過，《武邑》：「時間不同，而有各自地重新認識事物"artham"。」（頁47）《服部》：「雖然有諸多認知一再地認知到同一對象」（頁24）《呂澂》：「或可難言此乃多識於彼義各別知者」（頁7）《法尊》：「又數數了知」（頁2）《韓》缺，《何》：「雖然有對某對象的重複認知」（頁2）。這是指多次認知到同一對象，這似乎不僅僅是認知，應該與記憶有關，所以，此處使用通用於認識和記憶的"abhijñāna"。

㊸ "aniṣṭhā-āsakteḥ"前語是不固定的、易變之意，一般譯為「無窮」，後語是附屬、用途之意。《武邑》「其原因是成立無窮的過失」（頁47）《服部》「無窮的謬誤」（p.24）《法尊》「無窮」（頁2）《韓》「何以故耶？當成無窮」（頁2）《何》「無窮過故，」（頁2）。而比較特殊的是《呂澂》使用「無合故」（頁7）。

如果一切認識被承認是作為有效的認識，則有效的認識會伴隨無窮的狀態。

**smṛtādivat /3ab**

如記憶等

smṛtir eva **smṛta**m. tad yathā smṛtīcchādveṣ**āda**yaḥ pūrvādhigata-arthe na pramāṇāntaram, tad**vat**.

想起就是**記憶**。例如想起、欲、瞋**等**，在早先已經習得的對象中，同樣地，沒有其他的有效認識。

依上述來看，形成認知時，能取只有二量沒有其他的量，因為所量的對象只有自相和共相。而在說色等認知是通過無常等行相的此一說明，有兩個重點：一、憑著行相來知覺，這樣的認知連結二相上，沒有其他的量；因為連結自相、共相的認知，是以“gṛhītvā”絕對分詞的方式，表示對同一認知對象的先後關係。二、屢屢認識上，正是這個對於事物的回想，假使一切認識被當作量，如經歷過的憶念，那麼，就會有無窮的過失。對於憶念不能成為量，因為是早先已經習得的對象。就先已習得來說，如玄奘譯《因明正理門論本》卷1所載：

但於此中，了餘境分，不名現量。由此即說憶念、比度、悕求、疑智、惑亂智等，於麁〔4〕愛等，皆非現量，隨先所受分別轉故。（大正三二・3中）〔4〕愛＝受【宋】【元】【明】【宮】。

關於現量，「了餘境分」的憶念等智，因為是「隨先所受分別轉故」，所以，不是現量。智周《因明入正理論疏前記》卷3以五智來說明此段文：

> 五智如次配憶念等者：一、即此憶念配散心，緣過去，二、比度配獨頭意識，緣現在。三、悕求配散意，緣未來，四、疑智配於三世不決智，五、惑亂智配前於現在諸惑亂智是也。（卍續藏經八六・978中）

更詳如善珠《因明論疏明燈鈔》對於「但於此中，了餘境分，不名現量」，以眼見瓶、衣等物來說，眼只能見色，而不會見瓶；而了別餘境，是如鹿愛等現境之外的境，或者自分之境產生的亂等智。境是如此，不能名為現量。而主要原因在於「隨先所受」，是於三世中分別經歷。[44]

雖然在漢傳中有提及記憶等是早先習得，並且說到五智，但是，似乎與梵文所述「想起、欲、瞋等」不同。不過，

[44] 善珠《因明論疏明燈鈔》：「眼俱意識，自謂我眼見瓶、衣等物是現量得，如此等類，皆分別生，名似現量。眼但見色，不見瓶故。為證此義，故引《理門》云：「但於此中，了餘境分，不名現量」等，五智如次下。疏主文也。餘境分者，鹿愛等境，是現境外，故名餘境；或亂等智，自分之境，名之為分。由此即說等者，由此前文，了其此境與餘境〔3〕分，有同相故，不名現量，故云由此。言憶念者。第一散心，緣過去智。比度者，第二獨意，緣現在智。悕求者，第三散意，緣未來智。疑智者，第四緣三世疑智惑亂智者，第五緣現在惑亂智。此上五智，望鹿愛等，皆非現量。隨先所〔4〕受分別轉故者，且如憶念過去曾得可貪之境，是

法尊法師《集量論略解》（二）釋難中，卻有此段全文：

> 于彼結合故，餘量則非有，亦非數數知，無窮如念等。

> 如緣色等謂是無常。或數數緣，此是何等？曰：雖有此執，仍是緣彼所量，故非餘量。緣自相者即屬現量，以正理推知色無常者即屬比量。若由意識結合、未得定解者即屬非量，俱非現、比。又數數了知亦非餘量。雖於一義可數了知，若皆是量，則成無窮。如無新知則不是量。如以後憶念貪欲、瞋恨等於先所知義皆非是量。㊺

對於所量的執就是一個認知連結，所以，不會有其他的量亦即認識方法，介入這個連結過程。但是，除了「意識結合、未得定解」歸屬非量，那是非現量亦非比量以外，是同於梵文重建本，也同於服部正明所譯段落：

今未得可貪之境，同種類故。即於過去先受事中，起可愛分別，立可愛名。或有現在心受貪境，比度同於先曾受時可愛之境。或於現〔5〕愛，比現不＊愛，即於現在起可愛分別，立可愛名。或有先受可愛之境，今更不得，然於未來定知當得，故悕未來可愛〔6〕之境。即於未來起可愛分別，立可愛名。即三世中，可愛之名，皆是隨先所愛。於三世中分而轉，轉者旋遊歷覽義，歷覽三世故。」（大正六八・428上-中）〔3〕分＝或<甲>〔4〕受＝愛<甲>〔5〕愛＝受<甲>＊〔6〕〔之〕－<甲>。

㊺ 法尊1982，頁2-3。

那麼，以無常的角度，認知到色等事的這些〔認知〕，或者屢屢（asakṛt）認知到同一對象，這樣的認知過程情況怎樣？

當然有這樣的認知，但是，

k.2c2-d1. 由於〔認知到〕〔二種〕上述所提〔對象的相〕的結合，沒有〔必要承認一個〕不同的獨立的認識方法；

〔至於認知到色等之事為無常的認知，首先〕某人認知不可言傳的自相（avyapadeśya＝svalakṣaṇa）和共相（sāmānya-lakṣaṇa），色性（varṇatva）。於是，以意（manas）的作用，某人〔把色性〕關聯〔共相，〕無常（anityatā），並且表達〔產生判斷的認知〕『色等的事物是無常。』因此，〔對於這種認知〕不需要任何其他的認識方法。

k.2d2-3a. 至於屢屢認定（abhijñāna）〔一個對象〕，也不是〔有對於獨立的認識方法的任何需求〕；

雖然有諸多一再地認知到同一對象，〔那種類型的認知要求〕沒有獨立的認識方法〔的假設〕。為什麼？

k.3b1. 因為〔假如一個獨立的認知方法是必需被接受，則〕那會產生無窮（aniṣṭhā）的謬誤。

假如每個認知類型都是〔包含〕一個〔不同的〕有效認知方法，則有效認識方法必定會無數。

k.3b2. 譬如想起（smṛta）〔這樣的心理機能〕等等〔必定會被認知為獨立的有效認識方法〕。

> 〔詩偈中〕『想起』（smṛta）一詞有相同含義的『憶念』（smṛti）。如想起、希求（icchā）、怒（dveṣa）等這樣的心理機能，因為靠曾經被認知的對象來運轉，他們都不是獨立的有效認識方法。所以，這樣〔認知應該不被認為是一個獨立的有效認識方法〕。[46]

吾人生活中，認識方法有緣自相的現量，有緣共相的推理之比量。可以一再認知的境不是有效的認識方法，因為如果不是新知，就不能算是量，就像憶念貪欲、瞋恨是經歷過的認知對象。——這裡要表示這個憶念功能，是經歷過的印象，如想起、欲、貪等，都不能算是「量」，不是有效的認識方法。

因此，量只有兩種，因為對象只有自相和共相。不過，陳那對於現量，只給出離分別的條件，以及分別是什麼，但卻沒有多談自相[47]。窺基《成唯識論述記》說自相是「證量所知，非言說等境故」，「證量所知」就像是眼識緣色，與自相相稱，不會對色作解。《佛地經論》共相三說中的第三因明說：「一切法上實義，皆名自相」，那麼，對於自相，在諸因明著疏中，會有什麼樣的說明呢？慧沼《因明入正理論義纂要》卷1指出：

---

[46] Masaaki Hattori 1968：p.24-25.

[47] 有關二分對象的個別相和普遍相，陳那不給予任何定義說明。戶崎宏正指出，兩詞是阿毘達磨的術語，或許當時沒有必要說明。但是，眾所皆知，法稱詳細研究兩術語的差異（e.g. PVIII.1-10）。以上參見桂紹隆1982：頁83。

> 今者陳那，量何唯二？答：論一切法，不過二相：一、自，二、共。得自相心，名為現量；得共相心，名為比量。定心緣教，即得自相；散心緣教，即得共相。陳那約此能緣之心，量但立二。故《理門》云：「由此能了自、共相故，非離此二，別有所量。為了知彼，更立餘量」。……古師心、境別明，陳那隱境從心，不越二量，故不違也。（大正四四．160上-中）〔2〕〔有〕イ－【原】。

陳那約能緣心立二種量，這點又從最後說的「古師心、境別明，陳那隱境從心」，可以看到陳那就是從能緣心來說，而古師立三量是心、境別明。對於二相，窺基《因明入正理論疏》卷3說：

> 陳那依此二相，唯立二量。其二相體，今略明之。一切諸法，各附已體，即名自相，不同經中所說「自相」。以分別心假立一法，〔2〕貫通諸法，如縷貫花，此名共相，亦與經中共相體別。有說：自相如火熱相等，名為自相。若為名言所詮顯者，此名共相。此釋〔3〕全非，違《佛地論》。若以如火熱等，方名自相，定心緣火，不得彼熱，應名緣共。及定心〔4〕緣教所詮理，亦為言顯，亦應名共相。若爾，定心應名比量，不緣自相故。（大正四四．138上）〔2〕貫＝寬イ【原】。〔3〕全非＝不然イ【原】。〔4〕緣

＝得イ【原】。

自相除了上述的「證量所知」，現在加上「各附已體」，又指出不同經中所說；共相是「以分別心假立一法，貫通諸法，如縷貫花」，也是與經中所說不同。所以，陳那的自相和共相是不同經中所說。表列於下：

| 自相——證量所知、各附已體 |
|---|
| 共相——以分別心假立一法，貫通諸法，如縷貫花 |

但是，也談到自相不是如火的熱相，也說不是名言所詮都是共相，因為違《佛地經論》所說，而且主要是與定心所緣相違。亦即假如火以熱相為自相，則定心會緣不到火的自相，因為不得熱相，就不是現量；又，若「名言所詮顯」是共相，則定心緣教所詮，亦是言顯，所以，亦是共相。因此，這一說法，會導致定心不是現量。值得注意的是，此說法是順著《佛地經論》所說，因為這涉及言詮是現量可得，是該屬陳那之見抑或《佛地經論》所說？是頗啟人疑竇。

窺基又接著說：

> 乘斯義便，明自、共相。……問：若爾，實變水、火、地等，有濕熱等用不？答：雖有用，而不燒心等，〔7〕但任運變中，即是火體自相。定心亦爾。……問：因明自、共相，有體？無體耶？答：此之共相，全

無其體。設定心緣，因彼名言行解緣者，即是假智，依共相轉。然不計名與所詮義定相屬著，故云得自相。然是假智緣，得名為共相，作行解故。此之共相，但於諸法增益相狀，故是無體。同名句詮所依共相。若諸現量所緣自相，即不帶名言，冥證法體。彼即有體，即法性故。……問：空、無我等，此之共相為有體無？有云：有體，即此色等非我、我所，名空、無我等故，非境無故。《成唯識》云：「非異非不異，如無常等性」。又云：若無體者，如何與行非異耶？今謂不爾。若言即此色等非我、我所，名空、無我，故說非無。即應與色等是一而非異，如何非一異？又違五十〔1〕二解云：證緣無識。㊽一、緣無我觀智，二、緣飲食，飲食即香等，離色，香等都無所有；三、邪見緣無，四、又諸行中，無常無恒不實，共相觀識，非不緣此。

---

㊽ 此處引自《瑜伽師地論》卷52：「復有廣大言論道理，由此證知有緣無識。謂如世尊微妙言說：若內若外，及二中間，都無有我，此我無性，非有為攝，非無為攝。共相觀識，非不緣彼境界而轉，此名第一言論道理。又於色香味觸，如是如是生起變異，所安立中，施設飲食、車乘、衣服、嚴具、室宅、軍林等事，此飲食等離色香等都無所有。此無有性，非有為攝，非無為攝。自相觀識，非不緣彼境界而轉，是名第二言論道理。又撥一切都無所有邪見，謂無施、無〔1〕愛，亦無祠祀，廣說如前。〔2〕若施〔＊〕、愛、祠等無性是有，即如是見應非邪見。何以故？彼如實見，如實說故。此若是無諸邪見者，緣此境界，識應不轉，是名第三言論道理。又諸行中，無常、無恒、無不變易，此諸行中，常恒不變無性，非有為攝，非無為攝。共相觀識非不緣此境界而轉，若緣此境識不轉者，便於諸行常恒不變無性之中，不能如實智慧觀察。若不觀察應不生厭，若不生厭應不離欲，若不離欲應無解脫，若無解脫應無

五、緣去來生滅等。既引證緣無，明〔2〕知此無體，且止傍論。（大正四四・138上-139上）〔7〕〔但〕ィ－【原】。〔1〕二＝五ィ【原】。〔2〕知＝智ィ【原】。

對於自相，在實變水、火等有濕熱之用的回應上，說「雖有用，而不燒心等，但任運變中，即是火體自相」，所以，自相是「任運變中」，就不是以其性質來說。又問自、共相是有體或者無體？共相是無體。定心緣名言時，是依共相轉，雖是「假智」，但是，「不計名與所詮義定相屬」，所以，屬現量。但是，假智緣得作行解名共相，是增益相狀，就是無體，是「同名句詮所依共相」。相對於此，現量所緣的自相，是「不帶名言，冥證法體」，是有體的，因為是法性之故。

不過，相對於上述說共相是無體之說，對於空、無我等共相，似乎有不同看法，有說：因為不是境無，所以，是有體——如《成唯識論》說：「非異非不異，如無常等性」。若是無體，如何說是與行非異呢？——對此的回應是：若色等非我我所，名空無我，應與色等是一，怎麼會有非一異？又引證《瑜伽師

---

永盡究竟涅槃。若有此理，一切有情應皆究竟隨逐雜染，無出離期，是名第四言論道理。又未來行尚無有生，何況有滅！然聖弟子於未來行，非不隨觀生滅而住，是名第五言論道理。由此證有緣無意識。復有所餘，如〔3〕是種類言論道理，證成定有緣無之識，如應當知。」（大正三十・585上-中）〔1〕愛＝受【宋】【元】【明】【宮】【聖】＊。〔2〕若＋（受）【知】。〔＊1-1〕愛＝受【宋】【元】【明】【宮】【聖】＊。〔3〕是種＝種是【知】。

地論》所說識可以緣無，所以，也有說是無體。將之表列於下：

| 自相─有體─不帶名言，冥證法體<br>定心緣名言─依共相轉，雖假智但不計名與所詮義定相屬<br>共相─無體─增益相狀，同名句詮所依共相 |
|---|
| 關於空、無我等共相，有兩種說法：<br>1.有體─非境無，《成唯識論》<br>2.無體─證緣無識，《瑜伽師地論》 |

對於自相的說明，有「證量所知」、「各附己體」、「任運變中」等；倒是對於共相，竟然有屬現量的情況，即定心緣名言，不計名與所詮義定相屬。又於空、無我等共相，主張或有體或無體，都各有憑據。不過，很特別的是，慈門寺沙門淨眼續撰《因明入正理論後疏》還提及合說二相的三種：

> 此文但約散心，分自、共相，為二量境也。言自相、共相者，〔5〕汎論自、共有其三種：一者處自相，即如色處不該餘處，故言處自相。苦、空、無常等，通色、心等皆有，故稱共相。二、事自相，即處自相中，青黃等別，事不同名事自相。總色自相轉名共相。〔6〕三、自相自相。即於前事自相之中，旦如眼識所緣之青，現所緣者，不通餘青。亦不為名言之所詮及，即是青自相中之自相。前事自相等，轉名共相，為名言等之所及故，是假共相。且於色處，作此宣說。雖例餘，亦有如此三自共相。雖處既爾，於界及蘊，隨其所應，他

此分別。今言自相者，但取第三自相自相，不為名言所及者，為現量境。言共相者，但為名言所詮，假共相者，為比量境。（卍新纂續藏五三・896中）〔5〕自共相ノ意味ニツイテハ《明灯抄》二本（大・68・242c）ニ文軌ノ説ヲ述ベ「淨眼師等，亦同此說」トイッテ，次ノ如ク示シテイル。「自、共相者，一切諸法，皆離名言，言所不及，唯證智知，此為自相。若為名言所詮顯者，此為共相。」。〔6〕写本デハ「相自」トアリ，「自」ノ片ニ返点ノ印シアリ，ソレニシタガッテ「自相」ト写シタ。

以平常生活的散心來說自、共相，有三種：處、事、自相。一、處自相，如色處而不該餘處；共相是如苦、空等，因為通色、心等。二、事自相則是色處中青黃等差別，共相是總此色自相轉。三、自相自相則是事自相中的現所緣者，如眼識所緣之青，不通餘青；亦不為名言所詮，是青自相中之自相。而名言所及就是共相。不過，此處所說現量境的自相，只取第三，不為名言所及者，亦是註文當中所說「一切諸法，皆離名言，言所不及，唯証智知，此為自相」，尤其是「唯証智知」，和上列的「證量所知」幾乎如出一轍。三種自相表列如下：

| 處自相：如色處，共相是如苦、空等，因為通色心。 | 事自相：色處中青黃等差別，共相是總此色自相。 | 自相自相：事自相中的現緣，如眼識所緣之青，亦不為名言所詮。 |
|---|---|---|

而此處主張自、共相是：

| 自相—第三自相自相，是事自相中的現所緣，不為名言所詮，唯證智知 |
|---|
| 共相—為名言所詮 |

對於此三相，淨眼又提及幾番問答：

> 問：處之與事定非五識現量所得耶？答：〔7〕自相自相中，處、事即為現量所得。總處總事，非五識境。為此偏約自自相相說㊾也。故《理門論》云：「由不共緣，現現別轉，故名現量」。問：若爾者，何因《對法論》云：「問：於一一根門，種種之境界，但現在前，於此多境，為有多識次第而起？為俱起耶？答：唯有一識，種種行相俱時而〔8〕起」㊿。此文既違別轉之義，如何會釋？答：雖同時取，行相各別，不總相緣，故無有過。」（卍新纂續藏五三・896中-下）〔7〕《明灯抄》卷二本（大正六八・243上）二「淨眼云」トシテ次ノ如ク引用スル。「自相自相中，処、事則為現量境。総処総事，非五識境。五識之境，不可言故。既言総処総事，非五識境，明知前総別自相，是仮智之所得也。」。〔8〕《大乘阿毘達磨集論》卷二（大正三一・703上）。

㊾ 沈劍英提及此處可能是「自相自相」。參見沈劍英2007：頁184。

㊿ 安慧糅・玄奘譯《大乘阿毘達磨雜集論》卷2〈1 三法品〉：「問：於一一根門，種種境界，俱現在前。於此多境，為有多識次第而起？為俱起耶？答：唯有一識，種種行相俱時而起。」（大正三一・703上）。

既然自相有三種，那麼，處與事難道不能是五識現量所得？淨眼對此的回應是，在第三自相自相中，處、事自相就是現量。PSV中有與此相關的敘述：

> yac cāyatanasvalakṣaṇaṃ praty ete svalakṣaṇaviṣayā na dravyasvalakṣaṇam iti.
>
> 〔說感官認識〕自相為境，是就知覺領域的自相而言，不是物體的自相。
>
> **tatrānekārthajanyatvāt svārthe sāmānyagocaram //4//**
>
> 在〔認取〕它的對象時，〔認識〕把整體看成認識範圍〔，而不是單個物體〕，因為此處是從許多對象所生的緣故。
>
> **aneka**dravyotpādyatvāt tat **svā**yatane **sāmānya**viṣayam uktam,
>
> 說〔認識〕在自己的知覺領域中取總相（sāmānya）為境，是因為它從多種物體生起，
>
> na tu bhinneṣv abhedakalpanāt.
>
> 而不是因為它在不同境作沒有差異的想像。

是就知覺領域的自相，不是以實物的性質作為自相，自然就不是單一，而是把整體看成認識範圍，可見淨眼說三種自相的第三自相自相中，處、事自相就是現量，應該與陳那說法相符。主要是感官的自己的知覺領域內說境，而不是綜合不同境塑造「沒有差異的想像」，這應該就是感官認識的「各附法體，別別證故」吧。

因此，若就總處總事來說，不是五識境。所以，《理門論》說：「由不共緣，現現別轉，故名現量」。可見這是著重於「不共」的五識之自相來說。如果這樣，為什麼回應《對法論》中問多境是多識次第而起或者是俱起？而說唯有一識，種種行相俱時而起。——此文有違別轉，如何解通呢？淨眼的答覆是可以同時取而行相各別，因為不取總相緣，所以，沒有過失。同樣提到三種自性，有日本善珠的《因明論疏明燈鈔》，並提及淨眼和玄應之說：

> 除此以外，說為自性皆假自性等者：除此不可言自性以外，《佛地論》、《因明論》等說為自性，皆假自性。前文所舉：色處為自及青等為自等處自相、事自相，皆假自性，非真自性。即自相中有其二種：一、共相自相，如處、事〔1〕二自相等；二、自相自相，〔2〕不為名言之所及者，以為自相，即現量境。問：如五〔3〕蘊是自相，苦、無常等，名共〔4〕相。色蘊中，色處是自相，總蘊名共相。色處中，青等是自相，總處名共相。青色中，一樹等別青是自相，總青名共相。一樹青中，別枝等青是自相，總樹名共相。一枝青中，一一極微是自相，總枝名共相。假智及詮不得自相者，於諸自相中，不得何自相？答：此有二種說。一、淨眼師云：自相〔5〕自相中，處、事則為現量境。總處、總事，非五識境。五識之境，不可言故。既言總處、總事非五識境。明知：前總、別自相

是假智之所得也。一、玄應師云：所說自相，總、別雖殊，假智及詮，俱非境故，應言俱非，假智詮得。問：若爾，如何諸論皆〔6〕言名詮自性，句詮差別？答：應知：自性、差別有二。一云謂色、聲等，諸法自體是自性。常、無常等所有義門名差別。如是自性及〔7〕與差別，各各別有，皆名自相。即彼自相，對假智詮，名言增益，說為共相。《成唯識》等，依共相說，不依自相，故不相違。自性、差別，通自、共故。此即名言詮法，雖不稱體，然於所詮，施設假立，扶自性起言者，〔8〕名名〔9〕託差別，發〔10〕語者名句。（大正六八 · 242下-243上）〔1〕〔二〕－<甲>〔2〕不＝未<甲>〔3〕蘊＋（中色蘊）<甲>〔4〕相＋（也）<甲>〔5〕〔自相〕イ－<原>〔6〕言＝云<甲>＊〔7〕〔與〕－<甲>〔8〕名名＝各各イ<原>〔9〕託＝記<甲>〔10〕語＝詮<甲>。

自性除了不可言之外，《佛地論》、《因明論》等說為自性，皆假自性。這是指色處等處自相和青等事自相。亦即三種自性歸為二種，一是共相自相，含括處、事自相；二是自相自相，不為名言所及的自相是現量境。關於假自性，可以從問題中揭示，是一種相待的成立自、共相。而假智及詮不得自相，是不得哪個自相呢？淨眼所說不得的自相，是如前段所述，是在自相自相中的處、事自相是現量境。但是，前述總、別自相是假智所得。因為五識之境是不可言詮之故。而玄應說假智及詮完全不是境，應該也是立於不落言詮來說。

不過，在回應「名詮自性，句詮差別」上，因為自性和差別通自、共相，所以，在「各各別有」上，名為自相；在這樣的自相上，增益名言就是共相，是於所詮假言施設，表示其各各差別，就發為語言。雖然如此，淨眼所舉經證，也都支持離言，不待言詮：

> 又〔9〕《瑜伽論·菩薩地》云：「隨事取，隨如取，不作此念」51。「此事」、「此如」何者？謂隨事取者，緣依他性誤得；隨如取者，緣圓成實性真得。其現量觀，內證離言，故不分別，此事、此如也。又〔10〕《對法論》云：不待名言，此餘根、境是實有義。謂待名言，此餘根、境是假有義。52又〔11〕《法花經》云：「諸法寂滅相，不可以言宣，以方便力故，為五比丘說。」又〔12〕大、小《因明論》皆云：「此中，現量謂無分別。若有正知，於色等義，離名、種等所有分別，現現別轉，故名現量。」53准上經論，實法不為名

51 這應該是引用北涼曇無讖譯《菩薩地持經》卷2〈4 真實義品〉：「隨事取，隨如取，不如是念。」（大正三十·893下）。

52 無著造·玄奘譯《大乘阿毘達磨集論》卷2〈1 三法品〉：「蘊界處中，云何實有？幾是實有？為何義故，觀實有耶？謂不待名言此餘根境，是實有義，一切皆是實有。為捨執著實有我故，觀察實有。云何假有？幾是假有？為何義故，觀假有耶？謂待名言，此餘根境，是假有義一切皆是假有。」（大正三一·667上）。

言所詮。復言現量緣離言境，故知自相是離言境，名言所及，既是假有。復言比量緣假共相，故知共相是言詮境。此即是第一釋立二量意。（卍新纂續藏五三・896下-897上）〔9〕《瑜伽師地論》卷三六（大正三十・487中）「又諸菩薩由能深入法無我智，於一切法，離言自性。如〔宋-木+（大-一+三）〕知〔巳>已〕達無少法，及少品類，可起分別。唯取其事，唯取真如，不作是念：此是唯事，是唯真如。」。〔10〕《大乘阿毘達磨集論》卷二（大正三一・667上）—「蘊界処中云何〔宋-木+（大-一+三）〕有……謂待名言，此余根境。是〔宋-木+（大-一+三）〕有義。……云何仮有？……謂待名言，此余根境，是仮有義。……」。〔11〕《妙法蓮華經》卷二（大正九・10上）。〔12〕《因明入正理論》ノ本文。《正理門論》デハ「若有智，於色等境，遠離一切種類名言，仮立無異諸門分別，由不共緣，現現別轉，故名現量」トアル。

不管是《瑜伽論・菩薩地》、《對法論》、《法華經》、大小《因明論》都是要表明實法是不待名言。《瑜伽論・菩薩地》

53 這是引自《因明入正理論》卷1：「此中，現量謂無分別。若有正智，於色等義，離名、種等所有分別，現現別轉，故名現量。」（大正三二・12中）。《因明正理門論本》卷1：「此中，現量除分別者，謂若有智，於色等境，遠離一切種類、名言假立無〔3〕異諸門分別。由不共緣，現現別轉，故名現量。」（大正三二・3中）〔3〕異＝量【宋】【元】【明】【宮】。

在緣圓成實時所得，其現量觀是「內證離言」，所以，不分別。《對法論》的「不待名言」，根、境是實有；若待名言，根境是假有。又舉《法華經》的「諸法寂滅相」，是不可以言詮。《因明論》更是離名、種等所有分別。現量就是「緣離言境」＝自相，相對於此，比量就是名言所及＝假有＝緣假共相的「言詮境」。現量所緣的自相是不被名言所指涉，是離言境，而比量是言詮境。因此，因明的自相說，就是離言。慧沼《因明義斷》卷1也有二相的差別：

> 釋自、共相經論相違中，全未盡理。《佛地經論》、《成唯識論》及《因明》等，說自、共相，各少差別。且《佛地經論》所明自、〔11〕共，即三科等，皆名自相，各守自性。苦、無常等，名為共相，理通餘故。《唯識論》云：「名詮自性，句詮差別」，少與彼同，亦談彼二〔12〕相故。然言假智及詮，唯依諸法共相而轉者：此約能詮不得彼體，如詮色時，以其色言通一切色。智增彼相，不得自體，詮於此轉，名為共相。不同無常等義，貫通一切，不唯色故，名為共相。即通於《經》所說二相，起詮之時，總名共相。非所詮者，即名自相，亦不同《因明》所立共相。彼約增其諸法自體，相通自類，不由〔13〕他心，〔14〕總貫諸法，名為共相。《因明論》中，藉因三相，貫通宗、喻，如縷貫花，比智方起。故《理門》云：「若所比處，此相定遍於餘同類，念此定

有。於彼無處，念此遍無。是故，由此生決定解」。此即於〔15〕彼假智及詮共相之上，更起共相，不可說彼定即《因明》所說共相。不立比量，言不詮三相故。智緣於彼，不相〔16〕通故。雖知此言，及比量智，亦於增益共相上轉。意不說〔1〕彼，名《因明》中所立共相。彼不作〔2〕想貫餘法故。彼設通餘，各自類故。今此貫餘，通異類故。宗中所立，亦通喻故，說此為共。《瑜伽》等中，言自、共相。《因明論》中，共相所攝，比量立故。然不同因，是先陳後說，自性差別攝。立我為有、無，名立自相故。《因明》自相，亦與《經》別，雖《經》自相，亦現量得，名為自相。然彼《經》中，自、共二相，俱是《因明》所說自相，各附法體，別別證故，名現量緣。（大正四四·155下-156上）〔11〕共＋（相）【甲】。〔12〕〔相〕イ－【原】。〔13〕他＝作【甲】。〔14〕總＝想イ【甲】。〔15〕〔彼〕イ－【原】。〔16〕通＝違イ【甲】。〔1〕彼＝其【甲】。〔2〕想＝相イ【甲】。

關於自、共相，此處舉出《佛地經論》等的差異：

1.《佛地經論》：由於三科各守自性，所以，皆名自相；由於苦、無常等理通餘而名共相。
2.《成唯識論》：「名詮自性，句詮差別」，在假智及詮唯依諸法共相而轉上，是立於能詮不得彼體來說為共相。不同於無常理貫通一切來說共相。是通於《經》所說二相，言詮時名共相，非所詮名自相。但是，不同於《因明》所立共相：增其諸法自體，相通自類，不由他心，總貫諸法，名為共相。

3.《因明論》：自相是各附法體，別別證故，名現量緣。又藉因三相，貫通宗、喻，如縷貫花，比智方起，是同品遍有，異品遍無。這是在《成唯識論》的假智及詮的共相之上，更立共相，因為《因明》是依因三相來說。在諸說混雜之際，慧沼對比出《因明》所說的自相，與《經》不同，《經》的自、共相都是《因明》所說自相，因為各附法體，別別證之故。——透過這個說明，可見因明的自、共相是有區別不混雜，不會以共相為自相。

綜合上述，二相表列如下：

| 窺基《因明入正理論疏》 | 淨眼續撰《因明入正理論後疏》 | 善珠《因明論疏明燈鈔》 | 慧沼《因明義斷》 |
|---|---|---|---|
| 自相：一切諸法，各附己體。<br>共相：以分別心假立一法，貫通諸法，如縷貫花。 | 一般：處、事、自相等三種自相。 | 共相自相：處、事自相。<br>自相自相：不為名言所及。 | 《佛地經論》自相：三科等各守自性，皆名自相。<br>共相：苦、無常等理通餘名共相。 |

| | | | |
|---|---|---|---|
| 自相：有體──不帶名言，冥證法體。<br><br>共相：無體，但亦通有、無體。<br><br>定心緣名言：依共相轉，雖假智但不計名與所詮義定相屬，所以是現量。 | 今言自相：第三自相自相，是事自相中的現所緣，不為名言所詮，唯證智知。在第三自相自相中，處、事自相是現量，由於不取總處總事。<br><br>共相：為名言所詮。 | 假智及詮不得何自相？<br><br>淨眼：總處總事非五識境，因為五識境不可言。<br><br>玄應：自相有總別不同，但假智及詮俱非境故，應言俱非假智詮得。 | 《成唯識論》<br>自相：「名詮自性，句詮差別」。<br><br>共相：假智及詮唯依諸法共相而轉，立於能詮不得彼體來說為共相。<br><br>《因明》<br>自相：各附法體，別別證故，名現量緣。<br><br>共相：增其諸法自體，相通自類，同遍有，異遍無。 |

對於自、共相的問題，雖然在《阿毘達磨大毘婆沙論》就有提到「自相有二種」即「事自相」和「處自相」，(54)但是，在因明疏中可以看到，由於《因明正理門論本》的傳入，引起關注自、共相，而且是涉及緣名言時，到底是自相還是共相的討論。透過列表，可以比較《因明正理門論本》、《佛地經論》和《成唯識論》三者，掌握二相在因明諸疏中的意義：

(54) 五百大阿羅漢等造・玄奘譯《阿毘達磨大毘婆沙論》卷13：「問：云何身識緣共相境，以五識身緣自相故？答：自相有二種。一、事自相，二、處自相。若依事自相說者，五識身亦緣共相；若依處自相說，則五識唯緣自相，故不相違。」（大正二七・65上）。

1.自相有四說：①窺基《成唯識論述記》說自相是「證量所知，非言說等境故」，又窺基、慧沼先後提各附己體、冥證法體或各附法體，是有體，因為別別證之故。②定心緣名言，雖依共相轉屬假智，但不計名與所詮義相屬，因此是現量。③按照三種自相的說法，淨眼認為自相是不為名言所詮，唯證智知的第三自相自相，而且此中的處、事自相是現量，因為不取總處總事的緣故。不過，可以看到大家共許的假智及詮是不能為自相。④善珠直接歸納自相有二種：一是共相自相，如處、事二自相，但是，淨眼是置於第三自相自相中才屬現量；二是自相自相，離言為現量境，這是因明之通說。——由此可知，除了證量、非言說境，和定心之外，處、事自相和蘊等就是共相要被許為現量的情況。

2.共相：按照窺基是以分別心假立一法，貫通諸法，慧沼是增其諸法自體，相通自類。按照三種自相的說法，共相是名言所及。

3.《佛地經論》一開始舉「一切法上實義，皆名自相」，又引文中提及此論，說自相不是如火的熱相，也不是名言所詮都是共相，因為定心緣教所詮，所以，這部論對於自相的定義，是建立在「實義」上，即使是言詮的共相。又說三科等各守自性是自相，但苦、無常通餘而名共相。不過，淨眼提到在散心位，共相是名言所詮。而《成唯識論》雖有「名詮自性，句詮差別」，在各各別有上，說為自相；但名言增益的「假智及詮唯依諸法共相而轉」是說明能詮不得彼體，所以是共相。

## （三）小結

對於「現量離分別」，各別從「現量」和「離分別」兩方面來處理。就現量來說，是從玄奘傳譯論典所說「現量」和從語言層面考察「現現別轉」。而離分別則是從因明論疏中的「離分別」以及自相和共相兩項來探討。

首先，玄奘譯論典所說「現量」，綜合性質和種類來說，有三個系統：1.無著、彌勒所傳「自正明了，無迷亂義」、「非不現見、非已思應思、非錯亂境界」等，是著重根、境的認識；是色根、意受、世間、清淨等四種現量所有，前二是約境，後二是就能緣心。2.慧沼所傳陳那：離分別，緣自相，諸明了智，而具攝心心所。3.眾賢則舉現量的種類：依根、領納、覺慧等。也提到八識配三量，因為七、八不是共許，此處不談。慧沼說第六通二，但實際通三，差別在於慧沼沒有立第三非量。而且窺基的「五俱意，通現、比及非量攝」以及智周的「一剎那意通三量，量謂能緣識之功能」實則為五俱意的現量留有想像的空間。

其次，就「現現別轉」來看，因為兩本因明的差別在於陳那本有前置「由不共緣」，而商羯羅主本缺此句，遂引發眾人對於現量定義的歧義。此中的關鍵在於依主釋的根為現之定義，會讓人無法以此標準來看待意識。所以，區分為兩解：1.四類心，指五識身、五俱意、諸自證、修定，以各各緣境，附自境體，離貫通緣來說「別轉」。2.五根或五識，各各明照自境為現，識依於此為現現，各別取境為別轉。而現量有依主釋和持業釋兩種：依主釋如前所述，無法以根為現來看待意識，而持業釋可以通釋四類心，證現境為現，現即是量。

相較於前述，淨眼引用「由不共緣，現現別轉，故名現量」是在三種自相的問答中——在第三自相自相中，處、事是現量所得，但總處總事不是五識境——提及。因此，淨眼按照依主釋和持業釋提出：1. 就色等自相是各各顯現來說，是名現現；五識等於顯現境各別運轉，所以說現現別轉。這是量現之量，所以名現量，是按照依主釋。2.現量之心取二境分明顯現，這個現即是量，是持業釋。尤其現量心取二境分別顯現，似乎是梵文所說的兩種行相。

關於離分別，從兩方面切入探討：1.因明論疏中的「離分別」；2.自相和共相。依因明論疏中所說，是離名言、種類假立無異諸門分別。窺基解釋種類是指勝論師六句義中的大有性及同異性，以及數論師所立三德等；又指名言非一而名種類。名言和種類都非稱實，因而名「假立」。「無異」是「依共相轉」、「依此名言，假立一法，貫通諸法」，說的正是共相。而「諸門」是「常、無常等」、「遍宗、定有、異遍無」等因三相，或諸外道所有橫計，不論從因或從果計，都是分別。整體而言，若只簡別外道及假名言，不簡別比量心的所緣不行，所以，所謂「離分別」是要離名言、種類與共相的常、無常等、推論的諸門所有分別以及外道所有橫計。

對照梵文，很清楚掌握名、種，是「以連結為特徵」，而現量就是斷此連結，說「正是不以認識對象的名稱來說特定對象」。按照慧沼、澄觀，應該是指名和義的相屬關係，而這個要透過所緣的自相和共相來探討。

在自相和共相中，是以1.共相是否為現量境？2.語言是否現量所得？3.因明論疏中的自相和共相等三方面來探討現量是離名、種等分別之外，還有斷名與義的連結關係。共相是與名、種等相關，但是，怎麼會是現量境呢？語言不是認識所得，當然不是現量，但是，我們的認識對象也有語言文字等，它們不能是現量嗎？這都關係到因明論疏中，是如何定義自相！

在共相是否為現量境的這個問題上，《佛地經論》所提三說是首揭，雖有三說，但一和二其實是關涉定心現量，共相在定心是現量。而第三的因明之說，是主張「一切法上實義，皆名自相」，因為自、共相各有其體，不會相混。共相是以分別心假立能詮和所詮，通於諸法，如縷貫花。因此，共相的無常等是一一法各別有，真如是共相所顯，由於是自身實性是自有的相，所以，都是現量。《佛地經論》提到三科等各守自性，皆名自相，但苦、無常等理通餘名共相。然而，如遁倫所述戒賢論師所說，見道時，觀五蘊無常有五個無常相，是別別證五蘊的無常，所以，在見道時，若別別證或者觀其所顯相，就是現量。因此，共相可以是現量的情況是在定心現量。

語言不能是現量，窺基認為用言語作解是「不稱前法」，「假智及詮，但唯得共，不得自相」，說自相是「證量所知，非言說等境故」。惠沼亦提及共相是依本質自相而增益似有，智緣取時，依此本質自相變相分來緣取，而不能直接緣取共相。而透過言詮的共相，是以遮詮表示。也談到現、比量心緣自、共相，和名、句詮二相的差別。現量可以緣無，因此，縱使緣名言之無體法，只要不是名義的連結，都可以是現量所緣。智周也提及二者的共相不同，在於名句所詮是就一切自類，而比量所緣是通於異類。

窺基《成唯識論述記》說自相是「證量所知」、《佛地經論》共相三說的第三因明說「一切法上實義，皆名自相」。那麼，因明論疏中的自相和共相又是如何呢？窺基和慧沼對於自相，是各附己體或各附法體，因為別別證之故。又說「不帶名言，冥證法體」，是有體的，因為是法性之故。而定心現量，雖緣共相但不計名義相屬，亦屬現量。淨眼是依處、事、自相等三種自相來說，以第三自相自相為現量，因為不為名言所詮，唯證智知，而且第三自相自相中的處、事自相是現量。善珠則是指出兩種自相：共相自相和自相自相，處、事自相屬共相自相，離言屬自相自相。——當遲疑共相可否為現量境時，在勝主慧的四種現量中是列為一支。

而共相的定義，就是名言所詮，窺基更說，以分別心假立一法，貫通諸法，如縷貫花。以及假智緣得作行解名共相，是增益相狀，就是無體。又依慧沼所述，按照比量的方式，增其諸法自體，相通自類。不過，在考量共相可否為現量境時，不得不留意到慧沼當時也對比《因明》所說的自相，與《經》不同，《經》的自、共相都是《因明》所說自相，因為各附法體，別別證之故。窺基也提及類似的說法——「一切諸法，各附已體，即名自相，不同經中所說『自相』。以分別心假立一法，貫通諸法，如縷貫花，此名共相，亦與經中共相體別。」。

總之，玄奘傳譯時，把無著、彌勒、眾賢、陳那的學說帶回中國，所以，可以看到法稱以前的現量發展。也由於這樣完整的引入，可以看到陳那是繼承，也有創新，對於現量的性質和種類，他繼承「自正明了」，色根、意受、領納的現量種類。在創新上，定出唯一定義「離分別」以及沒有名和義的相屬關係。定義「現量離分別」，正如慧沼所述，是從能緣心出發，在能緣心上，是沒有名和義的連結關係；而在認識對象的自相和共相上，絕不相混。因為共相是在自相或者本質上增益，是無體的；而自相是著於色相而相稱本質，是有體但言詮不及。雖然屢屢談及境上無常，或者所顯真如這樣的共相，但是，這些對於陳那來說，都是定心所緣，都是現量。

## 二、前五識的現量

一如前述「由不共緣，現現別轉，故名現量」就是指前五識的現量，但以現為根的依主釋呢？還是以現為量的持業釋？是兩說並存。又從離分別的定義來看，是離名和義的連結，是各附己體的「證量所知，非言說等境」之自相。現量定義是如此，但五識和現量的關係是如何呢？窺基《成唯識論述記》卷7提到：

> 論：五識者至故總說之。述曰：五識者，牒頌也。謂前五轉識，顯是眼等五根所生之識也。何以一處而總言者，種類相似故總說之。一、謂俱依色根，二、同緣色境，三、俱但緣現在，四、俱現量得，五、俱有間斷。種類相似故總合說。（大正四三·475下）

五識種類相似，因為都有俱依色根、同緣色境、俱但緣現在、俱現量得、俱有間斷等五個特點，特別是「同緣色境」、「俱但緣現在」、「俱現量得」，所以，五識是現量是沒有異議。不過，前五識、意識和五根相關，因此，以下將從兩方面著手：1.前五識和意識的區分，2.前五識和五根的分際。

## （一）前五識和意識的區分

我們的認識是經由五識而來，但是，將它說出來時，它已經屬於意識了。所以，此節要回溯前五識和意識的現量以及一般意識的形成。這個區分主要是在世親造·玄奘譯《唯識二十論》卷1的一段有關「現量」的論文：

> 一切量中，現量為勝。若無外境，寧有此覺：我今現證如是境耶？此證不成！
>
> 頌曰：「現覺如夢等，已起現覺時，見及境已無，寧許有現量」
>
> 論曰：如夢等時，雖無外境，而亦得有如是現覺。餘時現覺，應知亦爾。故彼引此為證不成！又若爾時，

有此現覺：我今現證如是色等。爾時於境，能見已無，要在意識能分別故，時眼等識必已謝故。剎那論者，有此覺時，色等現境亦皆已滅，如何此時許有現量？要曾現受，意識能憶，是故決定，有曾受境，見此境者，許為現量，由斯外境，實有義成。如是要由先受後憶，證有外境，理亦不成。（大正三一・76中）

《唯識二十論》中，提到「現量」的，只有這一段文。這裡是表示沒有外境，也會有這樣的「現覺」，就像夢等。以此例同餘時現覺，所以，要以現覺證明有外境是不成立的。此中，除了「現量」，也提到「現覺」一詞，這個詞是指後述的「我今現證如是色等」，可見是訴諸言詞的表達，亦即意識是處於分別的狀態，所以，對這個境來說，能見的眼識已無，只有意識分別。因此，所謂「現覺」是指意識起分別的狀態，並不是指現量。

同一段文，在天親造・後魏瞿曇般若流支（六世紀左右）譯《唯識論》中是：

問曰：依信說有。信者有四種：一者現見，二者比知，三者譬喻，四者阿含。此諸信中，現信最勝。若無色等外境界者，云何世人言：「我現見此青等物？」答曰：偈言——

現見如夢中　　見所見不俱
見時不分別　　云何言現見

此偈明何義？我已先說夢見虛妄。諸凡夫人，煩惱夢中，有所見事，皆亦如是。是故偈言：「現見如夢中」故。見、所見不俱者，此句明何義？如現見色，不知色義。此明何義？如彼現見青色等時。作如是念：我雖現見青黃色等，彼時不見青色等義。何以故？以於後時意識分別，然後了知。意識分別時，無眼等識，以眼等識於先滅故，云何說言：「我現見彼青黃色等？」於佛法中，無如是義。何以故？以一切法念念不住故。以見色時，無彼意識及以境界。意識起時，無彼眼識及以境界，以是義故，不得說言：「於四信中，現信最勝」。是故偈言：「見、所見不俱，見時不分別，云何言現見故？」
問曰：此義不然。何以故？〔9〕以凡所見外境界者，先眼識見，後時意識憶念了知，是故〔10〕必有色香味等外諸境界。以是義故，不得言無彼外境界。何以故？以見青等外諸境界，名為現見青等境界。答曰：此義不然。何以故？汝向說言，先眼識見，後時意識憶念了知。此義不成。何以故？我已先說。內自心識，虛妄分別，有外境界，而無色等外諸境界。向說眼識虛妄分別，如說夢中一切所見，依彼前時虛妄分別，後時意識思維憶念。此以何義？依彼前時，虛妄

> 分別色等境界，虛妄眼識起心相應，虛妄意識虛妄分別，作是思維，我分別知青等境界故，不得言眼見境界，意識分別，以是義故，眼識見色，後時憶念，此義不成。（大正三一 · 68中-下）〔9〕〔以〕－【宋】【元】【明】【宮】。〔10〕必＝畢【宋】【元】【明】【宮】。

這部論是《唯識二十論》的同本異譯，說唯有識而無外境。有人問：依四信說有，以現見最勝。這裡提到一般人都會問的問題：如果沒有色等外境，如何世人會說現見此青等物？現見就像在夢中所見，沒有見、所見之區別，因此，雖然現見青黃色等，但不知青色等義。不過，對於這句話，卻有另番解讀。

就「以一切法念念不住」的剎那滅論者來說，因為見色時，沒有意識及境，意識起時，也沒有眼識及境。事後當意識起分別，才能了知。但此時眼等識就已先滅了，如何可以說：我現見青、黃色等？所以，不能說現信最勝。這是採用時間順序的破法。

後段是回應主張先眼識見，後時意識憶念了知，所以，必有外境的說法：因為內自心識，虛妄分別，才有外境，而實際沒有外境。如夢中所見。由於虛妄分別色等境在前，虛妄眼識起心相應，虛妄意識分別而說知青等境——這是用唯識的道理來反駁「眼識見色，後時憶念」。不過，這個問題也會在現量的議題被提問。

窺基《唯識二十論述記》卷2指出整段文有兩部分，一是釋現量證，二是釋憶持執。(55)主要是破一般人的認知、剎那論者、憶持執。不過，關於剎那論者，根據智周所說，是破正量部和薩婆多部(56)，因此，以下從三方面來處理：1. 破世人執現覺來證外境實有，2.破正量部和薩婆多部，3.破憶持執。對此的解釋，主要以唐．窺基撰《唯識二十論述記》卷2所述為主，解釋現覺和現量的不同，次破正量、薩婆多部(57)，並對比在其前的世親造．真諦譯《大乘唯識論》卷1所述。

---

(55) 窺基《唯識二十論述記》卷2：「論：諸法由量刊定有、無，一切量中，現量為勝。述曰：此第二段，有一頌半，合分為二。初之一頌，釋現量證。後之半頌，釋憶持執。於中皆有先難後破。……刊定者，貶量也。言諸法者，即是所量。一切有漏無漏諸法，由三二量，揩准有無。量者量度，如以尺丈量綾錦等〔10〕，尺為能量，綾等所量，知其量數，是其量果。諸心心所緣諸法時，說有四分。見分能量，相分所量，自證量果。如是自證緣見分時，見分所量，自證能量，證自證為量果。如證自證，緣自證時，自證所量，證自證分為其能量。即此自證，亦為量果，能返緣故。若以第三緣第四時，第四所量，第三能量，其第四分即為量果，能返緣故。（大正四三．998下-999上）〔10〕尺＝丈【甲】。

(56) 唐．智周《成唯識論演祕》卷6：「論：現量證時，不執外等者。依《二十論》通破正量及薩婆多，故彼論云：『如夢等時，雖無外境，而亦得有如是現覺。餘時現覺，應知亦爾。故彼引此為證不成。』　釋曰：通破二宗。又若爾時有此現覺，我今現證如是色等。爾時於境，能見已無，要在意識，能分別故。時眼等識必已謝故。釋曰：破正量部。以彼計境，相續有故，故但破見。又剎那論者，有此覺時，色等現境，亦皆已滅。如何此時許有現量？釋曰：此破有宗。有宗境、識皆剎那滅。」（大正四三．935中-下）。

(57) 窺基《唯識二十論述記》卷2：「論曰：頌曰：『現覺如夢等，已起現覺時，見及境已無，寧許有現量。』述曰：第一句述正理，顯難外境實有不成。下三句破外宗，明無現覺，成無外境。然舊論本遂分二段，前後別明。其此頌中，初句易解，至下當知。上一句引喻破經部，下三句中，略破二類。初破正量部等，非剎那論；後破一切有等。剎那論者，

### 1. 破世人執現覺來證外境實有

窺基《唯識二十論述記》中，就世人所見，執有外境來說——

> 論：若無外境，寧有此覺：「我今現證如是境耶」？述曰：此正申難。如世人言，我今見色，乃至觸觸。若無識外實色等境，寧有此覺——我今現證如是色等。此覺既非無，外色等定有。總言覺者，心心所法之異名也。今此言覺，謂現量智，非唯是慧。因明者說言：證智者，心心所法之總名矣。故舊論云：「如此證智，云何得起？」《成唯識》中，亦有此難：「色等外境，分明現證，現量所得，寧撥為無？」（大正四三 · 999中）

對於世人現見色等外境，分明在前，以現量所得，說我今現證如是色等，來證成有外境。起此覺的「覺」是心心所法，也就是舊論所說「證智」。亦即真諦《大乘唯識論》卷1所說：

> 偈言：是有是無，由依諸量，可決是非，一切量中，證量最勝。若塵實無，如此證智云何得起：所謂我證

---

謂已起現覺時，其見已無，寧許有現量？破正量部等，謂已起現覺時，〔7〕其見及境已無，寧許有現量？破薩婆多等、大眾部等，宗計不同，亦應敘破。如薩婆多，第三句中，言及字者，即相違釋。意顯有二難，至下當知。」（大正四三 · 999中-下）〔7〕〔其〕－【甲】。

如此？『證智如夢中』如夢時，離塵見山樹等色，無有外塵，證智亦如此。（大正三一・72下）

這裡顯示現量的譯詞是「證量」，而後述的「證智」是如前所指，是心心所法。有人問如果外境沒有，證智如何可以生起說我證如此？證智就像夢中離境而能見山樹等色。而後述「色等外境，分明現證，現量所得，寧撥為無？」是護法造・玄奘譯《成唯識論》卷7所說：

色等外境分明〔6〕現證，現量所得，寧撥為無？現量證時，不執為外；後意分別，妄生外想。故現量境是自相分，識所變故，亦說為有；意識所執外實色等，妄計有故，說彼為無。又色等境，非色似色，非外似外，如夢所緣，不可執為是實外色。（大正三一・39中-下）〔6〕現＝見【宋】【元】【明】。

對於同樣以現量所得，來證明色等外境存在的問題，提出「現量證時，不執為外；後意分別，妄生外想」來回應，即執為外的是意分別。而現量證的自相是識所變，說為有；意識執外境實有是妄計的有，所以說為無。又說色等境是「非色似色，非外似外」，如夢所緣，實際上是沒有外境可言。對於「現量境是自相分」等，窺基《成唯識論述記》卷7解釋：

論：故現量境至說彼為無。

> 述曰：現量照自體故，是五識等，四分之中，自相分故，識所變故，今說為有，亦能變識。後時意識所執外為實色等境，妄計情有故，說彼為非有。此明內心變似色等現，是心之相分，此但非外，妄計所執心外之法是無，說彼非有，不稱境故。（大正四三 · 493上）

窺基解釋「現量照自體」是「自相分」，亦即四分的相分。[58] 此相分是識所變，是由內心變似色等顯現，說為有，也是能變識。後時意識是「不稱境故」，是妄計而有，所以是無。由此可知，現量的自相是四分中的相分，是識所變而有，與意識的妄計而有不同。

其次，對於現覺證外境，窺基《唯識二十論述記》解釋此證不成：

> 論曰：如夢等時，雖無外境，而亦得有如是現覺。
>
> 述曰：先釋初句。今解初中，如夢等字，能成喻法。等者，等取眩翳目等，緣見髮蠅等。此等諸位，經部及大乘，彼此共許外境非有，故以為喻。如夢等中，雖無離心外實境界，而彼言：謂我見是事，聞是事等，起此現覺。下合法顯。

---

[58] 由於窺基述《成唯識論述記》卷9：「謂無始來見分緣自相分，自證緣自見分，亦緣自身證自證分，證自證分亦緣自自證故，故言緣自相、見分等。」（大正四三 · 547中），因此自相分所指應該就是四分中的相分，也就是自相。

論：餘時現覺，應知亦爾。

述曰：釋頌初句現覺二字，除夢等外，餘時所起見是事等，如是現量，應知亦爾，亦無外境。此現覺生，應立量言：除夢等外，所有現覺緣非〔8〕現境起，許現覺故，如夢等現覺。此中意說，若實現覺，如五識等，不作此解：我今現證如是事境。作此解者，是意識中分別妄覺，非謂現量心心所法。《成唯識》說：「現量證時，不執為外；後意分別，妄生外想。故現量境，是自相分，識所變故，亦說為有。意識所執外實色等，妄計度故，說彼為無」59。又彼論說：「謂假智詮，不得自相，唯於諸法共相而轉」60。故現覺者，必無此智及與此〔9〕論：「我今現證如是事等」。

論：故彼引此為證不成。

述曰：此結非也。現覺所緣，由如夢境，性非實有，故彼汝宗：引此現覺為證，離心外境實有，理證不成。（大正四三・999下）〔6〕中＝申ィ【原】。〔7〕〔其〕－【甲】。〔8〕現＝外【甲】。〔9〕論＝詮ィ【原】。

---

59 護法等造・玄奘譯《成唯識論》卷7：「現量證時，不執為外，後意分別，妄生外想。故現量境，是自相分，識所變故，亦說為有。意識所執外實色等，妄計有故，說彼為無。」（大正三一・39中-下）。

60 護法等造・玄奘譯《成唯識論》卷2：「謂假智詮，不得自相，唯於諸法共相而轉。」（大正三一・7中）。

由於經部及大乘，共許如夢和眩翳眼所見髮、蠅等是外境非有，因此，以此為例。說明雖無離心外實境界，但可起我見我聞是事的現覺。餘時所起見是事等現量，也是無外境。如夢等現覺，所有現覺都是緣非現（外）境起，而說——我今現證如是事境。但是，這樣的言詮是意識的分別妄想，而不是五識等，不是現量的心心所法，如《成唯識論》所說現量證時，不執為外，是自相分，透過言詮的是於諸法共相而轉。因此，能產生這樣作解的是意識的分別言說，而不是現量。所以，現量是必無此言詮說：「我今現證如是事等」。因此，你以現覺為證，說實有離心的外境，是理證不成。此處的「現覺」就是真諦的譯詞「證智」，是不同於現量亦即「證量」所表。而窺基《成唯識論述記》卷7更進一步提到五識及同時意識：

> 論：色等外境至寧撥為無。
>
> 述曰：此文第六現量為宗難。外人問曰：色等五外境，分明五識現證，是現量得大、小極成，寧撥為無。《唯識二十》云：諸法由量刊定有、無，一切量中，現量為勝。若無外境，寧有此覺：我今現證如是境耶。
>
> 論：現量證時至妄生外想。
>
> 述曰：下論主依自宗答。五識及同時意識，現量得時，不執為外。現量得自相，法體非外故不言外法，無內外故，無計度故。順他宗解：五識緣境，現量得時，不執為外。五識等後意，妄生心外境想，實無外

境。（大正四三．493上）

對於色等外境，五識可以清楚認知到，怎可說沒有外境呢？這裡更清楚說明兩種答案：一是自宗，五識和同時意識，在現量時，所得是自相，無內、外、計度，所以，不執為外法。另一是順他宗：五識現量時，不執為外，但五識等之後的意識，就會妄生心外境想，然實無外境。不僅同前節所說，其後意識會妄計為外，而且認為可以得到自相的是五識和同時意識，而這個「同時意識」是五俱意的另一個名稱。

## 2. 破正量部和薩婆多部

對於世人以現覺證外境，《唯識二十論》以能起此現覺的是意識而不是五識來回應。《成唯識論》以「現量證時，不執為外，後意分別，妄生外想」來說明，由於「謂假智詮，不得自相」的緣故；窺基更進一步指出這個不執為外的現量是五識和同時意識。破世人所執之後，續破同樣想以現覺證外境實有的正量和薩婆多部等。根據靈泰，薩婆多認為緊鄰五識的後念起，是第六識，亦可得現量境。[61]而正量部主張：當有現覺

---

[61] 唐．靈泰撰《成唯識論疏抄》卷4：「現覺如夢等，以起現覺時，見及境〔巳>已〕無，寧許是即現量者。此即大乘破薩婆多、正量部：六識不並生。薩婆多說：五識唯是現量。前念之五識，雖落入過去，隣次後念起，第六識現，亦得現量境也。若大乘說，與五識俱時意識是現量，五識落除〔巳>已〕，後念獨頭意識，是比量也。且如眼識正起緣境，得現量時，意識得起。眼識雖得現量時，五識不自言：我得現量境也。由如夢中，緣夢中緣。又正在夢中緣境時，亦不自知我在夢。後寤〔巳

證如是心外色等實境時，六識不是同時生起，而且，能見五識實現量的，已入過去，現在不存在——62

論：要在意識，能分別故，時眼等識，必已謝故。

述曰：此顯二因成。能見識現在非有，彼此共許，要第六識具三分別，方能起此分別現覺；五識不具三種分別，故不能起此等現覺。此等現覺，既在意識，起此覺時，故彼能見。眼等五識必入過去，落謝非有。先見是物，後方起覺，故正見及覺二，時必不俱。能見實現覺，此時既無，寧許此覺：有是現量，證外境有。若正現量，證色等時，緣心內法，無假智詮，故證不成。以正量部心心所法：燈焰、鈴聲，唯滅相滅，念念生滅。色等法滅，亦待外緣，即隨此事，長短一期，後方有滅。起證如是現量覺時，眼識不住，故入過去。其境色等，一期未滅。故此唯破起此覺時，能見已無，不破所

>已〕。其夢中所緣之境，及能緣之心，皆落入過去。其覺時，意識方知。知前境是夢中所見，眼識滅〔巳>已〕意識乃生時，五識見分所緣境相分也。能無意識後起，寧許有現量也。此破後念所起獨頭第六識，不許有現量。」（卍續藏經八十・326上-下）。

62 窺基《唯識二十論述記》卷2：「論：又若爾時，有此現覺：我今現證如是色等。述曰：次釋下〔10〕三句頌，先破正量部等。此解第二句頌。若於爾時，起此現覺：我今現證如是心外色等實境者。此牒彼計，下正申難。論：爾時於境，能見已無。述曰：釋第三句，見已無字，申其難意。正量等計：六識不竝，起此覺時，能見五識實現量者，已入過去，現在非有。所以者何？」（大正四三・999下-1000上）〔10〕三＝二ィ【原】。

> 見此時非有。設縱有故，應立量言：起此覺時，必非現量，是散心位，能見已無故。如散心位緣於過去百千劫事，破〔1〕境一期，如餘論說。（大正四三 · 1000上）〔1〕（現）＋境【乙】。

雙方共許能見識已入過去，而能對此起分別現覺的，只有具三種分別的意識才能生起，所以，五識不具三種分別，就不能起現覺，而現覺只能在意識生起。而當意識起現覺時，眼等五識已落謝過去不存在，所謂「先見是物，後方起覺」，所以，五識的先見和意識的起覺兩個，必定不是同時。那麼，既然五識已經過去，如何會起現覺來證明外境存在？若是現量證色等時，緣心內法，是不透過言詮來說明，所以，以現量證外境存在是不成立的。這也是真諦《大乘唯識論》卷1所述：

> 「是時如證智，是時不見塵，云何塵可證？」如汝所說，證智起時，謂我如此證，此時中，汝不得見塵，但意識分別，眼識〔＊〕已滅故，是塵云何可證？（大正三一 · 72下-73上）〔＊7-1〕已＝以【宋】【元】【明】【宮】＊。

說證智起時，說「我如此證」的，是意識分別，因為眼識已滅，其境如何可證？就剎那滅論者來說，就不明了。但是，從這裡看到「證智」是有言表的意識分別，顯然是與現量的「證量」不同。

因為正量部認為心心所法所顯燈焰、鈴聲是念念生滅，但色等法也是待外緣滅，是或長或短的一期存在。所以，這裡破生起現量覺知時，是能見已無，但是色等一期未滅，不是破所見。因為能見已無，縱使有所見，起現覺時必定不是現量，而是散心位。正量部認為起現覺時，能見已入過去，所見仍有一期存在，但是，縱使如此，能見既無，現覺不能算是現量，只能是散心位。薩婆多部則是認為境和心心所都是念念滅：[63]

> 論：色等現境亦皆已滅。
>
> 述曰：此正申難，釋第三句頌。及境已無，眼等六識，不俱時起。起此覺時，要在意識，但非現覺。能緣已無，所緣現境，亦皆已滅。即此現覺所有詮智，現在緣時，不及現境，此已滅故，故證不成。應立量言：起此覺時，必非現量，是散心位，境已無故。如散心位，緣過去世百千劫事。（大正四三・1000上-中）

薩婆多部也是以現覺來證外境，但是，一方面色等境已無的情況，眼等六識不俱時起，當意識起覺時，並非現覺，所以，能緣、所緣現境都無，因此，意識起言詮時，都不是趕在現境，

[63] 窺基撰《唯識二十論述記》卷2：「論：剎那論者有此覺時。述曰：下破薩婆多等，此等執境及心心所，皆念念滅，名剎那論。有此覺時，釋頌第二句，牒彼〔2〕所計。」（大正四三・1000上）〔2〕〔所〕－【甲】。

所以，能緣、所緣現境已滅，必定不是現量，而是在散心位，緣過去事。因此，不能證成。對於正量部等，最後再回應如下：

> 論：如何此時許有現量！
>
> 述曰：此雙結難，釋第四句頌。正量部等，起此覺時，能見已無，如何此時許有現量證外境有？薩婆多等，起此覺時，其境〔3〕亦無，如何此時許有現量證外境有？故說現覺證有外境為證不成。既爾大乘許六識竝，起此覺時，能見、所見二俱現有。此現量覺其義如何？五識俱意，若同五緣，是現量攝，不起此覺。若起此覺，必不同緣，假智詮故。五識前時，既由意引，〔4〕今相續生，不假意識。意識起，亦餘二量攝，或五同時，或剎那間，亦無過〔5〕失，然緣心內境，有此現覺生。（大正四三．1000中）〔3〕亦＝已【乙】。〔4〕今＝令【甲】。〔5〕失＝去【甲】。

這是第四句頌文，對薩婆多和正量部詰難。對於正量部意識不與五識俱，當意識起現覺時，能見識已入過去；薩婆多等則是意識起覺時，能緣及現境都無，這樣的「現覺」都不能說是現量，更遑論以此證外境存在。因此，正量部和薩婆多等想要以現覺＝現量來證外境是不可行的。既然正量和薩婆多的現覺都不是現量，而現量也不能起覺，所以不能助成外境存在。而大乘允許六識俱起，當起覺時，能、所見也要同時存在，這樣的現量，起覺是否就可以了呢？窺基於此提到意的現量是這樣的：五識俱意，若是同緣五境，就是現量，是「不起此覺」；但是，一旦意識起現覺時，必然不是同緣五境，而是落入言詮。而五識和意識的關係是：五識的生起，是由意在前引導，而使五識相續生，但此時「不假意識」。而意識起是二量所攝，同緣五境時，是不起覺，不落言詮，意識要緣心內境，才有現覺生。窺基《成唯識論述記》簡述破正量部和薩婆多的見解：

> 《唯識二十》說此頌言：「現覺如夢等，已起現覺時，見及境已無，寧許有現量」。正量部等各別破之。正量部師許境相續，諸識刹那。今破之言：五識後意緣現色等時，五識現量能見者，已滅非有。此五識後意，分別故，謂為外也，故非現證。薩婆多等色等亦念念滅，後意緣時，見及境亦已無，五識及所緣皆已滅故，如何有現覺？此中文總意含二種。以彼二宗六識不俱故。若大眾部等及大乘，諸識雖俱，然五識俱現量，意識同於五識，此二現量不分〔1〕明執，後時意識方分別執，謂為外境；現量得時，不作外解。然今此中，據自多分及就他宗說現量時，不執為外，然實五俱亦有意識妄執者也。五識相續緣色等，意與五同緣。若不執者，若聞聲等，應不執實。若五識滅方起執者，後五識生何故執斷？然但堅深可說有

> 異，非五識俱無有執也。諸處但說五識俱意識是現量，不言定爾，故不相違。由此亦無有多過失，如別抄中敘諸師說。（大正四三 · 493上-中）〔1〕明義演作別。

正量部主張「境相續，諸識剎那」，破此而說，五識後意緣現色等時，現量的能見五識已滅，而五識後意，產生分別而說為外，所以，不是現證。薩婆多是見及色等境是念念滅，後意緣時，五識的見和所緣的境都無，也不能有現覺。窺基總結：主要是二部主張六識不俱，而大眾部等及大乘是五識俱現量，意識同於五識時，是不分別執，但後意識起分別執時，意識把它看作外境；但現量得時，不會有看成外境的狀況。不過，後敘所說，似乎要說五俱也有意識妄執：五識相續緣色等，意與五同緣，如果不執，那麼聞聲時，應不執實，五識滅應不執斷，並不是五識俱沒有執，可見窺基對於五俱意沒有妄執這點是懷疑的。

### 3. 破憶持執

承窺基所述，二部主張六識不俱，所以，意識緣時，五識已成過去，或能見已無，或能、所見已無。「五識俱意」若是同五緣，是現量，是不執為外，但意識起覺會執為外。又提及五識前時，由意識所引，相續生，不假意識。不過，雖不執外，但五俱時，意識也會有執，所以，聞聲執實，這或許是意識與五識俱時的功能。除了試圖以現覺來成立外境之外，就是以意識的記憶來證明。如真諦《大乘唯識論》卷1說：

> 若人說剎〔1〕那滅，此人是時執色乃至觸已謝。〔2〕問：若非五識所量，〔3〕意不能憶持，是故五塵決定是五識所量。量者是名見，是故色等六塵說是所證。〔4〕答：是義不然。謂先已證〔5〕塵，後方憶持。何以故？如說似塵識，離色等六塵，眼等六識，似六塵起。此義如前說，從此生憶持。從此似塵識有分別意識，與憶持相應，似前所起之塵，後時得生，是故不可執：由憶持起，謂先以識證塵。（大正三一·73上）〔1〕那＋（剎那）【宋】【元】【明】【宮】。〔2〕〔問〕－【宋】【元】【明】【宮】。〔3〕意＋（識）【宋】【元】【明】。〔4〕〔答〕－【宋】【元】【明】【宮】。〔5〕〔塵〕－【宋】【元】【明】【宮】。

對於主張剎那滅者，五塵已落謝於過去。有人問：如果不是五識所見，意識是不能憶持，所以，五塵決定是五識所見。但是，程序不對。因為「先已證塵，後方憶持」，要先證有外境，後才能說有憶持。這是怎麼說的呢？如說「似塵識」，因為眼等六識，離色等六塵，產生似六塵顯現，由此「似塵識」有分別意識與憶持相應，而有相似前所起之塵，後時得生。所以，不能反過來由憶持挑起，而要先以五識確實認識到外境來證明。此處關鍵是在於「似塵識」，如真諦《大乘唯識論》卷

1所說：

> 大乘中立義：外塵實無所有。若爾，云何見有外塵？為證此義故言：似塵識生故，由識似塵現故。」（大正三一．70下-71上）

要回應為什麼會見有外境存在？所以說有「似塵識」產生，是由識似塵顯現。而於此有分別意識與憶持相應，因此，對手想要透過憶持之前有五識來證明外境存在，但是，這仍是意識所為。窺基此處的解釋是說「能見此心，追憶意識，亦定是有」、「又追憶識，由曾現受，亦現量攝」，[64]但是，五識領受傳達到意識，而使之能憶持，是怎麼辦到的呢？那必須是經驗過的，而且又是現量所攝，可見即使要成立外境存在，還必須是現量。對此，論主直陳：

> 論：如是要由先受後憶，證有外境，理亦不成。

---

[64] 窺基撰《唯識二十論述記》卷2：「論：要曾現受，意識能憶，是故決定有曾受境。述曰：下破憶持，先外人救。謂彼救言：要曾過去眼等五識現受此境。今時意識方能憶持。非先未受，後意能憶。此則汎說先緣後憶。是故決定，有曾受境。顯過去世現境非無，是曾五識現所受故。論：見此境者，許為現量，由斯外境，實有義成。述曰：曾現受境，明了五識，既許非無，能見此心，追憶意識，亦定是有。彼此二宗，許曾現識，現量所攝。現量曾有境，今時方能憶。故此所緣，定心外法。又追憶識，由曾現受，亦現量攝。故知：外境實有義成。若無外境，無曾所受，無曾所受故，現量亦無。云何今時有憶持識？由斯外境實有成也。此外救已。」（大正四三．1000中-下）。

> 述曰：下破有二，初總後別，此總非也。如是要由現量，先受外實有境，後意方憶。以此道理，證離心外，境有不成。（大正四三·1000下）

這裡論主指出要由現量來說明：先受外境，後意能憶，來證明外境的存在是不成立的。為什麼呢？

> 論：頌曰：如說似境識，從此生憶念。……
> 論曰：如前所說雖無外境，而眼識等，似外境現。
> 述曰：釋初句頌。奪彼曾受，離心之外，現境之識。謂如前說，識從自種生，似境相轉等。及初論首，說識生時，似外境現，雖無外境，眼等五識，似外境現。已廣如〔7〕前。
> 論：從此後位，與念相應，分別意識，似前境現。
> 述曰：釋頌下句，奪彼憶持。謂從過去似境五識，今此後位，與別境念相應之時，有緣過去分別意識，變似前五識所緣境現，無曾現在受離心境。眼等五識，從此今時，與念相應，有一意識，緣前五識離心之境。
> 論：即說此為憶曾所受。
> 述曰：即說於此，分別意識緣曾現在，不離識境，名為憶持曾所受識。所以者何？由曾五識及同時意，緣即識境，熏成種子，今時相續，意於此位，能憶前境，名為憶持。非曾五識境〔1〕，實離於心，今時猶有意識緣之，名曾受識。

> 論：故以後憶證先所見實有外境，其理不成。
>
> 述曰：此結非也。道理既爾，故汝所說，以憶持故，證曾五識所見實有，其義不成。直以自宗，釋外所難，奪他所說，更無異理。如說汝細心，即我第八識。然舊論本，上來所說，一頌半文，異常難解，披者當知。（大正四三・1000下- 1001上）〔6〕實＝豈イ【原】。〔7〕前＋（即以所似色等五塵名現量境見彼境者說名現量無別心外色等現境後生現量）【甲】【乙】。〔1〕實＝定【甲】。

說識從自種生，識生時，是如同外境一般顯現。之所以憶持，是從過去似境五識來的。而於此似境五識後位和別境念相應之時，有曾經緣過去分別意識，應該是四種意識中的明了意識65，變似前五識所緣境顯現，應是有質獨影境，沒有曾緣過去

---

65 意識的分別意識，可參考宋・延壽集《宗鏡錄》卷68所說四種意識：「第六意識有四類：一、明了意識，亦通三境，與五同緣實五塵。初率爾心中是性境；若以後念緣五塵上，方、圓、長、短等假色，即有質獨影，亦名似帶質境。二、散位獨頭意識，亦通三境，多是獨影，通緣三世，有質、無質法故。若緣自身現行心心所時，是帶質境；若緣自身五根，及緣他人心心所，是獨影境，亦名似帶質境；又獨頭意識，初剎那緣五塵，少分緣實色，亦名性境。三、定中意識，亦通三境，通緣三世，有質、無質法故，是獨影境；又能緣自身現行心心所故，是帶質境；又七地已前有漏定位，亦能引起五識，緣五塵故，即是性境。四、夢中意識，唯是獨影境。第七識唯帶質境，第八識，其心王唯性境，因緣變故。相應作意等五心所，是似帶質真獨影境。問：三境以何為體？答。初性境，用實五塵為體，具八法成故。八法者，即四大——地、水、火、風；四微——色、香、味、觸等。約有為說，若能緣有漏位中，除

的現在經驗的離心境，即無質獨影境。(66)眼等五識就因此與念相應，透過一意識緣前五識離心之境。此時，「即說於此，分別意識緣曾現在，不離識境，名為憶持曾所受識」——由過去五識及同時意，緣現前的「即識境」，熏成種子，現在是相續。意於此相續位，能憶前境，名為憶持。而不是意識緣取過

---

第七識，餘七皆用自心心所為體。第二獨影境，將第六識見分所變假相分為體，能緣即自心心所為體。第三帶質，即變起中間假相分為體，若能緣有漏位中，唯六、七二識心心所為體。」（大正四八・798中-下）。

(66) 對於境，窺基有談到三類境，《成唯識論掌中樞要》卷1：「總攝諸境，有其三類：一者性境，諸真法體，名為性境。色是真色，心是實心，此真實法不定隨心，三性不定。如實五塵，唯無記性，不隨能緣五識，通三性故。亦不隨心，同於一繫，如第八識是一界繫，所緣種子通三界繫，身在下界，起二通時，緣天眼、耳，身在上地，眼、耳二識，見欲界境；二禪已上眼、耳、身識，緣自地境。識初禪繫，境自地繫，如是等類，亦不隨心一種所生。由見、相種，各別體故。二者獨影之境，唯從見分。性、繫、種子皆定同故。如第六識緣龜毛、空花、石女、無為、他界緣等所有諸境，如是等類，皆是隨心，無別體用，假境攝故，名為獨影。三者帶質之境，謂此影像，有實本質，如因中第七所變相分，得從本質，是無覆無記等；亦從見分，是有覆所攝。亦得說言從本質種生，亦得說言從見分種生，義不定故。」（大正四三・620上-中）。宋・延壽集《宗鏡錄》卷68：「**性境**者，為有體實相分名性境，即前五識，及第八心王，并現量第六識所緣諸實色。得境之自相，不帶名言，無籌度心，此境方名性境。及根本智緣真如時，亦是性境。以無分別任運轉故。言不隨心者，都有五種不隨。一、性不隨者，其能緣見分，通三性。所緣相分境，唯無記性，即不隨能緣見分通三性。二、種不隨者，即見分從自見分種生，相分從自相分種生，不隨能緣見分心種生故，名種不隨。三、界繫不隨者，如明了意識緣香、味境時，其香、味二境，唯欲界繫，不隨明了意識通上界繫。又如欲界第八緣種子境時，其能緣第八，唯欲界繫，所緣種子，便通三界。即六、八二識，有界繫不隨。四、三科不隨者，且五蘊不隨者。即如五識見分，是識種收；五塵相分，即色蘊攝，是蘊科不隨。十二處不隨者，其五識見分，

去的五識境。

因此，憶持是能見的五識和同時意識取境，產生種子，意於此相續位，才能記憶先前所緣境。而不是意識任意緣取過去的五識境，因為能緣取五識境，只有五識。而意識只有與五識俱，才能緣取變似五識所緣境而不是識取外境而來的。不過，上述似乎是只提到原則上的標準，而《成唯識論述記》卷2進一步以實例來說明五識和同時意識的取境：

> 又如何說長等假色，色處所收？答：由此義故，西方二釋：一云五唯緣實，五識唯現量，明了緣自相故。如色處中，唯青等實，眼識緣之。五識同時意識，明了取得長、短等故。長等假色，色處所攝。若以別根境相對，長等法處收，唯意緣故。此中所言，隨大小者，隨其顯色，大小頓變，眼識緣之，無大小解，

---

是意處收，五塵相分，五境處攝，是處科不隨。十八界不隨者，其五識見分，是五識界收。五塵相分，五境界攝，此是三科不隨。五、異熟不隨者，即如第八見分，是異熟性，所緣五塵相分，非異熟性，名異熟不隨。獨影境者，謂相分與見分同種生，名獨影唯從見。即如第六識緣空華、兔角、過未，及變影緣無為，并緣地界法，或緣假定果，極逈極略等，皆是假影像。此但從見分變生，自無其種，名為從見。**獨影**有二種：一者無質獨影，即第六緣空華、兔角，及過未等所變相分是。其相分與第六見分同種生，無空華等質。二者有質獨影，即第六識緣五根種現是，皆託質而起故；其相分，亦與見分同種而生，亦名獨影境。三**帶質**者，即心緣心是。如第七緣第八見分境時，其相分無別種生。一半與本質同種生，一半與能緣見分同種生。從本質生者，即無覆性；從能緣見分生者，即有覆性。以兩頭攝不定，故名通情本，質即第七能緣見分，本即第八所緣見分。」（大正四八・797下- 798中）。

今談之為大、小等也，意識緣之，作大小相，非五識能緣作大、小解，即是假形。色處既爾，乃至觸處，亦不緣假，唯緣本實，四大為境，不同經部。第二師云：五亦緣假，以能明了照其自相，是處自相，非事自相，亦非自相自相。處者十二處，事者謂青、黃等各各別事。自相自相者，於一青中，復有多微，一一各別。或多分段，各各有別，由如是理，故名現量。非言現量，皆是實法，無漏亦緣諸假法故。然假有二：一、無體假，二、相待假。前如忿等，後如悔等，以癡相說。長等但是相待假收，非如青等相待仍實。名之為假，體是有法。無如經部緣假之失。長等有體，依他法故，長等但是青等分位。其實五識得多青等，名緣長〔3〕等，無別緣〔4〕也，唯意得之。名緣假者，五識亦緣青分位故。故《瑜伽論》第三卷說『識變色時，隨小、大、中』，由此長等，本識亦變，此甚難〔5〕解。前解為勝，如對法第〔6〕一疏。（大正四三 · 272中）〔3〕等＋（挾實法緣）ィ【丙】。〔4〕也字袮作假。〔5〕解前＝前解【甲】。〔6〕一＝二？。

大、小或者長、短等假色，這樣假名安立的假色也是屬於色處嗎？這樣的假色是五識所緣，抑或五俱意識所緣？西方傳有兩種說法：

1.是「五唯緣實」，五識唯只現量，因為「明了緣自相」。如色處中的青等是眼識所緣，而同時意識明了取得長、短等，而且長等是屬法處收，所以，長短大小等是五俱意識明了取得。

2.是主張「五亦緣假」，因為「能明了照其自相」，是三種自相中的「處自相」。自相分三，此中的自相自相是各各有別，所以，名為現量。並不是現量都指實法，因為無漏亦緣假法的緣故。假法也分二，但即使假法也是有法為體，長等有體是依他法，是青等分位，五識緣長等也是由於意識，而名為假是因為五識也緣青分位的緣故，是色處所攝。

關於這點，遁倫《瑜伽論記》卷1還提及：

> 其長、短等色，西方兩說。一云：是假故非眼識境。一云：色處攝故，是眼識境。此長、短及與名等，雖是假有而現量境。問：若爾，何故《理門論》云：現量不依名、種境者？三藏解云：名者名、句、文身，種者同、異句。若依名、種，與所詮法互相繫屬為所緣者，即非現量。若但能緣名、句、文身所有自類，而不緣彼相繫屬境，亦有現量。是故五識雖緣長、短等假，亦是現量。（大正四二．316下）

不僅提到如前所述西方兩說，而且，更說明是由於屬色處，是眼識境，這是對於長、短和名等假有，歸屬現量境的說明。並且引用玄奘對於名等是否為現量的說明，即必須是緣名等自類而不與所詮法互相繫屬的所緣境，才能是現量。所以，五識雖緣長等假，亦屬現量。

綜合來說，正如一開始所說——五識可以總合說的要件之一——俱現量得，要如何表達現量？首先，從色等境來說，現量證時，所得是自相，所以，不執為外。因此，看成是外的時候，就不是現量。又透過憶持說明五識和同時意識取境，再經由《成唯識論述記》說明色等境是否包括長、短等假色？西方有兩種看法，一是「五唯緣實」，而五識同時意識明了取得長短等假色，所以，是五俱意取假色；另一是「五亦緣假」，是相待假，體是有法，如可緣青等分位，但長等是意識所緣。又遁倫也提及二說，更引述玄奘所說名、句等現量問題，說明只要是自類又不與所詮法互相繫屬的所緣境，都是現量，所以，名句文身或者緣長等假的分位，都是現量。不過，這西方兩說，似乎是就五識來說，但是，現現別轉的解說中，以根為現，識依為現現，在現量的說明，在根與識的關係上又如何呢？須待下個項目的釐清。

## （二）五識和五根的區別

承前所述，西方兩說都指向長等是同時意識明了取得長等假色，只是五識緣實或緣假的區別，然而不論假、實，前五識都是現量。可是識依根，為什麼不是就五根來說現量呢？唐・圓測撰《解深密經疏》卷2就提到這個問題：

問：眼等根是現量不？若是現量，如何《理門論》說：此中現量謂無分別智，若有正智，於色等義，離名種等。若非現量，何故《雜集》說云：「眼所受是見義」；《瑜伽》即云：見是現量。答：此有兩解。一云：根非現量，現量依故。《瑜伽》等云：「色根現量」。一云有二種：一是色根，如《瑜伽》第十五云：「色根現量者，謂五色根所行境界」。二即心等，如《理門論》。故說眼等亦名現量。（卍續藏經三四．676下-677上）

眼等根是現量嗎？若是現量，是否違商羯羅主《因明入正理論》所說無分別，若不是現量，為何《雜集論》、《瑜伽師地論》說眼所受是見義、見是現量。這裡已經凸顯陳那所傳和無著所傳的差異對比，要如何會通呢？圓測對此提出兩解：1.根不是現量，是作為現量所依；2.現量有二種：①色根，如《瑜伽》第十五云：「色根現量者，謂五色根所行境界」；②心等，如《理門論》。所以，總結說眼等根亦名現量。但是，如果眼等根是現量，或者是所依的話，那麼，眼睛這個器官如果損壞了，若以所見是現量，那麼，病眼所見有錯誤是否仍是現量？如圓測撰《解深密經疏》卷4：

問：翳眼、眼識見毛輪不？解云：西方諸師，自有兩釋。一安慧宗，眼等五〔1〕眼，亦緣毛輪、第二月等。故《雜集》云：迦末羅病損壞眼根，見青為黃。

護法菩薩說：眼等識緣實境起，是現量故。瞿婆論師《十二唯識》梵本記中，自有二說。一云：五識唯緣實境，是故《阿毘達磨經》云：無有眼等識，不緣實境起。意識有三種，緣實不實境。故知五識唯緣實境。一云：五識亦緣不實。是故《經》云：由亂眼根及眼識，引亂意識生，由不亂眼及眼識，引不亂意識。故知五識，見第二月及空華等。（卍續藏經三四・749下）
〔1〕眼疑根。

眼等根、識可以見毛輪嗎？西方有二釋：一是安慧認為眼等可以緣毛輪、第二月等。即使眼根損壞也可以見青為黃；二是護法認為眼等緣實境，是現量。瞿婆論師(67)提到二說：1. 五識唯緣實境起，而意識是緣實、不實境等三。2. 五識亦緣不實，由亂眼根及眼識，引亂意識生，故知五識見第二月及空華。瞿婆論師所提第一說，和窺基、遁倫所說相同；但是，第二說緣不實是前述窺基《因明入正理論疏》卷3所說「若有正智，簡彼邪智。謂患翳目，見於毛輪、第二月等。雖離名、種等所有分別，而非現量。」——已經定為「非現量」，也就是無著《雜集論》中所說「無迷亂義」，況且窺基和遁倫是說緣假色、假形和名句文身等，無寧這是假法和不實的區別。這樣一來，安

(67) 關於此人，在窺基《唯識二十論述記》卷1提到：「西域註釋，數十餘家。根本即有世親弟子瞿波論師，末後乃有護法菩薩。……合名《唯識二十論》者，帶數釋也。論如常釋，釋義及難，至文當敘。舊論但名《唯識論》者，譯家略也。」（大正四三・978下-979上）。

慧的說法是值得注意的。

最後是「有法非一相，根非一切行，唯內證離言，是色根境界」，窺基《因明入正理論疏》卷3：

> 然離分別略有四類：一、五識身，二、五俱意，三、諸自證，四、修定者。此言於色等義，是五識故。《理門論》引頌云：「有法非一相，根非一切行，唯內證離言，是色根境界」。次云：「意地亦有離諸分別，唯證行轉，又於貪等諸自證分，諸修定者，離教分別，皆是現量」。問：此《入正理》為同於彼，言於色等，但是五識，亦有餘三。答：有二解。一云同彼，於色等境，且明五識，以相顯故，此偏說之。彼論廣明，故具說四。二云具攝，言色等義，不唯五境。彼之三種，亦離名、種等所有分別，此略總合，彼廣別說。問：別明於五，五根非一，各現取境，可名現現別轉。餘三如何名現別轉？答：各附體緣，不貫多法，名為別轉。文同《理門》，義何妨〔8〕別。（大正四四．139中）〔8〕別＋（耶）ィ【原】。

以離分別來說，有五識身、五俱意、諸自證、修定等四，在《理門論》中，以「色根境界」亦即根現量來說：「有法非一相，根非一切行，唯內證離言，是色根境界」，按照智周《因明入正理論疏前記》卷3所述：

> 有法非一相者，且如色上，有苦、空、常，自、共相等，故言有法非一相。根非一切行者，且眼根但於色所見色體，不見苦、無常等，故言根非一切行，即且舉眼根作法，餘四准此應知。唯內證離言者，即此意唯內證得，其色既離其名言，即是現量得，若不離名言，即依共相轉，非現量得。（卍續藏經八六・973下-974上）

表現在作為有法之色上的相，有苦、空、常的自、共相等，因此，不是一相可以說得；而就眼根所見，不能見苦等，所以，根只能於自境而不能遍緣，其他現量亦是如此。而能得此相的只有內證，而且是離名言。

窺基表明這是根現量，於色等境，顯是五識的現量，但是以根為現是無法訴諸意、自證、定心現量，窺基對此回答說有二解：一是與五識現量相同，因為相顯，這應該是現即是量的持業釋；另一是具攝，即以離分別來說，不只五境，其他三種也是離名、種等所有分別。不過，還是會用依主釋的五根非一之「現現別轉」來審度其餘三種，窺基以「各附體緣，不貫多法」的「別轉」來回答。對於此根現量的偈頌，善珠《因明論疏明燈鈔》有更詳細的說明：

> 有法非一相等者：有法者，謂色、聲等，有無常等差別法故，是為有法也。非一相者，相謂體相，色、聲等體有眾多故。根非一切行者，根謂五識。從〔1〕依得名。謂此五識，一一唯於自境上行，故非一切。又非一

相者，謂色、聲等有法之上常、無常等，法相眾多，名非一相。非一切行者，五識但於有法中行，不於一切常、無常等法相中行。唯內證離言者，五識緣境，了自相〔2〕故云內證；不帶名言，故云離言。是色根境界者，此即指前有法自相。唯此自相，是五色根之境界也。問：五識有時貪等俱起，如何唯說名現量耶？答：由意引故，雖貪等俱，無分別故，唯現量也。故《瑜伽》言：由二緣故，諸煩惱生。一、由分別故，二、由他引故。意識中者，具二緣生，五識相應，但由他力，不由分別，無分別故。〔1〕依＝緣<甲>。〔2〕故＋（故）<甲>。（大正六八 · 421上）

有法就是色、聲等，有無常等差別法，法相眾多，名「非一相」；五識為根，是以所依得名，五識一一於自境上行，不於一切常、無常等法相中行，名「非一切」。前兩句是同於智周，但善珠更說明五識緣境，了自相所以名「內證」，不帶名言，所以名「離言」。色根境界就是五色根境界，是有法的自相。此中關鍵是在於標示現量是在自相上說，不是在根，也不是在識，雖然自相是產生於識。

而後述五識有時貪等俱起，仍不礙是現量，因為貪等是由意識所引，而且五識無分別，不會有由分別而起的貪。淨眼《因明入正理論後疏》也有提到關於五識現量是證自相境：

眼等五識及阿賴耶識，若定、若散、若因、若果、若漏、若無漏，皆現量攝。以離名言、種類分別，證自相境故。問：五識煩 與無明俱，既違境起，何名現量？答：煩 自緣順、遠境起，終不違色等。謂非色等，違順、遠邊，自是無明，稱色等邊，終是現量。(68)末那散位見分，唯是非量。自證、證自證分，一向現量，以內緣離分別故。若在定位，一向現量，平等性智，唯內證故。（卍新纂續藏五三・898上）

眼等五識和阿賴耶識是現量，是由於離名言、種類分別，證自相境。但是，照尋常來說，五識煩惱與無明俱，違境生起時，如何名現量？只要滿足「稱色等邊」，終是現量。第七末那散位見分是非量，自證、證自證是內緣離分別，所以一向現量。而在定位，由於內證，所以是現量。

了自相的「內證」和不帶名言的「離言」。可以對照梵文PSV1.5如下：

**dharmiṇo 'nekarūpasya nendriyāt sarvathā gatiḥ /**
對具體事物的多種形式而言，是不可能在各方面被感官認識到。
**svasaṃvedyam hy anirdeśyaṃ rūpam indriyagocaraḥ //5//**
色法的確是自我認知認識的對象，是不能言說的，是

(68) 有另本「煩惱自緣順違境起，終不迷色等，謂非色等。迷順違邊，自是無明；稱色等邊，終是現量。」（《後疏》寫卷第122 行123 行）沈劍英2007：頁201。

感官認識的領域。

桂紹隆對此頌的翻譯是：持有許多屬性的基體（dharmin）不會被感官全面性的認識，僅是應被其自身所認識，無法作言語表現的色〔等〕是感官的對象。(69)亦即所有屬性並不是全屬感官知的層次，而是在感官各自的知覺領域說「境」，也可說是保有其特殊性。感官知覺形色的要件是唯其自身所認識和不能言表。"anirdeśya"不能言表，就是前述的不帶名言的「離言」，是如前述窺基《成唯識論述記》卷2所說「今緣於青，作青解者，此比量知，不稱前法」語言是一種比量推知，又說「遮餘非青之物，遂作青解」，說明語言是一種有所遮的詮釋方式，正如桂紹隆所指是陳那的Apoha理論。(70)

不過，就"svasaṃvedya"「**自我認知認識的對象**」來看，就是前述「了自相」的「內證」或「證自相境」，都指向認識自己的認識對象的情況，是不能超出五識的認識領域。即使如淨眼述及與貪等俱起，仍不礙五識是現量，因為貪等是意識所引，因此，五識只能認識色法，色法以外就不是五識認識的領域（＝自相）。而桂紹隆有提到法稱的現量是一種總體（total）的認識，是如實地——與全部的屬性俱——認識存在，這樣的說法挑起陳那的「證相」之說是什麼狀況的思維。(71)這或許是如淨眼前述三種自相中的第三自相自相，是含括

---

(69) 桂紹隆1982：頁85。
(70) 桂紹隆1982：頁86。
(71) 桂紹隆1982：頁86。

處、事自相的自相自相是現量，也是遁倫引用玄奘對於名、句等，提及只要屬自類就是現量的思維。然而，五識內證是否就是自證？與意識的自證有區別嗎？諸如此類，於下節處理。

## 三、意識的現量

五識現量藉由《唯識二十論》的「現量」一段文，引出破世人執等三個主題：1.對於想要經由現覺來證外境的世人來說，透過現覺和現量的區分，因為能起現覺說：「我今現證如是境耶」的，就不是現量，而是後念意識。因為現量證時，不執為外，是自相分，有言詮時，是於諸法共相而轉。2.對於主張六識不俱起的正量和薩婆多部來說，也是無法以現覺證外境存在，因為正量心心所法念念生滅，而色等法是一期存在，因此，意識起現覺時，五識已入過去，雖然色等存在，但能見已無。而薩婆多部認為境和心心所都是念念滅，因此，意識起現覺時，能緣、所緣境都已滅。3.即使透過意識的記憶論證，也是不行，因為必須先證明五識見到外境，才能證明外境存在，因此，採用憶持也是不行。

經由三個主題，可以推定1.能起言說是意識，2.能起現量乃至現覺必須六識俱起，3.雖然憶持必須先有五識的取境，但是，透過憶持的說明，可以看出似五識境是關鍵，而意識要如何取五識境？既然六識俱起，意識可以取境嗎？再者，經由五識和五根的分際釐清，雖然五根有緣假和緣不實的區別，但是，五識的現量境是在於識中產生的自相，要證自相境或了自相才能是現量。

五識是不起言說的離分別，而且是證自相。所以，能起分別的是意識，但是，這個過程中，先要有與五識同緣境的同時意識，亦即離分別的四類中之五俱意。五俱意的存在，如唐・普光《俱舍論記》卷7〈2 分別根品〉解「意遍知」[72]時，提及意識現量有兩種：

> 解云：此論言舉意遍知者，經部有兩解。一云如來無不定心，舉意遍知者，皆由定故能知。若依說一切有部宗，佛亦有散心，即是散心遍知無謬。問：如來散心是〔5〕現量耶？解云：若二乘散心，但是，五識無間所生意識名現量，及定心後所引意識，亦名現量。以五識緣境及定心緣境，於境分明，俱是現量。從彼所引意

---

[72] 此處關涉兩個意識都是等無間產生，而且是現量的說明。是解釋《阿毘達磨俱舍論》卷7〈2 分別根品〉的論文：「故如經部諸師所言，世尊舉意遍知諸法，非比非占，此說為善。如世尊說，諸佛德用、諸佛境界不可思議。」（大正二九・37上）。此處是解釋梵文偈頌：cittacaittā acaramā utpannāḥ samanantaraḥ / ālambanaṃ sarvadharmāḥ kāraṇākhyo 'dhipaḥ smṛtaḥ //玄奘譯是「等無間非後，心心所已生，所緣一切法，增上即能作」；和譯是「所謂等無間〔緣〕是最後以外的已經生起的心心所，所謂所緣緣〔是成為所緣的法，就意識而言〕是一切法，而增上〔緣〕被視為是指能作〔的因〕」。此處談到等無間是由前念的緣生的心所之體和生於次念的心所之體等同，而且無間隔而相續。而且《成唯識論》中也提到是自類心心所俱轉的情況下。（水田惠純等著1973：頁294-295）。

> 識，亦於彼所緣境分明，亦得名現量。如願智雖體通定、散。據散心中，所引願智知未來法者，此即名散心現量。若如來智，非定心所引，及非五識無間所生，亦是現量攝。此即經部與說一切有部不同。又解經部亦許如來有散心，若作此說，即同說一切有部。（大正四一 · 135中-下）〔5〕（現）＋現【乙】[73]。

普光（613-704）的年代正值玄奘回國，又親承玄奘傳授《俱舍》[74]，所以，應有幾分可靠性。這裡提到有人問：如來散心是現量嗎？在二乘散心中，意識有兩種情形是現量：「五識無間所生意識」以及「定心後所引意識」。而且不管是五識緣境、定心緣境，或者由此所引意識，都是以「於境分明」而說為現量。對於如來智，一切是現量是經部與有部不同。但是，若經部許如來有散心，就和有部相同。不過，就散心來說，所謂現量就是**五識、五識無間所生意識、定心、定心後所引意識**。在窺基所說的同時意識、五俱意之外，又多了普光所說的「五識無間所生意識」，而且普光沒有談到諸自證的自證現量。

對於五俱意和自證，1980年永富正俊（Masatoshi.

---

[73] 此版本是【原】平安時代寫長承四年覺樹校石山寺藏本，【甲】天永四年寫東大寺藏本，【乙】元祿十五年版本。

[74] 宋贊寧等撰《宋高僧傳》卷4：「初奘嫌古翻《俱舍》義多缺，然躬得梵本，再譯真文。乃密授光，多是記憶西印薩婆多師口義，光因著疏解判。」（大正五十 · 727上）。

Nagatomi）提及意現量和貪等自證是表示同一意現量的「認識對象」和「自證」的二面性。桂紹隆對此也提及這個解釋是需待梵文釐清以及漢譯的解明。(75)首先，從玄奘《因明正理門論本》的譯文來看：

> 意地亦有離諸分別，唯證行轉。又於貪等諸自證分，諸修定者，離教分別，皆是現量。又於此中，無別量果。以即此體，似義生故，似有用故，假說為量。若於貪等諸自證分，亦是現量，何故此中，除分別智，不遮此中自證？現量無分別故。但於此中，了餘境分，不名現量。由此即說，憶念、比度、悕求、疑智、惑亂智等，於麁〔4〕愛等，皆非現量，隨先所受，分別轉故。如是一切世俗有中，瓶等、數等、舉等，有性、瓶性等智，皆似現量。於實有中，作餘行相，假合餘義，分別轉故。已說現量。（大正三二 · 3中-下）〔4〕愛＝受【宋】【元】【明】【宮】。

意有三種分別，但是，此處說意也有「離諸分別，唯證行轉」的情況，又說對於貪等諸自證分，以及修定離教分別都

(75) 這是對於「意地亦有離諸分別唯證行轉，又於貪等諸自證分，諸修定者離教分別，皆是現量。」所作的說明，意現量是難解的概念，法稱以來的佛教論理學者之間產生諸說，永富正俊的見解在當時是新解，桂紹隆也對此提出這個解釋需要梵文，以及漢譯「又」這個接續詞的解明。以上參見桂紹隆1982：頁87。

是現量。定義現量為「離分別」，但是，用這個定義來看待意識，陳那PS1.6指出有“artha”五識心王的認識對象和“rāgādisva” 欲望等心所的認識本身：

> **mānasaṃ cārtha-rāgādisva-saṃvittir akalpikā / (6ab)**
> 而且意〔識〕是指對外境對象的〔心王〕認識以及對諸如欲望等〔心所〕的認識本身的認知，是擁有脫離概念分別的特質。

意識的認識有對外境對象的認識，亦即五俱意；以及對欲望等認識本身的認知，亦即貪等自證。再加上定心現量，因此，置於意識項下有三：1.五俱意，2.貪等自證，3.定心現量。不過，意識現量會有三個，或許和意識取境有關，護法等造・玄奘譯《成唯識論》卷3提及：

> 意識取境，或因五識，或因他教，或定為因。（大正三一・17上）

窺基對此的解釋是《成唯識論述記》卷4所述：

> 意識取境，凡有三因：或因五識，隨緣五塵；或因他教，別生解故；或定為因，境界殊妙。（大正四三・364下）

意識取境有三因：五識、他教、定，而對於五識所取境，慧沼《成唯識論了義燈》卷1引述三藏法師有關三類境一偈，說此現量境為「性境」，不過，此一講述三類境之「性境不隨心」的頌文型態，確實是出現在窺基《成唯識論掌中樞要》，但不見於玄奘譯本。文中說明性境是從實種生，有實體用，能緣心可以得其自相。如第八所變五塵境是實種生，又是因緣變，所以名性境。而且眼等五識及俱第六，現量得境自相，此相分就是性境。而此性境有四種不隨能緣：同善染性、同一界繫、同一種生、是異熟。並提及「雖五識身無記性者，緣五塵境，其性雖同，而相、見分各守自性，不是隨彼能緣心故，方成無記性」。[76]——因此，意識取境是有五識作為因，而現量所取的是性境，而且性境不隨能緣，相、見分各守自性。

因此，不管是梵文或者意識取境三因，都顯示在意識下，有三個現量，所以，就依此三項來探討：五俱意、貪等自

---

[76] 慧沼《成唯識論了義燈》卷1：「三藏法師以為一頌顯此差別云：『性境不隨心，獨影唯從見，帶質通情本，性種等隨應。』釋此頌文如《樞要》說。以義稍難，故更廣之。先定性境，後顯不隨。何名性境？從實種生，有實體用，能緣之心得彼自相，名為性境。如身在欲界，第八所變五塵之境，以實種生，復因緣變，名為性境。眼等五識及俱第六，現量緣時，得境自相。即此相分，亦是性境。相從質故，餘法准知。如此相分有四不隨。一、不隨能緣同善、染性，二、不〔1〕從能緣同一界繫，三、不隨能緣同一種生，四、不隨能緣是異熟等。於中雖有與能緣心同界、同〔2〕姓，是境自性。不由能緣心力，是此性、界地等，名性境不隨心。且如五識通三性，相、質俱無記，不從於五亦通三性。餘准知之。雖五識身無記性者，緣五塵境，其性雖同，而相、見分各守自性，不是隨彼能緣心故，方成無記性。餘皆准知。」（大正四三・677下-678上）〔1〕（定）＋從【乙】。〔2〕姓＝性？。

證、定心現量。

## （一）五俱意

意識現量是與五識同緣境，意識不能直接緣五境，但是，五識與意識之間是如何傳遞？從梵文整理的雙重行相“dvirūpatā”來看，五識也是帶著境相，才能讓意識也有對境。如PSV1.11ab所述，我們的認識是“dvirūpatā”是指兩組認識：（一）以色等為對境之認識對象的顯相和認知此對境的認識本身的顯相；（二）與（一）的認識對境行相一致的認識顯相和認識本身（二）的顯相。因此，五識有色等對境之認識對象的顯相，意識才會有「與（一）的認識對境行相一致的認識顯相」。而意識的認識呢？依陳那PSV1.6ab的長行說明：“anubhavākārapravṛttaṃ是以經驗行相產生”，勝主慧解釋「通過感官認識而產生經驗行相，也就是出現，就叫做以經驗行相產生」，而這個行相是經由帶有對境行相的「認識手段」所產生。在漢傳系統下的意識現量，也將按照1.五俱意的認識，2.意識的認識對境等兩方面來進行處理。

### 1. 五俱意的認識

關於意識的認識是著重於與五識同境的五俱意，現量的五俱意，按照玄奘譯《因明正理門論本》是「意地亦有離諸分別，唯證行轉」，但是，只憑這段文是無法了解意識的認識是如何為現量的，加上主張六識俱起，所以，意識現量以五識同時意識或者同緣意識來思維，既然不是薩婆多的緊鄰五識後念起，那麼，現量是落在率爾、尋求、決定、染淨、等流等五心中的哪個呢？綜此來說，對於五俱意的認識將從成立五俱意的成立開始，進而處理「唯證行轉」，最後是五心。

**（1）五俱意的成立**

既然以五識為因，意識與五識的關係，依窺基在《成唯識論述記》卷4所述，意識與五識應該同緣現在境：

> 論：又緣五境至五識俱故。
>
> 述曰：二非六識也。今汝以意為五識依，明了意識，應以五識為俱有依，必與五識〔2〕同緣境故。
>
> 論：若彼不依至勢力等故。
>
> 述曰：不然，即有不明了失，與五相望可為例故。如《瑜伽論》五十五說：有分別心、無分別心，同緣現在境。由三因故，一、極明了等。若彼意識，不依五識。亦應不與五識為依。五、六相望，勢力等故。五識賴意引而方生，意識由五同而明了故。（大正四三·383上）〔2〕同＝因【甲】。

依上所述，意作為五識依，不過，意也必以五識為俱有依，與五識同緣境。否則，會有不明了的過失。要明了就必須同緣現在境，依《瑜伽師地論》所說，同緣現在境必須具備三因——「極明了故，於彼作意故，二依資養故」77——所以，意和五識在互依的關係下，五識由意識所引，與意識同緣現在境而明了。而就此同緣現在境，要更進一步定位五俱意。窺基在《成唯識論述記》卷7提及有關五俱意的五番問答如下：

① **無間緣是多識俱生**

不定說無間緣只有一識顯現相續生，因為主張多識俱生，雖於現在緣多，但是，能各相望引多識的結果產生。如諸緣具足，眼、耳等識相繼生起，是《瑜伽師地論》卷51證明阿賴耶識的八種證明中的最初生起證。⑱而且五識生起是諸緣相

---

⑰ 彌勒說・玄奘譯《瑜伽師地論》卷55：「問：有分別心、無分別心，當言同緣現在境耶？為不同耶？答：當言同緣現在境界。何以故？由三因故。謂極明了故，於彼作意故，二依〔5〕資養故。」（大正三十・601中）〔5〕資＝次【知】。對此三因，窺基《成唯識論述記》卷4：「論：次俱有依至必有彼故。述曰：此即難陀等義。於中有三。初解五依，次七、八依，後第六依。初文有二：先立宗，後引證。此立宗也。言次者，第二故。言有作是說，此不正故。此說眼〔2〕等，以第六識為俱有依，五現行時，必有彼故。何以知者？如《解深〔＊〕密經》第七十六說：『眼識俱隨行，同時同境有分別意識轉等』。又五十五云：有分別、無分別心，應言同緣現在境，何以故然？彼自答言：由三因故。一、極明了，若不同緣，意不明故；二、於彼作意，本欲緣此故須同緣，若彼不於此同緣者，應非作意。三、〔3〕依資養，謂養五識導令生故。設雖定中，聞外聲等，意不得緣，耳不聞聲，必有意識與彼同緣，以彼劣故。」（大正四三・380中-下）〔2〕等＝第【甲】。〔＊1-1〕密＝蜜【甲】＊。〔3〕依字論作二依。

⑱ 彌勒說・玄奘譯《瑜伽師地論》卷51：「『執受、初、明了、種子、業、身受、無心定、命終，無皆不應理』由八種相，證阿賴耶識決定是有。謂若離阿賴耶識，依止執受不應道理，最初生起不應道理，有明了性不應道理，有種子性不應道理，業用差別不應道理，身受差別不應道理，處無心定不應道理，命終時識不應道理。」（大正三十・579上）。唐・惠沼述《成唯識論了義燈》卷4：「《瑜伽》八證，《雜集》引同。

似，是同時取根、境、空、明等⑲，所以，說識前後生是不應理的。⑳

頌云：執受、初、明了、種子、業、身受、無心定、命終，無皆不應理。」（大正四三・732下）。

⑲ 窺基撰《成唯識論述記》卷7：「問：何者為緣？論：緣謂作意、根、境等緣。述曰：若小乘五識有三類，即以五、四、三緣而生。今大乘稍別。眼識依肉眼，具九緣生。謂空、明、根、境、作意五同小乘；若加根本第八，染、淨第七，分別俱六，能生種子，九依而生。若天眼唯除明、空，耳識依八除明，鼻、舌等三依七，復除空，以至境方取故。第六依五緣生：根即第七也，境一切法也，作意及根本第八，能生即種子五依生。第七、八以四緣生：一、即第八，七識為俱有依，無根本依，即為俱有依故。二、以隨所取為所緣，〔1〕三、作意，四、種子，故有四緣也。或說第八依四，第七依三，即以所依為所緣故。此據正義。然若取等無間緣，即如次十、九、八、六、五、四緣而生。即所託處，皆名為緣，故有此別，故論言等。論：謂五識身至有頓漸故。述曰：但由五識內託本識，即種子也。外藉眾緣，方得現前。以雖種子恒外緣，合有頓、漸起，五或四、三、二、一識生故，或五至一生，不定故，或俱、不俱。七十六《解深〔＊〕密》說：廣惠！阿陀那為依止，為建立故。若於爾時，有一眼識生緣現前，即於此時一眼識轉，乃至五緣頓現在前，即於爾時五識身轉等，故五識由緣具、不具故，生有多少，或俱、不俱。」（大正四三・475下- 476上）〔1〕三＝二【甲】。〔＊3-3〕密＝蜜【甲】＊。

⑳ 窺基撰《成唯識論述記》卷7：「論：又誰定言至許此緣多故。述曰：下解有五，如文可知。我不定說，此無間緣，唯有一識現相續生。以我許多識俱者，許現在中，此緣多故，自各相望多緣，能引多識果起義。論：又欲一時至不應理故。述曰：此返難彼顯多識俱轉相。是五十一等八證中，最初生起證。量云：諸緣具眼識起時，餘諸緣具，耳等識亦應現起，諸緣具故，如現起眼識，此顯六識多境現前，寧不頓取諸根、境等，等取空、明等，此和合力齊大勢，六識緣合相似，汝但言識前後生，不應理故。」（大正四三・485上）。

**② 異類心王一念俱生——業用證；意與五識俱——明了證**

以心所的情況例同心王。既然共許同類心所可以在一念俱生，為何不許眼、耳等異類心王一念俱起？因為這是依一本識心，使多識俱起，就像以大海或鏡為依，使多浪、多像生起。這是八證中的業用證：

> 論：又心所性至異類俱起。
>
> 述曰：舉心所以例心王。總名心所，雖無差別，即同心所類。其受、想等功能體類別者，即共許：多心所得一念俱生，汝寧不許我心王眼、耳等異類，一念俱起？
>
> 論：又如浪像至多識俱轉。
>
> 述曰：以外喻識，如多波浪、鏡像。以一大海、一鏡為依，起多浪、多像故。依一本識心，多識俱起。此並五十一、七十六、《解深〔＊〕密》文，然有此文，此八證中，業用證也。一念之中，有四業故。而今有人云：八識不異，如浪、像故。今說不然，彼依少分相依道理為喻，非盡理故。（大正四三 · 485上-中）〔＊3-6〕密＝蜜【甲】＊。

依一本識心有多識俱起，是業用證，就像一念中，有了別器、依、我、境等四業[81]。關於多識俱起，有人認為八識可以無

---

[81] 唐 · 智周撰《成唯識論演祕》卷6：「論：又如浪、像，起一惑等者。又按《瑜伽》五十一，於一剎那而有四業。諸識不俱，四業不立。故彼

別，如依海起浪，都是水❽，所以，多識俱起也沒差別。但是此處要說八識各別，而且主要在意與五識的關係上說。若不許意與五識俱，意識取五識所緣境會不明了：這是因為對方主張五識後才生意識，但是，那會使意識好像緣過去久滅事一般不明了。這是八證中的明了證。❽

---

論云：『何故若無諸識俱轉，業用差別不應道理？謂若略說有四種業：一、了別器業，二、了別依業，三、了別我業，四、了別境業。此所了別，刹那刹那，俱轉可得。是故一識，於一刹那，有如是等業用差別不應道理』。釋曰：器世界名器，五根、扶塵及種名為依，是識因緣，增上依故。此二，第八所緣之境，末那恒計第一為我，名了別我。餘之六識，各了自境，名了別境。隨前四識，有緣境能，並名為業。其證意云：謂契經說第四了境，一識現前，刹那刹那，即四業轉，諸識不俱，便違聖言四業轉義。問：五位無心，六識不有，如何刹那四業轉耶？答：有第四業，必四業俱。不言恒時，皆四業並，故無其失。若恒時俱，但前三業。疏：此中意起至復助五生者。五俱意識而有二義：一、明了取，二、能助五。若二眼識，雖有明了，無助引生，故不為例。如定意識雖實復明了，不能助五。」（大正四三・933下- 934上）。

❽ 唐・如理集《成唯識論疏義演》卷8：「【疏】而今有人云八識不異至非盡理者，如學《楞伽》者云：八識無別，如依海水起浪，與水即無別，又如依鏡見面像，離鏡無別像也。今雖不然！經論之中，說七識依第八識，所以，舉喻如海起浪等，海浪起故，彼論依少分相似道理而說，其實八識各別。又哲法師云：汝難云：『如浪依於水，水與浪無別』，即言八識無異者，亦如有為依無為，無為依有為，無為、有為應無別。」（卍續藏經七九・452上）。

❽ 唐・窺基撰《成唯識論述記》卷7「論：又若不許至緣久滅故。述曰：又難外曰：若不許意與五識俱，第六意識取彼五識所緣之境應不明了。彼計五識後，方生意識故。今云：緣過去故。如散意識，緣久滅事，此簡宿命智，非散意識。緣久滅故，彼是明了。為不定過故。此闕有法，餘並具足。即八證中，第三明了也。」（大正四三・485中）。

### ③ 五俱意分明取五境

五俱意唯一，如何取色等多境？這是不許一念意識有五識俱生分明取五境。因為不許諸識並生者，說五識後一念意識，不能於一切時，緣五種明了境。[84]詳如唐如理集《成唯識論疏義演》卷8所述：

> 若大眾、一說、說出世、鷄胤部等，許六識並生；若餘薩婆多部、經部等，即不許六識並生。論主今對經部有宗說，取五境故。有宗經部難論主，取一或多等之義，五識後一念意識至獨頭者得者，意說有宗等，不許五識次後一念意識而得明了，緣五種境可，然彼宗中，許隨五識後，生別獨頭起意識而得五種境，有明了用。問：有宗何故不許五識後意識緣五種境得明了耶？答：有宗等說，五識後一念意識，不同一時緣五種明了境也。第一念眼識緣色境〔巳>已〕，至第二念眼識滅〔巳>已〕，即意識起，緣前色境，亦得明了。意識滅〔巳>已〕，至第三念又耳識生，緣聲境〔巳>已〕，耳識即滅，至第四念又意識生，緣於聲境，即得明了。意識若緣前眼識不緣之境，即不明

[84] 唐·窺基撰《成唯識論述記》卷7：「論：如何五俱至取一或多。述曰：第三問答。外人難曰：五俱意唯一，如何取色等多境？此外人難。不許一念意識，五識俱生者，分明取五境。非彼不許：一心〔2〕所取多境。又除大眾部等諸識俱者，餘諸識不許並生者。說五識後一念意識，不得一切時，緣五種明了境，獨頭者得。雖為此難，令大乘者，五俱意識緣五境，意亦不明了。」（大正四三·485中）〔2〕〔所〕－？。

> 了；以隔念故。意識滅〔巳>已〕，至第五念即鼻識生，緣香境〔巳>已〕，鼻識即滅，又意識生，緣前香境，即得明了。意識若緣前眼、耳二識，不緣色、聲等境，即不明了。以隔多念故。舌、身識等，皆准此知，只得一境明了，不得五境一時明了。若餘獨頭意識，緣五境即得明了。（卍續藏經七九．453上-下）

不許六識並生的薩婆多、經部等有宗認為「五識後一念意識，不同一時緣五種明了境」。但許五識後另生獨頭意識，得五境，有明了用。可見明了不明了是主要原因，而且從說第一念眼識緣色境生，第二念滅時意識起，緣前色境，一樣可以得明了，意識滅已到第三念又耳識生——可以看到即使意識生起，緣的不是眼識，而是眼識的境，這是很重要的說明。意識所緣的是什麼？是很重要的。

如果「意識若緣前眼識不緣之境」就不明了，因為「隔念」的關係；如果意識緣前眼、耳識，不緣色、聲等境，就會不明了，因為「隔多念」的緣故。薩婆多部主張只能一境明了，五境不能同時明了。因此，六識俱生是否能讓五境同時明了呢？是備受關注的，而且在主張六識俱生時，是否意識所緣就會迴避眼、耳等識呢？不過，如理《成唯識論疏義演》卷8解釋當中也有提到五俱意識緣五境，亦有不明了——

> 若大乘中，第六識與五識俱時起者，意緣五境，亦不得一時明了。如意識雖與五識俱時起，若意識與眼識

> 專注同觀色境，即得明了。意識不共耳等，同緣聲等境，意識於聲等境，即得明了。餘者亦然。雖為此難等者，意說論主雖難他云：取彼五識境，應不明了等。今大乘中，五俱意識緣五境，亦有不明了。以五識俱意，但任運緣，無深取分別故，然詳俱生與小宗別。問：如何前云：「五俱意識取五境明了」？答：但與五識同緣五境，是現量故，得明了名。不如他獨頭意識，有極明了用故云不明了也。或雖為此難者，小乘難大乘——謂小乘作此難者，欲令大乘五俱意識取境亦不明了。（卍續藏經七九 · 453下 - 454上）

即使意識與五識俱起，但是，仍會被置疑說意緣五境，不能同時明了。就像意識與五識俱起，但是，意識會隨其與某識專注同觀所緣境，才能明了，相對於此，其他識就不明了。不過，因為五俱意識「但任運緣，無深取分別故」，所以，沒有像獨頭意識的極明了用，因此，五俱意緣五境有不明了，但五俱意同緣五境是現量，所以得明了名。對此，論主回應：就像眼等識能於色等取一或二十種[85]，都不會有錯失一樣，了別一切法是意的作用，也一樣不會有錯失。因為識有見、相二分的功能，見是了別作用，相是被多識所取作用相。[86]

---

[85] 唐 · 如理集《成唯識論疏義演》卷8：「二十種者，謂青、黃、赤、白、長、短、方、圓高、下、正、不正、烟、雲、塵、霧、光、影、明、闇。」（卍續藏經七九 · 454上）。

[86] 唐 · 窺基撰《成唯識論述記》卷7：「論：如眼等識至種種相故。述曰：

**④ 五俱意具有助五識生及明了的作用**

既許八識俱起，為什麼諸識同類不俱起？論主回應：識於自己所緣境，一個就能了別，就不需要另一個。這樣的回答，必然要被追問，既然一個就能了別，為什麼還需要五俱意？

論：於自所緣至餘無用故。

述曰：論主答曰：如眼識等，於自所緣色等，一已能了，餘眼識更生，便無用故，所以不生。……

論：五俱意識至五識所緣。

述曰：此論主答。五識俱意，助五識令起。由意引五，方得生故，非專為了五所緣故；與五同緣〔3〕者，不同緣者，便不能引眼等識中，三性等生故。

論：又於彼所緣至故非無用。

述曰：此第二解。又意識於色等，能明了取，即雖現量，異於眼等識，彼不能明了分別，深取境之相故。故意助五，非無用也。既爾，即是五取不明，假意明取，何故無二眼識俱明取也？答不然！此中意起，言有二義：一、明了，二、助五。設意有明了，如定心等取，不能引五故，不可為例。以意識能明了取復助五生。

論：由此聖教至五識不爾。

述曰：此總結，意與五相異。《解深〔＊〕密》說第

---

論主喻曰：如眼等識，各於色等，取一或二十種等。既無失者，此意亦然。了一切法是其作用故，以諸識見、相二分，各有種種相故，見有分明多用，境有為多識所取作用相故。」（大正四三・485中）。

六識，為眼等識俱一分別意識，❽不說五識為分別故。雖俱現量，作用有異。」（大正四三 · 485下）〔3〕〔者〕－【乙】。〔＊3-7〕密＝蜜【甲】＊。

眼識對於自所緣，一個就可以明了，不需要再生另一個，因為沒有用。但既然五識本身就可以了別，為什麼還要五俱意？論主回應的第一解是五俱意是用來引導五識，助五識生起。若不同緣，便不能引眼等識的三性。第二解是意識於色等，能明了取，即雖同是現量，也是不同於眼等識，因為眼等識不能明了分別，深取境之相，必須靠意識。所以，五俱意對於五識是具有明了和助五識生的作用。所以，五俱意和五識雖同是現量而作用不同。而且這兩個作用都要俱有，就如定心中，意有明了，但不能引五識，就不是五俱意。

### ⑤ 多識俱起但所依根體、數異而不相應

外人問：既然多識俱轉，為何彼此不相應？因為六、七、八識的境不同，就算有少分相同，但是所依根的體和數目

---

❽ 玄奘譯《解深密經》卷1〈3 心意識相品〉：「廣慧！阿陀那識為依止，為建立故，六識身轉。謂眼識、耳、鼻、舌、身、意識。此中有識，眼及色為緣生眼識，與眼識俱隨行，同時同境有分別意識轉。有識，耳、鼻、舌、身及聲、香、味、觸為緣，生耳、鼻、舌、身識，與耳、鼻、舌、身、識〔4〕俱隨行，同時同境有分別意識轉。廣慧！若於爾時一眼識轉，即於此時，唯有一分別意識，與眼識同所行轉。若於爾時二、三、四、五諸識身轉，即於此時，唯有一分別意識，與五識身同所行轉。」（大正一六 · 692中）〔4〕俱＝具【元】。

不同，就像依眼等五根的識，按照所依根不同而有不同的識，而且彼此不相應，這是共許的。

> 論：多識俱轉何不相應？
>
> 述曰：第五外人問。
>
> 次論主答。
>
> 論：非同境故至互不相應。
>
> 述曰：謂六、七、八識有寬狹境不同故。設少分同者，眼識等彼此所依根體、數異故。謂五識依四，意識依三等，如前第四說。雖復〔＊〕想應，由四義等，〔4〕合以一義便簡之盡。謂所依根體、數異，此所依根，有二異：一、體異，眼等根體各別故。二、數異，四、三依別故。如依眼等五根之識，依體各異，互不相應，以共許不相應為例。（大正四三・485下-486上）〔4〕合＝今【甲】。

雖然六識可俱起，但是，有所依根不同，而此又有體異和數異的區別。就體異來說，五識依根體不同，就數異來說，五識依四，意識依三的不同，因此，互不相應。

按照五番問答：1.無間緣是多識俱生，2.業用證：異類心王一念俱生；明了證：意與五識俱，3.五俱意分明取五境，4.五俱意具有助五識生及明了的作用，5.多識俱起但所依根體、數異而不相應。由此可以了解五俱意的成立，是在無間緣的異類心王俱生的背景情況下，因為助五識生及明了的作用，使得分明取境；雖然無間緣多識生的，但是，五識與意識的所依根體和數不同，所以不相應。

五俱意是因為助五識生、與五識同緣而明了，似乎可以對比於《瑜伽師地論》所提同緣現在境的三因：極明了故，於彼作意故，二依資養故。遁倫《瑜伽論記》卷15有說明此三因：

> 今此第一因既云極明了故，如緣現在故，得有明了；非五識有緣過去故，復得明了。第二因，與五同時；既於五境作意，故知亦緣現在。第三因，二依資養者，眼識有四依根，意識有五依根，四與眼同，第五加自。此謂意識依自根及眼根二依資養，方能緣現在。若唯依一自依，則緣境不明了。此據散非定境內。此依眼為門，取境名資養；非同眼識，依根名資養。又如眼等善、惡識起，必由意引方得，由意資眼識故，得有善、惡，方知意、眼同緣。（大正四二 · 639中）

所以，散心中的五俱意緣現在有三因，一是極明了，二是與五同時，於五境作意，三是意得自根及眼根二依資養，所以，可以同時緣現在。意是依眼為門，取境名資養。又如眼等善、惡識，必由意引而且由意資養，所以，眼有善、惡，由此知意、眼同緣。由此來看，明了是共同，而《瑜伽師地論》的於五境作意，以及自根及眼根二依資養似乎不同，不過，依眼為門，取境為資養，和窺基所說與五識同緣，助五識生，似乎是相同。亦即於五境作意就是與五識同緣，而二依資養是助五識生。

不過，共同的明了是不是有分別呢？唐・窺基撰《瑜伽師地論略纂》卷14提及：

> 如《集量》、《理門論》云：『五識唯現量，同時意識亦爾』。今此中五識，雖明了現量，不名有分別，不與尋、伺等相應故。第六雖與五同緣現量，名為分別，以與尋、伺相應故。若同緣現在，可得明了；若彼五識後意識，則不明了，緣過去故。如緣百千劫事，則不明了。如第五十一卷中破。（大正四三・198下）

雖然五俱意與五識同樣是現量，[88]但是，分別與否，端看有否

---

[88] 同樣的有：遁倫《瑜伽論記》卷17：「問：如散心，準定心〔1〕二有五識者，與意識同緣不？答：不也。以取明了境，必現量故。若有別緣者〔＊〕，則違《集量論》等，五識、同時意識是現量過〔2〕量過。以散心位，識不堅，五識不起則已，若起，必同時。不同定中聞強盛境故，耳識能緣。意識堅住一境故，不與同緣。備等述：西方二解。一云：爾時耳識，無同緣意識。意識不移前定境故。但由耳識聞聲，引彼意識，次念出定。一云：爾時意識，正緣定境，兼亦緣聲。今謂五識，亦與意識同緣一境。」（大正四二・704上）〔1〕二＝亦【甲】。〔＊7-12〕則＝即【甲】＊。〔2〕〔量過〕－【甲】。新羅・太賢《成唯識論學記》卷4：「測云：幾種意識得與五識？解云：率爾、染淨、等流。而非尋求及決定心，彼二唯緣過去境界，非現量攝。五俱意識，唯現量故。基云：《集量論》等，五俱意識是定現量者，必同緣故。五俱之意，亦無法執等。以此為證。三藏云：五俱意識，三性不定，現非量等，亦非一定（三藏為勝，如本母釋。然《集量論》是現量者。且說初起，同緣率爾也）。」（卍續藏經八十・113下）。唐・靈泰撰《成唯識論疏抄》卷9：「疏：《集量論》說，五俱意識必現量故者，此論文不盡理。五識俱時意識許通現量、比量二量故。」（卍續藏經八十・525下）。

與尋、伺等相應。即與尋、伺相應則有分別，反之，則不名有分別。所以，五識不與尋、伺相應，以是不名有分別，而五俱意不能說無分別，而應是與尋、伺相應而有明了分別[89]。但是，若是五識後意識，就不明了。

綜合言之，意識取境有三因：1.五識，隨緣五塵，2. 他教，別生解故，3.定，境界殊妙。以五識為因，意和五識在互依的關係下，五識由意識所引，與意識同緣現在境而明了。依《瑜伽師地論》所說，同緣現在境必須具備三因——「極明了故，於彼作意故，二依資養故」，幾乎對應五俱意的作用：助五識生、與五識同緣而明了。

**（2）唯證行轉**

玄奘《因明正理門論本》說「意地亦有離諸分別，唯證行轉」，智周《因明入正理論疏前記》卷3解釋：

> 次言意地至唯證行轉者，如何者是？且約散位，意地所緣現量，第六識與五識同時，及第八識二種離諸分別，唯證自相行解而轉，故名現量。（卍續藏經八六・974上）

五俱意是「第六識與五識同時」，但是，按照前述五俱意的五

[89] 關於尋伺與五識俱的問題，唐・如理集《成唯識論疏義演》卷7有提及：「非直義通大等者，小乘有宗：尋伺與五識俱，以三分別中，許有自性分別故。」（卍續藏經七九・393上）。

番問答來了解，是以等無間緣的方式呈現。而唯證行轉是「唯證自相行解而轉」，不過，不太能理解「行解而轉」。但，這個說法圓測也有說，如明詮《因明大疏裡書》提及：

> 言：意地亦有離諸分別，唯證行轉者。西明云：五識同時第六意識及第八識，如是二種，離諸分別，唯證自相行解而轉，故名現量。第七識中，若有漏者〔23〕皆我故，皆非現量，非量所攝。若無漏者，雖是現量，在定位故，此中不說云云。文軌師云：阿賴耶識了境自相，雖是意地現量所收，然非大、小乘，內、外兩道所同許故。此中〔24〕所為現量，若對大乘自宗，第八即是〔25〕意地現量所收云云〔26〕（大正六九 · 237下）〔23〕皆＋（執）<甲>〔24〕所＝不取<甲>〔25〕〔意地〕－<甲>〔26〕云云＋（言：諸修定者，離教分別者，文軌師云：「若生得惠及闕恩惠帶故，緣故了共相境，即非現量，若修惠中一向離教，緣自相故，即是現量云云。備云：緣至教時，許名屬義，或義屬名，云：「教分別」也。若現量智，名義不相屬著，各別緣故，云：「離分別」也云云。）九十二字<甲>

依上述來看，圓測也是有說「唯證自相行解而轉」，也提到文軌之見，阿賴耶識了境自相，雖是意地現量所收，但不是內外道所共許。註中也提到文備所說現量智，離分別是「名義不相屬著，各別緣故」。淨眼《因明入正理論後疏》：

> 第六意識，若在定位，一向現量。若在散位，與率爾五識，同時任運緣境，是現量攝。以離名言、種類分別，緣自相境故。（卍新纂續藏五三 · 898上）

對於意識如何是現量？「唯證行轉」是很重要的真相披露。顯然，淨眼的說明比智周清楚，意識除了定位一向現量，在散位的現量，是「與率爾五識，同時任運緣境」，所以，意識現量是與五識的初心率爾同時緣境，此時因為「離名言、種類分別，緣自相境故」，所以，是現量。善珠《因明論疏明燈鈔》卷6末：

> 次言：意地亦有離諸分別，唯證行轉者。釋云：此明五識同時意識，與五識同境，內證離言，亦是現量。若薩婆多等，不許六識同時而生，即以隣五意識，是其現量。阿賴耶識了境自相，雖是意地現量心收，然非大、小二乘，內、外兩道所同許故，此中不取，以之為量。……故知此中，總對諸宗，不攝第八。若對大乘自宗，第八即是意地現量所攝。（大正六八 · 421上-中）

與五識同時意識，是與五識同境，是內證離言，因此是現量。相對於此，有部等不許六識同時生，而許「隣五意識」為現量。可見「隣五意識」不是六識俱生者所同意的現量。不過，阿賴耶識了境自相雖是現量，但這件事是不被共許。藏俊《因明大疏抄》提及：

> 《定賓疏》五云：論曰：意地亦有乃至唯證行轉。述曰：第二散意現量也。此文意：辨五識同緣所生意地，自有兩義。一者無分別，同於五識，為不共緣。二者雖與五識同緣，不妨同時即作共緣，起假分別，安立名言，既非純是現量所攝，故云：亦有唯證現境行相而轉也。第七執我取非量境。非此所論。第八能於種子、有根身、器世間等三種境中，以為現量，亦是意地，故亦攝之也。（大正六八・760中）

定賓同樣主張第八識於三種境是意現量，不過，很特殊的是「五識同緣所生意地」有兩種：一是無分別，同於五識為不共緣。二是與五識同緣，作共緣起假分別，安立名言，這種情況並非純是現量。是不是現量，應是明確而不含糊，所以，說「亦有唯證現境行相而轉也」，亦即「唯證行轉」應該是唯證現境的行相。

綜合而言，對於意識會有現量，是與五識初心同時，而「唯證行轉」正是說明意識如何顯是現量。從圓測和智周「唯證自相行解而轉」；淨眼的「與率爾五識，同時任運緣境，是現量攝。以離名言、種類分別，緣自相境故」；善珠的「五識同時意識，與五識同境，內證離言，亦是現量」；定賓的「亦有唯證現境行相而轉也」來看，意識現量是與率爾五識同緣現在境，此時證自相境、離言。對照梵文所述：

> **mānasaṃ cārtha-rāgādisva-saṃvittir akalpikā / (6ab)**
> 而且意〔識〕是指對外境對象的〔心王〕認識以及對諸如欲望等〔心所〕的認識本身的認知，是脫離概念構想。
> **mānasam** api rūpādiviṣayālambanam avikalpakam anubhavākārapravṛttaṃ
> 即使是意識，也是取色法等〔感官的〕對境作為認識對象，是脫離分別想像，是以經驗行相產生，

對照漢譯來看，會談到自證、定心現量應是梵文長行的說明。如「離諸分別，唯證行轉」應該是對應於“avikalpakam anubhavākārapravṛttaṃ”，所以，「唯證行轉」就是指「以經驗行相產生」，就是親證自相。

（3）五心

淨眼《因明入正理論後疏》提到「率爾五識同緣意識」是現量，率爾是心識對於對象會順序產生五心之首，即卒爾（一作率爾）、尋求、決定、染淨、等流五心，既是對於對象，所以，八識都有，但有全或缺。慧沼《大乘法苑義林章補闕》卷8提及八識和七識：

> 謂卒爾、尋求、決定、染淨、等流五心。總而言之，

> 五心皆通現、比二量。若別別說，廣恐繁雜，但約識辨心，量隨識易了。約識辨者，第八因位，唯有三心：卒爾、決定及等流心。異界初生，及後情現，有卒爾故。其決定心有其二義：一云即此心位，有決定心。不同於五，由意尋求及決定〔巳>已〕，方行染淨。無染淨心，非善惡故。一云初剎那心，但有卒爾，異熟性劣。又約義辨，初名卒爾，次尋求等。第二剎那亦有二說：一云約義辨心，初名卒爾，創過境故。第二剎那，方名決定。即此〔巳>已〕後，性更無別，隨前性生，名等流心。不同五識，於決定時，性未定故。……更有異解，繁不能敘。第七有漏，唯有四心。異界第八，創初遇故。雖新遇境，即執為我，我見相續，故不尋求。於卒爾心，得有決定及染淨心。亦據義說，非卒爾心，不執為我，不爾，我執有間斷故。（卍續藏經九八・62下-63上）

雖然談的是第八和第七識，但是，因為我們探討的是意現量的問題，因此，只處理與五識有關的。第八識只有卒爾、決定、等流三心，決定心有二義，其一是即卒爾有決定心；此義不同於五識，由意識的尋求及決定後，才有染淨。其二是初剎那心，只有卒爾。此外，第二剎那亦有二說：其一是第二剎那是決定，即此已後，性無有其他，隨前性生，名等流心。不同於五識在決定時，性未定。第七識有漏位，只有四心，由於「我見相續」，所以，沒有尋求。至於第六識卻只有短短一行：

> 其第六識，佛果同前，因位皆有通漏、無漏。五識因位，但有二心，除中三心性。不推境故無尋求，無尋求故無決定，無分別故無染淨。故《瑜伽》第一云：「由眼識生，三心可得，如其次第。即卒爾心、尋求心、決定心。初是眼識，二在意識，決定心後，方有染淨，此後乃有等流眼識善不善轉。」既說決定心後，方有染淨，此後乃等流，眼識明唯有二。有義：五識亦有染淨，自無分別成染淨故。《瑜伽》第一，不說五有，從他所引，得有染淨。故《瑜伽》說，此染淨心，由二緣故，一、先所引，二、由分別。有義：五識可具有五。說尋求心與欲俱轉，五識欲俱，希望境故，得有尋求。雖自無分別尋求，而有任運尋求，或無計度尋求，亦有分別尋求。說五識俱有分別惑，由意引故。不爾，五惑不通見斷。……《瑜伽》說，貪等分別俱生，通五受故。又五由意引，意識尋求，五識不可即在決定、染淨、等流。若即在後，應非意引。既由意引，隨意尋求等，五識心亦爾，亦不可言。雖言尋求，五猶卒爾，境非新遇故。……既知心之通局，可悉二量之有無。（卍續藏經九八·63上-64上）

雖然第六識只說因位通漏、無漏，不過，意識穿插其間，不難理出頭緒。依前述所說，五識生起後由意識尋求、決定，才有染淨，以及五識在決定時，性未定。下述再論五識：五識因位，只有卒爾和等流，因為「不推境故無尋求，無尋求故無決定，無分別故無染淨」。就如《瑜伽師地論》第一所說，眼識產生有三心，卒爾是眼識，尋決和決定在意識，決定心後才有染淨，之後才有等流。因此，眼等識只有卒爾和等流。圓測也有提及這個說法。[90]

有說：五識亦有染淨，自無分別成染淨故。按照《瑜伽師地論》，五識是從他所引，才有染淨。又染淨心，由先所引和由分別等二緣所成。此外，有說：五識全具五心。尋求與欲俱轉，五識與欲俱，由希望境而有尋求。雖然五識無分別尋求，但由意引，所以，五識俱有分別惑。按照《瑜伽師地論》所說，因為通五受，貪等分別俱生。又五識由意引，隨意識尋求等，五識也是隨意識尋求等，不可在其後，不過，雖說尋求，五識還是卒爾，因為境不是新遇的。不過，五識由意識引，而有染淨，又隨意識尋求等，應該是與《瑜伽師地論》卷3所說有關：

> 又一剎那五識身生已，從此無間必意識生。從此無間，或時散亂，或耳識生，或五識身中隨一識生。若不散亂，必定意識中，第二決定心生，由此尋求、決定二意

---

[90] 唐・圓測撰《解深密經疏》卷1：「解云：依《瑜伽論》且約六識分別五心，故彼第一卷云：『復次，由眼識生，三心可得，如其次第。謂卒爾、尋求、決定心。初是眼識，二在意識。決定心後，方有染淨，此後乃至等流眼識善、不善轉。而彼不自由分別力，乃至此意不趣餘境。經爾所時，眼、意二識，或善或染，相續而轉，如眼識生，乃至身識亦爾。』解云：五中，初後通六，次三唯意。又前三是無記，後二通善惡。（卍續藏經三四・590中）。

識故。分別境界，又由二種因故，或染汙或善法生。謂分別故，〔又>及〕先所引故。意識中所有，由二種因，在五識者，唯由先所引故。所以者何？由染汙及善意識力所引故，從此無間於眼等識中，染汙及善法生，不由分別，彼無分別故。由此道理，說眼等識，隨意識轉。如經〔5〕言：起一心〔6〕若眾多心。云何安立此一心耶？謂世俗言說一心剎那，非生起剎那，云何世俗言說一心剎那？謂一處為依止，於一境界事，有爾所了別生，總爾所時名一心剎那。又相似相續亦說名一，與第二念極相似故。（大正三十・291中）〔5〕言＝有【宋】【元】。〔6〕若＝苦【元】。

從「一剎那五識身生已，從此無間必意識生」來看，五識身無間使意識生，已經載於《瑜伽師地論》所傳。不過，若是無間散亂，或耳識生，或五識身中隨一識生。若不散亂，就是意識尋求、決定心生。[91]分別境界是由分別和先所引等二種因成染或生善，而五識就是由意識先所引。那是透過染及善的意識所引，無間於眼等識中，產生染及善，而不透過分別，因為五識是無分別。由此道理，說眼等識隨意識轉。而於此轉問如何安立此一心？是要說明眼等識隨意識轉，並不是以生起剎那來

---

[91] 唐・圓測撰《解深密經疏》卷1：「又卒爾五識後，必有尋求心，尋求心後，或散不散。散即復起卒爾五識，不散即起第三決定，乃至等流。」（卍續藏經三四・590中）。

看，而是以「一處為依止，於一境界事，有爾所了別生，總爾所時名一心剎那」，又「相似相續亦說名一」——所以，不能以生起剎那來看眼等識隨意識轉，而是總此緣境一事說為一心。[92]將八、七、六、五識與五心的關係羅列如下：

| | |
|---|---|
| 八識 | 只有卒爾、決定、等流。初剎那有二：卒爾有決定心或者只有卒爾。第二剎那有二：決定已後，性無其他，隨前性生，名等流心。 |
| 七識 | 因為我見相續，所以，只有卒爾、決定、染淨、等流。 |
| 六識 | 尋求、決定、染淨。五識身無間使意識生，此中若是無間散亂，五識身中隨一識生；若不散亂，就是意識尋求、決定，由意識所引產生染及善。而眼等識隨意識轉是以總此緣境一事說為一心。 |
| 五識 | 1.是由意識的尋求及決定後，才有染淨；五識在決定時性未定。五識因位只有卒爾和等流。因為不推境故無尋求，無尋求故無決定，無分別故無染淨。如《瑜伽師地論》說眼等識只有卒爾和等流。<br>2.五識由意所引而有染淨。<br>3.五識全具五心：尋求與欲俱轉，五識與欲俱，由希望境而有尋求，由意引而俱有分別惑。按照《瑜伽師地論》所說，因為通五受，貪等分別俱生，又五識由意引，隨意識尋求等，五識也是隨意識尋求等，不在其後。 |

依上表可知，意識在五心中，只有中間的尋求、決定、染淨三心，五識只有前後心的卒爾和等流。慧沼以識來說明五心，窺基《大乘法苑義林章》卷1再述及五心是何量所攝的說明：

---

[92] 窺基《瑜伽師地論略纂》卷14：「論云：又如是言由一淨心等，乃至當知此中，依轉所攝，相續心由世俗道名發一心者，此中據緣事竟，隨多少剎那量，名為一心，非唯一剎那心名一心，是此中意也。此即如本地第三卷云：起一心若眾多心等是。」（大正四三·198中-下）。

> 第十一何量所攝者。因中五識，或四或二，或許五心，皆唯現量，緣現世境。果中五識所有四心，亦唯現量，緣三世境，有義亦緣非世之境。第七因位許有三心，皆非量攝。本質境及影像，唯現在行相，非世境轉，果位有四心，皆唯現量，通緣三世及非世境。第八因果，俱唯現量。在因緣現在，果緣三世及非世境。第六意識定位，五心皆唯現量，通緣三世及非世境，若在散位獨頭，五心通比、非量，通緣三世及非世境。行相亦作世、非世解。《瑜伽論》說：意識散亂，率爾墮心，緣過去者，約五後意，多分緣故。與五俱意所有五心：有義唯現量，作證解故，陳那菩薩《集量論》，說五識俱意是現量故，設五俱時，緣十八界，亦現量攝，隨五現塵，明了取故。有義不定，性尚不同，何況現量。《集量》不說五俱之意，唯是現量，何得定判堅執、比度，既許五俱，定唯現量，於理未可。故五俱意，義通現、比及非量攝，通緣三世及非世境。若緣一境，與五一俱，率爾、等流，定唯現量。中間三心，不與五俱，通比、非量，剎那論之，緣過去境。《瑜伽論》言：五識無間所生意識，尋求、決定，唯應說緣現在境者，此依分位事緒究竟，名為現在。（大正四五 · 257下-258上）

五識因果中的五心皆是現量，因中緣現世境，果中緣三世境或非世之境。第七識因位三心是非量攝，但果位四心皆唯現量，通緣三世及非世境。第八因果俱唯現量。

第六意識若在定位，五心皆是現量；若在散位獨頭，五心通比量、非量，二者皆通緣三世及非世境。按照《瑜伽師地論》所述「意識名率爾墮心，唯緣過去境；五識無間所生意識，或尋求或決定，唯應說緣現在境」93，意識散亂率爾墮心緣過去的，是五識後的意識。而五識無間所生意識是指尋求、決定二心，只緣現在境。而提及「與五俱意所有五心」有二說，一是唯只現量，因為「作證解」之故，這是陳那《集量論》，五識俱意是現量之故，若五俱時，緣十八界，亦是現量攝，因為「隨五現塵，明了取故」。94另一是主張不定，認為此時五識和意識的三性都可以是不同，何況現量，因此，主張五俱意是義通三量，通緣三世及非世境。就緣一境來說，率爾、等流是現量，中間三心不與五俱，是通比、非量，剎那論之，是緣過去境。由此看來，與五俱的意識是在中間三心，而此五心，《集量論》是主張現量，而另一是通三量。

而後述所提「五識無間所生意識」的尋求、決定，「唯應說緣現在境」，只是依分位事緒究竟名為現在。對於「五識無間所生意

---

93 彌勒說・唐玄奘譯《瑜伽師地論》卷3：「又意識任運散亂，緣不串習境時，無欲等生，爾時，意識名率爾墮心，唯緣過去境。五識無間所生意識，或尋求或決定，唯應說緣現在境。若此即〔7〕緣彼境生。」（大正三十・291中）〔7〕緣＝終【宋】。又唐・圓測撰《解深密經疏》卷1也提及：「又意識卒爾，自有二種。一、五識同時卒爾意識，二、獨頭意識卒爾墮心。故《瑜伽論》第三卷云：『又意識任運散亂緣不串習境時，無欲等生。爾時，意識名卒爾墮心，唯緣過去境。五識無間所生意識，或尋求、或決定，唯應說緣現在境，若此即緣彼境生』。」（卍續藏經三四・590中）。

識」這段文，唐・遁倫集撰《瑜伽論記》卷1提及玄奘所說：

> 三藏解云：西有三說。初師云：意識率爾，唯緣過去曾所緣境。若從五識無間所生意識，尋、決二心，唯應說緣前五識所緣種類現在境。若此尋求、決定二心則緣彼境生。次最勝子難前師云：如佛菩薩神通等心，任運而起率爾之心，或緣現在，或緣未來而言率

---

94 對於意識或許應該有兩解，如唐・慧沼撰《大乘法苑義林章補闕》卷8：問：諸門中，第六意識，於一剎那，緣十八界。意識爾時，為現為比？答：有二解。一云通二，五識同緣，即現量心；緣五根邊，即是比量。不可五根發現智知。違論文故。問：如何二量同一心生？答：見分有多。《成唯識論》第七卷云：見、相俱有種種相轉故。若現、比二量得並生，斷、常二見應但起。答：二執堅猛相違不並生。二量非執現、比得俱起。一云不定，隨五境勝，意隨彼引，縱緣五根，亦是現量。若意境雖設五同緣，意唯比量。若二境齊，現量力勝，意隨現量。〔9〕度殊不可同起。不同緣彼青黃等色，見相雖多，五同現、比，故不相違，得多俱起。猶如二執境，俱執為有，故得俱起。或執無時，即唯法執，無二同起。若斷、常境，執為有、無，故不俱起，二解俱難，任意取捨，或緣十八界，獨頭意識緣。若與五俱，即不通慮。若獨緣者，皆是比量，即無前妨。既無文遮，此解為勝。（卍續藏經九八・68下- 69上）〔9〕度下一有非度二字。——這裡頗啟人疑竇。既然前說五識同緣是現量，緣五根邊是比量；但是，後文隨五境勝而說「一云不定，隨五境勝，意隨彼引，縱緣五根，亦是現量。若意境雖設五同緣，意唯比量。」，因此，也不能定判五同緣是現量，緣五根是比量。其次，在這個——如何二量同一心生？——問題上，是否暗示現量和比量可以俱起？當然，回答中也說明非執現、比可以俱起，那麼，是在什麼地方說俱起呢？這裡明言以斷、常二見來例同現、比二量是不對，而是以二執境，俱執為有時可得俱起，但執無時，只有法執，二者不會俱起。由此來看，似乎就是「不同緣彼青黃等色，見相雖多，五同現、比，故不相違，得多俱起」。而這將留待往後研究再議。

> 爾任運心，唯緣過去者，不〔5〕緣故，意識任運率爾之心，通緣三世及非世法。從唯緣過去下，乃明五識後尋求、決定二，意識緣過去五識所緣境生。此應長牽其文屬下，言唯緣過去境，五識無間所生意識，或尋求、決定也，由追緣五識所緣境故，唯緣過去境生。或時緣五識所緣境種類境者，唯應說緣現在境。第三師云：意識率爾，唯緣過去境，以緣不明了故。次起五識與五識同時分別意識，或尋五境，或定五識，既與五識同時意識，故唯應說緣現在境。若此五識同時尋求、決定意識，則緣彼五識曾所緣境生。此言無間者，由與五識同時，親依五識生，故緣無間。此是同時無間，非前後無間也。（大正四二・333下-334上）〔5〕緣＝然【甲】。

當時就傳有三說。1.意識率爾緣過去曾所緣境，「五識無間所生意識」的尋求、決定二心，是緣「前五識所緣種類現在境」生。2. 意識率爾心通緣三世及非世法。五識後尋求、決定二心是緣過去五識所緣境生，或緣「五識所緣境種類境」是指緣現在境。3.由於緣不明了，所以，意識率爾只緣過去；次起的與五識同時分別意識，既是同時，所以，唯說緣現在境，此二心緣五識曾所緣境生。這裡的無間是「同時無間，非前後無間」。此中，意識率爾心看起來是緣過去境或者曾所緣境，尋求、決定二心是緣現在境，只是「所緣種類現在境」、「所緣境種類境」的用詞很怪，圓測也提到第一說的「前五識種類現在境」[95]。對此，窺基《瑜伽師地論略纂》卷2提到：

> 唯緣過去境五識無間下，此釋五識後尋求、決定，意識取前念五識本質境故，唯緣過去境。由此意識所緣前率爾境之影像，相似相續，在尋求、決定二心上現故，唯應說緣現在境[96]，即從本質，唯緣過去；若從影，唯緣現在。其意識率爾心，緣現在境，其理何疑！總說緣過去，便招妨難，故應長讀，唯緣過去下文，攝屬尋求、決定二心，其緣現在，亦屬二心，義道便遠，亦無妨難。若此緣現在境心，即緣彼過去境生，故通二世，本質、影像，有差別故。染淨、等流，必隨前轉，故知二心，亦緣現在。餘世五心，復亦不定。（大正四三・21下-22上）

意識散位獨頭的五心通比量、非量，但五俱意的「五識無間所生意識」呢？意識率爾心是緣過去呢？還是緣現在境呢？按照

---

[95] 唐・圓測撰《解深密經疏》卷1：「釋家四說。一云意識任運，不依前三心次第，故名散亂。汎爾漫緣不串習境時，有五遍行，無別境五，爾時，意識名卒爾墮心，唯能緣過去曾所緣境。若說五識無間所生意識，或尋求心，或決定心，唯應說緣前五識種類現在境。若此尋求、決定二心，即緣彼五識種類境生。餘三師說，如五心章。」（卍續藏經三四・590中- 591上）。

[96] 彌勒說・玄奘譯《瑜伽師地論》卷3：「又意識任運散亂，緣不串習境時，無欲等生。爾時意識名率爾墮心，唯緣過去境，五識無間所生意識，或尋求或決定，唯應說緣現在境，若此即〔7〕緣彼境生。」（大正三十・291中）〔7〕緣＝終【宋】。

《瑜伽師地論》，率爾心是取前念五識本質境，是緣過去境；而由此率爾境之影像相似相續在尋求、決定（、染淨）等二心上顯現，即從影像來說，就是緣現在境；染淨、等流隨前轉亦緣現在。五心由於本質和影像的差別，所以說通二世。若以表列八識、五心配三量：

| | |
|---|---|
| 八識 | 因果俱唯現量 |
| 七識 | 因位三心是非量，果位四心皆唯現量，通緣三世及非世境 |
| 六識 | 一、定位：五心皆是現量；散位：獨頭五心通比量、非量，通緣三世及非世境。《瑜伽師地論》說意識率爾唯緣過去境，五識無間所生意識，或尋求或決定，唯應說緣現在境。與五俱意一起的五心，1.有唯現量，因依證解故，此如陳那《集量論》都是現量，因為隨五現塵，明了取故；2.有說不定，主張義通現、比及非量攝，通緣三世及非世境。就緣一境來說，率爾、等流是現量，中間三心不與五俱，是通比、非量，剎那論之，是緣過去境。<br>┌五心現量是《集量論》<br>└五心是通三量：與五識俱的率爾、等流是現量，中間三心不與五俱，是通比、非量，剎那論之，是緣過去境。<br>二、五識無間所生意識：遁倫引據玄奘所說，西方有三說，但都指尋求、決定二心，緣過去五識所緣境生，或緣其種類境是指現在境。若詳細說明可以按照窺基《瑜伽師地論略纂》所述：意識率爾心由於本質、影像的差別而有通二世的緣現在境。尋求、決定二心，是以「前率爾境之影像」相似相續地在二心上顯現，因此，是緣現在境的心。染淨、等流隨前轉，二心也是緣現在，看來五心都是緣現在境。 |
| 五識 | 因果中五心皆是現量，因中緣現世境，果中緣三世境或非世之境 |

陳那《集量論》五識俱意是現量，因為明了取之故。或有主張

五俱意通三量，即率爾、等流是現量，尋求、決定、染淨通比量、非量，剎那論之緣過去境。不過，窺基對於「五識無間所生」的意識，以本質和影像的區別，解開五俱意緣境差別，率爾心取前念五識本質境，唯緣過去境；尋求、決定二心，是以「前率爾境之影像」相似相續地在二心上現，因此，是緣現在境的心。染淨、等流隨前轉，二心也是緣現在。除了率爾，後四心皆在現在境上，因此，「五識無間所生意識」似乎是指尋求、決定、染淨、等流。普光也提到五識無間所生意識和定心後所引意識都是現量，原因是於其所緣境分明，所以都是現量。[97]

整體來說，慧沼認為心通現、比二量，五識是卒爾和等流，也有說五心全具，因為尋求與欲俱轉，或如《瑜伽師地論》所說，是因為通五受，貪等分別俱生，又五識由意引。因此，五識或缺或全，意識則是尋求、決定、染淨。特別的是，《瑜伽師地論》提到一心剎那，不是生起剎那，而是於一境界事有所了別生，總爾所時名一心剎那。

窺基以五心配三量來說，五識因果中的五心皆是現量，

---

[97] 「五識無間所生意識」除了此處提及，還有唐・普光述《俱舍論記》卷7〈2 分別根品〉：「問：如來散心是〔5〕現量耶？解云：若二乘散心，但是五識無間所生意識名現量，及定心後所引意識，亦名現量。以五識緣境，及定心緣境，於境分明，俱是現量。從彼所引意識，亦於彼所緣境分明，亦得名現量。如願智雖體通定、散。據散心中，所引願智，知未來法者，此即名散心現量。若如來智，非定心所引，及非五識無間所生，亦是現量攝。此即經部與說一切有部不同。又解經部亦許如來有散心，若作此說，即同說一切有部。」（大正四一・135中-下）〔5〕（現）＋現【乙】。

但緣境不同，因中緣現世境，果中緣三世境或非世之境。意識定位，五心皆現量，散位獨頭通二量，皆通緣三世及非世境。但是，依《瑜伽師地論》所說，率爾是緣過去境，五識無間所生意識是尋求或決定，是緣現在境。而五俱意所有五心有二說：

1.陳那《集量論》因為作證解故，明了取境，所以，五心皆現量。

2.不定，指《集量論》不說五俱之意唯是現量，何得定判。以五俱意，義通三量，通緣三世及非世境。若就緣一境來說，率爾與等流與五俱是現量，中間三心不與五俱，通比、非量。

依《集量論》而有五心皆現量，和五俱意義通三量之別，差別主要是依《瑜伽師地論》所說，也同遁倫所提及玄奘傳西方有三說，因為率爾緣不明了，所以，只緣過去境，但是，緣現在境的，除了率爾，後四心與五識同時皆緣現在境。遁倫也談到無間是指同時無間而不是前後無間。窺基按照本質和影像的區別，率爾心取前念五識本質境，唯緣過去境，而前率爾境之影像相似相續在尋求、決定二心現，因此，緣現在境。總之，按照《瑜伽師地論》五俱意的五心除了率爾之外，後四心皆緣現在境，按照《集量論》有五心皆現量，或有不定，說五俱意，義通三量。

## 2. 五俱意的認識對境

按照前述五心可知，五識無間所生意識是指後四心緣現在境，而此境又是從意識的率爾取前念五識本質境來的，再以影像之姿相似相續在尋求、決定二心上顯現，染淨、等流又隨前轉，是與五識俱同緣境的同時意識。隋・杜順《華嚴五教止觀》卷1提過這樣說法：

> 又難曰：意識不得現量境，云何得有過去現量境耶？答：二種名俱在過去，於中有獨行不觸行差別故。……又問：分別何故不同？答曰：分別有顯了、有憶持二種不同，是故有託質影，有不託質影，分別不同故也。迷人又問曰：我唯見二種名相，汝智者見何法？答曰：智人唯見色法，不見名相，此簡名竟。次入無生門者，夫智人觀色法者，且如色法。眼識得時實無分別，不是不得而無分別。（大正四五・510下-511上）

引人注目的是，在玄奘還未傳入之前，杜順（558-641）就提到「意識不得現量境，云何得有過去現量境耶？」的問題，依前述《瑜伽師地論》所說「意識名率爾墮心，唯緣過去境；五識無間所生意識，或尋求或決定，唯應說緣現在境」，是與五心有關的疑問，但是，玄奘未譯就流傳這個說法，又加上回答「二種名俱在過去」、「獨行不觸行差別」，就更令人無解。又就分別不同來說，有顯了、憶持的不同，而致有託質影和不託質影的區別來說。又就顯了來說，「智人唯見色法，不見名相」以及「眼識得時實無分別，不是不得而無分別」，說明離名言相，只見色法，而且說明離分別是眼識得時，實無分別而不是不得才名無分別。這已經指出現量的定義，而有託質影來說明後來的「自相」。而這個託「質影」也留下問題，亦即是否就是後述的本質和影像呢？想到杜順時代，竟然有現量理論和敘述，真是太驚奇了。

玄奘之後，窺基和遁倫談到同時意識，圓測撰《仁王經疏》卷2〈3 教化品〉也提及：

> 今解色等五境，皆有二相。一者自相，即是實有；二者共相，即是假有。異生五識、同時意識，皆得自相，是現量故。後念意識，但得共相，是比量故。（大正三三．401中）

對於色等的認識對境，有自相和共相之區別。這裡是採用假實來說自、共二相，五識和同時意識得自相是現量，相對於此，得共相是後念意識，是比量。不過，看似尋常的同時意識，圓測卻從色等五境來說二相，重點不是我們的認識對象有兩種，而是色等五境有二相，因此，自相、共相是同一個對境，是相續的。更清楚說明境的，是聖天菩薩本・護法釋・玄奘譯《大乘廣百論釋論》卷5〈3 破時品〉提及「無有一義二識能知」：

> 雖許意識知五識境，然各自變，同現量攝。俱受新境，非重審知。由是故說：「無有一義二識能知」。復次，

> 亦無一識審知二義，皆實有體。所以者何？若欲作意審知前有，後境未生；審知後有，前境已滅。尚無有能審一實有，況能知二現在二境。雖俱可了，皆新受故。非重審知，緣餘境識，不能審知餘境實有。帶餘相故，猶如各別緣二境心。又審察心不能審察外境實有，帶餘相故，如新了受現在境心。（大正三十 · 210中）

雖是中觀的論典，但由護法作釋，似乎表達陳那對於五識和意識的認知關係。意識可以知五識的境，但是，是「各自變，同現量攝」。而且「俱受新境」即所緣的境是新境，意識並不是「重審知」，所以，沒有一個境被兩個識認知。

又，也不是一識認知兩個境，因為「欲作意審知前有，後境未生；審知後有，前境已滅」。雖二境都可了知，但都是新受的境，這是因為通過「帶餘相」，就好像各別緣兩境，亦即透過帶相，使二識所了就像新受境一般。——是指同一境但有變化的意思，這樣的解釋，幾乎與勝主慧所說“vikāra”（參見第二章：（2）色等對境的改變過的行相項下）一樣。

意識的認識對境是頗受注目，圓測以色等五境有二相，說明同一對境的自、共相之變化，而護法的說法以非重審境、新境來說，意識的認識對境是來自帶相。而陳那PSV1.6的解釋是：

> **mānasam** api rūpādiviṣayālambanam avikalpakam
>
> 即使是**意識**，也是取色法等〔感官的〕對境作為認識對象，是脫離分別想像，

對照勝主慧PSṬ的解釋是：

52,2 tadvaktavyaṃ kīdṛśaṃ tadityāha — **mānasamapī**tyādi /
〔陳那針對論敵〕提出解釋這〔意識〕是什麼樣的？〔陳那〕說了下面的話：「**即使是意識**」等等。
**rūpād**ayaśca te **viṣayā**śceti karmadhārayaḥ //
**色等**和這些**對境**是持業釋。
nanu ca rūpādayo viṣayā eva, tatkimarthaṃ **viṣaya**grahaṇam /
色等難道不就是對境嗎？「**對境**」這個詞到底有什麼作用呢？
anālambyamānarūpādivyavacchedārtham, na hyavijñāyamānaviṣayā bhavanti /
為了排除不是正在被感知的認識對象的色等，因為沒有被認識的對境不存在。
upacāreṇa tu tajjātīyatayā **viṣaya**vyapadeśaḥ syāt, na tu mukhyaviṣayatvam /
但是，就語言運用的層面來說，由於屬於同一類的，才可以稱呼為「**對境**」，而不是根本意義上的對境。
kasya punaste viṣayāḥ / anantaramindriyajñānasya prakṛtatvāttasyaiva /
再者，這些對境屬於哪一種〔認識〕？因為感官認識剛剛被討論過，當然屬於感官認識。
rūpādiviṣayāṇāṃ vikāro **rūpādiviṣaya**vikāraḥ, sa **ālambanaṃ** yasya tattathoktam/

> 色等諸境的改變過的行相就是**色等對境**的改變過的行相，它的**認識對象**是這個〔改變了的行相〕就被這樣稱呼。

意識的認識對象就是——屬於感官認識的色等諸境的改變過的行相——這個改變過的行相，所以，是同一個境而有變化。

杜順的說明顯然「現量」一詞，早已使用，窺基的本質和影像之說，圓測的一境有二相，護法的各自變同現量攝，俱受新境，非重審知，因為帶相的緣故，使得五識和意識好像各別緣境，而且是新境。意識的認識對境已經很清楚了。

## （二）貪等自證

自證的理論是陳那認識論的最大特色，從自證當作是認識結果，對象、手段、結果就被看成只不過是設想為同一知識的側面、要素。[98]這是由自證引出量是果，續引三分說的一路線；而自證的另一路線，就是貪等自證列為現量，是頗受置疑：「何故此中，除分別智，不遮此中自證？」亦即以概念知來質問如何是現量？或者如桂紹隆依PS1.11-12提及知識必定持有「對象認識」和「自己認識」（自證）這樣的二面性（dvirūpatā）。[99]這是從貪等現量的概念知引生對概念本身的認識，進而提及dvirūpatā。

就概念本身的認識，因為「離分別」，所以是現量。從

[98] 桂紹隆1982：頁88-89。

[99] 桂紹隆1982：頁89。

這裡也可看到自證不是現量的要件，現量的定義只有「離分別」，因為自證符合這個定義，所以是現量。不過，在這自證的說明上，還列有「但於此中，了餘境分，不名現量」這個條件，所以，只能於自境起自證。

眾賢《阿毘達磨順正理論》在根現量之外，提到苦受等心心所法對應的領納現量，普光《俱舍論記》提到五識緣境及定心緣境，因為「於境分別」，所以，都是現量，而五識無間所生意識以及定心後所引意識也以同樣理由說為現量。

又《佛地經論》引用《集量論》與自證相關的兩文：一是「諸心心法皆證自體，名為現量。若不爾者，如不曾見，不應憶念。」（大正二六・303上）[100]新羅・元曉疏並別記《起信論疏記》就引用這段文，來說現量，或許當時就是透過《佛地經論》來轉述《集量論》文。元曉也提及「《集量論》意，雖其見分，不能自見，而有自證分用，能證見分之體。以用有異故，向內起故，故以燈燄為同法喻。」依此來看，證自體似乎是指自證分能證見分之體的用。不過，「於境分別」、「皆證自體」在表示現量上，到底意味什麼？這應該從「自證分能

---

[100] 使用此說的有：新羅・元曉撰《大乘起信論別記》卷1：「如《集量論》諸說，心心法皆證自體，是名現量。若不爾者，如不曾見，不應憶念。」（大正四四・236中）。唐・曇曠撰《大乘起信論廣釋卷第三、四、五》卷3：「如《集量論》說諸心心所皆證自體，名為現量。不爾，於自心應不能〔10〕境故。」（大正八五・1135下）〔10〕境＝憶【甲】。新羅・元曉撰《起信論疏記》卷3：「《集量論》說，諸心心法，皆證自體，是名現量。若不爾者，如不曾見，不應憶念。」（卍續藏經七一・661上）。

證見分」來探查。

似乎自證分能證見分的情形，特別要在貪等自證呈顯。首先，PS1.6ab：“rāgādisva-saṃvittir”「對諸如欲望等〔心所〕的認識本身的認知」，陳那長行解釋：

> **rāgādi**ṣu ca svasaṃvedanam indriyānapekṣatvān mānasaṃ pratyakṣam.
>
> 而且對於**欲望等**的自我認知是意的直接知覺，因為獨立於感官之故。

「欲望等的自我認知」就是「貪等自證」，也是意的現量，因為不依靠感官。首先，就應該從貪等心所來看，慧沼《大乘法苑義林章補闕》卷8：

> 若貪、瞋、痴在五識者，唯是現量。若在意識，貪、瞋、痴、慢，分別俱生，皆通現、比。若與五俱，不橫計者，即現量攝。《理門論》說：遠離一切，乃至諸門分別者，是妄計分別，非即於境，分別好、惡等，亦彼所除。若不爾者，尋、伺二種，應不通現。所餘或比、非量不定。或可意識諸俱生，或與五俱者，可是現量；分別起者，亦非現量。《理門論》說：一切除分別故。二解前勝。二十隨惑，隨根本惑生，或俱或後，同於本惑，通現及比、非量不定。不定四中，悔唯比量，或復非量，不通現量。唯散意識，緣過去境故，眠唯緣現及

> 於過去。獨散意識，不明了緣，亦非現量。許通皆思善即可有比量。尋、伺二種，若在定心，一切現量；若在散心，與五識同時起者，得境自相，即是現量；緣共相境，或比、非量。（卍續藏經九八．64上）

一如前述，與五識俱的貪等心所是不會影響五識的現量，因為屬於意識；若在意識是分別俱生，通現、比，此中五俱意不橫計者是現量。根據《因明正理門論本》，要離的分別是指妄計分別，不是對境的好、惡的分別。否則，尋、伺的分別就不通現量。由此來看，是離分別而不是無分別。心所有法中的悔、眠、尋、伺四不定，通於現量有尋、伺二種，即在定心是現量，在散心位有兩種情況，若與五識俱起是現量，若緣共相境就是比量或非量。

意識的現量既然是五俱意，但心所的現量要如何呈現呢？《成唯識論述記》卷7提到在五識中產生的心所：

> 五識中嗔等，亦親不順本質境，但稱親所變相分故非遍計所執。（大正四三．493上）

又提五識中嗔等心所，說「五識中嗔等，亦親不順本質境，但稱親所變相分故非遍計所執。」——不順本質境，但是與「親所變相分」相稱，因此，不是遍計所執。可見不只心王，心所亦是如此，以稱不稱境而定。但「亦親不順本質境」是指什麼？唐・如理集《成唯識論疏義演》卷8以問答方式詳細述及：

> 五識中嗔等至故非遍計所執者，觀其疏意，但似通外難，外難言：五識中既有貪、嗔等，何非遍計？答：五識俱時貪等，雖不親稱本質，而能親稱影像相分故非遍計所執。問：如何親重境不稱本質耶？且如於非情上起嗔等，豈稱本質耶！又非情於〔已>己〕既無怨惡，又非於〔已>己〕不饒益，何得起嗔？故不稱本質也。若自所變相分，必相似也，故名現量，不得名遍計。問：五識俱貪於相分，亦有可愛非愛，亦是不稱相分，何名現量？答：設使不稱，以不堅執，不作別解故，不起計度分別故言現量也。（卍續藏經七九 · 482下）

為什麼五識中的貪、嗔等心所，不是遍計呢？雖不親稱本質，但能親證影像相分，所以，不是遍計所執。但是，為何親證「重境」不稱本質呢？（但「重境」一詞是頗耐人尋味！）不稱本質是如我們對於物品起嗔等心所，如何可稱物品本質？！因為物品之於我們既無怨也無饒益，如何起嗔？所以，不稱本質。而與相分相稱，是因為自所變相分必相似，所以是現量。很有趣的是，貪本身就有愛、惡，如何可以稱相分？即使不稱，但由於不堅執、不作別解、不起計度分別，因此是現量。對於貪等心所是否為現量？窺基《成唯識論述記》卷3說：

> 五識中貪、嗔等惑，雖染仍現量。由他引故成染，親得故現量攝 。（大正四三 · 321上-中）

以及唐・如理集《成唯識論疏義演》卷3述及：

> 五識中貪、嗔等者，意證有現量也。故五識心心所，雖通染心，然一切時現量也。由意識貪等引，故成染心；親證故是現量。故五、八識唯現，第七唯非量，第六通三量。（卍續藏經七九・155下）

雖然貪等心所與五識俱，但由意識所引而成染法，但是親得、親證，所以是現量。智周《因明入正理論疏前記》卷3說：

> 又於貪等諸自證者，問：何故唯言貪等自證，不舉餘者？答：餘者，行相顯故不論，此貪等行相隱，難知故偏明也。答：有二解。第一解云：同彼，於色等境者，同於《理門》也。以《理門》五識相顯現，故偏明之。今此亦爾，故言同彼也。第二解云：具接至不唯五境者，夫言義者，即境是也，且如意識與五識同時起，亦緣其境，不生分別，故名現量。自證者，自證分緣見分之時，亦名現量。即此見分，為自證分境也。諸定心者，在定之時，亦緣其境，雖緣境體〔巳>已〕，其定內亦名現量，故言彼之三種，亦離分別，不具例故，名為總含。（卍續藏經八六・974上）

正如智周所作的解釋，貪等行相隱密難知，它是否也像五識現量，或者五俱意，能明顯緣境，不生分別呢？從這裡來看，自證是緣見分，見分就是自證分的境。這也說明四分之說和貪等自證是相關連的。定心現量亦是緣其境，離分別。自證緣見分是離分別，就如淨眼《因明入正理論後疏》所說：

> 三、一切自證分，四者、一切定心，名離分別故。《理門論》〔27〕云：「又，於貪等諸自證分，諸修定者離分別，皆是現量。」此顯分別之心，猶如動水增減所緣，不名現量；無分別心，譬於明鏡，稱可所取，故名現量。」（卍新纂續藏五三・900中）〔27〕貪等ノ自証ノ現量，修定者ノ現量ヲ示ス。《正理門論》ノ本文。

所謂現量，就像「明鏡」，映現所取，影像明確。善珠《因明論疏明燈鈔》說：

> 又於貪等諸自證分者，釋云：一切心心所，據自證分，竝是現量。然貪等者：貪等不善心、無貪等善心，及無記等諸有分別之心，普皆等取。然前五識及散意識同緣現量，并後所說定心現量。於中雖皆有自證分，非此所說，以五識等見分，已是現量之體，豈勞別說彼自證也！故今但明貪、瞋等心，有分別故。於見分中，容可量其比量、非量，而不妨於自證分皆名現量。〔4〕兩方三釋。一云：依世親菩薩，但立二分，其貪等見分，若望心外本性相境，不相攝故，非是量攝。若望自心所

> 見影像相分，名自證分，以其見分攝相分緣，故是現量。二云：依無性菩薩，立有三分。一、相分，二、見分，三、自證分。據第三自證分，得見分自相，故是現量。三云：若依親光等，立有四分，於前三分，加證自證分。第二見分，於所現相，或倒非倒，或量非量；第三、第四：一向無倒，證其自相，故是現量。（大正六八·421中）〔4〕兩＝西<甲>。

值得注意的是，自證和其他三種的關係。倘若自證是屬於意現量，那麼，它要如何和五識、五俱意識有所區別呢？善珠說：「前五識及散意識，同緣現量，并後所說定心現量。於中雖皆有自證分，非此所說，以五識等見分，已是現量之體，豈勞別說彼自證也。」由此可見，雖然自證之外的三種現量都有自證分，但是，**貪等自證是有別於三種現量的自證分，因為五識等見分是現量之體，不須說它的自證**，否則，就像頭上安頭。因此，此處所說自證是就有分別的貪、瞋等心所來說。

西方三釋：1.世親菩薩，立有二分，貪等見分，若望心外則不是量所攝；若望自心所見影像相分，是自證分，因為見分攝相分緣是現量。2.無性菩薩：立有三分，據自證分得見分自相，所以是現量。3.親光等：立有四分，見分於所現相，或倒非倒，或量非量，但是，自證分和證自證分是證其自相，所以是現量。而很奇特的是，回應見分可為比量、非量，但自證分皆名現量——世親之說，似乎以貪等見分若望心外境，由於見和相不相攝，所以不是量來說明非量；反之，見分攝相分，屬自心所見影像相分，所以是現量，也才是自證分。而無性三分說中，也說自證分得見分自相，用現代的話來說，當你認識到內心所看到的相，那時就是自證分。又說：

> 且依陳那三分義者，前說五識及散意識，并定心中，相分為所量，見分為能量，即能量中，已成現量，其自證分，以為量果，復是現量。唯有貪等自證現量，於其門中，相分為所量，見分為能，然此能量，不名現量，有分別故，或量共相，或量非量。其自證分，以為量果，方名現量。又以貪等自證分者，亦得說言見分為所量，自證分為能量。即能量體，自是量果。（大正六八·427下）

**貪等自證之外的三種現量，是能量的見分、量果的自證分都是現量，但貪等自證是只有自證分為量果，方名現量，亦可說見分為所量，自證分是能量，能量本身就是量果。亦即能量即是果是陳那的主張，而且可為量果又為能量只有在自證分。**更重要的是，善珠說明陳那的三分義在四種現量中的情形：

| 五識及散意識、定心 | 貪等自證現量 | 貪等自證分 |
|---|---|---|
| **相分：**所量<br>**見分：**能量—現量<br>**自證分：**量果—現量 | **相分：**所量<br>**見分：**能量，不名現量，有分別故，屬量共相或量非量<br>**自證分：**量果—現量 | **見分：**所量<br>**自證分：**能量，能量體又是量果 |

四種現量都有自證分，不過，五識及散意識、定心等三種現量是見分、自證分都是現量，而貪等自證現量的見分是有分別而不是現量，現量只有作為量果的自證分，而當見分成為所量，自證分是能量又是量果[101]。對應梵文：

yadi rāgādisvasaṃvittiḥ pratyakṣam, kalpanājñānam api nāma. satyam etat.

〔反對者：〕如果欲望等認識本身的認知是直接知覺，則概念構想的了知（分別智）也是稱為直接知覺。〔陳那回答：〕確實如此〔分別心亦是直接知覺〕。

**kalpanāpi svasaṃvittāv iṣṭā nārthe vikalpanāt / (7ab)**

概念構想對於自我認知，是可以承認〔是直接知覺〕，但對於〔外在〕認識對象不是〔直接知覺〕，因為〔後者〕有分別構想。[102]

---

[101] 這有可能是善珠所提及貪等自證三釋中之一：「一云：依世親菩薩，但立二分，其貪等見分，若望心外本性相境，不相攝故，非是量攝。若望自心所見影像相分，名自證分，以其見分攝相分緣，故是現量。」（大正六八・421中）若是望自心所見影像相分的自證，是見分攝相分的情形，因此，見分是所量。

[102] 關於概念構想可以是現量這一議題，曾經很猶豫，所以請示褚俊傑老師，很感謝老師不吝示下的解答：這裡的反對意見是說，既然作為心智活動的欲望等自身認識也是直接知覺，那麼概念構想也可以稱為直接知覺，這樣就同你（陳那）所作的 定義“直接知覺是脫離概念構想的”相矛盾，因為“概念構想”（kalpanā）屬於心智活動的範疇。陳那回答說：你說的對。陳那的意思是，不管是不是心智活動，只要針對自我認知便是直接知覺，而針對外在認識對象就不是直接知覺，因為認識活動在針對外在認識對象時會產生分別構想。

tatra viṣaye rāgādivad eva apratyakṣatve 'pi svaṃ saṃvettīti na doṣaḥ.

因此，正是如同欲望等，即便針對〔外在〕對境不是直接知覺（apratyakṣa），但它是認知自身〔，所以是直接知覺〕。因此（iti），並沒有過失。

evaṃ tāvat pratyakṣam.

如是已說直接知覺。

整個頌最引人注目的，就是這個自證“svasaṃvitti”如何可以是現量？如果自證可以是現量，那麼，概念構想的了知也應是現量。這裡凸顯意識的分別思維性質如何會是現量這個問題。

這裡要說明心所的現量，是對於概念構想的認識本身而言，去認識它，就是現量，但是，若對於對境起的分別構想，就不是現量。當認識是對認識本身的認識，那就是現量。顯然漢傳已經意識到貪等自證的現量和其他三種現量的不同，是就有分別的貪、瞋等心所來說，所以，與四分中的自證分不同。而且貪等自證的自證分是能量又是果，見分是所量。

## （三）定心現量

瑜伽行者的「諸修定者，離教分別」，是入禪定境，脫離經教所傳教法，看見的僅僅是認識對象。如梵文PSV1.6cd所示：

tathā

> 同樣
>
> **yogināṃ gurunirdeśāvyavakīrṇārthamātradṛk //6//**
>
> 瑜伽行者所見，**僅僅是脫離老師言教的認識對象**。
>
> **yoginām** apy āgamavikalp**āvyavakīrṇa**m **arthamātra**darśanaṃ pratyakṣam.
>
> 即使對**諸瑜伽行者**，**脫離**經教所傳的教法，看見的**僅僅是認識對象**的是直接知覺。

對瑜伽行者而言，現量就是認識對象所顯示的，是離教分別。對於「離教分別」，窺基在《因明入正理論疏》卷3提及：

> 問：言修定者，離教分別，豈諸定內不緣教耶？答：雖緣聖教，不同散心計名屬義，或義屬名，兩各別緣，名離分別，非全不緣，方名現量。若不爾，無漏心應皆不緣教。（大正四四．139中）

所謂離教分別，是不同於散心，並不是在定中完全不緣教法。而是名義兩各別緣，名離分別。否則，無漏心也應不能緣教。慧沼《因明入正理論續疏》卷1：

> 問：言修定者，離教分別，豈諸定內不緣教耶？答：雖緣聖教，不同散心，計名屬義，或義屬名，但藉能詮，而悟所詮，然不分別定相屬義，故云離教分別；非全不緣，方名現量。若不爾者，應無漏心，皆不緣

> 教，八地〔巳>已〕去，何須佛說！（卍續藏經八六·883下）

不分別定相屬義才是離教分別，否則，無漏心應不緣教，八地已上也不須佛說法。此外，慧沼更就定心緣共相來說，如《因明義斷》卷1：

> 言定心緣得共相者，是何共相？若因明共相，違《佛地論》。《理門》亦云：「諸修定者，離教分別，皆是現量」。云何定心得此共相？故雖定心緣比量教，離分別故，不名緣共相，以不分別一因三相，貫通宗、喻，各證知故。散心不證，但隨於教，分別貫通，故緣共相，名為比量。設聖者心，知分別心，以因貫之，亦證相故，不分別故，不名緣共相。（大正四四·155中-下）

由於定心緣比量教是離分別，以不分別因三相貫通宗、喻而各證知，若分別貫通是緣共相，名為比量，而聖者心是證相不分別之故，所以，不是緣共相。圓測《解深密經疏》卷2：

> 問：八地〔巳>已〕上聞諸聖教，第六意識即是定心，如何不說是現量耶？解云：有其二義。一者現量，得自相故。或聖言量，量聖言故。問：若爾，如何陳那菩薩亦即不分別定相屬義，但立二量，謂現量、比

量。其聖言量，比量所攝。解云：二菩薩宗，其義不同，故不可會。釋文云：「陳那菩薩云：聖言量是比量者，約聖教說，故不相違。若依《顯揚》第十八，言說差別，約界分別。謂欲界中，具有四種言說，色界無覺，無推度故。無色界中一切無有（解云：於欲界中，具有見等，及四言說。於色界中，據實應有微細推度。而言無者，約麤相說。無色界中，無別三種，尋即可知。論其知體，據實亦有。以微細故，略而不說。彼無言說，義顯可知）。（卍續藏經三四·676下-677上）

八地以上聞諸聖教，意識是定心，如何不說是現量呢？就八地以上聞諸聖教來說，第六意識就是定心，怎麼不說是現量呢？這有兩種說法，一是現量，因為得自相；另一是聖言量，因為量度聖言。而這與陳那主張聖言量是比量顯然不同。不過，圓測認為不可會通兩種主張。再依《顯揚聖教論》，言說是按照三界而有差別。欲界具有四種言說，而色界約粗相說是無覺，無推度故；無色界一切無有，無言說但義顯可知。就聽聞聖教而言，是現量？是聖言量？抑或比量？可以說，當時已意識到語言在散心位不是現量，但在定心中是否可為現量的考量。關於這個問題，淨眼《因明入正理論後疏》有詳解：

一切定心皆是現量，以取境明白故。《理門論》云：「諸修定者，離教分別，皆是現量」，故知定心皆是

> 現量。問：定心緣無常、苦等共相之境，為是現量？為是比量？答：依西方諸師，有兩釋不同。一、上古諸師釋云：無勝方便緣苦、無常等果是正證，故非證量。復正体智，證得苦等真如，真如非一非多，但緣一真如，故是自相境，亦是現量。准此釋順決擇分定心及後得智緣假共相，亦非現量也。二、戒賢師釋云：若約散心，分自、共相，是二量境。若約定心，緣自、緣共，皆現量收。
>
> 今評二釋，後解為正。若依前釋，即違教理。《瑜伽論》說定心是知攝。又云：見知是現量，覺是比量，聞是教量。若說定心通現、比量，應說定心，通覺知攝，及現、比收，此即違教也。又，諸仏種智，為唯現量？為通比耶？若唯現量，應不緣瓶、衣、軍、林、舍宅等，何名種智？若許緣者，即是緣假共相，何名現量！若通比量者，諸佛種智〔□@□〕明覺照，定可比度，方乃決知故。佛之心不通比量，一切諸佛，無不定心，佛心緣假，既唯現量，故知餘定，不通比量，此即違理也。由此故知，後釋為正耳。（卍新纂續藏五三 · 897中-下）

定心現量是因為「取境明白」。定心緣無常、苦等共相，有兩釋：按照上古諸師，只有緣一真如是自相境，才是現量；而按照戒賢的講法，都是現量。淨眼也是讚同後解，因為定心若通比量，就會與教、理相違。其次，有兩番問答：

> 問：若依後釋，定心緣假共相，亦名現量者，何故此論，釋似現量中云：〔13〕「由彼於義，不似自相為境界故，名似現量」？
>
> 答：散心闇弱，取境俘識，緣假共相，必由比知。妄謂現證，故非真量。定心明白，深取所緣，縱取共相，必由現證。論約散說，亦不相違。
>
> 問：論文既云：〔14〕（→）諸修定者，離教分別，皆是現量（←）者。佛心既是定心說法，必緣其教，定心不離其教，應非現量所收。
>
> 答：佛心緣教唯〔□@□〕〔□@□〕〔□@□〕，非是籍言，方緣定境。故知望定境，終是離教也。若約散心分別現量等，即通現量、比量及非量也。此即是約定、散分別現、比二量。」（卍新纂續藏五三・897下- 898上）〔13〕《因明入正理論》ノ本文。〔14〕《因明入正理論》ノ本文。

有兩處引文，前者是《因明入正理論》，後者是《因明正理門論本》，前者定心緣假共相，後者離教分別的問題。陳那本雖然談到離教分別，但沒有談到第一重問題，可見定心緣共相的問題，是與商羯羅主本有關。第一重問題是定心緣假共相，淨眼的回應是散心緣假共相是由推論得知，但定心明白，深取所緣，縱使取共相也是由現證。第二重問題是佛心是定心說法，必緣其教，那麼，定心離教分別如何可成？對此回應是佛心緣教，不是憑藉語言來緣定境，所以定境終是離教。散心就通現量、比量及非量。善珠《因明論疏明燈鈔》：

> 問：若定心中，尋名緣火等，亦是假智，不得自相者。何故諸處皆云一切定心皆是現量？《理門》亦云：諸〔1〕離教分別，當知皆是現量攝故。又佛菩薩，後得智心，說法、聞法，竝緣名句。既不離教，何名現量？有漏定心諸處亦說：青淤等想，名分別故。既有分別行相不同，如何定心皆稱現量？答：無漏之心，雖緣教起，然離分別，無異行轉，故無漏心皆名現量。諸有相道、有漏定心，對無相智，名有分別。然於所緣，如境了別，無異行轉，故皆現量。今此中言：定心亦名假智者，緣假境故，名為假智。一切定心雖緣假境，不同比量假立一法，貫在餘法，故名現量，名得自相。既是假境，何得自相？各附體故，名得自相，亦現量收，而不得火之勢等相，故假知攝。如假想定變水、火等等者，二乘異生，作十遍處觀〔2〕者，名假想定。十遍處者：地、水、火、風、青、黃、赤、白、空、識也。觀一切法作地想，乃至觀一切法作識無遍想，此所作想，唯內心思，不能實變，故名假想。（大正六八・417上）〔1〕離教＝修定者離發＜甲＞〔2〕者＝等＜甲＞

有三個問題：定心中的假智，不得自相，如何說一切定心皆是現量？其次，離教分別是現量，但後得智心說法、聞法都要緣名句教法，如何名現量？最後，有漏定心諸處有青淤等相的分別，既有這樣分別行相不同，如何定心皆稱現量？

對此的回應是：無漏心雖緣教但離分別，無異行轉，皆名現量；有漏定心對無相智是有分別，但是稱境了別，無異行轉，所以都是現量。而定心中的假智，雖是緣假境，但不同比量假立一法貫餘法，而此假境如何說得自相呢？由各附體，名得自相。如假想定中作十遍處觀，觀一切法作地、水、火等十想，因為所想只內心思，不能實變，所以名假想。又說：

> 諸修定者，離教分別。釋云：若生得慧，及聞、思慧，帶教緣故，了共相境，即非現量。若修慧中，一向離教，緣自相故，即是現量。……文：問：言修定至何須佛說者，問：言修定者，離教分別等者，此問意云：若修定者，離教分別，八地已上，定心相續，豈第三劫諸菩薩等，不聞他受用身說法？若許聞者，諸定位中，豈離教分別耶？答中不同，散心計名屬義等者，八地已上，定心之中，聞正法時，雖緣名言及所詮義，然不執義〔10〕定帶於名，亦不謂名定屬於義。由照名、義，各別體故，能緣後智，亦緣自相，唯現量也。若不爾者，應無漏心皆不緣教，八地已上，何須佛說！（大正六八 · 421中—下）〔10〕〔定〕－<甲>。

在三慧中，聞思慧是了共相境，是非現量，修慧則是一向離教，緣自相，所以是現量。八地已上，是否也是離教分別呢？由於八地已上，定心相續，聞正法時，由於名言和所詮義，是各別體，能緣後得智也是緣自相，否則，無漏心都應不緣教，那麼，八地已上就不須佛說法了。

所以，現量要說的是，清楚的了別對境，定心也是如此，在內容上，名、義各別緣，不分別定相屬義。即使定心緣共相也是，因為證相之故，即便假想的假境，由於各附體，仍名自相。其實，這個問題應該與窺基《因明入正理論疏》卷3所述定心有關：

> 如假想定變水火等，身雖在中，而無燒濕等用。如上定心，緣下界火，雖是現量，所帶相分亦無燒濕等用。（大正四四 · 138下）

假想水、火的定中，是沒有燒熱或濕的感覺。慧沼述《因明入正理論續疏》卷1解釋此是通過假智，不同於比量：

> 設定心中，尋名緣火等，亦是假智。不同比量，假立一法，貫在餘法。名得自相，各附體故，名得自相，是現量收。不得熱等相，故假智攝。知假想定變水火等，身雖在中，而無燒濕等用。如上定心，緣下界火，雖是現量，所帶相分，亦無熱濕等用。問：若爾，實變水火地等時，心覺有熱濕等不合。雖覺暖濕等，而不分別故，得火等自相。（卍續藏經八六 · 881

上-中）

即使實變中，以不分別而說得自相。而智周撰《因明入正理論疏前記》卷3說明假智在定中，是「不得自相」，但得名現量：

> 如假想定至所帶相分亦無燒濕等用者，此意引此一段文，證彼假智在定中，雖緣名言、火等，亦是假智，不得自相，得名現量，故引此文。（卍續藏經八六·972上）

上述是因明論疏中所說的假想定的狀況，也就是引出定心現量的緣名言、緣假想火等，都是假智而不得自相，但是，得名現量。

總之，在定心現量中，有兩個問題：一是離教分別，二是共相的問題。按照淨眼來說，前者是陳那《因明正理門論本》所說，後者是《因明入正理論》所引起的問題。歸結詳述如下：

1.離教分別是頗受關注的，窺基是主張並不是完全不緣教，而是名義兩各別緣。亦即慧沼所說不分別定相屬義，否則，無漏心、八地已上不須佛說法。關於此說，圓測也有提及同樣的說明，只是舉出《顯揚》在四種言說差別上，顯然無色界已上，一切無有，如此一來，八地已上，佛說法如何表顯呢？淨眼對此回應是佛心緣教，不是憑藉語言來緣定境，所以定境終是離教。

2.就共相而言，慧沼也提及不分別因三相，貫通宗、喻，各證知所以不名緣共相。淨眼有提及兩釋不同，一是上古諸師認為無勝方便緣苦、無常等果不是現量，但證得苦等真如，是一自相境，因此是現量。另一是戒賢主張定心緣自、共相都是現量。淨眼以違教理而以戒賢為正。並以定心明白深取所緣，縱使取共相也是由現證。

3.善珠更就定心和後得智來說：(1)定心的假智不得自相，由各附體，名得自相，如假想定中作十遍處觀。就無漏心緣教是離分別無異行轉，有漏定心是稱境了別，也是無異行轉。(2)後得智有緣名句教法，由於定心相續，聞法時，名言和詮義是各別體，所以，後得智也是現量。

## 四、量和果

量和果在陳那的說明上，應該是一體兩面。如桂紹隆提及陳那的認識論特色之一，是在將認識手段和認識結果視為同一的點上，對陳那來說，是作為事實來說，只有一瞬一瞬的知識連續，將此理解為「對象認識」時，就看作「認識結果」，而着眼於與其對象的類似性時，就是看作「認識手段」。兩者可以說是一個知識所持的兩面性。[103]對於這樣的兩面性，首

---

[103] 桂紹隆1982：頁88。

先，對照兩本來看：

> 《因明正理門論本》卷1：「又於此中，無別量果。以即此體似義生故，似有用故，假說為量。」（大正三二·3中）
>
> 《因明入正理論》卷1：「於二量中，即智名果，是證相故。如有作用而顯現故，亦名為量。」（大正三二·12下）

量果的說明在陳那本是「又於此中，無別量果」，商羯羅主是「即智名果」，因為證相的緣故；而量在陳那本是「似義生故，似有用故」，商羯羅主「如有作用而顯現故」。但是，「又於此中，無別量果」中的「又於此中」是指什麼？而「即智名果」是因為證相，但證什麼相呢？當然，兩本論都提到量果成為量的說明，也是被注目的焦點。於此，窺基《因明入正理論疏》卷3提到伏難：

> 述曰：第四明量果也。或除伏難：謂有難云：「如尺秤等為能量，絹布等為所量，記數之智為量果」。汝此二量，火無常等為所量，現、比量智為能量，何者為量果？或薩婆多等難：我以境為所量，根為能量——彼以根見等，不許識見，故根為能量——依根所起心及心所而為量果。汝大乘中，即智為能量，復何為量果？或〔3〕諸外道等執：境為所量，諸〔4〕識

為能量，神我為量果——彼計神我為能受者、知者等故——汝佛法中既不立我，何為量果？智即能量故。（大正四四 · 140中）〔3〕〔諸〕ィ－【原】。〔4〕識＝智ィ【原】。

依上所述，雖有三問，但也足見當時對於能量、所量、量果的形式，似乎已達共許，所以，才會逼問：量果是誰？將此三難問羅列於下：

1.若以尺秤等度量絹布的實例來說，是否應該有火無常的「所量」和二量智的「能量」之外的第三為「量果」呢？
2.薩婆多等是以境為「所量」，根為「能量」，依根所起心及心所是「量果」。相對於此，大乘既然以心、心所的智為能量，那麼，又以誰為量果呢？
3.外道等認為境是「所量」，諸智為「能量」，神我為「量果」，而佛法不立我，又以智為能量，誰要擔負能受者、知者的「量果」呢？

能量、所量、量果的形式似乎是達到共許，於此慧沼《成唯識論了義燈》卷3提及佛教內相傳有六師不同：

就此能量、所量、量果別中，相傳解云：有六師別。一云覺天說：根為現量，惠為能量，境為所量，根是

> 量果。二云妙音師：根、境同前，能量取識。三云法救師：能量〔2〕惠及識，餘如前說。此皆顯故名現。四云經部：根、境、識和合生法，名之為現。根、識為能量，境為所量境，還以根、識為量果。五云犢子部：以神我現量，諸心、心所為能量，神我為量果。六云成實師：以心所中受、想之用為能量，境為所量，識為量果。更當撿文，方可為定。（大正四三·723下-724上）〔2〕惠＝思ィ【原】。

慧沼此處所引六師，與窺基所引小乘五部的現量之說對照來看：

| 窺基 | 薩婆多的世友：以根名見，根體是現量，以顯現義是根義／持業釋 | 法救：識名見，能量境故，識是現量／持業釋 | 妙音：慧名見，能量法勝，是名現量／持業釋 | 正量部：心心法和合名見，合名現量 | 經部：根識和合，假名為見，假能量境，假名現量 |
|---|---|---|---|---|---|

| 慧沼 | 覺天：根為現量，惠為能量，境為所量，根是量果 | 妙音：識為能量，境為所量，根是量果 | 法救：能量是惠及識，境為所量，根是量果 | 經部：根、境、識和合生法，名之為現。根、識為能量，境為所量境，還以根、識為量果 | 犢子部：以神我現量，諸心、心所為能量，神我為量果 | 成實師：以心所中受、想之用為能量，境為所量，識為量果 |
|---|---|---|---|---|---|---|

覺天、法救、妙音三人在「境為所量，根是量果」上，有相同

之處；而不同在於「能量」，就如世友、法救、妙音在以根、識、慧名見之現量的不同主張，覺天、法救、妙音有惠、識、惠（＝思）及識。是如出一轍。

其次，犢子和正量部似乎有相同之能量，成實師以受、想心所為能量。但是，經部之說倒是和陳那之說有些類似，在現量之說上，還不見其類似，但是，在三分說上，就顯出其類似之處，亦即以根、識為能量，又以之為量果的形式。因為陳那也是主張量即是果。如接續窺基前文所述，對於三分必須獨立的說法，論主作出回應——

> 論主答云：於此二〔5〕量，即智名果。即者，不離之義，即用此量智，還為能量果。彼復問云：何故即智復名果耶？答云：夫言量果者，能智知於彼，即此量智，能〔6〕觀、能證彼二境相故，所以名「果」。彼之境相，於心上現，名「而有顯現」。假說心之一分，名為能量，云：「如有作用」。既於一心，以義分能、所故，量果又名為量。或彼所量，即於心現，不離心故，亦名為量。以境亦心，依二分解。或此中意，約三分明。能量見分，量果自證分，體不離用，即智名果，是能證彼見分相故。相謂行相體相，非相分名相。如有作用而顯現者，簡異正量。彼心取境，如〔7〕日舒光，如鉗鉗物，親照〔8〕境故。今者大乘依自證分，起此見分取境功能，及彼相分為境生識，是和緣假，如有作用。自證能起，故言「而顯

> 現」，故不同彼執直實取。此自證分，亦名為量，亦彼見分，或此相分，亦名為量，不離能量故，如色言唯識。此順陳那三分義解。（大正四四．140中-下）
> 〔5〕量＋（中）ィ【原】。〔6〕觀＝親ィ【原】。〔7〕日＝月ィ【原】。〔8〕境＝執ィ【原】。

窺基在解釋《因明入正理論》「即智名果」上，解說「即」是「不離」之義，這是很特殊的解法，就連三分的說明，也是以「體不離用」、「不離能量」的概念來說明。其次，稱為量果，是「即此量智能觀、能證彼二境相」，應該是指「證相故」，但要如何說為量呢？這必須從「如有作用而顯現」來解開。

所以，此段文除了提及「即智名果」，是因為「證相」的緣故，還有「如有作用而顯現」被說為量，並且以「如有作用而顯現」來區別與正量部主張的「彼心取境如日舒光，如鉗鉗物，親照境故」之不同。對於能觀、能證二境相的「量果」和境相於心上現名而有顯現的「能量」的關係，窺基有四說，表列如下：

| 一分：<br>於一心，以義分能、所 | 二分：<br>以境亦心，依二分解 | 三分 | 正量部 |
|---|---|---|---|
| 1.量果：此量智能觀、能證彼二境相故名「果」<br>2.境相：於心上現，名「而有顯現」 | 所量於心現，不離心故名量 | 能量：見分<br>量果：自證分 | 彼心取境如日舒光，如鉗鉗物，親照境故 |

| 3.能量：假說心之一分，名為能量，云：「如有作用」<br>4.因為於一心，以義分能、所，所以，量果＝量；或彼所量，即於心現，不離心故，亦名為量。 | | 體不離用，即智名果，能證見分行相。<br>相：行相體相，非相分名相。 | |
|---|---|---|---|

相較於上表所列，窺基提到順陳那三分義解：

| 1.依自證分起見分取境功能；相分是為境生識，兩者是和緣假是「如有作用」，自證能起，所以是「而顯現」。 |
|---|
| 2.自證分、見分、相分也都是量，因為不離能量故。如「色言唯識」。[104] |

按照窺基所述，可以看到認識結果的「量果」和認識手段的「量」，分別以證相和如有作用而顯現，而且也引入一、二、三分說。因此，能量和量果之間的關係：1.證相為果，2.三分說。不過，三分說是立基於兩種行相，亦即見、相兩種行相下產生，而且兩種行相是基於兩種所緣，以兩種所緣作為背景。所以，加入3.兩種所緣・行相，而且PS1.10的三分偈頌之後，陳那緊接著說“atha dvirūpaṃ jñānam iti kathaṃ pratipādyam.”「那麼，如何說明認識具有雙重行相呢？」，勝主慧PSṬ77,3解釋陳那意圖雙重性被證明時，自證也會被證明。所以，以下循序來處理三項：證相為果、三分說、兩種所緣・行相。

[104] 智周《因明入正理論疏前記》卷3：「如色言唯識者，此意唯識中，境、心及識皆名唯識。舉喻成意者，顯自證、見分、相分等，皆名為量。」（卍續藏經八六・978下）。

## （一）證相為果

「證相為果」是依商羯羅主本，窺基在「即智名果」上，已經說明是以智證二境相，但是，證相之說，如智周《因明入正理論疏前記》卷3所說，是現、比量的境：

> 〔2〕親能明證彼二境相，所以名果者，彼二者，即是現、比量境是也。所以名果者，即此智望能量度境邊，即名能量。彼更有智起，即前能量境智即名果，故言『所以名果』。（卍續藏經八六·977中）〔2〕親能明證今疏作能觀能證。

這個過程中，有兩層認知，一是「能量」，表示「能量度境」，二是「彼更有智起」能量「境智」名為果，亦即此果是有智生起，來了知前一個所了知。而證現、比量境，亦即自、共二相，如淨眼《因明入正理論後疏》卷1說：

> 論曰：於二量中，即智名果，是證相故者。述曰：……謂二量中，智最為勝，同聚心等，總就智名。智之見分，名為能量，智自證分，名曰量果。見分、自證，用別体同，故言即智名為果也。是證相故者，現、比二量，如其次第，是證自相、共相境故也。（卍新纂續藏五三·901中-下）

以智為最勝，又以「同聚心等」[105]，見分和自證同緣，總以智來命名。此中，以智之見分為能量，智之自證分為量果，見分和自證分是「用別體同」。而「證相」是指證自、共相境。

證自、共相就是證相，就如同PSV1.9cd一般，通過顯相達到認識，是與外境論者達到共許之說：

**viṣayābhāsataivāsya pramāṇaṃ, (9c-d1)**

對這個認識而言，只有對境顯相的事實，

tadā hi jñāna-svasaṃvedyam api svarūpam anapekṣyārth**ābhāsataivāsya pramāṇam**.

那麼，儘管認識是自我認知認識的對象，也是自身行相，〔這點是瑜伽行派的觀點，〕關於此點，暫且擱置。〔我們來探討與經量部可以共同達成的認識：〕所謂**認識僅僅是**指具有認識對象的**顯相**。

yasmāt so 'rthaḥ

因為這個認識對象是

**tena mīyate //9//**

通過它的顯相而被認識到。

---

105 關於同聚心等，詳述如窺基《成唯識論述記》卷2：「立比量云：『同聚心所，非心親所緣，與心自體異故。如餘眼根等，非所取法』。此有二說。一說：設佛鏡智能現智影，自相應法亦非所緣，以自證分緣自體盡故，亦成遍智。見分之境，心等必同，自證分境，許各別故。第二師說：鏡智相應心・心所法，亦許相緣。此但遮親，不遮疏也。於見分上，佛現彼影，名遍智故。然一一自證分，與相應法見分同境，名同所緣，非要皆見分，方同所緣故。又遮親所緣，〔2〕非即許彼為疎所緣，因明法爾。」（大正四三・294中）〔2〕非＋（不）【甲】。

通過顯相而被認識到，勝主慧解釋此句是陳那說明有效性原因——「被認識到就是被確定」（PSṬ72,10），並不是由對象來決定認識，而是通過顯相來確定認識。詳細說明，就要待下節分述。

## （二）三分說

量和果的關係上，窺基在果亦說為量的這部分，引進三分說等。應該有三段敘述：「以即此體似義生故，似有用故，假說為量」和「如有作用而顯現故，亦名為量」，另外，就是順陳那三分義解的「此自證分，亦名為量，亦彼見分，或此相分，亦名為量，不離能量故，如色言唯識」。但是，大部分都是混合三者來談。而且因明著疏，都是就窺基所說加以發展，所以，循此來看。不過，由於以陳那三分說為主，因此，以下將區分成兩部分：1.一分說和二分說，2.陳那的三分說來處理。

### 1. 一分說和二分說

一分說和二分說，是和所量、能量、量果相關，而量果與量又似乎有一體兩面的關係。量果是認識結果，漢傳是以「如有作用而顯現」來說為量，智周《因明入正理論疏前記》卷3對此的解釋：

> 疏：既於一心義分能、所者，前有智起，於境量度，正是量體，即名所量，量所量故，此理審後智即前，

> 即名量果，即名能量，雖即名果，亦名為量，亦者以智亦智，故言一心義分能、所。
>
> 既於一心義分能、所者，心上所變相分，雖是所量，然不離心能變，心等名為能量，俱在心故，故言一心義分能、所。審或此望安慧一分義，義分能、所者，安慧於自證上，假立見分名能取，假立相分名所取，此二皆不離自語故。
>
> 審或彼所量，即於心現者，所量者，即境是也；即此境不離能量心，故得量名也。以境亦心者，前即因果亦量智，今此即境亦智，智者即前能量境邊智，智體即量者是，非是果智，即境亦心，不亦果智心，前量體心，故言以境亦心即此上成，依二分解。（卍續藏經八六・977中-978上）

依上文來看，智周解釋「於一心義分能、所」有前後之別，是前智量度境為量體，又以此量體為所量，後智量所量為量果，此量果亦名能量，所以，果亦名量。因此，說「亦者」是「以智亦智」。又以心等為能量，心上所變相分是所量，不離心能變，這樣的「能、所量俱在心」，所以，稱為「一心義分能、所」。而安慧的一分說是在這個基礎上，於自證上假立見分為能取，假立相分為所取。

二分說是所量也就是境，顯現於心，此境不離能量心，所以，得量之名，說「以境亦心」，對比於「因果亦量智」的一分說。善珠《因明論疏明燈鈔》的說法：

答云：夫言量果至亦名為量者，明立一分師義也。即此量智，親能明證彼二境相等者，謂現量證諸法自相，比量證諸法共相。自、共二相是所量，二量之體為能量，即此能量證二相智，自照明白為量果故云：「是證相故」。此二量體無實作用，但所量境相，於能量心上顯現，假名為量。譬如眾色於鏡上現，假說鏡照，即是心之一分，如有能量之用，故言「如有作用」。心之一分，如有所量顯現，故云「而顯現故」。既於證相一心之義上，有此能量、所量之義。故此證相量果，亦名為量也。或彼所量即於心現等者，此立二分師義也。問：何以得知是二分師義？答：軌師疏中，述上說已。別更解云：〔1〕若立二分者，本質為所量等，故知上文是一分師義。其上所說，與此疏意，其旨無別，故知上所說，一分師義。上文云「既於一心義分能、所」，明知安惠義，安惠於自證上，假立見分，名為能取；假立相分，名為所取。若立二分者，本質為所量，相分為能量，見分為量果。或可相分為所量，見分為能量，即此見分審決明白為量果。今云「彼所量」者，或是本質，或是相分。既云「於心現」，故知相分也，以之為勝。若本質者，「不離心故，亦名為量」。前云「是故量果，亦名為量」者，以果亦智也。今云「以境亦心」者，即境亦智，智者即前能量。（大正六八 · 425下-426上）〔1〕〔若〕－<甲>。

善珠清楚區別二分：1.夫言量果至亦名為量者，明立一分師義也；2.或彼所量即於心現等者，此立二分師義也。就一分師義來說，果能證現、比二量的自、共二相，二量之體是能證二相的能量，即能量證二相智，自照明白是量果。能量其實並沒有賦予作用，但是，所量境相在能量心上顯現，好像心之一分有能量之作用，所以說「如有作用」，而心之一分，就像所量顯現，所以說「而顯現故」，即是於證相上說一心，有能量、所量之義，所以，證相的量果也名為量。

其次，立二分的是窺基文中所說：「或彼所量，即於心現，不離心故，亦名為量。以境亦心，依二分解」，善珠於此，說有兩種形式：一是以本質＝所量，相分＝能量，見分＝量果，二是相分＝所量，見分＝能量，見分審決明白是量果。依此來看，沒有自證分，只有見、相分，而且，見分是能量或者量果。亦即所量是指「不離心故，亦名為量」的本質或者「即於心現」的相分，而此處正是指相分。二分說「以境亦心」來看，說即境亦是智，智是能量；對比於一分說「是故量果，亦名為量」，是以果也是智來說。

**2. 陳那的三分說**

對於三分，窺基在自證分為量果時，表示不是如「證相」是證自、共相，而是證見分行相。在量果為量上，窺基仍是以如有作用而顯現來說。透過自證分為果和果為量表現陳那的量＝果之見解，此中是涉及三分說。然而，在漢傳系統下，由三分轉向四分，又會有什麼轉變呢？循此將區分三部分來看：自證分為果、果為量、三分說到四分說的過渡。

**（1）自證分為果**

善珠《因明論疏明燈鈔》在解釋窺基《因明入正理論疏》卷3：「或此中意，約三分明：能量見分，量果自證分，體不離用，即智名果。是能證彼見分相故，相謂行相體相，非相分名相。」（大正四四・140中-下）時，說此句是陳那的主張：

> 文：或此中意至相分名相者，此述立三分，陳那菩薩義也。天主既依陳那造論，唯自證分，名為量果，〔2〕由未〔3〕建第四分故，故云：「能量見分，量果自證分，體不離用，即智名果」等。問：豈二量果，唯智自證，何故但說智名果耶？答：此有二解。一云：由智用勝，就智彰名，果實通取諸自證分。二云：諸心心所，自證分體，證見審決，總說智名，故無有失。是能證彼見分相故者，即釋論文：「是證相故」。何故二量即自證分名量果者？即釋成云：謂由二量證自體分，是能證智，二量見分自體相故，故名〔4〕果量。又解：是能證知二量見分之自體相，故名量果。此後解意：是能證分自體相故，故自證分說名量果。有說：自證是能證知自、共相故者，非也。聖說後二，名內分故。若體若緣，俱名內故，若證自、共，名緣外故。若許緣外，應外分故，由是應知：前

> 解為正。或依世親，說證二相，亦無過失，彼不立有自證分故。今此依陳那作論，故不取也。相謂行相體相，非相分名相者，若自證分緣見分時，即緣行相，非境相分也。約用有二：一者本用，二者末用。言本用者，除自證分，餘之三分，名為本用，見分緣青等，隨境有多，緣用亦多，是名末用。今云體相者，本用見分，名為體相。（大正六八 · 426上-中）〔2〕〔由〕－＜甲＞〔3〕建＋（立）＜甲＞〔4〕果量＝量果＜甲＞。

善珠說明此處是陳那的三分說，自證分要說為量果，是體不離用，即智名果。在二量果中，即智名果有二解：一是就智用殊勝，以智來彰顯，而實際上，是果通取諸自證分；二是諸心心所的自證分體，證見審決，因此，以智總說。而「能證彼見分相故」是解釋「是證相故」。而二量即自證分說為量果有兩說：一是由二量證自體分是能證智，或者證知二量見分之自體相，才說為量果，即自證分說為量果。雖有二說，但證見分行相是相同的，但自證不能證自、共相，因為自證緣見分時，是緣行相體相，而非相分。還有另個原因是證自、共相是緣外，但自證是緣內。不過，若依世親，沒有自證分，卻可以說證二相。重要的是，善珠說陳那主張的自證分緣見分的行相，而不是緣境相分。談完體之後，就用來說，有本用或末用，本用是見、相、證自證分，末用是見分緣青等。而「體相」就是本用見分。關於證見分，智周《因明入正理論疏前記》卷3提及：

> 或此中〔已>已〕下據三分別可解相，謂行相體相非相分，有此意即自證分緣見分之時，但緣行相，非是有疑境相分也。問：見分為行相，其理極成，見分為體相，稍違常說，共以自證為體相故。答：若言體相見分，即非不無體相，見分亦得無形體故也。（卍續藏經八六・978上）

據三分來解，自證分緣見分時，只緣其行相。不過對於行相體相，有不同看法：見分是行相是共許的，但體相應該是屬自證。對此的回應是，體相見分，也是可以得無形體，對於「體相見分」，智周要說的是，這個體相是顯現的行相，亦即不涉形體。

在以自證分為量果上，除了PS1.9d所述，通過顯相，就是陳那在PSV1.9d的長行說明：

> yathā yathā hy arthākāro jñāne pratibhāti śubhāśubhāditvena,
> 〔經量部：〕分別按照認識對象的行相是如何在認識中顯現，作為顯著、不顯著的東西〔顯現在認識中〕，
> tat tadrūpaḥ sa viṣayaḥ pramīyate.
> 那麼，認識對境是以這樣的具體行相被認識到。

既然是通過顯相，怎麼又會說“śubhāśubhāditvena”呢？通過顯相而有不顯著的嗎？就如前章「與外境論者共許之說」項下所述：「不過，我們的認識有「不顯著」的嗎？因此，有可能是透過顯相而無法表示的，即自我認知所揭示的，如勝主慧認為以顯現方式進入認識裡，自我認知也是同樣揭示（PSṬ72,11）」，即依眼前的煙霧顯相推論出火，這個火是透過自我認知來成立的：

> 75,12 atha yad idaṃ kāryāt kāraṇa-anumānam, tat katham / kathaṃ ca na syāt /
>
> 再者，怎麼可能這個因的推理通過果？〔勝主慧反詰：〕為什麼不可能呢？
>
> yato dhūma-pratibhāsi jñānaṃ pūrvam eva^āvirbhavati, paścād anala-pratibhāsi /
>
> 從某個具有煙的顯現的認識來說，〔首先，有關煙的認識〕已經在前產生，〔才會帶有煙的認識，〕於後時有火顯現〔的認識，通過以前火的認識〕。
>
> na hi tat prāg dhūma-pratibhāsino jñānāt saṃvedyate /
>
> 因為〔火的顯現〕認識不能從在前具有煙的顯現的認識被認知。
>
> tato^anagni-janya eva dhūmaḥ syād iti katham tena^agner anumānam / naiṣa doṣaḥ /
>
> 由於煙只能無火生時才有，所以，怎麼可能通過煙推理對火的認識？這樣的錯誤不存在。

dahana-ākāra-jñāna-janana-vāsanā-viśeṣa-anugata eva hi citta-santāno[106] dhūma-ābhāsāṃ dhiyam utpādayati, na tu yaḥ kaścit /
其實是帶著有關火的行相認識始生的特殊熏習的思想流程，由此產生煙的顯相的認識，而不是隨便一個。
atas taṃ gamayat^dhūma-jñānaṃ prabodha-paṭu-vāsanāṃ dahana-ākārāṃ buddhiṃ bhaviṣyantīṃ pratipattur gamayati /
然後，關於煙的認識會讓火被認識到，火的行相的認識是被強烈分明的熏習喚醒，造成將來的認識〔，由煙就產生對火的認識〕。
atra hi hetu-dharma-anumānena rasāde rūpādivat^anumānaṃ bhavati^iti^acodyam //
因為，在這裡指的是從因推理認識的特性，所以，不存在這樣的指責：即這是推理認識，就像從味道等推理顏色等認識。

勝主慧安排在量就是果的主張之下，提到眼前的煙並不能表示有火的認識，那麼，如何可以透過煙推出對火的認識？原來這個認識是從具有結構性或者相關性的行相顯現來的，也就是說眼前見到煙的行相，會喚起火的行相認識，這是「從因推理認識的特性」，所以，不是比量。這樣的說法，在漢譯典籍中，可否有雷同的說法嗎？如果有，就可以表示勝主慧的說法有傳承陳那，反之，可能就是法稱的。玄奘譯《因明正理門論本》卷1：

[106] citta-saṃtāna 舊譯：心器。citta-saṃtati舊譯：心相續。

當說比量。餘所說因生者，謂智是前智，餘從如所說能立因生，是緣彼義。此有二種。謂於所比審觀察智，從現量生，或比量生，及憶此因與所立宗不相離念，由是成前舉所說力，念因同品定有等故。是近及遠，比度因故，俱名比量。（大正三二・3下）

此段文要說比量，說智是從能立因生，又言有二種，並以「及」字連結「從現量生，或比量生」和「憶此因與所立宗不相離念」，⑩⑦表示這個因是具有「因三相」的第一相「遍是宗法性」指因與所立的不相離，不管是現量或者比量，此因必與所立不相離。窺基在《因明入正理論疏》卷3提及此的說明：

論：了知有火或無常等。

述曰：此即舉果顯智，明正比量，智為了因；火、無常等，是所了。果以其因有現、比不同，果亦兩種，火、無常別。了火從烟，現量因起；了無常等，從所作等比量因生。此二望智，俱為遠因。藉此二因，緣因之念，

⑩⑦ 這裡是論二種類的推理這樣的型態：1.是有關「推理的對象」，依於現量或推理來確認證相的存在的事，和證因的第一條件（pakṣadharmatā）對應。2.是想起能證（證相、證因）和所證之間的「不可離的關係」，是很顯然和證因的第二、第三條件對應。這個結果是推理所完成的。1.是手段，2.是被比作行為者，各自稱為推理的近因和遠因。以上參見桂紹隆1982：頁93。

> 為智近因。**憶本先〔1〕知所有烟處，必定有火；憶瓶所作，而是無常**。故能生智，了彼二果。故《理門》云：「謂於所比審觀察智，從現量生，或比量生，及憶此因與所立宗不相離念。由是成前舉所說力，念因同品定有等故。是近及遠比度因故，俱名比量。」……問：言比量者，為比量智，為所觀因？答：即所觀因，及知此聲所作因智。此未能生比量智果，知有所作處，即與無常宗不相離，**能生此者，念因力故**。問：若爾，**現量、比量及念，俱非比量智之正體，何名比量？答：此三能為比量之智，近遠生因，因從果名**。故《理門》云：「是近是遠，比量因故，俱名比量」。（大正四四·140上）〔1〕知＝智ィ【原】。

雖然窺基、慧沼、智周都是為商羯羅主本作疏，但是，也會比對陳那的《因明正理門論本》，所以，雖不是直接，但也是可得其義。此處對火、無常等的果的了知，此知是了因。而就此知來說，有遠因和近因，遠因是現量因或者比量因，而近因則是緣因之念——「**憶本先知所有烟處，必定有火；憶瓶所作，而是無常**」。這個近因之說連同現量、比量被說是比量之智，而且是「因從果名」。不過，這說法是站在比量這邊，而不是在現量上說。慧沼集《因明入正理論義纂要》卷1也有提及——

> 又緣因喻念力能故。故《理門》云：「令彼憶念本極

> 成故」。又云：「及憶此因與所立宗不相離念，由是成前舉所說力，不說智故，當知此中，據增上力說。立者智名為智生因。不爾，據自應說種故。」（大正四四·161下）

就此念力在《因明正理門論本》有兩處提到，此念力是增上力。不過，智周《因明入正理論疏前記》卷3有另外一說：

> 問：若爾，現量智因至何名比量者，此問意由前比量，不取三相，因及念等，但取智，即此因是現量及念等，俱是現量，如何得作比量？問意如是。答：此三者，即現烟及智念，雖體是現量，因望解火智邊，即成比量。何以故？由與比量智為因故，念因從果稱。（卍續藏經八六·976中-977上）

此段敘述和勝主慧的說法很接近，整段文章是口語型態的表現，不按照口吻是無法掌握文意。而此處重點是「現烟及智念，雖體是現量，因望解火智邊，即成比量」此一說法，指出現前的烟和智念是現量，就能稍釋前面懷疑此念是比量的疑慮。智周使用的是「**因從果稱**」與窺基的「**因從果名**」是雷同的。但是，勝主慧不認為是比量。雖然有提到從烟產生火的認識，但是，不是比量這一點似乎是與漢傳不同，所以，不是陳那的說法。

**（2）果為量**

三分說以自證分為結果，而以此結果又作為量，窺基仍同於一、二分說，以「如有作用而顯現」來說。因此，慧沼述《因明入正理論續疏》卷1也是如此來解明：

> 如有作用而顯現者，簡異正量。彼心取境，如日舒光，如鉗鉗物，親照執故。今者大乘依自證分，起此見分，取境功能；及彼相分，為境生識，是緣知「如有作用」。自證能起，故云：「而顯現故」。不同彼執直實取境。此自證分亦名為量，亦彼見分，或此相分，亦名為量。不離能量故，如言唯識等。此順陳那三分義解。故《理門》云：「又於此中，無別量果。以即此體，似義生故，似有用故，假說為量」。（卍續藏經八六·886中）

「如有作用而顯現」是用來區別正量部的「執直實取境」，大乘依自證分起取境功能，這是見分；為境生識的就是相分。見分和相分是說明「如有作用」，而自證能起是由於「顯現」。此自證分、見分、相分三者，因為不離能量，所以，名為量，如說唯識等。以《理門論》為喻，就量果亦名為量來說，因為似境、似有作用，假說為量。此說法和勝主慧所傳相同。而智周《因明入正理論疏前記》卷3也解明慧沼所說：

> 今者大乘至而顯現故者，此意自證能起見分，見分能

> 起相分，由相分有體，牽起見分，互相藉起，如似作用，皆是元從自證而起，故言顯現。
> 如色言唯識者，此意唯識中，境、心及識，皆名唯識，舉喻成意者，顯自證、見分、相分等，皆名為量。（卍續藏經八六 · 978上）

大乘主張自證的功用是顯現，如何知道呢？就是似有作用一般：自證能起見分，見分能起相分，相對地，相分有體，引起見分，見、相兩者相互憑藉而起，似有作用一般。有這樣顯現作用是依自證而生起的。就像唯識所談色法，不管是境、心、識，皆名唯識，例同於此，自證、見分、相分等都名為量。

但是，淨眼《因明入正理論後疏》卷1不採用見分和相分的作用來解，而是從區別正量部出發：

> 論曰：如有作用而顯現故，亦名為量者。述曰：此釋伏難也。難云：若取心外境，可使名為量，既唯取自心，應不名為量。今論主為解云：此中名量者，非如〔□@□〕〔□@□〕物、舒光照物等實有作用，但譬如明鏡，現眾色像，鏡不至質，質不入鏡，現彰以質，故名為照。心緣於境，亦復如是，心不至境，境不入心，心似境現，似有作用，假名為量故。《理門》云：「又於此中，無別量果，以即此体，似義生故，似有用故，假說為量。」（卍新纂續藏五三 · 901下）

如前所述，「如有作用而顯現故，亦名為量」是來回應伏難，此問難是取心外境才被承認為量，若取自心不能名為量。對此的回應是：稱為量的不是如鉗鉗物，或者以光照物等取外境一般，而是像照鏡一般，鏡中顯現色像，不是鏡像相即互入，而是「現彰以質」的照。心緣境亦是如此，「心似境現，似有作用」，假名為量。——淨眼反以陳那本的相似之義來說明。

善珠《因明論疏明燈鈔》也提及照境之說，並解釋照境的顯現，以皆似所緣、能緣相現之姿出現：

> 文：如有作用至三分義解者。如有作用而顯現者，問：所量、能量、量果別，三體別故，量得成。離能量心，境、果無，既能量，量〔5〕果應不立。答：心心所法，雖無別體，如尺丈等，有〔6〕實作用，然〔7〕即彼以有用故，假名為量，於理無違。此意說云：心心所法，照境之時，皆似所緣、能緣相現，故名顯現。似所緣相，說名相分，即是所量；似能緣相，說名見分，即是能量；識之自體，即自證分，名為量果。故心心所，亦名量也。亦者，亦實作用，顯量非唯實作用故。《理門〔8〕論》中，亦作是說。簡異正量等者，彼部計云：凡心取境，如日等舒光，到境照物。今者大乘，「無別量果」，以即此體，「似義生故，似有用故，假名為量」。即「依自證，起此見分取境功能，及彼相分為境生識，是緣和假，如有作用。自證能起，故云「而顯現」，故不同彼部

> 執直取境」。如言唯識等者，攝境歸識，言唯識時，境、心及識，無不唯識。即自證分、見分、相分，皆名為量。心、境唯量，豈非唯識！此順陳那三分義解等者，若立三分，明三量者，相分為所量，見分為能量，自證分為量果。（大正六八 · 426中-下）〔5〕〔果〕－＜甲＞〔6〕〔實〕－＜甲＞〔7〕即＋（如）＜甲＞〔8〕〔論〕－＜甲＞。

對於「如有作用而顯現」，作出提問：所量、能量、量果等三，三體不同而成量，既是能量，就應不能立為量。對此的回應是，說心心所法，雖無別體，照境之時，以似所緣、能緣相顯現，為所量和能量，識之自體即自證分為量果，雖有此三種作用，但是，心心所亦名為量。對於「亦名為量」，善珠為此特別說「亦者，亦實作用，顯量非唯實作用故」，指並不是實有作用，只是好像有作用。而說為顯現是由於自證能起。最後說「言唯識等者，攝境歸識，言唯識時，境、心及識，無不唯識。即自證分、見分、相分，皆名為量。心、境唯量，豈非唯識！」──確實，從這裡看，三分說就是在唯識中成立。善珠又說三分的關係：

> 今大乘中唯識道理，相、見、自證，體實是一，轉變差別，非有似有，假立為三。然於三中不無差別，猶如乳中ノ乳體ト與甜，并潤濕性ト非不差別。故自證分離相、見已，無有別體，名為量果。故論文云：又

> 於此中者，此前四位現量之中也。無別量果者，於四位中，皆有自證分，然離相、見，無別體也。次文即釋無別體義。論文意云：以即於此自證分〔7〕體，於中即有似義相分，轉變生故，復有見分，似有用故，故不離此相、見分〔8〕外，說自證分，以為量果。故《唯識》云：相、見所依自體名事，即自證分。然論文云：假說為量者，應知假門自有二種。一者「假立名言」之假，不能實詮所詮之義。所以詮火，火不燒口，又復喚瓶，瓶無體性，而今現量全無此假。二者唯識體事中，其實是識轉變似三，即三分門非別似別，故名為假，現量於此，不妨取假。且如見分，已是假有。自證證時，說〔9〕為現量，復亦是假。故論文云：「假說為量」。若望親取自相義邊，復不妨實，以其實故，前〔10〕文簡棄假立無異諸門分別故，須識此文意差互也。（大正六八 · 427中-下）
> 〔7〕〔體〕－＜甲＞〔8〕〔外〕－＜甲＞〔9〕〔為〕－＜甲＞〔10〕〔文〕－＜甲＞。

相、見、自證三者一體，「轉變差別，非有似有」，亦即雖假立三者，但如乳中的乳體、甜、潤濕性是一體而有差別。因此，結果無法獨立存在，自證分必須與相、見一體而不離。也由此解釋《因明正理門論本》的「又於此中，無別量果」，即指四種現量都有自證分，而且不離相、見。此中有「轉變」產生與境相似的相分；以及「似有用」的見分，所以，不是離相、見分之外，有自證分作為量果。

而且提到「假名為量」中的「假」有二種，其實是《因明正理門論本》所說：「遠離一切種類名言、假立無異諸門分別」：1.假立名言：不能實詮所詮之義，就像詮火，但火不燒口這樣，不過，現量中沒有這種假，亦即「離名言」。2.識轉變似三，三分非別似別，所以名假，這是現量所取的假。但是，由於親取自相境，是不妨為實，所以，要離「假立無異諸門分別」。量和果的關係對應梵文：

> **savyāpārapratītatvāt pramāṇaṃ phalaṃ eva sat //8//**
>
> 由於是帶有行為被體驗到，才被稱為認識手段；實際上，僅僅是認識結果。
>
> na hy atra bāhyakānām iva pramāṇād arthāntaraṃ phalam.
>
> 在我們學派當中，不像那些主張認識對象是外在的外在實在論者那樣，認識結果並不是與認識手段的認識對象不同的東西。
>
> tasyaiva tu phalabhūtasya jñānasya viṣayākaratayā utpattyā **savyāpārapratītiḥ**.
>
> 而是，認識恰恰是認識結果的認識，由於〔認識〕產生是帶有對境的行相產生，所以，被看作是帶有行為。
>
> tām upādāya pramāṇatvam upacaryate nirvyāpāram api sat.
>
> 由於這個〔帶有行為的〕因素，日常語言運用稱為是認識手段，實際上，儘管並不具認識行為。

> tad yathā phalaṃ hetvanurūpam utpadyamānaṃ heturūpaṃ gṛhṇātīty kathyate nirvyāpāram api, tadvad atrāpi.
>
> 譬如結果是帶著因〔的行相〕而產生，同時感覺抓取因的行相，儘管結果不具行為，我們所要討論話題也是同樣的。

認識的結果就是認識手段，亦即量果＝量，而且是就「帶有行為」亦即帶有對境的行相，才稱為量，儘管並不具認識行為。正如桂紹隆所說，陳那立於「有形象知識論」的立場，知識是持對象形象而生，宛如顯現知識取對象形象一般，這個知識持有「取像作用」的一面就比喻性稱為「認識手段」。戶崎宏正認為這樣的思考是源於經量部。[108]這個作用就是「似義生故，似有用故」，對應梵文的前後文來看，應該是 “viṣayākaratayā utpattyā savyāpārapratīti ”，亦即「由於〔認識〕產生是帶有對境的行相產生，所以，被看作是帶有行為」。似義生所指就是相似於對境的行相，似有用就是不具行為，但卻似帶有行為，是與陳那本同。在漢傳系統下，是見分和相分的「如有作用」之功能，而不是因為取相似相的功能，來談果為量，或許比較接近的是，淨眼在照鏡的譬喻上有「心似境現，似有作用」的這個說明。

---

[108] 桂紹隆1982：頁88。

### 3. 三分說到四分說的過渡

前節量和果的自證分為果上，闡明自證分以「證見審決」、「能證彼見分相」，而且也說此相，不是相分，而是行相。自證分是能證智或說是證見分之自體相。依勝主慧的說法，這是自證分通過顯相來表示結果，而通過顯相也無法表達的結果，也是以自證分作為結果，如從烟產生火的認識。但是，漢傳對此有不同的看法。而從果為量來說，是以「如有作用而顯現」或以「心似境現，似有作用，假名為量」來表示好像有作用的意思。而且自證分等三是因為「不離能量」，亦即能取的作用，這是與梵文同樣的。

但是，善珠在「假說為量」的說明上，說「識轉變似三，即三分門非別似別，故名為假」，似乎三分的假立，與識轉變有關。不過，梵文本似乎沒有提及。窺基在《成唯識論述記》卷1也有提到護法仍說三分，因為第四分「別義建立，義相猶隱」，所以，不說第四分。[109]而新羅・太賢集《成唯識論學記》卷1說：

> 三藏云：安慧唯立一自證分，火辨、親勝唯立相、見。此除彼三，餘師共釋。護法、親光雖立四分，且依共許陳那三分，第三分內攝第四故。基云：說相、見種或同或異。若同種者，即一識體轉似相、見二分

[109] 窺基《成唯識論述記》卷1「或實說一分如安慧，或二分親勝等，或三分陳那等，或四分護法等。此中護法，但說三分，以證自證分，別義建立，義相猶隱，所以不說。」（大正四三・242上）。

> 而生，如一蝸牛變生二角。若別種者，體轉似見，轉相分種，亦似相起，計非實故，立似名相。別有種何名識變？由心分別，相方生故（既二依自證，明知相分體，依分證起相，狀現於見）。（卍續藏經八十·10上）

護法、親光雖立四分，是按照陳那三分，再以第三分內攝第四。不過，提及窺基說：相和見的同種或異種的不同。同種是一識體轉似相和見的二分生，如一蝸牛頭上生二角；異種是識體轉似見，轉相分種似相而起。這似乎是識轉變三分的意思。

所以，四分建立在三分之上，不過，似乎又涉及識轉變，但是，就如窺基在《成唯識論述記》卷1談到關於「變」此一論題有護法和安惠的兩種解釋，但與陳那無涉，所以，三分說的識轉變就不作處理，只作略述。尤其見、相二分是所變，而對此又有依他性或遍計執的歧異。

窺基說有兩釋，是護法和安惠。首先，依護法等主張，諸識體即自證分，從自證分轉變似見、相二分而生，識體是依他性，見、相都是依他起，於此二分執實有我、法。其次，說相、見二分的種有同有異。同種是一識體轉似二分，而且這是說影像相、見是識用，如一蝸牛變生二角；而相、見各別種，見是指識自體轉似見分，別用而生，相仍以識為所依，轉相分種，似相而起，亦即見、相是作用有別。相分既是別有，如何可名識變？因為不離識之故。而此同、異種中，以相分是別種為勝。由於識轉變，才有相生，如四大能造色，由分別心使相境生，以是說唯識。但是，相是用，見是體，如何說識似二分生？因為相與見都是依自證，亦即依識體生。護法在依他的相、見二分上，施設遍計所執的我、法，說此為世間我、法。[110]

安惠雖有同樣「變」義——轉似二分——但是，見、相二分體無，是遍計執，除佛以外，都有二分遍計執。諸識自體的自證分，由於法執生起似依他的二分，既是似有，所以是體無，就像依手巾變似有二隻長耳的兔，二耳之體是無，只是依手巾生起。不過，既然二分體無，「變」義的識體轉似二分如

[110] 窺基《成唯識論述記》卷1：「《論》：變謂識體轉似二分。述曰：此釋變義。此論一宗總有二釋。此即初釋。護法等云：謂諸識體即自證分，轉似相、見二分而生，此說識體是依他性，轉似相、見。二分非無，亦依他起。依此二分執實二取，聖說為無，非依他中，無此二分。論說唯二，依他性故。……許有相、見二體性者，說相、見種，或同或異。若同種者，即一識體，轉似二分相用而生，如一蝸牛變生二角。此說影像相、見，離體，更無別性，是識用故。若言相、見各別種者，見是自體義用分之，故離識體，更無別種。即一識體，轉似見分，別用而生。識為所依，轉相分種，似相而起。以作用別，性各不同，故相別種，於理為勝，故言識體轉似二分。此依他起非有似有，實非二分，似計所執，二分見、相，故立似名。相別有種，何名識變？不離識故。由識變時，相方生故，如大造色，由分別心，相境生故，非境分別，心方得生，故非唯境，但言唯識。此顯能變相、見二分，用、體別有，何故說識似二分生？《論》：相見俱依自證起故。述曰：若無自證，二定不生。如無頭時，角定非有，及無鏡時，面影不起，皆於識上現相貌故，故說二分依識體生。此總顯示依他起性，此上顯示識之所變。問：此依他起如何說為我法二相？《論》：依斯二分至無所依故。述曰：依止依他相、見二分，施設遍計所執我、法二實分也。依起執故，若離於此依他二分，彼無所依故，說依他為執依止，染分依故，此世間我、法。聖教我、法，義依於體，亦復如是。此顯我、法，假說所由。上來總是護法解訖。」（大正四三 · 241上-中）。

何成？雖然二分體無，但二分依自證起，即依識體轉起，所以，見、相二分是憑藉識體而有。所以，二人在「變」義是共同的，但於見、相二分上，一為依他起，一為遍計執。⑪

尤其識轉變在解《唯識三十頌》的17頌「是諸識轉變，分別所分別，由此彼皆無，故一切唯識」，窺基在《成唯識論述記》卷7有詳細說明。⑫所謂「諸識」是說本識等三能變識

---

⑪ 窺基《成唯識論述記》卷1：「安惠解云：變謂識體轉似二分。二分體無，遍計所執，除佛以外，菩薩已還，諸識自體即自證分，由不證實有法執故，似二分起，即計所執，似依他有，二分體無，如自證分相貌亦有，以無似有，即三性心，皆有法執。八識自體皆似二分，如依手巾變似於兔，幻生二耳，二耳體無，依手巾起。彼引世親所造緣起論中，末後決擇，說無明支，許通三性。故除如來，皆有二分是計所執。問：此二體無，識體如何轉似二分？答：相、見俱依自證起故，由識自體虛妄習故，不如實故，或有執故，無明俱故，轉似二分，二分即是相及見分。依識體起，由體妄故，變似二分，二分說依自證而起。若無識體，二分亦無。故二分起，由識體有。」（大正四三・241中）。

⑫ 窺基《成唯識論述記》卷7：「《論》曰：至立轉變名。述曰：長行有二。初正釋頌文，後問答廣辨。釋頌文中，初二復次，後總結。是諸識者，解頌初句上之三字。即本識等三能變識并心所法，言王并臣，舉首及末。安惠解云：何名轉變？謂是三識自體，皆轉變似見、相二分，識自體分名為轉變。轉變者，變現義，即識自體現似二相，實非二相。其實二相即所執故，即遍計所執似依他有，理實無也。或轉變者是變異義。謂一識體變異為見、相二分用起也。護法菩薩解云：又轉變者是改轉義。謂一識體改轉為二相起，異於自體。即見有能取之用，相有質礙用等。由識自體轉起能取及有礙故。或變是現義，如初卷解。今取自體能轉變也，此即解第一句頌訖。《論》：所變見分至見所取故。述曰：護法云：前所變中，以所變見分，名為分別，是依他性，能取於所變依他相分故，起種種遍計所執分別。此是識體所變用能分別，故名分別。其識體所變依他性相分，似所執相分者，名所分別，是前能分別見分之所取相故。非謂我識自體能緣，名為分別。起分別見者，識之用也。相、見俱依自證起故。安惠云：所變見分、相分皆計所執。見，似能取

及心所法，而「轉變」義，和前述一樣，是指識體轉似見、相二分，但安惠解轉變是變現義，二相是所執，是似有而非實。或者是變異義，一識體變異為見、相之用。而護法是改轉義，是一識體改轉為二相起，二相是不同於識自體。此中，二分俱依自證起，見和相是用，是二人共同的。不過，護法認為二相異於自體，見有能取用，相有質礙用，一如前述，相和見都是依他起。而相和見有同種或異種的差異；若是同種，影像相、見是識用，而若是異種，見分是識體轉起，相分是別種起。如同前述，以後者為勝。

除了心王是這樣的「變」義之外，也例同心所，如《成唯識論述記》卷7：

論：又識心言至恒相應故。

---

相；相，似見所取，實無二分。解第二句訖。《論》：由此正理至離二相故。述曰：即結前二句道理，釋頌下二句。護法云：故彼所計心外實我、法，離識所變依他二分，皆定非有。非謂識變是實我、法，似我、法故。其外我、法，離識皆無。以離識體所變能取見分、所取相分外，無別物故。一切有情所變皆爾。依〔3〕斯二分，施設我、法。彼二離此，無所依故。問：有別實物，離能、所變，有何所以不許？答：非是有一實作用物，離前能分別、所分別故，無外我、法，必有識也。安惠云：彼實我、法，離識所變，二分皆無；離計所執，二取無故。即依總無，立別無也。識所變者，俱計所執，非有實物離二相有，故皆唯識。解第三句訖。《論》：是故一切至皆不離識。述曰：釋頌第四句。有為、無為，若實依他，有別種生，或〔4〕常住實法，不相應假法。瓶等假法，一切皆是不離識。有為識所變，無為識之體，皆非識外有，名不離識。非一切體即是一識，名為唯識。」（大正四三·487上-中）〔3〕斯＝期【甲】。〔4〕常＝當【甲】。

> 述曰：言心識者，亦攝心所。前經可知。《莊嚴論》言：許心等者，亦攝心所，以恒相應故。若爾，貪、信等既入能似心聚之中，所言似貪、信等者是何？總心聚中，貪、信等法，亦別變似貪、信等現，以義說之，總、別聚異。謂總心自能似二現，即心自證分，似自見、相二；俱時，貪等自體分，亦現似貪等各二現義，故其總許心聚之中，心所亦在其中。然但說心變似二現，說心所法，似貪等現，以心勝故，不過染、淨二位中故。……又解心所不離心故，許心自體既似二現，如是心所自體分染者，似貪等二現；自體分淨者，似信等二現。離自體及所似貪等外，無別染、善法。（大正四三·475上）

這是將三分置於心王和心所來看的說明。心所是跟著心王，所以，在總心聚中，亦別變似貪、信等的顯現。亦即總心的心自證分能似見、相二現，同時，貪等心所的自體分，亦顯二現，所以，總心聚中有心所的似見、相二現，由此而成一總心聚。不過，雖然心王和心所都一樣有二現，但是，一般只說心變似二現，說心所法似貪等現，顯現在染、淨二位中。又解心所不離心，心自體似二現，如是心所自體分染者或淨者，就似貪等或信等二現，離心自體及所似貪等外，沒有別的染、善法。

上述是三分說在識轉變中的構造，是《成唯識論》的一個型態，而另一型態是將三分說轉成四分說。首先，關於三分，護法等造《成唯識論》卷2有提及：

> 執有離識所緣境者，彼說外境是所緣，相分名行相，見分名事，是心心所自體相故。心與心所，同所依、緣，行相相似。事雖數等，而相各異，識、受、想等，相各別故。達無離識所緣境者，則說相分是所緣，見分名行相，相、見所依自體名事，即自證分，此若無者，應不自憶心心所法，如不曾更境，必不能憶故。心與心所，同所依根，所緣相似，行相各別。了別、領納等，作用各異故。事雖數等，而相各異。識、受等體，有差別故。然心心所一一生時，以理推徵，各有三分。所量、能量、量果別故，相、見必有所依體故。如《集量論》伽他中說：「似境相所量，能取相自證，即能量及果，〔4〕此三體無別。」（大正三一 · 10中）〔4〕此＝彼【元】【明】。

三分是所緣、行相、事，有兩種主張：一、以外境為所緣，相分是行相，見分是作為心心所自體的事。二、主張所緣是識的相分，行相是見分，事是自證分，是相、見所依自體。證明自證分的，是能記憶心心所法，因為記憶必須是自己所經歷過的。因此，保證自證分的存在。——這兩種三分說，是屬於心心所，不過，有心心所自體的事或作為所依的事的不同，前者是把事當成見分，後者是自證分。這個三分的結構是「所量、能量、量果別故」，以《集量論》偈頌所說為例，但是，《集量論》主張三者是無別。而這個「無別」或許是三分與四分的關鍵。進而，在這個三分基礎上，舉出四分說的主張——

> 又心、心所，若細分別，應有四分，三分如前，復有第四證自證分。此若無者，誰證第三，心分既同，應皆證故。又自證分應無有果，諸能量者，必有果故，不應見分是第三果。見分或時非量攝故，由此見分不證第三，證自體者，必現量故。此四分中，前二是外，後二是內。初唯所緣，後三通〔5〕二。謂第二分，但緣第一，或量非量，或現或比。第三能緣第〔6〕二、第四，證自證分唯緣第三。非第二者，以無用故，第三、第四皆現量攝，故心心所四分合成，具所、能緣，無無窮過。非即非離，唯識理成。（大正三一・10中）〔4〕此＝彼【元】【明】。〔5〕二＝一【元】【明】。〔6〕二＝三【元】【明】。

四分說是加入證自證分，用來證明自證分，而這個結構是：「諸能量者，必有果故」，這說明自證從作為量果變成能量，而證自證分是作為自證的結果。不過，在這成立過程中，否定見分作為結果。[113]因為在四分中，見分只能緣相分，三量都有可能。不過，自證分可以緣見分、證自證分，而證自證分只能緣自證分，而且自證和證自證都是現量。整體可說是在能、所

---

[113] 唐・惠沼《成唯識論了義燈》卷3：「論：不應見分是第三果。本疏云：『難古師』；《要集》云：『陳那但立三分，不遮第四』。故護法師不違陳那，但是遮破。今謂不爾。雖言破古，非陳那等。如《理門論》破古因明師，豈即破彌勒等師，但破古來不正諸師。今言破古，亦復如是。破唯三分，以見分為第三果者，不破許有第四分者。」（大正四三・723下）。

上建構四分，彼此非即非離證成唯識。

對於這個能量、所量、結果的認識結構，窺基在《成唯識論述記》卷3是引外例來例之：

> 論：然心心所至各有三分。
>
> 述曰：此即陳那菩薩，依經立理，諸論共同。何須說三？
>
> 論：所量、能量至所依體故。
>
> 述曰：相分、見分、自體三種，即所、能量、量果別也。如次配之：如以尺丈量於物時，物為所量，尺為能量，解數之智，名為量果。心等量境，類亦應然，故立三種。若無自證分，相、見二分，無所依事故，即成別體，心外有境。今言有所依故，離心無境，即一體也。
>
> 論：如《集量論》至此三體無別。
>
> 述曰：相唯所量，見為能量，自證為〔1〕量果。此頌意言：今此三種，體是一識，不離識故，說之為唯。功能各別，故說言三。果是何義？成滿因義。見分緣相，既為能量，能量無果，量境何益！如人量物，起量解也。小乘量果，即是見分，行相為能量，外境為所量，與此稍別。然有六師，及敘陳那以前、以後。量及量果，體性不同，如《因明抄》說。《佛地論》中，雖說三分，無頌引證，唯有長行。（大正四三・319上-中）
>
> 〔1〕〔量〕－【甲】。

三分的成立是依《集量論》的頌文所說，以尺量物的實例，說有能量、所量以及能認知數的量果。而且以自證分為所依，所以，三分可以一體。雖是一體不離識，但功能各別。不過，這裡已經注意到量和量果體性不同，[114]這是不同於陳那的量即是果的主張。果是證自證分必須成立的因素，那是因為見分不能是果的緣故，這個證自證分成立的過程，大致歸為三點：

**（1）見分的量不定，不能是果**

如前所述，陳那的認識以能量、所量、量果的結構來表明，三者是「體無別」。而且，站在量即是果的論點上，自證緣見分而為結果，但是，四分說似乎並不是站在這個論點，所以，追問第三果：

> 彼若救云：第二見分為第三果。
>
> 論：不應見分至非量攝故。
>
> 述曰：由此見分或時亦有非量攝故，不證第三。
>
> 論：由此見分至必現量故。
>
> 述曰：諸體自緣，皆證自相，果亦唯現。見緣相分，

[114] 關於六師，唐惠沼述《成唯識論了義燈》卷3有提及：「就此能量、所量、量果別中，相傳解云，有六師別：一云覺天說，根為現量，惠為能量，境為所量，根是量果。二云妙音師，根、境同前，能量取識。三云法救師，能量〔2〕惠及識，餘如前說，此皆顯故名現。四云經部，根、境、識和合生法，名之為現；根、識為能量，境為所量境，還以根、識為量果。五云犢子部，以神我現量，諸心、心所為能量，神我為量果。六云成實師，以心所中，受、想之用為能量，境為所量，識為量果。更當撿文，方可為定。」（大正四三·723下-724上）〔2〕惠＝思ィ【原】。

> 或量、非量，故不應言見分為果。不可非量法，為現量果故。〔2〕故不可見分，或緣於相，是比、非量，返緣自證，復是現量。難曰：見分緣相，或量或非量。一向現量，自證分以為果，何妨自證，唯現量能量，亦得比量，或非以為果。
> 解曰：現量心自體，比、非量，果可唯現。比、非二種非證體，何得能為現量果？現量為比果，比不為現果。……夫證自體，必現量攝，故不可說見分緣相，或量非量，為自證果。不可見分一時之中，為量、非量，以相違故。縱許見分或比、非量，為第三果，亦不定故。現量為果，義即定故。一心之中，相違不可，或量、非量。故立第四義亦如前。（大正四三・319中-下）〔2〕〔故〕－【甲】。

見分可以是第三果嗎？識體證自相，果唯是現量，但是，見分緣相分有時是量，有時是非量，所以，不能是果。又不能見分緣相分時，是比量、非量，然後返緣自證又是現量。因為現量是證心自體，但比量、非量不是證體。所以，證自體必須是現量，不能是見分緣相所成的量或非量。而且也因為果要定量，不能是這樣的不定，所以立第四分。

#### （2）見分似外緣外，不得返緣成果；自證分與證自證分是以所緣為果

承前所述，見分不定，不能是果，而見分的不定是因為

緣外。這是以內、外的區別，成立四分——

論：此四分中至後二是內。

述曰：下分別〔3〕之。此釋見分，若時現量，應為第三果難也。但由見分，似外緣外，故名為外，非體是外，故此現量，亦不緣三。後二名內，體是內緣內故。

論：初唯所緣後三通二。

述曰：……今意欲顯由見緣外，不得返緣，立第四分。故立外名，理實非外。因論生論。自證緣見，應相分心，不能緣慮，所緣心故，如相分心。此義不然！自證緣見，一能緣上，義別分故。若為相分心，必非一能緣體故。或別人心，或前後心，由此必非能緣性故。見分等心，故能緣慮，相心不然。謂第二分以第三為果，自為能量。第三緣見，以第四為果，能量可知。緣第四時，以誰為果？不可即以第四為果，如緣見分，見分非果。此義應思：即以所緣第四為果，第四緣第三為果，例此同故，功能應爾。若更立者，過無窮故。唯爾所者，分限足故。如無色界本識見分緣種子等，更無餘相。種子搏附識自體分，即以自證為相分緣，緣彼種故，然不緣彼自體分上能緣功能。過如前說，仍以第三自證為果，此例應同。

論：謂第二分至或現或比。

述曰：見分外緣，故量不定。（大正四三 · 319下 - 320

上）〔3〕之＋（有三初內外次諸量後廢立此初也）ィ【原】。

見分不能是第三果，是因為見分的量不定，而量不定是由於緣外——「但由見分，似外緣外，故名為外」，相對於此，自證和證自證是內緣內。如唐·如理集《成唯識論疏義演》卷3所述：

> 內、外難者，難云：見分名為外，以緣外故得名外，自證緣見分，自證應名外。答：有二解。一云是外無失，如見分緣相故。問：如何見分名外耶？答：謂論文云：「前二是外，後二是內」，故有此難也。二云其見分體是內，所緣外故名為外。自證於見，能緣、所緣俱是內，不可為例。又見分緣於外，自證為量果；自證緣於內，見分應為果。答：見分通三量，不得為量果，自證唯現量，得與見為果。（卍續藏經七九·150上）

見分名外，是因為緣外，但是，自證緣見分呢？有二解。一是外，但沒有過失，就像見分緣相。二是見分體是內，只因緣外，以是名外。但是，自證緣見分，能、所緣都是內。再拉進量果來看，見緣相，自證為量果；既然見分體是內，那麼，自證緣內，見分應為果。但是，見分通三量，不得為量果，要作為量果，就要像自證唯現量，才能給見分作為量果。

承上所述，可知雖分內、外，但作為中介的見分，雖體是內，但通三量，就無法作為果。再加上由於見分不能返緣，立第四分，亦即見分只能緣相分。這樣的能、所、果的關係組合，顯示第一層是能量見分緣相分，以第三自證為果；第二層自證緣見分，證自證是果；重要的是，緣第四時，誰為果？這裡牽涉內緣內的自證和證自證的關係到底是如何？

首先，在「自證緣見，一能緣上，義別分故」這句話上，說明自證有能緣，而「義別分」指的是自證除了能緣義，還有所緣義，所以，後敘接著談相分，必定沒有能緣性。能緣和所緣是義別。

其次，從所舉例來看，無色界本識見分緣種子，此種子是搏附識自體上，所以，自證是相分緣，見分緣彼種，但不緣自體上的能緣功能，也以第三自證為果。由此看來，自證是具能緣、所緣、果的三義。

自證有不同於見分的**能緣**義——「即以所緣第四為果，第四緣第三為果」——是以所緣為果。詳如唐・如理集《成唯識論疏義演》卷3所述：

> 比、非二種，非證體者，意云：見分既通比量，明知不緣自證，所以，不與現量。為見分是能量，見分有量果，證自證分亦能量，以何為量果耶？答：即用第三為量果，以知第四緣第三故。問：若爾，所量與果，應無差別。解云：第三分中，自有二義。謂所、能緣，如次應知。即所量及果，如自證分緣第四時，

即用第四為境及果，故雖一體，無雜亂失。（卍續藏經七九．149下-150上）

見分通比量，所以，「不緣自證」，「不與現量」。見分是能量，而自證為果。證自證分亦是能量，第三為量果，因為知第四緣第三的緣故。由此看來，似乎所緣與果應無差別。其實，第三分中有所、能緣二義。所量及果就如第三緣第四時，就用第四為境及果。即以**所緣為果**，第三緣第四，第四為果；第四緣第三，第三為果。很顯然是把自證的能緣具體化，拉出第二層能、所、果，又為了避免無窮後退之過失，所以，第三和第四能互緣。[115]

### （3）證自證分成立

第四分的成立，除了是作為自證能量的果，又以能與自證互緣而杜絕第五成立，不過，四分的成立還是從能、所結構來看：

論：第三能緣至以無用故。

述曰：其第三分，前緣第二，却緣第四。第四前緣第三，何不通緣第二？非第二者，以無用故。設許得緣，涉重緣過，以無用故。或無緣彼之用，不說緣

[115] 如慧沼撰《大乘法苑義林章補闕》卷8所說：「問：心分若同，必有量果。此第四分，復誰為果？答：即第三分為第四分果。能互相緣，俱現量故，更不立餘。」（卍續藏經九八．65上）。

之，如自證分不緣於相，能緣各有分限可得故。然第三分得緣第四，現量等定，復不緣外，佛即不爾。

論：第三第四〔1〕至唯識理成。

述曰：三、四二分，由取自體，故現量攝。〔2〕具所、能緣，恒但四分，不減不增，無無窮過。此中有難。如得及生得，得、非得生，生、非生法，不立第四得及生。何妨見分緣相及自證，不立第四分。

此不應然！此能緣慮，有量定故，彼但成就生長功能，非緣慮法，無量相違。據功能別，名為非即；四用一體，名為非離。又說四分，能、所緣異，不可言即。無別種生，一體用異，故名非離。

論：是故契經至見種種差別。

述曰：下引教成。《佛地論》有：即《厚嚴經》謂即內、外二性，此內、外一切分，皆有所取、能取纏繞，故有四分。

自證分緣第二、第四，但第四只能緣自證，不能緣第二，因為沒有用，就像自證分不會緣相分一樣；若緣會有重緣的過失。自證分和證自證分由於是取自體，所以是現量。四分的關係是非即非離，因為就功能各別，能所緣異，是「非即」；是四用一體，無別種生，一體用異，所以「非離」。不過，最主要的是「此能緣慮，有量定故」。最後以《佛地經論》所引《厚嚴經》的內外各有所取、能取作為教證。⓰ 唐・曇曠撰《大乘百法明門論開宗義記》卷1：

此諸境相皆自心變，實不離心，是心分故。然此心分，總有四種：一者相分，二者見分，三者自證分，四證自證分。……相分是所緣，見分名行相，相、見必有所依自體，即此自體名自證分。此若無者，無自證分，應不自憶心心所法，如不曾受境，必不能憶故，相、見應無所依體故，所量能量無量果故，故知必有此自證分。心分既同，必合相證，若無第四，誰證第三？故應更有證自證分。此是第三自證分果。諸能量者，必有果故。不應見分為第三果，見分或時非量攝故。證自體者，必現量故。若爾，應更立第五分，是則復有無窮之失。答：但是第三却證第四，皆是現量，得相證故。初二是外。後二是內。初唯所緣，後三通二。非即非離，皆不離心。具所、能緣，無無窮過。此有漏識，四分皆通。若無漏心，有無不

116 親光造・玄奘譯《佛地經論》卷3：「《集量論》中，辯心心法，皆有三分。一、所取分，二、能取分，三、自證分。如是三分，不一不異。第一所量，第二能量，第三量果。若細分別，要有四分，其義方成。三分如前，更有第四證自證分。初二是外，後二是內。初唯所知，餘通二種：謂第二分，唯知第一，或量、非量，或現或比；第三自證，能證第二及證第四；第四自證，能證第三。第三、第四皆現量攝。由此道理，雖是一體，多分合成，不即不離。內外並知，無無窮過。是故經言：『眾生心二性，內外一切分，所取能取纏，見種種差別』此頌意言：眾生心性，二分合成。若內若外，皆有所取、能取纏繞。見有種種，或量非量，或現或比，多分差別。四智心品，雖有多分，然皆無漏現量所攝。此義廣如餘處分別，義用分多，非體有異。如一法上，苦無常等，種種義別而體是一。」（大正二六・303中）。

> 定。謂正體智，見有相無，緣真之智，必有見故。若無見分，應不能緣。寧可說為緣真如智，勿真如性亦名能緣故。應許此定有見分。雖有見分，而無分別，說無相取，不取相故。雖無相分而可說此，帶如相起，不離如故。如自證分緣見分時，不變而緣，此亦應爾。變而緣者便非親證，如後得智有境相故。若後得智二分皆有，說此智品有分別故，說此思唯似真如相，不見真實真如相故。分別諸法自、共相等，觀諸有情為說法故。若後二分二智雖通，緣用有無，則各差別。謂根本智即不相緣，若後得智有相緣用，有相無相二用別故。是謂略說四分之義。而前所說諸識境相，應知即是識之相分。（大正八五．1052中-1053上）

這是相當完整的介紹四分的成立架構：1.相分＝所緣，見分＝行相，見、所依自體＝自證分。2.證成自證分：若無自證，⑴應不自憶心心所法，就像不曾經歷過的，是不能有所記憶。這是引自《佛地經論》。⑵相、見應無所依體，⑶所量能量會沒有量果。3.成立證自證分是：①要證自證分，作為第三自證分的果。②見分不能是第三果，因為有時是非量攝，而證自體的必須是現量。③面對要立第五分的無窮過失，說第三證第四，可以相證。

這裡提到無漏心是有見分而無分別，沒有相分，但是，「帶如相起，不離如故。如自證分緣見分時，不變而緣，此亦應爾。」——雖是說無漏心，但可憑此知曉見分帶相，自證分是以不變來緣取見分。相對於此，變而緣的後得智是二分皆有，是有分別，分別諸法自、共相。

對於此段文所述四分說的構造，約略圖表於下：

<table>
<tr><th colspan="2"></th><th>相分</th><th>見分</th><th>自證分</th><th>證自證分</th></tr>
<tr><td colspan="2">有漏識</td><td>所緣</td><td>行相</td><td>1.相見所依自體。<br>2.證明有三：能憶、相見所依、量果。</td><td>第三自證分果<br>1.以自證分為能量，所以，必有第四作為其量果。<br>2.見分有時是非量所攝，但是證自體必須是現量，所以立第四。<br>3.具所、能緣，免無窮過。</td></tr>
<tr><td rowspan="2">無漏心</td><td>正體智</td><td>無</td><td>1.有見分而無分別。<br>2.不取相但帶如相起，不離如故。</td><td></td><td></td></tr>
<tr><td>後得智</td><td>有</td><td>分別諸法自共相等。</td><td></td><td></td></tr>
</table>

這是四分說與兩種智的關係圖表，也可以看到第三與第四成立的因素。

整體來說，見、相、自證、證自證的廢立，淨眼《因明入正理論後疏》說有六義不同：

就初廢立四分中，總有六義不同。初義如二十部小乘之中：正量部中，唯立見分，不立相分，何以得知？且如餘十九部，緣境之時，皆言於心，起境行相，緣行相心，即名行解。行相即當大乘相分，行解即當大乘見分。若如正量部，緣心外境，應緣其境，不起行相，故知有見而無相分。大乘破云：眼識必定不能緣色（宗），以不作色行相故（因），諸不作色行相者，皆不能緣色，猶如耳識（同喻），既有此過，故知緣境心有行相。

第二，唯相分，不立見分，如大乘中清辯菩薩說。緣境時，但似境起，即是能緣，非離似境，更有見分，名為能緣。〔15〕《唯識論》中，破此義云：「若心心所，無能緣相，應不能緣，如虛空等。或虛空等，應亦能緣。」准斯論文，此義非正也。

第三，相、見俱不立，如安慧菩薩唯立識自体，是依他起；相、見二分，是遍計所執。以正智證，如不作能緣、所緣解故。為此安慧菩薩言：八識相、見，皆是遍計所執所攝，自證分是依他起所收。護法菩薩等破云：若爾諸佛後得智心，亦有身、土等相分，能緣身、土等見分，亦應諸佛未遣遍計執心。諸佛既遣執心，由有相、見分等，故知相、見非遍計所執也。

第四，相、見俱立。如無着菩薩及難陀菩薩等，並立有相、見二分。故《攝大乘論本》〔16〕云：「復次，云何安立如是諸識成唯識性？略由三相。一、由唯識，無有義故，二、由二性：有相、有見，二識別故，三、由種種行相而生起故。」准此文故，知無著菩薩立相、見二分。又經〔17〕云：「一切唯有覺，所覺義皆無，能覺、所覺分，各自然而轉。」此文既云：能覺、所覺分，各自然而轉，故知有其相、見二分。

第五，陳那菩薩立有三分。彼云：相分為所緣，見為能緣。其見分既不能自緣，應無有量果。又見分若無能緣，量果應不憶昔所處事故[117]，應別立自證分。謂相分為所量，見分為能量，自證分為量果。故陳那菩薩所造《集量論》〔18〕云：「似境相所量，能取相、自證，即能量及果，此三体無別。」解云：似境相所量是相分，能取相是見分，自證是自證分。即能量：明見分為能量；量果：明自證分為量果。此三体無別，明不離識也。

第六，立有四分了。則是親光菩薩及護法菩薩等義。彼立云：如以見分，無能緣立有自證分義，亦以自證分，無能緣故，須立證自證分。故彼引經文〔19〕云：「眾生心二性，內外一切分，所取、能取纏，見種種差別。」解云：眾生心二性者，心有能緣、所緣，或外分，或內分，二性故也。內外一切分者，相分、見分為外分，相分体外故稱外，見分緣外故稱外。自證證自是內分，若体若緣，俱是內故。內分、

[117] 另本是「量果應不憶，昔曾所更事」，參照沈劍英2007：頁210。

外分，俱非一故，稱一切分也。所取、能取纏者，為所取、能取纏縛心故也。見種種差別者，於能緣中，見分取境。或現或比，或量非量，種非一故，稱見種種差別也。據此經文立四分義。（卍新纂續藏五三 · 898中- 899上）〔15〕《成唯識論》卷二ノ文。法隆寺刊本ノ28頁。註ニコレハ安慧清弁ノ能緣ノ見ナシトスルヲ破スト示サレテイル。〔16〕《攝大乘論本》（大正三一 · 138c）ノ文ナリ。〔17〕《成唯識論》卷二（法隆寺刊本）28頁。註ニハ《厚嚴經》ノ文ノ引用トネス。〔18〕《成唯識論》卷二二三分說ノ根拠トシテ引用サレル。シカシ《集量論》ノチベット 本文デハ，直チニソウト考エラレナイ。〔19〕《成唯識論》卷二（法隆寺刊本）30頁，契經伽他トシテ引用サレル。《仏地經論》卷三（大正二六 · 303b）カラノ引用。

四分的廢立有六義：

1.正量部：緣心外境，應緣其境，不起行相（相分），只立見分。

大乘破：眼識必定不能緣色（宗），因為不作色行相（因），凡不能作色行相，就不能緣色，如耳識（喻）。

2.清辯：唯立相分，不立見分。緣境時，只似境起，即是能緣。

《唯識論》破：若心心所沒有緣取相的能力，就不能緣，如虛空等。或者虛空等應亦能緣境。

3.安慧：只立識自體是依他起，相、見是遍計執而俱不立。

護法破：如果這樣，諸佛後得智心也會有身、土等相分，以及能緣身、土等見分，亦應諸佛未遣遍計執，但是，諸佛既遣執心，所以，有相、見分等就不是遍計執。

4.無著、難陀：相、見俱立。由《攝大乘論本》：「二、由二性：有相、有見，二識別故」證明，以及《經》證：「一切唯有覺，所覺義皆無，能覺、所覺分，各自然而轉。」的能覺、所覺各自然而轉，故知有相、見二分。

5.陳那：立相分為所量，見分為能量，自證分為量果。以《集量論》云：「似境相所量，能取相、自證，即能量及果，此三体無別。」為證。似境相所量是相分，能取相是見分，自證是自證分。三體無別是說明不離識。

6.親光、護法：立有四分。見分和自證分，都因無能緣，各立有自證分、證自證分。引《經》：「眾生心二性，內外一切分，所取、能取纏，見種種差別。」證明，眾生心二性是指心有能緣和所緣，從體和緣來看屬內或外，相分體外、見分緣外是外分，自證和證自證分都是內分。所取、能取纏縛心，而見種種差別是能緣中，見分取境有現、比量，或者非量之故。將此表列如下：

| 一、二、三、四分說之成立 | 破 |
|---|---|
| 正量部：唯立見分，不立相分。緣心外境，應緣其境，不起行相，故知有見而無相分。<br>十九部：於心緣境，起境行相，緣行相心，即名行解。行相＝（大乘）相分，行解＝（大乘）見分 | 大乘破：眼識必定不能緣色（宗），因為不作色行相（因），不作色行相，就不能緣色，如耳識（喻）。 |
| 清辯：唯相分，不立見分。 | 唯識破：若心心所沒有緣取相的能力，就不能緣，如虛空等。或者虛空等應亦能緣境。 |
| 安慧：相、見俱不立，唯立識自體是依他起，相、見二分是遍計執。以正智證，不作能、所緣解。 | 護法等破：諸佛後得智心，亦有身、土等相分，能緣身、土等見分，如此是否諸佛未遣遍計執呢？諸佛既遣，則相、見不是遍計執。 |
| 無着及難陀：相、見俱立。 | 不破<br>如《攝大乘論本》所說由三相，諸識成唯識性。<br>又《厚嚴經》云：「一切唯有覺，所覺義皆無，能覺、所覺分，各自然而轉。」 |
| 陳那：相分為所緣，見分為能緣。 | 不破<br>《集量論》云：「似境相所量，能取相、自證，即能量及果，此三体無別。」 |

| | |
|---|---|
| 親光及護法：立四分。由於見分無能緣，所以立自證分，以自證分無能緣，所以立證自證分。<br>而且認為四分是二性：相分、見分為外分，相分体外故稱外，見分緣外故稱外。自證證自是內分，若体若緣，俱是內故。內分、外分，俱非一故，稱一切分也。 | 不破<br>引《佛地經論》云：「眾生心二性，內外一切分，所取、能取纏，見種種差別。」 |

從六義來看，只要立相、見二分以上，皆不破。只立二分之一，或都不立而只立一分自證，都被破斥，這應該是要說明唯識立能、所上是一體，不能別立。二分是依《厚嚴經》，三分是依《集量論》，四分是依《佛地經論》，而三本經證都是來自《成唯識論》的傳述。僅管如此，四分成立，仍被置疑而有六番問答。118

118 因此有以下六番問答：1.問：若以自證分無能緣故，立證自證分者，亦應證自證無能緣故，須立第五分，如是便有無窮之過！答：證自證分緣自證分時，自證分有其両用：一、緣見分用，二、有却緣證自證分用故，不須立第五分也。2.問：若爾，見分亦有両用：一緣相分，二緣自證，應不須立第四分也。〔20〕問：若爾見分緣相分，却緣自證分，即有同一時一分，亦是量、非量過。何者？且如見分起我、法執時，不能稱其相分解故，故非是量。復能却緣自證也，即是其量。豈可一分，於一時中，亦量、非量，為避此過，見分不得却緣自證也。若自證分緣見分時，亦是其量，緣證自證分，亦是其量，所以自證得再緣也。3.問：若爾，見分起非量時，可不許再緣。正是量時，應得再緣耶。答：見分假令是量不妨，或是比量所攝。若緣自證分，定是現量，豈可一分，亦名現、比。若自證分緣見分時，及緣證自俱現量，所以，自證得再緣也。4.問：若彼見分是比量時，不許再緣五識轉耶？既是現量，應得再緣耶？

而整個四分的發展，二分說是依《厚嚴經》，三分說是依陳那《集量論》，四分說是依《佛地經論》。四分說的心是能、所緣，從體和緣取來看，有內和外的分別，又從能緣說見分取境有現、比、非量之種種差別，以致有證自證分的成立。

窺基《成唯識論述記》中，將三分說以識轉變的構造來說明，而且是連接三性來說。相、見是異種，相是轉相分種，似相而起，而識自體轉似見分。而不管是護法或安慧都主張二相是依自證而起。又將三分說轉成四分說，三分是所緣、行相、事，雖是按照《集量論》的所量、能量、量果，但是，三者關係是相、見必有所依體，亦即有兩種型式的三分說，但是，自證分作為所依是共同的。

## （三）兩種所緣・行相

三分說在漢傳受到很多的關切，並引出四分說的建立，不過，三分說的背後架構——"dvirūpa"「雙重行相」一

---

答：見分、相分，俱名外分。自證、證自是內、外分收，見分体，雖是內，緣外故稱外分。若許見分緣彼自證，即有緣內緣外，通自證分。緣見分，及緣證自證分時，俱是緣內故，自證分通再緣也。5.問：此之四分，為同種生？為別種生耶？答：有本質相分與見分別種生，無本質相分與見分同種。起見分、自證、證自證分，據用分三，據体是一，同是識界。若是心所，同是法界，故同種生。若別種生，即有同時、同類之識，三体並起過也。6.問：若三分同体，何因自体重緣自体，如刀不自割，多力不能自負，云何自心重緣自体？答：心用微細，不可以世事趣比況之。且如世間燈光照物，亦有自明何廢心。雖了境，亦有自緣之義也。此即明其廢立四分也。」以上見淨眼《因明入正理論後疏》（卍新纂續藏五三・899上-下）〔20〕問→答？。

詞——在漢傳中，似乎並不太受重視，因此，沒有對應的語詞。不過，從緊接在PSV1.10的三分說之後所述——“atha dvirūpaṃ jñānam iti kathaṃ pratipādyam.”「那麼，如何說明認識具有雙重行相呢？」——這一段話來看，雙重行相是三分說成立的背景。

而三分說中，又以見、相二分行相為基礎，窺基也提到兩種行相的同異種情形，並且以異種為勝，說明見、相是異種。而且根據PS1.11ab的說明，首要工作就是從對境來看：

> **viṣayajñāna-taj jñānaviśeṣāt tu dvirūpatā / (11ab)**
> 而認識具有雙重行相是由於認識對對境的認識的這個〔對境〕有特殊性。

這個「對對境的認識的這個〔對境〕有特殊性」，如前章所述「特殊性」，表示第二重認識對境是受到第一重認識對境的制約。而雙重行相中，第二重認識有與第一重認識對境行相一致的認識顯相，而且不管是第一重認識或第二重認識都必須具雙重性，亦即第一重認識也是具有認識對境的顯相。而具有顯相這個說明，首先，似乎可以從世親造．玄奘譯《阿毘達磨俱舍論》卷30〈9 破執我品〉提到識之了別來了解認識如何產生——

> 識生，雖無所作而似境故，說名了境。如何似境？謂帶彼相。是故諸識雖亦託根生，不名了根，但名為了

境。（大正二九 · 157中）[119]

識生雖然「無所作」，但以「似境」說為「了境」，亦即說識生起，在於能了別境，而足以說明這件事的就是「似境」的呈顯，即「帶彼相」的方式。這點是與PSV1.8 cd的帶有對境的行相被看作帶有行為，其實是不具任何行為之「認識手段」相同。這是偏能緣識的說明，相對於此，與「帶彼相」相關的所緣境又是如何呢？陳那在《觀所緣緣論》卷1提及「所緣緣」的定義：

所緣緣者，謂能緣識，帶彼相起，及有實體令能緣識託彼而生。（大正三一 · 888中）

成為「所緣緣」有兩個條件，就是可以讓能緣識能帶彼相起，以及此所緣緣有實體使能緣識能「託彼」產生認識。前者是所緣，後者是緣。由此可推知：**能緣識是有相，而且還有另一個引能緣識產生相的實體。**

而遁倫《瑜伽論記》卷9〈真實義品〉：

[119] 普光在《俱舍論記》卷30〈9 破執我品〉有作解釋：「謂帶彼相至識能了亦爾者，論主答：謂能緣識上，帶彼所緣境界行相，如緣青色，能緣識上，帶青相現。識似境說識能緣，如鏡對質，帶質像生，名〔5〕似本質能照。是故諸識雖亦託根生，識無根相，不似根故，不名了根，但名了境」（大正四一 · 448中-下）〔5〕似＝假【甲】。

而《觀所緣》云：「帶彼相起」名所緣者，說帶相言有其二義。一、帶影像相故名為帶相，二云挾帶體相故名帶相。無分別智雖無所帶影像相分。然即挾帶真如相起。（大正四二 · 502上）

這是說明《觀所緣緣論》的「帶相」之意義。有帶影像相和挾帶體相，後者如無分別智是挾帶真如相起。詳細如玄奘譯《成唯識論》卷7的「所緣緣」解釋：

三、所緣緣，謂若有法是帶己相，心或相應所慮所託，此體有二。一、親，二、疎。若與能緣體不相離，是見分等內所慮託，應知彼是親所緣緣。若與能緣體雖相離，為質能起內所慮託，應知彼是疎所緣緣。親所緣緣，能緣皆有，離內所慮託，必不生故。疎所緣緣，能緣或有，離外所慮託亦得生故。（大正三一 · 40下）

除了帶己相，心或相應所慮所託，還提到此體有親和疎之別，是根據與能緣體是不相離或相離。關於「帶己相」，窺基《成唯識論述記》卷7提到「帶」有二義：

是帶已相者，帶有二義。若古西方師釋，已者境體，帶者是心似彼境相義，即能緣之心，有似所緣之相名帶。相者相狀，小乘是行相，能緣體攝。大乘是相

> 分所攝。以前第二卷中解，謂能緣心等，帶此色等，己之相也。以此理故，正量部師般若毱多造〈謗大乘論〉。遂破此云：「無分別智不似真如相起，應非所緣緣」。我之大師，戒曰大王為設十八日無遮會時，造〈制惡見論〉，遂破彼云：「汝不解我義。帶者是挾帶義，相者體相，非相狀義。謂正智等生時，挾帶真如之體相起，與真如不一、不異、非相、非非相。若挾帶彼所緣之己，以為境相者，是所緣故。若相言體，即有同時心、心所之體相，亦心挾帶而有，雖有所託，然非所慮，故非所緣緣故。相者相分義，或體相義，真如亦名為相，無相之相。所以，經言：『皆同一相，所謂無相』」前句是緣，此句是所緣。（大正四三．500中-下）

此處解釋《成唯識論》所述「若有法是帶己相」，指出「帶」有二義，1.是「似彼境相」，而「帶相」，若於小乘是說行相，而且是能緣體攝，相對於此，大乘則是指相分所攝。一個是能緣體上有似境相，另一個是指相分。由這個區別，可知大乘的帶相是指相分而言，不是見分上的似境相，顯然是兩個行相。[120] 2.挾帶義：指的是無分別智的「帶」是「挾帶義」，此

---

[120] 關於正量部的質問，呂澂說：「依據這些傳說，正量部破瑜伽學說乃是集中在所緣緣的一點，可以無疑。瑜伽系從陳那菩薩以來，為了成立唯識，對於所緣緣曾做過進一步的分析。像“觀所緣論”所說，心法（特別是屬於感官的前五識）所緣的境界，必須具備是因性和有顯現行相

時的相是指「體相」，是帶真如之體相而生起。總說相有「相分義」和「體相義」，而帶此二相義，亦即遁倫所說「帶影像相」和「挾帶體相」。智周對於「帶」也提有二義：「一、帶者，挾帶親附之義，能緣親附所緣之境，而不相離名為挾帶。而猶世言，身佩釼矣。二、帶者，似也。能緣有似本質之相，相即相分。心質相離，名為『帶似』，亦若世言面帶火也。」

---

（即帶相）性這兩個條件，由此，真正的所緣只限於心內的境界，這樣成立了"唯識"。正量部的破義就著眼於這一說法，以為在平常的情形裡容或如此，但到了瑜伽系所說無分別正智生起的時候，智所緣的是直接領會的"真如"（這從唯識理論的體系來說，所指是心識的實體沒有被曲解為種種施設形象的本來面目），就不應該再變現相狀（即帶相），那末，像"觀所緣論"所強調的兩種條件之說，豈不成為空談?如果在正智那樣心理狀態裡可有例外，唯識道理即不完全。正量部這一質難可謂擊中要害，所以從前傳說當時瑜伽系的學者對它沉默了一十二年（見"宗鏡錄"卷七十），直到玄奘法師去印度，才救了轉來。依《成唯識論述記》卷四十四說，奘師之救乃將帶相的帶字分作變帶和挾帶兩解，尋常心識的所緣是變帶相狀，正智的所緣則挾帶體相。這樣和瑜伽系所緣緣的定義就不違背，所以唯識的根本原理即心識不緣外境的原理還是破不了的。奘師這一解答，據我們看來，它的重要關鍵並不祇是帶相裡帶的一面，同時對相的一面也已兼顧到了。依照陳那《集量論》第一品解釋，帶相的相即是行相，可以就相分說（即所行之相），也可以就見分說（即行解之相）。正量部所出的質難，但知道相分上的行相，卻不明瞭大乘說行相本來側重在見分上的行解（見《成唯識論》卷二）。因此，奘師之說實在是重新聲明行解的意義來解了圍（正智緣真如時，見分作無相的行解，所以真如有顯現行相的性質，得成所緣）。至於無遮大會上的比量形式組織的嚴密，固然是無懈可擊，而內容上也另將護法用能緣所緣體不相離而成唯識的精義扼要地顯示出來。不離的唯識義乃是陳那以後分別了所緣的親疏關係才發展的新說，奘師特別提出，也可見正量部議論的尖銳，單憑舊義已應付不來了。」以上參見呂澂1983：頁347-349。

並以「二所緣緣」來稱呼親、疎二境。[121]——似乎是同樣的說法，並引出親、疏的兩種所緣緣，顯然從兩個相引出親疏兩種所緣緣。

從對對境有特殊性，引出第二重認識對境受到第一重認識對境的制約，以及從雙重行相說明認識要有雙重性，亦即具有認識對境的顯相。這個顯相過程，就是表示「似境」的呈現，就是帶相的方式。以帶相的說明引出陳那《觀所緣緣論》卷1提及的「所緣緣」，以及玄奘譯《成唯識論》所說的親、疎兩種所緣緣。整體來說，由帶相引出的兩種行相和兩

---

[121] 智周《成唯識論演祕》卷6：「疏：親所緣者，即謂見分是帶已相者，相分名己，見分帶相名帶己相。疏：此疎中，即影像相分是帶本質之相等者。有義彈云：若爾，疎者應是相分之所緣緣。故應說云：親所緣緣，己體之相，是能緣心親所帶故。彼疎所緣，雖非親帶，然親所帶，杖彼而生，與彼相似。展轉言之，亦名所帶。所緣既爾，緣義亦然。親所帶相，藉彼而生，方起心等，故展轉說，名之為緣。然親所緣非無帶彼疎所緣義。然今論文言帶己相，意顯能緣帶彼所緣，己體相故。詳曰：心帶境相，據展轉言，非疏不許。故前疏云：『緣生於誰，誰帶己相』謂心相應，明心帶境。若云疏據親所緣者，在疏無文。又疏科云：初釋出體，豈初段中，疏主不許通疎、親緣，以此故知：疏主許心帶境相也。今言影像是帶質者，帶謂狹帶親附之義。依此義言云：『相帶質』。見望本質，隔相疎遠，故不言之。由斯前後望義不同，理無有失。今又解者，帶有二義。一、帶者挾帶親附之義，能緣親附所緣之境，而不相離名為挾帶。而猶世言，身佩釰矣。二、帶者，似也。能緣有似本質之相，相即相分。心質相離，名為帶似，亦若世言面帶火也。雖境望心，近遠不同。然心對彼，總得名帶。如次名為二所緣緣，心因親、疎二境起故，故論總中言帶己相。心或相應，不遮何相。別中方說能、所二緣不離相離。由斯不假，據展轉說，方名為帶。智者思之。（大正四三·936下- 937上）。

種所緣緣是相關，而且，也想由此找出陳那的見解，因此，以下將從三方面來處理：兩種所緣緣、兩種行相、陳那的所緣。行相之說。

## 1. 兩種所緣緣

從《成唯識論》所述的「所緣緣」引出親、疎兩種，以與能緣體不相離或相離來區分，不相離而為見分等內所慮託，是親所緣緣；相離但有本質能起內所慮託，是疎所緣緣。於此，窺基《成唯識論述記》卷 7 解釋：

> 論：此體有二至疎所緣緣。
>
> 述曰：自下第二辨其差別。若與見分等體不相離者，簡他識所變，及自八識各各所緣別。唯是見分內所慮託，此有二種：一、是有為，即識所變名內所慮；二、是無為，真如體不離識名所慮託，即如自證緣見分等並是此輩。空等雖是無為所攝，然若假變，即有為攝。若依本體，即是真如故無別說。此有為者，四分中相分攝也。此說親已。疎所緣緣，與能緣心相離法是。謂即他識所變，及自身中，別識所變，杖為質者是。然雖眼．耳等，非眼識親所緣緣，亦非疎所緣緣。不親取故，不杖為質故。要為本質，能起內所慮託之相分，名疎所緣緣。謂為質起故名緣，見分亦變內相分，似本質法，故名所緣。親所緣者，即謂見分是帶已相。此即疎中，即影像相分是帶本質之相名

所緣，故名能起內所慮、託，不言起內心，以起是緣義，起相分是所緣義。（大正四三・501上）

親所緣緣是見分內所慮託，具有為和無為兩種區別，有為是識所變，是「內所慮」，屬四分中的相分；無為是真如體不離識，是「所慮託」，如自證緣見分。此中的差別在於識所變和不離識。疎所緣緣是與能緣心相離的，是親所緣緣所排除的他識所變，意指自身中，別識所變，作為本質。而且，還舉例說明他識——對於眼識而言，即使眼、耳等，都不屬兩種所緣緣。因為不是親取，也不是可作本質。可見**疎所緣緣**是：**同一認識內的其他識，而且是作為本質**。

按照這樣的敘述，見分帶己相是親所緣緣，而疎所緣緣是帶本質的影像相分，因為起相分是所緣義，由此本質能起內所慮託。將兩種所緣緣表列如下：

<table>
<tr><td>親</td><td>有為：識所變名內所慮，是相分。</td><td>無為：真如體不離識名所慮託，如自證緣見分。</td><td>見分是帶己相</td></tr>
<tr><td>疎</td><td colspan="2">他識所變，及自身中，別識所變，作為本質，能起內所慮託。謂為質起故名緣，見分亦變內相分，似本質法，故名所緣。</td><td>影像相分是帶本質之相名所緣</td></tr>
</table>

依上述所列，親所緣緣是指見分帶己相，而疎所緣緣是影像相分＝帶本質之相＝所緣。又從差別的關係來看，唐・如理集《成唯識論疏義演》卷 8 說：

【論】此體有二：一、親，二、疎，此辨差別也。親者，謂影像相分是〔巳>己〕體分，非相所攝，名之為親，與能緣心不相離名〔巳>己〕體分。故論云：「若與能緣體不相離，是見分等內所慮託，是親所緣緣」。本質青等非〔巳>己〕體分，相分所攝，名之為疎，故論云：「若與能緣體雖相離，為質能起內所慮託，是疎所緣緣」。解云：為質能起內所慮託者，謂本質境為質，能起影像相分。（卍續藏經七九・517下）

親所緣緣的「親」是指「影像相分是己體分」，「非相所攝」，而所謂「己體分」是意謂「與能緣心不相離」，是見分等內所慮託。而疎所緣緣，「與能緣體雖相離」，但以「本質境為質」，「能起影像相分」，稱為「為質能起內所慮託」。疎所緣緣如本質青等並不是己體分，屬相分所攝。——由此可知，親、疎都是以與能緣心不相離或相離為準則，而所起相通稱「影像相分」，有相對見分的「相分」，而疎所緣緣就是指相分。接著，從「所緣」和「緣」來看——

問：親所緣緣與疎所緣緣，二緣行相云何差別？答：相分與見體不相離，名親所緣緣。即如眼識上有青相。相從緣生，是有體法為緣，能起內心名緣。緣者，緣由假藉之義，即此相分，於識上現，是識所慮法故名所緣，此即名為親所緣緣。唯約自親所變相分

> 作法，不約本質也。若疎所緣緣不約自所變為論，唯藉他所變本質為緣，自識於中變，起本質之相名所緣，此即名疎所緣緣。問：如何得知疎所緣緣杖他變本質為境耶？答：如論中言，若與能緣體，雖相離為質能起內所慮託故，下論云：能緣或有者，意說能緣心或有外本質能為緣，發起內影像相分故是疎所緣緣，或取自一身中，別識所變為質，自託彼變，如眼識要杖他第八識所變色境，眼識亦變相緣。問：若無外質得成疎所緣緣不？答：無本質法，不成疎疏所緣緣。（卍續藏經七九．519上-下）

親所緣緣是「**相分與見體不相離**」，如眼識上有青相。而此相是「緣」生，「緣」是指「有體法」、「能起內心」。此相分是於識上現，為識所慮，所以名「所緣」，是約「自親所變**相分**」作法，而不是依本質。而疎所緣緣是「藉他所變本質為緣」，「自識於中變」，起本質之影相相分，這是疎所緣緣的「所緣」。疎所緣緣沒有本質法就沒有疎所緣緣，此有兩種情形作為本質：一是或有外本質為緣，起內影像相分；二是取自身中，別識所變為本質，自託彼變，如眼識要憑藉第八識所變色境，這是本質境，然後眼識於中，變起本質的影像相分，來作為眼識所慮。——由此可知，親所緣緣的相分是所緣，有體法為緣；疎所緣緣的起本質之相，也是所緣，而藉他所變本質是緣。此中關鍵是親所緣緣的「所緣」和疎所緣緣的「所緣」是否同一？如果不同，在見到青色上，如理法師為何在親、疎所緣緣都談到青色呢？！而道邑《成唯識論義蘊》卷4提到親、疎都是變內相：

> 見分亦至故名所緣者，問：此疎所緣，亦變內相，與親何別？答：親所緣緣，約見分相，體不相離，相即是見內所慮託，故說為親。今言疎者，由質為緣，能起影像，雖亦變相，相似於質，從質而說，故名為疎。（卍續藏經七八 · 925上）

雖都變內相，但是，親所緣緣是見分上的相，見與相是不相離的關係。而疎所緣緣是以本質為緣，變相為影像相，相似於本質，就本質來說，與見分相離是疎所緣緣。既然兩種所緣都是變內相，那麼親、疎的關係，應該是談見分和相分是親，而見分與本質是疎。

其次，關於見分上的相，窺基《成唯識論述記》卷3也提到《觀所緣緣論》「帶彼相」：

> 《觀所緣》云：「帶彼相故」即是行相。謂行於相，見分能緣，說名為「事」，是心、心所自體相故，是釋事義。不言自體事，言自體相者，簡大乘「事」謂自證分，言自體事便濫彼故。（大正四三 · 318中）

「帶彼相」就是行相，是心心所「自體相」，說為「事」，而值得注意的是，見分帶彼相不是自證分。應該也就是如理所述的「已體分」，是與自證分不同，屬見分的。如理集《成唯識論疏義演》卷3也說此行相就是影像：

> 【疏】帶彼相故，即是行相者，即是影像也。謂見分上，帶彼青等相狀名行相，即此見分行於相，而帶於相也。故以上似境之相，而非所緣，屬能緣故。（卍續藏經七九．147下）

親所緣緣是見分上的相，如帶青等相狀名行相，是似境之相，是屬能緣。相對於此，踈所緣緣的影像相分是帶本質之相，即窺基文中的「此即踈中」，如理集《成唯識論疏義演》卷 8 解釋：

> 【疏】此即踈中，即影像相分至名能起內所慮託者，先問云：「未審踈影像相分為是親緣？為是踈緣？若是親緣者，即不合約本質而說，若是踈緣者，即不合起於內心，未知此相是何緣攝？」即有此問。應解云：且如踈中影像相分，是帶本質之相，帶由似也，如云面熱似火。此相亦爾，似本質故，不同親中見分上相也。見分上相，與見分不相離故。此相攝屬本質，以離見分故，踈緣故，緣此相時，即緣本質故，本質望見分名踈所緣，故知不是親緣中攝，故此影像相似本質之相名為所緣，由此故說本質，能起內所慮託，名所緣義，不言本質起內心也。若言能起內心者，即是緣義，即親緣中，相分是有體法，為緣能起

> 內心，故是緣義，本質不能親起心故。今者意成此緣義，所以，本質能起影像相分名緣，即見分變此相分，似本質法，名所緣也。（卍續藏經七九・518下-519上）

此段文是解釋窺基前列的疎所緣緣所說「即影像相分是帶本質之相名所緣，故名能起內所慮、託」，而且以「能起內所慮託」和「能起內心」作出區別，即「能起內心」是指親所緣緣，以「相分是有體法」為緣；「能起內所慮託」是本質，但本質「不能親起心」，因此，由本質望見分才稱為疎所緣緣，所以，說「本質能起影像相分名緣，即見分變此相分，似本質法，名所緣」。綜合如下：

| 親所緣緣／能起內心 | 疎所緣緣／能起內所慮託 |
|---|---|
| 見分上的相，以相分有體法為緣，為緣能起，是指見分帶己相。 | 見分變此相分，而此相分是似本質法，以本質望見分為疎。相分是有體法。 |

**親所緣緣：見分有相是在自體相上說。**

**疎所緣緣：相分是有體法，是似本質的相；見分以相分為緣，而有見分「帶己相」的自體相。**

這也是為前述窺基《成唯識論述記》卷7提到「帶」有二義中所提，小乘的相是能緣體攝，相對於此，大乘是此相為相分所攝，而且能緣心有似所緣之相名帶，作了最好的註解。

兩種所緣的關係似乎可以想像如下：

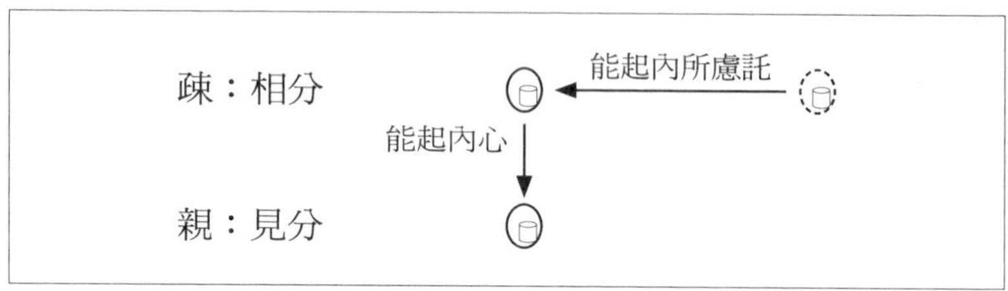


## 2. 兩種行相

上述的兩種所緣關係，或許可從窺基《成唯識論述記》卷3提到以影像相分為行相是出自《集量論》來了解：

> 論：此了別用，見分所攝。
>
> 述曰：謂於所緣相分之上有了別。有即行相故，是識見分，非是餘分。然行相有二：一者見分，如此文說。即一切識等，皆有此行相，於所緣上定有。二者影像相分，名為行相。其一切識或有或無，所緣不定故。如此論下，所緣緣中，出二所緣緣體。又瑜伽等說：同一所緣是也。今此且約諸識定有者說，或與小乘別體者說。以影像相為行相者，小乘同故。[122]

[122] 唐・靈泰撰《成唯識論疏抄》卷5：「疏或與小乘別體者說乃至小乘同故者，若大乘見分名行相，即是同體。此解盡理。若相分為行相，即是別體，相分與見分別故。今大乘說，相分為行相者，共小乘同故。又是共故，是以說之。若大乘有二說。然此《唯識論》中，即說相分為所緣，見分名行相，自證名事。若《集量論》中，即說外本質境是所緣，相分名行相，見分名事。與次一解別。」（卍續藏經八十・395下-396上）。

> 然唯初解，無第二者：第八俱時五心所法，如何可說同一所緣不同一行相？故須二解。以影像相為行相者，出《集量》文。（大正四三・317中）

> 然唯初解，無第二者：第八俱時五心所法，如何可說同一所緣不同一行相？故須二解。以影像相為行相者，出《集量》文。（大正四三・317中）

對於所緣相分產生了別，就是存在「行相」，屬於識的見分。窺基於此提到兩種行相：見分和影像相分。「見分」的行相，一切識皆有，於所緣上定有；相對於此，一切識不定有「影像相分」的行相，因為所緣不定。而且，雖然說有兩種所緣緣，但是，是「同一所緣」，由此更可肯定上節之結論。而提有「影像相分」為行相，是要和小乘有共同話題。[123]

而需要以影像相分為行相的原因，是因為「第八俱時五心所法」，第八識常與觸、作意、受、想、思相應，所以，此處意指觸等五心所，無法只按照見分的行相，來說是「同一所緣不同一行相」。因此，窺基認為兩種行相必須具備，而且以影像相分為行相是出自《集量論》作為證明。善珠撰《唯識分量

---

[123] 根據後文提及是《集量論》的說法，影像相分是尋求和小乘有共同話題，即PSV1.9c-d1: viṣayābhāsataivāsya pramāṇaṃ, (9c-d1)對這個認識而言，只有對境顯相的事實，tadā hi jñāna-svasaṃvedyam api svarūpam anapekṣyārthābhāsataivāsya pramāṇam.那麼，儘管認識是自我認知認識的對象，也是自身行相，〔這點是瑜伽行派的觀點，〕關於此點，暫且擱置。〔我們來探討與經量部可以共同達成的認識：〕所謂認識僅僅是指具有認識對象的顯相。

決》也提到窺基肯定此說法：

> 今論中云：但約見分名行相者，且約諸識定有者說，或與小乘別體者說。以影像相為行相者，小乘同故。然唯初解無第二者，第八俱時五心所法如何可說同一所緣不同一行相？故須二解。以影像相為行相者，出《集量》文。由此文證，基師意者必約二種名為行相。（大正七一·442中）

以見分名行相，是就諸識定有來說，但是，此點與小乘不同。而影像相分為行相是與小乘相同而且是出自《集量論》，又若無影像相分為行相，就無法說第八俱時五心所法「同一所緣不同一行相」。但是，「同一所緣不同一行相」是指什麼呢？如理集《成唯識論疏義演》卷3說：

> 【疏】然行相有二至同一所緣是者，意云：依《瑜伽》此論辨〔1〕二門相，二行相。且如以見分為行相，即識上親相分名所緣，然此相分而是定有。夫心起時，皆變相故，即相分相似，名「同一所緣」也；見分各別，名「不同一行相」。二者即以影像相分名為行相，其一切識或有或無。或有者，後得智有影像相分，或無者，正體智緣如時，無影像故，故云或無。又《瑜伽》說：同一所緣是也者，證影像相分，是所緣同者，以行相相似故。意云：雖影像相分是行

相，然行相相似數等，名同所緣也。又解：約本質名，「同一所緣，不同一行相」。（卍續藏經七九·145上）〔1〕一無二等三字。

有兩個行相一是以見分為行相，所謂「同一所緣」是指心起時，「相分相似」，名「同一所緣」，見分、領納等各別，名「不同一行相」。二是影像相分為行相，說一切識或有或無，或有是就後得智有影像相分，而或無是就正體智緣如時，沒有影像。而依《瑜伽師地論》所說，影像相分因為行相相似，證明是「同一所緣」。又解：按照本質說為同一所緣，不同一行相。

綜合窺基和如理的敘述，窺基區分兩段：前段是說明兩種行相，而後段是提及證明影像相分也是行相的「同一所緣不同一行相」這個線索。留下第八俱時五心所法，無法只按照初解的見分行相來說的問題。而如理是以「同一所緣」、「不同一行相」來看待這兩種行相。留下影像相分為行相，有無影像是關鍵。所以，影像相分為行相，不僅是為了第八俱時五心所法，還是不定的，因為緣真如時，沒有影像相分。所以，就從兩種行相的行相定義、兩種行相的成立——「同一所緣不同一行相」來探索。

**（1）兩種行相的行相定義**

對於兩種行相：見分行相和影像相分，先就初解來說，以見分為行相，是因為諸識定有，以及與小乘別體。如如理集

《成唯識論疏義演》卷3：

> 【疏】或與小乘別體者，說者意云：論中說見分名行相者，與小乘別體者說，據小乘宗，以影像相分名行相，見分名事，故小乘師云：心心所上有似境相，而非所緣，亦非能緣行解，但能緣心帶彼境相而緣前境，故名行相，《瑜伽》亦同小乘。此論與彼別，故云：別體故。此論以見分為行相，而具二義：一者約諸識定有者說，二者約與小乘別體者說。（卍續藏經七九．145下）

小乘以影像相分名行相，心心所上有似境相，但是，此境相不是所緣，也不是能緣行解，僅僅是「能緣心帶彼境相而緣前境」，所以，名為行相。說「《瑜伽》亦同小乘」頗耐人尋味。而《成唯識論》與小乘不同，是以見分為行相，這有二義：1. 約諸識定有，2.與小乘別體。應該說也與《瑜伽師地論》不同。

上述是就「與小乘別體」來說初解，惠沼述《成唯識論了義燈》卷3則是就「諸識定有」來談見分為行相是因為識自體分以了別為行相：

> 論：識以了別為行相故。本釋云：識自體分，以了別為行相，故行相見分也。類體亦然。此意見分名行相者，行應平聲讀，以見分能行於境相，故此見分得

> 行相名。……此意難云：論說識、受、想等作用各別故違教，及心所作用各別，若取行於境相，王、所同緣，如何各別？此難不然。論云：了別、領納等作用各異者，據能行說，不約所行。識即能了，行於境相，受即領納，行於境相。云：作用各異，約取境用異。不取緣境之時，取諸境相行解用異。以無分別智不作諸境別行相故。雖後得智及分別心，緣境之時作諸行解，不取此釋識之行相，以不遍故。今本論意：但取心起，行於境相，名為行相，即通一切。不取行解，名為行相，不通一切故。又此正釋本識了言。若以行解相貌以為行相，深乖論旨，本識任運無行解故。若局後得及分別心釋行相者，得約行解名為行相。（大正四三 · 723上-中）

對於「行相」這一詞，此處採用見分能行於境相，因此得行相名的定義。是窺基的「相者體也，即謂境相，行於境相」、「相謂相狀，行境之相狀」、「行境之行解相貌」等三解中之初，也唯此一能通無分別智，是此處所取本義。[124]即見分能行於境相，以是得行相之名。而且即使心心所行於境相也是，因

---

[124] 這是採用窺基《成唯識論述記》卷3所述：「論：了謂了別至為行相故。述曰：此解『行相』，識自體分以了別為行相故，『行相』見分也。類體亦然。相者體也，即謂境相，行於境相，名為『行相』。或相謂相狀，行境之相狀名為『行相』。前解通無分別智，後解除彼。或行境之行解相貌，此解亦非無分別智，以無相故。然本但是行於相義，非是行解義。」（大正四三 · 315中-下）。

為是據能行來說，而不是就所行，是就取境作用各異來說。作用的不同是按照「取境用異」，並非是「緣境之時，取諸境相行解用異」。而此論意是在於只取心起，「行於境相」而名為行相；並非取後得智及分別心緣境所作「行解」。也就是見分為行相是在於「取境用異」，而不是「行解用異」。

其次，《成唯識論述記》曾提到如果沒有影像相分作為行相的話，則「第八俱時五心所法，如何可說同一所緣不同一行相？」，對此，如理集《成唯識論疏義演》卷3說「第八心心所，有不同一所緣過」：

> 【疏】然唯初解，無第二者，至不同一行相者，意云：若唯取第一解，第二解者，即第八心心所，有不同一所緣過，如何說可說同一所緣不同行相耶？如何者，如七識等，見分名行相者，即有同一所緣不同一行相義，且如眼識變青時，皆扶第八所變為本質，自眼識心心所，同託本質，自變為影像相分，然彼復受等了別領納等，行相各別，以得名同一所緣，不同一行相。若如第八識及俱時五所，所變既不同，如何可說同一所緣不同一行相？問：如何第八心心所變不同耶？答：且如第八識變根身等時，親變根等有實用，然五心所託，本識所變為質，自方變為影像，影像無實用，如何可說同一所緣？今故第二解，將影像相分為行相者，雖心心變根身等不同，以影像相分相似名「同一所緣」，意說雖所變根等，有用、無用不同，

> 然俱變根等，多影像相似故，名「同一所緣」，據心心所體了別、領納等各異，名「不同一行相」，故須第二解。又欲成立《集量論》中，影像相分為行相也，如《演秘》中，不許此義[125]，猶次敘之。（卍續藏經七九 · 145下-146上）

相對於前述「取境用異」，成立見分的「不同一行相」，如理法師此處所說是若影像相分不是行相的話，第二解的第八心心所有不同一所緣的過失，追究的是「同一所緣」的過失。第八識及俱時五心所，所變不同所以不能說同一所緣，如何不同呢？如第八識變根身等時有實用，但作為五心所所託，以第八識所變為本質，五心變為影像，此影像無實用，就不能說同一

---

[125] 智周《成唯識論演祕》卷3：「疏：然唯初解等者，略為二釋。一云如因，第八緣自三境，但相無質。心所杖八，相為質緣，或所更互託為質起。故不可言本質是同，名為同一，由此應言，相名行相，行相相似，名同所緣。二云疏錯，應云：然唯第二無初解者，餘言同前　。詳曰：後釋優也，何以明之？答：見名行相，相但相似，名同所緣。不名行相，竟何失耶！又疏下會《瑜伽論》云：瑜伽據質，名同所緣。此約影像名所緣等，豈可前後自為楚、越！又按疏主《瑜伽鈔》云：若〔2〕也影像名行相者，即以本質為所緣者，體一名同，行相體別，故名不同。若以見分名行相者即親，相分體雖各別，似名同一。見分體〔1〕緣，各各異故，名為不同。由此故知，見名行相。第八王、所相分相似，名同所緣。見分各別，名不同行。若也相分名行相者，即行相同，如何說云：不同一行。第八非定緣本質境，復云何說同一所緣？若云：相分相似名同，若爾，所緣、行相是一，如何而說同、不同言？以此故知，疏顛倒也。」（大正四三 · 865下- 866上）〔2〕也字鈔作以。〔1〕緣字鈔作解。

所緣。這樣的差別，如果是以影像相分為行相，便可依影像相分相似而名同一所緣，因此，必須第二解，即第二種行相——影像相分的成立。道邑《成唯識論義蘊》卷2亦說及本質的問題：

> 然唯初解至不同一行相者，……若唯以行，見名行相，即第八俱五數，但成後解，便無前義。以第八心心所，本質各異，非同一故。除第八識，餘心心所，有本質、影像者，皆成兩解，故須雙取見、相二分，俱名行相，疏之意也。（卍續藏經七八·833上-下）

第八心心所法沒有見分行相的意義，只有影像相分的意義，因為第八心心所的本質各異，不是同一本質。除了第八識之外，餘心心所都有本質、影像，可以兩解，所以，行相名必須雙取見、相二分。因此，必須以相分為行相，才能解決本質不一的情形。

綜而言之，循親、疏所緣緣而來的見分和相分、本質三者的關係，發展到以「同一所緣不同一行相」的行相定義制約成兩種行相：見分與相分。

**（2）兩種行相的成立——「同一所緣不同一行相」**

雖然制約成兩種行相，但是「同一所緣」和「不同一行相」是別立嗎？或者應該是結合來說呢？如理《成唯識論疏義演》卷3提及有三解：

> 略有三解。一云本質名所緣，相分各別，名「不同一行相」，二云「相分相似」，名「同一所緣」，見分領納等各異，名「不同一行相」。三云本、影俱名「同一所緣」，質同故名同，相分相似故名同；然見分了別、領納等作用各異故，名「不同一行相」。（卍續藏經七九 · 145上-下）

同一所緣，不同一行相有三解：1.本質為所緣，相分各別，名「不同一行相」；2.相分相似，名「同一所緣」，見分、領納等各異，名「不同一行相」；3.本質、影像相分皆名「同一所緣」，因為本質同、相分相似，而見分等作用不同，名「不同一行相」。善珠《唯識分量決》說「同一所緣不同一行相」是與小乘不同，也有三家釋：

> 《瑜伽》第一云：「心心所法『同一所緣不同一行相』」，不同小乘「同一所緣，同一行相」。今依彼文有三家釋。一云：同一所緣是本質境，不同行相是影像境。所以者何？且如眼識心心所法，同杖木質青等一境，故言「同一所緣」。而心心所所變影像相分各異，故言「不同一行相」。若依此釋，行謂見分，相即相分，行之相故，名為行相，是依主釋。不應難言：第八無本，如何說言同一所緣？用他第八所變諸相為本質故。一云：唯約影像，分為二句。各變似一名「同所緣」，而實非一，是故說為「不同行相」。

> 釋行相義，同前師說。問：正智緣如，境體是一，如何名似？親緣本質應無行相。解云：《瑜伽》且說餘心。據實正智，即用真如為一所緣，正智相應心及所，行解各別，名「不同一行相」。一云：「同所緣」有其二義。一、一故名同，如真如境。二、似故名同，如影像境。然心心所行相各別，識以了別為行相，受以領納為行相等。所以者何？如第一說，緣真如境，即不同一行相，無別相分故。如第二說緣真如境，二義俱無，於一真如無似義故。不變相分，無行相故。雖有三釋，今此論主同第三說等云云，更有餘解如彼廣說。（大正七一・442下-443上）

不同於小乘之說的是「不同一行相」。又此「同一所緣不同一行相」有三家釋，善珠說論主是同第三說：

1.同一所緣是本質境，不同一行相是影像境。如眼識心心所法，「同一所緣」是指依杖本質青等一境，而「不同一行相」就是指心心所所變影像相分各各不同。如果按照這樣的說明，行相是指行之相的依主釋，行是見分，相是相分。第八識所變諸相就可以作為本質。
2.唯約影像，分為二句，各變似一名「同所緣」，而實非一，是故說為「不同行相」。就似一的說法，無法成立正智緣真如，因為是親緣本質無行相。
3.「同所緣」有其二義。一、一故名同，如真如境。二、

> 似故名同，如影像境。而心心所行相各別，識以了別為行相，受以領納為行相等，所以，當然是「不同一行相」。

三說中，按照第1釋，以依主釋來解「行相」，說的就是見分之相分，本質是「同一所緣」，不同行相提指心心所所變影像相分各異。按照此釋，第八識沒有同一所緣就可以解決，但是，緣真如境就缺「不同一行相」，因為沒有其他影像相分，可以說明「不同一行相」。若按照第2釋，也是約影像相分，緣真如境是「二義俱無」，因為沒有似義。既然無法約此來說似一，所以，只約餘心來說。不過，從末段敘述來看，前二釋若遇到真如境都無法解決，惟有第3釋是可以的。遁倫《瑜伽論記》卷1也提到三解：

> 言「同一所緣不同一行相」者，此有三解。一云：眼識及心所，同類賴耶所變相分本質塵起，名「同一所緣」。心及心所，各各別變影像不同，名「不同一行相」。行相義者，行謂見分，相即相分，行之相故，名為行相。是依主釋。不應難言：第八無本，如何說云：「同一所緣」，用他第八所變諸相為本質故。一云：唯約影像，分為二句，各變似一，名「同所緣」，而實非一，說不同言。問：正智緣如，境體是一，如何名似？解云：此約餘心。若約正智，境一故名同。一云：王數同緣一青故，名「同一所緣」。而領納、了別等，行解

> 各別故，名「不同一行相」。各從自種生者，此據實心所。非彼假者，亦別種生。（大正四二．317上）

遁倫所述三解：1.眼識及心所同類賴耶所變相分作為本質，名「同一所緣」；心及心所各各別變影像不同，名「不同一行相」。2.影像相分為二，似一是「同所緣」，而實非一是「不同一行相」。也是提到緣真如時，沒有似義，所以，說「約餘心」3.心王及心所同緣，所以名「同一所緣」，而領納、了別等行解各別，名「不同一行相」，此說正好補充善珠的第3釋。因此，遁倫和善珠的三解是相同而且可以互補。

道邑《成唯識論義蘊》卷2也提及兩釋：

> 然唯初解至不同一行相者，准下兩釋「同一所緣不同一行相」。一云：本質是一，相分各異，名「同一所緣不同一行相」。二云：相分相似，名「同所緣」，見分各異，名「不同一行相」。若唯以行，見名行相，即第八俱五數，但成後解，便無前義。以第八心心所，本質各異，非同一故。除第八識，餘心心所，有本質、影像者，皆成兩解，故須雙取見、相二分，俱名行相，疏之意也。（卍續藏經七八．833上-下）

比較簡潔的指出「同一所緣不同一行相」：1.本質是一，相分各異，2.相分相似，見分各異。若只取見分為行相，第八俱時五心所只能有後義而無前義，因為第八心心所，本質各不相同。第八識之外，有本質、影像，皆能成此兩解，所以，雙取見、相二分皆名行相。此一說法，既是雙取，是否意謂結合本質、影像而成的疎所緣，以及親所緣的相分相似、見分各異的兩說呢？

關於三釋，整理如理、善珠、遁倫、道邑之說如下：

| | | | |
|---|---|---|---|
| 如理 | 一云本質名所緣，相分各別，名「不同一行相」。 | 二云相分相似，名「同一所緣」，見分領納等各異，名「不同一行相」。 | 三云本、影俱名「同一所緣」，質同故名同，相分相似故名同；然見分了別、領納等作用各異故，名「不同一行相」。 |
| 善珠 | 一云：同一所 是本質境，不同行相是影像境。所以者何？且如眼識心心所法，同杖木質青等一境，故言「同一所 」。而心心所所變影像相分各異，故言「不同一行相」。 | 一云：唯約影像，分 二句。各變似一名「同所 」，而實非一，是故 「不同行相」。 | 一云：「同所 」有其二義。一、一故名同，如 如境。二、似故名同，如影像境。然心心所行相各別，識以了別 行相，受以領納 行相等。 |
| 遁倫 | 一云：眼識及心所，同類賴耶所變相分本質塵起，名「同一所緣」。心及心所，各各別變影像不同，名「不同一行相」。 | 一云：唯約影像，分為二句，各變似一，名「同所緣」，而實非一，說不同言。 | 一云：王數同緣一青故，名「同一所緣」。而領納、了別等，行解各別故，名「不同一行相」。 |
| 道邑 | 一云：本質是一，相分各異，名「同一所緣不同一行相」。 | 二云：相分相似，名「同所緣」，見分各異，名「不同一行相」。 | |

四說的三釋中，如理和道邑、善珠和遁倫是兩兩相近的，此中，第一說幾乎是四說皆同，是疎所緣的本質和影像相分的關係。而第二說兩組顯示差異，即善珠和遁倫是約影像，如理和道邑是約相分和見分。不過，如善珠所說，前兩釋在真如境是無法說明，所以，論主主張第三說。第三說在見分的了別、領納等作用上，有同樣的說詞；但在所緣上，有本質同、影像相似上說為同；或說一故名同，似故名同，不過，雖有差別，但是，如理和善珠的意思相同；而遁倫的王數同緣一境就顯不同，比較粗略的說。

只是，第三說中的「同一所緣」，有本質、影像和心心所的不同，所以，循此來看心和心所，窺基《成唯識論述記》卷3說：

> 論：心與心所至有差別故。
>
> 述曰：然心．心所同所依根，其所緣相各各變別，故但相似。緣青，相分皆變青故。事雖數等而相各異，識、受等體有差別故，與小乘別。然《瑜伽》第一說：「同一所緣不同一行相」。據了別、領納各各不同故。相分雖不同，然極相似，如青為境，諸相俱青，相似名同。見分各異，雖俱是青，取像各異，故名不同行相。此中有行相與見分，雖各非一，各據義別。境據總故，名之為一；見據別故，名為相似。此卷論中，據實為言，故與《瑜伽》說不同也。又彼約疎所緣緣，此約親所緣緣。此心．心所許時、依同，

> 所緣、事等，亦據所緣各相似義。非是相違。（大正四三 · 319上）

這是在解釋陳那的三分說之初的「對十九部辨相差別」，所以，談的是各部不同的主張。心心所的所依根相同，所以，雖所緣各變，但相分相似，如「緣青，相分皆變青」。只是見分有識體差別故相不同，此點與小乘不同，善珠《唯識分量決》也提過小乘是「同一行相」。不過，《瑜伽師地論》第一所說「同一所緣不同一行相」，是指相分相似說為同，見分取像各異，所以說「不同行相」。即「境據總故，名之為一；見據別故，名為相似。」但是，窺基有指出《成唯識論》和《瑜伽師地論》不同，只是沒有確指。又說後者是約疎所緣緣，而前者是約親所緣緣。雖然如此，但是，末文可看出所緣相似是沒有問題的。這樣看來，兩部論是存在差異。如理集《成唯識論疏義演》卷3也談到這段文：

> 【疏】此中有行相至各非一者，意說行相者，即相分也。即心王、心所，相分各別故名非一，見分有了別、領納等不同，亦名非一。又境據總故，名〔3A〕之為〔3B〕至相似者，有云：雙會《瑜伽》、《唯識》也。《瑜伽》據境總同一，雖心王、心所所變相分不同，然緣青境時，心心所相皆青故，約此道理名一所緣也。見據別故，正會此論同一所由。此論據心王、所見分，各自帶起相分故，言所緣相似，亦不相

> 違。《瑜伽》據境一名同所緣，此論據見分上相分相似名同一所緣故，此論與《瑜伽》說不同，又如《演秘》說。又彼約踈所緣緣者，《瑜伽》境據總故，名之為一者，約本質境說，此論據相似名同一者，約影像相分親所緣緣說之。（卍續藏經七九・149上）〔3A〕一無之字。〔3B〕一無至字。

如理法師提到兩部論的差別：1.《成唯識論》「此論據心王、所見分，各自帶起相分故，言所緣相似」，是據見分上相分相似名「同一所緣」，是親所緣緣。2.《瑜伽師地論》是疎所緣緣，據總境名為同一，是約本質境來說。對照窺基《成唯識論述記》卷3所說兩部論的差別：

> 不同亦兼取彼。《瑜伽論》〔4〕等第一卷說：「同一所緣不同一行相」。以境相似故，說名為同，其實各別，此約實義名所緣等，彼約相同名同一所緣。又此約影像說為相分名所緣等，相各別故，彼約本質說為所緣，故名為同。亦不違也。（大正四三・ 332下）〔4〕〔等〕－【乙】。

應該可以更清楚的知道，《成唯識論》是以「影像說為相分」名所緣，因為相分各別的緣故，雖然境各別，但以相似說為同，是「約實義名所緣」。而《瑜伽師地論》是就境相相同而名同一所緣，約本質說為所緣，而名同一。因此，可以清楚說

《成唯識論》是親所緣緣，《瑜伽師地論》是疎所緣緣。

綜合上述，「同一所緣」、「不同一行相」是要合起來看，不能分立。其次，「同一所緣」、「不同一行相」是指向相分和見分，若依此雙取見、相，就包含親所緣和疎所緣。而兩部論的差別是《瑜伽師地論》是就境相相同而名同一所緣，約本質說，而《成唯識論》以相似說為同一所緣。這或可如善珠所說「同所緣」有同和似二義一般。

### 3. 陳那的所緣・行相之說

承上所述，兩種所緣緣和兩種行相是相通的，亦即親所緣緣是見分為行相，疎所緣緣是影像相分為行相。又《成唯識論述記》也提及影像相分為行相是出自《集量論》之文。而且提到陳那亦有主張親、疎二所緣緣，如惠沼《成唯識論了義燈》卷6說：

> 若爾，如何此下難云：又若二分是計所執，應如兔角非所緣緣耶？答：略有三解。一云彼許兔角非因生，故非所緣緣，二分因生成所緣緣。今此據無，同彼兔角，故得為難。一云本計雖無親所緣緣，心亦得生。以立唯識故。然陳那所說無非所緣緣者，是破他計，就他為語。今者護法約自破彼，故為此量。一云護法據《攝大乘》，有能遍計、所遍計，俱依他起。此所遍計即疎所緣緣，安惠共許。例親所緣緣，亦應有體說所緣緣故。准無著、陳那，俱有親、疎二所緣緣，

故今此破，依共許教，立量破彼。非是護法據自破他。此釋為勝。（大正四三・786中-下）

《成唯識論》中，回應二分若是遍計所執的話，就應不是所緣緣，因為遍計所執是沒有實體。[126]惠沼所提三解中，第二解說無親所緣緣，心也是可以產生，因為唯識的緣故。而《成唯識論述記》也說陳那雖然主張所緣緣，但「陳那所說無非所緣緣者，是破他計，就他為語」，以「一切唯識，何籍緣生」[127]來說不一定非要所緣緣。[128]第三解說「准無著、陳那，俱有親、疎二所緣緣」，是以二所緣緣是共許教來破他。三解中以第三解為勝。循此來看，似乎陳那也說二所緣緣。對於兩種所緣緣，惠沼《成唯識論了義燈》卷6接著說：

---

[126] 護法等菩薩造，唐・玄奘譯《成唯識論》卷8：「又若二分是遍計所執，應如〔3〕兔角等，非所緣緣，遍計所執，體非有故。又應二分不熏成種，後識等生，應無二分。又諸習氣是相分攝，豈非有法能作因緣。若緣所生內相、見分，非依他起二所依體，例亦應然，無異因故。由斯理趣，眾緣所生心心所體及相、見分，有漏、無漏，皆依他起，依他眾緣而得起故。」（大正三一・46上-中）〔3〕兔＝菟【聖】。

[127] 窺基撰《成唯識論述記》卷9：「論：又若二分至體非有故。述曰：第二難也。若有漏二分皆是計所執者，應非所緣緣。彼言計所執，許二非有故，如兔角等。彼計二分非所緣緣。所緣緣者，陳那破他就他為論，我既唯識，何藉緣生。」（大正四三・544中）。

[128] 唐・如理集《成唯識論疏義演》卷11：「【疏】彼計二分至就他為論者，解云：即安救云：彼遍計二分，非所緣緣者，不是彼我，陳那菩薩《觀所緣論》中，就他等小乘，難云：汝許二分，既非實有，應不成所緣緣。以彼許有法方成緣，無法不成緣，所以，陳那就他為難，非是破我之義。既一切唯識，何籍緣生，縱是無法，亦得成緣，以一切皆唯識故。」（卍續藏經七九・670上-中）。

> 今此論文，舉反破量，不舉順成。舉順成者，應云：佛親所緣緣相、見分有，例餘相、見，亦應是有，是所緣緣故，如佛相、見。然始反成。若二分無，應非所緣緣，體非有故，如兔角等。安惠設許亦所緣緣，能、所遍計是何所攝？若所遍計是依他有，若能遍計非是內心，若計所執非所緣緣，不說無法為所遍計故。安惠自許因位諸心皆能計故，既說能計，即託依他為所遍計，故相、見無非所緣緣。故今難云：見、相體無，非所緣緣。問：若計所執非所緣緣，如何下說為凡聖境？答：境寬緣狹，設非所緣，約智疎緣，亦得名境。親緣相分是所緣緣，能緣皆有，唯識理故，非要質有方能起心。（大正四三 · 786下）

以「順成」和「反成」的形式來說二分不是遍計執。從順成來說，佛有親所緣緣的相、見分，以此例同其他。從反成來說，二分若無，就沒有所緣緣，因為沒有實體的緣故。但是，既然是遍計所執，如何又可說為境？因為「境寬緣狹」，是以疎所緣緣為境，而親所緣緣的相分是能緣皆有的所緣緣。這是意指二所緣緣中，親所緣緣是能緣的相，而疎所緣緣是境。又窺基《大乘法苑義林章》卷5提到依《集量》說：

> 影質有無者，《唯識》第七卷說：有二所緣緣。一、親，二、疎。若與能緣體不相離，是見分等內所慮託，應知彼是親所緣緣。若與能緣體雖相離，為質能

> 起內所慮託，應知彼是疎所緣緣。此五種色，雖多是假，彼能緣心親所緣相決定皆有。故彼復說，親所緣緣，能緣皆有，離內所慮託必不能生。性是依他，從因所起。諸非實色即能緣等種子所生，無色用故。或無別種成本質故，同一種起，然無實用。若實有者，有色用故，別從種生，非與能緣同一種起，如《樞要》說，或變似色，或有色用。依此二〔2〕理親所緣故，五皆名色。依《集量》說，疎所緣緣，一切心生決定皆有。《佛地》等說，無分別智緣真如時，亦變影像，故諸心起，定有本質，即依此義，五中四色必有本質。……故《成唯識》說：「疎所緣緣，能緣或有離外所託亦得生故」。第八、第六，此諸心品所杖本質，或有或無，疎所緣緣有無不定。（大正四五·342下-343上）〔2〕理＝種？。

雖然有兩種所緣緣，但是，似乎是存在關聯。因為親所緣緣是見分等內所慮託，但是，能使之產生的，卻是「為質能起內所慮託」的疎所緣緣。親所緣緣是依他性，從因所起，如《樞要》說「或變似色，或有色用」。相對於此，在《集量論》中，說「疎所緣緣，一切心生決定皆有」，似乎更肯定陳那《集量論》中所述的，主要是疎所緣緣，但與《成唯識論》所說「疎所緣緣有無不定」似乎不同。按照此段文所述，是「無分別智緣真如時，亦變影像」，所以，諸心生起，定有本質，依此才說「五中四色必有本質」。相對於此，《成唯識論》認為本質或有或無，因此連帶疎所緣緣有無不定。前述如理集《成唯識論疏義演》也有提及「影像相分名為行相，其一切識或有或無。或有者，後得智有影像相分，或無者，正體智緣如時，無影像故，故云或無。」——由此看來，無影像是無分別智緣真如時，但是，若此時「亦變影像」，就可能是一切心生決定皆有疎所緣緣。而呼應疎所緣的「影像相分」，在《集量論》中是行相，似乎更加肯定陳那的主張，主要是疎所緣緣。

其次，陳那對於所緣緣的內容，主要是表現在《觀所緣緣論》中。窺基《成唯識論述記》卷8提及陳那所說：

> 論：許五後見至亦有三緣。
>
> 述曰：自下第二，依陳那《觀所緣緣論》中說，許五識後念見分，緣前念相分。彼論言：或前為後緣，引彼功能故。彼隨經部因果異時，既非現境生五識故，前念五識現行相分為能熏，引相分種子，生於後念五識相分。前念五相有力，能生後識見分，故是「緣」義。後念之識，帶彼前相生故，是「所緣」義，即以相分為行相本質為疎所緣緣義。今敘彼意，許五識後見，緣前念自識相者，五識及第七識，前與後亦有三緣[129]，亦者亦第六也。非第八識者，以非能熏，不能引

---

[129] 此處三緣，依原文前段所指，應該是除因緣，如窺基《成唯識論述記》卷8：「論：自類前後至取現境故。述曰：第三子門。自身八識一一自類前後相望能為幾緣？前第六識聚，容作三緣，生後自第六識聚，即除因緣現行相望故，有所緣緣據緣者說故。此中不除阿羅漢末後心等無間

> 種。故前念相非自、後識所緣緣也。此師自識前後，異於前義也。（大正四三·512下）

陳那《觀所緣緣論》中，許「五識後念見分緣前念相分」。然後舉經部「因果異時」，說明「緣」義——亦即不是於現境產生五識，前念五識現行相分為能熏，引相分種，產生後五識相分，由此相分產生後識見分。次明「所緣」是後念之識帶前相生的情況——這是有本質的疎所緣緣，以影像相分為行相。而且，窺基說「此師自識前後，異於前義」，似乎說五、六、七三識是前念相作為自、後識的所緣緣。對照新羅太賢集《成唯識論學記》卷6解釋《成唯識論》的「自類前後（至）相見種故」說：

> 述曰：第三前後相望門，許後五見緣前相者。述曰：陳那論觀所緣意，許後五識，前相為質，前相熏種，生後相分，後識帶彼前相生故。准之，第七應許亦然。然此許言，三藏三釋。一云：陳那許經部義，彼說五識緣過去境，是因必先果故難信，同時如兩角故。陳那別意假順許也（基唯述此）。一云：護法假許陳那。一云：實許為宗（既陳那頌其有二門。或得假許，假設門故；或得實許，理無倒故）。（卍續藏經八十·155下）

---

緣，據長時故，但說容故。餘之七識但有二緣，無因緣、所緣，皆非種子。又不能自緣前念識聚故，唯緣現境故。此第一師即長途義。」（大正四三·512中-下）。

依上所述，前相為本質，產生後相分，後識真的是帶彼前相生——說明五識的認識是以前相為本質的一種疎所緣緣，而且後識也會帶前相產生，這樣的說法表示前五識的相有前後的雙重行相。而且玄奘三釋中，雖只能看到第1釋，但是，卻表達陳那是許經部義，五識緣過去境是「因必先果」，所以，五識以前相為本質是肯定的。

不過，關於五識緣過去境的說法，似乎是備受關注的，如窺基《成唯識論述記》卷2說：

> 《觀所緣緣論》說，過去色識是現五識所緣緣。（大正四三 · 270上）

過去色識是現行五識的所緣緣，智周《成唯識論演祕》卷2說：

> 疏：有以過去五識相分為五塵者，是過去世五識所變相分熏成，後生現行，今為識境。故《觀所緣論》云：「或前識相為後識緣，引本識中，生似自果功能令起，不違理故」。（大正四三 · 835下）

現在五識的「識境」是由過去五識所變相分熏習而成種，其後才產生現行。不過，引述《觀所緣緣論》的說明，仍然不清楚。道邑撰《成唯識論義蘊》卷1說：

> 有以過去五識相分為五塵者，此陳那師義。以前念五識相分為後念質，故言過去。（卍續藏經七八・794下）

此說是以過去五識相分作為後念的本質，如理集《成唯識論疏義演》卷2顯然較為清楚：

> 【疏】《觀所緣緣論》說「過去色識」等者，意云：前念識緣色等，熏成種子，即此種子，後念生現行，色等遂能發生現行五識；但約熏種時，名過去，不是過去色等發現五識，五識不緣過去法故，故知但是識變為所緣緣，非是心外有法為所緣緣也。（卍續藏經七九・76上）

前念識緣色等，熏成種子，依此種子使後念產生現行，使色等引發現行五識。而「過去」一詞，只是依熏種時說，並不是由過去色等產生現行五識，因為五識不緣過去法。最後，對照陳那《觀所緣緣論》卷1所述：

> 「內色如外現，為識所緣緣，許彼相在識，及能生識故。」外境雖無，而有內色似外境現，為所緣緣。許眼等識帶彼相起及從彼生，具二義故。此內境相，既不離識，如何俱起能作識緣？
> 「決定相隨故，俱時亦作緣，或前為後緣，引彼功能

故。」境相與識定相隨故，雖俱時起，亦作識緣。因明者說，若此與彼有無相隨，雖俱時生，而亦得有因果相故。或前識相為後識緣，引本識中，生似自果功能令起，不違理故。若五識生〔＊〕唯緣內色，如何亦說眼等為緣？

「識上色功能，名五根應理，功能與境色，無始互為因」以能發識比知有根，此但功能，非外所造故。本識上，五色功能名眼等根，亦不違理。功能發識，理無別故。在識在餘，雖不可說，而外諸法，理非有故。定應許此在識非餘，此根功能與前境色，從無始際，展轉為因。謂此功能至成熟位，生現識上五內境色。此內境色，復能引起異熟識上五根功能。根、境二色與識一異或非一異，隨樂應說，如是諸識，〔1〕惟內境相為所緣緣。理善成立。（大正三一 · 888下 - 889上）〔＊9-2〕唯＝惟【宋】【元】【明】【宮】＊。〔1〕惟＝唯【宋】【元】【明】【宮】。

陳那對於所緣緣，給出兩個條件——識帶彼相起和從彼生。並對上述作了歸納：

1. 似外境現的內色，如何與識俱起而作為識的所緣呢？境相和識定相隨，所以亦作識緣。
2. 雖然境與識同時生，亦作識緣。說為識緣是指「因果相」，而此因果相是前識境相作為後識的所緣，引本識中，「生似自果功能令起」。但是，只緣內色境的五識，為何還需要五根呢？所謂「根」是一種功能，是從能引發識的這一功能來說。本識中的五色功能就是眼等五根。而且此根功能與前境色，無始以來，展轉為因。由此功能達到成熟位時，產生現識上的五內境色，又由此內境色引起異熟識上的五根功能，根、境、識三者無法說一或異，但諸識只有內境相為所緣緣。

陳那的五根、境、識的關係圖：（方框虛線是說明，虛線是路徑）

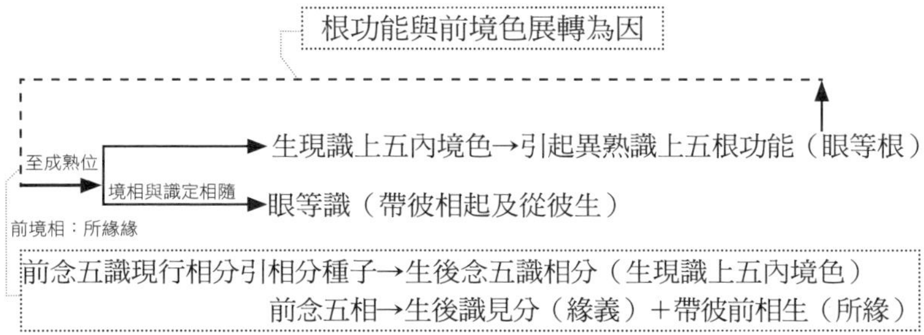


由於根功能與前境色展轉為因，所以，產生內境色引發能緣的五根功能的方式，而此方式說明帶彼相起和從彼生的「所緣緣」結構。於此結構，窺基指前念五相有力能生後識見分是「緣」義，後念之識是由帶前相產生 ，所以，帶相是「所緣」義。因此，過去五識相分亦即五內境色，引發五根功能，亦是諸識的所緣緣，而且是疎所緣緣。不過，五識難道是取過去五內境色嗎？如果這樣，五識只有緣取過去境，而沒有現在境相。這可由以下《成唯識論述記》卷2的兩處說明來看：

論：然眼等根至非外所造。

述曰：自下第二別破五根。色等五塵，世間共見，現量所得。眼等五根，非現量得。……此但有功能，非是心外別有大種所造之色。此功能言，即是發生五識作用。觀用知體，如觀生〔2〕芽用，比知體是有。《觀所緣論》亦作是言：「識上色功能，名五根應理」，以用比知體性是有，由此說根唯是種子。《二十頌》云：「識從自種生，似境相而轉」，《觀所緣論》不言現色，言功能故。（大正四三・268中）

〔1〕許＝計【甲】。〔2〕芽＝死【甲】。

《觀所緣緣論》說：「過去色識是現五識所緣緣。」（大正四三・270上）

關於「功能」，是指發生五識作用，而作用可推知是有體，此體是根，也是種子。如《觀所緣緣論》所說「識上色功能，名五根應理」，而此論不說《唯識二十論》的現色，而以功能來說。而且《觀所緣緣論》也說「過去色識是現五識所緣緣」，此中的「過去色識」，如理集《成唯識論疏義演》卷2有作解釋：

《觀所緣緣論》說過去色識等者意云：前念識緣色等熏成種子，即此種子後念生現行色等，遂能發生現行

> 五識。但約熏種時名過去，不是過去色等發現五識，五識不緣過去法故，故知但是識變為所緣緣，非是心外有法為所緣緣也。（卍續藏經七九 · 76上）

這個解釋似乎是雙重行相的認識，前念識緣色等熏成種子，種子後念生現行色等，又產生現行五識。五識不緣過去法，只是就熏成種子來說是過去。因此，結合前圖應該是如下表示：（"……"表示時間區隔）

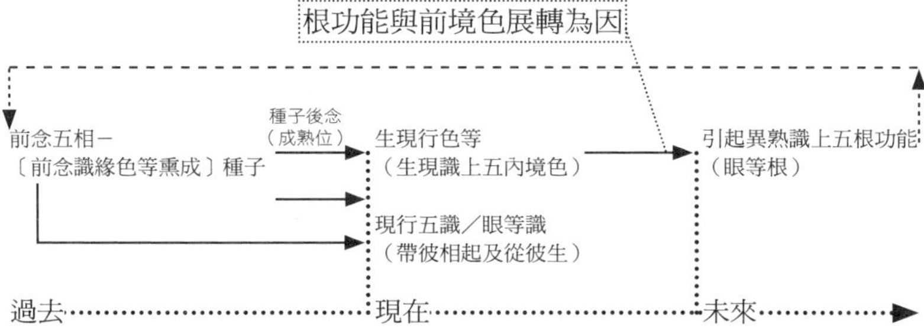


陳那對於根、境、識三者的說明，可依三世來區分。顯然於「現在」這一區塊是「境相與識定相隨」，只有現行色等的「相分」以及現行五識的「見分」，而且見分是從前境相生並帶前境相的狀態，亦即「觀所緣緣」來說明識生。而透過「根功能與前境色展轉為因」，於未來引出五根功能，又由此引生色等境。

關於前境相，勝主慧的解釋也說：

81,9 tasmāttāni svabhāvata eva tadākārāṇi bhavantītyabhyupeyam /

因此，就其本質而言，這些認識必須是帶有對境的行相，這點必須被承認。[130]

na cādyasya jñānasya viṣayākāraśūnyatve

pūrvaviprakṛṣṭārthābhāsāni bhavanti yathoktaṃ prāk[131] /

不過，如果第一重認識，不帶有對境的行相，那麼，這個認識就不會帶有第一重已經久遠的認識對象的顯相。如前所說。

tasmāttadapyarthābhāsameṣṭavyam /

所以，第一重認識也是帶有對象顯相，這點必須被承認。

**ataśca siddhaṃ dvairūpyam //**

---

[130] 《韓本註》：「即以此故應許唯由彼等自性成為具有彼之行相。」，頁40。

[131] cf.PSṬ80,7-11: na ca yāvatā bhrāntena pratipattrā tattathāvasīyate, tāvatā tadākārameva tadbhavatīti yuktamityāha**—na cottarottarāṇī**tyādi / **ca**kāro'vadhāraṇe / **uttarottarāṇi** viṣaya**jñāna**jñānādīni tāni **pūrva**syānubhavajñānasya yo **viṣaya** uttarottarajñānāpekṣayā jñānāntaritatvād**viprakṛṣṭa**stad**ābhāsāni nai**va bhavanti, naiva prāpnuvantītyarthaḥ / kutaḥ / **tasyāviṣayatvāt** / 認識絕對不是真的具有這樣的行相，如同被迷誤的認識者對它作如此判斷那樣，所以，〔說所謂認識具有認識對象的行相是錯誤（以上是無相論者的觀點），陳那〕對此回答：以「**每個後來的認識就不會有**〔以前已經消失的認識對境的顯相〕」為首那句話。**"ca"**這個字是限制在一定的實例。**每個後來的認識**是對對境認識的**認識**等等的每個後來的認識，絕對**不會**有以前已經消失認識對境的**顯相**：〔因為，〕**對境**對**以前**經驗的認識而言，通過觀待每個後來的認識，因為已經是過去的認識，是**消失的**東西，〔每個後來的認識〕就是不會獲得〔這樣的認識對境的顯相〕。為什麼呢？**因為這個〔以前消失的〕對境不是後來認識的對境**。

所以，證明認識必須帶有雙重性。[132]

必須承認認識帶有對境的行相，但是，這個對境的行相來自哪裡？那必須是一開始就以對境的行相存在，即文中所指「第一重認識也是帶有對象顯相，這點必須被承認」，並以此成立認識必須帶有雙重性。因此，此說是支持前境相的存在。由此更進一步，就是《成唯識論述記》卷4所說「二境色」：

論：彼頌意說至無別眼等。
述曰：彼《觀所緣》頌中意說：第八識上有生眼等色識種子，不須分別見分、相分，但總說言。……然前解者見、相別種。如彼論說：有二境色。一、俱時見分識所變者，二、前念識相為後識境，引本識中生似自果功能令起，不違理故。即是前念相分所熏之種，生今現行之色識故。說前相是今識境，不用前識為今所緣，如親相分能生見分。有體影生名所緣者，前相亦然。有體為緣，生今識相，名為行相。故望今識，亦為所緣。故頌中言：「功能與境色」，境色即前色也。（大正四三・381上）

此處所說其實是有兩種，但為侷於陳那所說，所以，保留《觀所緣緣論》的說法。窺基於此提到「二境色」：「一、俱時見

[132] 《韓本註》：「于第一識境行相空性中不成諸先前所顯現久遠，如前已說。是故此亦當許義顯現性。是故亦已就二相。」，頁40。

分識所變者，二、前念識相為後識境，引本識中生似自果功能令起，不違理故。即是前念相分所熏之種，生今現行之色識故。說前相是今識境，不用前識為今所緣，如親相分能生見分。」——這一段說明，似乎是指雙重行相，亦即親所緣緣的見分和前念識相為後識境的疎所緣緣之「相分」。而且「二境色」也可能是雙重行相傳入的證明。或許對照PSV1.11ab所述：

> anyathā yadi viṣayānurūpam eva viṣaya-jñānaṃ syāt
> 否則，如果對對境的認識，只有與對境相似的行相，
> svarūpaṃ vā, jñānajñānam api viṣayajñānenāviśiṣṭaṃ syāt.
> 或者只有自身的行相，對認識的認識也可能與對對境的認識是無差別。

並且比對PSṬ78,15，就會了解，陳那的主張是具兩種行相、所緣緣。只是《觀所緣緣論》是說前五識，表示五識與後識是雙重行相。這個「後識」或許如前文所述《瑜伽師地論》之五心：「一剎那五識身生已，從此無間必意識生。從此無間，或時散亂，或耳識生，或五識身中隨一識生。若不散亂，必定意識中，第二決定心生，由此尋求、決定二意識故。」——亦即無間必意識生，或者是五識身中隨一。由此看來，雙重行相不是只有前五識和意識的關係，應該也是前五識本身就有雙重行相的認識，或許因為五識所緣境是「內色似外境現」，而且是「內境相不離識」的因素吧。

# 五、結論

## （一）現量離分別

陳那對於現量的定義是「現量離分別」，所以，就將這個定義區分為「現量」、「離分別」兩項，來掌握玄奘傳譯經論中，對於這兩個概念的說明。

### 1. 現量

在《唯識二十論述記》解說一切量中，現量為勝，因為是「取現境」、「證自相」的緣故，並介紹現量異說。薩婆多等是從見者或者和合來說，以根、識、慧、心心所和合、根識和合為現量，勝論等或以覺為現量，或以五根或自性為現量；大乘則於心分說現量。玄奘傳譯論典中，對於唯識的現量，將從兩方面來處理，一是現量的性質和種類，二是「現現別轉」一詞之考察。

關於現量的性質有三種類型：

1.在陳那之前，有無著造《大乘阿毘達磨集論》、《顯揚聖教論》，安慧糅釋《大乘阿毘達磨雜集論》的「現量者，謂自正明了，無迷亂義」以及彌勒說《瑜伽師地論》，不過，三本的現量是相通的，即依序為明了＝非不現見、自正＝非思構所成＝非已思應思、無迷亂＝非錯亂境界。顯示現量是自正、明了、無迷亂等。又從相從體來說，現量境及五色根亦名現量。而且現量有色根、意受、世間、清淨等四種。

2.大域龍造《因明正理門論本》所傳：根據慧沼〈二量章〉中說「遠離分別，緣於自相，諸明了智」——即現量是要符合以下的要件：(1)離分別，(2)緣自相，(3)明了智。依經論所傳，這與陳那《因明正理門論本》所述相當，是以智離分別，說「由不共緣，現現別轉，故名現量」。慧沼也引據此論所說比量的現因是根、境，能生現而名為現量，指其按照相從體來思維，五色根、現量境都名為現量。心心所只要離分別都可名為現量。

3.眾賢造《阿毘達磨順正理論》的三種現量性差別：根、領納、覺了或覺慧；色等對應於根現量，苦受等是對應於領納現量，覺慧是相應諸法，證自、共相。這是有部的現量理論。

現量的種類，按照《瑜伽》、《顯揚》來說，有色根、意處、世間、清淨等四種現量，前二是約境來說，後二是就能緣心來說。若就八識來說：五、八二識是唯現量，第七是非量，第六意識有兩種情形：一是五俱意，離分別就是現量；二是與五同緣但分別取，不稱本境就屬非量，反之，若稱本境就是比量。能作假立而成分別的，只有第六，所以，比量只在第六。

對於意識，慧沼以是「六識通二」，即便提及與五同緣而分別取，不稱本境，即非量攝，慧沼仍是以「通二」來說，可見是指不是量的意思，甚至第七識也是以「非二」來說。但是，曇曠、澄觀是通三量，非量明顯就是指第三量。

其次，從語言層面來看「現量」，一般是從離合釋來解，但是，窺基《因明入正理論疏》卻是以「現現別轉，故名現量」來解，就是兩本因明所說「現現別轉」，可見在「現量」一詞之外，「現現別轉」是一個解開漢傳現量理論的關鍵。

對於「現量」一詞，真諦是「證量」，慧沼按照離合釋來說：就離釋來說，「現」是明顯，不管是境或心，都是明顯，以此遮除分別、構想、錯亂，「量」是量度，包括能緣心和所度境。就合釋現量來說：1.境現之心量，名為現量，是依主釋。2.現量屬心，現量就是量，以能量心離分別或被翳所障名為現，而能知境名為量，是持業釋。3.現量屬境，境體名現，心名為量，用現心為量，是有財釋。慧沼以離合釋來解「現量」，置於境、心來看，心或量或現量，境或現或現量，此中以第2項的持業釋——心名現量，現體就是量，說能量心離分別或被翳所障名為現，而能知境名為量——比較接近陳那的現量意指。

「現現別轉」有前置「由不共緣」與否的差別，表面上來看，似乎有約四類心和五識的差別。前置「由不共緣」是就五識現量的依主釋來說，這是《因明正理門論本》所說。亦即PSV1.4ab。而缺「由不共緣」的是就四類心，亦即是就五識現量的持業釋通所有現量，這是《因明入正理論》所說。亦即PSV1.9cd。實際上，追根究底應是按照「現量」的依主釋和持業釋的不同，而有兩解。

第一解是持業釋：

| 窺基 | 智周 | 善珠 | 淨眼、文軌 |
| --- | --- | --- | --- |
| 約四類心或者五識現體非一，名為現現。各附境體，離貫通緣，名為別轉。 | 「四類心，各各緣境，附自境體，亦得名為別轉也」，不會有互用妨，但依《理門》即有互用妨。又說五識和意識的持業釋：「證現境故，名之為現，現十非一名為現現，現即是量，故名持業釋也。」 | 第一說四類心是《因明入正理論》所說；第二說約五識說，同於窺基所說，不安立名稱。因此，善珠的第一、二說都是持業釋，只是四類心和五識之別。 | 說古德三說之一的持業釋：「現在五識，量現五塵，故言現現別轉，名為現量。此即現是量，名為現量，即持業釋也」，這也是文軌第二解：五識非一名現現，五識各緣自境而起故名別轉，現即是量名現量，此釋通一切現量，因為同緣意識和定心都是照境分明。淨眼否定此說而說：「現量之心取二境分明顯現，勝過比量，所以稱現現別轉。這個現即是量，是持業釋。」 |

第二解依主釋：

| 窺基 | 智周 | 淨眼、文軌、善珠 |
| --- | --- | --- |
| 「或現之量，五根非一名現現，識名為量，現唯屬根，准《理門》釋，理則無違。若通明四，意根非現，又闕其識自體現名。」 | 「若取根名現，識名量，《理門》為勝。或現之量者，此即根名現，識名量，現家之量即依主釋也。」 | 提到的依仕釋是「五識依現在根，量度五塵等，故言現現別轉，此即依現之量，名為現量，即依仕釋也」。此是文軌第一解，說五根照境分明為現，五根非一名現現，別依五現根別生五識名別轉，五識心心所是現量體，依現根起，現之量故名現量，約五識釋現量名。此即善珠第四說。淨眼否定此說而說：「就色等自相是各各顯現來說，是名現現；五識等於顯現境各別運轉，所以說現現別轉。這是量現之量，所以名現量，是按照依主釋。」 |

關於《因明正理門論本》的「由不共緣」是依主釋或持業釋呢？有窺基說：依《理門論》云：「由不共緣，現現別轉，故名現量。」五根各各明照自境，名之為現。識依於此，名為現現，各別取境，名為別轉。境各別故，名不共緣。會有六根互用亦是別轉之妨。智周也提到同樣說法，說此「識、根俱名現」，又說「眼緣色，耳緣聲，由此名不共緣。若爾，互用豈亦別緣成難也」。善珠第三說是同於窺基所說，也同於文備說：「五根明對諸境，名之為現。五識生時，各依自根而取自境，故明現現別轉。」同樣有互用妨，即境各別名不共緣，諸根互用也會是別轉之妨。而且善珠也說第三是順《理門》「色根境界」，是「依根照境，識方得起。根為所依，識得生故。故現屬根，量是識也。現之量故，依主釋也。」，又說「由不共緣者，明五根、五識各相依起，各緣自境」。由此來看，前置「由不共緣」一詞是歸屬第二解依主釋。

五識、五根通依主、持業，意識只有持業釋。意識不能有依主釋，是因為「意根非現」，意和自證是量，沒有所依根亦即現，不能說為現之量。而且意根若是第無間或者第七，就是非現非量，因此，都不能以現屬根的現之量的依主釋來說。不過，淨眼的依主釋和持業釋，各是置於色等自相和現量之心取二境分明顯現，似乎沒有這個問題。

## 2. 離分別

對於離分別，圓測《解深密經疏》依《雜集》及《瑜伽》說：「正體、後得，皆是現量，如實了知阿陀那自相，離諸分別，故名不見，非無分別乃名不見」，由此來看，離諸分別才名不見，不是無分別方名不見。又陳那《因明正理門論本》的「若有智於色等境」和商羯羅主《因明入正理論》的「若有正智於色等義」之間，窺基《因明入正理論疏》解見毛輪、第二月是以「正智」來簡除，而且引據《雜集論》。由於要簡除翳目見毛輪、第二月的緣故，雖離名、種等分別，但不是現量，然後者顯然是含容《大乘阿毘達磨雜集論》之「無迷亂義」說。而兩本所要離的項目是名言、種類等，還有「無異諸門分別」。

窺基談到陳那所要離的分別是「遠離一切種類、名言假立無異諸門分別」，是要離名言、種類與共相的常、無常等、推論的諸門所有分別以及外道所有橫計。而這當中並沒有「無迷亂義」。然而，對於名、句、文等也是可以緣為現量，只要不是名與義的連結，對照梵文可知，此中關鍵在於"sambandhaviśiṣṭa"「以連結為特徵」。所以，慧沼《因明義斷》才會說並不是不緣名、句、文，而是「以不如名定執其義」，也不說「義定屬其名」的這種相屬關係。

其次，與離分別相關的自相和共相的區別問題，大致從三方面來處理：1.共相是否為現量境？ 2.語言是否現量所得？ 3.因明論疏中的自相和共相。

首先，共相是否為現量境？窺基提到《佛地經論》第六所述共相三說，第一說是二量是散心位，依二相立，但定心緣一切相都是現量。總緣智就是定心，照共相自體。第二說是定心唯緣自相，但透過方便所引，緣諸共相所顯理，所以知共相。因此，對法等說，緣共相智能斷煩惱，是依方便說，其實觀自相才能斷。第三是如實義者，以《因明論》立一切法上實義，都是自相，因為自相、共相是各附已體，不共他故。所以，就算是共相，也是依自相而來，只是有了分別心罷了。真如斷惑是雖共相而以自相之姿呈現。遁倫所述無常觀亦是，提到戒賢所說觀五蘊無常，在四善根和見道有別，一為共相一為自相。

依上述來看，似乎多著墨於共相，那是因為《佛地經論》提到共相三說。而且三說都著於共相自體來說現量，尤其第三說的因明是主張「一切法上實義，皆名自相」，所以，自、共相只要是各附已體，就是自相。

慧沼〈二量章〉所述，意識的三種分別中，只有自性分別是現量，《雜集論》是說對於自相進行分別，是合《因明正理門論》。此外，稱境知的認識本身亦是自相，如「自相即境，比量之心，稱境知故，亦名自性」，不局限於自體上，如境上無常，亦得名為自相。

再者，現量可以是無常觀這樣一種想法，那麼，建構想法的言詞是否也是現量呢？這就是名、句所詮和現、比量所緣的自、共相這個議題。

按照《成唯識論述記》所說，自相是「證量所知，非言說等境故」，就像是眼識緣色，與自相相稱，不會對色作解。而「假智及詮」是共相，如說「緣色共相」，所作青解是「遮餘非青之物」，所以，共相的解說是有遮詮之意。而大乘宗只有自相體，「若說共相，唯有觀心」，沒有共相體，所以，只有能觀的心能作共相解。

就共相來說，《成唯識論了義燈》以緣取和行解來說。就緣取來說，共相是依本質自相而增益似有，智緣取時，是依本質自相變相分來緣取，而不能直接緣取共相。就行解來說，只是依共相解轉，就如依妄情而生妄解。而「詮」是以遮來表顯，亦即圓測《般若波羅蜜多心經贊》中，以實例說明自、共相，自相是如顯青、莖、葉等相不同，而透過言詮的是共相，言詮是以遮來表詮的方式。不過，在名句詮中，智周《成唯識論演祕》也有提到：比量為何不取名等智所有相分為共相，而取行解心變呢？因為所變相分不通餘類，而行解通餘，所以名共相。

對於名句所詮和現量來說，有同有別。同的是，名句所詮色、聲、常、無常的自、共相亦是現量所緣；但是，名、句是依心變而無實體性，唯是共相轉，現量則是證彼二相為自相，因此不同。現量可以按照名言所指，但不會計度名義關係來作解，因為沒有音聲也不會有認知。不過，名言所詮一向無體，與五、八識在因位或定心所帶相分通有體、無體不同。又就名句所詮和比量所緣的共相，不同在於前者是就一切自類之法，而後者通於異類。而比量是立一種類貫比餘法，因此，只緣取通餘之行解心變的共相。

最後，自相和共相在因明論疏中的說明又如何呢？

PSV1.2ab-3ab的說明所量的對象只有自相和共相，所以，只有二量。而且在說色等認知上，自相和共相是同一認知對象的先後關係。

在自相和共相之中的衝突是，共相也可以是現量。窺基《成唯識論述記》說自相是「證量所知，非言說等境故」，《佛地經論》的引用因明說「一切法上實義，皆名自相」，到底陳那的自相說是如何呢？

慧沼的《因明入正理論義纂要》說陳那隱境從心的從能緣心立二量。而此自相是各附己體或各附法體，是有體，因為別別證之故。而定心現量雖緣共相但不計名與義之間的相屬。按照三種自相的說法，淨眼認為是不為名言所詮唯證智知的第三自相自相，而且此中的處、事自相是現量，因為不取總處總事的緣故。透過上述的說明，可以掌握自相是證相，各附己體，也是不計名義相屬，而且擴及在第三自相自相中的處、事自相這樣的範圍內。按照梵文，自相不是以實物為自相，而是把整體看成認識範圍，那是由許多實物生起，各自在自己的知覺領域中，說同一個境。所以，淨眼所說自相是指第三自相自相，包含此中的處、事自相，是有道理的。

總之，離分別是表現在自相上，以證量所知或各附己體，是離言的，但是，在自類又不計名與義的相屬關係上，不得不考量到共相中有現量的可能。而慧沼《因明義斷》舉《佛地經論》、《成唯識論》、《因明》對自、共相有不同的見解，《經》的自、共相是《因明》的自相，因為各附法體，別別證故。共相是以因三相貫通宗、喻 ，如縷貫花，比智方起。而如果慧沼的分判是對的，那麼，陳那現量理論的自、共相應該是此處《因明》所說。

## （二）五識現量

透過五識、意識、五根的區別，了解現量證時，不執為外。《成唯識論述記》提到前五識可以總說的五個種類相似特點中，「同緣色境」、「俱但緣現在」、「俱現量得」幾乎已經表達五識現量的所緣、時間、認識結果。五識的現量境是自相，是識所變，沒有內、外的計度，因此，是不執為外。而會將之執為外境的是意識，是《唯識二十論》、《成唯識論》的共同觀點。

又透過世親造《唯識二十論》中，提到一個和現量類似的名詞——「現覺」，而且要以此現覺來證外境存在，但是，即使沒有外境的情形下，如夢一般，也能起現覺，加上這個現覺是結合語言，更不能是現量，而是五識後的意識起分別而作的言說。意識起現覺時，眼等五識已落謝過去，正所謂「先見是物，後方起覺」。意識和五識必定不同時，就不能證外境存在。相對於此，現量證色等是緣心內法，不透過言詮來說明。

不過，現量的樣貌是如何呢？是不是就是世人的現見色等外境，分明在前，並起此覺——「我今現證如是色等呢？」，如果沒有外境，如何生起我見如此？這個問題是《唯識二十論》要破的，也在《成唯識論》被問難的。由此生起「現覺」的是心心所，也就是真諦的「證智」，但這不是現量，亦即真諦的「證量」。窺基提到回應外境問題有兩種答覆：一是自宗，五識和同時意識，在現量時，所得是自相，無內、外、計度，所以不執為外法。另一是順他宗：五識現量時，不執為外，但五識等後意，就會妄生心外境想，然實無外境。這兩個答覆，都有五識現量，不執為外，而差別在於意識，以同時意識俱解釋不執為外法，而執為外法是五識之後的意識分別。

不過，起現覺也可以不需要外境，如沒有外境的夢或者眩翳等情形下，也能見山、樹或者髮、蠅。此外，就是不會有言詮——「我今現證如是事等」，因為有言詮時，是意識的分別妄想。如《成唯識論》所述，現量證時，不執為外是自相，而透過言詮是共相。

而就能起此「現覺」的，是具三種分別的意識；而前五識不全具三分別，所以，不起現覺，但也由此產生前五識和意識起現覺是不同時間。那麼，意識起現覺時，前五識已落謝不存在，如何會起現覺證外境存在？原因是現量證色等時，是沒有言詮。站在意識不與五識俱的立場，正量部主張起現覺時，能見已入過去，但所見有一期存在，但是，能見已無，意識起現覺必定不是現量；薩婆多部主張境和心心所都是念念滅，因此，縱使意識起覺時，並不是現量，因為能緣、所緣現境已滅，所以，兩部的主張都是在散心位。不過，也由兩部凸顯問題——意識是否有與五識俱的時候呢？

除了正量和薩婆多，還有剎那滅者主張五塵已落謝過去，若不是五識所見，意識是不能憶持。論主的回應是，應先證有外境，而不是反過來，以後來憶持證先見實有外境。不過，透過憶持過程，也讓人見識到認識是如何成為認識。真諦《大乘唯識論》提及憶持的關鍵是前六識離開色等塵，會形成似六塵顯現的「似塵識」。窺基也有談到眼等五識生時，會似外境顯現。這段五識似境，必須是由五識和同時意，緣即識境，此時前五識和同時意識取境，而不是意識緣取過去的五識境。熏成種子相續時，意於此位就能憶前境。其次，由此似塵識有分別意識與憶持相應，才使後時得生相似前所起之塵。窺基有詳細提到過去似境五識後位與別境念相應時，有緣過去的分別意識，變似前五識所緣境顯現，藉此前五識與念相應，有一意識緣前五識離心之境。於此即說，分別意識緣曾現在，不離識境，就名為憶持。——真諦和窺基都有提到似塵識和似境五識，而且此中的分別意識是憶持的關鍵。

五識的對境，除了色等，還被廣受討論的，是長、短、大、小等假色，乃至名句文身等假法，是否亦為現量？這關係到五識緣不緣假法。圓測、窺基、遁倫有兩說：一是五識只緣實，因此，是五俱意明了取得；二是五識亦可緣假，因為「色處攝故」或者「明了照其相」屬三自相中的處自相。而長等是相待假，名為假但體是有法，是其分位，此外，遁倫提及只要是緣其自類，而不與所詮法互相繫屬的所緣境，就是現量。

相對於對境，五根和五識又如何呢？五識是現量，而眼等根是現量嗎？圓測《解深密經疏》有兩解：1.根不是現量，是作為現量依，2有二種：一是色根現量，是五色根所行境界，二是心等，如《理門論》說，總結眼等亦名現量。又提到眼睛有病，是否眼識會見到毛輪？對此的回應是有兩釋，一是五識只緣實境，如護法，二是五識亦緣不實，如安慧。到底我們見到的毛輪、第二月是誰看到呢？是意識抑或是五識？ 這都待意識現量的解明。

窺基《因明入正理論疏》中，對於五識現量也是以相顯而訴諸證相，而餘三亦離名、種等分別，以「各附體緣，不貫多法」來說現量。如定內緣教，只要名、義兩各別緣名離分別，並非全不緣才名現量。對於五識現量證自相境，善珠《因明論疏明燈鈔》也言及「了自相故云內證；不帶名言，故云離言」。善珠和淨眼亦說，就算五識有貪等俱起或與無明俱，違境生起，都不礙五識現量，因為五識無分別，它們是由意所引成染。不過，就五識現量來說，透過漢傳的「內證離言」解釋不能言說的“anirdeśya”和只有其自身理解的“svasaṃvedya”的梵文含意，是表達無分別的方式，也是闡明五識是屬自己的認識領域內的認識（＝自相的內證）。

## （三）意識現量

意識現量有五俱意、貪等自證、定心等，或許因為意識取境有五識、他教、定等三因，而意識取五識境，就是要先經過現量的五俱意。而窺基以三類境中的性境來說現量的境，這個境是實種生，有實體用，可使能緣心得自相，但有四不隨能緣。意與五識的關係，是意作為五識依，而五識是意的俱有依，意與五識同緣現在境才能明了。但是，對於五俱意，普光《俱舍論記》也談到五識和意識的現量為五識、五識無間所生意識、定心、定心後所引意識。意識現量方面，普光提到意識有兩種情形是現量：一、五識無間所生，二、定心後所引，因為這兩種情形都是「於境分明」。澄觀說第六意識緣一切法是通三量，也說同時意識亦緣名等自相，但不緣名義相屬性質。

意識有同時意識和五識無間所生意識等不同詞，似乎顯示兩者有同時或無間的關係。又以離分別來看待三者，三者應該是獨立的呈顯，但是，意識現量當中的離分別是要如何表示呢？依《因明正理門論本》所述，是「唯證行轉」。所以，就按照「唯證行轉」來探索五俱意、貪等自證、定心等。

## 1. 五俱意

《唯識二十論》和《成唯識論》都以五識現量和五識後意起現覺的區別，來回應主張六識不俱之正量部和薩婆多部的說法不是現量，不能現證而是意識執為外境。而回應剎那論者訴求憶持證明五識見五塵的是，要先證五識見五塵，不能倒序以後來的憶持來證明先見外境。除了秩序之外，還談到憶持的關鍵——真諦的「似塵識」，而窺基是五識生時有似境顯現，亦即「內心變似色等現」的相分。而既然是由五識生的相分，意識如何能緣取？而真諦的「似塵識」是六識顯現，就沒有問題嗎？

窺基在《唯識二十論述記》提到五識後位與別境念相應，有緣過去的分別意識變似前五識所緣境顯現，由此與念相應。而《成唯識論述記》回應主張六識不俱的正量和薩婆多之後，提及意識與五識等二現量不分別執，不作外解，但是，認為即使現量是沒有分別執，仍有意識妄執。又說五俱意的存在是「五識相續緣色等，意與五同緣」，而《唯識二十論述記》指的是「由曾五識及同時意，緣即識境」，兩句話似乎是一樣的，五識相續時，意識與之同緣境是現量，那麼，是表示五識和意識並非同時，而是相續的先後。

綜合言之，意識取境以及意識如何與五識俱，是同時抑或先後，都是在五俱意中，要被探討的問題。於此要從五俱意的認識和五俱意的認識對境兩方面來處理。

**（1）五俱意的認識**

從五俱意的認識來說，透過《瑜伽師地論》得知意與五識同緣現在境是具備三因：極明了、於彼作意、二依資養。此中的「二依資養」，就像意是依眼為門，取境名資養。又如眼等善、惡識，必由意引而且由意資養，所以，眼有善、惡，由此知意、眼同緣。因此，意與五識同緣境表示有此三種作用。而此同緣現在境的三因也關係到支持五俱意的存在，如《成唯識論述記》五番問答簡述如下：

1. 是於等無間緣可以多識俱生，可各相望引多識結果，而且五識生起的緣相似，因此，識前後生是不應理的。
2. 同類心所既然可以在一念俱生，異類心王也可在一念俱起，八識各有其作用，若不許意識與五識俱，意識取五識所緣境就會不明了。
3. 五俱意唯一，如何分明取五境？就像眼識能於色等取一或二十種，都不會有錯一樣，意的了別作用取境也一樣不會有錯失。因為識有見、相的功能。又在如理《成唯識論疏義演》看到意識生起，緣的不是眼識，而是眼識的境，這是很重要的說明。因為如果「意識若緣前眼識不緣之境」就不明了，因為「隔念」的關係；如果意識緣前眼、耳識，不緣色、聲等境，就會不明了，因為「隔多念」的緣故。

4.同類心王不俱起，因為沒有用，而需要五俱意，其一是因為五俱意用來引導五識，助五識生起，引五識生三性；其二是五俱意與五識作用不同，俱有明了和助五識生的作用。就如定心中，意有明了，但不能引五識，就不是五俱意。

5.多識俱轉也不會彼此相應，因為所依根體和數目不同。而且五俱意的明了分別是和尋、伺相應的關係，所以，不能說無分別；而五識不與尋、伺相應，因此，不名為有分別，所以，沒有明了的作用。

首先，在等無間緣下，由多識俱生說五識生起諸緣相似，因此，說識前後生是不應理，這是在回應主張五識和意識是前後生。又以依一本識心使多識俱起的業用證，說八識各別，力主意與五識俱，否則，意識取五識所緣境會不明了，這是八證中的明了證。而這也相對於不許六識並生的薩婆多、經部，只許五識後另生獨頭意識，得五境而有明了用。而且就這個「明了」的主題，透過如理《成唯識論疏義演》所述，引出很重要的關鍵說明，那就是意識是緣五識境而不是緣五識，因為隔多念的緣故。而且對於這個境，說意識不緣前眼識不緣之境，是不明了，因為「隔念」，由此看來，意識是要與五識俱緣現在境。而且，由此可以見到是一境明了，而不是五境一時明了；若是獨頭意識就能緣五境明了。這也是五俱意與獨頭意識的不同之處。

總之，五俱意的成立，是在無間緣的異類心王俱生的背景情況下，因為助五識生及明了的作用，使得分明取境；即第一、五俱意是用來引導五識，助五識生起。否則，不能引眼等識的三性。第二、意識於色等能明了取，因為眼等識不能明了分別深取境相，必須靠意識。因此，五俱意對於五識是具有明了和助五識生的作用。由此說明五俱意和五識雖同是現量但作用不同，而且兩個作用都有才能是五俱意，雖如定心之意識有明了，但不能引五識，就不算是五俱意。這樣的從明了作用、於一境明了和引五識生的說明，不就是呼應同緣現在境的三因。雖然無間緣多識生的，但是，五識與意識的所依根體和數不同，所以兩者不相應。

而這個明了會不會是一種分別？窺基《瑜伽師地論略纂》就提及，五識由於不與尋、伺等相應，不名有分別，而第六因為與不定心所的尋、伺相應，所以，名為分別，同緣現在才得有明了。五識後的意識就不明了，因為此時是緣過去的緣故。可是，與尋、伺等相應而有分別，不是現量所要離的分別，因為慧沼〈二量章〉提及《理門論》所離的是妄計分別，而不是於境分別好、惡等分別；否則尋、伺應不通現量。與五俱時，明了取境，得境自相，就是現量。

其次，要了解意識表現離分別的「唯證行轉」。從五俱意依前述五番問答，可知是以無間緣的方式存在，而且是助五識生以及明了取境。而得境自相應該就是「唯證行轉」。

圓測和智周說「唯證自相行解而轉」，淨眼《因明入正理論後疏》說意識在定位，一向現量；若在散位，就與率爾五識同時緣境，由於離名言、種類分別而且是緣自相境為現量。所以五俱意是與五識的初心同時緣自相，善珠也說與五識同境。定賓也有提到「唯證現境行相而轉」，而且很特殊的提到「五識同緣所生意地」有兩種：一是無分別，同於五識為不共緣。二是與五識同緣，作共緣起假分別，安立名言，這種情況並非純是現量。依上述可知，「唯證行轉」是緣自相境，取自相行相。而且五識與五俱意雖同緣境但與五識為不共緣，這應該是呼應前述「意識知五識境，然各自變，同現量攝。俱受新境，非重審知」、「五識與意識的所依根體和數不同，所以兩者不相應」，才算是離分別，才能是現量。

所以，表現意識現量的「唯證行轉」就是證自相境的行相，對應於 “anubhavākārapravṛttaṃ”，是指「以經驗行相產生」，亦即親證自相，是來自經驗取得的。

最後，談到率爾等五心。慧沼〈二量章〉提及《瑜伽師地論》說五識因位只有卒爾（率爾）、等流二心，如眼識生有三心，初是卒爾，尋求、決定二心是意識。透過意識所引染淨，此後才有等流眼識的善、不善轉。也有說五識與欲俱時，五心都俱。對於意識引五識成染或生善，《瑜伽師地論》說「一剎那五識身生已，從此無間必意識生」的兩種情形，一是無間散亂而有五識中隨一識生；二是無間不散亂時，就是意識尋求、決定心生，五識由染及善的意識所引，而成染及善。而且眼等識隨意識轉，不是以生起剎那來看，而是以總此緣境一事說為一心剎那，而不是指生起剎那。

窺基《大乘法苑義林章》進而指出五心是何量所攝的說明。因中眼等五識，或四或二或五心都是現量，緣現世境；果中五識所有四心皆是現量，緣三世境或有緣非世之境。意識定位的五心皆唯現量，通緣三世及非世境，若是散位獨頭，五心通比、非量，通緣三世及非世境。窺基也提及五俱意的五心：1.作證解故唯現量：陳那《集量論》說五俱意是現量，因為隨五現塵明了取故。2.不定，五俱意，義通現、比及非量攝。即緣一境與五俱，率爾、等流唯是現量，中間三心不與五俱通比、非量。由此看來，意識主要是五心中的三心是定論了。

關於意識的率爾、尋求、決定三心，遁倫《瑜伽論記》雖傳有三說，但是，五識無間所生意識的尋求、決定緣現在境是共同的，差別在於意識率爾，唯緣過去曾所緣境或者通緣三世及非世法。而且遁倫說「無間」是「同時無間，非前後無間」。窺基《瑜伽師地論略纂》依《瑜伽師地論》所說，以本質和影像來區別五心，意識率爾是取前念五識本質境，是緣過去境；而由此率爾境之影像相似相續在尋求、決定（、染淨）等二心上現，即從影像來說，就是緣現在境；染淨、等流隨前轉亦緣現在。而且這也是總緣一境來說。

總之，五俱意的認識，在等無間緣下，與五識俱起，而且是緣取自相境。又通過《瑜伽師地論》以本質和影像區別五心的情形，亦即五識無間所生意識是指後四心緣現在境，而此境又是從意識的率爾取前念五識本質境來的，再以影像之姿相似相續在尋求、決定二心上顯現，染淨、等流又隨前轉，是與五識俱同緣境的同時意識。不過，《集量論》有五心皆現量，或五俱意，義通三量。

### （2）五俱意的認識對境

通過以本質和影像說明五心，似乎可以解開杜順所說「意識不得現量境，云何得有過去現量境耶？」，而這一點也可說明兩種所緣的疎所緣緣之過程。意識現量有兩境：一是五識心王的境，一是心所法為境。後者是貪等心所，歸於自證的問題，別述於後，此處將著眼於前者。進而表現在自相和共相方面，圓測《仁王經疏》以自、共或者假、實二相，五識和同時意識是現量，後念意識為比量，又以凡、聖之別來說現量有假、實之別。但是，圓測提到「色等五境皆有二相」似乎指涉自、共相是同一對境的相續表現。

詳述對境的，有護法釋《大乘廣百論釋論》所述：「意識知五識境，然各自變，同現量攝。俱受新境，非重審知。……雖俱可了，皆新受故。非重審知，緣餘境識，不能審知餘境實有。帶餘相故，猶如各別緣二境心。又審察心不能審察外境實有，帶餘相故，如新了受現在境心。」，這段文很清楚地表達認知的雙重性，可說是提到重點所在：①「意識知五識境，然各自變，同現量攝。俱受新境，非重審知。」亦即意識知五識境，但這個境有變化，所以，兩識同緣境，都是新境，意識並沒有重審知五識境，因此是現量；② 更進而提及是「帶餘相故，猶如各別緣二境心。又審察心不能審察外境實有，帶餘相故，如新了受現在境心。」——意識知五識境，是由於帶相的緣故，如同雙重性，各別緣二境，而且如同新了知現在境，所以是現量。這樣的說法是類同於勝主慧的「色等對境的改變過的行相」解釋，是同一個境而有變化。

## 2. 貪等自證

一如前述，貪等自證也是意識現量的認識對象，梵文是"rāgādisva-saṃvitti"「對諸如欲望等〔心所〕的認識本身的認知」，是就概念本身的認識。在現量的說明上，除了離分別，還有「但於此中，了餘境分，不名現量」，所以，是只能於自境起自證。慧沼提到與五識俱的貪等心所不會影響五識現量、五俱意，那麼，心所的現量是要如何表現呢？

窺基《成唯識論述記》談到五識中嗔等，雖不順本質境，但與「親所變相分」相稱，亦即如理《成唯識論疏義演》所說「親證影像相分」，所以，不是遍計所執。由於是親得、親證，所以，五識中貪、嗔等煩惱，雖是染法但仍是現量。如理亦有提到有人問「五識俱貪於相分，亦有可愛非愛，亦是不稱相分，何名現量？」亦即貪等與五識俱時，本身就有「不稱相分」，如何說是現量？對此的回覆是「設使不稱，以不堅執，不作別解故，不起計度分別故言現量也」，就不作別解、不起計度分別來看，應該是與《因明正理門論本》卷1所說：「現量無分別故，但於此中，了餘境分，不名現量」有近似的意思。

其實，四種現量中，只談到諸自證，而不是說「貪等自證現量」。為什麼要偈於貪等？依智周所言，貪等行相隱，餘者行相顯所以不論。自證緣見分亦是現量。即意識有三種離分別，即意識與五識同時生起時、自證分緣見分時、定心緣境時。又依善珠所說，自證之外的三種現量都有自證分，但是，自證既是不依根而屬於意現量，要如何區別呢？這是就有分別的貪、瞋等心所來說，因為貪等心所的見分是通比量、非量，是有分別。貪等心所的現量，是自證作為量果，或者自證為能量，見分為所量，即能量＝量果。而四種現量中，貪等自證只有這項是現量，尤其自證能證見分，說明是經驗的行相，也是這個認識本身。而五識等見分是現量之體，就不須再說它的自證。而且依西方三釋，按照世親之說，自證分緣見分是現量，此時見分攝相分，屬自心所見影像相分，所以是現量，是自證分。無性三分說也提及自證分得見分自相。二者說明自證證見分是貪等自證作為現量的表現。

值得注意的是，善珠很清楚的提到陳那的三分義：五識、散意識、定心中的相分是所量，見分是能量，能量中已成現量，自證分是量果，又是現量。只有貪等自證，相分是所量，見分是能量，但見分不名現量，因為有分別，或比或非量。但是，貪等自證分為量果，才名現量，此時見分為所量，自證為能量，是能量體亦是量果。似乎只有在貪等自證才能表達陳那的特見——量即是果。以上表列如下：

| | |
|---|---|
| 五識、意識、定心 | 相（所量）—見（能量）—自證（量果）<br>現量　現量 |
| 貪等自證 | 相（所量）—見（能量）<br>有分別（或比或非）↓<br>見（所量）—自證（能量＝量果）<br>現量 |

參考梵文之後，就更可以明白，那段見分緣相分明明就是有分別，但是，當由內心認知這個認識本身時，它就是現量，所以，貪等自證所表顯的自證現量，要談的就是對於有分別時，對認識本身的認知就是現量，而且量＝果，不同於其他三種現量的自證。

### 3. 定心現量

意識取境的第三因，亦是第三種現量，淨眼提到陳那本是「離教分別」的問題，而商羯羅主本是定心緣共相的問題。依梵本所述，在現量是離分別上，修行者看見的只是認識對境。但是，「離教分別」頗受爭議的，因為若在定心中不緣教法，八地已上不須佛說法了。因此，窺基《因明入正理論疏》就明確指出緣聖教是名義兩各別緣，非全不緣方名現量。否則，無漏心應皆不緣教。慧沼《因明入正理論續疏》、《因明義斷》更指出不分別名義之間的定相屬，和「以不分別一因三相，貫通宗、喻，各證知故」、「亦證相故」——是證相不分別。淨眼更直言是「取境明白」。似乎已覺察到雖證相離言，但語言在定心中，就如貪等自證是有分別而是現量，語言要如何才是現量。

其次，除了語言，是定心緣共相的問題，淨眼提到兩釋，以戒賢為正，主張定心緣自、共相都是現量，與《因明正理門論本》所說定心皆現量是相同的。不過，善珠也引用「離教分別」來支持一切定心皆是現量。因為定心中有可能緣教，乃至是假想觀，善珠對此的回應是，無漏心雖緣教但離分別，有漏定心對無相智有了別，但只是稱境了別，假智緣假境，是由各附體名得自相，如假想定中作十想的十遍處觀。八地已上，定心相續，聞正法時，名言和所詮義是各別，若無漏心都不緣教，就不需佛說法了。

定心緣共相的問題：一是慧沼《因明義斷》所說，定心緣比量教，因為離分別，不分別因三相，貫通宗、喻，而是以證相來證知。即使緣假共相，定心明白，深取所緣， 使取共相，也是必由現證。二是淨眼《因明入正理論後疏》所說，定心緣無常、苦等共相境，戒賢認為定心緣自、共相都是現量。淨眼對此有提到一個定心通現、比的問題，如果通現、比，那麼通覺知攝，會違《瑜伽論》說定心是知攝。又諸佛種智若唯現量，應不緣瓶、衣等假共相，若許緣，就不名現量。若佛種智通比量，則佛必須推度方知。因此，淨眼認為緣自、共相，但是唯現量攝，而不是通現、比量。不過，佛心緣教不是藉言，才緣定境，以是定境終是離教。

而善珠對於定心緣共相仍有三個問題，定心中的假智，不得自相，要如何說現量？又後得智心說法、聞法都要緣名句教法，如何名現量？再者，有漏定心緣青淤等相而起分別，有這樣的分別行相不同如何名現量？回應是：因為無異行轉，無漏心緣教但離分別；有漏定心則是稱境了別。定心的假智緣假境，由於各附體，因而名得自相，如十遍處觀，只內心思維而沒有實變。就如聞思修三慧中，修慧是離教，緣自相，但聞思慧是了共相境，就不是現量。這些假智雖不得自相，但得名現量。

## （四）量和果

量和果是一體兩面，着眼於對象認識時，是認識結果，着眼於與其對象的類似性時，就是認識手段。而在兩本因明論典中，有同樣闡述量和果的關係，即認識手段和結果兩方面。因此，從這兩方面出發來思考：證相為果和三分說，而三分說與兩種所緣緣有關，所以，從三方面來處理：證相為果、三分說、兩種所緣緣。

### 1. 證相為果

就結果方面：尤其是商羯羅主提到即智名果，因為證相緣故，但是，「證相」所指的是證自、共相，或者證見分行相？在「證相為果」方面，窺基、智周和淨眼都主張證二相；而在三分說中，以「自證分為量果」上，窺基認為後者，因為自證分為量果時，自證分是緣見分的行相，而不是相分，所以，不能證自、共相。但是，善珠於下節也提到三分是「假名為量」，三分是識轉變似三，非別似別，親取自相境。所以，陳那的說法也還是不同於四分說。

### 2. 三分說

就認識手段方面：結果是如何成為能量呢？就表現在「似義生故，似有用故」、「如有作用而顯現」。前者是陳那本，後者是商羯羅主本。相對於三分說，就一分說來說，由於是一心義上分能量、所量，如安慧於自證上假立見、相為能、所取。依二分解是以境亦心，說「前是因果亦量智，今此即境亦智」。善珠對此一分師，說量智能證自、共相之所量，因為證二相之故。是不同於陳那立自證分，自證分不能證自、共相，而是證見分行相。一分說是「所量境相，於能量心上顯現，假名為量」，如色像顯現於鏡。心之一分＝能量＝如有作用；心之一分＝所量＝而顯現。證相量果亦名為量，因為果亦是智。如安惠於自證上假立二取。對於二分師，本質或相分為所量，相分或見分為能量，既是所量於心現，所以是相分，而不是本質。而二分是「以境亦心」，是指境亦智，智就是前能量。將之分列於下：

一分說：心之一分＝能量＝如有作用；心之一分＝所量＝而顯現。證相量果亦名為量，因為果亦是智。如安惠於自證上假立二取。

二分說：有兩種形式：本質＝所量，相分＝能量，見分＝量果，或者相分＝所量，見分＝能量，見分審決明白是量果。「於心現」是相分；「不離心故，亦名為量」是本質。「以境亦心」是指境亦智，智就是前能量。

其次，就陳那三分說來看，區分自證分為果和果為量兩方面來處理。

就自證分為果來說，說為果是《因明入正理論》的「即智名果」，是《因明正理門論本》的「又於此中，無別量果」。此中要解釋的是「智」和「果」，前者，淨眼是用了「同聚心等，總就智名」，由智的見分為能量，智的自證分是量果，兩者是用別體同，即智名果。善珠對於智名果有二解，一是智用勝，以智來彰顯，而果通取諸自證分；二是心心所自證分證見審決，總說智名。以自證分為果來說，是就能證智，或者是就證見分之自體相。不過，善珠不管是即智名果或者自證分為果，都是證見分行相，而不是相分。而且，文中反對自證是證自、共相，亦即就二量中的證相來說，淨眼是證自、共相，而善珠是自證分證見分行相。

在顯相為果上，除了PS1.9d，還有PSV1.9d所述，我們日常生活中，有通過顯相而無法表示的認識，而由自我認知揭示。就像從煙推出對火的認識，眼前見到煙的行相，喚起火的行相的認識，如何喚起？應該是從一個結構性認識出來的，即PSṬ75,12所說「帶著有關火的行相認識始生的特殊熏習的思想流程」產生煙的顯相認識，不是隨便一個，所以，勝主慧不是把它當成比量。

不過，按照玄奘譯《因明正理門論本》所說「現量除分別，餘所說因生」，前句是現量，後句是指比量。比量的比審觀察智，有從現量或比量生，以及「憶此因與所立宗不相離念」。而窺基更明白闡述遠因和近因，即從烟了火是從現量因起，而了無常等是從比量因生，這兩種都是遠因，而緣因之念是近因，說得正是這個「不相離念」。尤其是提及這樣的問答：「問：若爾，**現量、比量及念，俱非比量智之正體，何名比量？答：此三能為比量之智，近遠生因，因從果名**。故《理門》云：『是近是遠，比量因故，俱名比量』」——現量、比量及念三種為比量智，不管是遠因或近因都是比量因，由於因從果名。智周也提及現烟及智念雖是現量，而在解火智上說是比量，由於因從果稱。這樣似乎不同於勝主慧的看法。

最後，就果為量來說，量果亦名為量，《因明入正理論》的「如有作用而顯現故，亦名為量」，和《因明正理門論本》的「似義生故，似有用故，假名為量」。以「如有作用而顯現」來說，慧沼解釋窺基所說的三分說，取境功能的見分，為境生識的相分是「如有作用」，自證能起，以是名「而顯現故」是用來回應取心外境為量的正量部，不是如鉗鉗物或者光照物等。智周《因明入正理論疏前記》說自證能起見分，見分起相分，反之，由相分有體牽起見分，互相藉起，如似有作用，都是從自證而起，所以說顯現。就像「色言唯識」，境、心及識皆名唯識，自證等三亦是都名為量。

以陳那的似義生、似有用來說，淨眼認為「如有作用而顯現」是用來回應主張取心外境才是量的主張。並且以鏡中顯像來說，所謂「心似鏡現，似有作用」，假名為量。善珠是以照境時，由於好像有所緣、能緣相顯現，以及識自體為自證分為量果，因為有此三種作用，所以名為量，但不是實有作用，只是好像有作用。

善珠解釋《因明正理門論本》的「又於此中，無別量果」，說四種現量皆有自證分，而且不離相、見。三分的關係是一體，是「轉變差別，非有似有，假立為三」，但是，三分有別，就如乳中有乳體、甜度、潤濕性。善珠亦提到相分、見分、自證分三分是「假名為量」，此中的「假」有二種，即現量沒有假立名言的「假」，亦即離名言；但是，有識轉變似三，三分是非別似別，所以名假。不過，親取自相境，就不妨為實。

對照梵文來看，果為量，就是認識結果作為認識手段，是因為「帶有行為」亦即帶有對境的行相，被看作是帶有行為，才稱為認識手段亦即量，儘管並不具認識行為。而且「似義生故，似有用故」是一件事，應該是“viṣayākaratayā utpattyā savyāpārapratītiḥ”，亦即「由於〔認識〕產生是帶有對境的行相產生，所以，被看作是帶有行為」。就是由於顯現境，所以，雖不具行為被看作是帶有行為。漢傳系統是以見分和相分的「如有作用」之功能來說，而不是以相似功能來談果為量，因此，比較近於陳那的說法是淨眼和善珠的照鏡的譬喻——「心似境現，似有作用」。

不過，三分說到四分說的過渡中，量和果的關係是否有變化呢？《成唯識論》中，三分說的運用，除了形成四分說，還關聯識轉變，而於見、相二分，有同種或異種之別，護法和安惠還有依他性或遍計執的歧異。

首先，從識轉變來看，根據《成唯識論》，「變」是指識體轉似二分。亦即從自證分轉變，產生似見、相二分。自證等三者皆是依他起，但是，相、見二分有同種或異種之別。同種就是一識體變似二分，相、見是影像，二者依識體是識用，如蝸牛變生二角。若是別種，見分是識自體之用，而相以識為所依，轉相分種似相而起。亦即見、相是作用不同，而性各不同，又因不離識之故，名識轉變。對於同異種，是以相分為別種為勝。

關於別種，《成唯識論述記》講到無色界本識見分緣種子等的情形，是種子博附識自體分，以自證分作為相分的緣，見分緣種，但是，不會緣自體上的能緣功能。這一說明就很明白的表達異種的三分說結構。更進一步說，表達自體上的能緣，就是「自證緣見，一能緣上，義別分故」。因此，自證作為結果，還有能緣，以及作為相分緣。識轉變採用的是相、見二分是別種，但是用、體別有，如何說為似二分生？因為相與見都是依自證即識體生。護法在見、相上安立我、法，是因為我執不依自證起，以及今古大小乘皆不許自證。而安惠認為執自體就是能取，等同見分，不需要論及我、法。

相對於相、見等是依他起，安惠認為見、相二分體無，是遍計執。由於法執，於識自體的自證分，生起似依他的二分，既是似有，因此是體無，就像依手巾變有二隻長耳的兔，二耳之體是無。因此，護法、安惠二人在見、相二分上，一是依他起，一是遍計執。心王是如此，心所亦是例同，而總此心王和心所的各由自體似見、相二分，現為一總心聚。

就「轉變」義來說，安惠是變現義，二相是所執，似有而非實，或者是變異義，識體變異為見、相之用，見是似能取，相是似所取，二分實無。而護法是改轉義，是一識體改轉為二相起，二相不同於識自體，見分是識體轉起，相分是別種起；見分有能取所變依他相分功能，是能分別，相分是識體所依他相分，是所分別；見分是能取用，相分是質礙用，因此，都是依他起。總結「由此彼皆無」，說非有實物離二相有，因此，皆唯識，唯識之意是一切皆不離識。

以不離識而為識變，由於識變才使相生，就像四大所造色是由分別心才有相境產生。並不是境分別使心生，所以，不是唯境，而是唯識。而且相、見二分俱依自證亦即識體產生相貌。

其次，就三分說轉成四分說來看，有以下不同：

1.三分說在《成唯識論》是指所緣、行相、事，而此中又依執有、無離識所緣境而內容有所不同。尤其是「事」有作為心心所自體的見，或者是相、見所依自體的自證分。後者就是以《集量論》偈頌「似境相所量，能取相、自證，即能量及果，此三體無別」為例的三分說。四分說是加入證自證分，是訴諸「**諸能量者，必有果故**」，這樣似乎是不違《集量論》。不過，當自證轉成能量時，也會有果的需求，所以，轉而訴諸所量即是果——所量的證自證分就作為自證的結果，證自證分返緣自證時，自證為果。整體可說是在能、所上建構四分，彼此非即非離證成唯識。不過，對於能量、所量、量果的這種結構，窺基在《成唯識論述記》是以尺量物的外例來說，確實說明三個功能不同，但也形成與陳那的三分說主張量即是果，自證緣見分而為結果的不同。因為以尺量物的實例，不僅把它實體化，而且已經透露出量和果的不同，亦即不同於陳那所主張的量即是果以及三者體無別。因為若量即是果，自證量見分，是量又作為果，就不需證自證分。此外，甚至四分說以內外區分，在自證分與證自證分的互緣上，轉變為以所緣為果。

2.相對於陳那，護法、窺基一系成立四分說有三：

①見分的量不定，不能是果，因為果是現量，是證心自

體。見分不能一面緣相分是通三量，而又返緣自證為現量為果。

②因為見分似外緣外，不能返緣成果，所以立第四分。相對於此，自證和證自證是內緣內，對於兩者關係，就自證而言，有能緣和所緣的功能。能緣功能是能緣見分和證自證分但是，緣見分時，第四分為果；緣證自證分，自證為果，很顯然是把自證的能緣具體化，拉出第二層能、所、果。這個所緣功能是因為自證是相分的緣，見分只會緣自證上的種，而不會緣自體上的能緣功能，又以自證為果，所以，自證具能緣、所緣、果的三義。但是，自證有不同於見分的能緣，自證是以所緣為果，又以第三和第四能互緣，來阻斷無窮後退之過。

③四分的關係是非即非離，因為就功能各別，能所緣異，是非即；是四用一體，無別種生，一體用異，所以非離。

曇曠《大乘百法明門論開宗義記》提到四分，也以相、見必有所依自體，即此自體為自證分作為基礎來說。若無自證分，應不自憶心心所法，如不曾受境，必不能憶故，相、見應無所依體，有所量、能量而無自證為量果。因此，就三分來說，自證是作為認識結果，也是相、見的所依體而作為記憶的保證。這也是《唯識論》、《佛地經論》所引《集量論》與自證相關的三分說經文。而由此三分進一步成立四分說。

曇曠相當完整的介紹四分的成立架構：1.相分＝所緣，見分＝行相，見、所依自體＝自證分。2.證成自證分：若無自證，⑴應不自憶心心所法，就像不曾經歷過的，是不能有所記憶。這是引自《佛地經論》。⑵相、見應無所依體，⑶所量能量會沒有量果。3.成立證自證分是：①要證自證分，作為第三自證分的果。②見分不能是第三果，因為有時是非量攝，而證自體的必須是現量。③面對要立第五分的無窮過失，說第三證第四，可以相證。因此，發展出與陳那所主張以自證為量果，並以量為果的不同說法，而轉以證自證分為自證分之果，並以第三與第四相證、相互返緣來說，所量為量果。

總之， 窺基《因明入正理論疏》引入一分、二分、三分說，一分說是在一心上，以義分能所，量果又名為量。二分說是因為所量不離心，即境亦心。三分說是能量見分，量果自證分，體不離用，即智名果。智周也說一分說是量果亦是能量，於一心上假立能所。二分說是即境亦智，智是能量；即境亦心，就是果智。按照善珠的話，一分說是果能證現、比二量的自、共二相。二分說是只有見、相分，而且，見分是能量或者量果。又，善珠談到一分說是量智親能證二相，二相所指是自、共二相。也談到世親因為不立自證分，所以，說證二相是沒有過失，但依陳那作論，不取這種說法。這是不同於「即智名果」段所說「證相」是證見分行相。因此，「證相」是一分說、二分說二者與三分說的差別所在。淨眼文中，則提到四分的廢立有六義，整個四分的發展，二分說是依《厚嚴經》，三分說是依陳那《集量論》，四分說是依《佛地經論》。可見心分說是備受注目的議題。

### 3. 兩種所緣・行相

首先，關於兩種所緣緣，親、疎兩種所緣緣是以與能緣體不相離或相離來區分，不相離而為見分等內所慮託是親所緣緣，相離但有本質能起內所慮託是疎所緣緣。而依窺基《成唯識論述記》所述，親所緣緣又具有為和無為之區別，有為是識所變的相分，無為是真如體不離識，如自證緣見分。而疎所緣緣有他識所變以及自身中別識所變的兩種本質，由本質生起，見分變內相分，相似於本質，這是所緣。所以，相分是見分帶己相為親所緣緣，而所緣是見分所變的似本質法為疎所緣緣。

對於見分上的相，窺基說是「帶彼相」，是顯示自相而不是自證分，屬於能緣見分的相。而疎所緣緣是依本質而起的影像相分，屬於所緣境。

其次，就兩種行相來說，窺基《成唯識論述記》提及有兩種行相：見分和影像相分。見分行相是一切識皆有，但影像相分名為行相，因為所緣不定，所以一切識或有或無。此中提到以影像相分為行相是出自《集量論》。而需要以影像相分為行相的原因，是因為「第八俱時五心所法」，無法只按照見分的行相，來說是「同一所緣不同一行相」。因此，窺基認為兩種行相必須具備。而「同一所緣不同一行相」成為兩種行相的成立因素。

兩種所緣緣和兩種行相是相通的，亦即親所緣緣是見分為行相，疎所緣緣是影像相分為行相。雖然有影像相分為行相是出自《集量論》，但是，是否意謂陳那主張只有疎所緣緣呢？亦即兩種行相是單指疎所緣緣嗎？而惠沼《成唯識論了義燈》是指陳那俱有親、疎二所緣緣。這應該是因為親所緣緣是能緣的相，而疎所緣緣是境。尤其窺基在《大乘法苑義林章》指《集量論》說疎所緣緣，一切心生決定皆有，與《成唯識論》所說或有或無不同。此中關鍵在於「無分別智緣真如時，亦變影像」，所以，諸心生起，定有本質，依此才說「五中四色必有本質」。相對於此，《成唯識論》認為本質或有或無，因此連帶疎所緣緣有無不定。如理集《成唯識論疏義演》也有提及「影像相分名為行相，其一切識或有或無。或有者，後得智有影像相分，或無者，正體智緣如時，無影像故，故云或無。」——由此看來，無影像是無分別智緣真如時，但是，反過來說，若此時「亦變影像」，就可能是一切心生決定皆有疎所緣緣。而呼應疎所緣的「影像相分」，在《集量論》中是行相，似乎更加肯定陳那的主張，主要是疎所緣緣。

不過，雖說陳那可能主張疎所緣緣，然而，這只不過是強調說，因為親所緣緣是諸識定有，沒有異議的，只是影像相分為行相比較受質疑而已。所以，對照陳那《觀所緣緣論》、PSV1.11ab和PSṬ78,15所說，陳那應該是主張具兩種行相、所緣緣。亦即兩種行相在漢傳詮釋中是存在的。

# 第四章 結論

整個取材是採用梵文重建本的PSV1.6-12和PSṬ51,8-86,3所述意的直接知覺（意現量）的部分，並對照玄奘傳入乃至智周等人的七至八世紀的漢傳詮釋。在漢傳的詮釋系統中，法稱的現量著作沒有傳入，但有無著、安惠、陳那、商羯羅主、親光等的譯著差別，亦即《瑜伽師地論》、《阿毘達磨雜集論》、《因明正理門論本》、《因明入正理論》、《佛地經論》所傳的主張，尤其《成唯識論》、《佛地經論》和兩本因明論揭示陳那現量理論。相對於此，PSṬ中，除了陳那還有法稱的說法，這是可以從〈附錄四〉中載PSṬ和PVIN的對應文來掌握。整理如下：❶

(1)貪等自證的離分別及其行相。❷

---

❶ 此處是根據PSṬ註中引用的《量評釋》(PV)，並比對2007出版的法稱《量決擇》(PVIN)（*Dharmakīrti's Pramāṇaviniścaya, Chapters 1 and 2.*critically edited by Ernst Teinkellner, Beijing: China Tibetology; Vienna: Austrian Academy of Sciences Press, 2007.）註中所引PSṬ部分。PV是從PVV（*Pramāṇavārttikavṛtti: Dharmakīrti's Pramāṇavārttika with acommentary by Manorathanandin*.ed. RĀHULA SĀṄKṚTYĀYANA. (Appendix to Journal of Bihar and Orissa Research Society, Vols. XXIV, XXV, XXVI) Patna, 1938-1940.）找出PV頌文羅列而成。但是，詳細比照是在本論文之〈附錄四〉，不過，為免勝主慧文中，法稱之說散落，因而此處作歸納處理。

❷ 有關於此，有不使用語言，以及心理現象也有行相的情形：1、Ce'e PV3.249a (PSṬ54,1a): aśakyasamayo hy ātmā rāgādīnām ananyabhāk｜對

(2)瑜伽的直接知覺的離分別是"spaṣṭa-avabhāsi"「明了顯現」。❸

(3)認識手段具有認識對境的行相，被看作「帶有行為」。❹

---

於欲望等來說，自身是唯一感知，因為它是不能使用語言習慣。根據Rāhula Sāṅkṛtyāyana,【ka. svasaṃvedanapratyakṣam】, p.194。2、cf.PV 3.250 ab (PSṬ55,1a): avedakāḥ parasyāpi te svarūpaṃ kathaṃ viduḥ｜〔這些愉悅等心理現象〕都不能讓別人知道，自身行相如何是合理的呢？根據Rāhula Sāṅkṛtyāyana,【ka. svasaṃvedanapratyakṣam】, p.194。3、cf. PV 3.274cd (PSṬ55, 4c): saṃvedanaṃ na yad rūpaṃ na hi tat tasya vedanam || 認知是只要沒有其行相，就無法讓人知道他的。Rāhula Sāṅkṛtyāyana，【ga. svasaṃvedane sāṃkhyamatanirāsaḥ】, p.201。4、cf.PV3.268a-c'(PSṬ55, 12-13g): kaścid bahiḥ sthitān eva sukhādīn apracetanān｜grāhyān āha na tasyāpi sakṛd yukto dvayagraha || 有人說：合意等無法說明正是被認識為外部現有的，對這樣的人而言，必然不會隨即得到雙重認識。Rāhula Sāṅkṛtyāyana，【ga. svasaṃvedane sāṃkhyamatanirāsaḥ】，p.199.

❸ cf.PV 3.285(=PVIN1.31) (PSṬ57,5-6a): tasmād bhūtam abhūtaṃ vā yad yad evābhibhāvyate｜bhāvanāpariniṣpattau tat sphuṭākalpadhīphalaṃ || 因此，〔要知道〕某個實存體是現有或非現有，就是可以讓人走近它〔來證明〕。那麼，顯示完成〔的認識〕時，明了顯現的就是脫離分別的見解，就是結果。Rāhula Sāṅkṛtyāyana,【§3.6. Yogi-pratyakṣa】, p.204。譬如歡樂、悲痛在非對境的情況下，此可參照cf.PV 3.282（=PVIN1.29）(PSṬ57,6-7b): kāmaśokabhayônmādacaurasvapnâdyupaplutāḥ｜abhūtān api paśyanti purato'vasthitān iva || 被憂愁、恐怖、迷悶、怨賊、夢等所惱害，他們也是見到非現有，如同以前就已經存在。Rāhula Sāṅkṛtyāyana,【ga. svasaṃvedane sāṃkhyamatanirāsaḥ】, p.203.

❹ 認識手段具有認識對境的行相：1、cf.PV3.307ab (PSṬ65,9-10a) / Ce'ePV3.307a (PSṬ66,3b): sā ca tasyâtmabhūtaiva tena nârthāntaraṃ phalaṃ｜3.307ab 而正是這種具有認識對境的行相性質，成為認識的內在性質，通過此，而不是其他的認識對象是結果。Rāhula Sāṅkṛtyāyana,【§3.8.1. Arthasārūpya (3.301-319)】, p.210。2、Ce'ePV3.307c-308b

(4)說明認識手段和認識結果的相關性，在於與認識對象的相似性 "artha-sārūpya" ❺，不是在於感官，才形成不同的認識。❻

(5)在認識手段是認識結果中，除了認識手段是結果之

---

(PSṬ66,1-2a): dadhānaṃ tac ca tām ātmany arthâdhigamanâtmanā || 3.307cd 而且這種認識由於採納它〔認識對境的行相〕，具有獲取自身中的認識對象的行為的本質。savyāpāram ivâbhāti vyāpāreṇa svakarmaṇi | 3.308ab 燈光似乎有作用，具有作用就是在自己的功能上。Rāhula Sāṅkṛtyāyana,【§3.8.1. Arthasārūpya (3.301-319)】, p.210-211。

❺ 以相似性說明認識的完成，如1、cf.PV3.301(PSṬ66,4-7d): kriyāsādhanam ity eva sarvaṃ sarvasya karmaṇaḥ | sādhanaṃ na hi tat tasyāḥ sādhanaṃ yā kriyā yataḥ || 完成手段是完成手段的行為，就是「完成某一行為」這句話，一個行為的成立是來自完成手段，因為沒有完成手段，就沒有完成行為。Rāhula Sāṅkṛtyāyana.【§3.8.1. Arthasārūpya (3.301-319)】, p.208。2、cf.PV3.302 (PSṬ66,7-9e): tatrânubhavamātreṇa jñānasya sadṛśâtmanaḥ / 因此，認識僅僅只有通過經驗，因為以相似為本質，bhāvyaṃ tenâtmanā yena pratikarma vibhajyate || 作為它的本質是應被理解〔成為原因〕，通過這樣的理解，才會有相應行動的分別。Rāhula Sāṅkṛtyāyana,【§3.8.1. Arthasārūpya (3.301-319)】, p.209。

❻ 認識手段是結果，在於與認識對境行相的一致性，這就是相似性。關於相似性，有以下八段敘述：1、cf.PV3.302 (PSṬ66,7-9e): tatrânubhavamātreṇa jñānasya sadṛśâtmanaḥ | bhāvyaṃ tenâtmanā yena pratikarma vibhajyate || 因此，認識僅僅只有通過經驗，因為以相似為本質，作為它的本質是應被理解〔成為原因〕，通過這樣的理解，才會有相應行動的分別。Rāhula Sāṅkṛtyāyana,【§3.8.1. Arthasārūpya (3.301-319)】, p.209。2、cf.PV3.312ab (PSṬ67,1a): sarvasāmānyahetuttvād akṣāṇām asti nêdṛśam | 因為諸感官是所有普遍性的原因，不是這樣的〔認識〕。Rāhula Sāṅkṛtyāyana,【§3.8.1. Arthasārūpya (3.301-319)】, p.212。3、cf.PV3.310a-c' (PSṬ67,1-3b): ālocanâkṣasambandhaviśeṣaṇa dhiyāmataḥ | nêṣṭaṃ prāmāṇyam eteṣāṃ vyavadhānāt kriyāṃ prati || 與知覺感官、特定連繫〔感官與對象〕有關的方法，那些方法不被承

外，自我認知也是結果，這是由於對於認識對象的確定性，是認識必須具有行相。那麼，與自我認知的行相一致的認識對象就被認識到，不論〔對這個認識對象〕是想要或不想要的。❼譬如燈光喻。❽

(6)對於兩種顯相來說，外境論者認為只有認識對境的行

認是量，因為隱蔽有關行為的作用。Rāhula Sāṅkṛtyāyana,【§3.8.1. Arthasārūpya (3.301-319)】, p.212。4、cf.PV3.304-5c'(PSṬ67,4-5e): tasmādyato 'syâtmabhedo'syâdhigatir ity ayaṃ | kriyāyāḥ karmaniyamaḥ siddhā sā tatprasādhanā || 3.304 因此，由於這個認識本身就是不同，這個認識就是方法， 所以，這個認識是受限於認識對象（karma），就〔通過與認識對象相似的〕行為來說，只要行為成立認識就完成。arthena ghaṭayaty enāṃ na hi muktvârtharūpatāṃ | anyaḥ svabhedāj jñānasya bhedako'pi kathañcana || 3.305 與認識對象合併來觀察，因為這兩者沒有除去認識對象的行相，〔與認識對象相似性以外的〕其他的決定性也是幾乎沒有，因為認識有本身的差別。Rāhula Sāṅkṛtyāyana,【§3.8.1. Arthasārūpya (3.301-319)】, p.209。5、cf.PV3.306ab (PSṬ67,5g): tasmāt prameyâdhigateḥ sādhanaṃ meyarūpatā | 因此，只能是與認識對象的相似性，認識的完成就是應被認知的行相這一事實。Rāhula Sāṅkṛtyāyana,【§3.8.1. Arthasārūpya (3.301-319)】, p.210。6、cf.PV3.311ab (PSṬ67,5-6h): sarveṣām upayoge 'pi kārakāṇāṃ kriyāṃ prati | 即使有關所有原因的作用全具備了，Rāhula Sāṅkṛtyāyana,【§3.8.1. Arthasārūpya (3.301-319)】，p.211。7、cf.PV3.315c (PSṬ67,7i): tadvyavasthâśrayatvena〔因為相似性〕行為是作為確定〔各種主體和客體〕的基礎，Rāhula Sāṅkṛtyāyana, 【§3.8.1. Arthasārūpya (3.301-319)】, p.213。8、cf.PV3.315 'b-d (PSṬ67,12l): dhiyo 'ṃśayoḥ | 3.315'b tadvyavasthâśrayatvena sādhyasādhanasaṃsthitiḥ || 3.315cd把思慮分成兩個部分〔因為相似性〕行為是作為確定〔各種主體和客體〕的基礎，所立和能立是延續在相同的狀態。Rāhula Sāṅkṛtyāyana,【§3.8.1. Arthasārūpya (3.301-319)】, p.213。

❼ 在認識手段和認識結果之中，有兩種情形，一、認識手段是結果，二、自我認知是結果，此處是說明後者。1、cf.PV3.341 (PSṬ68,12-15d): vidyamāne 'pi bāhyârthe yathânubhavam eva saḥ | niścitâtmā svarūpeṇa

相，而唯識論者認為是認識主體的行相，陳那為使與外境論者達到共許，而說「具有認識對象的顯相」。唯識論者認為認識主體的行相是自我認知認識的對象，❾所以，雖說通過顯相的顯著行相，還是通過自我認知來成立認識。❿而不顯著的，如由煙產生火的

---

nânekâtmatvadoṣataḥ ‖ 3.341儘管〔你說〕外部的對象是實在，這個認識對境只能是按照〔你的認知〕經驗，作為認識〔主體〕行相是以確定為本質，不然，會有多重自性的過失。Rāhula Sāṅkṛtyāyana,【〔16〕gha.grāhyagrāhakapratibhāsavyavasāyaḥ〕】, p.222。2、cf.PV3.340 (PSṬ70,9-10a): yadîṣṭâkāra ātmā syād anyathā vânubhūyate｜iṣṭo 'niṣṭo 'pi vā tena bhavaty arthaḥ praveditaḥ ‖ 如果按照自己的意欲經驗到〔自己的〕行相，就是自己想要的〔認識對象〕，或者，以不是自己意欲的方式去理解〔自己不想要的〕。不管是按照自己的意願與否，認識對象之所行處也是通過它而成。Rāhula Sāṅkṛtyāyana,【〔16〕gha. grāhyagrāhakapratibhāsavyavasāyaḥ〕】, p.221。

❽ cf.PV3.329 (PSṬ70, 13b): prakāśamānas tādātmyāt svarūpasya prakāśakaḥ｜yathā prakāśo 'bhimatas tathā dhīr ātmavedinī ‖〔對此三種功能，〕就像燈光，自身的行相的給光者和被照耀者是同一性的，如同設想照明一般，對於思維也是同樣的，有自身和擁有知覺。Rāhula Sāṅkṛtyāyana,【ga. nīlādyanubhavaprasiddhiḥ】, p.218。關於燈光喻，佛教用來說明認識的自我發光的性質，被正理學派使用來解釋他們的理論，那是認識是被另外認識所認知。（服部正明，1968，p.100 註1.60；p.111 註1.76）。

❾ 以認識主體的行相是自我認知認識的對象，其原因有二：1、Ce'PV3.346'c (PSṬ72,8a): grāhakā 'tmā 'parārthatvād bāhyeṣv artheṣv apekṣyate ‖ 3.346 ‖ 能取的本質是因為對象不一樣。長行：grāhakākāro 'parārthatvāt 能取的行相是因為對象不同。Rāhula Sāṅkṛtyāyana,〔gha. grāhyagrāhakapratibhāsavyavasāyaḥ〕, p.223。2、cf.PV3.349ab (PSṬ72,14-15b): yathā niviśate so 'rtho yataḥ sā prathate tathā 由於如同認識對象進入〔認識〕自我認知也是同樣揭示。Rāhula Sāṅkṛtyāyana,【〔gha. grāhyagrāhaka pratibhāsavyavasāyaḥ〕】, p.224。

❿ 自我認知作為認識結果，有兩個理由：1、cf.PV3.350a (PSṬ73,7a): tasmād

認識，屬同一類，所以，不是推理認識。⓫

(7)成立兩種行相，主要在於成立自我認知，⓬三分說也就成了。即使有三分，其實是假立，沒有真實三分，不過，雖非實而可見，如遠處見沙漠。⓭

雖然法稱和勝主慧共同之處：意識現量中的貪等自證、瑜伽現量，以及在認識手段和認識結果中，談到認識手段的定義、認

---

viṣayabhedo'pi na: 因此，〔認識手段和認識結果〕沒有不同的對境。Rāhula Sāṅkṛtyāyana,〔〔16〕gha. grāhyagrāhakapratibhāsavyavasāyaḥ〕, p.224。長行中的說明和勝主智是同樣的：tasmāt〔11〕pramāṇa-phalayor vviṣaya-bhedopi nāsti｜2、cf.PV3.350b-d (PSṬ73,9-10c): svasaṃvedanaṃ phalam uktaṃ svabhāva-cintāyāṃ tādātmyād artha-saṃvidaḥ || 3.350 || 已經說過自我認知是認識結果，根據自身行相的思維，對認識對象的認知是由於具有同一性。Rāhula Sāṅkṛtyāyana,〔〔16〕gha. grāhyagrāhakapratibhāsa vyavasāyaḥ〕, p.224。

⓫ 這是通過果推理因：1、Ce'ePV3.395a-d' (PSṬ76,2-4b): tatrāpi dhūmābhāsā dhīḥ prabodhapaṭuvāsanām｜gamayed agninirbhāsām dhiyam eva na pāvakam || 3.395 || 即使在這裡，煙的顯相認識產生火的認識，是強烈分明的熏習喚醒，沒有表明的正是使火的不顯相產生的認識。Rāhula Sāṅkṛtyāyana,〔ka. nārthāt smṛtiḥ〕, p.237。2、Ce'ePV1.9bc (PSṬ76,4c): hetunā yaḥ samagreṇa kāryotpādonumīyate｜arthāntarānapekṣatvāt sa svabhāvonuvarṇṇitaḥ || 1.9 || 通過所有的因推斷認識結果，〔2〕因為不依靠另一個認識對象，由於它是描述自身行相。Rāhula Sāṅkṛtyāyana,【Svārthānumāna】, p.288。

⓬ cf.PV3.425ab (PSṬ77,3-4b): dvairūpyasādhanenāpi prāyaḥ siddhaṃ svavedanam｜主要的是由於完成兩種行相，也是成立自我認知。Rāhula Sāṅkṛtyāyana,【ka. buddhir arthākārā】, p.245。

⓭ Ce'ePV3.355cd (PSṬ74,3b): dūre yathā vā maruṣu mahān alpo'pi dṛśyate || 3.355 || 如同在很遠地方看沙漠，或者看到廣濶的曠野。Rāhula Sāṅkṛtyāyana,〔〔16〕gha. grāhyagrāhakapratibhāsavyavasāyaḥ〕, p.226。

識手段是結果、自我認知是結果。並且說到證明自我認知的路徑，是通過與認識對象的相似性，而且對於認識對象的確定就是這個行相。又由兩種行相成立自我認知，達到三分分立。整體說來，法稱的說法在PSṬ中幾乎都可看到，⓮但是，不能因此來否定PSṬ有陳那的說法，因為逐詞的解法，留下《集量論》的原文；又可於漢傳文獻尋得相似之文。玄奘傳入的漢譯經論保留法稱之前的說法，甚至可以縮小範圍來說，保留陳那的現量理論，這是一個不容小覷的歷史文獻。雖然玄奘未曾譯出陳那現量理論的主著《集量論》，但是，當時講解會引用說明，所以，除了《因明正理門論本》之外，就是保留在其門人窺基等人的著疏。

本論主要在意識現量的探討，作為此部分的背景有以下兩個部分：

甲、PSV（〈附錄一〉）

在第二頌到第五頌的鋪陳中，第二頌說明有效的認識只有兩種，在認知的連結中，認識對象只有自相和共相兩種；對於能取來說，所取自相是不能言詮，與意識結合而有共相的說明，如說「色等是無常」。第三頌排除重複認知，如回想、記

⓮ 吉田哲經由對比陳那、法稱、勝主慧的意識現量解釋，總結說：大致上勝主慧的解釋是忠於法稱，所以，要從PSṬ的記述來釐清陳那本來的意圖是有極限的。勝主慧的意現量解釋，陳那的論述是沿用法稱的學說理解而得的。因此，勝主慧的解釋也許是缺乏他的獨特性。（吉田哲，2012，頁104）

憶，說明現量所知的自相是離概念構想 “kalpanāpoḍha” 亦即「離分別」。而這個概念構想 “kalpanā” 就是與名稱、種類等用法連繫的。指的是專有名詞、種類、屬性、行為、物質實體之外，還有以連結為特徵。要離開名稱、種類等之外，對於這個連結，就是不以認識對象的名稱來說特定對象。第四頌是表明我們的認知是按照感官而不是按照對象，亦即陳那是站在能緣心來說，因為不共的緣故。自相是按照知覺領域的自相，而不是物體的自相，而且是把整體看成認識範圍，而不是單個物體，因為自相是從許多對象所生的緣故。第五頌開始進入現量分類。

乙、漢傳文獻

呼應PSV第二頌到第五頌，有「現量離分別」和「前五識現量」兩部分。關於「現量」，就詞義來說，慧沼依離合釋來解。就離釋來說，「現」是心或境的明顯，遮除分別等，「量」是量度之意，含能緣心和所度境。就合釋來說，有境現之量的依主釋，而持業釋是指現量屬心，現量就是量「現」是能量心離分別，「量」是知境。有財釋是現量屬境，境體名現，心為量，用現心為量。而另一個是「現現別轉」，由此引出四類心和五識的差別。陳那本是「由不共緣，現現別轉」，所以，「現現」是指 “akṣais” ，是感官的複數，應該就是「五根非一」，通依主釋、持業釋。不過，意識只能是持業釋。

其次，現量的定義──「離分別」。它正如圓測《解深密經疏》所說離諸分別，才名不見，並不是無分別。陳那定出唯一定義「離分別」以及沒有名和義的相屬關係，這是漢傳和梵文共許的。尤其後者給予共相和語言作為現量的理由。為什麼要這樣定義？這和自相是有關的。離分別表現在自相上，是證量所知或各附己體，是離言的，但是，在自類又不計名與義的相屬關係上，考量到共相中有現量的可能。

最後是五識現量，經由「現覺」，顯示唯識不同於正量、薩婆多部等，而立於六識俱起，但是，五識各有自境，意識如何取五識境呢？這個解明要透過兩種行相、兩種所緣緣。不過，對於五識的對境，窺基、圓測等人，還談及長、短等假色，和名、句等假法，乃至病眼所見。對此有兩種說法，五識唯緣實或亦緣不實，不過，因為五識照境取相，所以，可緣不實，但是，假法和不實都是意識的認識範圍。

接著，對於意識現量的部分，按照第二、三章的形式，歸納三個方面：意識的現量之對境和認識，以及量和果、兩種行相和三分說。

## 一、意識的現量之對境和認識

意識有三種現量，或許與意識取境三因有關，取五識對境的五俱意，貪等自證，和定心現量。既然這三種都是獨立的有效認識，應該各自有對境和對其對境的認識，因此，將按照此三種的對境和認識，呈顯現量的說明，分述於下。

## （一）五俱意

意識取境的第一因是「或因五識，隨緣五塵」，從對境來說有二：

1.如護法所述「意識知五識境，然各自變，同現量攝，俱受新境，非重審知。」——說明這個境是經變化而來，是彼此「俱受新境」，不是對於同一個對境的重審。而且因為「帶相」，如同各別緣兩境，使意識好像了別新的對境，而且是現在境。

2.如理法師所說意識緣眼識的境，而不是緣眼識。因為如果意識緣眼識不緣之境，就會隔念而不明了，意識如果緣眼識，不緣境就會隔多念而不明了。所以，摒除這兩種，說意識緣眼識的境，而且是現在境。

又從同緣現在境的三因：極明了、於彼作意、二依資養，可以看到意識與五識同緣的作用，在於明了和助五識生起。而且因為具有這兩種作用，所以，是五俱意。而定心中雖有明了，但是沒有助五識生，因此，不是五俱意。

這個有變化的對境，而且是現在境的說明，是與勝主慧所說「對境」是正在被感知而且是改變過的色等對境行相相同。

其次，就五俱意的認識來說。從五俱意的成立的五番問答，首先，多識俱生是立於「等無間緣」；而此無間，窺基說識前後生是不應理的，又按照遁倫所述是「同時無間，非前後無間」。所以，等無間緣是同時無間。勝主慧也有提到等無間，說「只有自境所產生緊隨其後的色等特殊時段當助緣時，才能使意識產生」。這個說明，要待率爾五心來了解。亦即雖然五識只有率爾和等流二心，意識只有中間三心，但是，按照窺基以本質和影像來解明，意識率爾取前五識本質境，而以此率爾境的影像相似相續在尋求、決定二心上顯現，染淨、等流隨前轉，是與五識同緣境的同時意識。窺基也有提及陳那《集量論》以「作證解故」，五識俱意是現量。

再者，同類心所一念俱生，異類心王也可以一念俱起，說明意識與五識俱起，使取境明了。這是五俱意的作用，因為五俱意的明了分別是與尋、伺相應的緣故，而五識沒有與此相應，所以是無分別。就算五識俱貪，也是現量。而與尋、伺相應的明了分別，依慧沼所述，現量要離的分別是妄計分別，而明了取境是要得境自相。又依窺基所說，雖俱起，但所依根體不同，所以，五俱意和五識不相應。

取自相境的說明是「唯證行轉」，圓測和智周解為「唯證自相行解而轉」，定賓是「唯證現境行相而轉」，也就是“anubhavākārapravṛttaṃ”「以經驗行相產生」。意識如何以經驗行相產生？那就是通過感官認識的等無間緣產生經驗行相，亦即意識取得與前五識對境一致的認識對境和認識本身。

## （二）貪等自證

意識取境的第二因「或因他教，別生解故」，似乎與貪等不相干，但是，從形式上來說，是近於貪等自證列為現量的形式。因為不同於五俱意是取五識對境產生認識，貪等自證展現有分別之姿，是貪等心所的現量。既是有分別如何可以是現量？是以自證證見分來表現現量，亦即對認識本身的認知就是現量。

認識的經驗行相是對這個有分別的認識本身。而貪等自證作為現量的證明是離分別，如PSṬ所說，因為不能使用語言習慣，亦即此時不會與語言連結，所以是離分別。而另一個就是具有行相來說與內屬相違，破所依不成。

PSṬ也說貪等自證的認識手段、認識結果、認識對境：具有經驗性質的本身就是這些欲望等等的認識手段。再者，這個認知具有存在的性質，具有對認識本身取得認識的性質，則這個〔認識〕就應被理解為它（認識手段）的結果。而這些欲望等等自身就是它們（欲望等）的認識對象。

## （三）定心現量

意識取境的第三因：「或定為因，境界殊妙」。定心現量有兩個問題：離教分別，和定心緣共相。離教分別雖是語言的問題，但是，窺基指出名、義兩各別緣，慧沼也指出不分別名義之間定相屬和證相，以及淨眼的取境明白，這是對於離教分別的態度，也是前述離分別所說「以連結為特徵」。而定心緣共相，也是以證相，現證共相來說，亦即證自相境。或許如PSṬ所說「對境的所得也是分明顯示，因為脫離分別想像就是分明決定的緣故」，「又，不依於感官的認識是對象的分明顯示的性質，以及因為〔對象是〕明顯所成的結果。在明顯所成的結果是認識時，那麼，脫離分別想像是〔由於〕明了顯現。」，此中的「分明決定」“spaṣṭatva”、「明了顯現」“spaṣṭāvabhāsi”，正說明其顯相，所以，瑜伽行者看見的僅僅是認識對象的顯現，並沒有依感官。

上述「證相」應該是從“nirvikalpa”來看，此詞首先在五識現量出現，次在定心說明等同於「分明決定」“spaṣṭatva”、「明了顯現」“spaṣṭāvabhāsi”，乃至後述用來說明認識手段、認識對象的區分使用的方法。顯示“nirvikalpa”就是一種清楚顯相。

## 二、量和果

量和果的關係中，成為果的部分，有量為果，和自證分為果兩部分。前者是「證相為果」，證相是指證自、共相；後者以自證分為量果，證見分行相。善珠對「於智名果」有二解，一是智用勝，以智來彰顯，而果通取諸自證分；二是心心所自證分證見審決，總說智名。所以，量為果有兩種。而在果為量上，就是「似義生故，似有用故」、「如有作用而顯現」。

### （一）量為果

在量（認識手段）為果的部分，是「即智名果」，因為證相的緣故，所以，以「證相為果」。所謂認識手段，有行相的如PS1.8c“savyāpārapratītatvāt pramāṇaṃ”「由於〔認識〕是帶有行為被體驗到，才被稱為認識手段」，無行相的如PSṬ在貪等自證的認識手段是“atastadanubhavātmatvameṣāṃ pramāṇam”「具有經驗性質的本身就是這些欲望等等的認識手段」，而認識手段是認識結果是因為PSV 1.8cd「認識結果並不是與認識手段的認識對象不同的東西。而是，認識手段恰恰是認識結果的認識」。

陳那PSV1.8cd說認識手段是帶有對境的行相產生，所以，被看作是帶有行為。亦即認識手段=帶有對境的行相。反之，結果就是具有認識手段的性質，結果和認識手段是沒有區別。PSṬ具有行為是抓取對境行相的行為是認識手段，而獲取認識行相的，被看作是完成的對象的認識是結果。即：

量＝認識手段＝帶有認識對境的行相，成為認識內在性質
果＝認識結果＝完成對象的認識，具有認識對境的行相性質

其次，陳那提出與外境論者共許的是——

具有認識對境的顯相＝認識手段⟶產生對於認識對境之確定＝自我認知＝結果

勝主慧具體說明，是以「與認識對象的相似性」“artha-sārūpya”來說明認識手段，而且以此作為認識原因，確定主客的關係：作為被顯現的東西是「客」；能有區別的認識就是認識結果，是認識主體的行相，顯現所顯現的東西是「主」。

最後，由於主客關係是能成和所成的假立，PSV1.8cd提及因假立，被置疑所作就是作者；又PSV1.9'd說沒有真實區分，怎麼會見到認識對象等區別？對於前者，以謂語不同回應「所作又是作者」，是透過認識主體的顯相，想像區別，如蜜喻所說。而且就認識的性質來說，它必須是經驗到的行相，不能是外在事體，因為不可能成為所緣緣。對於後者，在回應真實義上，認識沒有作區分，但是，現實見有認識手段等區分，對於被無明遮蔽的人，認識儘管非實但是可見。

## （二）自證為果

在自證為果上，窺基是指「能證彼見分相故，相謂行相體相，非相分名相」，說自證分證見分行相。PS1.9ab說自我認知也是認識結果。自我認知是具認識本身和對境的兩種顯相，是對認識本身的經驗，就是認識結果。真實來說，沒有三種區別，在日常語言的表達上，作了區別，由於同一性的，就像燈亮時，整體被認知，燈亮擁有光的性質就如擁有經驗性質，三種功能是同一性，具有經驗性質，認識才稱為自我認知。

證明自我認知是結果，PS1.9b是訴諸對認識對象的確定性“artha-niścaya”，是認識必須具有行相。這個行相就是因為「帶有對境」，亦即伴隨對境作為認識對象。因此，當認識是對這個對象的認識，則必須具有這個認識對象的行相，所以，意識對於對境的認識的認識就會帶著對境現起。PSṬ是以“viṣaya-vyavasthāna”確定對境來說明，這不是有概念作用的判別，這與瑜伽的直接知覺是同樣的，是明了顯現。

### （三）果為量

「如有作用而顯現」的表現，慧沼和智周都是說見、相的作用，是「如有作用」，而自證能起是「而顯現故」。此自證分、見分、相分三者，因為不離能量，所以，名為量，如說唯識等。以《理門論》為喻，就量果亦名為量來說，因為似境、似有作用，假說為量。淨眼以陳那本的相似之義來說明心緣境亦是如此，「心似境現，似有作用」，假名為量。

又對照梵文來看，果為量，就是認識結果作為認識手段，是因為「帶有行為」亦即帶有對境的行相，被看作是帶有行為，才稱為認識手段亦即量，儘管並不具認識行為。而且「似義生故，似有用故」是一件事，應該是“viṣayākaratayā utpattyā savyāpārapratītiḥ”，亦即「由於〔認識〕產生是帶有對境的行相產生，所以，被看作是帶有行為」。就是由於顯現境，所以，雖不具行為被看作是帶有行為。漢傳系統是以見分和相分的「如有作用」之功能來說，而不是以相似功能來談果為量，因此，比較近於陳那的說法是淨眼和善珠的照鏡的譬喻——「心似境現，似有作用」。

## 三、兩種所緣・行相和三分說

雖然有影像相分為行相是出自《集量論》，但是，是否意謂陳那主張只有疎所緣緣，而無親所緣緣呢？尤其窺基在《大乘法苑義林章》指《集量論》說疎所緣緣，一切心生決定皆有，與《成唯識論》所說或有或無不同。不過，惠沼《成唯識論了義燈》是指陳那俱有親、疎二所緣緣。

然而，對照陳那《觀所緣緣論》、PSV1.11ab和PSṬ78,15所說，陳那是主張具兩種行相、所緣緣。

| 梵 | 漢 |
| --- | --- |
| 雙重行相“dvirūpatā” | 兩種所緣緣 |
| 是指兩組認識：<br>（一）以色等為對境之認識對象的顯相和認知此對境的認識本身的顯相；<br>（二）與（一）的認識對境行相一致的認識顯相和認識本身（二）的顯相。<br>因此，五識有色等對境之認識對象的顯相，意識才會有「與（一）的認識對境行相一致的認識顯相」和其認識本身的顯相（二）。 | 親所緣緣：見分帶己相，是自體相<br>疎所緣緣：因為不能從本質生起，本質能起影像相分為「緣」，即見分變此影像相分＝帶本質之相＝相似於本質的相=所緣 |
| | 兩種行相 |
| | 行相有二：一者見分，如此文說。即一切識等，皆有此行相，於所緣上定有。二者影像相分，名為行相。其一切識或有或無，所緣不定故。 |
| | 同一所緣不同一行相 |
| | **不同一行相：**見分了別、領納等作用各異故，名「不同一行相」。<br>**同一所緣：**<br>1.《成唯識論》據心王、所見分，各自帶起相分故，言所緣相似，是據見分上相分相似名「同一所緣」，是親所緣緣。<br>2.《瑜伽師地論》是疎所緣緣，據總境名為同一，是約本質境來說。 |

| | 二境色 |
|---|---|
| | 《成唯識論述記》卷4所說「二境色」：<br>論：彼頌意說至無別眼等。<br>述曰：彼《觀所緣》頌中意說：第八識上有生眼等色識種子，不須分別見分、相分，但總說言。……然前解者見、相別種。如彼論說：有二境色。一、俱時見分識所變者，二、前念識相為後識境，引本識中生似自果功能令起，不違理故。即是前念相分所熏之種，生今現行之色識故。說前相是今識境，不用前識為今所緣，如親相分能生見分。有體影生名所緣者，前相亦然。有體為緣，生今識相，名為行相。故望今識，亦為所緣。故頌中言：「功能與境色」，境色即前色也。（大正四三‧381上） |

依上述兩組認識，第一重認識的認識對象的顯相為本質，構成第二重認識的認識對境顯相，就是疎所緣緣。而認識本身的顯相是親所緣緣。而且兩組認識中，對境相同是「同一所緣」，而兩個認識各自有認識本身的顯相是「不同一行相」，是兩種行相‧所緣的結合。而三分說是成立於兩種行相的雙重性，而要證明自我認知亦即自證，是證明見分的行相。

不過，這兩組認識來看，第一重認識是在第二重認識完成認識，所以，自證亦即對認識本身的認知，是在第二重認識完成。而這個第二重認識依《觀所緣緣論》、《瑜伽師地論》等漢傳文獻，可能是五識的任一或者意識。

最後，整體來說，八世紀的勝主慧所述和與其年代相當的漢傳玄奘、窺基一系所傳的現量理論大致是相同。雖然資料掌握和義理解讀，還不是很完備，但是，毋庸置疑，陳那的現量理論保存在漢傳文獻中，且曾盛極一時，只是要透過保留在日本的文獻佐證。雖然面對四分說的建立，或許有了更改，讓我們一度對陳那的現量理論一知半解，不過，由於勝主慧的文獻出世，讓我們能揭開唯識的這個面向——現量，更清楚了解由六識展開的認識，這是本論想要呈現的目的。並以此初步工程，拋磚引玉，希冀能有更多的先進參與這個領域的研究發展。

# 附錄一

## *Dignāga's Pramāṇasamuccaya, Chapter1(1.2-12)*

tatra

於此，

**pratyakṣam anumānaṃ ca pramāṇe**

**有效的認識即直接知覺和推理認識，**

te dve eva. yasmāt

有效的認識只有兩種。因為

**lakṣaṇadvayam /**

**認識具有兩種特徵；**

**prameyaṃ**

**認識對象**

na hi svasāmānyalakṣaṇābhyām anyat prameyam asti.

因為沒有存在和自、共相不同的認識對象。

svalakṣaṇaviṣayaṃ ca pratyakṣaṃ sāmānyalakṣaṇaviṣayam anumānam iti pratipādayiṣyāmaḥ.

並且解釋說：直接知覺是以自相作為認識對象，推理認識是以共相為認識對象。所以，這點我還要作解釋。

yat tarhīdam anityādibhir ākārair varṇādi gṛhyate 'sakṛd vā tat katham.❶

顏色等被認知，通過無常等行相，為什麼會這樣理解它呢？

asty etad grahaṇam, kiṃ tu

是這個能取，不過

**tasya sandhāne❷ na pramāṇāntaram**

**在認知的連結中，沒有其他的有效認識**

svasāmānyalakṣaṇābhyāṃ hy avyapadeśyavarṇatvābhyāṃ varṇādi gṛhītvānityatayā

因為基於自相有不能言詮，共相有種類的性質，色等伴隨以無常的事實

cānityaṃ varṇādīti manasā sandhatte. tasmān **na pramāṇāntaram.**❸

而與意結合說：色等是無常。因此，**沒有其他的有效認識**。

**na ca //2//**

**也不會**

**punaḥ punar abhijñāne**

**重複認知**

yad asakṛt tad evārthaṃ praty abhijñānam, ❹tathāpi na pramāṇāntaram.

屢屢者，正是這個對於事物的回想，同樣沒有其他的有效認識。

kiṃ kāraṇam.

為什麼呢？

**'niṣṭhāsakteḥ❺**

**因為無窮之用故**

yadi sarvaṃ jñānaṃ pramāṇatveneṣyate, evaṃ pramāṇam anavasthitatvena syāt.

如果一切認識被承認是作為有效的認識，則有效的認識會伴隨

無窮的狀態。

**smṛtādivat /**

**如記憶等**

smṛtir eva **smṛta**m. tad yathā smṛtīcchādveṣ**āda**yaḥ pūrvādhigata-arthe na pramāṇāntaram, tad**vat**.

想起就是**記憶**。例如想起、欲、瞋**等**，在早先已經習得的對象中，同樣地，沒有其他的有效認識。

tatra

在我們體系上，

**pratyakṣaṃ kalpanāpoḍhaṃ**

**直接知覺是離概念構想的**

yasya jñānasya kalpanā nāsti, tat pratyakṣam. atha kā^iyaṃ **kalpanā**❻ nāma.

對認識而言，沒有概念構想，就是直接知覺。那麼，這個**概念構想**應是什麼？

**nāmajātyādiyojanā //3//**

**和名稱、種類等用法連繫的。**

yadṛcchāśabdeṣu **nām**nā viśiṣṭo 'rtha ucyate ḍittha iti. **jāti**śabdeṣu jātyā gaur iti.

**名**就是諸偶發語，說特定的對象，所謂 ittha就是。**種類**的諸名稱中，就種類來說，所謂牛就是。

guṇaśabdeṣu guṇena śukla iti. kriyāśabdeṣu kriyayā pācaka iti.

屬性的諸名稱，就屬性來說，所謂白色就是。在行為的諸名稱上，基於作用，所謂烹調就是。

dravyaśabdeṣu dravyeṇa daṇḍī viṣāṇīti.

物質實體諸名稱上，就實體來說，說有棍子的警察，有牙的象。

atra kecid āhuḥ—sambandhaviśiṣṭa iti. anye tu— arthaśūnyaiḥ śabdair eva viśiṣṭo 'rtha ucyata iti icchanti.

關於此點，或說——以連結為特徵。然而，餘處認為——正是不以認識對象的名稱來說特定對象。

yatraiṣā kalpanā nāsti tat **pratyakṣam**.

凡不存在這個概念構想之處，就是**直接知覺**。

atha kasmād dvayādhīnāyām utpattau pratyakṣam ucyate na prativiṣayam.

那麼，諸以二法依止的生起中，為什麼只說依感官而不是依對象呢？

> **asādhāraṇahetutvād akṣais tad vyapadiśyate /**
>
> **由於是不共因故，認識按照感官定名。**

na tu viṣayai rūpādibhiḥ.

而不是按照顏色等對象〔來定名〕。

tathā hi viṣayā manovijñānānyasantānikavijñānasādhāraṇāḥ.

換言之，所有對象對於意識及他人心續的認識而言是相同的。

**asādhāraṇe**na ca vyapadeśo dṛṣṭo yathā bherīśabdo yavāṅkura iti.

而且定名就是按照**不共所見**，如同鼓聲、麥芽。

tasmād upapannam etat pratyakṣaṃ kalpanāpoḍham.

因此，獲得這個直接知覺是離概念構想。

abhidharme 'py uktam — cakṣurvijñānasamaṅgī nīlaṃ vijānāti no tu nīlam iti, arthe 'rthasañjñī na tu dharmasañjñī iti.

阿毘達磨中也曾說——以眼識相應來識別紺青而不是紺青〔來識別〕，在對象上，以對象為名而不是以法為名。

kathaṃ tarhi sañcitālambanāḥ pañca vijñānakāyāḥ, yadi tad ekato na vikalpayanti.

既然那樣，如果那個東西一方面不被多方分別，如何積聚五識身的諸認識對象（所緣境）？

yac cāyatanasvalakṣaṇaṃ praty ete svalakṣaṇaviṣayā na dravyasvalakṣaṇam iti.

〔說感官認識〕自相為境，是就知覺領域的自相而言，不是物體的自相。

> **tatrānekārthajanyatvāt svārthe sāmānyagocaram //4//**
>
> **在〔認取〕它的對象時，〔認識〕把整體看成認識範圍〔，而不是單個物體〕，因為此處是從許多對象所生的緣故。**

**aneka**dravyotpādyatvāt tat **svā**yatane **sāmānya**viṣayam uktam,

說〔認識〕在**自己的**知覺領域中取**總相**（sāmānya）為境，是因為它由**多種**物體生起，

na tu bhinneṣv abhedakalpanāt.

而不是因為它在不同境作沒有差異的想像。

āhuś ca

而說

> **dharmiṇo 'nekarūpasya nendriyāt sarvathā gatiḥ /**
>
> **對具體的事物而言，有不同的形相，一切是不可能由感官認識到。**
>
> **svasaṃvedyam hy anirdeśyaṃ rūpam indriyagocaraḥ //5//**

**實際上，色法是〔五識〕認識本身所認知的對象，是不能表達的，是感官認識的領域。❼**

evaṃ tāvat pañcendriyajaṃ pratyakṣajñānaṃ nirvikalpam.

首先，由五種感官產生的直接知覺的認識，是脫離分別想像。

paramatāpekṣaṃ cātra viśeṣaṇam, sarve tv avikalpakā eva.

而在這個〔《集量論》〕文本，對此〔直接知覺〕的分別，是由於考慮到論敵的想法〔而提出的〕，然而，〔對陳那而言，是沒有差別的定義，〕所有〔直接知覺〕認識僅僅是脫離分別想像。

**mānasaṃ cārtha-rāgādisva-saṃvittir akalpikā / (6ab)**

**而且意〔識〕是指對外境對象的〔心王〕認識以及對諸如欲望等〔心所〕的認識本身的認知，是擁有脫離概念分別的特質。❽**

**mānasam** api rūpādiviṣayālambanam avikalpakam anubhavākārapravṛttaṃ

即使是**意識**，也是取色法等〔感官的〕對境作為認識對象，是脫離分別想像，是以經驗行相產生，

**rāgādi**ṣu ca svasaṃvedanam indriyānapekṣatvān mānasaṃ pratyakṣam.

而且對**欲望等**的自我認知是意的直接知覺，因為〔意識是〕不依靠感官。❾

tathā

同樣

**yogināṃ gurunirdeśāvyavakīrṇārthamātradṛk //6//**

**瑜伽行者所見，僅僅是脫離老師言教的認識對象。⑩**

**yogināṃ** apy āgamavikalp**āvyavakīrṇa**m **arthamātra**darśanaṃ pratyakṣam.

即使**對諸瑜伽行者，脫離**經教所傳的教法，看見的**僅僅是認識對象**的是直接知覺。⑪

yadi rāgādisvasaṃvittiḥ pratyakṣam, kalpanājñānam api nāma. satyam etat.

〔反對者：〕如果欲望等認識本身的認知是直接知覺，則概念構想的了知（分別智）也是稱為直接知覺。〔陳那回答：〕確實如此〔分別心亦是直接知覺〕。⑫。

**kalpanāpi svasaṃvittāv iṣṭā nārthe vikalpanāt / (7ab)**

**概念構想對於自我認知，是可以承認〔是直接知覺〕，但對於〔外在〕認識對象不是〔直接知覺〕，因為〔後者〕有分別構想。⑬**

tatra viṣaye rāgādivad eva apratyakṣatve 'pi svaṃ saṃvettīti na doṣaḥ.

因此，正是如同欲望等，即便針對〔外在〕對境不是直接知覺（apratyakṣa），但它是認知到認識本身〔，所以是直接知覺〕。因此（iti），並沒有過失。⑭

evaṃ tāvat pratyakṣam.

如是已說直接知覺。

7cd-8ab似直接知覺----------*⑮缺

atra ca

而在我們學派當中

**savyāpārapratītatvāt pramāṇaṃ phalaṃ eva sat //8//**

**由於〔認識〕是帶有行為被體驗到，才被稱為認識手段；實際上，僅僅是認識結果。⓰**

na hy atra bāhyakānām iva pramāṇād arthāntaraṃ phalam.

在我們學派當中，不像那些主張認識對象是外在的外在實在論者那樣，認識結果並不是與認識手段的認識對象不同的東西。⓱

tasyaiva tu phalabhūtasya jñānasya viṣayākaratayā utpattyā **savyāpārapratīt**iḥ. tām upādāya pramāṇatvam upacaryate nirvyāpāram api sat.

而是，認識手段恰恰是認識結果的認識，由於〔認識〕產生是帶有對境的行相產生，所以，**被看作是帶有行為**。⓲由於這個〔帶有行為的〕因素，日常語言運用中被稱為認識手段，⓳實際上，儘管並不具任何行為。⓴

tad yathā phalaṃ hetvanurūpam utpadyamānaṃ heturūpaṃ gṛhṇātīty kathyate nirvyāpāram api, tadvad atrāpi.

譬如結果是帶著因〔的行相〕而產生，同時感覺抓取因的行相，儘管結果不具行為，㉑我們所要討論話題也是同樣的。㉒

**svasaṃvittiḥ phalaṃ vātra; (9a)**

**或者，在我們學派當中，自我認知是認識結果；㉓**

dvyābhāsaṃ hi jñānam utpadyate svābhāsaṃ viṣayābhāsaṃ ca.

因為認識生起，帶有兩種顯相，也就是自身的顯相和對境的顯相。

tasyobhayābhāsasya yat svasaṃvedanaṃ tat **phalam**. kiṃ kāraṇam.

對認識的兩種顯相的自我認知㉔就是認識**結果**。㉕為什麼呢？

**tadrūpo hy arthaniścayaḥ / (9b)**

**因為對認識對象的確定性，㉖是認識必須是具有行相。**

yadā hi saviṣayaṃ jñānam arthaḥ, tadā svasaṃvedanānurūpam arthaṃ pratipadyata iṣṭam aniṣṭaṃ vā.

因為，如果認識對象是指帶有對境的認識，那麼，與自我認知的行相一致的認識對象就被認識到，不論〔對這個認識對象〕是想要或不想要的。㉗ {以上是瑜伽行派的觀點}

yadā tu bāhya evārthaḥ prameyaḥ, tadā

{經量部觀點}然而，當認識對象正是在外的認識對象時，那麼，

**viṣayābhāsataivāsya pramāṇaṃ, (9c-d1)**

**這個認識的認識手段，只有對境顯相的事實，**

tadā hi jñāna-svasaṃvedyam api svarūpam anapekṣyārth**ābhāsataivāsya pramāṇam**.

那麼，儘管認識是自我認知認識的對象，也是自身行相，〔這點是瑜伽行派的觀點，〕關於此點，暫且擱置。〔我們來探討與經量部可以共同達成的認識：〕所謂**認識僅僅是**指具有認識對象的**顯相**。㉘

yasmāt so 'rthaḥ

因為這個認識對象是

**tena mīyate //9//**

**通過它的顯相而被認識到。**

yathā yathā hy arthākāro jñāne pratibhāti śubhāśubhāditvena, tat tadrūpaḥ sa viṣayaḥ pramīyate.

〔經量部：〕分別按照認識對象的行相是如何在認識中顯現，

作為顯著、不顯著的東西〔顯現在認識中〕，那麼，認識對境是以這樣的具體行相被認識到。㉙

evaṃ jñāna-saṃvedanaṃ anekākāram upādāya tathā tathā pramāṇaprameyatvam upacaryate.

按照前面所述認識過程，基於對〔感官〕認識的〔自我〕認知，由於不同的行相，所以，諸如此類分別通過這一方法，有認識手段、認識對象的區別。㉚

nirvyāpārās tu sarvadharmāḥ.

但是，一切經驗到的現象是脫離行為的。㉛

> āha ca
>
> 接著說：
>
> **yadābhāsaṃ prameyaṃ tat pramāṇaphalate punaḥ /**
>
> **帶有顯相就是認識對象，認識主體的行相及認知，就分別是認識手段和認識結果。**
>
> **grāhakākārasaṃvittyos trayaṃ nātaḥ pṛthak kṛtam //10//**
>
> **因此，〔認識對象、認識手段、認識結果〕三者不能被看作相分離。㉜**

atha dvirūpaṃ jñānam iti kathaṃ pratipādyam.

那麼，如何說明認識具有雙重行相呢？㉝

> **viṣayajñāna-taj㉞ jñānaviśeṣāt tu dvirūpatā / (11ab)**
>
> **而認識具有雙重行相是由於認識對對境的認識的這個〔對境〕有特殊性。㉟**

**viṣaya**e hi rūpādau yaj **jñāna**ṃ tad arthasvābhāsam eva.

因為對諸如色等**認識對境**而言，**認識**（一）都絕對具有認識對象的顯相和認識本身（一）的顯相。

viṣayajñāne tu yaj **jñāna**ṃ tad viṣayānurūpajñānābhāsaṃ svābhāsaṃ ca.

而對認識對境的認識的認識而言，也會有〔兩種顯相：〕與認識對境行相一致的認識（一）顯相和認識本身（二）顯相。[36]

anyathā yadi viṣayānurūpam eva viṣaya-jñānaṃ syāt svarūpaṃ vā, jñānajñānam api viṣayajñānenāviśiṣṭaṃ syāt.

否則，如果對對境的認識，只有與對境相似的行相，或者只有自身的行相，對認識的認識也可能與對對境的認識是無差別。[37]

na cottarottarāṇi jñānāni pūrvaviprakṛṣṭaviṣayābhāsāni syuḥ, tasyāviṣayatvāt.

每個後來的認識就不會有以前消失的認識對境的顯相，[38]因為這個〔以前消失的〕對境不是後來認識的對境。

ataś ca siddhaṃ dvairūpyaṃ jñānasya.

所以，證明認識必須帶有雙重性。

**smṛter uttarakālaṃ ca (11c)**

**又因為後時的記憶，**

dvairūpyam iti sambandhaḥ. yasmāc **cā**nubhav**ottarakālaṃ** viṣaya iva jñāne 'pi **smṛtir** utpadyate,

要與〔認識的〕雙重性連繫。就如同對認識對象有經驗的認識一樣，對於〔認識的〕認識，也會有記憶產生，

tasmād asti dvirūpatā jñānasya svasaṃvedyatā ca.

由於這個原因，認識具有雙重行相並且必須是應被自我認知認識的事實。[39]

kiṃ kāraṇam.

為什麼呢？

**na hy asāv avibhāvite //11//**

**〔當這個認識是還未被經驗時，〕對它的記憶是絕對不可能。㊵**

na hy ananubhūtārthavedanasmṛtī rūpādismṛtivat.

如果對認識對象的認知還沒有被經驗的話，那麼，就不會有對它的記憶，如同對色等的記憶。

syād etat—rūpādivaj jñānasyāpi jñānāntareṇānubhavaḥ. tad apy ayuktam, yasmāj

會有人（論敵）提到如下——如果一個認識，也會被另一個認識所經驗，如色等的對境，也會被另外的認識所經驗。㊶則這說法也是不對的，如果〔你說不是認識自身的認識〕

**jñānāntareṇānubhave 'niṣṭhā**

**當〔認識〕被別的認識經驗時，就會出現無窮無盡的結果。**

anavasthā iti tajjñāne **jñānāntareṇa** anubhūyamāne. kasmāt.

所謂無窮無盡的結果是對這個認識對境的認識〔不是被這個認識本身所認識，而〕是被另外的不同認識所經驗。為什麼呢？

**tatrāpi hi smṛtiḥ / (12'b)**

**因為對這個〔認識〕而言，還會有記憶。㊷**

yena **hi** jñānena taj jñānam anubhūyate, **tatrāpy** uttarakālaṃ **smṛtir** dṛṣṭā yuktā .

**因為**這個〔對境的〕認識被另一認識所經驗，對經驗它的認識而言，必然要承認後時會有**記憶**。

tatas tatrāpy anyena jñānena anubhave 'navasthā syāt.

然後，對經驗它的認識，還會再被另一個認識所經驗，〔對經驗認識再有記憶，〕如此就會無窮無盡。

**viśayāntarasañcāras tathā na syāt sa (=sañcāra) ceṣyate //12//**

**如果這樣的話，〔認識只會緣前識❸，認識從一個對境〕轉移到另一個對境，就會變得不可能。但是，這種認識轉移一般認為是可能的。〔所以，論敵的主張是與一般認識相違矛盾。〕❹**

tasmād avaśyaṃ svasaṃvedyatā jñānasyābhyupeyā. sā ca phalam eva.

所以，我們必須承認認識可以被自我認知所認識。而自我認知恰恰就是結果。

tathā pratyakṣaṃ kalpanāpoḍham iti sthitam.

如是，直接知覺是離概念構想，因此，被確定。❺

# 【註解】

❶《武邑》：若以所謂「此是無常」的方式，認知〔青黃赤白等的〕顯色，或者時間不同，是如何認知〔事物〕等？《韓》：「若由所說『此是無常』等行相印可顯色等時，云何此印可非一次耶？」，這是不同其他四本的譯法。

❷ 這裡《武邑》等六本都指是所量的自、共二相。

❸《武邑》是「只有自相和共相。作為是不可說的顯色自身，認知顯色等〔由於是顯色之共相的無常性等〕，依意結合無常性等為『顯色等是無常』。」（頁47）。《呂澂》是「謂先未設假名但取色等境已，次由共相分別無常，如是由意結合無常色等。」（頁7）。《韓》「既自共相不說不同，并依顯色性等，攝顯色等已，共相者：謂『顯色等無常』，由意能令無常性等極善相應」（頁2）。《何》：「因為，人先依不可說（avyapadeśya）自相和色性（varṇatva）共相識取該色等物，再藉意識（manas）將無常性〔共相〕連結至〔該物，形成〕『這色等物是無常』〔的認識〕」（頁2）。雖然上列諸本有些不同，亦即將不可說歸為自相是一致，但顯色/色性（varṇatva）是歸誰呢？有不同看法。不過，因為“gṛhītvā”是絕對分詞（ger.），指同一主體的兩個主、伴動作或者前後的順序。所以，自、共二相相關，但前後產生。相對於此，《法尊》的翻譯很特別：「緣自相者即屬現量，以正理推知色無常者即屬比量。若由意識結合，未得定解即屬非量，俱非現、比。」（頁2）。於此可確信「推知色無常」是指比量，而且可看到法尊法師加添說明，不過，「未得定解即屬非量，俱非現、比」是很特別。

❹ 這裡的譯法是將“prati”與業格的“artham”合譯為對於事物。“artha”有譯為事物或對象，不過後面的“abhijñāna”很特別。六本譯中，《武邑》：「時間不同，而有各自地重新認識事物“artham”。」（頁47）。《服部》：「雖然有諸多認知一再地認知到同一對象」（頁24）。《呂澂》：「或可難言此乃多識於彼義各別知者」（頁7）。《法尊》：「又數數了知」（頁2）。《韓》缺，《何》：「雖然有對某對象的重複認知」（頁2）。這是指多次認知到同一對象，這似乎不僅僅是認知，應該與記憶有關，所以，此處使用通用於認識和記憶的“abhijñāna”。

❺“aniṣṭhā-āsakteḥ”前語是不固定的、易變之意，一般譯為「無窮」，後語是附屬、用途之意。《武邑》「其原因是成立無窮的過失」（頁

47），《服部》「無窮的謬誤」（p.24），《法尊》「無窮」（頁2），《韓》「何以故耶？當成無窮」（頁2），《何》「無窮過故，」（頁2）。而比較特殊的是《呂澂》使用「無合故」（頁7）。

❻ 桂紹隆提及"kalpanā"這個詞， 譯為「概念的思維」，似乎可以譯為概念的構成、概念作用等等，要言之，在知覺表象上，結合語詞的事。（Cf. PS I.3d: nāmajātyādiyojanā）。以上參見桂紹隆1982：頁84-85。

❼《武邑》在註中提到關於這頌的後半偈：「這是相應於漢譯『唯內證離言，是色根境界』如果正確的說，那是如同以往，不能讀成『唯只是內證而離言，是這色根的境界』，而應讀成『唯是內證，離言的這個色，才是根之行境』。即說應理解此偈的意思是以自證（svasaṃvid）和離言（anirdeśya）的二點顯示五根現量的無分別，持有這二點的色本身是境。」，頁58。《服部》："k.5.一事物具有許多屬性，不能全面被感官所認知。感官的對象是〔僅僅〕照原樣的被認知而且是不可言傳的形式。"，p.27。《服部》43註中，有提到在第六章Dc.陳那重複說明後半偈："唯內證離言，是色根境界"，p.91；對照第六章所述："感官對象（indriya-gocara）是行相（rūpa），那是照其原樣被認知（svasaṁvedya）而且是不可言傳。"長行說明："雖然感官對象是〔經由概念結構被知覺為〕許多屬性的持有者，但是以特殊的形式（asādhāraṇa）顯示給感官。因此，它〔即，對象〕是認知生起的原因，那是持有那個〔特殊對象〕的行相。姑且這樣說，這個〔感官對象〕是認知自身〔的一部分〕，而且，〔因此〕是可自我認知。它是不可能描述這個〔對象〕為有這樣或那樣的性質，因為可表達的是擁有普遍性的對象。"，p.67。——這應該可以當作是陳那所作的進一步說明感官對象的形成。

❽《呂》：「意緣及貪等，自證無分別。」，頁9。《武邑》：「對於意，還有貪著於事物等也是自證的無分別。」，頁49。並加註：「說五俱意和貪等的自證之現量」，頁59。《服部》："k.6ab.也有心理的〔現量，是有二種：〕覺察到一〔外在的〕對象，以及自覺到〔這樣隸屬於心理活動，就像〕渴望之類，〔這兩方面都是〕沒有概念上的句法結構。"，p.27。《服部》註45說："根據勝主慧，複合詞artha-rāgâdi-sva-saṁvitti 應該分析成artha-saṁvitti和rāgâdi-sva-saṁvitti；參考PST, 24b.4-5（28a.3-4）：（略）」。另一方面，般若伽羅笈多（Prajñākaragupta）將"sva"意指"svarūpa"，並且寫成如下：mānasam apy artha-rāgâdi-svarūpa-saṁvedanam akalpakatvāt pratyakṣam, anubhavâkāra-pravṛtteḥ;

PVBh, p.303.24. Cf.N Mukh, p.3b.20-21：意地亦有離諸分別唯證行轉。又於貪等諸自證分…皆是現量。法稱在他的現量類別中，意現量別出貪等自證（svasaṁvedana of rāga, etc.,）；參考NB,I,7-11: tat（=pratyakṣaṁ）caturvidham: indriya-jñānam :…mano-vijñānam : sarva-citta-caittānām ātma-saṁvedanam :…yogi-jñānaṁ cêti.", p.92-93。《法尊》：「意亦義貪等，自證無分別。」，頁4。《何》：「意識處境物知，貪等自證，皆無分別；」，頁4。

❾《服部》46註："根據勝主慧，複合詞rūpâdi-viṣayâlambanam是一有財釋，有關前部分（rūpâdi-viṣaya）是一工具的屬格（vikāra-ṣaṣṭhī）；參考M Bh, II, ii, 24（ex., suvarṇa-vikāro 'laṁkāro yasya suvarṇâlaṁkāraḥ）。因此，他分析它為：yasyâlambanaṁ rūpâdi-viṣaya-vikāraḥ（rūpâdi-viṣayāṇāṁ vikāraḥ）；參考PST, 25a.2-4（28b.2-3）。按照這個解釋，服部轉譯上述這一段如下：心理知覺其對象是從〔緊接感官知覺的〕這個對象派生〔，即〕色等，並且以緊接經驗的形式產生的，也是沒有概念結構。很顯然，在給出上述的解釋上，勝主慧是受到法稱的心理知覺問題之論述所影響。"，而且對於意現量的對象，服部就此說提到會有兩個問題：⑴若心知覺同樣對象，那是已經由緊接的感官所知覺，這個心理知覺不能被認知為pramāṇa，因為pramāṇa是定義為anadhigatârtha-gantṛ；參考上述，n.1.20. ⑵若，另一方面，心理知覺的對象是完全地不同於感官知覺的對象，則連盲人和聾的人都能知覺顏色和聲音，因為他們的心不是如同他們的感官有缺陷。雖然不清楚陳那是否知道這兩個問題，但是，在護法的Ālambanap.的註釋中有提到他們；參考《觀所緣緣論釋》，T.1625, p.889b.4-8。法稱以下列方式解釋這些難題：⑴什麼是為心理知覺方式所知覺的就是對象，在那一刻，緊跟著瞬間的感官知覺。因此，心理知覺是被認定為anadhigatârtha-gantṛ。⑵心理知覺是為緊接感官知覺所制約，作為它的samanantara-pratyaya。因此，沒有感官知覺的盲人和聾的人是不能有心理知覺（mental perception意現量）；參見PV, III, 243-244; NB, I, 9; PVIN, 256a.8-256b.2。也參見PV, III, 239-248; Bud.Log., II, 311ff., p.93。《法尊》：「"意亦義"，是說意識現量。謂第六意識，亦緣色等義境，以領受行相而轉，亦唯無分別，故是現量。（陳那菩薩對意現量所說甚略。法稱論師說意現量，唯是根識最後念、續起、緣色等境之一念意識，乃是現量。以後再續起，則不能親緣色等，是有分別，便非現量。又亦不許：同緣一境作一行相之二心俱生。故亦無有與五識同時俱轉之五俱意識。若緣異境，作異行相，則許容有二心俱轉，不為

過失。如《釋量論》廣辨。）」，頁5。《何》：「意識處若以色等境物為所緣，依現證相（anubhavākāra）而〔有意現量〕生起，亦無分別。復次，有關貪等的自證知（svasaṁvedana），由於不待諸根的緣故，也是意識處的現量知。」，頁4-5。

❿《武邑》對此加註：「所謂不與此〔師父的教示〕相雜，指的就是與此相離之事。這在漢譯上是作『離教分別』。《正理門論》——諸修定者離教分別，皆是現量。」，頁59。《服部》："k.6cd.修行者對一事物的直觀，本身不會與老師的教誨關聯的（avyatibhinna）〔它亦是現量的一種型態〕。"，p.27。《韓》：「由諸瑜伽上師等，親見教、義、唯非一。」，頁3。

⓫《韓》：「諸瑜伽師亦依教法唯見不雜分別義，即為現量。」，頁3。《服部》註49："這個認知來自口口相傳（āgama=śabda）是一種比量；見上述n.1.12.Akalaṅka指出陳那確定pratyakṣa起了緊密結合感官的作用（akṣam akṣaṁ prati vartate 見 n.1.11），沒有道理把瑜伽者的直觀視為一種現量，因為它無關於感官，TAV, p.54.13-14: syān matam——yogino 'tîndriya-pratyakṣaṁ jñānam asty āgama-vikalpâtītam, tenâsau sarvârthān pratyakṣaṁ vetti."akṣam akṣaṁ prati vartate"iti pratyakṣam, na câyam artho yogini vidyate akṣâbhāvāt.滿足異議，法上從它的詞源學意義，辨解現量的事實上意義；見上列n.1.11.也見於PV, III, 281-287。"，p.94-95。

⓬對於"satyam etat."因為太簡略，所以，筆者一度無法下筆翻譯，後來看到法尊法師的翻譯——「曰：實爾，分別心亦是自證現量。」——才明白這裡的語氣所表達的意義。

⓭《武邑》：「若說貪等的自證是現量，分別知是否也應成現量？儘管分別對自證是允許〔為現量〕。對於對象，因為是分別所以不能允許。」，頁49。《服部》："k.7ab.同樣的概念上的句法結構，當它是被帶往內在的覺察，是被承認〔為一現量的類型〕。可是，關於〔外在的〕對象，〔概念上的句法結構是〕不可〔接受為現量〕，因為它使〔對象〕概念化。"，p.27。《服部》註51："陳那解釋這個理論說每個認知都有兩部分的顯現：對象的顯現（arthâbhāsa）和它自己作為主體的顯現（svâbhāsa）。就其本身而論，當認知到一個對象的時候，認知是認識到它自己（參見註61）。kalpanā意指對字和事物作聯想被知覺（參見註26）。一個對象的認知，經由kalpanā是比量，而不是現量。但是，不論它是比量或是現量，認知的必要的性質是相同，那就是它是被自我認知{見PS, ch.II, k.1c（引用於Vibhūti, p.524.2）：pūrvavat（=pratyakṣavat） phalam.} 在自我認知的過程，沒有kalpanā。（Cf. N Mukh, p.3b.23-26.）”，p.95。《呂》：「但許自證性，非境分別故。」，頁9。《法尊》：「“分別亦自證，非于義、別故。”順釋疑難。或問：若貪等心之自證分是現量者，則分別心亦應是現量？曰：實爾，分別心亦是自證現量。然非于義是現量，以于義是分別故。對于義是分別，不妨對自體是自證現量。自證現量亦不妨對境義是分別也。」，頁5。《韓》：「分別亦許自證性，非于義，分別彼故。」，頁4。《何》：「分別於自證，許〔現量〕；分別故，非緣物時。」，頁5。

⓮《武邑》：「若是于對象的話，就貪等本身而言，不是現量，在自證這點上是沒有過失，它是現量。」，頁49。《服部》：“當它〔即，概念上的句法結構〕指向一個對象，它和渴望等不是現量。不過，〔概念上的句法結構的〕內在的覺察，不是〔本身是一概念上的句法結構〕，並且因此不妨〔容許它為一現量的類型〕。”，p.28。《服部》註52：“欲求一個對象，它是以前被經驗為使人快樂的，不是現量，而我們的內部的欲望的體認是現量（見n.1.47）。”，p.95。《呂》：「彼於境義有貪愛等雖非現量，然說自證則無過失。此等亦顯現故。」，頁9。《韓》：「彼如貪等性，雖于境界非是現量，然亦無有說為自證之失。彼等即是現量。」，頁4。《何》：「此中〔，概念分別知緣取〕境物時，一如貪等〔緣境〕時，〔以分別境物的緣故，〕並不是現量。〔但在分別知〕證知自身時，〔沒有分別作用，則認許為是現量〕。所以，並沒有過失。」，頁5。

⓯為求完整，因此將此段文置於註，而不在行文中出現：**bhrānti-saṃvṛti-saj-jñānam anumānānumānikam //7//錯誤、虛偽有的智，從推論派生的比量，smārtābhilāṣikaṃ ceti pratyakṣābhaṃ sataimiram /和有關記憶、悕求，是似現量，就像瞖者一般（這是由根產生的錯誤）**，tatra **bhrāntijñānaṃ** mṛgatṛṣṇādiṣu toyādikalpanāpravṛttatvāt **pratyakṣābhā**sam, 於此，**錯誤的知見**是由於在陽焰（鹿渴）等情況下，不對於水等分別的事實，所以，是**似現量**，**saṃvṛtisat**su arthāntarādhyāropāt tadrūpakalpanāpravṛttatvāt. 由於在**虛偽有**的情況下，錯誤歸因於別的認識對象，由於不是因為這樣形成分別的事實。**anumāna**tatphalādijñānaṃ pūrvānubhūtakalpanayeti na pratyakṣam.**比量**有作為結果等的知見，由於是以前經歷過的分別〔事實〕，因此，不是現量。

⓰《武邑》：「現量作為現證的量是自證（svasaṃvid），它在所謂自證的點上，持有作用，所以，在那一點上，承認自證知的果之性質。這裡敘

述雖說現證而有作為結果的現證知的性質。」，頁60註48。《服部》："k.8cd.〔我們稱認知本身〕「量 pramāṇa」〔字面上，一認知方法〕，因為它〔通常〕是構想出包含〔正在認知的〕行為，雖然它主要是一個結果。"，p.28。《服部》註55："陳那是將他的思想建立於sākāra-jñāna-vāda，這理論是指認知在自身持有對象的形相（ākāra）。……法稱在支持陳那的理論上，斷定導致對對象的理解之最近以及主要的原因，無非是認識持有對象的行相之事實（meya-rūpatā）。他也批判主張viśeṣaṇa-jñāna是產生viśeṣya-jñāna的pramāṇa之看法。陳那自己抨擊同樣觀點在第3章，Eb-1。"，p.98。第3章，Eb-1所指是"限定者和被限定者是彼此不同的。不合理的是，一個認知方法把某事物當作它的對象，卻導致另一個的認知。〔譬如，〕我們從未看著要砍的目標是一棵檜木，卻用一把長斧頭（?bśags pa）砍下（chidā）赤花樹。"，p.39-40。《呂》：「有用分別故，說量有果性。」，頁10。《韓》：「又于此中，了知具有所作故，許為能量之果性。」，頁4。《何》：「審知有用故，〔說為〕量，彼實即為量果。（8）」，頁5。

⑰ 《服部》56註："陳那批判此觀點，認識量有別於量果，在第3章，Ea-Ee，以及第6章，Da。在 NBh, introd. to I, i,1,Vātsyāyana 區別認識的四種因素，即pramātṛ、pramāṇa、prameya和pramiti（量果）。再者，NBh, ad I, i, 3，在解釋pratyakṣa（-pramāṇa）是每個感覺器官的作用（vṛtti）於它自己的對象之後，他聲明根據作用是在於接觸（saṁnikarṣa）或認識（jñāna）的形式，結果（pramiti）是認識或者是放棄或接受或無視對象的心理態度，（hānôpādānôpekṣā-buddhi），如此，顯然Vātsyāyana 認為量果是有別於量。但是，鑑於，對於陳那的批評，Uddyotakara沒有給出答案而Kumārila予以反擊這一事實，假設量和量果之間的不同，起初應是由Mīmāṁsakas所提出的。Vācaspatimiśra在NVTT中，沒有特別談論到這個問題，但是他在他的Nyāyakaṇikā提到它，那是一部對Mīmāṁsakas的Vidhiviveka系統的註釋；見下面n.1.57。"，p.99。

⑱ 《武邑》：「成為果的知，真是具境相而生，被認為持有作用」，頁50。《服部》："量果產生本質上關聯被認知對象，所以〔因而〕包含〔正在認知的〕行為（savyāpāra）是看作不言自明的。"，p.28。《呂》：「即彼生時有境界相，謂具作用分別。」，頁10。《何》：「具境界相（viṣayākāra）而生起，審知〔其似〕有〔緣取境物體相的〕作用，」，頁6。

⑲ 《服部》註57："Kumārila 反對量和量果之間無差別的這個理論。

他引用斧頭砍伐樹之例為證。工具斧頭是有別於產生砍伐樹。工具和結果之間的區別是如此普遍地被接受。又Kumārila說，量是認識手段，必須有別於認識方式產生的認識；見 V, IV, 74, 75（TSP, p.399.4-6）：（略）。…Akalaṅka…手段和結果總是存在於不同的所在地（adhikaraṇa）；見NMañj, p.66.20ff。”佛教徒的回應是“因為絕對地來說，所有存在是瞬間的，產生者和所產生的關係（utpādyôtpādaka-bhāva）不能在兩個存在之間被確立的 。因此，是不恰當的思考認識手段，有別於作為一個實體和產生所產生的認識。量和果的關係，應被理解為是決定因素和被決定的（vyavasthāpya-vyavasthāpaka-bhāva）。當我們有了清楚認識某些藍色，這個認知是被認知為是決定了的——認知藍色的東西，而不是黃色的東西（nīlasyêdaṁ saṁvedanaṁ na pītasyêti）——這個認知是由在認識自身中一些藍色的顯現（ākāra）；見TS（P），1346; PV, III, 315; NBT, ad I, 18-19。”, p.99-100。

⑳ 《武邑》：「就此，是施設量性，不持作用這件事是不對的。」，頁50。《服部》：“由於這個理由，它比喻地被稱為量pramāṇa、認知方法，雖然它〔終究來說〕是沒有行動。”，p.28。在持有作用上，《服部》註58：“根據佛教徒，所有存在（dharma）最終是沒有作用（vyāpāra），因為他們是在流出的狀態。因此，認識在它的基本性質上，是akāraka或者nirvyāpāra。但是，由於認識生起於對象的行相，取（upā-√dā） 行相的作用，和拋棄（pari-√tyaj）另外的形相，其次，可以歸屬於認識。透過這個作用，認識被決定為是藍色的認識而不是黃色的；見上文，nn.1.55,57。按照法稱的解釋，我們了解陳那的說明，這意味著產生認識是隱喻地稱為認識手段，因為看起來好像有作用，雖然在它的基本性質中，它是沒有作用。”，p.100。《韓》：「此中雖如諸外論者所說除能量外，無有別果，然亦允納即此成為果，屬諸（？）智乃具有境界行相而生起，并具有所作的了知已，許為能量性，亦非無所作。」，頁4。《法尊》有提到解釋量果有三：「初說境為所量，能量度境之心為能量，心了證境之作用，即許為能量，亦非無作用（“亦非無作用”句，有本作“亦非無差別”。則作能量與量果，亦非全無差別而解也。）。」，頁6-7。《何》：「依此假施設（*upacaryate*）其為「量」，雖說它實際上並無〔緣取〕作用。」，頁6。

㉑ 《服部》註59：“般若伽羅笈多Prajñākaragupta清楚解釋這個頌的含義，藉由新出生小孩的例子，他是展示相似於他的父親（pitṛ-sad-sadṛśa），可說是取他的父親的外形（pitṛ-rūpaṁ gṛhṇāti），雖然，事實上，他沒有

這樣取（他的父親的外形）的動作（vinâpi grahaṇa vyāpāreṇa）；PVBh, p.344.11-12。同樣的實例也由Manorathanandin給出；PVV, p.211.10："hetu-rūpa-graho kathyate" pitū rūpaṁ gṛhītaṁ sutenêtyādi.", p.100。

㉒《何》註21：「依此理解，量與量果是同一識知的一體兩面：就識知似乎有緣取外境之體相的作用，說為「量」；就識知顯現為具有外境的體相，可說外境體相已被認識，認識之目的達成，說為「量果」。所量應即外境。」，頁6。

㉓《武邑》：「前述自證作為現證的量，闡明作為現量的自證是量果。從在量有作用這點上說果性，是敘述這個自證的有作用這件事如何說。」，頁60 註51。《服部》註60中說：因為不接受世俗準則的觀點，認識自我認知為果是這裡提出，"va" 的解釋比 "ca" 更好。雖然藏文 "yaṅ" 使用作為 "va" 和 "ca" 的同義字，勝主慧下面的陳述似乎支持 "va" 的解釋："sṅa mar yul rig pa ḥbras bur gsuṅs te, deḥi phyir yaṅ naḥi sgra ni rnam par brtag paḥi don can no"; PST, 32a.5（36a.8）。"sva-saṁvitti"（自我認識：sva-saṁvid, °-saṁvedana, ātma-°）一詞，是表示認識是為它自己所認知，以及不需要另個認識去認知它自己這樣的想法。當一個人有某些藍色的（nīla）認識，他同時已覺察某些藍色的（nīla-dhī）認識。這個覺察無非是認識它自己所引起的。因此，這個認識，當認知一個對象，認知它自己，就像一盞燈，照亮自己同時照亮對象。給出這個sva-saṁvitti的定義是在TS, 2012：（略），p.101。就此議題，服部也有提到數論、正理的看法，並指sva-saṁvitti 的理論是由經量部和唯識派所主張，也是為耆那教所有。以上參見 p.101。

㉔自我認知是指「對認識自已的認識」，這是2010年7月5日-30日政大邀請萊比錫大學褚俊傑教授講讀陳那《集量論》梵本時，在課堂上所作的說明。

㉕《服部》註61："上述偈頌顯示，在承認自我認識作為量果上，陳那採用唯識派的教義作為他的理論的基礎。……在Ālambanap.，陳那考察關聯認識對象（ālambana），而且證明沒有存在於外在世界，不管它是單一原子（aṇu）或者原子的集合體（saṁcita）或者原子的聚集（saṁghāta），能滿足必要條件，即必須滿足認識對象；見n.2.17。總之，他支持唯識的教義，即認識對象無非是對象顯現於認識自身；Ālambanap., k.6a-c（在TSP, p.582.11-12 提到）：yad antar-jñeya-rūpaṁ tu bahirvad avabhāsate so 'rthaḥ.他進而說，所謂感官（indriya）關連對象是什麼？不是身體的器官，而是能夠（śakti）產生一種認知（ibid.,7 cd）或者能夠顯現認知對象。這種能力是被認為是認識的顯露作為它自

身（svâbhāsa）與它的顯露作為對象（viṣayâbhāsa）形成對比。當sva-saṁvitti被認為是pramāṇa-phala時，pramāṇa的任務，以認識作為它的prameya，必定被歸於認識自身的svâbhāsa。雖然陳那的sva-saṁvitti理論基於唯識學說，他相信即使經量部，也會接受sva-saṁvitti是pramāṇa-phala的理論。”此註中除了標舉唯識和經量部都承認“sva-saṁvitti是pramāṇa-phala的理論”之外，也在認識對象上指明，經量部是以“藉由把sārūpya（=viṣayâkāratā）視為pramāṇa，通過外部的對象是被認知的手段。”而且“svâbhāsa和sva-saṁvitti都是被他們理解為含有同樣意義。”的路徑，透著sārūpya是量，sva-saṁvitti是量果，但量不是量果的意含，其中應是有認識對境之建立的差別所在之意。另外，也提到“ŚVK和NR都把k.9當作表達經量部的思想而且k.10是唯識派觀點。”，以上見《服部》，p.101-103。

㉖《武邑》：「指自證是作為量果而有作用的，是因為自證決定面向對象的行動。此事在《掌中論》也有暗示決定覺知的才是自證知。徹爾巴斯基將此說明為『面對對象的行動是依自證而被決定』（B.L.vol. II.p.384）」，頁60註53。《服部》：“k.9b.因為確定境（artha-niścaya）與其相〔即，與自我認知〕一致。”，p.28。對於「確定」，服部加註62說明：“‘niścaya’一詞經常是使用於‘adhyavasāya’（judgment），那是包含概念結構（vikalpa, kalpanā）;見Bud.Log., vol. II, índices. 然而，這裡artha-niścaya不是意指arthâdhyavasāya 而是artha-vyavasthāpana對象的確定或證明。實在論者的觀點是，認識是確定為x的認知，或者y的認知，取決於這對象是x或y，反之，陳那支持對象確定為x或y，取決於sva-saṁvitti是 x 或 y。”，p.103。《呂》：「由彼決定義」，頁10。《法尊》：「由彼體義定」，頁6。《韓》：「依彼自性決知義」，頁4。《何》：「依彼而境物決定。」，頁6。

㉗《服部》：“當一個認知持有一個對象〔的形相〕（saviṣayam jñānam）時，對象被它自身認知，則，依照自我認知的性質，視〔附屬的〕對象（artha）為要不是合意，要不就是不合意的事物。”，p.29。並加註63說：“K和V的看法：（略）不是令人滿意的，因為k.9b是為了顯示該對象符合sva-saṁvitti，而不是顯示sva-saṁvitti符合對象。這轉變是立基於PST, 32b.4（36b.7）, 33a.2（37a.5-6）, 33a.3（37a.7-8）, 33a.6（37b.2）給出的解釋：（略）（svasaṁvitty-anurūpa iṣto ’niṣṭo vârthaḥ pratīyate）。這段落是可以理解為從唯識觀點證明sva-saṁvitti是phala。……陳那這裡說，當一個人是意識到有什麼藍色的出現在他的認知，這個藍色的事

物在認識中是被知覺為對象。因為對唯識者來說，除了認識中的那些藍色的顯現之外，沒有對象，那些藍色的認識的認識是被證實，換言之，sva-saṁvitti是認知對象的行為結果。”，p.103-104。《法尊》量果第二說：「以自證為量果，心之相分為所量，見分為能量。境不離心，即由心自體決定境義。若時心具義境，爾時隨順彼心之自證即能了知樂不樂義。」，頁7。《韓》：「若時智具有義之境界，爾時即能了知許或不許，與彼等流自證之義。」，頁4。《何》：「因為，當具境物〔=內境相〕的（*saviṣaya*）識知是對象時，我人依自證知，判別〔這作為內境相的〕對象為可欲或不可欲。」，於此加註22：「這似乎是否定外境下的觀點。人依照自證知所示內容，進而判別內境相為可欲或不可欲；亦即，知覺內境相同時，也有樂、苦領受等的自證知，以此知內境相之為可欲或不可欲。此判別或決定屬概念分別，應發生在現量知之後。依此理解，量果是見相二分所組成之識知的自證知，量可說是這自證知證知該識知的作用，所量則是該識知。」，頁6。

㉘《服部》：“在這種情況下，由於我們檢查認知的真正的性質，為是由它自己所認知的，而〔主張〕它所有事物的形相是我們認知那個〔事物〕的方法。”，p.29。《呂》：「此亦唯識自證自體，無所觀待顯現彼境，而為彼量。」，頁10。《法尊》：「若時唯以外義為所量，爾時現境相心即為能量。爾時彼心雖是自證，然以此自體義之現相，說為能量。（此說若以外境為所量時，其能現境相之心，體雖是自證、量果，然約能量度，亦是能量。）」，頁7。《韓》：「爾時能量雖是智自證，然由以無觀待（是緣非所緣）為自性之義，即以此顯現（陳那尚以相分為行相）為能量。」，頁4。《何》：「此時，不考慮識知為自身所證知的自性，而以「它之具境物顯現相」〔一義〕即是量。」，頁6。

㉙《武邑》：「若問何故？那是因為依其顯現可以推測此事物，是白色或是非白色這樣事物的相，要是顯現於認知中的場合，〔其顯現〕就可以推測事物和自體所有的境相。因此，有了別種種相的知，於此各自施設量和所量。〔那是〕因為一切法與作用相分離。」，頁50。《服部》：“凡是一事物的形相出現於認知中的東西，譬如某物白或非白，它是一個對象因為那個形相被認知。”，p.29。《服部》註64：“勝主慧解釋陳那的觀點如下：即便有外部的對象，它是被認為只存在於符合認識，而不是由它自己的本質。不是認識符合在認知以前獨立地存在的對象；PST, 33a.2（37a.5）：（略）。這意見在否定對象獨立於認識上，是非常接近唯識理論。”，p.105。並且談到與經量部的不同：“如果是一個

罐子被認知的認識這樣的話，則那必然是內在於認識中，自我認知的機能，其功能為pramāṇa，取罐子所形成的認識作為prameya而且產生sva-saṁvedana作為phala。唯識就是這樣解釋sva-saṁvitti的理論。然而，經量部有個限制因素：他們支持prameya是一個外部的事物之教義。假如經量部，呼應唯識，已確認自我認知的機能，即svâbhāsa=grāhakâkāra，作為pramāṇa，他們的教義會受到侵犯，因為grāhakâkāra不會取外部的事物作為prameya。因此，在經量部的教義限制因素中，陳那認為認識的取對象的行相（viṣayâkāratā）應被認為是pramāṇa，外部的對象以此來認知，而且此就是為自我所認知。不過，陳那談到自我意識到的認識之本質性，在經量部教義的證成中是被忽略的。”，p.105。《呂》：「如如義相白非白等識上顯現，即彼證知諸相量彼彼境，如是如是施設量與所量，以一切法無作用故。」，頁11。《法尊》：「此說由黑白等種種義相于心中現，即帶境相量度境義。」，頁7。《韓》：「如如義之行相，白及非白等性于識上顯現時，能量具有彼彼境界，如是允納眾多行相智」，頁4。《何》：「實言之，凡某境物體相（arthākāra）以白或非白等〔相〕顯現（pratibhāti）於識知內，該境物即依該相（rūpa）被了知。」，並於此加註23：「依此理解，量果是外境對象的識知，量是對象相性，所量則是外境。」，頁6-7。

㉚《服部》：“因此，〔應被了解的是〕認知方法（pramāṇa）和被認知的對象（prameya）的作用，與認知〔的外觀〕的差異相符，在每個實例中，都是〔只能〕隱喻地使用（upacaryate）歸因於各自的〔特殊的〕因素”，p.29。並加註65說明唯識的立場：“對於陳那，只有一個sva-saṁvitti的事實：認知的現象本身不是分化成主體和客體，也不會分化成行為和結果。他的信念是基於唯識派的唯識理論，按照他們，我、法之類的這樣詞句，是可以指稱主體和客體，只不過是象徵（upacāra）適用於意識的轉變（vijñāna-pariṇāma）；cf.Triṁś, k.1a-c: ātma-dharmôpacāro hi vividho yaḥ pravartate vijñāna-pariṇāme 'sau.實際上，他們主張，那既不是主體也不是客體：這些是幻想的產物（parikalpita, utprekṣita）。由於成就（pariniṣ panna）分離於虛構的主體和客體（grāhya-g rāhaka-rahita），人達到理解純粹意識（vijñapti-mātra）的狀態，其中沒有主體和客體之間的分化；見Triṁś, k.20ff. etc.純粹意識的狀態沒有持續性，因為它不是一個由它自己的性質存在的實體。一狀態存在於確定的條件下（paratantra）並且在下一剎那是被另一個代替；見n.1.66。以唯識的理論為背景，陳那認為sva-saṁvitti的無差別的事實，是比喻地分化成能量

pramāṇa和所量prameya。（後略）”，p.106。《韓》：「如是如是假立為能量及所量，」頁5。《法尊》：「如是此現相，既可說是所量，亦可說是能量。其自證分從二相生，謂自相與境相。境相為所量，自相為能量，自證為量果。」，頁7。《何》：「為此，相應於識知內的諸多面向（*ākāra*），如是如是施設「量」與「所量」等義。」，頁7。

㉛《服部》：“因為〔他們的根本性質中〕所有的存在要素，〔是瞬間的，〕都是沒有作用（nirvyāpāra）。”，p.29。並加註66：“佛的根本教法是一切存在事物是無常的（aniccā sabbe saṅkhārā, Saṁyutta Nikāya, IX, 6,6, etc.）是由經量部和唯識派所發展，成為普遍瞬時性（kṣaṇikatva），每件事物是易於毀滅在它的起源的這個時刻之理論；見Mahāy.Sūtrālam., XVIII, 82-91, etc.處於一流出的狀態，事物不能持有作用（vyāpāra）。Cf. TSP, p.399.12-13：（略）同樣的表達是經常發現於TSP；（略）。”，p.107。《韓》：「由一切法遠離作用故（如鉗取物等）」，頁5。《何》：「但〔究實言之〕，一切法無作用。」，頁7。

㉜《武邑》：「這三個是無差別。」，頁50。《服部》：“因此，這三個〔認知因素〕都不是彼此獨立的。”，p.29。並加註67說：“護法在他的Triṁś評註中，提到這個頌作為證明陳那的唯識三分說，即grāhyâkāra, grāhakâ°，以及sva-saṁvitti，護法批評而提出他的自己的四分說（證自證分svasaṁvit-saṁvedana?基於上述三者）；cf.《成唯識論》，p.10b.13-16：如集量論伽他中說 似境相所量 能取相自證 即能量及果 此三體無別；（略）這四分說不在後期梵文原始資料。法稱從唯識觀點處理區分能量、所量和果的問題，在PV, III, 354-367。”，p.107。《呂》：「此三無有異」，頁11。並加註說《成唯識論》以及《佛地經論》具引此頌，頁12。《法尊》量果第三說：「以行相為所量，能取相為能量，能了知為量果。此三一體，非有別異。約義不同，安立為三。」，頁7。

㉝《武邑》：「如果說識知是二相這種事是如何思考的呢？」，頁50。《服部》註68說：“在Vṛtti, k.9a提及“dvi-rūpa”一詞意指svâbhāsa和viṣayâbhāsa。正理學派、彌曼莎和毘婆沙師是一致同意於主張認識僅僅意味著外部的對象之行相（ākāra），但不是以其本身而言，持有任何行相（nirākāra）。認識就其本身而論，只有svâbhāsa，不管各種對象被認定，這仍然是一樣的。或者，認識其中象徵對象，只有arthâkāra，因為它沒有它的自己的ākāra。如此，對這些nirākāra-jñāna-vādins而言，認識是“eka-rūpa”，關於一個行相的。”，p.108。

㉞“tat”這個字，勝主慧是指前面根識的“viṣaya-jñāna”的“viṣaya”，而

且認識對這個對境有特殊性viśeṣa，因為後述是第二種行相，指的是意現量的部分，而認識到這個對境是有變化的vikāra，是附加的adhika，不再是mūkhya（指前面根識viṣaya-jñāna），是處格的依主釋，與服部正明指的是對境的認識和對此認識的不同之相違釋有不同的解釋。以上是2010年7月5日-30日政大邀請萊比錫大學褚俊傑教授講讀陳那《集量論》梵本時，在課堂上所作的說明。

㉟《武邑》：「由於境識和其識的差別，覺知是二相。」，頁50。《服部》："k.11ab.認知有兩種形式是從對象的認知和那個〔認知〕的認知之間的差異〔顯示〕。"，p.29。《呂》：「境識及識別，以為心二相。」，頁11。《法尊》：「由有了知境與了彼能知心。由此差別知覺有二相。」，頁7。《韓》：「境體智，彼之能知，差別故，說慧二相。」，頁5。《何》：「境知異於彼之知，以此二相義〔得成〕；」，頁7。

㊱《武邑》：「所謂境是色等，根據這點，彼識是顯現於〔所見事物的〕對象和其〔作為見者的識〕自身。所謂境識，是隨應所有境的識，而識是彼顯現和自顯現。」，頁50-51。《服部》："認知到色等事的對象的認知，有〔一雙重的顯現，那就是〕對象的顯現和它自己〔作為主體〕的顯現。但是，認知到這個對象認知之認知，〔一方面〕有那個認知的顯現，那是本著對象，而〔另一方面〕有它自己的顯現。"，p.29-30。《呂》：「境者，謂色等；識者，謂顯現彼；境識者，即與境相類似之識。凡識皆顯現彼義及自體。」，頁11。《法尊》：「境謂色等及由何了彼之識，此即義相與自相。了知境者，即隨順境相之識，是現義相。了知自識，即現自相。」，頁7。《韓》：「境者謂色等，由此知彼者：謂義及自顯現；境體智者：謂若與境等流之智（即行相），智謂顯現及自顯現（即見分）。」，頁5。《何》：「實在說來，以色等物為境的知（A1）有境顯現相與自顯現相，但是，該境知的知（A2）則有具彼境相之知（=A1）的顯現相及其自顯現相。」，並於此加註：「此處的「境知之知」是指對前一識知（A1）的分別知，而不是該知（A1）的自證知，因此，這裡所說無關乎證自證分。」，頁7。

㊲《服部》註70對此有詳細說明："要明確此段落的意義，使用下面的符號：

| | |
|---|---|
| viṣaya-jñāna=C1<br>svâbhāsa in C1=S1<br>arthâbhāsa inC1=O1 | viṣaya-jñāna-jñāna=C2<br>svâbhāsa in C2=S2<br>arthâbhāsa in C2 =O2 |

按照陳那，C1=(S1–O1), C2=(S2–O2)〔–表示關係〕
因為C2取C1為它的對象，O2=(S1–O1)。所以，C2=(S2–(S1–O1))。如此，C2是有別於C1。現在，如果只有arthâkāra（=°ābhāsa）的認識，則C1=O1，而且C2 =O2。因為C2取C1為它的對象，O2=O1。所以，C2=C1。如此，viṣaya-jñāna-jñāna必定難以有別於viṣaya-jñāna。假如，反過來說，認識只有svâkāra（=°ābhāsa），則C1=S1而且C2=S2。然而，因為認識不會持有對象的行相在任何時間其自身都維持不變，S2=S1。因為C2=C1。見PV, III, 385-386：（略）也見於 V, Śūnyavāda, III, 112ab：（略）。以同樣的方式，第三和隨後的認知C3, C4…Cn都是有別於在前的，僅當他們是承認持有"dvi-rūpa"。公式如下：C3=(S3–O3)=(S3–(S2–O2))……Cn=(Sn–On)=(Sn–(Sn-1–On-1))(S3…Sn和O3…On分別地代表svâbhāsa和arthâbhāsa於C3…Cn。) C2, C3…Cn是由添加另一個ākāra到在前的C1, C2,…Cn-1所構成。這是清楚地由法稱所陳述於PV, III, 379-380：（略）Cf. PVBh, p.407.7-9（ad PV, III, 380）：（略）。Kumārila於 V, Śūnyavāda, 112cd-114ab提到這個"ākāra的積聚"（ākāra-pracaya）理論：（略）Kumārila主張認識之間的差異，是由於對象之間的不同（grāhya-bheda-nibandhanaḥ saṁvitti-bhedaḥ），而不認為有必要承認ākāra的積聚；ibid.,115-117。"，《服部》，p.108-109。

㊳《武邑》：「若不是這樣，色境成為自己的識自體，或者境是境自體的話，識識和境識就會是無差別，又在後時生的知中，遙遠地以前的境是不顯的。」，頁51。《服部》："否則，假如對象的認知僅僅對象的形相，或者假如對象的認知僅僅它自己的形式，則認知會是與對象的認知難以辨別的認知。Hb.再者，〔假如認知僅僅一個形式，要不是對象的形式，就是它自己的形式，〕則為一在前的認知所認知的對象，就不顯現於一後繼的認知。"，p.30。《呂》：「不爾，境體即識體者，兩者應成無別。或則後時生識應不得取昔境。」，頁11。《法尊》：「若不爾者（不許識自知，即不許自證分），說即色等自知或成為自體者，則與知境全無差別。若謂由後時生識知者，則過去久遠之境，應不現起」，頁7。《韓》：「此不如是者：若色性成為自智或彼之自性者，同（？）智與境體智，當無差別！后時隨生智中，亦應不顯現先前去（？）時已過境界！」，頁5。《何》：「若不然者，即如果該境知（A1）只有彼境相，或只有它的自〔顯現〕相，則這境知與這境知的知（A2）二者將無從區別。復次，〔如果識知不具二顯現相，那麼〕續起之識知將不會有前行〔之識知的〕境物的顯現相，因為〔這續起知生起時，〕該〔境物

已不存在，自然〕不能是〔這續起知的〕對境。」，頁7。

❸⓽ 《武邑》：「與境同樣地在識中，還有於後時領納的憶念生，所以，也成立識知的二相。對於自證本身也是如此。」，頁51。《服部》："「以後的也從記憶〔的事實〕而來」（k.11c.）這個〔詞句〕涉及回到「認知有兩種形式」（k.11ab.）。在〔我們已感知到某對象〕之後某個時候，在那時〔我的心裡〕浮現我們認知的記憶和對象的記憶。正是那樣記憶成立認知具有兩個形式。自我認知也是〔如此被確立的〕。"，p.30。並加註73強調說："在Hb的論據主要是為了證明自己的認知範圍內有arthâkāra。這裡，經由一個過去認識的記憶事實，陳那證明認識有svâkāra與arthâkāra一起。記憶是由以前的印象（saṁskāra）所引起。Nirākāra-jñāna-vādins主張外部對象是認識所經驗，其本質上不知道其本身，必定發現它很難解釋一過去認識的記憶的事實，以"我記得我已認知這個對象"的形式。作為認識，按照他們，沒有經歷過的，它不能留下印象，能引起回憶。過去認識的記憶是只由承認認識是由其自身所認知來解釋。由此必然跟隨認識有svâkāra。"，以及註74："所謂這個認識有svâkāra與arthâkāra一起，意味著認識是由其自身認知。對於在前的認識的記憶這一事實也是證明自我認識。"p.110。《法尊》：「如于曾受之境後時能憶，如是心亦後時能憶，則知先亦曾受，若未曾受則不能憶。故亦證成識有二相。由後時生念亦即證成心有自證。」，頁7-8。《韓》：「若由是故知餘境時，亦于其后生起曾領納念，即由此故，亦即成就智二相性。亦即自證性。」，頁5。《何》：「這〔頌文〕指涉〔前此所說的〕二相義。在現證或領受知（anubhava）後某時，〔意識中或〕生起該知及其境物的回憶，因此，識知具有二相。再者，識知的自證性（svasaṁvedyatā）〔也以此成就〕。」，頁7。

⓴ 服部提到「記憶」這一論證理由被使用的情形："這項聲明還可能這樣的提出：凡是回憶是已經歷過的。記憶是在前的經驗（anubhava）的結果（kārya）。如此這"smṛteḥ"的理由（k.11c）是kārya-hetu（cf.NB, II, 15; Bud.Log., II, 67），而且有效地證明認識本身是被經驗或被自我認知在前；PST, 38b.4-5（43b.2）。在Viṁś, ad k.17, 經量部批評唯識教義否認外部對象的存在，他們認為一對象的記憶事實證明外部對象的存在，哪一個經歷過的。在回答這種批評，世親提到識有對象出現在它自身是後來意識的記憶；見Viṁś, p.9.1-8。"《服部》註75，p.110-111。

㊶ 《服部》註76："正理學派主張認識不是自我發光，而是被另外認識照明的（見n.1.60）。燈火喻，佛教徒引用來說明認識的自我發光的性質，

是被正理學派使用來解釋他們的理論，那是認識被另外認識所認知；見NBh, II, i, 18:（略）。”，頁111。

㊷《服部》註79提到Kumārila，承認系列認知：“他注意到它是與一個平凡的人的經驗相反，而辯說一無限系列的認知，c1、c2、c3…是被記憶。他解釋認知的記憶的原因，通過他的理論——認識是從它的結果推論，即jñātatā（cognizedness）；見上文，n.1.60。緊接一對象已被認知之後，認識是用arthāpatti（假設推理）從jñātatā推斷：如果沒有任何認識，就不可能有jñātatā。”，p.112。不過，在註80也提到：“如上所述（n.1.79），Kumārila認為連續的認識是有限的。後續的認識不是自然地生起，而是經由人的努力，而且因此，可能打破這個認識鎖鍊。當人厭煩這努力，或者當要認知另個對象之時，以一個不再看到對象的方式——當某人的眼睛厭煩注視它或當他們轉向另個對象——人就不再理解此認識。因此，認識一定可以從一個對象轉移到另一個；ŚV, Śūnyavāda, 193：（略）。”，p.113。

㊸《法尊》：「如是若由餘識領受，則彼餘識應不轉緣餘境，以唯緣此前識故。」，頁8。

㊹《服部》：“k.12cd.〔再者，〕在此情況下，那可能是沒有從一對象到另一對象〔認知〕的轉移。但是，實際上這樣的〔認知的動向〕是被接受的。”，p.30。《韓》：「如是轉移于餘境，雖無，亦成觀見性。」，頁5。《何》：「彼領受〔第一〕知的識知，也應可見於後時〔為人所〕回憶。〔如此，這第二知當先為一第三知所領受。〕如是，在還需另一知以領受彼〔識知〕的情況下，則有無窮〔回溯之過〕。〔如若這樣不斷回溯，我人心識將無法從一境物轉移向於其他境物，唯此事則眾人所共許〕」，頁8。

㊺關於識的二種顯現和自證，武邑尚邦作了說明：「就此，所謂自證是在識的二相顯現這件事上賦予意義。第一段：說識顯現於境顯現（viṣayapratibhāsita）和自顯現（svapṛatibhāsita），說境識和識識的區別；第二段：所謂境識即使境自體是識自體，也並不是境是境，識是識這樣的事，而是顯現為境的識。第三段：說基於二相顯現的自證，作為自的顯現之識，於凝視作為境顯現的識之處有自證，於此示有自證知，是在識的顯現上，闡明現量的無分別。」，《武邑》，頁61註。

# 附錄二

## *Jinendrabuddhi's Visalamalavati Pramanasamuccayaṭīkā: Chapter 1 (51,8-86,3)*

### 1. 意的直接知覺

**【PS1.6ab】**

51,8 **mānasaṃ ce**tyādi/ **ca**śabdaḥ samuccayārthaḥ/ **artha**śabdo'yaṃ jñeyaparyāyaḥ /

mānasaṃ ca ityādi / ca śabdaḥ samuccaya-arthaḥ / artha-śabdah ayaṃ jñeya-paryāyaḥ /

「**而且**『**意〔識〕**』」等等：「**而且**」這一語詞是表示連接❶的意思。「**對象**」這個詞是「所知」的同義詞。

rāgādīnāṃ svaṃ **rāgādisva**m / **sva**śabdo❷'yamātmavacanaḥ /

rāgādīnāṃ svaṃ rāgādi-svam / svaśabdah ayam ātma-vacanaḥ /

對欲望等等的認識本身，就是「**欲望等認識本身**」，這個「**本身**」一詞，就是自我的反身詞。

**artha**śca **rāgādisva**ṃ ca, tasya **saṃvittirartharāgādisvasaṃvittiḥ** /

arthas ca rāgādi-svaṃ ca, tasya saṃvittir artha-rāgādisva-saṃvittiḥ /

**外境對象**和**欲望等認識本身**，對他的**認知**，**就是對外境對象的〔心王〕認識以及欲望等〔心所〕的認識本身的認知**。

saṃvedyate jñāyate'nayeti **saṃvittiḥ** / saṃvitteḥ pratyekamabhisambandhaḥ /

saṃvedyate jñāyate anayā-iti saṃvittiḥ / saṃvitteḥ pratyekam abhisambandhaḥ /

所謂**認知**，通過它，〔這個對象〕被認識、被感知到的就是〔意識的〕認知。〔意識的〕認知是各別〔與對象和欲望等認識本身〕連繫，

**sāvikalpikā** mānasaṃ pratyakṣam //

sa^avikalpikā mānasaṃ pratyakṣam //

〔意識的〕認知是意的直接知覺，是**擁有脫離概念分別的特質**。

**【PSV on 1.6ab】**

51,13tatra manovijñānamindriyagṛhītamevārthaṃ gṛhṇāti tato vānyamiti dvayī kalpanā /

tatra mano-vijñānam indriya-gṛhītam eva arthaṃ gṛhṇāti tato vā anyam iti dvayī kalpanā /

在這種情況下，意識認知有兩種可能性：被感官所執取過的對象，或者，是與感官執取不同的對象。

yadi pūrvā, tatastasya prāmāṇyameva na syāt, gṛhītagrahaṇātsmṛtyādivat/

yadi pūrvā, tatas tasya prāmāṇyam eva na syāt, gṛhīta-grahaṇāt smṛtyādivat /

如果是第一種，那麼，它（意的直接知覺）就會不具有效性❸，因為〔意識〕執取已經被認識過的，就像記憶等。

atha dvitīyā, tadāndhāderapyarthagrahaṇaṃ syāt /

atha dvitīyā, tadā andhāder api artha-grahaṇaṃ syāt /

如果採取第二種可能性，那麼，盲人等也是可以執取對象。

indriyajñānanirapekṣaṃ hi mano-vijñānaṃ yadi bāhye’rthe pravartate,

indriya-jñāna-nirapekṣaṃ hi mano-vijñānaṃ yadi bāhye arthe pravartate,

因為如果意識不依靠感官認識，〔直接面〕對外在對象而生起〔認識〕，

tadā cakṣurādivikalasyāpi darśanaṃ prāpnoti /

tadā cakṣurādi-vikalasya^api darśanaṃ prāpnoti /

那麼，對那些眼睛等有缺陷的人來說，也會得到〔外在對象的〕觀察。

tadvaktavyaṃ kīdṛśaṃ tadityāha — **mānasamapī**tyādi /

tad vaktavyaṃ kīdṛśaṃ tat^ityāha — mānasam api^ityādi /

〔陳那針對論敵〕提出解釋這〔意識〕是什麼樣的？〔陳那〕說了下面的話：「**即使是意識〕**」等等。

**rūpād**ayaśca te **viṣayā**śceti karmadhārayaḥ //

rūpādayaś ca te viṣayāś ca^iti karmadhārayaḥ //

**色法等**和這些**對境**是持業釋。

52,4nanu ca rūpādayo viṣayā eva, tatkimarthaṃ **viṣaya**grahaṇam /

nanu ca rūpādayo viṣayā eva, tat kimarthaṃ viṣaya-grahaṇam /

色等難道不就是對境嗎？「**對境**」這個詞到底有什麼作用呢？

anālambyamānarūpādivyavacchedārtham, na hyavijñāyamānaviṣayā bhavanti /

anālambyamāna-rūpādi-vyavaccheda-artham, na hi^avijñāyamāna-viṣayā bhavanti /

為了排除不是正在被感知的認識對象的色等，因為沒有被認識的對境不存在。

upacāreṇa tu tajjātīyatayā **viṣaya**vyapadeśaḥ syāt, na tu mukhyaviṣayatvam /

upacāreṇa tu tat-jātīyatayā viṣaya-vyapadeśaḥ syāt, na tu mukhya-viṣayatvam /

但是，就語言運用的層面來說，由於屬於同一類的，才可以稱呼為「**對境**」，而不是根本意義上的對境。❹

52,6 kasya punaste viṣayāḥ / anantaramindriyajñānasya prakṛtatvāttasyaiva /

kasya punas te viṣayāḥ /

anantaram indriya-jñānasya prakṛtatvāt tasya^eva /

再者，這些對境屬於哪一種〔認識〕？

因為感官認識剛剛被討論過，當然屬於感官認識❺。

rūpādiviṣayāṇāṃ vikāro **rūpādiviṣaya**vikāraḥ,

sa **ālambanaṃ** yasya tattathoktam/

rūpādi-viṣayāṇāṃ vikāro rūpādi-viṣaya-vikāraḥ,

sa ālambanaṃ yasya tat tathā-uktam/

色等諸境的改變過的行相❻就是**色等對境**的改變過的行相，

它的**認識對象**是這個〔改變了的行相〕就被這樣稱呼。

samudāyavikāraṣaṣṭhyāśca bahuvrīhiruttarapadalopaśceti vacanātsamāsa uttarapadalopaś ca suvarṇālaṅkāra iti yathā /

samudāya-vikāra-ṣaṣṭhyāś ca bahuvrīhir uttarapada-lopaś ceti vacanāt samāsa uttarapada-lopaś ca suvarṇa-alaṅkāra iti yathā /

因為語法書這樣說：有財釋在屬格時，有堆積和改變的意思，以及複合詞的最後成分要被省略，複合詞的最後成分省略，就像人們說的「黃金手飾」（黃金改變過的手飾）。

52,10kaḥ punarviṣayasya vikāraḥ /❼yastena janita uttarakṣaṇaviśeṣaḥ,

kaḥ punar viṣayasya vikāraḥ / yas tena janita uttarakṣaṇa-viśeṣaḥ,

什麼又是對境的改變過的行相呢？指的是第二剎那的特殊行相，是由它（第一剎那的artha）所造成，

sa tasya vikāra iti vyavahriyate,na tvavasithate dharmiṇi

sa tasya vikāra iti vyavahriyate, na tu avasthite dharmiṇi

這個特殊行相就被稱為它的改變了的行相，而不是在固定不變的特性的所有者身上，

dharmāntaranivṛttau dharmāntarāvirbhāvaḥ,

dharma-antara-nivṛttau dharma-antara-āvirbhāvaḥ,

當一個特性消失時，另一個特性產生〔，都是在固定不變的持有者當中〕，❽

sāṅkhyaparikalpitasya pariṇāmasya niṣiddhatvāt / tadetaduktaṃ bhavati—

sāṅkhya- parikalpitasya pariṇāmasya niṣiddhatvāt / tad etad uktaṃ bhavati—

因為改變或變化是數論派所想像的改變概念，是不能證成。也就是如下所說——

indriyajñāna**viṣaya**janitasamanantara**rūpādik**ṣaṇ**âlambanam**iti /

indriya-jñāna-viṣaya-janita-samanantara-rūpādi-kṣaṇa-ālambanamiti /

〔意識是〕把感官認識的**對境**所產生的緊隨其後的**色等**剎那當作**認識對象**，

anenāprāmāṇyadoṣaḥ pratikṣiptaḥ /

anena aprāmāṇya-doṣaḥ pratikṣiptaḥ /

通過這些，你們所指〔盲人看見外境〕的論證不足的過失，就可以反駁❾。

52,14kutaḥ punastasya niyataviṣayateti cet,

kutaḥ punas tasya niyata-viṣayatā^iti cet,

提問：「為什麼意識會有確定的對境？」

yatastasya yaḥ samanantarapratyayaviśeṣaḥ sa

yatas tasya yaḥ samanantara-pratyaya-viśeṣaḥ sa

因為這樣的〔認識對象的〕確定性，即特殊的等無間緣，〔只有當一個助緣，〕

svaviṣayopajanitānantararūpādikṣaṇasahakāryeva tajjanayati,

svaviṣaya-upajanita-anantara-rūpādi-kṣaṇa-sahakārī ^eva tat janayati,

只有自境所產生緊隨其後的色等剎那當助緣時，才能使意識產生，❿

atastadyathoktaviṣayamevetyavagaccha // (PSṬ B 3a6-3b5)

atas tad yathā^ukta-viṣayam eva^iti^avagaccha //

所以，應該這樣理解：意識只能是如前所說的對境。

（從這以下使用的是ākāra，而不是vikāra）

53,1 **anubhavākārapravṛttam**iti / anubhūyate'nenety**anubhavaḥ** /

anubhava-ākāra-pravṛttam iti / anubhūyate^anena^iti^anubhavaḥ /

〔意的直接知覺是〕「**以經驗行相產生**」：為它自己所體驗的就是**經驗**。

**ākāra** ābhāsaḥ / sa punarananubhavarūpo'pyasti,

ākāra ābhāsaḥ / sa punar ananubhava-rūpas^api^asti,

**行相**就是顯現。它（行相）也有不帶有經驗性質的，

yaḥ smṛtyādīnāmityatastadvyavaccedāy**ānubhava**grahaṇam /

yaḥ smṛtyādīnām iti, atas tad vyavacchedāya^anubhava-grahaṇam /

就像那些記憶等等的〔行相〕，因此，「**經驗**」這個詞就是要排除這種行相〔即不帶有經驗的行相〕。

**anubhava ākāro** yasya, tattathoktam / kiṃ punastat /

anubhava ākāras yasya, tat tathā^uktam / kiṃ punas tat /

凡認識是**經驗行相**，它就被這樣稱呼。提問：又這個經驗行相是誰的？

pūrvoktanyāyenendriyajñānameva /

pūrvokta-nyāyena^indriya-jñānam eva /

依據前面所說的原理，就是感官認識。

ten**ānubhavākār**eṇa **pravṛttam**utpannam**anubhavākārapravṛttam** /

tena^anubhava-ākāreṇa pravṛttam utpannam anubhava-ākāra-pravṛttam/

通過感官認識而**產生經驗行相**，就是出現，就叫做**以經驗行相產生**。

etaduktaṃ bhavati—
indriyajñānātsamanantarapratyayādutpannamiti /
etad uktaṃ bhavati—
indriya-jñānāt samanantara-pratyayāt^utpannam iti /
如下就是所說的意思——
從感官認識的等無間緣產生。
anena yaduktam —⓫
aandhāderapyarthagrahaṇaṃ syādaiti, tannirastam /
anena yad uktam —
andhāder api^artha-grahaṇaṃ syāt^iti, tat^nirastam /
通過這樣的解釋——
「盲人等也會看見對象」，就被駁斥。
yasmānnatadbāhyeṣvartheṣu svatantraṃ pravartate,
yasmāt^na tad bāhyeṣu^artheṣu svatantraṃ pravartate,
因為，它（意識）不是針對外在對象獨立產生，
kiṃ tarhīndriyapratyayāpekṣam,
andhādeścendriyajñānaṃ nāstīti nāsti tat //
kiṃ tarhi^indriya-pratyaya-apekṣam,
andhādeś ca^indriya-jñānaṃ na^asti^iti nāsti tat //
而是依賴於感官的緣作為它的緣，
而因為盲人等沒有感官認識，所以，不會有〔依於感官認識的意之直接知覺〕。
53,9**rāgādiṣu ca svasaṃvedanam**iti /
**sva**sya **saṃvedanaṃ svasaṃvedanam** /

rāgādiṣu ca svasaṃvedanam iti /

svasya saṃvedanaṃ svasaṃvedanam /

**並且對於欲望等的自我認知**（舊譯：自證）：

對於〔認識〕**自己本身**的**認知**就是**自我認知**。

saṃvedyate’neneti **saṃvedanam** /

saṃvedyate^anena^iti saṃvedanam /

依此而被認識到，所以，是**認知（舊譯：覺知）**。

grāhakākārasaṅkhyātamanubhavasvabhāvatvam /

grāhaka-ākāra-saṅkhyātam anubhava-svabhāvatvam /

〔認識〕具有經驗的性質，就被看作是認識主體的行相。

anubhavasvabhāvatvādeva hi rāgādayo’nubhavātmatayā prakāśamānā ātmānaṃ saṃvedayante,

anubhava-svabhāvatvāt^eva hi rāgādayas^anubhava-ātmatayā prakāśamānā^ātmānaṃ saṃvedayante,

因為欲望等正是由於具有經驗的性質，以經驗本身而顯相出來，〔並且〕讓它們（欲望）自己被認識到，

ātmasaṃvedanā iti ca vyapadiśyante /

ātma-saṃvedanā iti ca vyapadiśyante /

所以，它們被稱作：自我的認知。

atastadanubhavātmatvameṣāṃ pramāṇam /

atas tad anubhava-ātmatvam eṣāṃ pramāṇam /

因此，具有經驗性質的本身就是這些欲望等等的認識手段。

yatpunarbhāvarūpaṃ saṃvedanaṃ svādhigamātmakam,

yat punar bhāvarūpaṃ saṃvedanaṃ svādhigama-ātmakam,

再者，這個認知具有存在的性質，具有對認識本身取得認識的性質，

tattasya phalaṃ veditavyam / ātmā tu teṣāṃ prameyaḥ /

tat tasya phalaṃ veditavyam / ātmā tu teṣāṃ prameyaḥ /

則這個〔認識〕就應被理解為它（認識手段）的結果。而這些欲望等等自身就是它們（欲望等）的認識對象。

53,14 ⓬[b]rāgādigrahaṇaṃ spaṣṭhasaṃvedanadarśanārtham /

rāgādi-grahaṇaṃ spaṣṭa-saṃvedana-darśana-artham /

「欲望等」這個字是為了揭示明了的認知。

sarvajñānānāmā- (PSṬ B 3b5-4a3) tmasaṃvedanasya pratyakṣatvāt [b]/

sarva-jñānānām ātma-saṃvedanasya pratyakṣatvāt /

因為對一切認識的自身的認知都是直接知覺。

54,1 avikalpakatvaṃ tu ⓭[a]tasyāśakyasamayatvāt[a] /

avikalpakatvaṃ tu tasya^aśakya-samayatvāt /

但是，說它（直接知覺）是脫離分別想像，是因為它是不能使用語言習慣。⓮

viṣayīkṛte hi samayaḥ śakyate kartum /

viṣayīkṛte hi samayaḥ śakyate kartum /

因為，當某樣東西被取作境時，語言習慣才能被使用。

⓯[c]na cānutpannaṃ rāgādyātmānaṃ saṃvittirviṣayīkaroti,

na ca^anutpannaṃ rāgādi-ātmānaṃ saṃvittir viṣayīkaroti,

不過，認知不可能把還未產生的欲望等自身取作境，

rāgādyātmarūpatayā tasyā apyanutpannatvāt[c] /

rāgādi-ātma-rūpatayā tasyā api^anutpannatvāt /

因為認知〔自己〕還沒產生，由於〔認知〕具有欲望等自身的性質。

utpanne'pi rāgādyātmani saṃvittirabhilāpaṃ na yojayati /

utpanne^api rāgādi-ātmani saṃvittir abhilāpaṃ na yojayati /

即使欲望等自身產生了，〔意識的〕認知不可能與語言連接。

tathā hi sābhilāpamādāya tatra yojayet /

tathā hi sa-abhilāpam ādāya tatra yojayet /

換言之，〔認識〕得到語言表述以後，才可以〔與語言相〕結合。

abhilāpagrahaṇe ca kṣaṇikatvānna sā, nāpi rāgādaya iti kiṃ kena yojyeteti //

abhilāpa-grahaṇe ca kṣaṇikatvāt^na sā, na^api rāgādaya iti kiṃ kena yojyeta^iti //

不過，當獲得語言表述時，認識已經不存在，由於只存在於一瞬間，欲望等也不存在，那麼，誰會和誰相結合呢？

aśakyasamayatvādrāgādīnāṃ saṃvittirnāviṣṭābhilāpā /

aśakya-samayatvāt^rāgādīnāṃ saṃvittir na^āviṣṭa-abhilāpā /

因為不能得到語言習慣，所以，欲望等認知是不可能有語言表述。

yena yatra śabdasya samayo na gṛhītaḥ,

na tacchabdena taṃ saṃyojya gṛhṇāti /

yena yatra śabdasya samayo na gṛhītaḥ,

na tat^śabdena taṃ saṃyojya gṛhṇāti /

如果對某個對象而言，語言習慣不能通過認識獲得，那麼，這個認識不能通過把它與語言相結合來認識它。

tadyathā cakṣurvijñānaṃ gandham /

tad yathā cakṣur vijñānaṃ gandham /

例如：通過眼睛了知味道的認識。

na gṛhītaśca rāgādyātmani tatsaṃvedanena śabdasamayaḥ /

kāraṇābhāvaḥ //

na gṛhītas^ca rāgādi-ātmani tat saṃvedanena śabda-samayaḥ /

kāraṇa-abhāvaḥ //

而就欲望等自身而言，〔對欲望等等的〕認知是不能採納語言習慣。〔這裡所使用邏輯證明的理由是〕原因不存在！

54,10 atra kecidāhuḥ—āśrayāsiddhiḥ /

atra kecid āhuḥ—āśraya-asiddhiḥ /

針對這一點，有指責說——邏輯主語（舊譯：所依）不成。

tathā hi svasaṃvitternirvikalpakatvaṃ sādhyam /

sā ca jñānasyāpi tāvanna samasti/

tathā hi sva-saṃvitter nirvikalpakatvaṃ sādhyam/

sā ca jñānasya^api tāvat na samasti/

具體來說，自我認知是不依於感官的認識是要被證明的。

而且至少對認識（心王）而言，〔自我認知〕是不存在。

kutaḥ punaḥ sukhādīnāmajñānarūpāṇām /

kutaḥ punaḥ sukhādīnām ajñāna-rūpāṇām /

何況對那些愉悅等心理現象（心所）而言，後者並不具有認識的性質。

te hyekasminnātmani jñānena saha

samavāyāttenaikārthasamavāyinā gṛhyanta iti

te hi^ekasminn ātmani jñānena saha samavāyāt tena^ekārtha-samavāyinā gṛhyanta iti

因為，這些愉悅等心理現象，由於和認識共存於一個〔永恒不變〕生命主體上，因此，當作同一個對象的緊密連繫來認識，所以，

svayaṃ⑯ prameyarūpā eva /

svayaṃ prameya-rūpā eva /

自身僅僅是認識對象的性質。

atas⑰[a]te parasyāpi na saṃvedakāḥ, kutaḥ punarātmana[a] iti /

atas te parasya^api na saṃvedakāḥ, kutaḥ punar ātmana iti /

因此，這些愉悅等心理現象都不能讓別人認知，又如何讓自己認知？

55,2 taistajjñānamavaśyaṃ sukhādyākāramabhyupeyam,

tais tat^jñānam avaśyaṃ sukhādi-ākāram abhyupeyam,

〔勝主慧回答：〕必須要被他們（即提出反對意見的）承認的是，認識必須具有愉悅等心理現象的行相，

anyathā tasya te vedyā eva na syuḥ /

anyathā tasya te vedyā eva na syuḥ /

否則，認識絕對不可能是對他們的認識。

⑱[b]na hi jñānasattaivārthānāṃ saṃvedanā yuktā,

na hi jñāna-sattā^eva^arthānāṃ saṃvedanā yuktā,

因為，不可能僅僅把認識當作存在事實，諸認識對象就應被認知，

tasyāḥ sarvatrāviśeṣātsarvārthagrahaṇaprasaṅgāt[b] /

tasyāḥ sarvatra-aviśeṣāt sarvārtha-grahaṇa-prasaṅgāt /

這會導致——任何東西都會被認識，所有對象都會被認識的荒謬結論。〔因為對所有認識而言是沒有差別。〕

⑲[c]yajjñānaṃ yadākārarahitam, na tattasya saṃvedakam [c]/

gojñānamivāśvasya /

yat jñānaṃ yad ākāra-rahitam, na tat tasya saṃvedakam /

go-jñānam iva^aśvasya /

如果一個認識是脫離〔認識對象的〕行相，那麼，就不能使它（認識對象）被認識到。就像對牛的認識〔不能〕讓馬認識到。

sukhādyākārarahitaṃ ca sukhādijñānam / vyāpakaviruddhaḥ //

sukhādi-ākāra-rahitaṃ ca sukhādi-jñānam / vyāpaka-viruddhaḥ //

同樣的，愉悅等心理現象的認識是脫離愉悅等心理現象的行相，〔因此，不能讓愉悅等心理現象被認識到，所以，這裡邏輯證明的理由，被稱作〕與內屬（論理學上是如同煙中的火那樣）相違。

55,6 bhavatu jñānaṃ tadākāram, tataḥ kimiti cet,

bhava tu jñānaṃ tad ākāram, tataḥ kim iti cet,

〔論敵提問〕：我姑且承認——認識是具有認識行相，從所承認的會導出什麼結論？

idaṃ tato ⑳[d] yattadeva hlādaparitāpādyākārānugataṃ sukhādīti siddhaṃ sukhādi jñānarūpam[d] /

idaṃ tatah^yat tad eva hlāda-paritāpādi-ākāra-anugataṃ sukhādi^iti siddhaṃ sukhādi jñāna-rūpam /

由此得到如下結論：愉悅等心理現象必須伴隨那些滿足、痛苦等的心理狀態，所以，〔由此〕證實愉悅等心理現象具有認識的性質。

㉑[e]bodharūpaṃ hi vastu sātādirūpaṃ teṣāmapi siddham /

bodha-rūpaṃ hi vastu sātādi-rūpaṃ teṣām api siddham /

因為具有認識性質的實際存在的東西〔是主體內在存在的東西〕，並有滿足等具體行相，對這些〔愉悅等心理現象〕也是可以成立。

tatra jñānaṃ sukhaṃ duḥkhamityādikā yatheṣṭaṃ sañjñāḥ kriyantām[e] /

tatra jñānaṃ sukhaṃ duḥkham ityādikā yathā^iṣṭaṃ sanjñāḥ kriyantām /

因此，〔對這些內在存在東西〕 你可以隨意稱呼它為「認識」、「愉悅」、「痛苦」等等〔，都是具有認識性質〕。

nātra kaścinnivārayitā /

na^atra kaścit^nivārayitā /

在此〔名言範圍內〕沒有人會反對。

yathā jñātahlādādika ākāro'jñānarūpasukhādikṛto na bhavati,

yathā jñāta-hlādādikas ākāras^ajñāna-rūpa-sukhādi-kṛtas^na bhavati,

如同已被認識的愉悅等心理現象的行相等，不可能具有非認識性質的愉悅等心理現象，

tathānyatra pratipāditam / iha tu bahugranthabhayānna pratanyate //

tathā^anyatra pratipāditam / iha tu bahu-grantha-bhayāt na pratanyate //

〔若說為什麼？〕這點在別處有作說明。這裡〔主題是談自我認知〕因為擔心文章會寫得篇幅太長，這裡就不作進一步擴展論述。

55,12㉒[g]yo’pyāha — nāntārāḥ sukhādayo nāpi cetanāḥ,

yas^api^āha — na^antārāḥ sukhādayas^na^api cetanāḥ,

也有人說——〔對說這些話的人而言，〕說愉悅等心理現象不是內在，也不是意識形式㉓，

kiṃ tarhi tadviparītasvabhāvāḥ prameyā eveti[g],

kiṃ tarhi tad viparīta-svabhāvāḥ prameyā eva^iti,

而是〔與外在事物一樣，〕與意識相反性質這樣的認識對象，

tasyāpi yathoktanītyā hlādādyākārabodhātmakaṃ vastu (PSṬB 4b1-4b6) siddham/

tasya^api yathā^ukta-nītyā hlādādi-ākāra-bodha-ātmakaṃ vastu siddham /

對這樣的人而言，具有愉悅等行相的認識性質的實存物，按照如上所說原理也是應該得到證實。

tasyaiva ca svasaṃvedanaṃ pratyakṣamuktam,

tasya^eva ca svasaṃvedanaṃ pratyakṣam uktam,

正是對實存物而言的自我認知被說是直接知覺，

na tadvyatiriktasya sukhādeḥ paraparikalpitasya /

na tad vyatiriktasya sukhādeḥ para-parikalpitasya /

而〔自我認知〕不是論敵想像是愉悅等心理現象以外的。

tacca svasaṃvedanaṃ sādhayiṣyamāṇamiti nāstyāśrayāsiddhiḥ //
tat^ca svasaṃvedanaṃ sādhayiṣyamāṇam iti na^asti āśraya-asiddhiḥ //
而〔這個認識〕正是這個將被證實的自我認知，所以，並不存在邏輯主語不成。

56,3 nanu sarvasyaiva jñānasyendriyajasyāpi mana āśraya ityapyete pañca vijñānakāyā indriyadvayāśrayā iti vacanāt,
nanu sarvasya eva jñānasya^indriya-jasya^api mana āśraya iti^api^ete pañca vijñāna-kāyā indriya-dvaya-āśrayā iti vacanāt,
〔為什麼陳那說意的直接知覺或自我認知獨立於感官？因為經量部提出〕難道不是這樣嗎？所有的認識，包括由感官產生的認識，都是以意作為基礎，這五種不同的認識（舊譯：五識身），都有兩種感官（指舊譯：五根、意根）為所依，
tatkasmādidameva mānasamucyata ityāha—**indriyānapekṣatvād**iti /
tat kasmād idam eva mānasam ucyata ityāha—indriya-anapekṣatvāt^iti / 為什麼〔陳那〕僅僅說「意」呢？〔陳那〕說：「**因為〔意是〕不依靠感官**」。
rūpīndriyanirapekṣatvāditi bhāvaḥ /
rūpī^indriya-nirapekṣatvāt iti bhāvaḥ /
上述亦即指〔意〕獨立於有色感官。
yasya mana evāśrayo na rūpīndriyam, tanmānasamabhisaṃhitam /
yasya mana eva^āśrayas na rūpī^indriyam, tat mānasam abhisaṃhitam /
如果認識只依靠意，而不是依靠有色感官，那麼，這個認識就

被表述為意識。

56,6ye tarhi pañca vijñānakāyāstatsamprayoginaśca rāgādayaḥ,

ye tarhi pañca vijñāna-kāyās tat saṃprayoginaś ca rāgādayaḥ,

那麼，對於那些五種根識（心王），以及與它連繫的欲望等心理現象（心所），

teṣāṃ svasaṃvedanaṃ kathaṃ mānasaṃ pratyakṣam /

teṣāṃ svasaṃvedanaṃ kathaṃ mānasaṃ pratyakṣam /

為什麼這些〔根識和欲望等心理現象的兩部分〕的認識本身的認知是意的直接知覺？

svasaṃvittisāmānyena tajjātīyatvāt /

svasaṃvitti-sāmānyena tat^jātīyatvāt /

因為就一般意義的自我認知而言，都屬於它（意的直接知覺）的類型〔，所以自我認知也可以稱為意的直接知覺〕。

kathaṃ punarindriyānapekṣatve pratyakṣaśabdo yujyate /

kathaṃ punar indriya-anapekṣatve pratyakṣa-śabdas yujyate /

既然是獨立於有色根，那麼，為什麼稱呼「直接知覺」這個詞是合理的？

yāvatākṣanimittaḥ pratyakṣavyapadeśaḥ,

yāvatā^akṣa-nimittaḥ pratyakṣa-vyapadeśaḥ,

稱呼「直接知覺」這個術語，〔在語源學上〕是依於“akṣa”這個詞〔派生〕，

uktametajjñānaviśeṣasya pāribhāṣikīyaṃ sañjñeti /

uktam etat jñāna-viśeṣasya pāribhāṣikīyaṃ saṃjña^iti /

但是作為術語，可以用來稱呼各種類型的認識。

atha vā manaso'pyakṣatvātpakṣāntare'pyadoṣaḥ //

atha vā manasas^api^akṣatvāt pakṣāntare^api adoṣaḥ //

或者按照另一種解釋，因為意識是一種感官，也是無過失的。

## 2. 瑜伽直接知覺（yogipratyakṣa）

【PSV 1.6cd】

56,11**tathā yoginām**iti /yathā mānasamavikalpakaṃ pratyakṣam, tathā yogināmapi /

tathā yoginām iti / yathā mānasam avikalpakaṃ pratyakṣam, tathā yoginām api /

「**同樣，瑜伽行者所見**」，就像意是脫離分別想像的直接知覺，同樣的，對瑜伽行者而言也是。

yogaḥ samādhiḥ / sa yeṣāmasti, te **yogin**aḥ /

yogaḥ samādhiḥ / sa yeṣām asti, te yoginaḥ /

修習方法是專注思維特定的對象。對他們而言，有〔修習這個〕方法，他們就是修習瑜伽行者。

**gurūnirdeśāvyavakīrṇam**iti / atra viṣayeṇa viṣayiṇo nirdeśād**āgamavikalpo gurunirdeśa**śabdenoktaḥ /

guru-nirdeśa-avyavakīrṇam iti / atra viṣayeṇa viṣayiṇo nirdeśāt^āgama-vikalpo guru-nirdeśa-śabdena^uktaḥ /

所謂「**脫離老師言教**」：關於這一點，是就對境而言，**經教所傳的教法**是由於有關對境的指示，是通過**老師言教**的說明所說。

ten**āvyavakīrṇaṃ** rahitamityarthaḥ /

etena spaṣṭāvabhāsitvamapi tasya labdham,

tena^avyavakīrṇaṃ rahitam ityarthaḥ /

etena spaṣṭa-avabhāsitvam api tasya labdham,

因此，「**脫離**」是有「無」的意思。

通過上面所述，對境的所得也是分明顯示，

nirvikalpasya spaṣṭatvāvyabhicāritvāt /

nirvikalpasya spaṣṭatva-avyabhicāritvāt /

因為脫離分別想像就是分明決定的緣故。㉔

**mātra**śabdo'dhyā-(PSṬ B 4b6-5a4)-ropitārthavyavacchedārthaḥ /

mātra-śabdas^adhyāropita-artha-vyavaccheda-arthaḥ /

「**僅僅**」這一語詞，是指被增加的對象是排除的對象。

tena yadbhūtārthaviṣayamāryasatyadarśanavat,

tena yad bhūtārtha-viṣayam āryasatya-darśanavat,

因此，當對於真實對境是如同見聖諦時，

tadeva pramāṇam nābhūtārthaviṣayam viplutam pṛthivīkṛtsnādi /

tad eva pramāṇam na^abhūtārtha-viṣayam viplutam pṛthivīkṛtsnādi /

那麼，這就是有效的認識而不是相反於非實的對境，〔如同見（darśanavat）〕地遍等。

57,2 nanu cāyamartho vakṣyamāṇādevāpavādāllabhyate,

tadkim **mātra**grahaṇena /

nanu ca^ayam arthas vakṣyamāṇāt^eva^apavādāt^labhyate,

tad kim mātra-grahaṇena /

難道不是這樣嗎？因為這個對象的取得，正是與將說的矛盾之故，那麼，「**僅僅**」一詞有什麼用呢？

satyametat,tathāpi prādhānyajñāpanārthamasya lakṣaṇavākya evāyamarthaḥ paridīpitaḥ /

satyam etat,tathāpi prādhānya-jñāpana-artham asya lakṣaṇa-vākye eva^ayam arthaḥ paridīpitaḥ /

真實是下面所述，儘管是最尊敬的人教誨的認識對象，這個對象所顯示正是這個對象的標記所說，

prādhānyaṃ punarmokṣahetutvāt /

prādhānyaṃ punar mokṣahetutvāt /

再者，因為最尊敬的人是解脫因的緣故。

nirvikalpakatvaṃ punastasya spaṣṭāvabhāsitvaṃ ca bhāvanāniṣpattiphalatvāt /

nirvikalpakatvaṃ punas tasya spaṣṭa-avabhāsitvaṃ ca bhāvanā-niṣpatti-phalatvāt /

又，不依於感官的認識是對象的分明顯示的性質，以及因為〔對象是〕明顯所成的結果。

㉕[a]yadbhāvanāniṣpattiphalaṃ jñānam, tannirvikalpaṃ spaṣṭāvabhāsi ca bhavati [a]/

yad bhāvanā-niṣpatti-phalaṃ jñānam, tat^nirvikalpaṃ spaṣṭa-avabhāsi ca bhavati /

在明顯所成的結果是認識時，那麼，脫離分別想像是〔由於〕明了顯現。

㉖[b]tadyathā kāmaśokādyupaplutānāṃ priyāviṣayaṃ jñānam [b]/

tad yathā kāma-śokâdi-upaplutānāṃ priya-aviṣayaṃ jñānam /

例如對歡樂、悲痛等泛濫而言，喜好於非對境的認識。

tathā ca yogijñānam / svabhāvaḥ //

tathā ca yogi-jñānam / svabhāvaḥ //

瑜伽者的認識也是同樣的。使用的是自身行相的邏輯（自性因）。

**【PSV on 1.7ab】**

57,8**kalpanājñānamapināme**ti / asyāyamarthaḥ —yatsvasaṃvedyam,

kalpanā-jñānam api nāma^iti / asya^ayam arthaḥ —yat svasaṃvedyam,

「**概念構想的了知也是稱為直接知覺**」：認識的這個對象——凡自我認知認識的對象，

tatsvādhigamamaṃ prati pratyakṣam, rāgādijñānavat /

tat sva-adhigamamaṃ prati pratyakṣam, rāgādi-jñānavat /

它是對於認識本身的認識，就是直接知覺，如同欲望等認識。

tathā ca kalpanājñānamiti svabhāvaḥ /

**satyametad**ityādineṣṭasiddhiṃ darśayati /

tathā ca kalpanā-jñānam iti svabhāvaḥ /

satyam etad ityādinā^iṣṭa-siddhiṃ darśayati /

同樣地，所謂概念構想的了知是採用自身行相邏輯（自性因）。㉗通過「**確實如此**」等等，使見到有效的合法性。

evaṃ manyate — yatra viṣaye yajjñānaṃ śabdasaṅketagrāhi,

evaṃ manyate — yatra viṣaye yat^jñānaṃ śabda-saṅketa-grāhi,

如是思考——在對境所在之處，當認識認取言詞的假名，

tattatra śabdadvāreṇa tasya viṣayagrahaṇātsavikalpakaṃ bhavati, tat tatra śabda-dvāreṇa tasya viṣaya-grahaṇāt savikalpakaṃ bhavati,

則此處通過言詞的方法，它就變成是擁有分別，因為認識是執取對境的緣故，

svarūpaṃ cāśakyasamayaṃ yathoktaṃ prāk㉘[d] /

svarūpaṃ ca^aśakya-samayaṃ yathā-uktaṃ prāk /

然而，如同前面所說的，自身行相是不能使用語言習慣。

atastatrādhigantavye sarvaṃ jñānaṃ pratyakṣameveti //

atas tatra^adhigantavye sarvaṃ jñānaṃ pratyakṣam eva^iti //

因此，當對境所在之處是應被認取時，則一切認識只能是直接知覺。

57,14**evaṃ tāvatpratyakṣam**iti **tāvac**chabdaḥ krame /

evaṃ tāvat pratyakṣamiti tāvat-śabdaḥ krame /

所謂「**如是已說直接知覺**」：「**已說**」一詞是指所採取的立場。

pratyakṣamuktvā tadābhāsābhidhānamiti kramaḥ //

pratyakṣam uktvā tad ābhāsa-abhidhānam iti kramaḥ //

先說了直接知覺，接著陳述似現這個方法。

7cd—8ab似直接知覺缺

## 3. 量和果

**【PS1.8cd】**

65,7 **atra ce**tyasmanmate /

atra ca^iti^asmat^mate /

「**而在我們學派當中**」是指在我們思想體系當中。

**savyāpārapratītatvād**iti saha vyāpāreṇa pratītyatvādityarthaḥ /

savyāpāra-pratītatvāt^iti saha vyāpāreṇa pratītyatvāt^ity arthaḥ /

「**由於〔認識〕是帶有行為被體驗到**」這句話：是與行為一起被認識到這樣的意思。

etatpramāṇatvopacāranibandhanam /

etat pramāṇatva-upacāra-nibandhanam /

這個說法是日常生活語言運用當中，把它看作是認識手段的原因。

**pramāṇaṃ phalameva sad**iti /pramāṇasyādhigamaḥ phalam /

pramāṇaṃ phalam eva sat^iti /pramāṇasya^adhigamaḥ phalam /

〔但〕「**實際上，認識手段僅僅是結果**」：結果就是認識手段所達到的認識，

㉙[a]tacca svayameva tadātmakamiti tato na vyatiriktam [a]//

tat^ca svayam eva tad-ātmakam iti tato na vyatiriktam //

而它（pramāṇa），正是認識本身，具有它（pramāṇa）的性質，所以，〔認識結果〕與它沒有區別。㉚

【**PSV on 1.8cd**】

65,11**na hyatra bāhyakānāmiva pramāṇādarthāntaraṃ phalam**iti mā bhūdihāpi tadvadeva doṣaḥ /

na hi^atra bāhyakānām iva pramāṇāt arthāntaraṃ phalam iti mā bhūd iha^api tadvat^eva doṣaḥ /

**因為，在我們的學派當中，不像那些主張認識對象是外在的外在實在論者那樣，認識結果並不是與認識手段的認識對象不同**

**的東西**，所以，這裡也絕不會有像外在實在論那樣的錯誤。

**tasyaiva tv**ityādināyamarthaḥ sūcitaḥ－

tasya^eva tu^ityādinā^ayam arthaḥ sūcitaḥ－

通過「**而是，認識手段恰恰是**〔認識結果的認識〕」等等這句話，闡明如下的話——

naiva vyavasthitasvabhāvaṃ kiñcidasti sādhyaṃ sādhanaṃ vā,

na^eva vyavasthita-svabhāvaṃ kimcid asti sādhyaṃ sādhanaṃ vā ,

完成的對象或完成的手段，都不具有相互獨立的性質，

pratītirūpānupātitvātsarvatra sādhyasādhanavyavahārasya / ihāpi cāsti /

pratīti-rūpa-anupātitvāt sarvatra sādhya-sādhana-vyavahārasya / iha^api ca^asti /

因為，在任何情況下，對完成的對象或完成的手段的指稱，都是伴隨認識行相來理解。㉛而且，這裡也是存在。

**jñānasyā**dhigamarūpatvātsādhyatvapratītiriti phalatvamupacaryate /

jñānasya^adhigama-rūpatvāt sādhyatva-pratītir iti phalatvam upacaryate /

由於**認識**是具有獲取認識行相的這種型態，被看作是完成的對象的認識，因此，才被比喻作結果。

**tasyaiva** ca **viṣayākāra**parigrahāt**savyāpārapratītir**iti

tasya^eva ca viṣaya-ākāra-parigrahāt savyāpāra-pratītir iti

**正是這個**〔帶有行為出現的〕**認識**，由於具有抓取**〔認識〕對境的行相**的行為，**被看作是帶有行為**，所以，

**pramāṇatvamupacaryate**, vyavahriyata ityarthaḥ /

pramāṇatvam upacaryate,vyavahriyate ity arthaḥ /

**日常語言運用中被稱為認識手段**，有日常語言中稱指的交流意思。

tathā hi㉜[a]tajjñānaṃ viṣayākāratāṃ dadhānaṃ

tathā hi tat jñānaṃ viṣaya-ākāratāṃ dadhānaṃ

換言之，這種認識由於採納認識對境的行相，

**nirvyāpāramapi sat**svaviṣaye'dhigamātmanā vyāpāreṇa khyāti [a] nānyathā /

nirvyāpāram api sat svaviṣaye^adhigam-ātmanā vyāpāreṇa khyāti na^anyathā /

**實際上，儘管並不具任何行為**，但是，它還是被說成是具有對自身的對境的獲取行為的本質，僅僅如此而已。

tasmāt㉝[b]saiva tasyātmabhūtā[b] viṣayākāratā pramāṇamiti //

tasmāt sā^eva tasya^ātmabhūtā viṣaya-ākāratā pramāṇam iti //

因此，正是這種具有認識對境的行相性質，成為認識的內在性質，〔認識〕帶有認識對境的行相之事實是認識手段㉞。

66,4 yuktaṃ caitat / tathā hi ㉟[d]na kriyāsādhanamityeva sarvasyāḥ kriyāyāḥ sarvaṃ sādhanaṃ sarvā vā kriyā sarvasya sādhyā,

yuktaṃ ca^etat / tathā hi na kriyā-sādhanam iti^eva sarvasyāḥ kriyāyāḥ sarvaṃ sādhanaṃ sarvā vā kriyā sarvasya sādhyā,

而且這個說法是正確的。具體解說如下：僅僅是「完成某一行為」這句話，並不是表示任何行為只有一個完成手段，或者任何行為是任何完成手段的完成對象，

anavasthāprasaṅgāt, kiṃ tarhi tasyāḥ kriyāyāstatsādhanam,

anavasthāprasaṅgāt, kiṃ tarhi tasyāḥ kriyāyās tat sādhanam,

因為會有無窮的過失之故，而是這個完成手段是對一個完成行為〔，並不是所有〕。

yā yataḥ sādhanādavyavadhānena prasiddhimupayāti /

saiva ca tasya kriyā sādhyā[d]/

yā yataḥ sādhanāt avyavadhānena prasiddhim upayāti /

sā^eva ca tasya kriyā sādhyā /

一個行為和完成手段之間，不是不相干，〔這個行為〕才會被看成是成立。正是這個行為才是完成手段的行為所完成對象。

㊱[e]tatra rūpādau karmaṇyanubhavātmanā sādṛśyātmano jñānasya tena svabhāvena karaṇabhūtena bhāvyam,

tatra rūpādau karmaṇi-anubhava-ātmanā sādṛśya-ātmano jñānasya tena svabhāvena karaṇa-bhūtena bhāvyam,

在這種情況下，認識有與對色等動作的經驗性質相似的本質，作為它的本質應該被理解成為原因，

yenedaṃ nīlasya jñānam, idaṃ pītasyeti vibhāgena vyavasthā kriyate[e] /

yena^idaṃ nīlasya jñānam, idaṃ pītasya^iti vibhāgena vyavasthā kriyate /

通過這樣的分別，才會有這是對藍色的認識，這是對黃色的認識，因此，以這樣區別方式，人們才有這樣的分別。

anyathā sarvaṃ jñānaṃ sarvasyārthasya syāt, na vā kasyacitkiñcit , aviśeṣāt //

anyathā sarvaṃ jñānaṃ sarvasya^arthasya syāt, na vā kasya cit kiñcit , aviśeṣāt //

否則，任何認識都是對任何認識對象的認識，或者根本就沒有認識，因為沒區別之故。㊲

66,11 indriyāderāvilatādibhedo niyāmaka iti cet , na ,

indriyāder āvilatādi-bhedo niyāmaka iti cet , na ,

〔對手解釋：〕其實是感官等的汙染程度等的不同，才會確定〔感官〕，不是〔勝主慧所說〕，

tasyājñānasvabhāvatvā-(PSṬ B 8b4-9a1)t㊳[a]sarvajñānahetutvācca[a] /

tasya^ājñāna-svabhāvatvāt sarva-jñāna-hetutvāt ca /

因為感官不是認識本身，而且因為感官是任何認識的原因。

㊴[b]nāpi sannikarṣaḥ ,ata eva / ㊵[c]nāpyarthālocanam ,

na^api saṃ-nikarṣaḥ ,atas^eva / na^api^artha-ālocanam ,

也不是連繫〔感官與對象〕，而是僅僅是由此產生。㊶也不是對對象的觀察，

asati viṣayasārūpye 'rthālocanasyaivāsiddheḥ /

viśeṣaṇajñānamapi[c], ata eva [b]//

asati viṣaya-sārūpye^artha-ālocanasya^eva^asiddheḥ /

viśeṣaṇa-jñānam api , ata eva //

因為如果沒有與認識對象相似的行相，那麼，對認識對象的觀察是不成立的。㊷正是同樣的原因，才會有各種不同的認識。

67,4 ㊸[e]tasmādyo 'yaṃ niyamo nīlasyaiveyamadhigatiḥ pītasyaiva cetyādikaḥ ,

tasmāt yo 'yaṃ niyamo nīlasya^eva^iyam adhigatiḥ㊹ pītasya ^eva ca^ityādikaḥ ,

所以，當認識只能是這個對藍色的認識，只能是這個對黃色的認識等等這樣的限定，

so 'rthasārūpyādanyato na sidhyati [e]/

㊺[g] tatastadeva sādhanamarthādhigateḥ [g],

so 'rtha-sārūpyāt anyato na sidhyati /

tatas tad eva sādhanam artha-adhigateḥ ,

則這個認識是不能通過與認識對象相似性以外的東西來認識。所以，只能是與認識對象的相似性，才是對認識對象之認識的完成，

㊻[h]sarvakārakopayoge'py[h]asyārthasyeyamadhigatiriti

sarva-kāraka-upayoge^api^asya^arthasya^iyam adhigatir iti

儘管所有原因全具備了，但是，這個認識是對這個認識對象的認識，所以，

sambandhasya tata evāvyavadhānena siddheḥ /

sambandhasya tatas^eva^avyavadhānena siddheḥ /

對這種連結，只能從認識〔的限定〕，通過〔相似性的成就之〕無間隔才能成立。

tacca tasya sādhanatvaṃ ㊼[i]vyavasthāsamāśrayatvena [i],

tat^ca tasya sādhanatvaṃ vyavasthā-samāśrayatvena,

而且，這個〔與認識對象的相似性〕就是它（認識）的成就因素，〔是因為相似性〕是作為確定〔各種主體和客體〕的基礎，

na tu nirvartakatvena, abhedāt //

na tu nirvartakatvena, abhedāt //

而不是製造認識的，因為〔能成和所成〕沒有分別之故。[48]

67,9 [49][j]syādetat─vastuno'bhedājjñānāṃśayoraikye yaiva kriyā tadeva kārakam / ato hatametaditi /

syād etat─vastunas^abhedāt jñāna-aṃśayor aikye yā^eva kriyā tad eva kārakam / atas hatam etad iti /

〔反對者〕也許會有如下問題——從實際意義上來說，如果說認識的兩個部分沒有區別，會變成同一性，那麼，這個所作就是作者，因此，這個說法是無用的。[50]

tadasat, yato vastuno'bhede'pi yo'yaṃ dharmabhedaḥ prameyarūpatārthādhigatiśceti,

tad asat, yato vastuno^abhede^api yo^ayaṃ dharma-bhedaḥ prameya-rūpatā^artha-adhigatiś^ca^iti,

〔你〕這個說法是不對的，因為從實際意義上來說，儘管沒有區別，但是，由於這個謂語的不同，認識主體具有認識對象的行相，

so'bhyupagamyata eva vyāvṛttibhedopakalpitaḥ[j],

sas^abhyupagamyata eva vyāvṛtti-bheda-upakalpitaḥ,

以及對某個具體客體的認識，因此，想像互相分離的區別，

[k]abhinne'pi vastuni [51][l] vijñānapratibhāsabhedena

abhinne^api vastuni vijñāna-pratibhāsa-bhedena

應該是可以被接受的，實際上，即使沒有區別，但可通過認識主體顯相區別，

sādhyasādhanavyavasthādarśanācca[l] / (PSṬ B 9a1-5)

sādhya-sādhana-vyavasthā-darśanāt ca /

而且因為所成、能成是分開顯現。

yathā nipīyamānaṃ madhumadayati , ātmanātmānaṃ dhārayati,

yathā nipīyamānaṃ madhu madayati , ātmanā^ātmānaṃ dhārayati,

如同蜜自己被滲透甜的成分一般，蜜使喝的人滿足〔既是所作又是作者〕，由〔認識〕自己持有認識本身，

buddhyā gṛhṇātīti nāyaṃ vastusanniveśī sādhyasādhanavyavahāra[k] ityacodyametat //

buddhyā gṛhṇāti^iti na^ayaṃ vastu-sanniveśī sādhya-sādhana-vyavahāra iti acodyam etat //

是通過認識來認識，所以，並不是與這個實體相連繫，〔使用日常語言來〕指稱所成、能成〔的分別〕，所以，這個說法並不存在可被指責之處。52

68,3 kathaṃ yathāvyāpāramantareṇāpi tadvattayā pratibhāsata ityāha — **tadyathe**tyādi / iha nīlādyākāra eka evānubhūyate /

kathaṃ yathā^vyāpāram antareṇa^api tad-vattayā pratibhāsata ity āha — tad yathā^ityādi / iha nīlādi-ākāras^eka eva^anubhūyate /

為什麼就像儘管認識沒有帶行為，但是，顯現出像似帶有行為——說「**譬如**〔結果是帶著因〔的行相〕而產生，同時感覺抓取因的行相，儘管結果不具行為〕」等等。在這裡，被經驗到的僅僅是一個藍色等行相。

sa vijñānasyātmabhūto'vaśyamabhyupeyaḥ /

sa vijñānasya^ātmabhūtas^avaśyam abhyupeyaḥ /

它必須被承認是認識的性質所成。

anyathā tasyārthena sambandho na syāt /

anyathā tasya^arthena sambandho na syāt /

否則，認識和認識對象之間的連繫就不可能。

na ca tasmāttadākāramatadākāraṃ vā bahirvyatiriktaṃ vastūpalabhyate /

na ca tasmāt tad-ākāram atad-ākāraṃ vā bahir vyatiriktaṃ vastu^upalabhyate /

不過，因為不管是帶有行相或不帶行相，只要是外在的事體，就不可能〔成為所緣〕被認識。

na cālambanaṃ ghaṭate / kathaṃ ca na ghaṭate / yathā ca na ghaṭate, tathā vādavidhiparīkṣāyāṃ❺❸vakṣyati //

na ca^ālambanaṃ ghaṭate / kathaṃ ca na ghaṭate / yathā ca na ghaṭate , tathā vāda-vidhi-parīkṣāyāṃ vakṣyati //

因為，〔外在實存物〕不可能成為所緣緣被觀察到。❺❹而為何不被觀察到呢？而如同不被觀察，就如同〈觀論軌〉所說。

**【PSV on PS 1.9a】**

68,8 yadapīdaṃ kalpyate — ❺❺[b]satsvapyanyeṣu hetuṣu jñānakāryāniṣpattiḥ

yad api^idaṃ kalpyate — satsu api^anyeṣu hetuṣu jñāna-kāryā-aniṣpattiḥ

這個也是想像出來的——儘管種種的因已經存在，但是，認識作為〔因的〕結果是沒有被完成，

kāraṇāntaraṃ sūcayati / sa bāhyo’rthaḥ syāt[b] /

kāraṇa-antaraṃ sūcayati / sa bāhyo^arthaḥ syāt /

表示還有別的原因。它（別的原因）可能就是指外在的認識

對象。

56[c]tasmādvyatirekato bāhyārthasiddhirciti, tadapyayuktam,

tasmāt^vyatirekato bāhya-artha-siddhir iti, tad api^ayuktam,

由此差別，可以證明外在認識對象成立，〔是獨立於認識主體，〕這也是不對的，

yato vijñānakāryāniṣpattirvijñānavāsanāparipākavaikalyādapi sambhavati /

yatas vijñāna-kāryā-aniṣpattir vijñāna-vāsanā-paripāka-vaikalyāt^api sambhavati /

由於認識的結果沒有產生，〔不一定是外在的原因，〕也是可能由於認識主體作為熏習成熟還未完成而產生。

tasmānna vijñānavyatiriktasya kasyacitsaṃvittiḥ sambhavati /

tasmāt na vijñāna-vyatiriktasya kasyacit saṃvittiḥ sambhavati /

因此，任何脫離認識主體的認識是不可能產生的。

vijñānameva tu svasaṃviditamutpadyata iti svasaṃvittireva phalam /

vijñānam eva tu sva-saṃviditam utpadyate^iti svasaṃvittir eva phalam /

然而，被自我認知到的正是認識主體產生出來的，所以，自我認知才是結果。

57[e,] 58[d]bhavatu nāma bāhyārthaḥ, tathāpi yathāsaṃvedanameva viṣayo niścīyata iti tadeva phalaṃ yuktam /

bhava tu nāma bāhyārthaḥ, tathā^api yathā saṃvedanam eva viṣayo niścīyate iti tad eva phalaṃ yuktam /

你儘管可以說，有外在的對象〔，但是，我們不會討論這個

問題〕，儘管如此，這個認識對境被確定，只能是如同〔你的〕認知那樣，所以，結果理應只能是這個〔被確定的認識對境〕。

na hi yathāsvabhāvamanubhavo'rthasya[e],

na hi yathā svabhāvam anubhavas^arthasya,

因為按照自身存在，經驗並不是就外在對象而言，

yato yathāsau vyavasthitasvarūpastathā śakyeta niścetum, ❺❾

yato yathā^asau vyavasthita-svarūpas tathā śakyeta niścetum,

必須是按照那個被確定〔之認識〕的自身行相，這個認識才能被確定，

[f]sarvajñānānāmekākāratvaprasaṅgāt[d] /

sarva-jñānānām eka-ākāratva-prasaṅgāt /

否則，會有所有認識都是一樣行相之荒謬的結論。

anekākārāstu (PSṬ B 9a5-9b3) vijñaptayaḥ [f]/

anekākārās tu vijñaptayaḥ /

但是，〔實際上，〕各種認識是會有不同的行相。❻⓪

tathā hyekasminneva vastuni pratipattṛbhedena paṭumandatādibhirākārairanugatāni vijñānānyupalabhyante /

tathā hi^ekasminn eva vastuni pratipattṛbhedena paṭu-mandatādibhir ākārair anugatāni vijñānāni^upalabhyante /

換言之，僅僅在單一存在物上，由於認識者不同，會有被清晰或不清晰的種種不同行相所覆蓋的了知就產生出來。

na caikaṃ vastvanekākāram, anekatvaprasaṅgāt //

na ca^ekaṃ vastu aneka-ākāram, anekatva-prasaṅgāt //

〔是因為不同的認識主體的認識有不同行相〕而不是一個存在物有不同的行相，否則，〔如果一個存在物有多個行相，那就不是一個存在物，而〕會產生多個存在物的荒謬結論。❻❶

69,4 ato nārthasya yathāsvabhāvaṃ niścayaḥ śakyate kartumiti

ato na^arthasya yathā svabhāvaṃ niścayaḥ śakyate kartum iti

因此，〔經量部和瑜伽派〕都考慮到〔認識對象〕不可能按照認識對象的自身存在來做確定，

sandhāno bāhyetarapakṣayorekenaiva sūtreṇa phalaviśeṣavyavasthāṃ cikīrṣurāha—

sandhāno bāhya-itara-pakṣayor ekena^eva sūtreṇa phala-viśeṣa-vyavasthāṃ cikīrṣur āha—

同時，又想通過一句經文，在外境論者和內境論者的兩個體系之間，對特殊的認識結果作確定，而說以下的話：

**svasaṃvittiḥ phalaṃ vātre**ti / pūrvaṃ viṣayasaṃvittiḥ phalamuktā /

svasaṃvittiḥ phalaṃ vā^atra^iti / pūrvaṃ viṣaya-saṃvittiḥ phalam uktā /

〔不只前述認識手段看作是結果，〕「**或者，在我們學派當中，自我認知是認識結果**」。先前已說認知到對境是果。

ato vikalpārtho **vā**śabdaḥ / **atre**ti pūrvokte pratyakṣe //

ato vikalpa-artho vā^śabdaḥ / atra^iti pūrva-ukte pratyakṣe //

因此，「**或者**」一詞是指不同的對象。所謂「在我們學派當中」，是指先前所說的直接知覺。

**【PSV on 1.9a】**

69,8 **svābhāsaṃ viṣayābhāsaṃ ce**ti /

sva-ābhāsaṃ viṣaya-ābhāsaṃ ca^iti /

「**自身的顯相和對境的顯相**」：

svamābhāso'syeti **svābhāsaṃ** svarūpābhāsam, grāhakākāramityarthaḥ /

svam ābhāsas^asya^iti sva-ābhāsaṃ svarūpa-ābhāsam, grāhaka-ākāram ity arthaḥ /

**自身的顯相**就是這個對認識自身的顯相，是自身行相的顯相，指的是認識主體行相的意思。

svarūpamevāsya jñānasyābhāsaḥ,

svarūpam eva^asya jñānasya^ābhāsaḥ,

只有認識自身的行相才是這個認識的顯相，

yadeva hi jñānasya jñānarūpatvaṃ, tenaiva svena rūpeṇābhāsata iti kṛtvā /

yad eva hi jñānasya jñāna-rūpatvaṃ, tena^eva svena rūpeṇa^ābhāsate iti kṛtvā /

先作這樣的設想：因為認識行相只能是認識的認識行相，正是通過自身的行相而顯相。

**viṣayābhāsaṃ ce**ti / atra yadā bāhyo viṣaya āśrīyate,

viṣaya-ābhāsaṃ ca^iti / atra yadā bāhyo viṣaye^āśrīyate,

「**和對境的顯相**」：在這個複合詞中分析說：如果是就外在的對境而言，

tadā viṣayasyevābhāso'syeti vigrahaḥ yadā tu nāśrīyate,

tadā viṣayasya^iva^ābhāsas^asya^iti vigrahaḥ yadā tu na^āśrīyate,

那麼，似乎是外境的對境的顯相，而如果不是外在的對境，

tadā viṣaya ābhāso'syeti /viṣayaḥ punaratra grāhyāṃśaḥ, tatra viṣayavyavahārāt /

tadā viṣaya ābhāsas^asya^iti/ viṣayaḥ punar atra grāhya-aṃśaḥ, tatra viṣaya-vyavahārāt/

那麼，就是〔內在〕對境〔本身〕的顯相。再者，在這裡對境指的是認識客體方面，於此，因為是用來指稱對境。

**tasye**tyādi /satyasati vā bāhye'rtha **ubhayābhāsa**ṃ jñānaṃ saṃvedyate /

tasya^ityādi / sati^asati vā bāhye^arthe^ubhaya-ābhāsaṃ jñānaṃ saṃvedyate /

以「**認識的**」為首的這句話：不管外在對象的存在或不存在，認識都是**帶有兩種顯相**被認知到。

**tasya yatsvasaṃvedanaṃ** svānubhavaḥ, **tatphalaṃ** bhaviṣyati //

tasya yat svasaṃvedanaṃ svānubhavaḥ, tat phalaṃ bhaviṣyati //

**對這個**〔帶兩種顯相〕**而言，對它的自我認知**都是對自我的經驗，就應該是**認識的結果**。62

69,16**kiṃ kāraṇam**iti kayā yuktyā /

kiṃ kāraṇam iti kayā yuktyā /

「**為什麼呢？**」：〔自我認知就是結果〕是以什麼方式證明呢？

na hi svasaṃvittiḥ sambhavatītyeva phalatvena kalpayituṃ yujyate /

na hi svasaṃvittiḥ sambhavati^iti^eva phalatvena kalpayituṃ yujyate /

〔反對者認為：〕如果僅僅是因為自我認知具有結果的性質才成為可能的這種想法，這是不對的。

bāhyārthapakṣe tvasambhāvanīyamevaitat /

bāhya-artha-pakṣe tu^asambhāvanīyam eva^etat /

因為對於外境論者，這事並不可能成立。

viṣayasya hyadhigamāya cakṣurādayo vyāpāryante, na tu vijñānasya /

viṣayasya hi^adhigamāya cakṣurādayo vyāpāryante, na tu vijñānasya /

因為對對境的取得是眼等感官起作用，而不是識。

na ca vijñānopalabdhireva viṣa (PSṬ B 9b3-10a2)-yopalabdhiḥ, vijñānādviṣayabhedāt /

na ca vijñāna-upalabdhir eva viṣaya-upalabdhiḥ, vijñānāt^viṣaya-bhedāt /

不過，僅僅對識的認取並不就是對對境的認取，

由於對境不同於識之故。[63]

ataḥ svasaṃvitteḥ phalatvamanupapannamiti manyamānasya praśnaḥ //

ataḥ svasaṃvitteḥ phalatvam anupapannam iti manyamānasya praśnaḥ //

所以，〔反對者〕所思慮的問題是：自我認知是結果是未經證實。

**【PS 1.9b & PSV】**

70,3**tadrūpo hyarthaniścaya** iti kāraṇam / **yadā hī**tyādyasyaiva vivaraṇam /

tadrūpas hi^artha-niścaya iti kāraṇam / yadā hi^ityādi^asya^eva vivaraṇam /

〔陳那：〕理由就是「**因為對認識對象的確定性，是認識必須是具有行相**」。以「**因為，如果**」為首的這句話，就是這個的解釋。

**hi**śabdo yasmādarthe / yasmād**yadā saviṣayaṃ jñānamarthaḥ,**

hi śabdo yasmāt arthe / yasmāt yadā saviṣayaṃ jñānam arthaḥ,

“hi”這一詞是因為的意思。因為，**如果認識對象是指帶有對境的認識，**

**tadā svasaṃvedanānurūpamarthaṃ pratipadyate pratipatteṣṭamaniṣṭaṃ vā** /

tadā svasaṃvedana-anurūpam arthaṃ pratipadyate pratipattā^iṣṭam aniṣṭaṃ vā /

**那麼，與自我認知的行相一致的認識對象就被認識到，不論〔對這個認識對象〕是想要或不想要接受的事實。**

tasmātsvasaṃvittiḥ phalaṃ yujyate /

**saviṣayam**iti / saha viṣayeṇa **saviṣayam** /

tasmāt svasaṃvittiḥ phalaṃ yujyate /

saviṣayam iti / saha viṣayeṇa saviṣayam /

所以，自我認知是結果是正確的。

所謂「**帶有對境**」：伴隨對境就是**帶有對境**。

tatrāntarjñeyapakṣe grāhyāṃśalakṣaṇena viṣayeṇa saviṣayam,

tatra^antar jñeya-pakṣe grāhya-aṃśa-lakṣaṇena viṣayeṇa saviṣayam,

因此，在認為認識對象是內在的體系上，帶有對境是被定義為認識客體方面的對境，

tatraiva viṣayavyavasthānāt / bāhyārthapakṣe tu bāhyena /

tatra^eva viṣaya-vyavasthānāt/bāhya-artha-pakṣe tu bāhyena/

因為確定對境的只有在認識客體方面。而，與此相反，是對那些認為認識對象是外在的體系而言。

tatra vijñaptimātratāyāṃ vijñānavyatiriktasya vastuno'bhāvād[64] [a]buddhireva yadeṣṭaṃ svamākāramanubhavati,

tatra vijñapti-mātratāyāṃ vijñāna-vyatiriktasya vastunas^abhāvāt buddhir eva yadā^iṣṭaṃ svam ākāram anubhavati,

因為在唯識派看來，由於脫離識的實存體是不存在（原因），如果正是這個認識按照自己意欲經驗到自己的行相，

tadeṣṭamarthaṃ niścinoti, viparyayādviparītam [a]//

tadā^iṣṭam arthaṃ niścinoti, viparyayāt viparītam //

那麼，就能確定自己想要的認識對象，相反的，就會以相反的方式進行認識。

70,11 kathaṃ punarātmanaivātmānamanubhavati jñānam /

kathaṃ punar ātmanā^eva^ātmānam anubhavati jñānam /

〔反對者提出〕再者，認識怎麼可能只通過自己體會它自己呢？

na hi tasyaiva karmakartṛkaraṇabhāvo yujyata iti cet, evametat /

na hi tasya eva karma-kartṛ-karaṇa-bhāvo yujyata iti cet, evam etat /

因為不可能單單只有認識承擔認識對象、認識主體、認識手段〔三種功能〕❻❺，應該如此理解——

naiva tasya paramārthataḥ karmādibhāvaḥ /

na eva tasya parama-arthataḥ karmādi-bhāvaḥ /

從真實義上說，認識根本就沒有認識對象等的分別。

tathāpi ❻❻[b]tādātmyātprakāśavatbtatra tathāvyavahāro na virudhyate /

tathā^api tādātmyāt prakāśavat tatra tathā vyavahāro na virudhyate /

儘管如此，〔對此三種功能，〕由於是同一性之故，就像燈光，由於光和自身是一體，同樣照亮自己，表達諸如此類的日常語言的使用不應該受到阻礙。

prakāśo hyātmaprakāśanaṃ bhavati, na pradīpāntaramapekṣate /

prakāśo hi^ātmaprakāśanaṃ bhavati, na pradīpa-antaram apekṣate /

因為燈光能照耀自我，不依靠別的燈。

nāpyātmānaṃ bhāvataḥ prakāśayati /

na^api^ātmānaṃ bhāvataḥ prakāśayati /

即使沒有照耀自我。

kevalaṃ prakāśātmatayotpadyamāna ātmanaḥ prakāśaka ityucyate /

kevalaṃ prakāśātmatayā^utpadyamāna ātmanaḥ prakāśaka ityucyate /

其實，〔光不是照亮自己，〕只是帶有光的性質產生才說自己擁有照明。

tadvadanubhavātmanopajāyamānā buddhirātmanaḥ prakāśiketi vyavahriyate /

tadvat^anubhava-ātmanā^upajāyamānā buddhir ātmanaḥ prakāśikā^iti vyavahriyate /

與此相同，具有經驗性質產生時，認識〔是認識自己〕，才被稱為照亮自己。[67]

bāhyapakṣe'pi [68][d]yathāsaṃvedanamevārtho'vasīyate /

bāhya-pakṣe^api yathā saṃvedanam eva^arthas^avasīyate /

儘管對外境論者（經量部）而言， 認識對象只能是按照認知〔，而不是按照認識對象〕。

na hi yathārthamanubhava[d] iti prāgevoktam // (PSṬ B 10a2-10b1)

na hi yathā^artham anubhava iti prāk^eva^uktam //

其實，沒有經驗是根據認識對象〔來的〕，[69]這個是前面已經說過的。

71,1atha **saṃvedanānurūpamarthaṃ pratipadyata iṣṭamaniṣṭaṃ ve**tyetāvadeva kiṃ noktam /

atha saṃvedana-anurūpam arthaṃ pratipadyate^iṣṭam aniṣṭaṃ vā^iti^etāvat eva kiṃ na^uktam /

〔反對者：〕難道不是已經說過了嗎？認識是「**與自我認知的行相一致的認識對象就被認識到， 不論〔對這個認識對象〕是想要或不想要的**」。

kiṃ **yadā hi saviṣayaṃ jñānamarthaḥ, tade**tyanena /

kiṃ yadā hi sa-viṣayaṃ jñānam arthaḥ, tadā^iti^anena /

為什麼還要說——「**因為，如果認識對象是指帶著對境的認識，那麼**」，這句話有什麼用呢？

asti prayojanam, yasmātprākṣvasaṃvedanaṃ pramāṇamuktam,

asti prayojanam, yasmāt prāk svasaṃvedanaṃ pramāṇam uktam,

是有作用的，因為前面已說過自我認知是認識手段，

tena ca jñānasvarūpameva saṃvedyata iti svasaṃvedanaṃ tasyaiva phalamiti sphuṭamavasīyate /

tena ca jñāna-svarūpam eva saṃvedyate^iti svasaṃvedanaṃ tasya^eva phalam iti sphuṭam avasīyate /

而通過此要獲得確定的是：僅僅認識之自身的行相被認知到，因此，自我認知才是認識手段的結果。

tataśca **svasaṃvedanānurūpaṃ hyarthaṃ pratipadyata iṣṭamaniṣṭaṃ**

tataś ca svasaṃvedana-anurūpaṃ hi^arthaṃ pratipadyate^iṣṭam aniṣṭaṃ

所以，「**因為與自我認知行相一致的認識對象被認識到，這個認識對象可以是自己想要或不想要**」，

**ve**tīyatyucyamāne svasaṃvedanameva pratyakṣamadhikṛtyedaṃ phalavyavasthānamiti kasyacidāśaṅkā syāt /

vā^iti^iyati^ucyamāne svasaṃvedanam eva pratyakṣam adhikṛtya idaṃ phala-vyavasthānam iti kasya cit^āśaṅkā syāt /

既然這麼說，就會產生這樣的疑惑：關於直接知覺是僅只自我認知，才由此確定這個結果。

sarvasya ca pramāṇasyedaṃ phalamiti /

sarvasya ca pramāṇasya^idaṃ phalam iti /

但是，〔實際上〕所有的認識手段都是結果。

ata āśaṅkānivāraṇārtham—**yadā hi saviṣayaṃ jñānamartha** ityuktam/ **artha**śabdaścāyaṃ prameyavacanaḥ/

ata āśaṅkā-nivāraṇa-artham—yadā hi sa-viṣayaṃ jñānam artha ityuktam / artha-śabdaś ca^ayaṃ prameya-vacanaḥ /

所以，為了消除猜測的想法才說：「**因為如果認識對象是指帶著對境的認識**」。而「**認識對象**」這個詞說的是被認識的對象。

**saviṣayam**iti ca sākalye'vyayībhāvaḥ /

sa-viṣayam iti ca sākalye^avyayībhāvaḥ /

而「**帶有對境**」指的是整個的不變的狀態（帶有對境的認識）。

ata etaduktaṃ bhavati—na kevalaṃ yadā jñānaṃ pramāṇasya prameyamapekṣate,

ata etat^uktaṃ bhavati—na kevalaṃ yadā jñānaṃ pramāṇasya prameyam apekṣate,

因此，〔陳那寓意下述而說〕如下所說——不僅僅是當認識是觀待於認識主體的認識對象時，

tadā **svasaṃvedanānurūpamarthaṃ pratipadyata** iti

tadā svasaṃvedana-anurūpam arthaṃ pratipadyate iti

則「**按照與自我認知行相一致來認識這個認識對象**」，因此，

svasaṃvittiḥ phalam, api tu yadāpi viṣayam, tadāpīti //

svasaṃvittiḥ phalam, api tu yadā^api viṣayam, tadā^api^iti //

自我認知是果，而且，只要有對境，也是帶著對境現起。

71,12 ihāsati bāhye'rthe svasaṃvedanaphalavyavasthāyāṃ grāhakākārasya prāmāṇyaṃ vakṣyati /

iha^asati bāhye^arthe svasaṃvedana-phala-vyavasthāyāṃ grāhaka-ākārasya prāmāṇyaṃ vakṣyati /

當外在對象不存在，就確立自我認知是結果，則認識主體的行相，被說成是認識手段。

tataścāsati bāhye'rthe prameye yathā

tataś ca asati bāhye^arthe prameye yathā

還有一個疑惑：就像沒有外在對象是認識對象，

svasaṃvedanaphalavyavasthāne grāhakākāraḥ pramāṇamiṣṭam,

svasaṃvedana-phala-vyavasthāne grāhaka-ākāraḥ pramāṇam iṣṭam,

在確定自我認知是結果時，認識主體的行相被看作是認識手段，

tathā sati bāhye'rthe prameye grāhakākāra eva pramāṇamityāśaṅkā syāt /

tathā sati bāhye^arthe prameye grāhaka-ākāra eva praṃāṇam ityāśaṅkā syāt /

以同樣的方式，有外在對象的認識對象上，認識手段就是認識主體的行相。

atastannirāsāyāha — **yadā tv**ityādi /

atas tat^nirāsāya^āha —yadā tu^ityādi /

為了消除前述猜測的想法而說——以「**然而，當**」為首的這句話。

bāhye prameye svasaṃvedanaphalavyavasthāyāmapi **viṣayābhāsataiva** jñānasya **pramāṇam**iṣyate,

bāhye prameye svasaṃvedana-phala-vyavasthāyām api viṣaya-ābhāsatā^eva jñānasya pramāṇam iṣyate,

有外在認識對象的情況下，確立自我認知是果，也認為〔這

個〕**認識的認識手段只有對境顯相的事實，**

na tu vijñāptimātratāvadgrāhakākāraḥ //

na tu vijñāpti-mātratāvat grāhaka-ākāraḥ //

然而，不是如同唯識派所說是認識主體的行相。

【**PSV on 1.9cd'**】

72,3 nanu yadāpi bāhyo'rthaḥ prameya iti pakṣaḥ, tadāpi grāhakākāro'bhimata eva,

nanu yadā^api bāhyo^arthaḥ prameya iti pakṣaḥ,tadā^api grāhaka-ākāro^abhimata eva,

難道不是這樣嗎？主張即便認識對象指的是外在的存在物，仍然是看作認識主體的行相，

tasya svasaṃvedyatvāt /

tatkimiti tadā pramāṇatvena na vyavasthāpyata ityāha —

tasya svasaṃvedyatvāt /

tat kim iti tadā pramāṇatvena na vyavasthāpyata ity āha —

因為認識主體的行相是自我認知能理解的對象。

那麼，請你說一下，為什麼這種情況下，它不能被確立是作為認識手段？所以，〔陳那〕說——

**tadā hi jñānasvasaṃvedyamapī**tyādi / jñānasya svasaṃvedyamiti vigrahaḥ /

tadā hi jñāna-svasaṃvedyam api^ityādi / jñānasya svasaṃvedyam iti vigrahaḥ /

以「**那麼，儘管認識是自我認知認識的對象**」為首的這句話，

語法分析為：對認識而言，是自我認知認識的對象。

yadyapi sarvakālaṃ **svasaṃvedyam**asti **svarūpam**,

yadyapi sarva-kālaṃ svasaṃvedyam asti svarūpam,

儘管在任何時候，〔認識的〕**自身行相**，總是**自我認知認識的對象**，

tathāpi tad **anapekṣya** jñānasya bāhye prameye viṣay**ābhāsataiva pramāṇam**,

tathā^api tad anapekṣya jñānasya bāhye prameye viṣaya-ābhāsatā^eva pramāṇam,

即使這樣，把這點**擱置**，在認識對象是外在時，**認識手段正是**認識**具有對境顯相的事實**，

na svābhāsatā, bāhye'rthe tasyāḥ sādhanatvāyogāt / ayogastva⑩[a] parārthatvāt[a] /

na svābhāsatā, bāhye^arthe tasyāḥ sādhanatva-ayogāt / ayogas tu aparārthatvāt /

但不是自我的顯相事實，因為在認識對象是外在的前提下，成立它的認識的完成是不可能的。而說不可能是因為對象不一樣。

grāhakākāro hyātmaviṣayaḥ kathaṃ bāhye'rthe pramāṇaṃ syāt /

grāhaka-ākāro hi^ātma-viṣayaḥ kathaṃ bāhye^arthe pramāṇaṃ syāt /

因為認識主體的行相是以自身作為它的對境，對外在對象而言，怎麼可能是認識手段呢？

na hyanyaviṣayasyānyatra prāmāṇyaṃ yuktam //

na hi^anya-viṣayasya^anyatra prāmāṇyaṃ yuktam //
因為對一個對境的認識不可能是對另一個對境的有效認識。

【PS 1.9'd & PSV】

72,10**yasmād**ityādinā tasya prāmāṇye kāraṇamāha / **mīyata** iti niścīyate /

yasmāt^ityādinā tasya prāmāṇye kāraṇam āha / mīyata^iti niścīyate /
通過以「**因為**」為首的那句話，〔陳那〕說明為什麼它是具有有效性的原因。**被認識到**就是被確定。

**yathā yathe**tyādi / jñānasya jñeyākāravaśena bāhyo'rtho niścīyata ityarthaḥ /

yathā yathā-ityādi/ jñānasya jñeya-ākāra-vaśena bāhyo^artho niścīyata^ity arthaḥ/
以「**分別按照**」為首的那句話。有外在的認識對象，通過認識的認識對象的行相來被確定這樣的意思。

atra ca yathā dhūmenāgniranumīyata ityucy ate,
na cāsau sākṣāttenānumīyate,
atra ca yathā dhūmena^āgnir anumīyate^ityucyate,
na ca^asau sākṣāt tena^anumīyate,
這裡，像人們所說那樣：火依煙霧而推論出來，
而不是那個直接通過它來推理出來，
kiṃ tarhi taddhetukena dhūmajñānena,
kiṃ tarhi tat-hetukena dhūma-jñānena,
而是通過對煙的認識（感官的直接知覺），推論火的原因，

tathā yadyapi — **so'rthastena mīyata** ityucyate,

tathā yadyapi — sas^arthas tena mīyate^ity ucyate,

同樣的，即使說：「**這個認識對象，是通過它的顯相而被認識到**」，

tathāpi tatsādhanayā svasaṃvideti veditavyam /

tathāpi tat sādhanayā sva-saṃvidā-iti veditavyam /

不過，還是應理解為是通過自我認知來成立認識。

tathā hi ⑰[b]**yathā yathārthākāro jñāne** sanniviśate **śubhāśubhādi**rūpeṇa, tathā tathā svasaṃvittiḥ prathate[b]/

tathā hi yathā yathā^artha-ākāro jñāne sat-niviśate śubhāśubhādi-rūpeṇa, tathā tathā svasaṃvittiḥ prathate /

換言之，**分別按照認識對象的行相以顯著、不顯著等**方式直接地進入**認識裡**，同樣的，自我認知也是這樣揭示。

yathā yathā ca sā khyāti, tathā tathārtho niścīyate śubhāśubhādirūpādiḥ /

yathā yathā ca sā khyāti, tathā tathā^artho niścīyate śubhāśubhādi-rūpādiḥ /

分別按照它如何被認識到，這個認識對象是以顯著、不顯著等方式被確定的。

yadi hi (PSṬ B 10b6-11a5) tadākāramutpannaṃ syāt,

yadi hi tad ākāram utpannaṃ syāt,

因為如果〔認識〕是以認識對象的行相產生的話，

tadā tādṛśasyātmanaḥ saṃvittiḥ syāt /

tadā tādṛśasya^ātmanaḥ saṃvittiḥ syāt /

那麼，這樣的認識會是對它自己的認知。

tataśca tadvaśādviṣayaniścayo bhavet, nānyathā /

tasmādviṣay**ābhāsatā pramāṇam** //

tataś ca tadvaśāt^viṣaya-niścayo bhavet, na^anyathā / tasmād viṣaya-ābhāsatā pramāṇam //

那麼，對境由此而得以確定，僅僅如此而已。所以，才說**具有**認識對境的**顯相是認識手段**。㊷

73,3 nanu ceha viṣayasārūpyasya saṃvidaṃ prati sādhanatvaṃ pratipādayitumiṣṭam /

nanu ca^iha viṣaya-sārūpyasya saṃvidaṃ prati sādhanatvaṃ pratipādayitum iṣṭam /

難道不是這樣嗎？這裡為了考慮立論，才對於與認識對境的相似性之認知的認可。

ato yasmātsā khyāti tadvaśāditi vaktavye

ato yasmāt sā khyāti tadvaśād iti vaktavye

那麼，因此，既然要說由此，〔意識的〕認知被認識〔，亦即藉助於意識，認識對象才能確定〕，

kimartham — **yasmātso'rthastena mīyata** ityuktam / asti prayojanam /

kimartham — yasmāt so^arthas tena mīyate^ity uktam / asti prayojanam /

為什麼還要說：「**因此，認識對象由具有認識對象的顯相而被認識到**〔，而不說通過意識〕」呢？是有原因的。

sā hi svasaṃvit, arthasaṃvido yatkāryamarthaniścayaḥ, tatkaroti /

sā hi svasaṃvid, artha-saṃvido yat kāryam artha-niścayaḥ, tat karoti /

因為這一自我認知造就對象認識的（arthasa vidas）結果，即對認識對象的確定。

ata upacāreṇārthasaṃvideva kāryato draṣṭavyetyamumarthaṃ sūcayitumevamuktam /

ata upacāreṇa^artha-saṃvid eva kāryato draṣṭavyeti amum arthaṃ sūcayitum evam uktam/

所以，在日常語言的運用層面上說，對認識對象的認知，只能從結果被看見，所以，為了說明這個意思，〔陳那〕才會這樣說。

[73][a]evaṃ hi pramāṇaphalayorviṣayabhedo na bhavati[a],

evaṃ hi pramāṇa-phalayor viṣaya-bhedo na bhavati,

因為這樣，認識手段和認識結果，沒有不同的對境，

yatraiva sādhanaṃ bāhye, tatraiva saṃviditi kṛtvā //

yatra eva sādhanaṃ bāhye, tatra^eva saṃvid iti kṛtvā //

先作這樣設想：只有在對外在認識對象完成認識的地方，在那地方產生的認識都是認知。

73,9 kathaṃ tarhi svasaṃvittiḥ phalam uktam /

kathaṃ tarhi svasaṃvittiḥ phalam uktam /

為什麼在這種情況下，還說自我認知（svasaṃvitti）是結果？

paramārthatas[74][c]tādātmyātsvasaṃvittiḥ phalamuktam /

paramārthatas tādātmyāt svasaṃvittiḥ phalam uktam /

從真實義上說，由於具有同一性，自我認知才被說是果，

upacāreṇa tu kāryato'rthasaṃvittirevac sā draṣṭavyetyaviruddham /

upacāreṇa tu kāryato^artha-saṃvittir eva sā draṣṭavya^iti^ aviruddham /

但是，從世俗〔的日常語言〕來看，由於〔看到的是〕結果，所以，自我認知要被看到，只有對認識對象的認知，所以，〔這點〕並不存在矛盾。[75]

iha vijñaptimātratāyāṃ grāhakākāraḥ pramāṇam,

iha vijñapti-mātratāyāṃ grāhaka-ākāraḥ pramāṇam,

但是，對唯識派而言，認識主體的行相是認識手段（內在主體），

grāhyākāraḥ prameyamiti vakṣyati / atastatra codyamāśaṅkate //

grāhya-ākāraḥ prameyam iti vakṣyati / atas tatra codyam āśaṅkate //

被認識的行相是認識對象（內在客體）。關於這點，〔陳那說自我認知是果，因為〕下面會有〔來自瑜伽派〕提出問題反對。

73,13 tatredaṃ codyam — kathaṃ punarabhinnātmano jñānasya grāhakākārādivibhāgaḥ,

tatra^idaṃ codyam — kathaṃ punar abhinna-ātmano jñānasya grāhaka-ākārādi-vibhāgaḥ,

這個棘手問題在這裡——再者，為什麼沒有區分之性質的認識，會有認識主體〔、認識客體〕的行相等區分呢？

yenāsatyapi bāhye'rthe pramāṇādi syāditi /

yena^asati^api bāhye^arthe pramāṇādi syād iti /

以至於儘管沒有外在的認識對象，還有認識手段〔、認識結

果〕等的差別。❻

atastatparihārāyāha — **evam**ityādi / asyāyaṃ samudāyārthaḥ /

atas tat parihārāya^āha — evam ityādi / asya^ayaṃ samudāya-arthaḥ /

所以，為了排除此問題說——以「**如此**」為首的這句話。這是對前述問題的整個〔回應〕主張。

naiva tattvatastasya vibhāgo'sti,

naiva tattvatas tasya vibhāgo^asti,

從真實義上說，認識是絕對沒有作任何區分，

kevalamavidyopaplutaistadgrāhakākārādivibhāgavadiva lakṣyate /

kevalam avidya-upaplutais tad grāhaka-ākārādi-vibhāgavat^iva lakṣyate /

只有對那些被無明所蒙蔽的人，認識才會被他看成似乎如同認識主體的行相等的區分，

ato yathādarśanamiyaṃ (PSṬ B 11a5-11b4) pramāṇaprameyavyavasthā kriyate, na yathātattvamiti /

ato yathā darśanam iyaṃ pramāṇa-prameya-vyavasthā kriyate, na yathā tattvamiti /

所以，按照〔被無明蒙蔽的他們錯誤〕觀察來看，來確定認識主體、認識對象的分別，而不是按照真實。

kathaṃ punaravibhaktaṃ sattathā pratibhāsate /

kathaṃ punar avibhaktaṃ sat tathā pratibhāsate /

再者，為什麼說認識不能區分，但現實顯現是區分的？

yathā mantrādyupaplutākṣāṇāṃ mṛcchakalādayo hastyādirūparahitā api hastyādirūpāḥ pratibhāsante, yathā mantrādi-upaplutā-akṣāṇāṃ mṛt-śakalādayo hastyādi-rūpa-rahitā api hastyādi-rūpāḥ pratibhāsante,

如同對那些已經被咒語等影響眼睛的人而言，一塊一塊的泥土顯現大象等的行相，儘管泥土不具大象等的行相〔，但是，還是呈現大象的行相〕，

(77)[b]yathā ca dūre maruṣu mahānalpo'pyābhāti[b],

yathā ca dūre maruṣu maha-analpo^api^ābhāti,

以及如同在很遠的地方看沙漠，也像是很廣濶的曠野，

tathedamapyavidyāndhānāṃ jñānamatathābhūtamapi tathābhāti /

tathā^idam api^avidya-andhānāṃ jñānam atathā-bhūtam api tathā^ābhāti /

這裡也是同樣的，對被無明遮蔽的人而言，認識儘管成為非實，還是成為可見。

na ca śakyate kalpayitum — mantrādisāmarthyātte tathaivotpannā iti,

na ca śakyate kalpayitum — mantrādi-sāmarthyāt te tathā^eva^utpannā iti,

上述是不能作這樣想像——即大象等等如此真正產生，借助於咒語等力量產生，

yato'nupaplutadarśanaistaddeśasannihitaistathā na dṛśyante //

yato^anupapluta-darśanais tad deśa-sat-nihitais tathā na dṛśyante //

因為對那些不受影響所見的人，以及傳遞實際場所的人而言，他們是不會看到同樣的。

74,7**evam**iti yathoktaṃ(78)[d]**dvyābhāsaṃ jñānam**[d]iti /

evam iti yathā^uktaṃ dvy-ābhāsaṃ jñānam iti /

所謂「**按照前面所述認識過程**」，就是如同前述所說，認識是具有**兩種顯相的認識**。

**jñānasaṃvedanam**iti jñānasya karmaṇaḥ saṃvedanaṃ darśanam /

jñāna-saṃvedanam iti jñānasya karmaṇaḥ saṃvedanaṃ darśanam /

所謂「**基於對〔感官〕認識的〔自我〕認知**」就是把認識當作有動作的行為來了知，就是對認識的認知的觀察。

kimbhūtam / **anekākāram** / anekā ākārā yasya,tattathoktam /

kim bhūtam / anekākāram / anekā ākārā yasya,tat tathā^uktam /

實際情況是怎樣呢？是**由於不同的行相**。某樣東西具有不同的行相，它就被這樣稱呼。

te punarākārāḥ,ya anena[79][e]bhrāntena nirīkṣyante[e],

te punar ākārāḥ, ya anena bhrāntena nirīkṣyante,

再者，這些種種不同的行相，指的〔是主體和客體之間不同顯相，〕是被那些腦子混亂的人所觀察到〔，真實並不是這樣〕，

grāhakapratibhāsādayaste vivakṣitāḥ /

**upādāye**ti tatpramāṇanibandhanaṃ gṛhītvā /

grāhaka-pratibhāsādayas te vivakṣitāḥ /

upādāyeti tat pramāṇa-nibandhanaṃ gṛhītvā /

這些行相就是說認識主體和認識客體的區分顯相等。

所謂「**通過這一方法**」是指認識基於認識手段。

**tathā tathe**tyādi / nirvikalpe tāvadgrāhakākāraḥ kalpanāpoḍhaṃ pratyakṣaṃ **pramāṇa**m, tathā tathā^ityādi / nirvikalpe tāvat^grāhaka-ākāraḥ kalpanā-apoḍhaṃ pratyakṣaṃ pramāṇam,

以「**諸如此類分別**」為首的這句話，首先，討論脫離分別想像，這個認識主體的行相作為除去概念構想的直接知覺是**認識手段**，

spaṣṭapratibhāso grāhyākāraḥ svalakṣaṇaṃ **prameya**m /

spaṣṭa-pratibhāso grāhya-ākāraḥ svalakṣaṇaṃ prameyam /

帶有清楚顯現的認識客體行相，是作為自相，是**認識對象**。

liṅgaje 'pi grāhakā kāro'numānaṃ **pramāṇa**m,

liṅgaje 'pi grāhaka-ākāras^anumānaṃ pramāṇam,

儘管通過邏輯標記（徵相）所產生出來的〔認識，對這樣的認識來說〕，就是認識主體的行相，是推理認識的**認識手段**，

vyaktibhedānuyāyīvāspaṣṭapratibhāso grāhyākāraḥ sāmānyalakṣaṇaṃ **prameya**miti /

vyakti-bheda-anuyāyi^iva^āspaṣṭa-pratibhāso grāhya-ākāraḥ sāmānya-lakṣaṇaṃ prameyam iti /

認識客體的行相是具有不清晰的顯像，就好像是跟隨不同的個體，分別與個體相連繫的共相，是**認識對象**。[80]

**upacaryata** iti vyavahriyate /

upacaryate^iti vyavahriyate /

所謂「**區別**」就是按照日常語言的習慣用法來稱呼〔他們為認識手段、認識對象〕。[81]

etenaitatsūcayati-(PSṬ B 11b4-12a2)

etena^etat sūcayati —

通過上面所說，是要說明下述——

❽[a]vyāvahārikasya pramāṇasya prameyasya cedaṃ svarūpamuktamatrāpi vipratipannānāṃ sammohanirāsāya /

vyāvahārikasya pramāṇasya prameyasya ca^idaṃ svarūpam uktam atra^api vipratipannānāṃ sammoha-nirāsāya /

對按照日常語言運用稱呼為認識手段、認識對象的，這都被說成具有認識性質，即使在這裡也是為了消除那些對此有錯誤認識的迷惑。

lokottarameva tu vibhramavivekanirmalamanapāyi pāramārthikaṃ **pramāṇa**ṃ[a] tasyaiva ca gocaro bhūtaṃ **prameya**miti //

loka-uttaram eva tu vibhrama-viveka-nirmalam anapāyi pāramārthikaṃ pramāṇaṃ tasya^eva ca gocaro bhūtaṃ prameyam iti //

〔儘管陳那說了這樣的話，〕但是，清除錯誤的區別只有出世，有關真實義上的認識，這樣的認識才是**認識手段**，只有它所認識的範圍才是正確的**認識對象**。

75,4**nirvyāpārāstu sarvadharmā** iti /

nirvyāpārās tu sarvadharmās^iti /

〔陳那〕說：「**但是，一切經驗到的現象是脫離行為的**」。

etena tasya jñānasaṃvedanasya bhrāntatvamudbhāvitam /

etena tasya jñāna-saṃvedanasya bhrāntatvam udbhāvitam /

通過這句話（etena）揭示了將一認識〔作主客體分別〕的認知是錯誤的。❽❸

na hi tattvataḥ kasyaciddharmasyānekākāradarśanātmako

vyavahāraḥ sambhavati,

na hi tattvataḥ kasya cit^dharmasya^aneka-ākāra-darśana-ātmakas^vyavahāraḥ sambhavati,

因為，從實際意義上說，對任何一種現象而言，不可能有認識主客體之間交流的認識活動，來展示不同行相的性質，

ākārāṇāmaparinișpannatvāt / bhrāntireva tu sā,

ākārāṇām aparinișpannatvāt / bhrāntir eva tu sā,

因為種種行相不是獨立存在。[84]然而，它只能是錯誤的，

yadavidyāndhāstadavedyavedakākāramapi jñānaṃ tathā paśyanti /

yad avidyāndhās tad avedya-vedakā-ākāram api jñānaṃ tathā paśyanti /

凡無知所造成盲目的人看到的認識，儘管表明對認識〔的認識主體、客體〕的行相的無知，他們還要把它看成有這樣的行相。

yadi tarhyatattvavidāṃ sarvameva jñānamupaplutam,

yadi tarhi^atattva-vidāṃ sarvam eva jñānam upaplutam,

那麼，如果對不能按照實際意義去認識的人來說，所有認識如被洪水泛濫的錯誤，那麼，

kathaṃ pramāṇetaravyavasthā /upaplavavāsanāviśeṣasadbhāvāt /

kathaṃ pramāṇa-itara-vyavasthā /upaplava-vāsanā-viśeṣa-sadbhāvāt /

如何確定什麼才是正確的認識和錯誤的認識？（法稱有回答，陳那沒討論）因為遭遇熏習的區別是真實的存在，〔什麼區別呢？〕

yato jalādipratibhāsino jñānātsparśanāhlādatṛptyādipratyayānāṃ sambhavaḥ,

yato jalādi-pratibhāsino jñānāt sparśana-āhlāda-tṛptiādi-pratyayānāṃ sambhavaḥ,

從顯現水等這樣的認識，產生接觸、舒適、滿足等概念，

tadvyavahārāvisaṃvādāpekṣayā pramāṇam,

tad vyavahāra-avisaṃvāda-apekṣayā pramāṇam,

進一步說，如果考慮到實際生活使用的表達方式，可以得到認識的有效性來看，顯現為水就是有效的認識，[85]（從本體論上來看都不存在，但此就實際效用來區分正確或錯誤）

itarattathāvidhavāsanāvirahādapramāṇamityadoṣaḥ //

itarad^tathā^vidha-vāsanā-virahāt^apramāṇam ity adoṣaḥ //

反之，與這樣的熏習脫離開來，就不是正確的認識，所以，沒有過失。

75,12 atha yadidaṃ kāryātkāraṇānumānam, tatkatham /

kathaṃ ca na syāt /

atha yad idaṃ kāryāt kāraṇa-anumānam, tat katham /

kathaṃ ca na syāt /

〔反對者：〕再者，怎麼可能這個因的推理通過果？

〔勝主慧反詰：〕為什麼不可能呢？

yato dhūmapratibhāsi jñānaṃ pūrvamevāvirbhavati, paścādanalapratibhāsi /

yato dhūma-pratibhāsi jñānaṃ pūrvam eva^āvirbhavati, paścād anala-pratibhāsi /

〔反對者回答：〕因為某個具有煙的顯現的認識已經在前產生，於後時有火顯現〔的認識產生〕。

na hi tatprāgdhūmapratibhāsino jñānātsaṃvedyate /

na hi tat prāg dhūma-pratibhāsino jñānāt saṃvedyate /

因為〔火的顯現〕認識不能從在前具有煙的顯現的認識被認知。

tato’nagnijanya eva dhūmaḥ syāditi katham tenāgneranumānam /

tato^anagni-janya eva dhūmaḥ syād iti katham tena^agner anumānam /

由於煙只能無火生時才有，所以，怎麼可能通過煙推理對火的認識？

naiṣa doṣaḥ /

dahanākārajñānajananavāsanāviśeṣānugata eva hi cittasantāno[86]

naiṣa doṣaḥ /

dahana-ākāra-jñāna-janana-vāsanā-viśeṣa-anugata eva hi citta-santāno

〔勝主慧回答：〕這樣的錯誤不存在。

其實是帶著有關火的行相認識始生的特殊熏習的思想流程，（心器）

dhūmābhāsāṃ dhiyamutpādayati, na tu yaḥ kaścit /

dhūma-ābhāsāṃ dhiyam utpādayati, na tu yaḥ kaścit /

由此產生煙的顯相的認識，而不是任何一個。

atas[87][b]taṃ gamayaddhūmajñānaṃ prabodhapaṭuvāsanāṃ

dahanākārāṃ buddhiṃ bhaviṣyantīṃ pratipatturgamayati[b] /

atas taṃ gamayat^dhūma-jñānaṃ prabodha-paṭu-vāsanāṃ dahana-ākārāṃ buddhiṃ bhaviṣyantīṃ pratipattur gamayati /

然後，關於煙的認識會讓火被認識到，火的行相的認識是被強烈分明的熏習喚醒，造成將來的認識〔，由煙就產生對火的認識〕。

atra hi ⓼⓼c hetudharmānumānena rasāde rūpādivadanumānaṃc bhavatītyacodyam //

atra hi hetu-dharma-anumānena rasāde rūpādivat^anumānaṃ bhavati^iti^acodyam //

因為，在這裡指的是從因推理認識的特性，所以，不存在這樣的指責：即這是推理認識，就像從味道等推理色等認識。⓼⓽

### 4. 兩種行相

**【PS1.10 & PSV】**

76,6**āha ce**tyādinā tāṃ prameyādivyavasthāṃ darśayati /

āha ca^ityādinā tāṃ prameyādi-vyavasthāṃ darśayati /

通過以「**接著說**」開始的這句話，對認識對象等的確定，得到說明。

**ya ābhāso**'syeti vigrahaḥ / svāṃśasya ca mānatvena vidhānādiha viṣayābhāso gṛhyate /

ya ābhāso'sya iti vigrahaḥ / sva-aṃśasya ca mānatvena vidhānāt^iha viṣayābhāso gṛhyate /

由於認識自身方面是被定義為認識手段，所以，這裡指的是認識對境的顯相。

**prameyaṃ tad**iti sa viṣayābhāsaḥ prameyam /

prameyaṃ tad iti sa viṣaya-ābhāsaḥ prameyam /

分析：「一個認識**帶有顯相**」。「**就是認識對象**」是指帶有對境的顯相就是認識對象。

**pramāṇaphalate punargrāhakākārasaṃvittyor**iti

pramāṇaphalate punar grāhaka-ākāra-saṃvittyor iti

「**認識主體的行相及認知，就分別是認識手段和認識結果**」是指

grāhakākārasya pramāṇatā, saṃvitteḥ phalatā /

grāhaka-ākārasya pramāṇatā, saṃvitteḥ phalatā /

認識主體的行相就是認識手段，這個認知就是結果。[90]

atra ca yadyapi **saṃvitti**śruteralpāctaratvam,

atra ca yadi^api saṃvitti-śruter alpa-āctaratvam,

而在這裡儘管**認知**這個詞是比較少，

tathāpi grāhakākārasya pramāṇatvāttasya ca

tathāpi grāhaka-ākārasya pramāṇatvāt^tasya ca

雖然如此，因為認識主體的行相是認識手段，而且它是

vyutpādyatvenādhikṛtatvādabhyarhitatvam /

vyutpādyatvena^adhikṛtatvāt^abhyarhitatvam /

作為需要被解釋的討論話題，是有比目前從事的更重要的作用。

ato **grāhakākāra**śabdasyaiva pūrvanipātaḥ /

ato grāhaka-ākāra-śabdasya^eva pūrva-nipātaḥ /

所以，**認識主體的行相**這個詞就被放在前頭。[91]

**trayaṃ nātaḥ pṛthakkṛtam**iti / trayasyāpi

tattvato'parinişpannatvāt, na jñānātpṛthakkaraṇam //

trayaṃ na^ataḥ pṛthakkṛtam iti / trayasya^api

tattvato'parinişpannatvāt, na jñānāt pṛthakkaraṇam //

「**因此，三者不能被看作相分離**」：因為三者的確也不是真實的存在，所以，不能從認識中區別開來。

【**PSV on1.11ab**】

77,1 iha❾❷[a] dvirūpatāmaṅgīkṛtya svasaṃvitteḥ phalatvamuktam /

iha dvirūpatām aṅgīkṛtya svasaṃvitteḥ phalatvam uktam /

在〔陳那《集量論》〕這裡，首先承認〔認識〕有雙重行相，才會說自我認知是結果。

na ca taddvairūpyaṃ jñānasyopapadyate,

na ca tat^dvairūpyaṃ jñānasya^upapadyate,

而這個認識的雙重性質是不可能產生的，

tadupapattyabhāvāt^iti matvā pṛcchati — **atha dvirūpam**ityādi /

tat^upapatti-abhāvāt^iti matvā pṛcchati — atha dvirūpam ityādi /

它的合理性不存在〔需要證明〕，有了這樣的想法，就提出問題——「**那麼，如何說明認識具有雙重行相呢？**」等等，〔因為陳那緊接第10頌說三種行相後問如何解釋雙重行相，所以，有人〕說：

kasmātpunastrairūpye praṣṭavye dvirūpatāpraśnaḥ /

kasmāt punas trairūpye praṣṭavye dvirūpatā-praśnaḥ /

為什麼要對雙重行相提問，而不是對三種行相的質疑？

❾❸[b] dvairūpye siddhe svasaṃvittirapi sidhyatītyabhiprāyāt /

dvairūpye siddhe svasaṃvittir api sidhyati^ity abhiprāyāt[b] /
〔陳那回答說：〕由於有這樣的意圖——如果雙重性被證明，〔第三種行相〕自我認知也會被證明。
dvairūpye hi siddhe viṣayasārūpyamātmabhūtaṃ jñānasya saṃvedyata ityarthādātmasaṃvedanaṃ sidhyati //
dvairūpye hi siddhe viṣaya-sārūpyam ātmabhūtaṃ jñānasya saṃvedyate^ity arthāt^ātma-saṃvedanaṃ sidhyati //
因為當雙重性得到證明時，認識作為它本身，由於具有和認識對境相同的行相，也會被認知到的這樣一個意義，自我認知也會得到〔間接〕證明。

【**PS1.11ab**】
77,6**viṣayajñānatajjñānaviśeṣāttv**ityādi /
viṣayajñāna-tajjñāna-viśeṣāt tu^ityādi /
以「**而〔認識具有雙重行相〕是由於認識對對境的認識的這個〔對境〕有特殊性**」為首這句話：
**viṣayajñāna**ṃ rūpādigrāhi cakṣurādivijñānam /
viṣaya-jñānaṃ rūpādi-grāhi cakṣurādi-vijñānam /
**對對境的認識**是對色等的認取者（grāhi），是眼等的了知。
viṣayajñāne tajjñānaṃ **viṣayajñānatajjñāna**m /
viṣayajñāne tat-jñānaṃ viṣaya-jñāna-tat-jñānam /
對這樣東西的理解，這樣東西是在感官認識產生的，就是**在感官認識產生的，對它的理解**。[94]
atra yadi **tac**chabdena viṣayajñānaṃ sambadhyeta,

tasyopādānamanarthakaṃ syāt,

atra yadi tat^śabdena viṣaya-jñānaṃ sambadhyeta, tasya^upādānam anarthakaṃ syāt,

〔關鍵在"tat"如何理解？〕在這個複合詞當中，如果通過"**tat**"這個詞，指的是與"viṣayajñāna"相連接，那麼，使用"tat"就會變得毫無意義，

vināpi tena viṣayajñānālambanasya jñānasya pratīteḥ /

vinā^api tena viṣaya-jñāna-ālambanasya jñānasya pratīte /

即便沒有"tat"這個詞，第二重認識（jñānasya）是以第一重認識（viṣaya-jñāna）作為認識對象（ālambana），這也是完全可以理解。

tasmāt**tac**chabdopādānasāmarthyādguṇabhūto'pi viṣayaḥ sambadhyate, anyasyehāprakṛtatvāt /

tasmāt tat-śabda-upādāna-sāmarthyāt^guṇabhūto'pi viṣayaḥ sambadhyate, anyasya^iha^āprakṛtatvāt /

所以，由於通過使用"**tat**"這個詞，指的是〔與第一重認識〕同一的對境（"viṣaya"），儘管〔此〕對境已變成第二位，還是屬於它（第一重認識的對境），〔為什麼呢？〕因為，其他不是主要的〔，也就是只有"viṣaya"是討論主題〕。[95]

tadetaduktaṃ bhavati —viṣayajñāne viṣayākāraṃ jñānamiti / tadeva viśeṣaḥ /

tad etad uktaṃ bhavati —viṣaya-jñāne viṣaya-ākāraṃ jñānam iti / tad eva viśeṣaḥ /

下述是〔陳那〕想要說的——具有認識對境的行相的〔第二

重〕認識，是對〔第一重〕對境的認識產生。這點正是它的特殊性。[96]

tathā hi tadviṣayajñānādadhikena viṣayākāreṇa viśiṣyate /

tathā hi tad viṣaya-jñānāt^adhikena viṣaya-ākāreṇa viśiṣyate /

換言之，這是〔第二重認識被作了特殊的規定，〕通過它的對境行相〔變化，而具有特殊性〕，是附加（adhika）的，而且是因為對〔第一重〕對境的認識而被特殊化。[97]

parābhiprāyeṇaivamuktam /

para-abhiprāyeṇa^evam uktam/

〔陳那〕這麼說是由於考慮到論敵的想法。

paro hi viṣayajñānasyānubhavākāraṃ kevalamicchati/

paro hi viṣaya-jñānasya^anubhava-ākāraṃ kevalam icchati/

因為論敵只有承認對境認識的經驗行相。

tajjñānasya tvanubhavākāro'pyasti /

tat-jñānasya tu^anubhava-ākāro'pi^ asti /

但是，對第二重認識（tat-jñāna）而言，也是有經驗的行相。

atra ca buddheranubhavākārasya siddhatvātsa na sādhyate/

atra ca buddher anubhava-ākārasya siddhatvāt sa na sādhyate /

而〔在《集量論》〕這裡，因為認識的經驗行相已經得到證實，它不再被證明。

na hi sa kaścidvādī, yo jñānasya jñānarūpaṃ necchati /

na hi sa kaścid vādī, yo jñānasya jñāna-rūpaṃ na^icchati /

因為沒有任何理論家（vādin）會不承認：「認識是具有認識的行相」這一點〔，所以，這點不用討論〕。

viṣayākārastu na siddhaḥ parasyeti / tena dvairūpyaṃ sādhyate //

viṣaya-ākāras tu na siddhaḥ parasya^iti / tena dvairūpyaṃ sādhyate //

而〔要討論的是，後面的認識會具有在前的〕對境行相這一點，對他人而言，是不成立，所以，雙重性質要被證明。

**【PSV on1.11ab】**

78,3**viṣaye hī**ti / hiśabdo'vadhāraṇe bhinnakramaśca /

viṣaye hi^iti / hi-śabdo'vadhāraṇe bhinnakramaś ca /

「**因為對〔諸如色等〕認識對境而言**」：〔首先，〕「**因為**」這個詞，是為了強調〔認識對境〕，但，〔放的位置不恰當，〕這是語法的例外，不合常規的詞序。

**tadarthasvâbhāsameve**tyetatpramāṇaphalam /

tad artha-sva-ābhāsam eva^iti^etat pramāṇa-phalam /

「**認識絕對會有認識對象的顯相和認識自身的顯相**」，這點指的是認識手段和結果。

tatrārthābhāsaṃ viṣayākāratvāt, svābhāsamanubhavākāratvāt /

tatra^artha-ābhāsaṃ viṣaya-ākāratvāt, sva-ābhāsam anubhava-ākāratvāt /

認識有對象的顯相，因為認識具有認識對境的行相，認識具有認識自身的顯相是因為具有經驗的行相。[98]

**viṣayânurūpajñānâbhāsam**iti

viṣaya-anurūpa-jñāna-ābhāsam iti

解釋「**與認識對境行相一致的認識（一）顯相**」這句話：

rūpādirviṣayasyānurūpaṃ jñānaṃ viṣayajñānameva,

rūpāder viṣayasya^anurūpaṃ jñānaṃ viṣaya-jñānam eva,
所謂對對境的認識，是指對諸如色等認識對境而言，與此行相一致的認識，
tadābhāsaṃ viṣayākāraviṣayajñānākāramityarthaḥ /
tad-ābhāsaṃ viṣaya-ākāra-viṣaya-jñāna-ākāram ityarthaḥ /
這個認識的顯相是指具有認識對境的行相之對境的認識行相這樣一個意義。[99]
anena viṣayākāraṃ viṣayajñānaṃ svajñānenālambyata ityeṣa heturuktaḥ /
anena viṣaya-ākāraṃ viṣaya-jñānaṃ sva-jñānena^ālambyata iti^eṣa hetur uktaḥ /
通過這句話，說明這個理由：即對具有對境的行相之對境的認識，被認識自己的認識所認知，[100]這是有道理的。
yatra hi jñāne yadvastu yenākāreṇa pratibhāsate,
yatra hi jñāne yad vastu yena^ākāreṇa pratibhāsate,
因為對任何認識而言，當某個實存體以它自身的行相在某個認識中顯現出來，
tattadākārameva tenālambyata ityetadyuktam /
tat tad-ākāram eva tena^ālambyate^iti^etad yuktam /
那麼，這個實存體就是以它的行相被那個認識所認知。
tathā hi sāsnādyākāreṇa gauḥ svajñāne pratibhāsamānastadākāra eva tenālambyate/
tathā hi sāsnādi-ākāreṇa gauḥ svajñāne pratibhāsamānas tad-ākāra eva tena^ālambyate/

具體來說，〔譬如說〕一頭牛，在對它的認識上，是以它的頸下垂肉的行相顯現出來，只能以這個頸下垂肉的行相被那個認識所認知。

viṣayajñānajñāne ca viṣayākārānuraktaviṣayajñānākāra upalabhyate, na tu tadvyatirekeṇa kiñcidākārāntaram /

viṣaya-jñāna-jñāne ca viṣaya-ākāra-anurakta-viṣaya-jñāna-ākāra upalabhyate, na tu tad vyatirekeṇa kiñcid ākāra-antaram /

在對認識對境的認識的認識當中，有認識對境的認識行相〔，實際上〕是被認識對境的行相所染，〔這樣的帶有認識對境的行相特徵〕就被認識了，而不是與此不同的任何一個別的行相。

na cāpratibhāsamānastasya viṣayo yujyate, atiprasaṅgāt /

na ca^apratibhāsamānas tasya viṣayo yujyate, atiprasaṅgāt /

而且也不會是不顯現的那樣東西的對境，因為如果是，就會得極其荒謬的結論。[101]

tasmādviṣayākāraṃ viṣayajñānaṃ svajñānenālambyata ityeṣa hetvartho labhyate /

tasmāt^viṣayākāraṃ viṣayajñānaṃ sva-jñānena^ālambyate iti^eṣa hetu-artho labhyate /

所以，對具有對境行相的對境認識，被對它的認識所認知，因此，這個行相是作為因被認識到。[102]

**svâbhāsaṃ ce**ti viṣayākāraviṣayajñānābhāsaṃ satsvarūpeṇāpi pratibhāsata ityarthaḥ //

svābhāsaṃ ca^iti viṣaya-ākāra-viṣaya-jñāna-ābhāsaṃ sat

svarūpeṇa^api pratibhāsata ity arthaḥ //

然後，再討論「**和認識本身（二）顯相**」有這樣一個意義：把帶有對境行相的對境認識的顯相，以其自身行相再次顯現給現有的（第二重）認識。[103]

78,15**anyathe**ti dvirūpatābhāve /

anyathā^iti dvirūpatā-bhāve /

「**否則**」這一詞是如果說認識不具雙重行相（位格關係）。

**yadi viṣayānurūpameva viṣayajñānaṃ syād**iti nānubhavarūpamapi /

yadi viṣaya-anurūpam eva viṣaya-jñānaṃ syāt^ iti na^anubhavarūpam api /

**如果說對對境的認識只有與對境行相一致的話**，而沒有經驗的行相。

nanu ca naiva kaścidviṣayaikarūpaṃ jñānamicchati, tatkimarthamidamuktam /

nanu ca na^eva kaścid viṣaya-ekarūpaṃ jñānam icchati, tat kimartham idam uktam /

難道這不是要被承認的嗎？任何認識只具有一個對境的行相，〔這是公認的，〕為什麼還要說〔具兩種行相〕這樣的話呢？[104]

viṣayākāre jñāne sādhyamāne kvacidiyamāśaṅkā syāt —

viṣaya-ākāre jñāne sādhyamāne kvacid iyam āśaṅkā syāt —

證明認識具有認識對境的行相時，總是會有這樣的疑惑——

viṣayākāraṃ cejjñānaṃ pratipadyate, svarūpaparityāgenaiva pratipadyata iti /

viṣaya-ākāraṃ cet^jñānaṃ pratipadyate,svarūpa-parityāgena^eva pratipadyate^iti/

如果認識是具有對境的行相而生起的話，那麼，就只能捨棄自身的行相而生起。（這是反對者的意見）

atastāṃ nirākartuṃ svarūpamajahadeva tadviṣayākāramanukarotīti darśanārthametaduktam /

atas tāṃ nirākartuṃ svarūpam ajahad eva tad viṣaya-ākāram anukaroti^iti darśana-artham etad uktam /

所以，為了消除這個疑惑，為了說明認識採納認識對境的行相，〔採納〕同時並不會放棄自身行相，因此，〔陳那〕才會說這樣的話。[105]

**svarūpaṃ ve**ti / anubhavākārameva vā, na viṣayākāramapi /

svarūpaṃ vā^iti / anubhava-ākāram eva vā, na viṣaya-ākāram api /

「**或者只有自身的行相**」：或者只有經驗的行相，而沒有對境的行相。

**jñānajñānamapi viṣayajñānenāviśiṣṭaṃ syād**iti /

jñāna-jñānam api viṣaya-jñānena^aviśiṣṭaṃ syāt^iti /

「**對認識的認識就和對對境的認識不會有區別**」：

**jñānajñānaṃ** viṣayajñānālambanajñānam ,

jñāna-jñānaṃ viṣaya-jñāna-ālambana-jñānam ,

「**對認識的認識**」是以〔第一重〕對境的認識作為所緣來認識，

tad**viṣayajñānenāviśiṣṭam**aviśeṣitaṃ bhavet /

tad viṣaya-jñānena^aviśiṣṭam aviśeṣitaṃ bhavet /

這個認識**就不會被〔第一重〕對境認識所限定**，即不會被區分。

viṣayānukārānuraktaviṣayajñānākāratvena viśeṣeṇa viśiṣṭaṃ notpāditaṃ syādityarthaḥ /

viṣaya-anukāra-anurakta-viṣaya-jñāna-ākāratvena viśeṣeṇa viśiṣṭaṃ na^utpāditaṃ syāt^ityarthaḥ /

上述亦即可能由採納對境行相，賦予特徵的對境認識的行相特殊性所規定的認識，就會無法產生這樣的意思。[106]

79,6yadi hyālambanenātmīyākārānugataṃ svajñānamutpādyata ityetadasti,

yadi hi^ālambanena^ātmīya-ākāra-anugataṃ sva-jñānam utpādyate^ iti^etad asti,

實際上，如果如下所說是對的話，即〔對某個物體的認識，而〕這個認識是被這個物體的自身行相所覆蓋（anugata），而且通過認識對象產生對它的認識，

tadā viṣayajñānādutpadyamānaṃ jñānaṃ yathoktākāraviśiṣṭaṃ syāt /

tadā viṣaya-jñānāt^utpadyamānaṃ jñānaṃ yathā^ukta-ākāra-viśiṣṭaṃ syāt /

那麼，才會有從對境認識產生的認識，才會有被如上所說的特殊性行相所規定的認識。[107]

asati tvasminyathā viṣayaḥ svajñānaṃ na viśeṣayati,

asati tu^asmin yathā viṣayaḥ sva-jñānaṃ na viśeṣayati,

但是，如果不是這樣的情況，就會出現如同對境，不能對它的（sva）認識作特殊規定，

svasārūpyeṇa viśeṣeṇa viśiṣṭaṃ na-utpādayati,

svasārūpyeṇa viśeṣeṇa viśiṣṭaṃ na-utpādayati,

與認識對象自身相似行相的特殊性所規定的這個認識也不會產生，

tathā viṣayajñānamapi svajñānaṃ na viśeṣayet / viśeṣayati ca /

tathā viṣaya-jñānam api sva-jñānaṃ na viśeṣayet / viśeṣayati ca /

就像對對境的認識也是不能對它的認識作出某種特殊規定。〔這個認識也不能以與它行相一致的特殊性所規定。〕但是，實際上是作了規定。

tasmādviṣayajñānasyāpyasti viṣayākāraḥ /

tasmāt^viṣaya-jñānasya^api^asti viṣaya-ākāraḥ /

因此，就對對境的認識（第一重認識）而言，〔在被第二重認識時，〕也是必須帶有對境的行相〔否則，就不會對第二重認識作規定〕。❶⓪❽

❶⓪❾[d] yadyadākāraṃ svajñānenālambyate[d], tadākāraṃ tadbhavati /

yad yad ākāraṃ sva-jñānena^ālambyate, tad ākāraṃ tad bhavati /

當某個實存體，以它自己的行相被對它自己的認識所認識，那麼，這個實存體在對它的認識中，帶著它的行相。

tadyathā sāsnādimadākāraḥ svajñānenālambyamāno gauḥ sāsnādimadākāraḥ /

tad yathā sāsnādi-mad-ākāraḥ sva-jñānena^ālambyamāno gauḥ sāsnādi-mad-ākāraḥ /

譬如牛以有頸下垂肉的行相是被對它的認識，當作認識對象來認識，這個牛必須帶著牛的頸下垂肉的行相。

viṣayākāraṃ ca viṣayajñānaṃ svajñānenālambyate,

viṣaya-ākāraṃ ca viṣaya-jñānaṃ sva-jñānena^ālambyate,

帶著對境的行相的對境認識會被它的認識所認知，

tadākāro'yamālambyata ityasyā vyavasthāyāstadākāranibandhanatvāt /

tad-ākāro 'yam ālambyate^iti^asyā vyavasthāyās tad-ākāra-nibandhanatvāt /

具有對境（tad）的行相是被這個認識所認知，作這樣的確定，是由於具有它的行相的理由。

tasyāṃ sādhyāyāmidaṃ kāryam⑩/ tadākāratve tu svabhāvaḥ /

tasyāṃ sādhyāyām idaṃ kāryam / tad-ākāratve tu svabhāvaḥ /

如果它是要被證明的命題，這個理由是果（kārya）。若是通過行相推知，使用的是自身存在（svabhāva）。⑪

viṣayānubhavajñānaṃ cātropalakṣaṇamātram /

viṣaya-anubhava-jñānaṃ ca^atra upalakṣaṇa-mātram /

而在這裡，對對境經驗的認識，僅僅是通過實例而言。

cintājñānamapi yathācintitārthākāraṃ jñānākāraṃ ca svajñānenopalabhyate /

cintā-jñānam api yathā cintitā-artha-ākāraṃ jñāna-ākāraṃ ca sva-jñānena^upalabhyate/

對某種想法的認識也是這樣，按照它被想過的對象行相，以這樣認識行相被它自己的認識所認識。

tathā hi yathā viṣayajñānajñānaṃ viṣayānubhavjñānasya na kevalā martharūpatāmanubhavarūpatāṃ vā pratyeti,

tathā hi yathā viṣaya-jñāna-jñānaṃ viṣaya-anubhava-jñānasya na kevalām artha-rūpatām anubhava-rūpatāṃ vā pratyeti,

具體來說，就如同對對境認識的認識，不僅要承認具有對境經驗的認識是認識對象的行相，或者是經驗的行相，

api tvīdṛgarthaṃ tajjñānamāsīdityubhayākāraṃ gṛhṇāti,

api tu^īdṛś-arthaṃ tat-jñānam āsīd iti^ubhaya-ākāraṃ gṛhṇāti,

而且也是認取兩種行相：「有這樣的認識對象以及對這樣東西的認識」，

tathedṛgarthākārā cintāsīditi svajñānena gṛhyate //

tathā^īdṛg¬-artha-ākārā cintā^āsīd iti sva-jñānena gṛhyate //

而且會被它自己的認識所認識：「以這樣的認識對象行相以及對它的想法。」⓬

80,4syādetat —[a]nirākārameva viṣayajñānamutpadyate /

syāt^etat — nirākāram eva viṣaya-jñānam^utpadyate /

會有這樣的〔無相說〕反對：對對境的認識絕對是不帶行相產生。

tasmiṃstvarthakāryatayārthakāryametajjñānamityeṣā smṛtirbhavati /

tasmin^tu^artha-kāryatayā^artha-kāryam etat^jñānam iti^eṣā smṛtir bhavati /

但是，在這個過程中，由於是認識對象的結果，這個認識不過是認識對象的結果，所以，認識對象的結果成為記憶。

tasyāṃ satyāmanubhavajñānaheturapyarthaḥ smaryate /

tasyāṃ satyām anubhava-jñāna-hetur api^arthaḥ smaryate /

的確，對於認識對象的結果，認識對象也會被記憶為造成對經驗認識的原因。

tataḥ paścādbhrāntyānubhavajñānamarthena saṃyojyārthākāratayādhyavasyati [a]/

tataḥ paścāt^bhrāntyā^anubhava-jñānam arthena saṃyojya-artha-ākāratayā^adhyavasyati/

此後，由於迷誤的原因，把經驗的認識和認識對象相連接，才會判定〔經驗的認識〕具有認識對象的行相。⓫

na ca yāvatā bhrāntena pratipattrā tattathāvasīyate,

na ca yāvatā bhrāntena pratipattrā tat tathā^avasīyate,

不過，認識絕對不是真的具有這樣的行相，如同被迷誤的認識者對它作如此判斷那樣，

tāvatā tadākārameva tadbhavatīti yuktamityāha—

tāvatā tad ākāram eva tad bhavatīti yuktam ity āha—

所以，說所謂認識具有認識對象的行相〔是錯誤（以上是無相論者的觀點），陳那〕對此回答：

**na cottarottarāṇī**tyādi / **ca**kāro'vadhāraṇe /

na ca^uttarottarāṇi^ityādi / ca-kāro'vadhāraṇe /

以「**每個後來的認識就不會有**〔以前消失的認識對境的顯相〕」為首的那句話。**"ca"**這個字是限制在一定的實例。

**uttarottarāṇi** viṣayajñāna**jñānā**dīni tāni **pūrva**syānubhavajñānasya yo **viṣaya**

uttarottarāṇi viṣaya-jñāna-jñānādīni tāni pūrvasya^anubhava-jñānasya yas^viṣaya

**每個後來的認識**是對對境認識的**認識**等等，每個後來的認識，絕對**不會**有以前已經消失認識對境的**顯相**，〔因為〕**對境**對

**以前**經驗的認識而言，

uttarottarajñānāpekṣayā jñānāntaritatvād**viprakṛṣṭa**stad**ābhāsāni**

**nai**va bhavanti,

uttarottara-jñāna-apekṣayā jñāna-antaritatvāt^viprakṛṣṭas tad

ābhāsāni na^eva bhavanti,

通過觀待每個後來的認識，因為已經是相隔**很遠的**認識，是消失的東西，

naiva prāpnuvantītyarthaḥ / kutaḥ / **tasyāviṣayatvāt** /

na^eva prāpnuvanti^ity arthaḥ / kutaḥ / tasya^āviṣayatvāt /

〔每個後來的認識〕就是不會獲得〔這樣的認識對境的顯相〕。⓮為什麼呢？**因為這個〔以前消失的〕對境不是後來認識的對境**。

**tasya** yathoktasyārthasyottarottarajñānānām**aviṣayatvāt** /

tasya yathā^uktasya^arthasya^uttarottara-jñānānām aviṣayatvāt /

如前所說的**認識的**對象，對於後來不斷出現的認識而言，**因為不是後來認識的對境**。

yadi sa teṣāmapi viṣayaḥ syāt,

yadi sa teṣām api viṣayaḥ syāt,

如果〔前面認識的〕對境對這些後來認識而言，也是對境的話，

tadā tad utpanneṣu teṣvarthakāryatayārthakāryāṇyetāni jñānānītyeṣā smṛtiḥ syāt /

tadā tad-utpanneṣu teṣu^artha-kāryatayā^artha-kāryāṇi^etāni jñānāni^iti^eṣā smṛtiḥ syāt /

那麼，這些後來的認識就會被這樣記憶：當作前面認識對象的結果，由於它們是認識對象的結果，當它們如此產生時它們就被如此記住了。

tatasteṣāmapi hetuḥ so'rthaḥ smaryeta /

tatas teṣām api hetuḥ so'rthaḥ smaryeta /

〔認識會被記成對象的結果，〕因此，對象也會被記成它們的因〔，因果關係也被記住了〕。

tataśca tenārthena saṅkalayya tatpratibhāsitvena bhrāntena pratipattrā gṛhyeran /

tataś^ca tena^arthena saṅkalayya tat pratibhāsitvena bhrāntena pratipattrā gṛhyeran /

然後，由於〔每個後來的認識〕和這樣的認識對象結合，所以，他們才會被那些迷誤的認識者，當作是具有它的顯相而被認知。

na cāsau teṣāṃ viṣayaḥ, kiṃ tarhyādyasyaiva jñānasya /

na ca^asau teṣāṃ viṣayaḥ, kiṃ tarhi^ādyasya^eva jñānasya /

其實，這個對境不是後來認識的對境，而是第一重認識的〔對境〕。

tatastadevārthasāmarthyabhāvi saṃyojyārthena tadākāratayā gṛhyeta, nottarottarāṇi, teṣāṃ tadaviṣayatvāt /

tatas tad eva^artha-sāmarthya-bhāvi saṃyojya-arthena tad-ākāratayā gṛhyeta, na^uttarottarāṇi, teṣāṃ tad aviṣayatvāt /

因此，正是這個認識藉助於對象的力量而產生，所以，要和對象相連繫，帶著對象的行相被認知，而不是每個後來的認識，

對他們而言，因為它不是對境。⓯

gṛhyante ca tānyapyarthākārānukāritayā /

gṛhyante ca tāni^api^artha-ākāra-anukāritayā /

所有後來的認識，也是採納對象行相產生而被認知。

tathā hy⓰[a] uttarottarasya jñānasyaikaika ākāro'dhika upalabhyate[a] /

tathā hi ^uttarottarasya jñānasya^ekaika ākāro'dhika upalabhyate /

具體來說，每個後來的認識都要認取每一個被附加的行相。

ghaṭajñānajñānena hi ghaṭākāraṃ jñānamālambamānaḥ

ghaṭa-jñāna-jñānena hi ghaṭa-ākāraṃ jñānam ālambamānaḥ

〔譬如〕把帶有瓶子的行相的認識當作他的認識對象的人，

saha ghaṭākāreṇa ghaṭākāraṃ jñānamāsīditi pratyeti /

saha ghaṭa-ākāreṇa ghaṭa-ākāraṃ jñānam āsīd iti pratyeti /

就會帶著瓶子的行相來作認識，而且以對瓶子的認識的認識形式，他會想剛才有個帶著瓶子的行相的認識。⓱

tajjñānena tu ghaṭajñānajñānamālambamāno ghaṭajñānajñānamāsīditi saha ghaṭajñānākāreṇa ghaṭajñānajñānam /

tat-jñānena tu ghaṭa-jñāna-jñānam ālambamāno ghaṭa-jñāna-jñānam āsīd iti saha ghaṭa-jñāna-ākāreṇa ghaṭa-jñāna-jñānam /

更進一步〔，以剛才所說認識的認識方式〕，把對瓶子的認識的認識，作為認識對象的人，就會帶著瓶子的認識行相，產生瓶子的認識的認識，是帶著瓶子認識的行相的認識，而且他會想剛才有個瓶子的認識的認識。

evamuttareṣvapi veditavyam /

evam uttareṣu^api veditavyam /

按照前面所述，以後不斷產生的認識也是應該如此理解。

tadevamuttarottarajñānāni pūrvaviprakṛṣṭārthākārāṇi gṛhyante /

tad evam uttarottara-jñānāni pūrva-viprakṛṣṭa-artha-ākārāṇi gṛhyante /

如此後來不斷產生的認識，就會帶著以前久遠或已消逝的對象行相來認知，

na ca teṣāṃ svaviṣayaḥ, yatastvaduktayā nītyā[118c] tathā gṛhyeran /

na ca teṣāṃ sva-viṣayaḥ, yatas tvat uktayā nītyā tathā gṛhyeran /

而不是帶著它們自己的對境，所以，它才會像你所說原理那樣被認知。

tasmāttāni svabhāvata eva tadākārāṇi bhavantītyabhyupeyam /

tasmāt tāni svabhāvate eva tad ākārāṇi bhavanti^iti^abhyupeyam /

所以，就其本質而言，這些認識必須是帶有對境的行相，這點必須被承認。[119]

na cādyasya jñānasya viṣayākāraśūnyatve pūrvaviprakṛṣṭārthābhāsāni bhavanti yathoktaṃ prāk[120] /

na ca^ādyasya jñānasya viṣaya-ākāra-śūnyatve pūrva-viprakṛṣṭa-artha-ābhāsāni bhavanti yathā^uktaṃ prāk /

不過，如果第一重認識，不帶有對境的行相，那麼，這個認識就不會帶有第一重已經久遠的認識對象的顯相。如前所說。

tasmāttadapyarthābhāsameṣṭavyam /

tasmāt tad api^artha-ābhāsam eṣṭavyam /

所以，第一重認識也是帶有對象顯相，這點必須被承認。

**ataśca siddhaṃ dvairūpyam** //

ataś ca siddhaṃ dvairūpyam //

**所以，證明認識必須帶有雙重性。**[121]

81,13 [122][f]**viṣayajñāne tu yajjñānam**,

viṣaya-jñāne tu yat jñānam,

〔論敵〕置疑：「**這個認識是從對對境的認識產生的〔第二重認識〕**，

**tadviṣayānurūpajñānābhāsaṃ svābhāsaṃ ce**tyetadeva kutaḥ ,

tad viṣaya-anurūpa-jñāna-ābhāsaṃ svābhāsaṃ ca^iti^etad eva kutaḥ ,

**具有與對境的行相一致的認識的顯相以及對〔第一重〕對境的認識的認識本身的顯相**」，為什麼就是這樣？[123]

yatastadvaśena viṣayajñānasya viṣayasārūpyaṃ syāditi cet,

yatas tad vaśena viṣaya-jñānasya viṣaya-sārūpyaṃ syāt iti cet,

由於通過此，對對境的認識，如果是和認識對境相同行相的話，

yatastasya viṣayajñānasambandhinau taddvārāyātau

yatas tasya viṣaya-jñāna-sambandhinau tat^dvāra-āyātau

那麼，對這個認識而言，由於各別與對境、認識相連繫，通過此途徑而被認識的兩種行相：

viṣayākārānubhavākārau tṛtīyaśca svābhāsalakṣaṇa ākāra ityete traya ākārāḥ svajñānenālambyante /

viṣaya-ākāra-anubhava-ākārau tṛtīyaś ca svābhāsa-lakṣaṇa ākāra iti^ete traya ākārāḥ sva-jñānena^ālambyante /

〔所執〕對境的行相和〔能執〕經驗的行相二個，再加上第三

個是具有認識本身顯相特徵的行相，所以，這三種行相被自己的認識當作認識對象而被認知。⑫④

etacca—⑫⑤[a]uttarottarasya jñānasyaikaika ākāro'dhika upalabhyata[a] ityanena sampratyevākhyātam / tatkimiti vismaryate /

etat^ca— uttarottarasya jñānasya^ekaika ākāro'dhika upalabhyate^iti^anena samprati^eva^ākhyātam / tat kimiti vismaryate /

前面已經說過的——每個後來的認識，都要認取每一個附加的行相，通過這樣的說法，〔三分說〕就得完整的解釋。剛剛說過的話，〔你〕怎麼會忘掉呢？⑫⑥

tasmāttatrāpi viṣayānurūpajñānākāratayā sādhye ⑫⑦[b]yadyadākāraṃ svajñānenālambyata[b] ityādi sādhanaṃ vijñeyam /

tasmāt tatra^api viṣaya-anurūpa-jñāna-ākāratayā sādhye yad yad ākāraṃ sva-jñānena^ālambyate^ityādi sādhanaṃvijñeyam /

因此，即使在這裡〔第二重認識帶著認識行相〕是具有與對境行相一致的認識行相是要被證明的論題時，任何東西它被它自己的認識所認知時，它必須帶著它的行相而被認知，由此可以證明〔認識是帶著與認識對境行相一致的認識行相〕，這應該被理解為是能成法。

nanvevaṃ tajjñānādiṣvapi sādhanaṃ vācyamityanavasthā syāt /

nanu^evaṃ tat^jñānādiṣu^api sādhanaṃ vācyamiti^anavasthā syāt /

〔論敵說〕難道不是這樣嗎？如你所說，儘管對認識等等，也是需要說證明它的理由，這樣下去就會永無止盡。⑫⑧

naitadasti / yasya hi jñānasya sannikṛṣṭo viṣayaḥ,tatra sandeho jāyate —

na^etad asti / yasya hi jñānasya sat-nikṛṣṭo viṣayaḥ, tatra sandeho jāyate —

不會這樣的。因為對這樣的認識而言，有靠近現有的認識對境，才會產生這樣的疑惑：

kimayaṃ nīlākāro viṣayasya, jñānaṃ tu nirākāram, uta jñānasyeti /

kim ayaṃ nīlākāro viṣayasya, jñānaṃ tu nirākāram, uta jñānasya^iti /

難道這個藍色行相是屬於認識對境的，而認識是不帶行相的嗎？或者〔藍色的行相〕屬於認識的。

yasya tu jñānasya viprakṛṣṭo viṣayastadānīṃ nāstīti niścitaḥ,

yasya tu jñānasya viprakṛṣṭo viṣayas tadānīṃ na^asti^iti niścitaḥ,

對那些比較久遠的認識對象的認識而言，在這狀況下，根本就沒有這樣的疑惑，這點是肯定的，

tasya viṣayākāratāṃ prati saṃśayo na bhavatyeveti nānavasthā //

tasya viṣaya-ākāratāṃ prati saṃśayo na bhavati eva^iti na^anavasthā //

對那些比較久遠的認識而言，對於具有認識對境的行相上，不會有疑惑，也就不會有無窮的狀態。(129)

**【PS 1.11c & PSV】**

82,10**smṛteruttarakālaṃ ce**tyādi /

smṛter uttarakālaṃ ca^ityādi /

以「**又因為後時的記憶**」為首的這句話。

pūrvamekasya viṣayajñānasya viṣayasārūpyeṇa viśeṣeṇa dvairūpyaṃ sādhitam /

pūrvam ekasya viṣaya-jñānasya viṣaya-sārūpyeṇa viśeṣeṇa dvairūpyaṃ sādhitam /

對在前的單個對境的認識而言，是具有雙重性質，通過與對境行相一致的特殊性就已被證明。

idānīṃ jñānānāṃ parasparavivekena smṛteḥ sādhyate /

idānīṃ jñānānāṃ paraspara-vivekena smṛteḥ sādhyate /

現在，諸認識的雙重性還要被證明，是通過每個認識記憶是彼此不同來被證明。

yathā hi parasparavilakṣaṇeṣu rūpādiṣvanubhūteṣvanyonyavivekena smṛtirbhavati,tathā jñāneṣvapi /

yathā hi paraspara-vilakṣaṇeṣu rūpādiṣu^anubhūteṣu^anyonya-vivekena smṛtir bhavati,tathā jñāneṣu^api /

換言之，當對那些彼此不同特徵的色等認識對境被經驗時，由於互不相同， 記憶就產生，如同記憶〔會對前二有不同記憶〕，對〔後面的〕認識也是。

**tasmādasti dvirūpatā jñānasya** /

tasmāt^asti dvirūpatā jñānasya /

**由於這個原因，認識具有雙重行相**。

anya- (PSṬ B14b5-15a2) thānubhavamātreṇa pratyarthamaviśiṣṭeṣu sarvajñāneṣub hedenānanubhūteṣu rūpajñānamāsīnmama,

anyathā^anubhava-mātreṇa prati^artham aviśiṣṭeṣu sarva-jñāneṣu bhedena^ananubhūteṣu rūpa-jñānam āsīt^mama,

否則，對任何對象而言，〔記憶〕僅僅以經驗來記憶，〔而不是如前述以不同來記憶〕如果這樣，一切認識是沒有區別的，有區別卻不被經驗到，對我而言，有個關於色的認識

na śabdajñānamiti śabdajñānaṃ vā na rūpajñānamiti yeyaṃ vivekena smṛtiḥ, sā na syāt //

na śabda-jñānam iti śabda-jñānaṃ vā na rūpa-jñānamiti yā^iyaṃ vivekena smṛtiḥ, sā na syāt//

而不是關於聲音的認識，或者聽到聲音的認識而不是看到某種色的認識，這樣的記憶，以不同形式產生的記憶，就不可能了（亦即就不會有不同的記憶）。

83,4syādetat — yathānubhavātmatve tulye sāmagrībhedātsukhādibhedo bhavati,

syāt^etat — yathā^anubhava-ātmatve tulye sāmagrī-bhedāt sukhādi-bhedo bhavati,

會有以下反對意見⓭：正如同如果〔任何的認識〕具有經驗的性質，那麼，性質上都是一樣，由於因緣聚合體是不同，才會有快感、悲痛等的不同心理產生，才會有不同的認識 （內在），

tathā prativiṣayamaparāparasāmagrīkṛto bhedaḥ sūkṣmo'sti /

tathā prativiṣayam aparāpara-sāmagrīkṛto bhedaḥ sūkṣmo'sti /

同樣的，對於各個對境，會有細微的不同，是由各不相同的因緣聚合體所造成。

ato vivekena smṛtirbhaviṣyatīti /

asadetat / spaṣṭo hi bhedaḥ smṛtinibandhanam /

atas^vivekena smṛtir bhaviṣyati^iti /

asat^ etat / spaṣṭo hi bhedaḥ smṛti-nibandhanam /

在此以後，將會有不同型態的記憶。

這是不對的。因為清楚的差別會與記憶相連繫（因果連繫）。[131]

tathā hi kasmiṃścidupekṣāsthānīye viṣaye yajjñānaṃ dhārāvāhi,

tathā hi kasmin^cid upekṣā-sthānīye viṣaye yat^jñānaṃ dhārāvāhi,

具體來說，在某種情況下，認識對象受到忽略時，具有流程的認識（意識流），

tasyāpyaparāparendriyādisāmagrī /

tasya^api^aparāpara-indriyādi-sāmagrī /

對它而言，也會有各不相同的原因如感官等的因緣聚合體。

tathāpi na bhedena smaraṇaṃ yatheyanto buddhikṣaṇā vyatītā iti /

tathāpi na bhedena smaraṇaṃ yathā^iyantas buddhi-kṣaṇā vyatītā iti /

儘管如此差別，記憶力並不是如同已經過去的剎那的認識那樣來記憶〔，所以，因緣聚合體差別和記憶沒有關係，以此駁斥論敵〕。

yathā ca yamalakayorākārasāmye'pyasti bhāvato bhedaḥ,

yathā ca yamalakayor ākāra-sāmye^api^asti bhāvato bhedaḥ,

如同兩個雙胞胎，儘管外表很像，但是，他們內在的個性會有差別一樣，

tathāpyaspaṣṭatvāttasya na bhedena pratyabhijñānaṃ bhavati,

tathā^api^aspaṣṭatvāt tasya na bhedena pratyabhijñānaṃ bhavati,

同樣的，由於認識對象已經久遠模糊，看起來是不帶有差別，

kiṃ tarhi tayoḥ parasparaṃ samāropaḥ /

kiṃ tarhi tayoḥ parasparaṃ samāropaḥ /

雖然二人不同，還會作出錯誤的指稱。

tasmādaspaṣṭabhede'rthe na vivekinī smṛtirbhavati /

tasmāt^aspaṣṭabhede^arthe na vivekinī smṛtir bhavati /

由於認識對象的差別不清楚，所以，對它們產生不帶區別的記憶。

ato'rthakṛtaḥ kaścidanubhavasyāsti viśeṣaḥ,

atas^arthakṛtaḥ kaścid anubhavasya^asti viśeṣaḥ,

所以，有對象所造成的某些經驗是有差別，

yato vivekena smṛtirbhavatītīcchatārthasārūpyameṣṭavyam /

yatas^vivekena smṛtir bhavati^iti^icchatā^artha-sārūpyam eṣṭavyam /

以至於有後來種種不同的記憶產生，由於這個是被承認的，所以認識是具有與認識對象一致的行相，這是應該被承認的。

tataśca siddhaṃ dvirūpaṃ jñānamiti //

tataś ca siddhaṃ dvirūpaṃ jñānamiti //

所以，認識具有兩種行相就得到證明。[132]

83,14**svasaṃvedyatā ce**tyanenānantaroktāyā evopapatteḥ sādhyāntaramāha/

svasaṃvedyatā ca^iti^anena^anantara-uktāyā eva^upapatteḥ sādhya-antaram āha /

通過「**並且必須是自我認知認識的對象**」這句話，緊隨其後要說的就是在論證程序上，有另一個要被證明的命題（謂語）。

na kevalaṃ **smṛteruttarakālaṃ** dvairūpyaṃ siddhaṃ jñānasya,

na kevalaṃ smṛter uttarakālaṃ dvairūpyaṃ siddhaṃ jñānasya,

因為**後時的記憶**不僅僅是用來證明認識具有雙重性，

api tu svasaṃvedanamapi,yatpramāṇaphalatveneṣṭam /

api tu svasaṃvedanam api,yat pramāṇa-phalatvena^iṣṭam /

而且還能證明自我認知。自我認知是被認作認識結果〔，這就是第三分〕。

asti tāvajjñānasya kutaścidanubhavaḥ / ataḥ smṛtirapi syāt /

asti tāvat^jñānasya kutaś cid anubhavaḥ / ataḥ smṛtir api syāt /

首先，〔不管源於什麼認識對象，〕產生的認識要被經驗到，然後，才會有記憶。

tāvatā tu kutaḥ **svasaṃvedyate**ti matvā pṛcchati — **kiṃ kāraṇam**iti /

tāvatā tu kutaḥ svasaṃvedyatā^iti matvā pṛcchati — kiṃ kāraṇam iti /

有了——就這個而言，你還會說前面認識**是自我認知認識的對象**——這種想法之後，詢問：「**為什麼呢？**」。

ātmanaiva jñānasyānubhavo yuktaḥ, nānyeneti niścityāha—

ātmanā^eva jñānasya^anubhavo yuktaḥ, na^anyena^iti niścitya^āha—

認識的經驗只能通過認識自身產生，這才是合理，而不是通過別的，對此作了肯定之後〔，陳那〕說：

**na hyasāv**ityādi /

na hi^asau^ityādi /

「〔當這個認識是還未被經驗時，〕**對它的記憶是絕對不可**

**能**。」等等。

asyāyamarthaḥ — yatra smṛtiḥ, tatrānubhavaḥ, **rūpādivat** /

asya^ayam arthaḥ—yatra smṛtiḥ, tatra^anubhavaḥ, rūpādivat /

這句話是有如下含義——凡是對某種東西有記憶的，就必須要有對它的經驗，**如同對色等**〔有經驗才有記憶〕。

asti ca smṛtiriti kāryam //

asti ca smṛtir iti kāryam //

記憶有這樣的因果關係。(133)

**【PS1.12 & PSV】**

84,4**syādetad**ityādinā **jñānāntareṇānubhavo** 'bhīṣṭa eva /

syāt^etad-ityādinā jñāna-antareṇa^anubhavo^abhīṣṭa eva /

通過「**會有人〔論敵〕提到如下：**」**等等**這句話，闡明論敵（他者）的意圖：〔**如果一個認識，也會**〕**被另一個認識所經驗**，這點是必須得到證明。

ataḥ siddhasādhyateti parābhiprāyamāviṣkaroti /

ataḥ siddha-sādhyatā^iti parābhiprāyam āviṣkaroti /

所以，這是顯示對已證明要再被證明的命題。

**jñānāntareṇe**tyādinā siddhasādhyatāṃ pariharati /

jñāna-antareṇa^ityādinā siddha-sādhyatāṃ pariharati /

〔陳那〕駁回以下的說法：由於〔論敵說〕**認識被別的認識**〔**所經驗**〕等等，是對已證明要再證明的命題。

**yena hi jñānena jñānamanubhūyate, tatrāpyuttarakālaṃ smṛtirdṛṣṭā** /

yena hi jñānena jñānam anubhūyate, tatra^api^uttarakālaṃ smṛtir dṛṣṭā /

**因為這個〔對境的〕認識被另一認識所經驗，對經驗它的認識而言，必然要承認後時會有記憶。**

na cānanubhūte cānanubhūte smṛtir**yuktā** /

na cānanubhūte ca^ananubhūte smṛtir yuktā /

雖然，沒有不被經驗過的〔感官認識不可能被有分別來〕認識，但是，**必然**不會有不被經驗的〔將來產生在意識的〕記憶。

tato ’nyena tadālambanena jñānena bhāvyam / **tatrāpi** ca **smṛtiḥ** /

tato’nyena tad-ālambanena jñānena bhāvyam / tatra^api ca smṛtiḥ /

〔如果一個認識被另一個認識，〕那麼，另外的認識就必須把前面的認識當作認識對象來認識。**對另外的認識，也是作認識的認識**，才會有**記憶**。

**tatastatrāpyanyene**ti / ato jñānāntareṇ**ānubhave ’navasthā** jñānānām /

tatas tatra^api^anyena^iti /ato jñāna-antareṇa^anubhave^anavasthā jñānānām /

所謂「**然後，對經驗它的認識，還會再被另一個認識所經驗**」。如果這樣的話，**對一個經驗**還會被另外的認識再次經驗，這些認識就會**無窮無盡**。[134]

ekajñānābhinirhṛtāyāmeva jñānaparamparāyāmuttarottarāṇi jñānāni

eka-jñāna-abhinirhṛtāyām eva jñāna-param parāyām uttarottarāṇi jñānāni

意思是說：如果第一重認識的這樣的認識鎖鍊，是在一個認識產生，認識必然導出這樣的結果：每個後來的認識

pūrvapūrvajñānālambanānyanantāni prasajyanta ityarthaḥ /

pūrvapūrva-jñāna-ālambanāni^anantāni prasajyante^ityarthaḥ /

不斷的取每個過去的認識作為認識對象，這樣就會無窮無盡。

tathā sati ko doṣa ityāha — **viṣayāntarasañcāra** ityādi /

tathā sati ko doṣa ityāha — viṣaya-antara-sañcāra ityādi /

如果是這樣的話，會有什麼樣的不對呢？[135]——以「造成與我們日常生活經驗相反的東西就出來，認識就不可能出現從一個〔對境〕**轉移到另一個對境**」這句話為首等等。

viṣayāntare jñānasya pravṛttir**na syāt** / **iṣyate ca** /

viṣaya-antare jñānasya pravṛttir na syāt / iṣyate ca /

認識**不可能**轉移到另一個認識對境，但是，轉移是被大家**所承認的**。

tatra yato jñānātsañcāraḥ, tasya svasaṃvedanaṃ syāt //

tatra yato jñānāt sañcāraḥ, tasya svasaṃvedanaṃ syāt //

從對某個認識對象的某個認識轉移出來，對轉移的出發點的認識而言，就是自我認知。

85,1syādetat — mā bhūdantyasya jñānasya jñānāntarasaṃvedyatvaṃ smṛtiśca /

syāt^etat — mā bhūd antyasya jñānasya jñāna-antara-saṃvedyatvaṃ smṛtiś^ca /

〔反對者口氣緩和說：〕可能可以這樣理解：到了認識鎖鍊的最後階段，〔並不是如陳那所說，〕絕不是被另外一個認識所認知的對象，然後對此最後認識還會有記憶。〔因為這樣就不會沒完沒了。〕

tadekamananubhūtamasmṛtameva cāstām / ato viṣayāntarasañcāraḥ syāditi /

tad ekam ananubhūtam asmṛtam eva ca^āstām / ato viṣaya-antara-sañcāraḥ syāt^iti /

只有唯一最後的認識，才有可能一直不被別的再次經驗，也不會被別的再次記憶。這樣的話，才可以轉移到另一個對境。

ayuktametat / tathā hi yadyantyaṃ jñānaṃ nānubhūyeta,

ayuktam etat / tathā hi yadi antyaṃ jñānaṃ na^anubhūyeta,

這個說法是不對的。具體來說，如果最後的認識不能被經驗，

tataḥ sarvāṇi pūrvakālabhāvīni jñānānyananubhūtāni syuḥ,

tataḥ sarvāṇi pūrvakāla-bhāvīni jñānāni^ananubhūtāni syuḥ,

那麼，每個前面時段所出現的認識，都可以成為不被經驗的，

tadupalambhasya parokṣatvāt /yasya yadupalambhaḥ parokṣaḥ,

tad upalambhasya parokṣatvāt /yasya yad upalambhaḥ parokṣaḥ,

因為前面的認識〔時間久遠，對後來的認識而言〕是不可直接觀察到。對某個認識而言，如果對這個認識〔由於時間久遠〕已經是不可直接觀察到，

na tattenānubhūtam /

na tat tena^anubhūtam /

那麼，這個認識就不可能被它經驗。

tadyathā devadattasya jñānaṃ devadattānubhūtaṃ yajñadattena /

tad yathā devadattasya jñānaṃ devadatta-anubhūtaṃ yajñadattena /

例如天授的認識是被天授所經驗，不能被他人所經驗。[136]

parokṣaścātmasambandhipūrvakālabhāvijñānopalambhaḥ prāṇinaḥ /

viruddhavyāptaḥ /

parokṣaś ca^ātma-sambandhi pūrvakāla-bhāvi-jñāna-upalambhaḥ prāṇinaḥ / viruddha-vyāptaḥ /

對人來說，不能直接觀察的只能是對和自身相連繫的過去時段形成的認識的感知〔，不是別的〕。因為和周遍相矛盾。

atha vā yadapratyakṣopalambham, na tatpratyakṣam, parokṣavat/

atha vā yad apratyakṣa-upalambham, na tat pratyakṣam, parokṣavat /

或者是某個非直接知覺的感知，它就不是直接知覺，如同不能直接觀察。

tathā cānanubhūtopalambhaṃ jñānam / viruddhavyāptaḥ //

tathā ca^ananubhūta-upalambhaṃ jñānam / viruddha-vyāptaḥ //

這樣的話，最後的認識是不再被經驗取得的感知。因為和周遍相矛盾。[137]

85,9syādetat — yadātmanānubhūtaṃ jñānam, tadeva pratyakṣaṃ bhavati / tena parairyadanubhūtam, na tatpratyakṣamiti /

syāt etat — yad ātmanā^anubhūtaṃ jñānam, tad eva pratyakṣaṃ bhavati / tena parair yad anubhūtam, na tat pratyakṣam iti /

這個說法可能是——只有被自身經驗過的認識，才是直接知覺。所以，被別的認識所經驗的認識，則不是直接知覺。

sa tarhyātmānubhavaḥ kutaḥ siddhaḥ /

sa tarhi^ātma-anubhavaḥ kutaḥ siddhaḥ /

如果這樣的話，怎麼證明被自身所經驗的呢？〔下面說證明是有困難。〕

yadi hyanubhavaḥ sidhyet, tadātmani paratra veti syādvibhāgaḥ /

yadi hi^anubhavaḥ sidhyet, tad ātmani paratra vā^iti syāt vibhāgaḥ /
其實，如果經驗是可被證實，則會產生不確定性：經驗發生是在認識自身或是在另外的認識？

sa eva tvasiddhaḥ /
sa eva tu^asiddhaḥ /
而就這種分辨本身，其實是沒法證成的。

tasyāsiddhāvubhayatrāpi parokṣatvenāviśeṣādātmanyayamanubhavo nānyatretyetatparokṣopalambhena durjñānam /
tasya^asiddhau ubhayatra^api parokṣatvena^āviśeṣāt^ātmani^ayam anubhavo na^anyatra^iti^etat parokṣa-upalambhena durjñānam /
當分辨本身不能證實時，在認識自身或者另外的認識的兩者情況下，都〔不是很明確的，〕是由於不能直接觀察到，因為是不具有差別性，所以，這個經驗是在自身，而不在別的認識產生，這個說法由於是不能直接觀察的感知，所以，很難知道它。

tatkuta ātmānubhavaḥ /
tat kuta ātma-anubhavaḥ /
自我的經驗是如何呢？

yadi hi grāhyopalambhāsi- ddhāvapi vastu pratyakṣamiṣyate,
yadi hi grāhya-upalambha-asiddhau api vastu pratyakṣam iṣyate,
其實，如果因為某個實存體即使認識對象和認識對象的取得二者都不成立，還是被認為是直接知覺，

sarvamidaṃ jagatpratyakṣaṃ syāt, apratyakṣopalambhatvenāviśeṣāt /
sarvam idaṃ jagat pratyakṣaṃ syāt, apratyakṣa-

upalambhatvena^āviśeṣāt /

則這個世間可能全是直接知覺，〔這樣仍然〕當作不是直接知覺的方式取得認識，因為不具有差別性。

na ca bhavati / **tasmātsvasaṃvedyatā jñānasyābhyupeye**ti //

na ca bhavati / tasmāt svasaṃvedyatā jñānasya^abhyupeyā^iti //

不過，沒有這樣的認識。**因此，認識是自我認知所認識的事實，這點是被承認**如上。⑬⑧

# 【註解】

❶ 韓鏡清譯・勝自在慧註《集量論解說》（以下簡寫為《韓本註》）譯為「攝」，頁26。

❷ sva-,ātman-是反身代詞（reflexive pronoun），一般來說，使用於複合詞前分和反身性形容詞是表達「我自身的，你自身的，此人自身的」等等意味。以上參考菅沼晃《新・サンスクリットの基礎〔上〕》，東京：平河出版社，1994，頁216。

❸ 《韓本註》是譯為「非能量性」，頁26。

❹ 《韓本註》：「由假立故其有彼性故顯示境界之言說而非實境界」，頁26。

❺ 《韓本註》譯為「無間根識」，頁26。

❻ 《韓本註》譯為「變異」，頁27。

❼ 這裡《韓本註》譯為「為是語言之所作用，云何為境界之變異耶？」，頁27。

❽ 《韓本註》是「有法停住與余法相違時，余法非得顯明」，頁27。

❾ 《韓本註》是「由此遠離非是能量性過失」，頁27。

❿ 《韓本註》：「即此具有能與自境所生等無間之色等剎那俱起者為能生彼」，頁27。

⓫ cf. PSṬ$_{51,15c}$: tadā andhāder api artha-grahaṇaṃ syāt / 那麼，盲人等也是可以執取對象。Ce'e PV3.239cd (PSṬ$_{51,15-52,1c}$). Rāhula Sāṅkṛtyāyana, PVV【mānasapratyakṣam】, p.191: adṛṣṭagrahaṇe 'ndhāder api syād arthadarśanam || 3.239 || 如果不〔通過感官的認知的〕看見也可以認識的話，那麼，盲人等也是可以看見認識對象。長行：indriyajñānādṛṣṭasya grahaṇe punar iṣyamāṇe 'ndhāder api syād arthasya rūpāder darśanaṃ | (ad 3.239)

⓬ Ernst Steinkellner, PVIN I.$_{20,9-10}$ ($^{c-c}$Ci'e PSṬ$_{53,14-54,1b}$) : sukhādigrahaṇaṃ spaṣṭasaṃvedanapradarśanārtham, sarvajñānānāmātmasaṃvedanasya pratyakṣatvāt / (sukhādi-grahaṇaṃ spaṣṭa-saṃvedana-pradarśanārtham, sarvajñānānām ātma-saṃvedanasya pratyakṣatvāt / )「樂等」這個字是用來顯示明了的認知行為，因為對所有認識而言，對自我的認知都有直接知覺的性質。——整句話中，除了“sukhādi”和勝主慧“rāgādi”不同之外，其餘是相同的。

⓭ Ce'e PV3.249a(PSṬ$_{54,1a}$), Rāhula Sāṅkṛtyāyana, PVV【ka. svasaṃvedanapratyakṣam】, p.194: aśakyasamayo hy ātmā rāgādīnām ananyabhāk｜對於欲望等來說，自身是唯一感知，因為它是不能使用語言習慣。

⓮《韓本註》：「無分別性者，于彼中不能表達性故。」，頁27。

⓯ Ernst Steinkellner, PVIN I.20,13-21,1 ([i-i] Ci'e PSṬ54,2-3c): nānuditaḥ pratiniyataḥ sukhādyātmā viṣayīkriyate saṃvittyā, tasyāstadātmarūpatvāt /(na^anuditaḥ pratiniyataḥ sukhādyātmā viṣayīkriyate saṃvittyā, tasyās tad-ātma-rūpatvāt / ) 捨去沒有用言詞表達的各別的樂等自身是不會被知覺（saṃvitti）理解為境，因為後者〔知覺〕是以前者〔樂等〕的自身為行相。

⓰ "svayam" 副詞是親自、親身，名詞是自己、自身（oneself,in one's own person）的意思，作為副詞可以使用於一切的人稱。以上參考菅沼晃《新・サンスクリットの基礎〔上〕》，頁216-217。

⓱ cf.PV 3.250 ab(PSṬ55,1a)，根據Rāhula Sāṅkṛtyāyana,【ka. svasaṃvedanapratyakṣam】, p.194: avedakāḥ parasyāpi te svarūpaṃ kathaṃ viduḥ｜〔這些愉悅等心理現象〕都不能讓別人知道，這些知覺是自身行相如何是合理的呢？

⓲ Ernst Steinkellner, PVIN I.23,12-24,1 ([w-w]Ci'e PSṬ55,3-4b): na hi vittisattaiva tadvedanā yuktā, tasyāḥ sarvatrāviśeṣātsarvavedanāprasaṅgāt / (na hi vittisattā^eva tadvedanā yuktā,tasyāḥ sarvatra^aviśeṣāt sarva-vedanā-prasaṅgāt /) 因為不能說只要知覺存在，就有對它的感受；因為〔否則的話〕，由於這個〔知覺的存在〕對一切都是一樣的，會得出感受一切的荒謬結論（prasaṅga）。

⓳ cf. PV 3.274cd (PSṬ55,4c). Rāhula Sāṅkṛtyāyana,【ga. svasaṃvedane sāṃkhyamatanirāsaḥ】, p.201: saṃvedanaṃ na yad rūpaṃ na hi tat tasya vedanam ‖ 認知是只要沒有其行相，就無法讓人知道他的。

⓴ Ernst Steinkellner, PVIN I.24,1-2([x-x] Cf. PSṬ55,6-7d): idameva ca naḥ sukhaṃ yatsātaṃ saṃvedanamiti siddhāḥ sukhādayaścetanāḥ // 而就我們來說，樂只有這個，凡是獲得知覺就會成立樂等是看得見的。PSṬ此處沒有含括在前的 "idaṃ tato" 但PVIN有含括。

㉑ Ernst Steinkellner,PVIN I.25,6-7 ([f-f] PSṬ55,7-9e): ekamevedaṃ saṃvidrūpaṃ harṣaviṣādādyanekākāravivartaṃ paśyāmaḥ / tatra yatheṣṭaṃ sañjñāḥ kriyantām // (ekam eva^idam saṃvid-rūpaṃ harṣaviṣādādi-aneka-ākāra-vivartaṃ paśyāmaḥ /)我們可以見到這樣一種知覺型態，有喜悅和抑鬱症等種種型態變化，對此可根據意願稱呼他們〔「喜悅」等等〕。

㉒ Ernst Steinkellner, PVIN I.22,13-14 ([m-m]Ci 'e PSṬ55,12f g): nāntarāḥ sukhādayo nāpi cetanāḥ / tadātmanāṃ śabdādīnāmanubhavāttadanubhavakhyātir /

( na^antarāḥ sukhādayo nāpi cetanāḥ / tad ātmanāṃ śabdādīnām anubhavāt tad anubhava-khyātir)〔數論派說：〕快樂等既不是內在的，也不是精神性的，而是通過關於具有它的「快樂的」的聲音的經驗，對它的經驗的認識（khyāti）。cf.PV3.268a-c' (PSṬ55,12-13g).Rāhula Sāṅkṛtyāyana,【ga. svasaṃvedane sāṃkhyamatanirāsaḥ】, p.199: kaścid bahiḥsthitān eva sukhādīn apracetanān / grāhyānāha有人說：樂等無法說明正是被認識為外部現有的。

㉓《韓本註》為「思量」，頁28。

㉔《韓本註》：「與彼無雜者即遠離之意。由此亦于明了顯現性中令彼可聽聞。無分別者設謂（？）于明了性不紊亂故。」，頁28。

㉕ cf.PV 3.285 (=PVIN1.31) (PSṬ57,5-6a). Rāhula Sāṅkṛtyāyana,【§3.6. Yogi-pratyakṣa】, p.204: tasmād bhūtam abhūtaṃ vā yad yad evābhibhāvyate | bhāvanāpariniṣpattau tat sphuṭākalpadhīphalaṃ || 因此，〔要知道〕某個實存體是現有或非現有，就是可以讓人走近它〔來證明〕。那麼，顯示完成〔的認識〕時，明了顯現的就是脫離分別的見解，就是結果。

㉖ cf.PV 3.282(=PVIN1.29) (PSṬ57,6-7b). Rāhula Sāṅkṛtyāyana,【ga. svasaṃvedane sāṃkhyamatanirāsaḥ】, p.203: kāmaśokabhayônmādacaurasvapnâdyupaplutāḥ | abhūtān api paśyanti purato'vasthitān iva || 被憂愁、恐怖、迷悶、怨賊、夢等所惱害，他們也是見到非現有，如同以前就已經存在。

㉗《韓本註》：「說言“分別智（作者按：頌文中無“智”字）亦”等，此義謂為：若彼能起自覺作用，即此于能自了知之一端說為現量，猶為貪等諸識。謂分別智亦即為是，即自性。」，頁29。

㉘ cf.PSṬ54,6: aśakyasamayatvādrāgādīnāṃ saṃvittirnāviṣṭābhilāpā / 因為不能得到語言習慣，所以，欲望等認知是不可能有語言表述。

㉙ cf.PV3.307ab (PSṬ65,9-10a) / Ce'ePV3.307a (PSṬ66,3b). Rāhula Sāṅkṛtyāyana,【§3.8.1. Arthasārūpya (3.301-319)】, p.210: sā ca tasyâtmabhūtaiva tena nârthāntaraṃ phalaṃ | 而正是這種具有認識對境的行相性質，成為認識的內在性質，通過此，而不是其他的認識對象是結果。

㉚《韓本註》：「說言“了知與所作故”者即說與所作同時了知故之義，此者謂安立為能量性之因，說言“許此能量之果性”者即能量之了知為果。又此唯自性，謂彼自作，是故無有不同。」，頁33。

㉛《韓本註》：「以傍住為自性之所實或能立毫無所有，所立能立所有語（？）言，一切均不超越了知自性故。」，頁33。

❸❷ Ce'ePV3.307c-308b (PSṬ66,1-2a). Rāhula Sāṅkṛtyāyana,【§3.8.1. Arthasārūpya (3.301-319)】, p.210-211: dadhānaṃ tac ca tām ātmany arthâdhigamanâtmanā ‖ 3.307cd而且這種認識由於採納它〔認識對境的行相〕，具有獲取自身中的認識對象的行為的本質。savyāpāram ivâbhāti vyāpāreṇa svakarmaṇi｜3.308ab燈光似乎有作用，具有作用就是在自己的功能上。

❸❸ Ce'ePV3.307a(PSṬ66,3b). Rāhula Sāṅkṛtyāyana,【§3.8.1. Arthasārūpya (3.301-319)】, p.210: sā ca tasyâtmabhūtaiva 而正是這種具有認識對境的行相性質，成為認識的內在性質。

❸❹《韓本註》：「是故即唯成為彼自體之境界行相說為能量。」，頁33。

❸❺ cf.PV3.301 (PSṬ66,4-7d): Rāhula Sāṅkṛtyāyana,【§3.8.1. Arthasārūpya (3.301-319)】, p.208: kriyāsādhanam ity eva sarvaṃ sarvasya karmaṇaḥ｜sādhanaṃ na hi tat tasyāḥ sādhanaṃ yā kriyā yataḥ ‖ 完成手段是完成手段的行為，就是「完成某一行為」這句話，一個行為的成立是來自完成手段，因為沒有完成手段，就沒有完成行為。

❸❻ cf.PV3.302 (PSṬ66,7-9e).Rāhula Sāṅkṛtyāyana,【§3.8.1. Arthasārūpya (3.301-319)】, p.209: tatrânubhavamātreṇa jñānasya sadṛśâtmanaḥ｜bhāvyaṃ tenâtmanā yena pratikarma vibhajyate ‖ 因此，認識僅僅只有通過經驗，因為以相似為本質，作為它的本質是應被理解〔成為原因〕，通過這樣的理解，才會有相應行動的分別。

❸❼《韓本註》：「此以具有與領納色等業之自作相似為自體之智者，謂若由彼區別此為青識，此為黃識，安立能作自性即當由此生起，若異此行相者則一切識或為一切義所有，或某識不為某義所有！以無有差別故。」，頁33。

❸❽ cf.PV3.312ab (PSṬ67,1a). Rāhula Sāṅkṛtyāyana,【§3.8.1. Arthasārūpya (3.301-319)】, p.212: sarvasāmānyahetuttvād akṣāṇām asti nêdṛśam｜因為諸感官是所有普遍性的原因，不是這樣的〔認識本身〕。

❸❾ cf.PV3.310a-c'(PSṬ67,1-3b).Rāhula Sāṅkṛtyāyana,【§3.8.1. Arthasārūpya (3.301-319)】, p.212: ālocanâkṣasambandhaviśeṣaṇadhiyāmataḥ｜nêṣṭaṃ prāmāṇyam eteṣāṃ vyavadhānāt kriyāṃ prati ‖ 與知覺感官特定連繫〔感官與對象〕有關的方法，那些方法不被承認是量，因為隱蔽有關行為的作用。

❹⓪ Ernst Steinkellner, PVIN I.32,15-33,1([e-e] Ci'e PSṬ1.67,1-2c): nārthālocanam, atādrūpye tasyaiva tadarthālocanatvāsiddheḥ / tathā viśeṣaṇajñānam, (na^artha-ālocanam, atādrūpye tasya eva tad artha-ālocanatva-asiddheḥ / tathā viśeṣaṇa-jñānam,) 並不是對認識對象的觀察，因為如果不是形式的同一性，那麼，對它而言，具有這個認識對象的觀察性質是不成立。各種不同的認識也是同樣的。

㊶《韓本註》：「諸事等不顯明性等亦決定能作差別耶？不然，此非識之自性故，是一切識之因故。又非遇合，以唯此性故。」，頁33。

㊷《韓本註》：「又非于義能見，若與境界無相似者，唯于義能見不得成就故。」，頁33。

㊸ cf.PV3.304-5c' (PSṬ67,4-5e). Rāhula Sāṅkṛtyāyana,【§3.8.1. Arthasārūpya (3.301-319)】, p.209: tasmād yato 'syâtmabhedo'syâdhigatir ity ayaṃ｜kriyāyāḥ karmaniyamaḥ siddhā sā tatprasādhanā || 3.304因此，由於這個認識本身就是不同，這個認識就是方法， 所以，這個認識是受限於認識對象（karma)，就〔通過與認識對象相似的〕行為來說，只要行為成立，認識就完成。arthena ghaṭayaty enāṃ na hi muktvârtharūpatāṃ｜anyaḥ svabhedāj jñānasya bhedako'pi kathañcana || 3.305與認識對象合併來觀察，因為這兩者沒有除去認識對象的行相，〔與認識對象相似性以外的〕其他的決定性也是幾乎沒有，因為認識有本身的差別。

㊹ √gam的派生詞。

㊺ cf.PV3.306ab (PSṬ67,5g). Rāhula Sāṅkṛtyāyana,【§3.8.1. Arthasārūpya (3.301-319)】, p.210: tasmāt prameyâdhigateḥ sādhanaṃ meyarūpatā｜因此，只能是與認識對象的相似性，認識的完成就是應被認知的行相這一事實。

㊻ cf.PV3.311ab (PSṬ67,5-6h).Rāhula Sāṅkṛtyāyana,【§3.8.1. Arthasārūpya (3.301-319)】, p.211: sarveṣām upayoge 'pi kārakāṇāṃ kriyāṃ prati｜即使有關所有原因的作用全具備了。

㊼ cf.PV3.315c (PSṬ67,7i). Rāhula Sāṅkṛtyāyana,【§3.8.1. Arthasārūpya (3.301-319)】, p.213: tadvyavasthâśrayatvena〔因為相似性〕行為是作為確定〔各種主體和客體〕的基礎。

㊽《韓本註》：「又彼之能成立性者，乃由其為安立所依而說，而非由其能成就性而說，以無有不同故。」，頁34。

㊾ Ernst Steinkellner,PVIN I.33,6-8 ([j-j] Ci'e PSṬ67,9J-68,2K): vastvabhedātkriyākaraṇayoraikyavirodha iti cet, na, dharmabhedābhyupagamāt / abhinne'pi vastuni śaktibhedena vyavasthābhedadarśanācca nāyaṃ vastusanniveśī vyavahāraḥ / ( vastu-abhedāt kriyā-karaṇayor aikya-virodha iti cet, na, dharma-bhedaabhyupagamāt / abhinne'pi vastuni śaktibhedena vyavasthā-bheda-darśanāt na ayaṃ vastu-sanniveśī vyavahāraḥ /) 如果〔論敵認為：〕「因為存在物沒有不同，而說認識結果和原因是一樣，是與（真正的）同一性相矛盾。」〔那我們就說：〕不會這樣，因為法的差別應該是可以接受的；又因為不同狀態可以經由功能不同而顯現，即便存在物沒有不同。所以，語言運用與實際連繫。

㊿《韓本註》：「若諸識成分同一體性者，則唯此所作即是作者，是故此成相違！」，頁34。

(51) cf.PV3.315 'b-d (PSṬ67,121). Rāhula Sāṅkṛtyāyana,【§3.8.1. Arthasārūpya (3.301-319)】, p.213: dhiyo 'ṃśayoḥ | 3.315 'b tadvyavasthâśrayatvena sādhyasādhanasaṃsthitiḥ || 3.315cd 把思慮分成兩個部分，〔因為相似性〕行為是作為確定〔各種主體和客體〕的基礎，是在所立和能立之上。

(52)《韓本註》：「喻為（？）飲蜜，由慧能取，由說此非是決定依于實事之所立及能立謬（？）言故無此爭論。」，頁34。

(53)《韓本註》：「亦非能緣與彼不同行相，或非彼行相外有實事。又不許為所緣。」，頁34。

(54) PSṬ91,13ff. (PS1.14ff)。

(55) Ernst Steinkellner, PVIN I.43,10-11([z-z]PSṬ68,8f b): satsu samartheṣu anyeṣu hetuṣu jñānakāryāniṣpattiḥ kāraṇāntaravaikalyaṃ sūcayati / sa bāhyo'rthaḥ syāt, (satsu samartheṣu anyeṣu hetuṣu jñāna-kārya-aniṣpattiḥ kāraṇa-antara-vaikalyaṃ sūcayati / sa bāhyo'rthaḥ syāt, ) 如果即使別的有〔引生認識〕的能力的原因已經存在，作為結果的認識仍然沒有被引生，表示還有別的原因的不存在。它（別的原因）可能就是指外在的認識對象。

(56) Ernst Steinkellner, PVIN I.43,9 ([y-y]Ci'ePSṬ68,9c): bāhyasiddhiḥ syādvyatirekataḥ// (k.58) 可以通過〔原因和結果的〕共同不存在而證明外在〔認識對象的存在〕。（此處承蒙褚俊傑教授的指導：vyatireka的意思是：當 x 不存在，y 也不存在。同anvaya相反，anvaya是說"共同存在"：當 x 存在，y 也存在。這裡是說，"當別的原因（即 外在的認識對象）的不存在，認識也不存在，"也就是說，當別的原因（即 外在的認識對象）存在，認識也存在。這樣可以證明外在認識對象的存在。）

(57) Ernst Steinkellner, PVIN I.36,11-13([i-i]Ci'e PSṬ68,12-14e): vidyamāne'pi hi bāhye'rthe yathāsvasaṃvedanamevārthaniṣpattestadeva phalaṃ yuktam / na hyarthasya yathāsvabhāvaṃ vyavasthitiḥ, (vidyamāne'pi hi bāhye'rthe yathā svasaṃvedanam eva^artha-niṣpattes tad eva phalaṃ yuktam / na hi arthasya

yathā svabhāvaṃ vyavasthitiḥ, ) 因為即使外在認識對象是存在，由認識對象所成的只能是如同自我認知那樣，所以，認識結果（phala）理應只能是這個〔自我認知〕。因為認識對象沒有按照自身存在（svabhāva）來被確定。cf.PSṬ70,17d: yathāsaṃvedanamevārtho'vasīyate / na hi yathārthamanubhava認識對象只能是按照認知〔，而不是按照認識對象〕。其實，沒有經驗是根據認識對象來的。

(58) cf.PV3.341 (PSṬ68,12-15d). Rāhula Sāṅkṛtyāyana,【〔16〕gha. grāhyagrāhakapratibhāsavyavasāyaḥ〕】, p.222: vidyamāne 'pi bāhyârthe yathânubhavam eva saḥ | niścitâtmā svarūpeṇa nânekâtmatvadoṣataḥ || 3.341儘管〔你說〕外部的對象是實在，這個認識對境只能是按照〔你的認知〕經驗，作為認識〔主體〕行相是以確定為本質，不然，會有多個存在物的荒謬結論。

(59) Ernst Steinkellner, PVIN I.36,13 (k-kCi' PSṬ68,15-69,1f): sarvajñānānāmekākāratva prasaṅgāt / anekākārāstu vijñaptayaḥ, (sarva-jñānānām eka-ākāratva-prasaṅgāt/ aneka-ākārās tu vijñaptayaḥ, ) 否則，會有所有認識都是一樣行相之荒謬的結論。但是，〔實際上，〕各種認識是會有不同的行相。

(60)《韓本註》：「若（？）由彼能為其安住自性為是決了，亦非為其自性，為是能領納諸義。一切諸識有成一行相過故，諸了別識乃為眾多行相。」，頁34。

(61)《韓本註》：「若（？）是唯于一實事中由能了知者差別，使其顯明，并由具有別（？）異性等諸行相識為能緣，而一實事中非多行相，有成為眾多過失故。」，頁34。

(62)《韓本註》：「言"彼之"等者，謂外義若有若無，具有似二顯現識為能領納，若彼之自覺即自領納者，即此為果。」，頁35。

(63) 此處所指應該是有部。

(64) cf.PV3.340 (PSṬ70,9-10a). Rāhula Sāṅkṛtyāyana,【〔16〕gha. grāhyagrāhakapratibhāsavyavasāyaḥ〕】, p.221: yadîṣṭâkāra ātmā syād anyathā vânubhūyate | iṣṭo 'niṣṭo 'pi vā tena bhavaty arthaḥ praveditaḥ || 如果按照自己的意欲經驗到〔自己的〕行相，就是自己想要的〔認識對象〕，或者，以不是自己意欲的方式去理解〔自己不想要的〕。不管是按照自己的意願與否，認識對象之所行處也是通過它而成。

(65)《韓本註》：「云何諸識由自體領納自體？即于此中，不應即是業、作者、作用事故。」，頁35。

(66) cf.PV3.329 (PSṬ70,13b). Rāhula Sāṅkṛtyāyana,【ga. nīlādyanubhavaprasiddhiḥ】, p.218: prakāśamānas tādātmyāt svarūpasya prakāśakaḥ | yathā prakāśo

'bhimatas tathā dhīr ātmavedinī ||〔對此三種功能，〕就像燈光，自身的行相的給光者和被照耀者是同一性的，如同設想照明一般，對於思維也是同樣的，有自身和擁有知覺。

67 《韓本註》：「雖于實際非能使自體光明，然以光明為自體正生起時，唯說能使自體（？）光明，（？）是形諸語言謂以領納為自體而生起之慧能使自體光明。」，頁35。

68 cf. PSṬ68e: bhavatu nāma bāhyārthaḥ, tathāpi yathāsaṃvedanameva viṣayo niścīyata iti tadeva phalaṃ yuktam / na hi yathāsvabhāvamanubhavo'rthasya。你儘管可以說，有外在的對象〔，但是，我們不會討論這個問題〕，儘管如此，這個認識對境被確定，只能是如同〔你的〕認知那樣，所以，結果理應只能是這個〔被確定的認識對境〕。因為按照自身行相邏輯，經驗並不是就外在對象而言。

69 《韓本註》：「領納唯為是了知義，非為其義為（？）是領納。」，頁35。

70 Ce'PV3.346'c (PSṬ72,8a). Rāhula Sāṅkṛtyāyana,〔gha. grāhyagrāhakapratibhā savyavasāyaḥ〕, p.223: grāhakā 'tmā 'parārthatvād 能取的本質是因為對象不一樣。

71 cf.PV3.349ab (PSṬ72,14-15b). Rāhula Sāṅkṛtyāyana,【〔gha. grāhyagrāhakapratibhāsavyavasāyaḥ〕】, p.224: yathā niviśate so 'rtho yataḥ sā prathate tathā | 由於如同認識對象進入〔認識〕，自我認知也是同樣揭示。

72 《韓本註》：「如（？）是又若如（？）是說言"此義由彼為所量"等者，則當知由具有彼之能立所謂自覺故。如是者謂決定依彼如如（？）諸義行相淨不淨等自性，諸識如是如是（？）能增廣自覺。為如顯示此者，如是如是（？）決了淨不淨等色等義，若由是故，若彼行相已生起者，彼時即由此故成為似彼自體之自覺，由是亦依此增上力，決了境界，否則不爾。是故境界顯現性即是能量。」，頁36。

73 cf.PV3.350a (PSṬ73,7a).Rāhula Sāṅkṛtyāyana,〔gha. grāhyagrāhakapratibhāsavyavasāyaḥ〕, p.224: tasmād viṣayabhedo'pi na: 因此，〔認識手段和認識結果〕沒有不同的對境。長行中的說明，和勝主慧同樣的：**tasmāt** pramāṇa-phalayor **vviṣaya-bhedopi nā**sti |

74 cf.PV3.350b-d (PSṬ73,9-10c).Rāhula Sāṅkṛtyāyana,〔gha. grāhyagrāhakapratibhāsavyavasāyaḥ〕, p.224: svasaṃvedanaṃ phalam | uktaṃ svabhāva-cintāyāṃ tādātmyād artha-saṃvidaḥ || 3.350 || 已經說過自我認知是認識結果，根據自身行相的思維，對認識對象的認知是由於具有同一性。

(75) 《韓本註》：「若爾，自覺云何說為果耶？謂于勝義，由即是彼自性故說自覺為果，而由假立故說言（？）依果當知，此唯由義覺知是故無違。」，頁36。

(76) 《韓本註》：「若由是故，若無外義者，則成為能量等無有相異自體，諸識云何為彼之能取行相等差別耶？」，頁37。

(77) Ce'ePV3.355cd (PSṬ74,3b) .Rāhula Sāṅkṛtyāyana,【〔gha. grāhyagrāhakapratibhāsavyavasāyaḥ〕】, p.226: dūre yathā vā maruṣu mahān alpo'pi dṛśyate || 3.355 || 如同在很遠地方看沙漠，或者看到廣濶的曠野。按照宮坂宥勝，p.88, 356d，更改mahānalpopi為mahān alpo'pi。

(78) cf.PSV on PS1.9a: svasaṃvittiḥ phalaṃ vātra; (9a) 或者，在我們學派當中，自我認知是認識結果。

(79) cf.PV3.330'd (PSṬ74,9e). Rāhula Sāṅkṛtyāyana,〔gha. grāhyagrāhakapratibhāsavyavasāyaḥ〕, p.218: yathā bhrāntair nirīkṣyate || 3.330 || 如同被腦子混亂所觀察到。

(80) 《韓本註》：「由于因相所生時，又是比知能取之行相者為能量，于此顯明差別中有如隨行不明了顯現所取行相生諸共相說為所量。」，頁37。

(81) 《韓本註》：「言"所假安立"者，即形諸語言。」，頁37。

(82) Ernst Steinkellner,PVIN I.44,2-5 ([b-b]Ce'e PSṬ75,1-3a): sāṃvyavahārikasya caitatpramāṇasya rūpamuktam, atrāpi pare mūḍhā visaṃvādayanti lokamiti/ cintāmayīmeva tu prajñāmanuśīlayanto vibhramavivekanirmalamanapāyi pāramārthikapramāṇam / 而對一般理解而言，這個已經被說是認識手段的形式，即使其他〔認識對象〕在這裡也是，使不確實欺誑世間。因為如同慧僅依思維而生一般的種種行動，清除錯誤的區別，只有真實量。

(83) 《韓本註》：「言"一切法者謂遠離所作故"者，謂由此彼了別之覺知，除（？）遣亂性。」，頁37。

(84) 《韓本註》：「若于諸法以觀見非一行相為自體之語（？）言，真實中不得有。以諸行相都不一（？）成就故。」，頁37。

(85) 《韓本註》：「若由是故，依顯現水等諸識，存在能（？）飲及飲足等智緣，觀待語言無有欺蒙故即為能量。」，頁38。

(86) citta-saṃtāna 舊譯：心器。citta-saṃtati 舊譯：心相續。

(87) Ce'ePV3.395a-d' (PSṬ76,2-4b). Rāhula Sāṅkṛtyāyana,〔ka. nārthāt smṛtiḥ〕, p.237: tatrāpi dhūmābhāsā dhīḥ prabodhapaṭuvāsanām | gamayed agninirbhāsām dhiyam eva na pāvakam || 3.395 || 即使在這裡，煙的顯相認

識產生火的認識，是強烈分明的熏習喚醒，沒有表明的正是使火的不顯相產生的認識。此中原文是“dhayam”，按照宮坂宥勝，p.396d，更改dhayam 為 dhiyam。

(88) Ce'ePV1.9bc (PSṬ76,4c).Rāhula Sāṅkṛtyāyana,【Svārthānumāna】, p.288: hetunā yaḥ samagreṇa kāryotpādonumīyate | arthāntarānapekṣatvāt sa svabhāvonuvarṇṇitaḥ || 1.9 || 通過所有的因推斷認識結果，因為不依靠另一個認識對象，由於它是描述自身行相。此中原文的“svabhāvonuvarṇṇitaḥ”根據宮坂宥勝，IIISvārthānumānam, p.114,7cd.，更改 svabhāvonuvarṇṇitaḥ 為 svabhāvas anuvarṇitaḥ。

(89) 《韓本註》：「謂心相續具有能生起有火行相諸識熏習差別者，雖能生起顯現烟慧，然無隨意性，是故能了知彼之烟識，即能領悟此中謂因法知者（？）熏習當（？）能明了生起具有清醒具有火行相慧比量，如色等依味等境為比知故非所諍論。」，頁38。

(90) 《韓本註》：「言“能取行相及自覺即是能量及彼果”者，謂能取行相即是能量，如實正覺知者即是果性。」，頁38。

(91) 這是語法的破例。“...containing the fewer number of vowels (álpa=aC-taram) occurs〔as a prior member 30〕. plakṣáś ca nyagródhaś ca=plakṣa-nygrodhaú ‘the trees P.and Ny.’ ”, Pāṇini, Aṣṭādhyāyī of Pāṇini, tr. by Sumitra M. Katre, Delhi: Motilal Banarsidass, 1989, p.136, 2.2.34。

(92) cf.PS1.9a & PSV: svasaṃvittiḥ phalaṃ vātra；(9a) 或者，在我們學派當中，自我認知是認識結果。dvyābhāsaṃ hi jñānam utpadyate svābhāsaṃ viṣayābhāsaṃ ca. tasyobhayābhāsasya yat svasaṃvedanaṃ tat **phalam**. 因為認識生起，帶有兩種顯相，也就是自身的顯相和對境的顯相。對認識的兩種顯相的自我認知就是認識**結果**。

(93) cf.PV3.425ab (PSṬ77,3-4b). Rāhula Sāṅkṛtyāyana,【ka. buddhir arthākārā】, p.245: dvairūpyasādhanenāpi prāyaḥ siddhaṃ svavedanam | 主要是由於完成雙重性，也會成立自我認知。

(94) 《韓本註》：「言“境識及彼諸能識差別故”當中，“境識”者謂能取色等眼等諸識。于“境識”中說彼諸“能識”者謂于“境識”（原作者按：頌文及論文作而釋文作），說能了別彼。」，頁38。

(95) 《韓本註》：「此中若由“彼”聲與境智識相連綴者，則取“彼”成為無義。雖無有彼亦知能緣境智識之智故。如是由取“彼”聲力故，雖成為功德，但與境界相連綴，此外非此中正當說故。」，頁38。

(96) 《韓本註》：「由此當如是說：即說境識能了別境界行相，僅此為差別故。」，頁38。

97 《韓本註》：「如是此較境識為勝，即由境界行相有差別。」，頁38。

98 《韓本註》：「言“境者”中“者”聲者，謂定取義又不同次第義。此言“義及自顯現”者謂能量果。此中“義顯現”者即境界行相性故。“自顯現”者即領納行相性故。」，頁39。

99 《韓本註》：「言“謂與境等同（？）識，識謂顯現”者謂色等境界之等同（？）識，唯是境界之識，又似彼顯現。即是了別具有境界行相之境界，諸識所有之行相之義。」，頁39。

100 《韓本註》：「由此說為是因，謂了別具有境界行相之境界諸識，由自識能緣故。」，頁39。

101 《韓本註》：「于了別境界識所有之識中，亦緣與境界行相相應之境界識行相。離此亦無（？）異行相。非顯現者為彼境界亦不應理，成大過故。」，頁39。

102 《韓本註》：「是故獲得如是因義，謂了別具有境界行相所有境界諸識，由自識緣故。」，頁39。

103 《韓本註》：「言“自顯現”者謂了別具有境界行相所有境界諸識，已顯現者（？）亦說自性為各自顯現之義。」，頁39。

104 《韓本註》：「若說異於相者即若無二相者，亦即若謂唯與境界等同是境界識者，則亦非領納自性。若爾，所許獨一境界自性識都非無有耶？何所為而說此耶？」，頁39。

105 《韓本註》：「謂當成立具有境界行相為識時，有人作如是疑：若當成立具有境界行相為識者，則說當由捐棄自性成立，是故為除此疑，說此為顯彼唯不舍自性，能隨同境界行相。」，頁39。

106 《韓本註》：「或言自性，或唯領納行相，亦非具有境界行相，識之識亦說非由境界識所差別，識之識者謂能緣境界識之識。此非由境界識所差別，即非是所差別。即非具（？）隨同境界相屬之境界識行相性（？）差別所差別而生之義。」，頁39。

107 《韓本註》：「若由所（此？）緣故，此所謂能生起具有我所行相之自識者，彼時則由依境界識正生起之識所能發語行相所差別。」，頁39。

108 《韓本註》：「此若無者，云何不能由境差別自識？不與自相同（？）之差別而生起所差別，如是亦不由境界識能差別自識故，亦能差別。是故于境界識中亦有境界之行相。」，頁39。

109 cf.PSṬ82b: yadyadākāraṃ svajñānenālambyata 任何東西它被它自己的認識所認知時，它必須帶著它的行相而被認知。

⑩ 舍爾巴茨基提及法稱提到邏輯證明的兩種方式：kārya 和 svabhāva：「法稱說："經驗無論其為肯定的還是否定的（darśana-adar-śana）。都不能產生關於那種不可分的（avinābhāva-niyama)聯繫的嚴格必然性（的知識）。這（種知識——譯者）永遠依賴的是因果律（kārya-kārana-bhāvo niyamakah.）與同一律（svabhāvo niyamakah）"」，舍爾巴茨基著；宋力道、舒曉煒譯1997：頁301。

⑪《韓本註》：「如是安立此緣具有彼之行相者，謂由有如是因性即具有彼之行相故，于彼所成立中，說此為果，于彼之行相中說為自性。」，頁40。

⑫《韓本註》：「如是雖非由如其境界識之識，即領納境界識能了知單純之義相性或領納相性，然亦能取所謂與此相同之義及彼了別識二種行相生起，如是即說思維似此諸義行相乃為自識所取故。」，頁40。

⑬《韓本註》：「雖確實如是而唯無行相境界識生起，謂于此中即由義果性，成為如是明記此識即是義果性。若有此者，則義為領納識之因亦得明記，此后由領納識與義相應故亂識堅執義之行相性。」，頁40。

⑭《韓本註》：「后后者謂此諸境界識之識等，先者謂所有領納識之境界觀待后后諸識，為識所中斷故，則說為久遠，如是唯不得成諸具有顯現彼者，即唯非獲得之義。」，頁40。

⑮《韓本註》：「若此諸義之識成為境界者，則彼時諸（？）由此所生者中說此諸識是諸義果，如是即成明記其為義果性，因此當亦明記彼義即此等所有因。又因此若由亂識能了知者，能取與彼義相融合已，似彼顯現者，則此雖非彼等所有境界，若爾為何者耶？亦唯第一識所有，是故唯由義之力能所生起，與義確實相應故，雖執為具有彼之行相，然非后后等。彼等所有非境界故，彼等亦執為能同義之行相。」，頁40。

⑯ cf.PSṬ82a: uttarottarasya jñānasyaikaika ākāro'dhika upalabhyata 每個後來的認識，都要認取每一個附加的行相。

⑰《韓本註》：「如是后后諸識謂以各各（？）行相更能緣取。于瓶識之識中緣具有瓶行相識時，所謂已成具有瓶行相識與瓶行相共同被了知。」，頁40。

⑱ cf.PSṬ80,4-6a: nirākārameva viṣayajñānamutpadyate / tasmiṃstvarthakārya tayārthakāryametajjñānamityeṣā smṛtirbhavati / tasyāṃ satyāmanubhavajñ ānaheturapyarthaḥ smaryate / tataḥ paścādbhrāntyānubhavajñānamarthena saṃyojyārthākāratayādhyavasyati / 對對境的認識絕對是不帶行相產生。但是，在這個過程中，由於是認識對象的結果，這個認識不過是認識對

象的結果，所以，認識對象的結果成為記憶。的確，對於認識對象的結果，認識對象也會被記憶為造成對經驗認識的原因。此後，由於迷誤的原因，把經驗的認識和認識對象相連接，才會判定〔經驗的認識〕具有認識對象的行相。(cf.PV3.381a-c' (PSṬ81,9c) ). Rāhula Sāṅkṛtyāyana, 【〔ka. nārthāt smṛtiḥ〕】,p.233: arthakāryatayā jñānasmṛtāv arthasmṛter yadi｜bhrāntyā saṅkalanaṃ；由於是認識對象的結果，如果對認識對象的記憶是對認識的記憶，因為混亂，就堆積在一起了。

⑲ 《韓本註》：「即以此故應許唯由彼等自性成為具有彼之行相。」，頁40。

⑳ cf.PSṬ80,7-11: na ca yāvatā bhrāntena pratipattrā tattathāvasīyate, tāvatā tadākārameva tadbhavatīti yuktamityāha—**na cottarottarāṇī**tyādi / **ca**kāro'vadhāraṇe / **uttarottarāṇi** viṣayajñāna**jñānā**dīni tāni **pūrva**syānubhavajñānasya yo **viṣaya** uttarottarajñānāpekṣayā jñānāntaritatvād**viprakṛṣṭa**stad**ābhāsāni nai**va bhavanti, naiva prāpnuvantītyarthaḥ / kutaḥ / **tasyāviṣayatvāt** / 不過，認識絕對不是真的具有這樣的行相，如同被迷誤的認識者對它作如此判斷那樣，所以，說所謂認識具有認識對象的行相〔是錯誤（以上是無相論者的觀點），陳那〕對此回答：以「**每個後來的認識就不會有**〔以前已經消失的認識對境的顯相〕」為首那句話。**"ca"**這個字是限制在一定的實例。**每個後來的認識**是對對境認識的**認識**等等的每個後來的認識，絕對**不會**有以前已經消失認識對境的**顯相**：〔因為，〕**對境**對**以前**經驗的認識而言，通過觀待每個後來的認識，因為已經是過去的認識，是**消失**的東西，〔每個後來的認識〕就是不會獲得〔這樣的認識對境的顯相〕。為什麼呢？**因為這個〔以前消失的〕對境不是後來認識的對境**。

㉑ 《韓本註》：「于第一識境行相空性中不成諸先前所顯現久遠，如前已說。是故此亦當許義顯現性。是故亦已就二相。」，頁40。

㉒ PSV on PS1.11ab: viṣayajñāna-tajjñānaviśeṣāt tu dvirūpatā / (11ab) 而認識具有雙重行相是由於認識對對境的認識的這個〔對境〕有特殊性。

㉓ 《韓本註》：「若由此增上力故境識所有境相似境識中所有諸識，何故唯說為具有與境等同識顯現及自顯現耶？」，頁40-41。

㉔ 《韓本註》：「若由是故，以彼具有與彼之境識相應為句（？）而至境界之行相及領納行相以及第三具有自顯現之行相，如是所說此三即由此故，由自識能緣。」，頁41。

㉕ cf.PSṬ81a: uttarottarasya jñānasyaikaika ākāro'dhika upalabhyate /每個後來的認識，都要認取每一個被附加的行相。

⑫⑥《韓本註》：「又由何因忘記現時為彼所說后后諸識以各各行相更能緣耶？」，頁41。

⑫⑦ cf.PSṬ79d: yadyadākāraṃ svajñānenālambyate當某個實存體，以它自己的行相被對它自己的認識所認識。

⑫⑧《韓本註》：「是故此中當與境等同所有諸識之行相為所成立時，若有由自識能緣具有彼之行相者，如是等所說能成立，即此是識。若爾，如是于彼所有諸識等中亦說為能成立故，則成為無有遇合！」，頁41。

⑫⑨《韓本註》：「此非實有！若由是故，若為彼識之境界，則于此生疑，此青行相為境所有而識無有行相耶？抑說為識所有耶？若彼識（？……）彼時已無故則決定成，當彼所有境界行相之（？）由說不成疑故亦非無有遇合。」，頁41。

⑬⓪《韓本註》：「雖爾如是，如所領納自體相同時，然依聚合差別亦成（？）等差別如是于別別境中由別異別異聚合，則有微細依彼所作差別。由是明記差別耶？」，頁41。

⑬①《韓本註》：「此非真實！明了差別是念因故。」，頁41。

⑬②《韓本註》：「（？）是于捨位某境界中，若識相續生起，彼所有根等聚合雖實別異別異，若爾，則如所說此諸剎那慧（？）已過，如是非明記其不同，喻如（？）双生，型態雖同，但實事則有不同，如是亦非明了，故雖于彼不能認知不同，若爾云何？然彼等互相增益。是故于不明了差別義中不成具有差別念。是故于領納中有某些為義所作差別，由說依此回憶不同故，當許性與（？）義相似性。說言“即由此故亦是成就識二相”。」，頁41。

⑬③《韓本註》：「此所有義即是如是：若于此中有念，即于此中有領納，謂如其色等謂亦有念為果。」，頁42。

⑬④《韓本註》：「由“由餘識”等言于已成就能捨離能成立性，若由此識領納彼識，即于此中后時亦見有念。謂于非領納有念亦不應理，是故當生緣彼餘識，“此中亦有念”，依此亦說由餘緣彼，是故于餘識所領納中，諸識無有遇合，」，頁42。

⑬⑤《韓本註》：「若僅成就一識者，則識相續后后識緣前前識即成無量過之義。若如是者有何過耶？」，頁42。

⑬⑥《韓本註》：「如是若最后識非所領納者，則由此故，先時所生一切諸識無有領納，彼之能緣成隱密故。若彼之能緣成隱密者，則彼由此非是領納。喻如天賜之識，由天賜領納者，如是非由祀與領納。」，頁42。

⑬⑦《韓本註》：「與諸眾生自體相應先時所生諸識所緣亦成隱密。由相違

所遍滿。复次，所緣非現見即此非現量，如成隱密，非領納所緣諸識亦爾，由相違所遍滿。」，頁42。

⑱《韓本註》：「若所取不成就為所緣者，又許實事為現量者，則世間一切皆成現量，與非現量所緣無差別故，亦無變異。言“是故決定應許自覺識”」，頁42。

# 附錄三

## 陳那PSV・勝主慧PSṬ之科判和對照

【科判】

## 【對照表】

| | *Dignāga's Pramāṇasamuccaya* | **Jinendrabuddhi's Visalamalavati Pramanasamuccayatika** |
|---|---|---|
| | 【PS1.5】 | |
| **甲五識** | **āhuś ca**<br>而說<br>**dharmiṇo 'nekarūpasya nendriyāt sarvathā gatiḥ /**<br>對具體的事物而言，有不同的形相，一切是不可能由感官認識到。<br>**svasaṃvedyam hy anirdeśyaṃ rūpam indriyagocaraḥ //5//**<br>實際上，色法是〔五識〕認識本身所認知的對象，是不能表達的，是感官認識的領域。 | |
| | evaṃ tāvat pañcendriyajaṃ pratyakṣajñānaṃ nirvikalpam.<br>首先，由五種感官產生的直接知覺的認識，是脫離分別想像。<br>paramatāpekṣaṃ cātra viśeṣaṇam, sarve tv avikalpakā eva.<br>而在這個〔《集量論》〕文本，對此〔直接知覺〕的分別，是由於考慮到論敵的想法〔而提出的〕，然而，〔對陳那而言，是沒有差別的定義，〕所有〔直接知覺〕認識僅僅是脫離分別想像。 | |

| 1.【PS1.6ab】意識的認識對境（心王和心所） | | |
|---|---|---|
| 乙外境對象 artha 和欲望等認識本身 rāgādisva | **mānasaṃ cārtha-rāgādisva-saṃvittir akalpikā / (6ab)**<br><br>**而且意〔識〕是指對外境對象的〔心王〕認識以及對諸如欲望等〔心所〕的認識本身的認知，是擁有脫離概念分別的特質。** | 51,8**mānasaṃ ce**tyādi / **ca**śabdaḥ samuccayārthaḥ / **artha**śabdo'yaṃ jñeyaparyāyaḥ / rāgādīnāṃ svaṃ **rāgādisva**m / **sva**śabdo'yamātmavacanaḥ /<br><br>「而且『**意〔識〕**』」等等：「**而且**」這一語詞是表示連接的意思。「**對象**」這個詞是「所知」的同義詞。對欲望等等的認識本身，就是「**欲望等認識本身**」，這個「**本身**」一詞，就是自我的反身詞。<br><br>**artha**śca **rāgādisva**ṃ ca, tasya **saṃvittirartharāgādisvasaṃvittiḥ** / saṃvedyate jñāyate'nayeti **saṃvittiḥ** / saṃvitteḥ pratyekamabhisambandhaḥ / **sāvikalpikā** mānasaṃ pratyakṣam //<br><br>**外境對象**和**欲望等認識本身**，對他的**認知，就是對外境對象的〔心王〕認識以及欲望等〔心所〕的認識本身的認知**。所謂**認知**，通過它，〔這個對象〕被認識、被感知到的就是〔意識的〕認知。〔意識的〕認知是各別〔與對象和欲望等認識本身〕連繫，〔意識的〕認知是意的直接知覺，**是擁有脫離概念分別的特質**。 |

| | 【PSV on 1.6ab】 | |
|---|---|---|
| 乙-1意識的認知對象的設想 | | 51,13tatra manovijñānamindriyagṛhītamevārtham gṛhṇāti tato vānyamiti dvayī kalpanā /<br>在這種情況下，意識認知有兩種可能性：被感官所執取過的對象，或者，是與感官執取不同的對象。<br>yadi pūrvā, tatastasya prāmāṇyameva na syāt, gṛhītagrahaṇātsmṛtyādivat /<br>如果是第一種，那麼，它（意的直接知覺）就會不具有效性，因為〔意識〕執取已經被認識過的，就像記憶等。<br>atha dvitīyā, tadāndhāderapyarthagrahaṇaṃ syāt / indriyajñānanirapekṣaṃ hi manovijñānaṃ yadi bāhye'rthe pravartate, tadā cakṣurādivikalasyāpi darśanaṃ prāpnoti/<br>如果採取第二種可能性，那麼，盲人等也是可以執取對象。因為如果意識不依靠感官認識，〔直接面〕對外在對象而生起〔認識〕，那麼，對那些眼睛等有缺陷的人來說，也會得到〔外在對象的〕觀察。 |

<table>
<tr>
<td>乙-1-1-1對境 viṣaya：正在感知的同一類</td>
<td>mānasam api rūpādiviṣayālambanam avikalpakam<br><br>即使是意識，也是取色法等〔感官的〕對境作為認識對象，是脫離分別想像，</td>
<td>52,2tadvaktavyaṃ kīdṛśaṃ taditcase — mānasamapītyādi / rūpādayaśca te viṣayāśceti karmadhārayaḥ //<br><br>〔陳那針對論敵〕提出解釋這〔意識〕是什麼樣的？〔陳那〕說了下面的話：「即使是意識」等等。色法等和這些對境是持業釋。<br><br>52,4nanu ca rūpādayo viṣayā eva, tatkimarthaṃ viṣayagrahaṇam /<br><br>色等難道不就是對境嗎？「對境」這個詞到底有什麼作用呢？<br><br>anālambyamānarūpādivyavacchedārtham, na hyavijñāyamānaviṣayā bhavanti / upacāreṇa tu tajjātīyatayā viṣayavyapadeśaḥ syāt, na tu mukhyaviṣayatvam /<br><br>為了排除不是正在被感知的認識對象的色等，因為沒有被認識的對境不存在。但是，就語言運用的層面來說，由於屬於同一類的，才可以稱呼為「對境」，而不是根本意義上的對境。<br><br>52,6kasya punaste viṣayāḥ / anantaramindriyajñānasya prakṛtatvāttasyaiva /<br><br>再者，這些對境屬於哪一種〔認識〕？因為感官認識剛剛被討論過，當然屬於感官認識。</td>
</tr>
</table>

| 乙-1-2 **vikāra** 說明意識的對象是「感官認識的**對境**所產生的緊隨其後的**色等**剎那」 | | 52,7rūpādiviṣayāṇāṃ vikāro **rūpādiviṣaya**vikāraḥ, sa **ālambanaṃ** yasya tattathoktam /<br><br>色等諸境的改變過的行相就是**色等對境**的改變過的行相，它的**認識對象**是這個〔改變了的行相〕就被這樣稱呼。<br><br>samudāyavikāraṣaṣṭhyāśca bahuvrīhiruttarapadalopaśceti vacanātsamāsa uttarapadalopaś ca suvarṇālaṅkāra iti yathā /<br><br>因為語法書這樣說：有財釋在屬格時，有堆積和改變的意思，以及複合詞的最後成分要被省略。複合詞的最後成分省略，就像人們說的「黃金手飾」（黃金改變過的手飾）。<br><br>52,10kaḥ punarviṣayasya vikāraḥ / yastena janita uttarakṣaṇaviśeṣaḥ, sa tasya vikāra iti vyavahriyate,na tvavasithate dharmiṇi dharmāntaranivṛttau dharmāntarāvirbhāvaḥ, sāṅkhyaparikalpitasya pariṇāmasya niṣiddhatvāt /<br><br>什麼又是對境的改變過的行相呢？指的是第二剎那的特殊行相，是由它（第一剎那的artha）所造成，這個特殊行相就被稱為它的改變了的行相，而不是在固定不變的特性的所有者身上，當一個特性消失時，另一個特性產生〔，都是在固定不變的持有者當中〕，因為改變或變化是數論派所想像的改變概念，是不能證成。<br><br>tadetaduktaṃ bhavati—indriyajñāna**viṣaya**janitasamanantara**rūpādi**kṣaṇ**âlambanam**iti / anenāprāmāṇyadoṣaḥ pratikṣiptaḥ / |
|---|---|---|

| | | |
|---|---|---|
| | | 也就是如下所說——〔意識是〕把感官認識的**對境**所產生的緊隨其後的**色等**剎那當作**認識對象**，通過這些，你們所指〔盲人看見外境〕的論證不足的過失，就可以反駁。 |
| | | 52,14kutaḥ punastasya niyataviṣayateti cet, yatastasya yaḥ samanantarapratyayaviśeṣaḥ sa svaviṣayopajanitānantararūpādikṣaṇasahakāryeva tajjanayati, atastadyathoktaviṣayamevetyavagaccha //<br><br>提問：「為什麼意識會有確定的對境？」因為這樣的〔認識對象的〕確定性，即特殊的等無間緣，〔只有當一個助緣，〕只有自境所產生緊隨其後的色等剎那當助緣時，才能使意識產生，所以，應該這樣理解：意識只能是如前所說的對境。<br><br>（從這以下使用的是ākāra，而不是vikāra） |

<table>
<tr><td></td><td colspan="2">2.意的行相是以經驗行相顯現</td></tr>
<tr><td>乙-2-1以經驗的行相產生</td><td>anubhavākārapravṛttaṃ<br><br>是以經驗行相產生，</td><td>53,1anubhavākārapravṛttamiti / anubhūyate’nenetyanubhavaḥ / ākāra ābhāsaḥ / sa punarananubhavarūpo’pyasti, yaḥ smṛtyād īnāmityatastadvyavaccedāyānubhavagrahaṇ am / anubhava ākāro yasya, tattathoktam / kiṃ punastat / pūrvoktanyāyenendriyajñānameva /<br><br>〔意的直接知覺〕「是以經驗行相產生」：為它自己所體驗的就是經驗。行相就是顯現。它（行相）也有不帶有經驗性質的，就像那些記憶等等的〔行相〕，因此，「經驗」這個詞就是要排除這種行相〔即不帶有經驗的行相〕。凡認識是經驗行相，它就被這樣稱呼。提問：又這個經驗行相是誰的？依據前面所說的原理，就是感官認識。<br><br>tenānubhavākāreṇa pravṛttamutpannaman ubhavākārapravṛttam / etaduktaṃ bhavati — indriyajñānātsamanantarapratyayādutpann amiti / anena yaduktam —<br><br>通過感官認識而產生經驗行相，也就是出現，就叫做以經驗行相產生。如下就是所說的意思——從感官認識的等無間緣產生。通過這樣的解釋——<br><br>andhāderapyarthagrahaṇaṃ syāditi, tannirastam / yasmānnatadbāhyeṣvartheṣu svatantraṃ pravartate, kiṃ tarhīndriyapratyayāpekṣam, andhādeścendriyajñānaṃ nāstīti nāsti tat //<br><br>「盲人等也會看見對象」，就被駁斥。因為，它（意識）不是針對外在對象獨立產生，而是依賴於感官的緣作為它的緣，而因為盲人等沒有感官認識，所以，不會有〔依於感官認識的意之直接知覺〕。</td></tr>
</table>

| 乙-2-2-1欲望等自我認知的認識手段和結果、認識對象 | **rāgādiṣu** ca svasaṃvedanam<br><br>而且對欲望等的自我認知 | 53,9 **rāgādiṣu ca svasaṃvedanam**iti / **sva**sya **saṃvedanaṃ svasaṃvedanam** / saṃvedyate'neneti **saṃvedanam** /<br><br>**並且對於欲望等的自我認知**（舊譯：自證）**：對於認識本身的認知就是自我認知**。依此而被認識到，所以，是**認知**（舊譯：覺知）。<br><br>grāhakākārasaṅkhyātamanubhavasvabhāvatvam /<br><br>〔認識〕具有經驗的性質，就被看作是認識主體的行相。<br><br>anubhavasvabhāvatvādeva hi rāgādayo'nubhavātmatayā prakāśamānā ātmānaṃ saṃvedayante, ātmasaṃvedanā iti ca vyapadiśyante /<br><br>因為欲望等正是由於具有經驗的性質，以經驗本身而顯相出來，〔並且〕讓它們（欲望）自己被認識到，所以，它們被稱作：自我的認知。<br><br>atastadanubhavātmatvameṣāṃ pramāṇam / yatpunarbhāvarūpaṃ saṃvedanaṃ svādhigamātmakam, tattasya phalaṃ veditavyam / ātmā tu teṣāṃ prameyaḥ /<br><br>因此，具有經驗性質的本身就是這些欲望等等的認識手段。再者，這個認知具有存在的性質，具有對認識本身取得認識的性質，則這個〔認識〕就應被理解為它（認識手段）的結果。而這些欲望等等自身就是它們（欲望等）的認識對象。 |
|---|---|---|

| | | |
|---|---|---|
| 乙-2-2-2無分別 | | 53,14rāgādigrahaṇaṃ spaṣṭhasaṃvedanadarśanārtham / sarvajñānānāmātmasaṃvedanasya pratyakṣatvāt /<br><br>「欲望等」這個詞是為了揭示明了的認知，因為對一切認識的自身的認知都是直接知覺。<br><br>54,1 avikalpakatvaṃ tu tasyāśakyasamayatvāt / viṣayīkṛte hi samayaḥ śakyate kartum /<br><br>但是，說它（直接知覺）是脫離分別想像，是因為它是不能使用語言習慣。因為，當某樣東西被取作境時，語言習慣才能被使用。<br><br>na cānutpannaṃ rāgādyātmānaṃ saṃvittirviṣayīkaroti, rāgādyātmarūpatayā tasyā apyanutpannatvāt/<br><br>不過，認知不可能把還未產生的欲望等自身取作境，因為認知〔自己〕還沒產生，由於〔認知〕具有欲望等自身的性質。<br><br>utpanne'pi rāgādyātmani saṃvittirabhilāpaṃ na yojayati / tathā hi sābhilāpamādāya tatra yojayet / abhilāpagrahaṇe ca kṣaṇikatvānna sā, nāpi rāgādaya iti kiṃ kena yojyeteti //<br><br>即使欲望等自身產生了，〔意識的〕認知不可能與語言連接。換言之，〔認識〕得到語言表述以後，才可以〔與語言相〕結合。不過，當獲得語言表述時，認識已經不存在，由於只存在於一瞬間，欲望等也不存在，那麼，誰會和誰相結合呢？<br><br>aśakyasamayatvādrāgādīnāṃ saṃvittirnāviṣṭābhilāpā / yena yatra śabdasya samayo na gṛhītaḥ, na tacchabdena taṃ saṃyojya gṛhṇāti / tadyathā cakṣurvijñānaṃ |

| | | |
|---|---|---|
| | | gandham / na gṛhītaśca rāgādyātmani tatsaṃvedanena śabdasamayaḥ / kāraṇābhāvaḥ //<br><br>因為不能得到語言習慣，所以，欲望等認知是不可能有語言表述。如果對某個對象而言，語言習慣不能通過認識獲得，那麼，這個認識不能通過把它與語言相結合來認識它。例如：通過眼睛了知味道的認識。而就欲望等自身而言，〔對欲望等等的〕認知是不能採納語言習慣。〔這裡所使用邏輯證明的理由是〕原因不存在！ |
| 乙-2-2-3以內屬相違破邏輯主語（所依）不成 | | 54,10atra kecidāhuḥ — āśrayāsiddhiḥ / tathā hi svasaṃvitternirvikalpakatvaṃ sādhyam/ sā ca jñānasyāpi tāvanna samasti /<br><br>針對這一點，有指責說——邏輯主語（舊譯：所依）不成。具體來說，自我認知是不依於感官的認識是要被證明的。而且至少對認識（心王）而言，〔自我認知〕是不存在。<br><br>kutaḥ punaḥ sukhādīnāmajñānarūpāṇām / te hyekasminnātmani jñānena saha samavāyāttenaikārthasamavāyinā gṛhyanta iti svayaṃ prameyarūpā eva /atas te parasyāpi na saṃvedakāḥ, kutaḥ punarātmana iti /<br><br>何況對那些愉悅等心理現象（心所）而言，後者並不具有認識的性質。因為，這些愉悅等心理現象，由於和認識共存於一個〔永恒不變〕生命主體上，因此，當作同一個對象的緊密連繫來認識，所以，自身僅僅是認識對象的性質。因此，這些愉悅等心理現象都不能讓別人認知，又如何讓自己認知？ |

| | | |
|---|---|---|
| | | 55,2taistajjñānamavaśyaṃ sukhādyākāramabhyupeyam, anyathā tasya te vedyā eva na syuḥ /<br><br>〔勝主慧回答：〕必須要被他們（即提出反對意見的）承認的是，認識必須具有愉悅等心理現象的行相，否則，認識絕對不可能是對他們的認識。<br><br>na hi jñānasattaivārthānāṃ saṃvedanā yuktā, tasyāḥsarvatrāviśeṣātsarvārthagrahaṇaprasaṅgāt /<br><br>因為，不可能僅僅把認識當作存在事實，諸認識對象就應被認知，這會導致——任何東西都會被認識，所有對象都會被認識的荒謬結論。〔因為對所有認識而言是沒有差別。〕<br><br>yajjñānaṃ yadākārarahitam, na tattasya saṃvedakam / gojñānamivāśvasya / sukhādyākārarahitaṃ ca sukhādijñānam / vyāpakaviruddhaḥ //<br><br>如果一個認識是脫離〔認識對象的〕行相，那麼，就不能使它（認識對象）被認識到。就像對牛的認識〔不能〕讓馬認識到。同樣的，愉悅等心理現象的認識是脫離愉悅等心理現象的行相，〔因此，不能讓愉悅等心理現象被認識到，所以，這裡邏輯證明的理由，被稱作〕與內屬（論理學上是如同煙中的火那樣）相違。<br><br>55,6bhavatu jñānaṃ tadākāram, tataḥ kimiti cet, idaṃ tato yattadeva hlādaparitāpādyākārānugataṃ sukhādīti siddhaṃ sukhādi jñānarūpam / |

| | | |
|---|---|---|
| | | 〔論敵提問〕：我姑且承認——認識是具有認識行相，從所承認的會導出什麼結論？由此得到如下結論：愉悅等心理現象必須伴隨那些滿足、痛苦等的心理狀態，所以，〔由此〕證實愉悅等心理現象具有認識的性質。<br><br>bodharūpaṃ hi vastu sātādirūpaṃ teṣāmapi siddham / tatra jñānaṃ sukhaṃ duḥkhamityādikā yatheṣṭaṃ sañjñāḥ kriyantām / nātra kaścinnivārayitā / yathā jñātahlādādika ākāro'jñānarūpasukhādikṛto na bhavati, tathānyatra pratipāditam / iha tu bahugranthabhayānna pratanyate //<br><br>因為具有認識性質的實際存在的東西〔是主體內在存在的東西〕，並有滿足等具體行相，對這些〔愉悅等心理現象〕也是可以成立。因此，〔對這些內在存在東西〕你可以隨意稱呼它為「認識」、「愉悅」、「痛苦」等等〔，都是具有認識性質〕。在此〔名言範圍內〕沒有人會反對。如同已被認識的愉悅等心理現象的行相等，不可能具有非認識性質的愉悅等心理現象，〔若說為什麼？〕這點在別處有作說明。這裡〔主題是談自我認知〕因為擔心文章會寫得篇幅太長，這裡就不作進一步擴展論述。 |

| 乙-2-2-4即使具愉悅等是實存物 | | 55,12yo'pyāha — nāntārāḥ sukhādayo nāpi cetanāḥ, kiṃ tarhi tadviparītasvabhāvāḥ prameyā eveti, tasyāpi yathoktanītyā hlādādyākārabodhātmakaṃ vastu siddham / tasyaiva ca svasaṃvedanaṃ pratyakṣamuktam, na tadvyatiriktasya sukhādeḥ paraparikalpitasya / tacca svasaṃvedanaṃ sādhayiṣyamāṇamiti nāstyāśrayāsiddhiḥ //<br><br>也有人說——〔對說這些話的人而言，〕說愉悅等心理現象不是內在，也不是意識形式，而是〔與外在事物一樣，〕與意識相反性質這樣的認識對象，對這樣的人而言，具有愉悅等行相的認識性質的實存物，按照如上所說原理也是應該得到證實。正是對實存物而言的自我認知被說是直接知覺，而〔自我認知〕不是論敵想像是愉悅等心理現象以外的。而〔這個認識〕正是這個將被證實的自我認知，所以，並不存在邏輯主語不成。 |
|---|---|---|

| 乙-2-3意識的直接知覺：不依靠感官／自我認知是意的直接知覺 | indriyānapekṣatvān mānasaṃ pratyakṣam.<br><br>是意的直接知覺，因為〔意是〕不依靠感官。 | 56,3nanu sarvasyaiva jñānasyendriyajasyāpi mana āśraya ityapyete pañca vijñānakāyā indriyadvayāśrayā iti vacanāt, tatkasmādidameva mānasamucyata ityāha—**indriyānapekṣatvād**iti / rūpīndriyanirapekṣatvāditi bhāvaḥ / yasya mana evāśrayo na rūpīndriyam, tanmānasamabhisaṃhitam /<br><br>〔為什麼陳那說意的直接知覺或自我認知獨立於感官？因為經量部提出〕難道不是這樣嗎？所有的認識，包括由感官產生的認識，都是以意作為基礎，這五種不同的認識（舊譯：五識身），都有兩種感官（指舊譯：五根、意根）為所依，為什麼〔陳那〕僅僅說「意」呢？〔陳那〕說：「**因為〔意是〕不依靠感官**」。上述亦即指〔意〕獨立於有色感官。如果認識只依靠意，而不是依靠有色感官，那麼，這個認識就被表述為意識。<br><br>56,6ye tarhi pañca vijñānakāyāstatsamprayoginaśca rāgādayaḥ, teṣāṃ svasaṃvedanaṃ kathaṃ mānasaṃ pratyakṣam /<br><br>那麼，對於那些五種根識（心王），以及與它連繫的欲望等心理現象（心所），為什麼這些〔根識和欲望等心理現象的兩部分〕的認識本身的認知是意的直接知覺？<br><br>svasaṃvittisāmānyena tajjātīyatvāt / kathaṃ punarindriyānapekṣatve pratyakṣaśabdo yujyate /<br><br>因為就一般意義的自我認知而言，都屬於它（意的直接知覺）的類型〔，所以自我認知也可以稱為意的直接知覺〕。既然是獨立於有色根，那麼，為什麼稱呼「直接知覺」這個詞是合理的？ |
|---|---|---|

| | | |
|---|---|---|
| | | yāvatākṣanimittaḥ pratyakṣavyapadeśaḥ, uktametajjñānaviśeṣasya pāribhāṣikīyaṃ sañjñeti / atha vā manaso'pyakṣatvātpakṣānta re'pyadoṣaḥ //<br><br>稱呼「直接知覺」這個術語，〔在語源學上〕是依於"akṣa"這個詞〔派生〕，但是作為術語，可以用來稱呼各種類型的認識。或者按照另一種解釋，因為意是一種感官，也是無過失的。 |

| | | |
|---|---|---|
| | **3.【PS1.6cd & PSV】瑜伽直接知覺（yogipratyakṣa）** | |
| | tathā<br><br>同樣<br><br>**yogināṃ**<br><br>瑜伽行者所見， | 56,11**tathā yoginām**iti / yathā mānasamavikalpakaṃ pratyakṣam, tathā yogināmapi /<br><br>「**同樣，瑜伽行者所見**」，就像意是脫離分別想像的直接知覺，同樣的，對瑜伽行者而言也是。<br><br>yogaḥ samādhiḥ / sa yeṣāmasti, te **yogin**aḥ /<br><br>修習方法是專注思維特定的對象。對他們而言，有〔修習這個〕方法，他們就是修習瑜伽行者。 |

| 乙-3 瑜伽的直接知覺是 artha-mātra-darśana・明了顯現（spaṣṭāvabhāsi）是脫離分別想像（nirvikalpa） | **gurunirdeśāvyavakīrṇārtha mātradṛk //6//**<br><br>**僅僅是脫離老師言教的認識對象**。<br><br>**yoginām** apy āgamavikalp**āvyavakīrṇa**m **arthamātra**darśanaṃ pratyakṣam.<br><br>即使**對諸瑜伽行者，脫離**經教所傳的教法，看見的**僅僅是認識對象**的是直接知覺。 | **gurūnirdeśāvyavakīrṇa**miti /atra viṣayeṇa viṣayiṇo nirdeśād**āgamavikalpo** gurunirdeśaśabdenoktaḥ /<br><br>所謂「**脫離老師言教**」：關於這一點，是就對境而言，**經教所傳的教法**是由於有關對境的指示，是通過**老師言教**的說明所說。<br><br>ten**āvyavakīrṇaṃ** rahitamityarthaḥ / etena spaṣṭāvabhāsitvamapi tasya labdham, nirvikalpasya spaṣṭatvāvyabhicāritvāt / **mātra**śabdo'dhyā ropitārthavyavacchedārthaḥ /<br><br>因此，「**脫離**」是有「無」的意思。通過上面所述，對境的所得也是分明顯示，因為脫離分別想像就是分明決定的緣故。「**僅僅**」這一語詞，是指被增加的對象是排除的對象。<br><br>tena yadbhūtārthaviṣayamāryasatyadarśana vat tadeva pramāṇam nābhūtārthaviṣayam viplutam pṛthivīkṛtsnādi /<br><br>因此，當對於真實對境是如同見聖諦時，那麼，這就是有效的認識而不是相反於非實的對境，〔如同見（darśanavat）〕地遍等。<br><br>57,2nanu cāyamartho vakṣyamāṇādevāpavādāllabhyate, tadkim **mātra**grahaṇena /<br><br>難道不是這樣嗎？因為這個對象的取得，正是與將說的矛盾之故，那麼，「**僅僅**」一詞有什麼用呢？<br><br>satyametat,tathāpi prādhānyajñāpanārthamasya lakṣaṇavākya evāyamarthaḥ paridīpitaḥ / |
| --- | --- | --- |

| | | |
|---|---|---|
| | | 真實是下面所述，儘管是最尊敬的人教誨的認識對象，這個對象所顯示正是這個對象的標記所說。<br><br>prādhānyaṃ punarmokṣahetutvāt / nirvikalpakatvaṃ punastasya spaṣṭāvabhāsitvaṃ ca bhāvanāniṣpattiphalatvāt / yadbhāvanāniṣpattiphalaṃ jñānam, tannirvikalpaṃ spaṣṭāvabhāsi ca bhavati /<br><br>再者，因為最尊敬的人是解脫因的緣故。又，不依於感官的認識是對象的分明顯示的性質，以及因為〔對象是〕明顯所成的結果。在明顯所成的結果是認識時，那麼，脫離分別想像是〔由於〕明了顯現。<br><br>tadyathā kāmaśokādyupaplutānāṃ priyāviṣayaṃ jñānam / tathā ca yogijñānam / svabhāvaḥ //<br><br>例如對歡樂、悲痛等泛濫而言，喜好於非對境的認識。瑜伽者的認識也是同樣的。使用的是自身行相的邏輯（自性因）。 |

| | 【PSV on 1.7ab】 | |
|---|---|---|
| 乙-4概念構想的了知（kalpanājñāna）是直接知覺 | yadi rāgādisvasaṃvittiḥ pratyakṣam, kalpanājñānam api nāma. satyam etat.<br><br>〔反對者：〕如果欲望等認識本身的認知是直接知覺，則概念構想的了知（分別智）也是稱為直接知覺。〔陳那回答：〕確實如此〔分別心亦是直接知覺〕。<br><br>**kalpanāpi svasaṃvittāv iṣṭā nārthe vikalpanāt / (7ab)**<br><br>**概念構想對於自我認知，是可以承認〔是直接知覺〕，但對於〔外在〕認識對象不是〔直接知覺〕，因為〔後者〕有分別構想。**<br><br>tatra viṣaye rāgādivad eva apratyakṣatve 'pi svaṃ saṃvettīti na doṣaḥ.<br><br>因此，正是如同欲望等，即便針對〔外在〕對境不是直接知覺（apratyakṣa），但它是認知到認識本身〔，所以是直接知覺〕。因此（iti），並沒有過失。 | 57,8**kalpanājñānamapināme**ti / asyāyamarthaḥ — yatsvasaṃvedyam, tatsvādhigamaṃ prati pratyakṣam, rāgādijñānavat / tathā ca kalpanājñānamiti svabhāvaḥ /<br><br>「**概念構想的了知也是稱為直接知覺**」：認識的這個對象——凡自我認知認識的對象，它是對於認識本身的認識，就是直接知覺，如同欲望等認識。同樣地，所謂概念構想的了知是採用自身行相邏輯（自性因）。<br><br>**satyametad**ityādineṣṭasiddhiṃ darśayati / evaṃ manyate — yatra viṣaye yajjñānaṃ śabdasaṅketagrāhi, tattatra śabdadvāreṇa tasya viṣayagrahaṇātsavikalpakaṃ bhavati,svarūpaṃ cāśakyasamayaṃ yathoktaṃ prāk / atastatrādhigantavye sarvaṃ jñānaṃ pratyakṣameveti //<br><br>通過「**確實如此**」等等，使見到有效的合法性。如是思考——在對境所在之處，當認識認取言詞的假名，則此處通過言詞的方法，它就變成是擁有分別，因為認識是執取對境的緣故，然而，如同前面所說的，自身行相是不能使用語言習慣。因此，當對境所在之處是應被認取時，則一切認識只能是直接知覺。 |

| | | |
|---|---|---|
| | evaṃ tāvat pratyakṣam.<br>如是已說直接知覺。<br><br>7cd-8ab似直接知覺----❶ 缺 | 57,14**evaṃ tāvatpratyakṣam**iti **tāvac**chabdaḥ krame / pratyakṣamuktvā tadābhāsābhidhānamiti kramaḥ //<br>所謂「**如是已說直接知覺**」：「**已說**」一詞是指所採取的立場。先說了直接知覺，接著陳述似現這個方法。 |
| | | 7cd-8ab似直接知覺缺 |

| | | |
|---|---|---|
| | 4.【PS1.8c & PSV】量 | |
| 丙-1結果是認識手段所達到的認識 | atra ca<br>而在我們學派當中<br>**savyāpārapratītatvāt pramāṇaṃ**<br>由於〔認識〕是帶有行為被體驗到，才被稱為認識手段； | 65,7**atra ce**tyasmanmate / **savyāpārapratītatvād**iti saha vyāpāreṇa pratītyatvādityarthaḥ / etatpramāṇatvopacāranibandhanam /<br>「**而在我們學派當中**」是指在我們思想體系當中。「**由於〔認識〕是帶有行為被體驗到**」這句話：是與行為一起被認識到這樣的意思。這個說法是日常生活語言運用當中，把它看作是認識手段的原因。 |
| | **【PS1.8d】** | |
| | **phalaṃ eva sat //8//**<br>實際上，僅僅是認識結果。 | **pramāṇaṃ phalameva sad**iti / pramāṇasyādhigamaḥ phalam / tacca svayameva tadātmakamiti tato na vyatiriktam //<br>〔但〕「**實際上，認識手段僅僅是結果**」：結果就是認識手段所達到的認識，而它（pramāṇa），正是認識本身，具有它（pramāṇa）的性質，所以，〔認識結果〕與它沒有區別。 |

| | 【PSV on 1.8cd】 | |
|---|---|---|
| | na hy atra bāhyakānām iva pramāṇād arthāntaraṃ phalam. tasyaiva tu phalabhūtasya<br><br>在我們學派當中，不像那些主張認識對象是外在的外在實在論者那樣，認識結果並不是與認識手段的認識對象不同的東西。而是，認識手段恰恰是認識結果的認識， | 65,11**na hyatra bāhyakānāmiva pramāṇādarthāntaraṃ phalam**iti mā bhūdihāpi tadvadeva doṣaḥ / **tasyaiva tv**ityādināyamarthaḥ sūcitaḥ ─ naiva vyavasthitasvabhāvaṃ kiñcidasti sādhyaṃ sādhanaṃ vā, pratītirūpānupātitvātsarvatra sādhyasādhanavyavahārasya / ihāpi cāsti /<br><br>**因為，在我們的學派當中，不像那些主張認識對象是外在的外在實在論者那樣，認識結果並不是與認識手段的認識對象不同的東西**，所以，這裡也絕不會有像外在實在論那樣的錯誤。通過「**而是，認識手段恰恰是**〔認識結果的認識〕」等等這句話，闡明如下的話——完成的對象或完成的手段，都不具有相互獨立的性質。因為，在任何情況下，對完成的對象或完成的手段的指稱，都是伴隨認識行相來理解。而且，這裡也是存在。 |
| 丙-2認識手段：帶有對境的行相=帶有行為 | jñānasya viṣayākaratayā utpattyā **savyāpārapratīt**iḥ. tām upādāya pramāṇatvam upacaryate nirvyāpāram api sat.<br><br>由於〔認識〕產生是帶有對境的行相產生，所以，**被看作是帶有行為**。由於這個〔帶有行為的〕因素，日常語言運用中被稱為認識手段，實際上，儘管並不具任何行為。 | 65,14**jñānasyā**dhigamarūpatvātsādhyatvapratītiriti phalatvamupacaryate / **tasyaiva** ca **viṣayākāra**parigrahāt**savyāpārapratīti**riti **pramāṇatvamupacaryate**, vyavahriyata ityarthaḥ / tathā hi tajjñānaṃ viṣayākāratāṃ dadhānaṃ **nirvyāpāramapi sat**svaviṣaye'dhigamātmanā vyāpāreṇa khyāti nānyathā / tasmāt saiva tasyātmabhūtā viṣayākāratā pramāṇamiti //<br><br>由於**認識**是具有獲取認識行相的這種型態，被看作是完成的對象的認識，因此，才被比喻作結果。**正是這個**〔帶有行為出現的〕**認識**，由於具有抓取〔**認識〕對境的行相**的行為，**被看作是帶有行為**，所以，**日常語言運用中被稱為認識手段**，有日常語言中稱指的交流意思。換言之，這種認識由於採納認識對境的行相，**實際** |

| | | |
|---|---|---|
| （avyāpārapratī） | | 上，**儘管並不具任何行為**，但是，它還是被說成是具有對自身的對境的獲取行為的本質，僅僅如此而已。因此，正是這種具有認識對境的行相性質，成為認識的內在性質，〔認識〕帶有認識對境的行相之事實是認識手段。 |
| 丙-3完成手段和完成行為相關：與認識對象相似的行相 | | 66,4yuktaṃ caitat / tathā hi na kriyāsādhanamityeva sarvasyāḥ kriyāyāḥ sarvaṃ sādhanaṃ sarvā vā kriyā sarvasya sādhyā, anavasthāprasaṅgāt, kiṃ tarhi tasyāḥ kriyāyāstatsādhanam, yā yataḥ sādhanādavyavadhānena prasiddhimupayāti / saiva ca tasya kriyā sādhyā /<br><br>而且這個說法是正確的。具體解說如下：僅僅是「完成某一行為」這句話，並不是表示任何行為只有一個完成手段，或者任何行為是任何完成手段的完成對象，因為會有無窮的過失之故，而是這個完成手段是對一個完成行為〔，並不是所有〕。一個行為和完成手段之間，不是不相干，〔這個行為〕才會被看成是成立。正是這個行為才是完成手段的行為所完成對象。<br><br>tatra rūpādau karmaṇyanubhavātmanā sādṛśyātmano jñānasya tena svabhāvena karaṇabhūtena bhāvyam, yenedaṃ nīlasya jñānam, idaṃ pītasyeti vibhāgena vyavasthā kriyate / anyathā sarvaṃ jñānaṃ sarvasyārthasya syāt, na vā kasyacitkiñcit, aviśeṣāt //<br><br>在這種情況下，認識有與對色等動作的經驗性質相似的本質，作為它的本質應該被理解成為原因，通過這樣的分別，才會有這是對藍色的認識，這是對黃色的認識，因此，以這樣區別方式，人們才有這樣的分別。否則，任何認識都是對任何認識對 |

| | | |
|---|---|---|
| | | 象的認識，或者根本就沒有認識，因為沒區別之故。 |
| | | 66,11indriyāderāvilatādibhedo niyāmaka iti cet, na, tasyājñānasvabhāvatvāt sarvajñānahetutvācca nāpi sannikarṣaḥ, ata eva / nāpyarthālocanam, asati viṣayasārūpye 'rthālocanasyaivāsiddheḥ / viśeṣaṇajñānamapi, ata eva // |
| | | 〔對手解釋：〕其實是感官等的汙染程度等的不同，才會確定〔感官〕，不是〔勝主慧所說〕，因為感官不是認識本身，而且因為感官是任何認識的原因。也不是連繫〔感官與對象〕，而是僅僅是由此產生。也不是對對象的觀察，因為如果沒有與認識對象相似的行相，那麼，對認識對象的觀察是不成立的。正是同樣的原因，才會有各種不同的認識。 |
| | | 67,4 tasmādyo 'yaṃ niyamo nīlasyaiveyamadhigatiḥ pītasyaiva cetyādikaḥ, so 'rthasārūpyādanyato na sidhyati / tatastadeva sādhanamarthādhigateḥ, sarvakārakopayoge'py asyārthasyeyamadhigatiriti sambandhasya tata evāvyavadhānena siddheḥ / tacca tasya sādhanatvaṃ vyavasthāsamāśrayatvena, na tu nirvartakatvena, abhedāt // |
| | | 所以，當認識只能是這個對藍色的認識，只能是這個對黃色的認識等等這樣的限定，則這個認識是不能通過與認識對象相似性以外的東西來認識。所以，只能是與認識對象的相似性，才是對認識對象之認識的完成，儘管所有原因全具備了，但是，這個認識是對這個認識對象的認識，所以，對這種連結，只能從認識〔的限定〕，通過〔相似性的成就之〕無間隔才 |

| | | |
|---|---|---|
| | | 能成立。而且，這個〔與認識對象的相似性〕就是它（認識）的成就因素，〔是因為相似性〕是作為確定〔各種主體和客體〕的基礎，而不是製造認識的，因為〔能成和所成〕沒有分別之故。 |
| 丙-4破能所無別成同一性：謂語不同、認識主體顯相區別 | | 67,9 syādetat—vastuno'bhedājjñān āṃśayoraikye yaiva kriyā tadeva kārakam / ato hatametaditi / tadasat, yato vastuno'bhede'pi yo'yaṃ dharmabhedaḥ prameyarūpatārthādhigatiśceti, so'bhyupagamyata eva vyāvṛttibhedopakalipataḥ, vyāvṛttibhedopakalpitaḥ, abhinne'pi vastuni vijñānapratibhāsabhedena sādhyasādhanavya vasthādarśanācca /<br><br>〔反對者〕也許會有如下問題——從實際意義上來說，如果說認識的兩個部分沒有區別，會變成同一性，那麼，這個所作就是作者，因此，這個說法是無用的。〔你〕這個說法是不對的，因為從實際意義上來說，儘管沒有區別，但是，由於這個謂語的不同，認識主體具有認識對象的行相，以及對某個具體客體的認識，因此，想像互相分離的區別，應該是可以被接受的，實際上，即使沒有區別，但可通過認識主體顯相區別，而且因為所成、能成是分開顯現。<br><br>yathā nipīyamānaṃ madhumadayati, ātmanātmānaṃ dhārayati, buddhyā gṛhṇātīti nāyaṃ vastusanniveśī sādhyasādhanavyavahāra ityacodyametat //<br><br>如同蜜自己被滲透甜的成分一般，蜜使喝的人滿足〔既是所作又是作者〕，由〔認識〕自己持有認識本身，是通過認識來認識，所以，並不是與這個實體相連繫， |

| | | |
|---|---|---|
| | | 使用日常語言來〕指稱所成、能成〔的分別〕，所以，這個說法並不存在可被指責之處。 |
| 丙-5譬如果是帶因產生回應似帶行為 | tad yathā phalaṃ hetvanurūpam utpadyamānaṃ heturūpaṃ gṛhṇātīty kathyate nirvyāpāram api, tadvad atrāpi.<br><br>譬如結果是帶著因〔的行相〕而產生，<br><br>同時感覺抓取因的行相，儘管結果不具行為，我們所要討論話題也是同樣的。 | 68,3kathaṃ yathāvyāpāramantareṇāpi tadvattayā pratibhāsata ityāha —**tadyathe**tyādi / iha nīlādyākāra eka evānubhūyate / sa vijñānasyātmabhūto'vaśyamabhyupeyaḥ / anyathā tasyārthena sambandho na syāt / na ca tasmāttadākāramatadākāraṃ vā bahirvyatiriktaṃ vastūpalabhyate / na cālambanaṃ ghaṭate / kathaṃ ca na ghaṭate / yathā ca na ghaṭate, tathā vādavidhiparīkṣāyāṃ vakṣyati //<br><br>為什麼就像儘管認識沒有帶行為，但是，顯現出像似帶有行為——說**譬如**〔結果是帶著因〔的行相〕而產生，同時感覺抓取因的行相，儘管結果不具行為〕等等。在這裡，被經驗到的僅僅是一個藍色等行相。它必須被承認是認識的性質所成。否則，認識和認識對象之間的連繫就不可能。不過，因為不管是帶有行相或不帶行相，只要是外在的事體，就不可能〔成為所緣〕被認識。因為，〔外在實存物〕不可能成為所緣緣被觀察到。而為何不被觀察到呢？而如同不被觀察，就如同〈觀論軌〉所說。 |

<table>
<tr><td></td><td colspan="2">5.【PSV on 1.9a】自我認知是果</td></tr>
<tr><td>丁-1確立認識不可能脫離認識主體→由此產生自我認知=被確定的自身行相=認識結果</td><td></td><td>68,8yadapīdaṃ kalpyate —satsvapyanyeṣu hetuṣu jñānakāryāniṣpattiḥ kāraṇāntaraṃ sūcayati / sa bāhyo'rthaḥ syāt / tasmādvyatirekato bāhyārthasiddhiriti, tadapyayuktam, yato vijñānakāryāniṣp attirvijñānavāsanāparipākavaikalyādapi sambhavati / tasmānna vijñānavyatiriktasya kasyacitsaṃvittiḥ sambhavati /<br><br>這個也是想像出來的——儘管種種的因已經存在，但是，認識作為〔因的〕結果是沒有被完成，表示還有別的原因。它（別的原因）可能就是指外在的認識對象。由此差別，可以證明外在認識對象成立，〔是獨立於認識主體，〕這也是不對的，由於認識的結果沒有產生，〔不一定是外在的原因，〕也是可能由於認識主體作為熏習成熟還未完成而產生。因此，任何脫離認識主體的認識是不可能產生的。<br><br>vijñānameva tu svasaṃviditamutpadyata iti svasaṃvittireva phalam / bhavatu nāma bāhyārthaḥ, tathāpi yathāsaṃvedanameva viṣayo niścīyata iti tadeva phalaṃ yuktam / na hi yathāsvabhāvamanubhavo'rthasya, yato yathāsau vyavasthitasvarūpastathā śakyeta niścetum, sarvajñānānāmekākāratvaprasaṅgāt /<br><br>然而，被自我認知到的正是認識主體產生出來的，所以，自我認知才是結果。你儘管可以說，有外在的對象〔，但是，我們不會討論這個問題〕，儘管如此，這個認識對境被確定，只能是如同〔你的〕認知那樣，所以，結果理應只能是這個〔被確定的認識對境〕。因為按照自身存在，經驗並不是就外在對象而言，必須是按照那</td></tr>
</table>

| | | |
|---|---|---|
| | | 個被確定〔之認識〕的自身行相，這個認識才能被確定，否則，會有所有認識都是一樣行相之荒謬的結論。<br><br>anekākārāstu vijñaptayaḥ / tathā hyekasminneva vastuni pratipattṛbhedena paṭumandatādibhirākārairanugatā ni vijñānānyupalabhyante / na caikaṃ vastvanekākāram, anekatvaprasaṅgāt //<br><br>但是，〔實際上，〕各種認識是會有不同的行相。換言之，僅僅在單一存在物上，由於認識者不同，會有被清晰或不清晰的種種不同行相所覆蓋的了知就產生出來。〔是因為不同的認識主體的認識有不同行相〕而不是一個存在物有不同的行相，否則，〔如果一個存在物有多個行相，那就不是一個存在物，而〕會產生多個存在物的荒謬結論。 |

| | 【PS on 1.9a】 | |
|---|---|---|
| 丁-2自我認知是結果 | **svasaṃvittiḥ phalaṃ vātra; (9a)**<br>或者，在我們學派當中，自我認知是認識結果； | 69,4ato nārthasya yathāsvabhāvaṃ niścayaḥ śakyate kartumiti sandhāno bāhyetarapakṣayorekenaiva sūtreṇa phalaviśeṣavyavasthāṃ cikīrṣurāha—**svasaṃvittiḥ phalaṃ vātre**ti / pūrvaṃ viṣayasaṃvittiḥ phalamuktā / ato vikalpārtho **vā**śabdaḥ / **atre**ti pūrvokte pratyakṣe //<br>因此，〔經量部和瑜伽派〕都考慮到〔認識對象〕不可能按照認識對象的自身存在來做確定，同時，又想通過一句經文，在外境論者和內境論者的兩個體系之間，對特殊的認識結果作確定，而說以下的話：〔不只前述認識手段看作是結果，〕「**或者在我們學派當中，自我認知是認識結果**」。先前已說認知到對境是果。因此，「**或者**」一詞是指不同的對象。所謂「**在我們學派當中**」，是指先前所說的直接知覺。 |
| | 【PSV on 1.9a】 | |
| 丁-2-1認識生起帶有兩種顯相：自身和 | dvyābhāsaṃ hi jñānam utpadyate svābhāsaṃ viṣayābhāsaṃ ca.<br>因為認識生起，帶有兩種顯相，也就是自身的顯相和對境的顯相。 | 69,8**svābhāsaṃ viṣayābhāsaṃ ca**iti / svamābhāso'syeti **svābhāsaṃ** svarūpābhāsam, grāhakākāramityarthaḥ / svarūpamevāsya jñānasyābhāsaḥ, yadeva hi jñānasya jñānarūpatvaṃ, tenaiva svena rūpeṇābhāsata iti kṛtvā /<br>「**自身的顯相和對境的顯相**」：**自身的顯相**就是這個對認識自身的顯相，是自身行相的顯相，指的是認識主體行相的意思。只有認識自身的行相才是這個認識的顯相，先作這樣的設想：因為認識行相只能是認識的認識行相，正是通過自身的行相而顯相。 |

| 對境 | | **viṣayābhāsaṃ ce**ti / atra yadā bāhyo viṣaya āśrīyate, tadā viṣayasyevābhāso'syeti vigrahaḥ yadā tu nāśrīyate, tadā viṣaya ābhāso'syeti /viṣayaḥ punaratra grāhyāṃśaḥ,tatra viṣayavyavahārāt /<br><br>「**和對境的顯相**」：在這個複合詞中分析說：如果是就外在的對境而言，那麼，似乎是外境的對境的顯相，而如果不是外在的對境，那麼，就是〔內在〕對境〔本身〕的顯相。再者，在這裡對境指的是認識客體方面，於此，因為是用來指稱對境。 |
|---|---|---|
| 丁-2-2對兩種顯相的自我認知是結果 | tasyobhayābhāsasya yat svasaṃvedanaṃ tat **phalam**.<br><br>對認識的兩種顯相的自我認知就是認識**結果**。 | **tasye**tyādi /satyasati vā bāhye'rtha **ubhayābhāsa**ṃ jñānaṃ saṃvedyate / **tasya yatsvasaṃvedanaṃ** svānubhavaḥ, **tatphalaṃ** bhaviṣyati //<br><br>以「**認識的**」為首的這句話：不管外在對象的存在或不存在，認識都是**帶有兩種顯相**被認知到。**對這個**〔帶兩種顯相〕**而言，對它的自我認知**都是對自我的經驗，就應該是**認識的結果**。 |

| | 【PSV on 1.9b】 | |
|---|---|---|
| 丁-2-3置疑自我認知是結果 | kiṃ kāraṇam.<br><br>為什麼呢？ | 69,16**kiṃ kāraṇam**iti kayā yuktyā / na hi svasaṃvittiḥ sambhavatītyeva phalatvena kalpayituṃ yujyate / bāhyārthapakṣe tvasambhāvanīyamevaitat / viṣayasya hyadhigamāya cakṣurādayo vyāpāryante, na tu vijñānasya / na ca vijñānopalabdhireva viṣayopalabdhiḥ, vijñānādviṣayabhedāt / ataḥ svasaṃvitteḥ phalatvamanupapannamiti manyamānasya praśnaḥ //<br><br>「**為什麼呢？**」：〔自我認知就是結果〕是以什麼方式證明呢？〔反對者認為：〕如果僅僅是因為自我認知具有結果的性質才成為可能的這種想法，這是不對的。因為對於外境論者，這事並不可能成立。因為對對境的取得是眼等感官起作用，而不是識。不過，僅僅對識的認取並不就是對對境的認取，由於對境不同於識之故。所以，〔反對者〕所思慮的問題是：自我認知是結果是未經證實。 |

<table>
<tr><td></td><td colspan="2">【PS 1.9b＆PSV】</td></tr>
<tr><td>丁-2-3-1對認識對象的確定是具有行相而自我認知是帶有對境因此是結果</td><td>tadrūpo hy arthaniścayaḥ / (9b)<br><br>因為對認識對象的確定性，是認識必須是具有行相。<br><br>yadā hi saviṣayaṃ jñānam arthaḥ,<br><br>因為，如果認識對象是指帶有對境的認識，</td><td>70,3tadrūpo hyarthaniścaya iti kāraṇam / yadā hītyādyasyaiva vivaraṇam / hiśabdo yasmādarthe / yasmādyadā saviṣayaṃ jñānamarthaḥ, tadā svasaṃvedanānurūpamarthaṃ pratipadyate pratipatteṣṭamaniṣṭaṃ vā /<br><br>〔陳那：〕理由就是「因為對認識對象的確定性，是認識必須是具有行相」。以「因為，如果」為首的這句話，就是這個的解釋。“hi” 這一詞是因為的意思。因為，如果認識對象是指帶有對境的認識，那麼，與自我認知的行相一致的認識對象就被認識到，不論〔對這個認識對象〕是想要或不想要接受的事實。<br><br>tasmātsvasaṃvittiḥ phalaṃ yujyate / saviṣayamiti / saha viṣayeṇa saviṣayam / tatrāntarjñeyapakṣe grāhyāṃśalakṣaṇena viṣayeṇa saviṣayam, tatraiva viṣayavyavasthānāt / bāhyārthapakṣe tu bāhyena / tatra vijñaptimātratāyāṃ vijñānavyatiriktasya vastuno’bhāvādbuddhireva yadeṣṭaṃ svamā kāramanubhavati,tadeṣṭamarthaṃ niścinoti, viparyayādviparītam //<br><br>所以，自我認知是結果是正確的。所謂「帶有對境」：伴隨對境就是帶有對境。因此，在認為認識對象是內在的體系上，帶有對境是被定義為認識客體方面的對境，因為確定對境的只有在認識客體方面。而，與此相反，是對那些認為認識對象是外在的體系而言。因為在唯識派看來，由於脫離識的實存體是不存在（原因），如果正是這個認識按照自己意欲經驗到自己的行相，那麼，就能確</td></tr>
</table>

| | | |
|---|---|---|
| | | 定自己想要的認識對象，相反的，就會以相反的方式進行認識。 |
| 丁-2-3-2以光喻破認識通過自己體會自己 | | 70,11kathaṃ punarātmanaivātmānamanubhavati jñānam / na hi tasyaiva karmakartṛkaraṇabhāvo yujyata iti cet, evametat / naiva tasya paramārthataḥ karmādibhāvaḥ / tathāpi tādātmyātprakāśavat tatra tathāvyavahāro na virudhyate / prakāśo hyātmaprakāśanaṃ bhavati, na pradīpāntaramapekṣate / nāpyātmānaṃ bhāvataḥ prakāśayati / kevalaṃ prakāśātmatayotpadyamāna ātmanaḥ prakāśaka ityucyate / tadvadanubhavātmanopajāyamānā buddhirātm anaḥ prakāśiketi vyavahriyate / bāhyapakṣe'pi yathāsaṃvedanamevārtho'vasīyate / na hi yathārthamanubhava iti prāgevoktam //<br><br>〔反對者提出〕再者，認識怎麼可能只通過自己體會它自己呢？因為不可能單單只有認識承擔認識對象、認識主體、認識手段〔三種功能〕，應該如此理解——從真實義上說，認識根本就沒有認識對象等的分別。儘管如此，〔對此三種功能，〕由於是同一性之故，就像燈光，由於光和自身是一體，同樣照亮自己，表達諸如此類的日常語言的使用不應該受到阻礙。因為燈光能照耀自我，不依靠別的燈。即使沒有照耀自我。其實，〔光不是照亮自己，〕只是帶有光的性質產生，才說自己擁有照明。與此相同，具有經驗性質產生時，認識〔是認識自己〕，才被稱為照亮自己。儘管對外境論者（經量部）而言，認識對象只能是按照認知〔，而不是按照認識對象〕。其實，沒有經驗是根據認識對象〔來的〕，這個是前面已經說過的。 |

| 丁-2-3-3因為，如果認識對象是指帶著對境的認識↓不只自我認知是結果，所有認識手段都是結果 | tadā svasaṃvedanānurūpam arthaṃ pratipadyata iṣṭam aniṣṭaṃ vā .<br><br>那麼，與自我認知的行相一致的認識對象就被認識到，不論〔對這個認識對象〕是想要或不想要的。{以上是瑜伽行派的觀點} | 71,1atha **saṃvedanānurūpamarthaṃ pratipadyata iṣṭamaniṣṭaṃ** vetyetāvadeva kiṃ noktam /kiṃ **yadā hi saviṣayaṃ jñānamarthaḥ, tade**tyanena / asti prayojanam, yasmātprākṣvasaṃvedanaṃ pramāṇamuktam, tena ca jñānasvarūpameva saṃvedyata iti svasaṃvedanaṃ tasyaiva phalamiti sphuṭamavasīyate / tataśca **svasaṃvedanānurūpaṃ hyarthaṃ pratipadyata iṣṭamaniṣṭaṃ ve**tīyatyucyamāne svasaṃvedanameva pratyakṣamadhikṛtyedaṃ phalavyavasthānamiti kasyacidāśaṅkā syāt /<br><br>〔反對者 ：〕難道不是已經說過了嗎？認識是「**與自我認知的行相一致的認識對象就被認識到，不論〔對這個認識對象〕是想要或不想要的**」。為什麼還要說──「**因為，如果認識對象是指帶著對境的認識，那麼**」，這句話有什麼用呢？是有作用的，因為前面已說過自我認知是認識手段，而通過此要獲得確定的是：僅僅認識之自身的行相被認知到，因此，自我認知才是認識手段的結果。所以，「**因為與自我認知行相一致的認識對象被認識到，這個認識對象可以是自己想要或不想要**」，既然這麼說，就會產生這樣的疑惑：關於直接知覺是僅只自我認知，才由此確定這個結果。<br><br>sarvasya ca pramāṇasyedaṃ phalamiti / ata āśaṅkānivāraṇārtham—**yadā hi saviṣayaṃ jñānamartha** ityuktam / **artha**śabdaścāyaṃ prameyavacanaḥ /<br><br>但是，〔實際上〕所有的認識手段都是結果。所以，為了消除猜測的想法才說：「**因為，如果認識對象是指帶著對境的認** |
|---|---|---|

| | | |
|---|---|---|
| | | **識**」。而「**認識對象**」這個詞說的是被認識的對象。<br><br>**saviṣayam**iti ca sākalye'vyayībhāvaḥ / ata etaduktaṃ bhavati — na kevalaṃ yadā jñānaṃ pramāṇasya prameyamapekṣate, tadā **svasaṃvedanānurūpamarthaṃ pratipadyata** iti svasaṃvittiḥ phalam, api tu yadāpi viṣayam, tadāpīti //<br><br>而「**帶有對境**」指的是整個的不變的狀態（帶有對境的認識）。因此，〔陳那寓意下述而說〕如下所說——不僅僅是當認識是觀待於認識主體的認識對象時，則「**按照與自我認知行相一致來認識這個認識對象**」，因此，自我認知是果，而且，只要有對境，也是帶著對境現起。 |

| | 6.【PSV on 1.9c】回應外在認識對象 | |
|---|---|---|
| 丁-3不管有無外在對象而認識主體的行相是認識手段？ | yadā tu bāhya evārthaḥ prameyaḥ, tadā<br><br>｛經量部觀點｝然而，當認識對象正是在外的認識對象時，那麼， | 71,12ihāsati bāhye'rthe svasaṃvedanaphalavyavasthāyāṃ grāhakākārasya prāmāṇyaṃ vakṣyati / tataścāsati bāhye'rthe prameye yathā svasaṃvedanaphalavyavasthāne grāhakākāraḥ pramāṇamiṣṭam, tathā sati bāhye'rthe prameye grāhakākāra eva pramāṇamityāśaṅkā syāt /<br><br>當外在對象不存在，就確立自我認知是結果，則認識主體的行相，被說成是認識手段。還有一個疑惑：就像沒有外在對象是認識對象，在確定自我認知是結果時，認識主體的行相被看作是認識手段，以同樣的方式，有外在對象的認識對象上，認識手段就是認識主體的行相。<br><br>atastannirāsāyāha — **yadā tv**ityādi / bāhye prameye svasaṃvedanaphalavyavasthāyām |

| | | |
|---|---|---|
| | | 為了消除前述猜測的想法而說——以「**然而，當**」為首的這句話。有外在認識對象的情況下，確立自我認知是果， |

| | | |
|---|---|---|
| | 7.【PS on 1.9cd'】認識手段是對境顯相不是如同唯識派所說是認識主體的行相 | |
| 丁－3－1認識手段只能是對境顯相≠唯識派≠外在認識對象（對象不同） | **viṣayābhāsataivāsya pramāṇaṃ**, (9c-$d_1$)<br><br>這個認識的認識手段，只有對境顯相的事實， | api **viṣayābhāsataiva** jñānasya **pramāṇam**iṣyate, na tu vijñāptimātratāvadgrāhakākāraḥ //<br><br>也認為這個認識的**認識手段只有對境顯相的事實**，然而，不是如同唯識派所說是認識主體的行相。 |
| | 【PSV on 1.9cd'】 | |
| | tadā hi jñāna-svasaṃvedyam api svarūpam anapekṣyārthābhāsataivāsya pramāṇam.<br><br>那麼，儘管認識是自我認知認識的對象，也是自身行相，〔這點是瑜伽行派的觀點，〕關於此點，暫且擱置。〔我們來探討與經量部可以共同達成的認識：〕所謂認識僅僅是指具有認識對象的顯相。 | 72,3nanu yadāpi bāhyo'rthaḥ prameya iti pakṣaḥ, tadāpi grāhakākāro'bhimata eva, tasya svasaṃvedyatvāt / tatkimiti tadā pramāṇatvena na vyavasthāpyata ityāha — **tadā hi jñānasvasaṃvedyamapī**tyādi / jñānasya svasaṃvedyamiti vigrahaḥ / yadyapi sarvakālaṃ svasaṃvedyamasti **svarūpam**, tathāpi tad **anapekṣya** jñānasya bāhye prameye viṣay**ābhāsataiva pramāṇam**, na svābhāsatā, bāhye'rthe tasyāḥ sādhanatvāyogāt / ayogastvaparārthatvāt / grāhakākāro hyātmaviṣayaḥ kathaṃ bāhye'rthe pramāṇaṃ syāt / na hyanyaviṣayasyānyatra prāmāṇyaṃ yuktam //<br><br>難道不是這樣嗎？主張即便認識對象指的是外在的存在物，仍然是看作認識主體的行相，因為認識主體的行相是自我認知能理解的對象。那麼，請你說一下，為什麼這種情況下，它不能被確立是作為認識手段？所以，〔陳那〕說——以「**那麼，儘** |

| | | |
|---|---|---|
| | | 管認識是自我認知認識的對象」為首的這句話，語法分析為：對認識而言，是自我認知認識的對象。儘管在任何時候，〔認識的〕**自身行相**，總是自我認知認識的對象，即使這樣，把這點**擱置**，在認識對象是外在時，**認識手段正是**認識**具有對境的顯相事實**，但不是自我的顯相事實，因為在認識對象是外在的前提下，成立它的認識的完成是不可能的。而說不可能是因為對象不一樣。因為認識主體的行相是以自身作為它的對境，對外在對象而言，怎麼可能是認識手段呢？因為對一個對境的認識不可能是對另一個對境的有效認識。 |

| | 【PS1.9'd & PSV】 | |
|---|---|---|
| 丁-3-2即使認識對象是通過顯相被認識但還應通過自我認知 | yasmāt so 'rthaḥ<br>因為這個認識對象是<br>**tena mīyate //9//**<br>**通過它的顯相而被認識到。** | 72,10 **yasmād**ityādinā tasya prāmāṇye kāraṇamāha / **mīyata** iti niścīyate /<br>通過以「**因為**」為首的那句話，〔陳那〕說明為什麼它是具有有效性的原因。**被認識到**就是被確定。 |
| | yathā yathā hy arthākāro jñāne pratibhāti śubhāśubhāditvena, tat tadrūpaḥ sa viṣayaḥ pramīyate.<br>〔經量部：〕分別按照認識對象的行相是如何在認識中顯現，作為顯著、不顯著的東西〔顯現在認識中〕，那麼，認識對境是以這樣的具體行相被認識到。 | **yathā yathe**tyādi / jñānasya jñeyākāravaśena bāhyo'rtho niścīyata ityarthaḥ / atra ca yathā dhūmenāgniranumīyata ityucy ate, na cāsau sākṣāttenānumīyate, kiṃ tarhi taddhetukena dhūmajñānena, tathā yadyapi **—so'rthastena mīyata** ityucyate, tathāpi tatsādhanayā svasaṃvideti veditavyam / tathā hi **yathā yathārthākāro jñāne** sanniviśate **śubhāśubhādi**rūpeṇa, tathā tathā svasaṃvittiḥ prathateb/yathā yathā ca sā khyāti, tathā tathārtho niścīyate śubhāśubhādirūpādiḥ / |

<table>
<tr>
<td>來成立認識：由於同一性（真實義）和作為結果可以被看到（世俗）</td>
<td></td>
<td>以「分別按照」為首的那句話。有外在的認識對象，通過認識的認識對象的行相來被確定這樣的意思。這裡，像人們所說那樣：火依煙霧而推論出來，而不是那個直接通過它來推理出來，而是通過對煙的認識（感官的直接知覺），推論火的原因，同樣的，即使說：「這個認識對象，是通過它的顯相而被認識到」，不過，還是應理解為是通過自我認知來成立認識。換言之，分別按照認識對象的行相以顯著、不顯著等方式直接地進入認識裡，同樣的，自我認知也是這樣揭示。分別按照它如何被認識到，這個認識對象是以顯著、不顯著等方式被確定的。<br><br>yadi hi tadākāramutpannaṃ syāt, tadā tādṛśasyātmanaḥ saṃvittiḥ syāt / tataśca tadvaśādviṣayaniścayo bhavet, nānyathā / tasmādviṣayābhāsatā pramāṇam //<br><br>因為如果〔認識〕是以認識對象的行相產生的話，那麼，這樣的認識會是對它自己的認知。那麼，對境由此而得以確定，僅僅如此而已。所以，才說具有認識對境的顯相是認識手段。<br><br>73,3 nanu ceha viṣayasārūpyasya saṃvidaṃ prati sādhanatvaṃ pratipādayitumiṣṭam / ato yasmātsā khyāti tadvaśāditi vaktavye kimartham — yasmātso'rthastena mīyata ityuktam / asti prayojanam / sā hi svasaṃvit, arthasaṃvido yatkāryamarthaniścayaḥ, tatkaroti / ata upacāreṇārthasaṃvideva kāryato draṣṭavyetyamumarthaṃ sūcayitumevamuktam /</td>
</tr>
</table>

| | | |
|---|---|---|
| | | 難道不是這樣嗎？這裡為了考慮立論，才對於與認識對境的相似性之認知的認可。那麼，因此，既然要說由此，〔意識的〕認知被認識〔，亦即藉助於意識，認識對象才能確定〕，為什麼還要說：「因此，認識對象由具有認識對象的顯相而**被認識到**〔，而不說通過意識〕」呢？是有原因的。因為這一自我認識造就對象認識的（arthasaṃvidas）結果，即對對象的確定。所以，在日常語言的運用層面上說，對認識對象的認知，只能從結果被看見，所以，為了說明這個意思，〔陳那〕才會這樣說。<br><br>evaṃ hi pramāṇaphalayorviṣayabhedo na bhavati, yatraiva sādhanaṃ bāhye, tatraiva saṃviditi kṛtvā //<br><br>因為這樣，認識手段和認識結果，沒有不同的對境，先作這樣設想：只有在對外在認識對象完成認識的地方，在那地方產生的認識都是認知。<br><br>73,9 kathaṃ tarhi svasaṃvittiḥ phalam uktam / paramārthatas tādātmyātsvasaṃvittiḥ phalamuktam / upacāreṇa tu kāryato'rthasaṃvittireva sā draṣṭavyetyaviruddham /<br><br>為什麼在這種情況下，還說自我認知（svasaṃvitti）是結果？從真實義上說，由於具有同一性，自我認知才被說是果，但是，從世俗〔的日常語言〕來看，由於〔看到的是〕結果，所以，自我認知要被看到，只有對認識對象的認知，所以，〔這點〕並不存在矛盾。<br><br>iha vijñaptimātratāyāṃ grāhakākāraḥ pramāṇam, grāhyākāraḥ prameyamiti |

| | | |
|---|---|---|
| | | vakṣyati / atastatra codyamāśaṅkate //<br><br>但是，對唯識派而言，認識主體的行相是認識手段（內在主體），被認識的行相是認識對象（內在客體）。關於這點，〔陳那說自我認知是果，因為〕下面會有〔來自瑜伽派〕提出問題反對。 |

| | 8.【PSV on1.9'd】回應唯識・瑜伽派 | |
|---|---|---|
| 丁-4真實義：認識沒有區分而被無明蒙蔽才有區分——非實但可見 | | 73,13tatredaṃ codyam ─ kathaṃ punarabhinnātmano jñānasya grāhakākārādivibhāgaḥ, yenāsatyapi bāhye'rthe pramāṇādi syāditi / atastatparihārāyāha ─ evamityādi / asyāyaṃ samudāyārthaḥ / naiva tattvatastasya vibhāgo'sti, kevalam avidyopaplutaistadgrāhakākārādivibhāga vadiva lakṣyate / ato yathādarśanamiyaṃ pramāṇaprameyavyavasthā kriyate, na yathātattvamiti / kathaṃ punaravibhaktaṃ sattathā pratibhāsate / yathā mantrādyupaplutākṣāṇāṃ mṛcchakalādayo hastyādirūparahitā api hastyādirūpāḥ pratibhāsante, yathā ca dūre maruṣu mahānalpo'pyābhāti, tathedamapyavidyāndhānāṃ jñānamatathābhūtamapi tathābhāti / na ca śakyate kalpayitum ─ mantrādisāmarthyātte tathaivotpannā iti, yato'nupaplutadarśanaista ddeśasannihitaistathā na tṛśyante //<br><br>這個棘手問題在這裡——再者，為什麼沒有區分之性質的認識，會有認識主體〔、認識客體〕的行相等區分呢？以至於儘管沒有外在的認識對象，還有認識手段〔、認識結果〕等的差別。所以，為了排除此問題說——以「**如此**」為首的這句話。這 |

| | | |
|---|---|---|
| | | 是對前述問題的整個〔回應〕主張。從真實義上說，認識是絕對沒有作任何區分，只有對那些被無明所蒙蔽的人，認識才會被他看成似乎如同認識主體的行相等的區分，所以，按照〔被無明蒙蔽的他們錯誤〕觀察來看，來確定認識主體、認識對象的分別，而不是按照真實。再者，為什麼說認識不能區分，但現實顯現是區分的？如同對那些已經被咒語等影響眼睛的人而言，一塊一塊的泥土顯現大象等的行相，儘管泥土不具大象等的行相〔，但是，還是呈現大象的行相〕，以及如同在很遠的地方看沙漠，也像是很廣濶的曠野，這裡也是同樣的，對被無明遮蔽的人而言，認識儘管成為非實，還是成為可見。上述是不能作這樣想像——即大象等等如此真正產生，借助於咒語等力量產生，因為對那些不受影響所見的人，以及傳遞實際場所的人而言，他們是不會看到同樣的。 |
| 丁-4-1兩種顯相：認識主客區分 | evaṃ jñāna-saṃvedanaṃ anekākāram upādāya tathā tathā pramāṇaprameyatvam upacaryate.<br><br>按照前面所述認識過程，基於對〔感官〕認識的〔自我〕認知，由於不同的行相，所以，諸如此類分別通過這一方法，有認識手段、認識對象的區別。 | 74,7**evam**iti yathoktaṃ **dvyābhāsaṃ jñānam**iti / **jñānasaṃvedanam**iti jñānasya karmaṇaḥ saṃvedanaṃ darśanam / kimbhūtam / **anekākāram** / anekā ākārā yasya, tattathoktam / te punarākārāḥ, ya anena bhrāntena nirīkṣyante,<br><br>所謂「**按照前面所述認識過程**」，就是如同前述所說，認識是具有**兩種顯相的認識**。所謂「**基於對〔感官〕認識的〔自我〕認知**」就是把認識當作有動作的行為來了知，就是對認識的認知的觀察。實際情況是怎樣呢？是**由於不同的行相**。某樣東西具有不同的行相，它就被這樣稱呼。再者，這些種種不同的行相，指的〔是主體和客體之間不同顯相，〕是被那些腦子混亂的 |

| | | |
|---|---|---|
| | | 人所觀察到〔，真實並不是這樣〕，<br><br>grāhakapratibhāsādayaste vivakṣitāḥ / **upādāye**ti tatpramāṇanibandhanaṃ gṛhītvā /<br><br>這些行相就是說認識主體和認識客體的區分顯相等。所謂「**通過這一方法**」是指認識基於認識手段。**tathā tathe**tyādi / nirvikalpe tāvadgrāhakākāraḥ<br><br>kalpanāpoḍhaṃ pratyakṣaṃ **pramāṇa**m, spaṣṭapratibhāso grāhyākāraḥ svalakṣaṇaṃ **prameya**m / liṅgaje 'pi grāhakā kāro'numānaṃ **pramāṇam**, vyaktibhed ānuyāyīvāspaṣṭapratibhāso grāhyākāraḥ sāmānyalakṣaṇaṃ **prameya**miti / **upacaryata** iti vyavahriyate /<br><br>以「**諸如此類分別**」為首的這句話，首先，討論脫離分別想像，這個認識主體的行相作為除去概念構想的直接知覺是**認識手段**，帶有清楚顯現的認識客體行相，是作為自相，是**認識對象**。儘管通過邏輯標記（徵相）所產生出來的〔認識，對這樣的認識來說〕，就是認識主體的行相，是推理認識的**認識手段**，認識客體的行相是具有不清晰的顯像，就好像是跟隨不同的個體，分別與個體相連繫的共相，是**認識對象**。所謂「**區別**」就是按照日常語言的習慣用法來稱呼〔他們為認識手段、認識對象〕。 |

| | 【PSV on 1.9d'】 | |
|---|---|---|
| 丁-4-2區分和真實義 | | etenaitatsūcayati—vyāvahārikasya pramāṇasya prameyasya cedaṃ svarūpamuktamatrāpi vipratipannānāṃ sammohanirāsāya /lokottarameva tu vibhramavivekanir malamanapāyi pāramārthikaṃ **pramāṇa**ṃ tasyaiva ca gocaro bhūtaṃ **prameya**miti //<br><br>通過上面所說，是要說明下述——對按照日常語言運用稱呼為認識手段、認識對象的，這都被說成具有認識性質，即使在這裡也是為了消除那些對此有錯誤認識的迷惑。〔儘管陳那說了這樣的話，〕但是，清除錯誤的區別只有出世，有關真實義上的認識，這樣的認識才是**認識手段**，只有它所認識的範圍才是正確的**認識對象**。 |
| | 【PSV on 1.9'd】 | |
| 丁-4-3一切經驗到的現象是脫離行為——主客交流的 | nirvyāpārās tu sarvadharmāḥ.<br><br>但是，一切經驗到的現象是脫離行為的。 | 75,4**nirvyāpārāstu sarvadharmā** iti / etena tasya jñānasaṃvedanasya bhrāntatvamudbhāvitam / na hi tattvataḥ kasyaciddharmasyānekākāra darśanātmako vyavahāraḥ sambhavati, ākārāṇāmaparinispannatvāt /<br><br>〔陳那〕說：「**但是，一切經驗到的現象是脫離行為的**」。通過這句話（etena）揭示了將一認識〔作主客體分別〕的認知是錯誤的。因為，從實際意義上說，對任何一種現象而言，不可能有認識主客體之間交流的認識活動，來展示不同行相的性質，因為種種行相不是獨立存在。<br><br>bhrāntireva tu sā, yadavidyāndhāstad avedyavedakākāramapi jñānaṃ tathā paśyanti / yadi tarhyatattvavidāṃ sarvameva jñānamupaplutam, kathaṃ pramāṇetaravyavasthā / |

| 行相不是獨立 | | 然而，它只能是錯誤的，凡無知所造成盲目的人看到的認識，儘管表明對認識〔的認識主體、客體〕的行相的無知，他們還要把它看成有這樣的行相。那麼，如果對不能按照實際意義去認識的人來說，所有認識如被洪水泛濫的錯誤，那麼，如何確定什麼才是正確的認識和錯誤的認識？<br><br>upaplavavāsanāviśeṣasadbhāvāt / yato jalādipratibhāsino jñānātsparśanāhlā datṛptyādipratyayānāṃ sambhavaḥ, tadvyavahārāvisaṃvādāpekṣayā pramāṇam, itarattathāvidhavāsanāvirahādapramāṇamitya doṣaḥ //<br><br>因為遭遇熏習的區別是真實的存在，〔什麼區別呢？〕從顯現水等這樣的認識，產生接觸、舒適、滿足等概念，進一步說，如果考慮到實際生活使用的表達方式，可以得到認識的有效性來看，顯現為水就是有效的認識，（從本體論上來看都不存在，但此就實際效用來區分正確或錯誤）反之，與這樣的熏習脫離開來，就不是正確的認識，所以，沒有過失。 |
|---|---|---|

| | 【PSV on 1.9d'】 | |
|---|---|---|
| 丁-3-3從果（煙）推理因（火）的認識 | | 75,12atha yadidaṃ kāryātkāraṇānumānam, tatkatham / kathaṃ ca na syāt / yato dhūmapratibhāsi jñānaṃ pūrvamevāvirbhavati, paścādanalapratibhāsi / na hi tatprāgdhūmapratibhāsino jñānātsaṃvedyate / tato'nagnijanya eva dhūmaḥ syāditi katham tenāgneranumānam / naiṣa doṣaḥ /<br><br>〔反對者：〕再者，怎麼可能這個因的推理通過果？〔勝主慧反詰：〕為什麼不可能呢？〔反對者回答：〕因為某個具有煙的顯現的認識已經在前產生，於後時有火顯現〔的認識產生〕。因為〔火的顯現〕認識不能從在前具有煙的顯現的認識被認知。由於煙只能無火生時才有，所以，怎麼可能通過煙推理對火的認識？〔勝主慧回答：〕這樣的錯誤不存在。<br><br>dahanākārajñānajananavāsanāviśeṣānugata eva hi cittasantāno dhūmābhāsāṃ dhiyamutpādayati, na tu yaḥ kaścit / atas taṃ gamayaddhūmajñānaṃ prabodhapaṭuvāsanāṃ dahanākārāṃ buddhiṃbhaviṣyantīṃ pratipatturgamayati / atra hi hetudharmānumānena rasāde rūpādivadanumānaṃ bhavatītyacodyam //<br><br>其實是帶著有關火的行相認識始生的特殊熏習的思想流程，由此產生煙的顯相的認識，而不是任何一個。然後，關於煙的認識會讓火被認識到，火的行相的認識是被強烈分明的熏習喚醒，造成將來的認識〔，由煙就產生對火的認識〕。因為，在這裡指的是從因推理認識的特性，所以，不存在這樣的指責：即這是推理認識，就像從味道等推理色等認識。 |

| | 9.【PS1.10＆PSV】三分與雙重行相 | |
|---|---|---|
| 戊-1區分三分但三分非實所以不能從認識中區別 | āha ca<br>接著說：<br>**yadābhāsaṃ prameyaṃ tat pramāṇaphalate punaḥ / grāhakākārasaṃvittyos**<br>**帶有顯相就是認識對象，認識主體的行相及認知，就分別是認識手段和認識結果。**<br>**trayaṃ nātaḥ pṛthak kṛtam //10//**<br>**因此，〔認識對象、認識手段、認識結果〕三者不能被看作相分離。** | 76,6**āha ce**tyādinā tāṃ prameyādivyavasthāṃ darśayati / **ya ābhāso**'syeti vigrahaḥ / svāṃśasya ca mānatvena vidhānādiha viṣayābhāso gṛhyate / **prameyaṃ tad**iti sa viṣayābhāsaḥ prameyam / **pramāṇaphalate punargrāhakākārasaṃvittyor**iti grāhakākārasya pramāṇatā, saṃvitteḥ phalatā / atra ca yadyapi **saṃvitti**śruteralpāctaratvam, tathāpi grāhakākārasya pramāṇatvāttasya ca vyutpādyatvenādhikṛtatvādabhyarhi tatvam / ato **grāhakākāra**śabdasyaiva pūrvanipātaḥ / **trayaṃ nātaḥ pṛthakkṛtam**iti / trayasyāpi tattvato'pariniṣpannatvāt, na jñānātpṛthakkaraṇam //<br>通過以「**接著說**」開始的這句話，對認識對象等的確定，得到說明。分析：「一個認識**帶有顯相**」。由於認識自身方面是被定義為認識手段，所以，這裡指的是認識對境的顯相。「**就是認識對象**」是指帶有對境的顯相就是認識對象。「**認識主體的行相及認知，就分別是認識手段和認識結果**」是指認識主體的行相就是認識手段，這個認知就是結果。而在這裡儘管**認知**這個詞是比較少，雖然如此，因為認識主體的行相是認識手段，而且它是作為需要被解釋的討論話題，是有比目前從事的更重要的作用。所以，**認識主體的行相**這個詞就被放在前頭。「**因此，三者不能被看作相分離**」：因為三者的確也不是真實的存在，所以，不能從認識中區別開來。 |

| | 【PSV on1.11ab】 | |
|---|---|---|
| 戊-2若雙重行相證成則自我認知亦可證成 | atha dvirūpaṃ jñānam iti kathaṃ pratipādyam.<br><br>那麼，如何說明認識具有雙重行相呢？ | 77,1iha dvirūpatāmaṅgīkṛtya svasaṃvitteḥ phalatvamuktam / na ca taddvairūpyaṃ jñānasyopapadyate, tadupapattyabhāvāt^iti matvā pṛcchati—**atha dvirūpam**ityādi / kasmātpunastrairūpye praṣṭavye dvirūpatāpraśnaḥ / dvairūpye siddhe svasaṃvittirapi sidhyatītyabhiprāyāt / dvairūpye hi siddhe viṣayasārūpyamātmabhūtaṃ jñānasya saṃvedyata ityarthādātmasaṃvedanaṃ sidhyati //<br><br>在〔陳那《集量論》〕這裡，首先承認〔認識〕有雙重行相，才會說自我認知是結果。而這個認識的雙重性質是不可能產生的，它的合理性不存在〔需要證明〕，有了這樣的想法，就提出問題——「**那麼，如何說明認識具有雙重行相呢？**」等等，〔因為陳那緊接第10頌說三種行相後，問如何解釋雙重行相，所以，有人〕說：為什麼要對雙重行相提問，而不是對三種行相的質疑？〔陳那回答說：〕由於有這樣的意圖——如果雙重性被證明，〔第三種行相〕自我認知也會被證明。因為當雙重性得到證明時，認識作為它本身，由於具有和認識對境相同的行相，也會被認知到的這樣一個意義，自我認知也會得到〔間接〕證明。 |

| | 【PS1.11ab】 | |
|---|---|---|
| 戊-2-1因為認識對對境的認識的這個〔對境〕有特殊性（附加adhika） | **viṣayajñāna-taj jñānaviśeṣāt tu dvirūpatā / (11ab)**<br>**而認識具有雙重行相是由於認識對對境的認識的這個〔對境〕有特殊性。** | 77,6**viṣayajñānatajjñānaviśeṣāttv** ityādi / **viṣayajñāna**ṃ rūpādigrāhi cakṣurādivijñānam / viṣayajñāne tajjñānaṃ **viṣayajñānatajjñāna**m /<br>以「**而〔認識具有雙重行相〕是由於認識對對境的認識的這個〔對境〕有特殊性**」為首這句話：**對對境的認識**是對色等的認取者（grāhi），是眼等的了知。對這樣東西的理解，這樣東西是在感官認識產生的，就是在感官認識產生的，對它的理解。<br><br>atra yadi **tac**chabdena viṣayajñānaṃ sambadhyeta, tasyopādānamanarthakaṃ syāt,vināpi tena viṣayajñānālambanasya jñānasya pratīteḥ / tasmāt**tac**chabdopādānasāmarthyādguṇabhūto'pi viṣayaḥ sambadhyate, anyasyehāprakṛtatvāt / tadetaduktaṃ bhavati —viṣayajñāne viṣayākāraṃ jñānamiti / tadeva viśeṣaḥ / tathā hi tadviṣayajñānādadhikena viṣayākāreṇa viśiṣyate /<br><br>〔關鍵在“tat”如何理解？〕在這個複合詞當中，如果通過“tat”這個詞，指的是與“viṣayajñāna”相連接，那麼，使用“tat”就會變得毫無意義，即便沒有“tat”這個詞，第二重認識（jñānasya）是以第一重認識（viṣaya-jñāna）作為認識對象（ālambana），這也是完全可以理解。所以，由於通過使用“tat”這個詞，指的是〔與第一重認識〕同一的對境（“viṣaya”），僅管〔此〕對境已變成第二位，還是屬於它（第一重認識的對境），〔為什麼呢？〕因為，其他不是主要的〔，也就是只有“viṣaya”是討論主題〕。下述是〔陳那〕想要說的——具有 |

| | | |
|---|---|---|
| | | 認識對境的行相的〔第二重〕認識，是對〔第一重〕對境的認識產生。這點正是它的特殊性。換言之，這是〔第二重認識被作了特殊的規定，〕通過它的對境行相〔變化，而具有特殊性〕，是附加（adhika）的，而且是因為對〔第一重〕對境的認識而被特殊化。<br><br>parābhiprāyeṇaivamuktam / paro hi viṣayajñānasyānubhavākāraṃ kevalamicchati / tajjñānasya tvanubhavākāro'pyasti / atra ca buddheranubhavākārasya siddhatvātsa na sādhyate/na hi sa kaścidvādī, yo jñānasya jñānarūpaṃ necchati / viṣayākārastu na siddhaḥ parasyeti / tena dvairūpyaṃ sādhyate //<br><br>〔陳那〕這麼說是由於考慮到論敵的想法。因為論敵只有承認對境認識的經驗行相。但是，對第二種認識（tat-jñāna）而言，也是有經驗的行相。而〔在《集量論》〕這裡，因為認識的經驗行相已經得到證實，它不再被證明。因為沒有任何理論家（vādin） 會不承認：「認識是具有認識的行相」這一點〔，所以，這點不用討論〕。而〔要討論的是，後面的認識會具有在前的〕對境行相這一點，對他人而言，是不成立，所以，雙重性質要被證明。 |

| | 【PSV on1.11ab】 | |
|---|---|---|
| 戊-2-2證明第二重認識有第一重認識對境行相，如牛頸下垂肉 | **viṣaye** hi rūpādau yaj **jñānaṃ** tad arthasvābhāsam eva. viṣayajñāne tu yaj **jñānaṃ** tad viṣayānurūpajñānābhāsaṃ svābhāsaṃ ca.<br><br>因為對諸如色等**認識對境**而言，**認識**（一）都絕對具有認識對象的顯相和認識本身（一）的顯相。而對認識對境的認識的認識而言，也會有〔兩種顯相：〕與認識對境行相一致的認識（一）顯相和認識本身（二）顯相。 | 78,3**viṣaye hīti** / **hi**śabdo'vadhāraṇe bhinnakramaśca / **tadarthasvâbhāsamev e**tyetatpramāṇaphalam / tatrārthābhāsaṃ viṣayākāratvāt, svābhāsamanubhavākāratvāt /<br><br>「**因為對〔諸如色等〕認識對境**而言」：〔首先，〕「**因為**」這個詞，是為了強調〔認識對境〕，但，〔放的位置不恰當，〕這是語法的例外，不合常規的詞序。「**認識絕對會有認識對象的顯相和認識自身的顯相**」，這點指的是認識手段和結果。認識有對象的顯相，因為認識具有認識對境的行相，認識具有認識自身的顯相是因為具有經驗的行相。<br><br>**viṣayânurūpajñānâbhāsam**iti rūpādirviṣayasyānurūpaṃ jñānaṃ viṣayajñānameva, tadābhāsaṃ viṣayākāraviṣayajñānākāramityarthaḥ / anena viṣayākāraṃ viṣayajñānaṃ svajñānenālambyata ityeṣa heturuktaḥ / yatra hi jñāne yadvastu yenākāreṇa pratibhāsate, tattadākārameva tenālambyata ityetadyuktam /<br><br>解釋「**與認識對境行相一致的認識（一）顯相**」這句話，所謂對對境的認識，是指對諸如色等認識對境而言，與此行相一致的認識，這個認識的顯相是指具有認識對境的行相之對境的認識行相這樣一個意義。通過這句話，說明這個理由：即對具有對境的行相之對境的認識，被認識自己的認識所認知，這是有道理的。因為對任何認識而言，當某個實存體以它自身的行相在某個認識中顯現出來，那麼，這個實存體就是以它的行相被那個認識所認知。 |

| | | |
|---|---|---|
| | | tathā hi sāsnādyākāreṇa gauḥ svajñāne pratibhāsamānastadākāra eva tenālambyate / viṣayajñānajñāne ca viṣayākārānurak taviṣayajñānākāra upalabhyate, na tu tadvyatirekeṇa kiñcidākārāntaram / na cāpratibhāsamānastasya viṣayo yujyate, atiprasaṅgāt / tasmādviṣayākāraṃ viṣayajñānaṃ svajñānenālambyata ityeṣa hetvartho labhyate /<br><br>具體來說，〔譬如說〕一頭牛，在對它的認識上，是以它的頸下垂肉的行相顯現出來，只能以這個頸下垂肉的行相被那個認識所認知。在對認識對境的認識的認識當中，有認識對境的認識行相〔，實際上〕是被認識對境的行相所染，〔這樣的帶有認識對境的行相特徵〕就被認識了，而不是與此不同的任何一個別的行相。而且也不會是不顯現的那樣東西的對境，因為如果是，就會得極其荒謬的結論。所以，對具有對境行相的對境認識，被對它的認識所認知，因此，這個行相是作為因被認識到。<br><br>**svâbhāsaṃ ce**ti viṣayākāraviṣayajñānābhāsaṃ satsvarūpeṇāpi pratibhāsata ityarthaḥ //<br><br>然後，再討論「**和認識本身（二）顯相**」有這樣一個意義：把帶有對境行相的對境認識的顯相，以其自身行相再次顯現給現有的（第二重）認識。 |

| 戊-2-3有兩種：與對境行相一致和經驗行相（自身行相） | anyathā yadi viṣayānurūpam eva viṣaya-jñānaṃ syāt<br><br>否則，如果對對境的認識，只有與對境相似的行相，<br><br>svarūpaṃ vā,jñānajñānam api viṣayajñānenāviśiṣṭaṃ syāt.<br><br>或者只有自身的行相，對認識的認識也可能與對對境的認識是無差別。 | 78,15**anyathe**ti dvirūpatābhāve / **yadi viṣayānurūpameva viṣayajñānaṃ syād**iti nānubhavarūpamapi / nanu ca naiva kaścidviṣayaikarūpaṃ jñānamicchati, tatkimarthamidamuktam / viṣayākāre jñāne sādhyamāne kvacidiyamāśaṅkā syāt—viṣayākāraṃ cejjñānaṃ pratipadyate, svarūpaparityāgenaiva pratipadyata iti /<br><br>「否則」這一詞是如果說認識不具雙重行相（位格關係）。**如果說對對境的認識只有與對境行相一致的話**，而沒有經驗的行相。難道這不是要被承認的嗎？任何認識只具有一個對境的行相，〔這是公認的，〕為什麼還要說〔具兩種行相〕這樣的話呢？證明認識具有認識對境的行相時，總是會有這樣的疑惑——如果認識是具有對境的行相而生起的話，那麼，就只能捨棄自身的行相而生起。（這是反對者的意見）<br><br>atastāṃ nirākartuṃ svarūpamajahadeva tadviṣayākāramanukarotīti darśanārthametaduktam / **svarūpaṃ ve**ti / anubhavākārameva vā, na viṣayākāramapi / **jñānajñānamapi viṣayajñānenāviśiṣṭaṃ syād**iti / **jñānajñānaṃ** viṣayajñānālambanajñānam, tad**viṣayajñāne nāviśiṣṭam**aviśeṣitaṃ bhavet /<br><br>所以，為了消除這個疑惑，為了說明認識採納認識對境的行相，〔採納〕同時並不會放棄自身行相，因此，〔陳那〕才會說這樣的話。「**或者只有自身的行相**」：或者只有經驗的行相，而沒有對境的行相。「**對認識的認識就和對對境的認識不會有區別**」：「**對認識的認識**」是以〔第一重〕對境的認識作為所緣來認識，這個認 |
|---|---|---|

| | | |
|---|---|---|
| | | 識**就不會被〔第一重〕對境認識所限定**，即不會被區分。<br><br>viṣayānukārānuraktaviṣayajñānākāratvena viśeṣeṇa viśiṣṭaṃ notpāditaṃ syādityarthaḥ /<br><br>上述亦即可能由採納對境行相賦予特徵的對境認識的行相特殊性所規定的認識就會無法產生這樣的意思。 |
| 戊-2-4雙重行相的實例以及對某種想法的認識亦是 | | 79,6yadi hyālambanenātmīyākārānugataṃ svajñānamutpādyata ityetadasti,tadā viṣayajñānādutpadyamānaṃ jñānaṃ yathoktākāraviśiṣṭaṃ syāt /<br><br>實際上，如果如下所說是對的話，即〔對某個物體的認識，而〕這個認識是被這個物體的自身行相所覆蓋（anugata），而且通過認識對象產生對它的認識，那麼，才會有從對境認識產生的認識，才會有被如上所說的特殊性行相所規定的認識。<br><br>asati tvasminyathā viṣayaḥ svajñānaṃ na viśeṣayati, svasārūpyeṇa viśeṣeṇa viśiṣṭaṃ na-utpādayati, tathā viṣayajñānamapi svajñānaṃ na viśeṣayet / viśeṣayati ca /<br><br>但是，如果不是這樣的情況，就會出現如同對境，不能對它的（sva）認識作特殊規定，與認識對象自身相似行相的特殊性所規定的這個認識也不會產生，就像對對境的認識也是不能對它的認識作出某種特殊規定。〔這個認識也不能以與它行相一致的特殊性所規定。〕 但是，實際上是作了規定。<br><br>tasmādviṣayajñānasyāpyasti viṣayākāraḥ / yadyadākāraṃ svajñānenālambyate, tadākāraṃ tadbhavati / |

| | | |
|---|---|---|
| | | 因此，就對對境的認識（第一重認識）而言，〔在被第二重認識時，〕也是必須帶有對境的行相〔否則，就不會對第二重認識作規定〕。當某個實存體，以它自己的行相被對它自己的認識所認識，那麼，這個實存體在對它的認識中，帶著它的行相。<br><br>tadyathā sāsnādimadākāraḥ svajñānenālambyamāno gauḥ sāsnādimadākāraḥ / viṣayākāraṃ ca viṣayajñānaṃ svajñānenālambyate,tad ākāro'yamālambyata ityasyā vyavasth āyāstadākāranibandhanatvāt / tasyāṃ sādhyāyāmidaṃ kāryam / tadākāratve tu svabhāvaḥ / viṣayānubhavajñānaṃ cātropalakṣaṇamātram / cintājñānamapi yathācintitārthākāraṃ jñānākāraṃ ca svajñānenopalabhyate /<br><br>譬如牛以有頸下垂肉的行相是被對它的認識，當作認識對象來認識，這個牛必須帶著牛的頸下垂肉的行相。帶著對境的行相的對境認識會被它的認識所認知，具有對境（tad）的行相是被這個認識所認知，作這樣的確定，是由於具有它的行相的理由。如果它是要被證明的命題，這個理由是果（kārya）。若是通過行相推知，使用的是自身存在（svabhāva）。而在這裡對對境經驗的認識，僅僅是通過實例而言。對某種想法的認識也是這樣，按照它被想過的對象行相，以這樣認識行相被它自己的認識所認識。<br><br>tathā hi yathā viṣayajñānajñānaṃ viṣayānubhavajñānasya na kevalāmarthar ūpatāmanubhavarūpatāṃ vā pratyeti, api tvīdṛgarthaṃ tajjñānamāsīdityubhayākāraṃ gṛhṇāti, tathedṛgarthākārā cintāsīditi svajñānena gṛhyate // |

| | | |
|---|---|---|
| | | 具體來說，就如同對對境認識的認識，不僅要承認具有對境經驗的認識是認識對象的行相，或者是經驗的行相，而且也是認取兩種行相：「有這樣的認識對象以及對這樣東西的認識」，而且會被它自己的認識所認識：「以這樣的認識對象行相以及對它的想法。」 |
| 戊-3對於無相說的回應：每個後來的認識就不會有以前消失的認識對境的顯相並以後來 | | 80,4syādetat —nirākārameva viṣayajñānamutpadyate / tasmiṃstvart hakāryatayārthakāryametajjñānamitye ṣā smṛtirbhavati / tasyāṃ satyāmanubha vajñānaheturapyarthaḥ smaryate / tataḥ paścādbhrāntyānubhavajñānamarthena saṃyojyārthākāratayādhyavasyati /<br><br>會有這樣的〔無相說〕反對：對對境的認識絕對是不帶行相產生。但是，在這個過程中，由於是認識對象的結果，這個認識不過是認識對象的結果，所以，認識對象的結果成為記憶。的確，對於認識對象的結果，認識對象也會被記憶為造成對經驗認識的原因。此後，由於迷誤的原因，把經驗的認識和認識對象相連接，才會判定〔經驗的認識〕具有認識對象的行相。 |
| | na cottarottarāṇi jñānāni pūrvaviprakṛṣṭaviṣayābhāsāni syuḥ, tasyāviṣayatvāt. ataś ca siddhaṃ dvairūpyaṃ jñānasya.<br><br>每個後來的認識就不會有以前消失的認識對境的顯相，因為這個〔以前消失的〕對境不是後來認識的對境。所以，證明認識必須帶有雙重性。 | 80,7na ca yāvatā bhrāntena pratipattrā tattathāvasīyate, tāvatā tadākārameva tadbhavatīti yuktamityāha—**na cottarottarāṇī**tyādi / **ca**kāro'vadhāraṇe /<br><br>不過，認識絕對不是真的具有這樣的行相，如同被迷誤的認識者對它作如此判斷那樣，所以，說所謂認識具有認識對象的行相〔是錯誤（以上是無相論者的觀點），陳那〕對此回答：以「**每個後來的認識就不會有**〔以前消失的認識對境的顯相〕」為首的那句話。**"ca"** 這個字是限制在一定的實例。 |

| | | |
|---|---|---|
| 不斷產生的認識，就會帶著以前久遠或已消逝的對象行相來認知和第一重必須帶有對象顯相證雙重行相 | | 80,8**uttarottarāṇi** viṣayajñāna**jñānā**dīni tāni **pūrva**syānubhavajñānasya yo **viṣaya** uttarottarajñānāpekṣayā jñānāntaritatvād**viprakṛṣṭa**stad**ābhāsāni nai**va bhavanti, naiva prāpnuvantītyarthaḥ / kutaḥ / **tasyāviṣayatvāt / tasya** yathoktasyārthasyottarottarajñānānām **aviṣayatvāt** /<br><br>**每個後來的認識**是對對境認識的**認識**等等，每個後來的認識，絕對**不會**有以前已經消失認識對境的**顯相**，〔因為〕**對境**對**以前**經驗的認識而言，通過觀待每個後來的認識，因為已經是相隔**很遠的**認識，是消失的東西，〔每個後來的認識〕就是不會獲得〔這樣的認識對境的顯相〕。為什麼呢？**因為這個〔以前消失的〕對境不是後來認識的對境**。如前所說的**認識的**對象，對於後來不斷出現的認識而言，**因為不是後來認識的對境**。<br><br>80,12yadi sa teṣāmapi viṣayaḥ syāt, tadā tad utpanneṣu teṣvarthakāryatayārthakāryāṇyetāni jñānānītyeṣā smṛtiḥ syāt / tatasteṣāmapi hetuḥ so'rthaḥ smaryeta / tataśca tenārthena saṅkalayya tatpratibhāsitvena bhrāntena pratipattrā gṛhyeran /<br><br>如果〔前面認識的〕對境對這些後來認識而言，也是對境的話，那麼，這些後來的認識就會被這樣記憶：當作前面認識對象的結果，由於它們是認識對象的結果，當它們如此產生時它們就被如此記住了。〔認識會被記成對象的結果，〕因此，對象也會被記成它們的因〔，因果關係也被記住了〕。然後，由於〔每個後來的認識〕和這樣的認識對象結合，所以，他們才會被那些迷誤的認識者，當作是具有它的顯相而被認知。 |

| | | |
|---|---|---|
| | | na cāsau teṣāṃ viṣayaḥ, kiṃ tarhyādyasyaiva jñānasya / tatastadevārthasāmarthyabhāvi saṃyojyārthena tadākāratayā gṛhyeta, nottarottarāṇi, teṣāṃ tadaviṣayatvāt /<br><br>其實，這個對境不是後來認識的對境，而是第一重認識的〔對境〕。因此，正是這個認識藉助於對象的力量而產生，所以，要和對象相連繫，帶著對象的行相被認知，而不是每個後來的認識，對他們而言，因為它不是對境。<br><br>81,3gṛhyante ca tānyapyarthākārānukāritayā / tathā hy uttarottarasya jñānasyaikaika ākāro'dhika upalabhyate / ghaṭajñānajñānena hi ghaṭākāraṃ jñānamālambamānaḥ saha ghaṭākāreṇa ghaṭākāraṃ jñānamāsīditi pratyeti / tajjñānena tu ghaṭajñānajñānamālambamāno ghaṭajñānajñānamāsīditi saha ghaṭajñānākāreṇa ghaṭajñānajñānam / evamuttareṣvapi veditavyam /<br><br>所有後來的認識，也是採納對象行相產生而被認知。具體來說，每個後來的認識都要認取每一個被附加的行相。〔譬如〕把帶有瓶子的行相的認識當作他的認識對象的人，就會帶著瓶子的行相來作認識，而且以對瓶子的認識的認識形式，他會想剛才有個帶著瓶子的行相的認識。更進一步〔，以剛才所說認識的認識方式〕，把對瓶子的認識的認識，作為認識對象的人，就會帶著瓶子的認識行相，產生瓶子的認識的認識，是帶著瓶子認識的行相的認識，而且他會想剛才有個瓶子的認識的認識。按照前面所述，以後不斷產生的認識也是應該如此理解。 |

| | | |
|---|---|---|
| | | 81,8tadevamuttarottarajñānāni pūrvaviprakṛṣṭārthākārāṇi gṛhyante / na ca teṣāṃ svaviṣayaḥ, yatastvaduktayā nītyā tathā gṛhyeran / tasmāttāni svabhāvata eva tadākārāṇi bhavantītyabhyupeyam / na cādyasya jñānasya viṣayākāraśūnyatve pūrvaviprakṛṣṭārthābhāsāni bhavanti yathoktaṃ prāk / tasmāttadapyarthābhāsameṣṭavyam / **ataśca siddhaṃ dvairūpyam** //<br><br>如此後來不斷產生的認識，就會帶著以前久遠或已消逝的對象行相來認知，而不是帶著它們自己的對境，所以，它才會像你所說原理那樣被認知。所以，就其本質而言，這些認識必須是帶有對境的行相，這點必須被承認。不過，如果第一重認識，不帶有對境的行相，那麼，這個認識就不會帶有第一重已經久遠的認識對象的顯相。如前所說。所以，第一重認識也是帶有對象顯相，這點必須被承認。**所以，證明認識必須帶有雙重性**。 |
| 戊-2-5第二重認識的顯相： | （總解PSV: viṣayajñāne tu yaj **jñānaṃ** tad viṣayānurūpajñānābhāsaṃ svābhāsaṃ ca. 而對認識對境的認識的認識而言，也會有〔兩種顯相：〕與認識對境行相一致的認識（一）顯相和認識本身（二）顯相。） | 81,13**viṣayajñāne tu yajjñānam, tadviṣayānurūpajñānābhāsaṃ svābhāsaṃ ce**tyetadeva kutaḥ, yatastadvaśena viṣayajñānasya viṣayasārūpyaṃ syāditi cet, yatastasya viṣayajñānasambandhinau taddvārāyātau viṣayākārānubhavākārau tṛtīyaśca svābhāsalakṣaṇa ākāra ityete traya ākārāḥ svajñānenālambyante / etacca—uttarottarasya jñānasyaikaika ākāro'dhika upalabhyata ityanena sampratyevākhyātam / tatkimiti vismaryate /<br><br>〔論敵〕置疑：「**這個認識是從對對境的認識產生的〔第二重認識〕，具有與對境的行相一致的認識的顯相以及對〔第一** |

| 與對境的行相一致的認識的顯相以及對〔第一重〕對境的認識的認識本身的顯相 | | 重〕對境的認識的認識本身的顯相」，為什麼就是這樣？由於通過此，對對境的認識，如果是和認識對境相同行相的話，那麼，對這個認識而言，由於各別與對境、認識相連繫，通過此途徑而被認識的兩種行相：〔所執〕對境的行相和〔能執〕經驗的行相二個，再加上第三個是具有認識本身顯相特徵的行相，所以，這三種行相被自己的認識當作認識對象而被認知。前面已經說過的——每個後來的認識，都要認取每一個附加的行相，通過這樣的說法，〔三分說〕就得完整的解釋。剛剛說過的話，〔你〕怎麼會忘掉呢？<br><br>82,3tasmāttatrāpi viṣayānurūpajñānākāratayā sādhyeyadyadākāraṃ svajñānenālambyata ityādi sādhanaṃ vijñeyam /<br><br>因此，即使在這裡〔第二重認識帶著認識行相〕是具有與對境行相一致的認識行相是要被證明的論題時，任何東西它被它自己的認識所認知時，它必須帶著它的行相而被認知，由此可以證明〔認識是帶著與認識對境行相一致的認識行相〕，這應該被理解為是能成法。<br><br>82,5nanvevaṃ tajjñānādiṣvapi sādhanaṃ vācyamityanavasthā syāt /naitadasti / yasya hi jñānasya sannikṛṣṭo viṣayaḥ,tatra sandeho jāyate — kimayaṃ nīlākāro viṣayasya, jñānaṃ tu nirākāram, uta jñānasyeti /yasya tu jñānasya viprakṛṣṭo viṣayastadānīṃ nāstīti niścitaḥ, tasya viṣayākāratāṃ prati saṃśayo na bhavatyeveti nānavasthā //<br><br>〔論敵說〕難道不是這樣嗎？如你所說，儘管對認識等等，也是需要說證明它的理由，這樣下去就會永無止盡。不會這樣的。因為對這樣的認識而言，有靠近現 |
|---|---|---|

| | | |
|---|---|---|
| | | 有的認識對境，才會產生這樣的疑惑：難道這個藍色行相是屬於認識對境的，而認識是不帶行相的嗎？或者〔藍色的行相〕屬於認識的。對那些比較久遠的認識對象的認識而言，在這狀況下，根本就沒有這樣的疑惑，這點是肯定的，對那些比較久遠的認識而言，對於具有認識對境的行相上，不會有疑惑，也就不會有無窮的狀態。 |

| | | |
|---|---|---|
| | 10.【PS 1.11c & PSV】後時的記憶證明認識具有雙重性 | |
| 戊-4通過不同記憶證明認識有雙重性 | **smṛter uttarakālaṃ ca**（11c）<br><br>**又因為後時的記憶，** | 82,10**smṛteruttarakālaṃ ce**tyādi / pūrvamekasya viṣayajñānasya viṣayasārūpyeṇa viśeṣeṇa dvairūpyaṃ sādhitam / idānīṃ jñānānāṃ parasparavivekena smṛteḥ sādhyate / yathā hi parasparavilakṣaṇeṣu rūpādiṣvanubhūteṣvanyonyavivekena smṛtirbhavati, tathā jñāneṣvapi / **tasmādasti dvirūpatā jñānasya** /<br><br>以「**又因為後時的記憶**」為首的這句話。對在前的單個對境的認識而言，是具有雙重性質，通過與對境行相一致的特殊性就已被證明。現在，諸認識的雙重性還要被證明，是通過每個認識記憶是彼此不同來被證明。換言之，當對那些彼此不同特徵的色等認識對境被經驗時，由於互不相同，記憶就產生，如同記憶〔會對前二有不同記憶〕，對〔後面的〕認識也是。**由於這個原因，認識具有雙重行相。** |

| | 【PSV on 1.11c】 | |
|---|---|---|
| 戊-4-1若以經驗記憶就不會有不同記憶來證明認識具有雙重行相並且必須是應被自我認知認識的事實 | dvairūpyam iti sambandhaḥ. yasmāc **cā**nubhav**ottarakālaṃ** viṣaya iva jñāne 'pi **smṛtir** utpadyate, tasmād asti dvirūpatā jñānasya svasaṃvedyatā ca<br><br>要與〔認識具有〕雙重性連繫。就如同對認識對象有經驗的認識一樣，對於〔認識的〕認識，也會有**記憶**產生，由於這個原因，認識具有雙重行相並且必須是應被自我認知認識的事實。 | 82,13anyathānubhavamātreṇa pratyarthamaviśiṣṭeṣu sarvajñāneṣu bhedenānanubhūteṣu rūpajñānamāsīnmama, na śabdajñānamiti śabdajñānaṃ vā na rūpajñānamiti yeyaṃ vivekena smṛtiḥ, sā na syāt //<br><br>否則，對任何對象而言，〔記憶〕僅僅以經驗來記憶，〔而不是如前述以不同來記憶〕如果這樣，一切認識是沒有區別的，有區別卻不被經驗到，對我而言，有個關於色的認識而不是關於聲音的認識，或者聽到聲音的認識而不是看到某種色的認識，這樣的記憶，以不同形式產生的記憶，就不可能了（亦即就不會有不同的記憶）。<br><br>83,4syādetat — yathānubhavātmatve tulye sāmagrībhedātsukhādibhedo bhavati, tathā prativiṣayamaparāparasāmagrīkṛto bhedaḥ sūkṣmo'sti / ato vivekena smṛtirbhaviṣyatīti /<br><br>會有以下反對意見：正如同如果〔任何的認識〕具有經驗的性質，那麼，性質上都是一樣，由於因緣聚合體是不同，才會有快感、悲痛等的不同心理產生，才會有不同的認識（內在），同樣的，對於各個對境，會有細微的不同，是由各不相同的因緣聚合體所造成。在此以後，將會有不同型態的記憶。<br><br>83,6asadetat / spaṣṭo hi bhedaḥ smṛtinibandhanam / tathā hi kasmiṃścidupekṣāsthānīye viṣaye yajjñānaṃ dhārāvāhi, tasyāpyaparāparendriyādisāmagrī / tathāpi na bhedena smaraṇaṃ yatheyanto buddhikṣaṇā vyatītā iti / yathā ca yamalakayorākārasāmye'pyasti bhāvato |

| | | |
|---|---|---|
| | | bhedaḥ, tathāpyaspaṣṭatvāttasya na bhedena pratyabhijñānaṃ bhavati, kiṃ tarhi tayoḥ parasparaṃ samāropaḥ / tasmādaspaṣṭabhede'rthe na vivekinī smṛtirbhavati /<br><br>這是不對的。因為清楚的差別會與記憶相連繫（因果連繫）。具體來說，在某種情況下，認識對象受到忽略時，具有流程的認識（意識流），對它而言，也會有各不相同的原因如感官等的因緣聚合體。儘管如此差別，記憶力並不是如同已經過去的剎那的認識那樣來記憶〔，所以，因緣聚合體差別和記憶沒有關係，以此駁斥論敵〕。如同兩個雙胞胎，儘管外表很像，但是，他們內在的個性會有差別一樣，同樣的，由於認識對象已經久遠模糊，看起來是不帶有差別，雖然二人不同，還會作出錯誤的指稱。由於認識對象的差別不清楚，所以，對它們產生不帶區別的記憶。<br><br>83,11ato'rthakṛtaḥ kaścidanubhavasyāsti viśeṣaḥ, yato vivekena smṛtirbhavatītīccha tārthasārūpyameṣṭavyam / tataśca siddhaṃ dvirūpaṃ jñānamiti //<br><br>所以，有對象所造成的某些經驗是有差別，以至於有後來種種不同的記憶產生，由於這個是被承認的，所以認識是具有與認識對象一致的行相，這是應該被承認的。所以，認識具有兩種行相就得到證明。<br><br>83,14**svasaṃvedyatā ce**tyanenānantaroktāyā evopapatteḥ sādhyāntaramāha / na kevalaṃ **smṛteruttarakālaṃ** dvairūpyaṃ siddhaṃ jñānasya, api tu svasaṃvedanamapi,yatpr amāṇaphalatveneṣṭam / asti tāvajjñānasya kutaścidanubhavaḥ / ataḥ smṛtirapi syāt / |

| | | |
|---|---|---|
| | | 通過「**並且必須是自我認知認識的對象**」這句話，緊隨其後要說的就是在論證程序上，有另一個要被證明的命題（謂語）。因為**後時的記憶**不僅僅是用來證明認識具有雙重性，而且還能證明自我認知。自我認知是被認作認識結果〔，這就是第三分〕。首先，〔不管源於什麼認識對象，〕產生的認識要被經驗到，然後，才會有記憶。 |

| | 11.【PS 1.11d & PSV】後時記憶證明自我認知 | |
|---|---|---|
| 戊-4-2未經驗不可能有記憶 | kiṃ kāraṇam.<br><br>為什麼呢？<br><br>**na hy asāv avibhāvite //11//**<br><br>**〔當這個認識是還未被經驗時，〕對它的記憶是絕對不可能。**<br><br>na hy ananubhūtārthavedanasmṛtī rūpādismṛtivat.<br><br>如果對認識對象的認知還沒有被經驗的話，那麼，就不會有對它的記憶，如同對色等的記憶。 | 84,1tāvatā tu kutaḥ **svasaṃvedyate**ti matvā pṛcchati — **kiṃ kāraṇam**iti / ātmanaiva jñānasyānubhavo yuktaḥ, nānyeneti niścityāha—**na hyasāv**ityādi / asyāyamarthaḥ — yatra smṛtiḥ, tatrānubhavaḥ, **rūpādivat** / asti ca smṛtiriti kāryam //<br><br>有了 — 就這個而言，你還會說前面認識**是自我認知認識的對象**——這種想法之後，詢問：「**為什麼呢？**」。認識的經驗只能通過認識自身產生，這才是合理，而不是通過別的，對此作了肯定之後，陳那說：「〔當這個認識是還未被經驗時，〕**對它的記憶是絕對不可能**。」等等。這句話是有如下含義 —— 凡是對某種東西有記憶的，就必須要有對它的經驗，如同對色等〔有經驗才有記憶〕。記憶有這樣的因果關係。 |

<table>
<tr><td></td><td colspan="2">【PS1.12 & PSV】</td></tr>
<tr><td>戊-4-3認識被別的認識所經驗等顯此為認識本身所認識</td><td>syād etat—rūpādivaj jñānasyāpi jñānāntareṇānubhavaḥ. tad apy ayuktam, yasmāj jñānāntareṇānubhave 'niṣṭhā anavasthā iti tajjñāne jñānāntareṇa anubhūyamāne. kasmāt.<br><br>會有人（論敵）提到如下：如果一個認識，也會被另一個認識所經驗，如色等的對境，也會被另外的認識所經驗。則這說法也是不對的，如果〔你說不是認識自身的認識〕當〔認識〕被別的認識經驗時，就會出現無窮無盡的結果。<br><br>所謂無窮無盡的結果是對這個認識對境的認識〔不是被這個認識本身所認識，而〕是被另外的不同認識所經驗。為什麼呢？</td><td>84,4syādetadityādinā jñānāntareṇānubhavo 'bhīṣṭa eva / ataḥ siddhasādhyateti parābhiprāyamāviṣkaroti / jñānāntareṇetyādinā siddhasādhyatāṃ pariharati /<br><br>通過「會有人〔論敵〕提到如下：」等等這句話，闡明論敵（他者）的意圖：〔如果一個認識，也會〕被另一個認識所經驗，這點是必須得到證明。所以，這是顯示對已證明要再被證明的命題。〔陳那〕駁回以下的說法：由於〔論敵說〕認識被別的認識〔所經驗〕等等，是對已證明要再證明的命題。</td></tr>
</table>

| 戊-4-3-1對經驗它的認識還會有記憶 | **tatrāpi hi smṛtiḥ / (12'b)**<br><br>**因為對這個〔認識〕而言，還會有記憶。** | |
|---|---|---|
| | yena **hi** jñānena taj jñānam anubhūyate, **tatrāpy** uttarakālaṃ **smṛtir** dṛṣṭā yuktā .<br><br>**因為**這個〔對境的〕認識被另一認識所經驗，對經驗它的認識而言，必然要承認後時會有**記憶**。<br><br>tatas tatrāpy anyena jñānena anubhave 'navasthā syāt.<br><br>然後，對經驗它的認識，還會再被另一個認識所經驗，〔對經驗認識再有記憶，〕如此就會無窮無盡。 | 84,7**yena hi jñānena jñānamanubhūyate, tatrāpyuttarakālaṃ smṛtirdṛṣṭā** / na cānanubhūte cānanubhūte smṛtir**yuktā** / tato 'nyena tadālambanena jñānena bhāvyam / **tatrāpi** ca **smṛtiḥ / tatastatrāpyanyene**ti / ato jñānāntareṇ**ānubhave 'navasthā** jñānānām /<br><br>**因為這個〔對境的〕認識被另一認識所經驗，對經驗它的認識而言，必然要承認後時會有記憶**。雖然，沒有不被經驗過的〔感官認識不可能被有分別來〕認識，但是，**必然**不會有不被經驗的〔將來產生在意識的〕記憶。〔如果一個認識被另一個認識，〕那麼，另外的認識就必須把前面的認識當作認識對象來認識。**對另外的認識，也是作認識的認識**，才會有**記憶**。所謂「**然後，對經驗它的認識，還會再被另一個認識所經驗**」。如果這樣的話，**對一個經驗**還會被另外的認識再次經驗，這些認識就會**無窮無盡**。 |

| 戊-4-3-2若認識只緣前識則對境之間的轉移不可能 | **viśayāntarasañcāras tathā na syāt sa (=sañcār) ceṣyate //12//**<br><br>**如果這樣的話，〔認識只會緣前識，認識從一個對境〕轉移到另一個對境，就會變得不可能。但是，這種認識轉移一般認為是可能的。〔所以，論敵的主張是與一般認識相違矛盾。〕** | 84,10ekajñānābhinirhṛtāyāmeva jñānaparamparāyāmuttarottarāṇi jñānāni pūrvapūrvajñānālambanānyanantāni prasajyanta ityarthaḥ / tathā sati ko doṣa ityāha — **viṣayāntarasañcāra** ityādi / viṣayāntare jñānasya pravṛttir**na syāt** / **iṣyate ca** / tatra yato jñānātsañcāraḥ, tasya svasaṃvedanaṃ syāt //<br><br>意思是說：如果第一重認識的這樣的認識鎖鍊，是在一個認識產生，認識必然導出這樣的結果：每個後來的認識不斷的取每個過去的認識作為認識對象，這樣就會無窮無盡。如果是這樣的話，會有什麼樣的不對呢？—以「〔造成與我們日常生活經驗相反的東西就出來，認識就不可能出現從一個對境〕**轉移到另一個對境**」這句話為首等等。認識**不可能**轉移到另一個認識對境，但是，轉移是被大家**所承認的**。從對某個認識對象的某個認識轉移出來，對轉移的出發點的認識而言，就是自我認知。 |
| 戊-4-3-3與周遍相違回應認識鎖鍊最後階段 | | 85,1syādetat — mā bhūdantyasya jñānasya jñānāntarasaṃvedyatvaṃ smṛtiśca / tadekamananubhūtamasmṛtameva cāstām / ato viṣayāntarasañcāraḥ syāditi /<br><br>〔反對者口氣緩和說：〕可能可以這樣理解：到了認識鎖鍊的最後階段，〔並不是如陳那所說，〕絕不是被另外一個認識所認知的對象，然後對此最後認識還會有記憶。〔因為這樣就不會沒完沒了。〕只有唯一最後的認識，才有可能一直不被別的再次經驗，也不會被別的再次記憶。這樣的話，才可以轉移到另一個對境。 |

| | | |
|---|---|---|
| 不被他識所認知和記憶才可以轉移 | | ayuktametat / tathā hi yadyantyaṃ jñānaṃ nānubhūyeta, tataḥ sarvāṇi pūrvakālabhāvīni jñānānyananubhūtāni syuḥ, tadupalambhasya parokṣatvāt / yasya yadupalambhaḥ parokṣaḥ, na tattenānubhūtam / tadyathā devadattasya jñānaṃ devadattānubhūtaṃ yajñadattena / parokṣaścātmasambandhipūrvakālabhāvijñānopalambhaḥ prāṇinaḥ / viruddhavyāptaḥ /atha vā yadapratyakṣopalambham, na tatpratyakṣam, parokṣavat / tathā cānanubhūtopalambhaṃ jñānam / viruddhavyāptaḥ //<br><br>這個說法是不對的。具體來說，如果最後的認識不能被經驗，那麼，每個前面時段所出現的認識，都可以成為不被經驗的，因為前面的認識〔時間久遠，對後來的認識而言〕是不可直接觀察到。對某個認識而言，如果對這個認識〔由於時間久遠〕已經是不可直接觀察到，那麼，這個認識就不可能被它經驗。例如天授的認識是被天授所經驗，不能被他人所經驗。對人來說，不能直接觀察的只能是對和自身相連繫的過去時段形成的認識的感知〔，不是別的〕。因為和周遍相矛盾。或者是某個非直接知覺的感知，它就不是直接知覺，如同不能直接觀察。這樣的話，最後的認識是不再被經驗取得的感知。因為和周遍相矛盾。 |

<table>
<tr>
<td>戊-4-3-4直接知覺的認識是被自我認知所認識而且是結果但因無法直接觀察感知但反例不成而證成</td>
<td>tasmād avaśyaṃ svasaṃvedyatā jñānasyābhyupeyā. sā ca phalam eva.<br><br>所以，我們必須承認認識可以被自我認知所認識。而自我認知恰恰就是結果。<br><br>tathā pratyakṣaṃ kalpanāpoḍham iti sthitam.<br><br>如是，直接知覺是離概念構想，因此，被確定。</td>
<td>85,9syādetat ─ yadātmanānubhūtaṃ jñānam, tadeva pratyakṣaṃ bhavati / tena parairyadanubhūtam, na tatpratyakṣamiti / sa tarhyātmānubhavaḥ kutaḥ siddhaḥ /<br><br>這個說法可能是——只有被自身經驗過的認識，才是直接知覺。所以，被別的認識所經驗的認識，則不是直接知覺。如果這樣的話，怎麼證明被自身所經驗的呢？〔下面說證明是有困難。〕<br><br>yadi hyanubhavaḥ sidhyet, tadātmani paratra veti syādvibhāgaḥ / sa eva tvasiddhaḥ / tasyāsiddhāvubhayatrāpi pa rokṣatvenāviśeṣādātmanyayamanubha vo nānyatretyetatparokṣopalambhena durjñānam / tatkuta ātmānubhavaḥ / yadi hi grāhyopalambhāsi ddhāvapi vastu pratyakṣamiṣyate, sarvamidaṃ jagatpratyakṣaṃ syāt, apratyakṣopalambhatvenāviśeṣāt / na ca bhavati / tasmātsvasaṃvedyatā jñānasyābhyupeyeti //<br><br>其實，如果經驗是可被證實，則會產生不確定性：經驗發生是在認識自身或是在另外的認識？而就這種分辨本身，其實是沒法證成的。當分辨本身不能證實時，在認識自身或者另外的認識的兩者情況下，都〔不是很明確的，〕是由於不能直接觀察到，因為是不具有差別性，所以，這個經驗是在自身，而不在別的認識產生，這個說法由於是不能直接觀察的感知，所以，很難知道它。自我的經驗是如何呢？其實，如果因為某個實存體即使認識對象和認識對象的取得二者都不成立，還是被認為是直接知覺，則這個世間可能全是直接知覺，〔這樣仍然〕當作不是直接知覺</td>
</tr>
</table>

| | | 的方式取得認識，因為不具有差別性。不過，沒有這樣的認識。**因此，認識是自我認知所認識的事實，這點是被承認**如上。 |
|---|---|---|

## 【註解】

❶ 此段文置於註，而不在行文中出現：bhrānti-saṃvṛti-saj-jñānam anumānānumānikam //7//錯誤、虛偽有的智，從推論派生的比量，smārtābhilāṣikaṃ ceti pratyakṣābhaṃ sataimiram / 和有關記憶、悕求，是似現量，就像瞖者一般（這是由根產生的錯誤），tatra bhrāntijñānaṃ mṛgatṛṣṇādiṣu toyādikalpanāpravṛttatvāt pratyakṣābhāsam，於此，錯誤的知見是由於在陽焰（鹿渴）等情況下，不對於水等分別的事實，所以，是似現量，saṃvṛtisatsu arthāntarādhyāropāt tadrūpakalpanāpravṛttatvāt. 由於在虛偽有的情況下，錯誤歸因於別的認識對象，由於不是因為這樣形成分別的事實。anumānatatphalādijñānaṃ pūrvānubhūtakalpanayeti na pratyakṣam. 比量有作為結果等的知見，由於是以前經歷過的分別〔事實〕，因此，不是現量。

# 附錄四

## PS・PSV・PSṬ・PV・PVIN・漢傳等文獻對照

【PS1.5】

| | |
|---|---|
| PS・PSV | āhuś ca<br>而說<br>**dharmiṇo ’nekarūpasya nendriyāt sarvathā gatiḥ /**<br>**對具體的事物而言，有不同的形相，一切是不可能由感官認識到。**<br>**svasaṃvedyam hy anirdeśyaṃ rūpam indriyagocaraḥ //5//**<br>**實際上，色法是〔五識〕認識本身所認知的對象，是不能表達的，是感官認識的領域。**<br>evaṃ tāvat pañcendriyajaṃ pratyakṣajñānaṃ nirvikalpam.<br>首先，由五種感官產生的直接知覺的認識，是脫離分別想像。<br>paramatāpekṣaṃ cātra viśeṣaṇam, sarve tv avikalpakā eva.<br>而在這個〔《集量論》〕文本，對此〔直接知覺〕的分別，是由於考慮到論敵的想法〔而提出的〕，然而，〔對陳那而言，是沒有差別的定義，〕所有〔直接知覺〕認識僅僅是脫離分別想像。 |
| PSṬ | |
| PV | |
| PVIN | |
| 漢傳 | 《因明正理門論本》卷1：「有法非一相，根非一切行，唯內證離言，是色根境界」（大正三二・3中） |

【PS1.6ab】意識的認識對境（心王和心所）

| | |
|---|---|
| PS・PSV | **mānasaṃ cārtha-rāgādisva-saṃvittir akalpikā / (6ab)**<br>**而且意〔識〕是指對外境對象的〔心王〕認識以及對諸如欲望等** |

| | 〔心所〕**的認識本身的認知，是擁有脫離概念分別的特質。** |
|---|---|
| PSṬ | 51,8**mānasaṃ ce**tyādi / **ca**śabdaḥ samuccayārthaḥ / **artha**śabdo'yaṃ jñeyaparyāyaḥ / rāgādīnāṃ svaṃ **rāgādisva**m / **sva**śabdo'yamātmavacanaḥ /<br><br>「**而且『意〔識〕』**」等等：「**而且**」這一語詞是表示連接的意思。「**對象**」這個詞是「所知」的同義詞。對欲望等等的認識本身，就是「**欲望等認識本身**」，這個「**本身**」一詞，就是自我的反身詞。<br><br>**artha**śca **rāgādisva**ṃ ca, tasya **saṃvittirartharāgādisvasaṃvittiḥ** / saṃvedyate jñāyate'nayeti **saṃvittiḥ** / saṃvitteḥ pratyekamabhisambandhaḥ / **sāvikalpikā** mānasaṃ pratyakṣam //<br><br>**外境對象**和**欲望等認識本身**，對他的**認知，就是對外境對象的〔心王〕認識以及欲望等〔心所〕的認識本身的認知**。所謂**認知**，通過它，〔這個對象〕被認識、被感知到的就是〔意識的〕認知。〔意識的〕認知是各別〔與對象和欲望等認識本身〕連繫，〔意識的〕認知是意的直接知覺，**是擁有脫離概念分別的特質**。 |
| PV | |
| PVIN | |
| 漢傳 | 《因明正理門論本》卷1：「意地亦有離諸分別，唯證行轉。又於貪等諸自證分，諸修定者，離教分別，皆是現量。」（大正三二・3中） |

【PSV on 1.6ab】

| PS・PSV | |
|---|---|
| PSṬ | 51,13tatra manovijñānamindriyagṛhītamevārthaṃ gṛhṇāti tato vānyamiti dvayī kalpanā /<br><br>在這種情況下，意識認知有兩種可能性：被感官所執取過的對象，或者，是與感官執取不同的對象。<br><br>yadi pūrvā, tatastasya prāmāṇyameva na syāt, gṛhītagrahaṇātsmṛtyādivat /<br><br>如果是第一種，那麼，它（意的直接知覺）就會不具有效性，因為〔意識〕執取已經被認識過的，就像記憶等。 |

| | |
|---|---|
| | atha dvitīyā, tadāndhāderapyarthagrahaṇaṃ syāt / indriyajñānanirapekṣaṃ hi manovijñānaṃ yadi bāhye'rthe pravartate, tadā cakṣurādivikalasyāpi darśanaṃ prāpnoti /<br><br>如果採取第二種可能性，那麼，盲人等也是可以執取對象。因為如果意識不依靠感官認識，〔直接面〕對外在對象而生起〔認識〕，那麼，對那些眼睛等有缺陷的人來說，也會得到〔外在對象的〕觀察。 |
| PV | |
| PVIN | |
| 漢傳 | |

| | |
|---|---|
| PS・PSV | **mānasam** api rūpādiviṣayālambanam avikalpakam<br><br>即使是**意識**，也是取色法等〔感官的〕對境作為認識對象，是脫離分別想像， |
| PSṬ | 52,2tadvaktavyaṃ kīdṛśaṃ tadityāha — **mānasamapīt**yādi / **rūpād**ayaśca te **viṣayā**śceti karmadhārayaḥ //<br><br>〔陳那針對論敵〕提出解釋這〔意識〕是什麼樣的？〔陳那〕說了下面的話：「**即使是意識**」等等。**色法等**和**這些對境**是持業釋。<br><br>52,4nanu ca rūpādayo viṣayā eva, tatkimarthaṃ **viṣaya**grahaṇam /<br><br>色等難道不就是對境嗎？「**對境**」這個詞到底有什麼作用呢？<br><br>anālambyamānarūpādivyavacchedārtham, na hyavijñāyamānaviṣayā bhavanti / upacāreṇa tu tajjātīyatayā **viṣaya**vyapadeśaḥ syāt, na tu mukhyaviṣayatvam /<br><br>為了排除不是正在被感知的認識對象的色等，因為沒有被認識的對境不存在。但是，就語言運用的層面來說，由於屬於同一類的，才可以稱呼為「**對境**」，而不是根本意義上的對境。<br><br>52,6kasya punaste viṣayāḥ / anantaramindriyajñānasya prakṛtatvāttasyaiva /<br><br>再者，這些對境屬於哪一種〔認識〕？因為感官認識剛剛被討論過，當然屬於感官認識。 |

52,7rūpādiviṣayāṇām vikāro **rūpādiviṣaya**vikāraḥ, sa **ālambanaṃ** yasya tattathoktam/

色等諸境的改變過的行相就是**色等對境**的改變過的行相，它的**認識對象**是這個〔改變了的行相〕就被這樣稱呼。

samudāyavikāraṣaṣṭhyāśca bahuvrīhiruttarapadalopaśceti vacanātsamāsa uttarapadalopaś ca suvarṇālaṅkāra iti yathā /

因為語法書這樣說：有財釋在屬格時，有堆積和改變的意思，以及複合詞的最後成分要被省略。複合詞的最後成分省略，就像人們說的「黃金手飾」（黃金改變過的手飾）。

52,10kaḥ punarviṣayasya vikāraḥ / yastena janita uttarakṣaṇaviśeṣaḥ, sa tasya vikāra iti vyavahriyate,na tvavasithate dharmiṇi dharmāntaranivṛttau dharmāntarāvirbhāvaḥ, sāṅkhyaparikalpitasya pariṇāmasya niṣiddhatvāt /

什麼又是對境的改變過的行相呢？指的是第二剎那的特殊行相，是由它（第一剎那的artha）所造成，這個特殊行相就被稱為它的改變了的行相，而不是在固定不變的特性的所有者身上，當一個特性消失時，另一個特性產生〔，都是在固定不變的持有者當中〕，因為改變或變化是數論派所想像的改變概念，是不能證成。

tadetaduktaṃ bhavati—
indriyajñāna**viṣaya**janitasamanantararūpādikṣaṇ**âlambanam**iti /
anenāprāmāṇyadoṣaḥ pratikṣiptaḥ /

也就是如下所說——〔意識是〕把感官認識的**對境**所產生的緊隨其後的**色等**剎那當作**認識對象**，通過這些，你們所指〔盲人看見外境〕的論證不足的過失，就可以反駁。

52,14kutaḥ punastasya niyataviṣayateti cet, yatastasya yaḥ samanantarapratyayaviśeṣaḥ sa svaviṣayopajanitānantararūpādikṣaṇasah akāryeva tajjanayati, atastadyathoktaviṣayamevetyavagaccha //

提問：「為什麼意識會有確定的對境？」因為這樣的〔認識對象的〕確定性，即特殊的等無間緣，〔只有當一個助緣，〕只有自境所產生緊隨其後的色等剎那當助緣時，才能使意識產生，所以，應該這樣理解：意識只能是如前所說的對境。

（從這以下使用的是ākāra，而不是vikāra）

| | |
|---|---|
| PV | |
| PVIN | |
| 漢傳 | 關於「意現量」有幾種說法：窺基說「同時意識」、「五俱意」，普光所說「五識無間所生意識」。<br><br>護法《大乘廣百論釋論》卷5〈3 破時品〉：「雖許意識知五識境，然各自變，同現量攝。俱受新境，非重審知。」（大正三十・210中） |

## 意的行相是以經驗行相顯現

| | |
|---|---|
| PS・PSV | anubhavākārapravṛttaṃ<br><br>是以經驗行相產生， |
| PSṬ | 53,1**anubhavākārapravṛttam**iti / anubhūyate'nenety**anubhavaḥ** / **ākāra** ābhāsaḥ / sa punarananubhavarūpo'pyasti, yaḥ smṛtyādīnāmityatastadvyavaccedāy**ānubhava**grahaṇam / **anubhava ākāro** yasya, tattathoktam / kiṃ punastat / pūrvoktanyāyenendriyajñānameva /<br><br>〔意的直接知覺〕「**是以經驗的行相產生**」：為它自己所體驗的就是**經驗**。**行相**就是顯現。它（行相）也有不帶有經驗性質的，就像那些記憶等等的〔行相〕，因此，「**經驗**」這個詞就是要排除這種行相〔即不帶有經驗的行相〕。凡認識是**經驗行相**，它就被這樣稱呼。提問：又這個經驗行相是誰的？依據前面所說的原理，就是感官認識。<br><br>ten**ānubhavākār**eṇa **pravṛttam**utpannam**anubhavākārapravṛttam** / etaduktaṃ bhavati— indriyajñānātsamanantarapratyayādutpannamiti / anena yaduktam —<br><br>通過感官認識而**產生經驗行相**，也就是出現，就叫做**以經驗行相產生**。如下就是所說的意思—從感官認識的等無間緣產生。通過這樣的解釋——<br><br>andhāderapyarthagrahaṇaṃ syāditi, tannirastam / yasmānnatadbāhyeṣvartheṣu svatantraṃ pravartate, kiṃ tarhīndriyapratyayāpekṣam, andhādeścendriyajñānaṃ nāstīti nāsti tat //<br><br>「盲人等也會看見對象」，就被駁斥。因為，它（意識）不是針對 |

| | |
|---|---|
| | 外在對象獨立產生，而是依賴於感官的緣作為它的緣，而因為盲人等沒有感官認識，所以，不會有〔依於感官認識的意之直接知覺〕。 |
| PV | |
| PVIN | |
| 漢傳 | 意地亦有離諸分別，唯證行轉。<br><br>從圓測和智周「唯證自相行解而轉」；淨眼的「與率爾五識，同時任運緣境，是現量攝。以離名言、種類分別，緣自相境故」；善珠的「五識同時意識，與五識同境，內證離言，亦是現量」；定賓的「亦有唯證現境行相而轉也」來看，意識現量是與率爾五識同緣現在境，此時證自相境、離言。 |

| | |
|---|---|
| PS · PSV | **rāgādi**ṣu ca svasaṃvedanam<br><br>而且對**欲望等**的自我認知 |
| PSṬ | 53,9 **rāgādiṣu ca svasaṃvedanam**iti / **svas**ya **saṃvedanaṃ svasaṃvedanam** / saṃvedyate'neneti **saṃvedanam** /<br><br>**並且對於欲望等的自我認知**（舊譯：自證）：對於〔認識〕**自己本身**的**認知**就是**自我認知**。依此而被認識到，所以，是**認知（舊譯：覺知）**。<br><br>grāhakākārasaṅkhyātamanubhavasvabhāvatvam /<br><br>〔認識〕具有經驗的性質，就被看作是認識主體的行相。<br><br>anubhavasvabhāvatvādeva hi rāgādayo'nubhavātmatayā prakāśamānā ātmānaṃ saṃvedayante, ātmasaṃvedanā iti ca vyapadiśyante /<br><br>因為欲望等正是由於具有經驗的性質，以經驗本身而顯相出來，〔並且〕讓它們（欲望）自己被認識到，所以，它們被稱作：自我的認知。<br><br>atastadanubhavātmatvameṣāṃ pramāṇam / yatpunarbhāvarūpaṃ saṃvedanaṃ svādhigamātmakam, tattasya phalaṃ veditavyam / ātmā tu teṣāṃ prameyaḥ /<br><br>因此，具有經驗性質的本身就是這些欲望等等的認識手段。再者， |

| | |
|---|---|
| | 這個認知具有存在的性質，具有對認識本身取得認識的性質，則這個〔認識〕就應被理解為它（認識手段）的結果。而這些欲望等等自身就是它們（欲望等）的認識對象。 |
| PV | |
| PVIN | |
| 漢傳 | 《佛地經論》卷3：「諸心心法皆證自體，名為現量。若不爾者，如不曾見，不應憶念。」（大正二六・303上）；善珠：「貪等自證分者，亦得說言見分為所量，自證分為能量。即能量體，自是量果」（大正六八・427下） |

| | |
|---|---|
| PS・PSV | |
| PSṬ | 53,14rāgādigrahaṇaṃ spaṣṭhasaṃvedanadarśanārtham / sarvajñānānāmātmasaṃvedanasya pratyakṣatvāt /<br>「欲望等」這個詞是為了揭示明了的認知，因為對一切認識的自身的認知都是直接知覺。<br>54,1avikalpakatvaṃ tu tasyāśakyasamayatvāt / viṣayīkṛte hi samayaḥ śakyate kartum /<br>但是，說它（直接知覺）是脫離分別想像，是因為它是不能使用語言習慣。因為，當某樣東西被取作境時，語言習慣才能被使用。<br>na cānutpannaṃ rāgādyātmānaṃ saṃvittirviṣayīkaroti, rāgādyātmarūpatayā tasyā apyanutpannatvāt/<br>不過，認知不可能把還未產生的欲望等自身取作境，因為認知〔自己〕還沒產生，由於〔認知〕具有欲望等自身的性質。<br>utpanne'pi rāgādyātmani saṃvittirabhilāpaṃ na yojayati / tathā hi sābhilāpamādāya tatra yojayet / abhilāpagrahaṇe ca kṣaṇikatvānna sā, nāpi rāgādaya iti kiṃ kena yojyeteti //<br>即使欲望等自身產生了，〔意識的〕認知不可能與語言連接。換言之，〔認識〕得到語言表述以後，才可以〔與語言相〕結合。不過，當獲得語言表述時，認識已經不存在，由於只存在於一瞬間，欲望等也不存在，那麼，誰會和誰相結合呢？ |

| | |
|---|---|
| | aśakyasamayatvādrāgādīnāṃ saṃvittirnāviṣṭābhilāpā / yena yatra śabdasya samayo na gṛhītaḥ, na tacchabdena taṃ saṃyojya gṛhṇāti / tadyathā cakṣurvijñānaṃ gandham / na gṛhītaśca rāgādyātmani tatsaṃvedanena śabdasamayaḥ / kāraṇābhāvaḥ //<br><br>因為不能得到語言習慣，所以，欲望等認知是不可能有語言表述。如果對某個對象而言，語言習慣不能通過認識獲得，那麼，這個認識不能通過把它與語言相結合來認識它。例如：通過眼睛了知味道的認識。而就欲望等自身而言，〔對欲望等等的〕認知是不能採納語言習慣。〔這裡所使用邏輯證明的理由是〕原因不存在！ |
| PV | Ce'e PV3.249a（PSṬ54,1a），根據Rāhula Sāṅkṛtyāyana,【ka. svasaṃvedanapratyakṣam】, p.194：<br><br>aśakyasamayo hy ātmā rāgādīnām ananyabhāk \|<br><br>對於欲望等來說， 自身是唯一感知，因為它是不能使用語言習慣。 |
| PVIN | Ernst Steinkellner《PVIN》I.20,9-10（[c-c] Ci'e PSṬ53,14-54,1）：<br><br>sukhādi-grahaṇaṃ spaṣṭa-saṃvedana-pradarśanārtham,sarvajñānānām ātma-saṃvedanasya pratyakṣatvāt /<br><br>「樂等」這個字是用來顯示明了的認知行為，因為對所有認識而言，對自我的認知都有直接知覺的性質。<br><br>Ernst Steinkellner《PVIN》I.20,13-21,1（[i-i] Ci'e PSṬ54,2-3）：<br><br>nānuditaḥ pratiniyataḥ sukhādyātmā viṣayīkriyate saṃvittyā, tasyās tad-ātma-rūpatvāt /<br><br>捨去沒有用言詞表達的各別的樂等自身是不會被知覺（saṃvitti）理解為境，因為後者〔知覺〕是以前者〔樂等〕的自身為行相。<br><br>因為它有它的（合意等）自身的行相緣故。 |
| 漢傳 | 智周《因明入正理論疏前記》卷3：又於貪等諸自證者，問：何故唯言貪等自證，不舉餘者？答：餘者，行相顯故不論，此貪等行相隱，難知故偏明也。答：有二解。第一解云：同彼，於色等境者，同於《理門》也。以《理門》五識相顯現，故偏明之。今此亦爾，故言同彼也。第二解云：具接至不唯五境者，夫言義者，即境是也，且如意識與五識同時起，亦緣其境，不生分別，故名現量。自證者，自證分緣見分之時，亦名現量。即此見分，為自證分境也。 |

| | |
|---|---|
| | 諸定心者，在定之時，亦緣其境，雖緣境體〔巳>已〕，其定內亦名現量，故言彼之三種，亦離分別，不具例故，名為總含。（卍續藏經八六・974上） |

| | |
|---|---|
| PS・PSV | |
| PSṬ | 54,10atra kecidāhuḥ─āśrayāsiddhiḥ / tathā hi svasaṃvitternirvikalpakatvaṃ sādhyam/ sā ca jñānasyāpi tāvanna samasti /<br><br>針對這一點，有指責說──邏輯主語（舊譯：所依）不成。具體來說，自我認知是不依於感官的認識是要被證明的。而且至少對認識（心王）而言，〔自我認知〕是不存在。<br><br>kutaḥ punaḥ sukhādīnāmajñānarūpāṇām / te hyekasminnātmani jñānena saha samavāyāttenaikārthasamavāyinā gṛhyanta iti svayaṃ prameyarūpā eva /atas te parasyāpi na saṃvedakāḥ, kutaḥ punarātmana iti /<br><br>何況對那些愉悅等心理現象（心所）而言，後者並不具有認識的性質。因為，這些愉悅等心理現象，由於和認識共存於一個〔永恒不變〕生命主體上，因此，當作同一個對象的緊密連繫來認識，所以，自身僅僅是認識對象的性質。因此，這些愉悅等心理現象都不能讓別人認知，又如何讓自己認知？<br><br>55,2taistajjñānamavaśyaṃ sukhādyākāramabhyupeyam, anyathā tasya te vedyā eva na syuḥ /<br><br>〔勝主慧回答：〕必須要被他們（即提出反對意見的）承認的是，認識必須具有愉悅等心理現象的行相，否則，認識絕對不可能是對他們的認識。<br><br>na hi jñānasattaivārthānāṃ saṃvedanā yuktā, tasyāḥsarvatrāviśeṣātsarvārthagrahaṇaprasaṅgāt /<br><br>因為，不可能僅僅把認識當作存在事實，諸認識對象就應被認知，這會導致──任何東西都會被認識，所有對象都會被認識的荒謬結論。〔因為對所有認識而言是沒有差別。〕<br><br>yajjñānaṃ yadākārarahitam, na tattasya saṃvedakam / |

| | gojñānamivāśvasya / sukhādyākārarahitaṃ ca sukhādijñānam / vyāpakaviruddhaḥ //<br><br>如果一個認識是脫離〔認識對象的〕行相，那麼，就不能使它（認識對象）被認識到。就像對牛的認識〔不能〕讓馬認識到。同樣的，愉悅等心理現象的認識是脫離愉悅等心理現象的行相，〔因此，不能讓愉悅等心理現象被認識到，所以，這裡邏輯證明的理由，被稱作〕與內屬（論理學上是如同煙中的火那樣）相違。 |
|---|---|
| PV | cf.PV 3.250 ab（PSṬ$_{55,1a}$），根據Rāhula Sāṅkṛtyāyana,【ka. svasaṃvedanapratyakṣam】, p.194<br><br>avedakāḥ parasyāpi te svarūpaṃ kathaṃ viduḥ ｜<br><br>〔這些愉悅等心理現象〕都不能讓別人知道，自身行相如何是合理的呢？<br><br>cf. PV 3.274cd（PSṬ$_{55,4c}$）, Rāhula Sāṅkṛtyāyana,【ga. svasaṃvedane sāṃkhyamatanirāsaḥ】, p.201<br><br>saṃvedanaṃ na yad rūpaṃ na hi tat tasya vedanam ‖<br><br>認知是只要沒有其行相，就無法讓人知道他的。 |
| PVIN | Ernst Steinkellner《PVIN》I.23,12-24,1（$^{w\text{-}w}$Ci'e PSṬ$_{55,3\text{-}4}$）：<br><br>na hi vittisattaiva tadvedanā yuktā,tasyāḥ sarvatrāviśeṣātsarva- vedanā-prasaṅgāt /<br><br>因為不能說只要知覺存在，就有對它的感受；因為〔否則的話〕，由於這個〔知覺的存在〕對一切都是一樣的，會得出感受一切的荒謬結論（prasaṅga）。 |
| 漢傳 | 護法造・義淨譯《成唯識寶生論》卷4：「次復云何從此生憶念者，從此識後與念相應，即於此相，分別意識而生起也。由領其境，念方起故。其義不成。若爾，於色等處，以現量性決定了知，所有相貌生憶念性故，猶如樂等，於憶念上，安置形像而領取之。決斷前相，內自證解。然非不領。猶如石等，有其焰等，生意識時，亦不能生此之憶念。由斯決定，依比量力，於色等境，應必定有親領受之。若異此者，所許憶念便成非有。復由於此受領之境成現量故。」（大正三一・92中-下） |

| PS・PSV | |
|---|---|
| PSṬ | 55,6bhavatu jñānaṃ tadākāram, tataḥ kimiti cet, idaṃ tato yattadeva hlādaparitāpādyākārānugataṃ sukhādīti siddhaṃ sukhādi jñānarūpam /<br><br>〔論敵提問〕：我姑且承認——認識是具有認識行相，從所承認的會導出什麼結論？由此得到如下結論：愉悅等心理現象必須伴隨那些滿足、痛苦等的心理狀態，所以，〔由此〕證實愉悅等心理現象具有認識的性質。<br><br>bodharūpaṃ hi vastu sātādirūpaṃ teṣāmapi siddham / tatra jñānaṃ sukhaṃ duḥkhamityādikā yatheṣṭaṃ sañjñāḥ kriyantām / nātra kaścinnivārayitā / yathā jñātahlādādika ākāro'jñānarūpasukhādikṛto na bhavati, tathānyatra pratipāditam / iha tu bahugranthabhayānna pratanyate //<br><br>因為具有認識性質的實際存在的東西〔是主體內在存在的東西〕，並有滿足等具體行相，對這些〔愉悅等心理現象〕也是可以成立。因此，〔對這些內在存在東西〕你可以隨意稱呼它為「認識」、「愉悅」、「痛苦」等等〔，都是具有認識性質〕。在此〔名言範圍內〕沒有人會反對。如同已被認識的愉悅等心理現象的行相等，不可能具有非認識性質的愉悅等心理現象，〔若說為什麼？〕這點在別處有作說明。這裡〔主題是談自我認知〕因為擔心文章會寫得篇幅太長，這裡就不作進一步擴展論述。<br><br>55,12yo'pyāha — nāntārāḥ sukhādayo nāpi cetanāḥ, kiṃ tarhi tadviparītasvabhāvāḥ prameyā eveti, tasyāpi yathoktanītyā<br><br>hlādādyākārabodhātmakaṃ vastu siddham / tasyaiva ca svasaṃvedanaṃ pratyakṣamuktam, na tadvyatiriktasya sukhādeḥ paraparikalpitasya / tacca svasaṃvedanaṃ sādhayiṣyamāṇamiti nāstyāśrayāsiddhiḥ //<br><br>也有人說——〔對說這些話的人而言，〕說愉悅等心理現象不是內在，也不是意識形式，而是〔與外在事物一樣，〕與意識相反性質這樣的認識對象，對這樣的人而言，具有愉悅等行相的認識性質的實存物，按照如上所說原理也是應該得到證實。正是對實存物而言的自我認知被說是直接知覺，而〔自我認知〕不是論敵想像是愉悅等心理現象以外的。而〔這個認識〕正是這個將被證實的自我認知，所以，並不存在邏輯主語不成。 |

| PV | cf.PV3.268a-c'（PSṬ55,12-13g）.Rāhula Sāṅkṛtyāyana,【ga. svasaṃvedane sāṃkhyamatanirāsaḥ】, p.199:<br>kaścid bahiḥ sthitān eva sukhādīn apracetanān \|<br>有人說：樂等無法說明正是被認識為外部現有的，<br>grāhyān āha na tasyāpi sakṛd yukto dvayagrahaḥ \|\|<br>對這樣的人而言，必然不會隨即得到雙重認識。 |
|---|---|
| PVIN | Ernst Steinkellner《PVIN》I.24,1-2（x-xCf. PSṬ55,6-7）：<br>idameva ca naḥ sukhaṃ yatsātaṃ saṃvedanamiti siddhāḥ sukhādayaścetanāḥ //<br>而就我們來說，樂只有這個，凡是獲得知覺就會成立樂等是看得見的。<br>Ernst Steinkellner《PVIN》I.25,6-7（f-fPSṬ55,7-9）：<br>ekamevedaṃ saṃvidrūpaṃ harṣaviṣādādyanekākāravivartaṃ paśyāmaḥ /<br>我們可以見到這樣一種知覺型態，有喜悅和抑鬱症等種種型態變化，<br>tatra yatheṣṭaṃ sañjñāḥ kriyantām //<br>對此可根據意願稱呼他們〔「喜悅」等等〕。<br>Ernst Steinkellner《PVIN》I.22,13-14（m-mCi 'e PSṬ55,12f）：<br>nāntarāḥ sukhādayo nāpi cetanāḥ / tadātmanāṃ śabdādīnām anubhavāttadanubhavakhyātir/<br>〔數論派說：〕快樂等既不是內在的，也不是精神性的，而是通過關於具有它的「快樂的」的聲音的經驗，對它的經驗的認識（khyāti）。 |
| 漢傳 | |

| PS · PSV | indriyānapekṣatvān mānasaṃ pratyakṣam.<br>是意的直接知覺，因為〔意是〕不依靠感官。 |
|---|---|
| PSṬ | 56,3nanu sarvasyaiva jñānasyendriyajasyāpi mana āśraya ityapyete pañca vijñānakāyā indriyadvayāśrayā iti vacanāt, |

| | |
|---|---|
| | tatkasmādidameva mānasamucyata ityāha ─ **indriyānapekṣatvād**iti / rūpīndriyanirapekṣatvāditi bhāvaḥ / yasya mana evāśrayo na rūpīndriyam, tanmānasamabhisaṃhitam /<br><br>〔為什麼陳那說意的直接知覺或自我認知獨立於感官？因為經量部提出〕難道不是這樣嗎？所有的認識，包括由感官產生的認識，都是以意作為基礎，這五種不同的認識（舊譯：五識身），都有兩種感官（指舊譯：五根、意根）為所依，為什麼〔陳那〕僅僅說「意」呢？〔陳那〕說：「**因為〔意是〕不依靠感官**」。上述亦即指〔意〕獨立於有色感官。如果認識只依靠意，而不是依靠有色感官，那麼，這個認識就被表述為意識。<br><br>56,6ye tarhi pañca vijñānakāyāstatsamprayoginaśca rāgādayaḥ, teṣāṃ svasaṃvedanaṃ kathaṃ mānasaṃ pratyakṣam /<br><br>那麼，對於那些五種根識（心王），以及與它連繫的欲望等心理現象（心所），為什麼這些〔根識和欲望等心理現象的兩部分〕的認識本身的認知是意的直接知覺？<br><br>svasaṃvittisāmānyena tajjātīyatvāt / kathaṃ punarindriyānapekṣatve pratyakṣaśabdo yujyate /<br><br>因為就一般意義的自我認知而言，都屬於它（意的直接知覺）的類型〔，所以自我認知也可以稱為意的直接知覺〕。既然是獨立於有色根，那麼，為什麼稱呼「直接知覺」這個詞是合理的？<br><br>yāvatākṣanimittaḥ pratyakṣavyapadeśaḥ,uktametajjñānaviśeṣasya pāribhāṣikīyaṃ sañjñeti / atha vā manaso'pyakṣatvātpakṣāntare'pyadoṣ aḥ //<br><br>稱呼「直接知覺」這個術語，〔在語源學上〕是依於“akṣa”這個詞〔派生〕，但是作為術語，可以用來稱呼各種類型的認識。或者按照另一種解釋，因為意是一種感官，也是無過失的。 |
| PV | |
| PVIN | |
| 漢傳 | 現現別轉的「現現」有二說：四類心和五識。 |

【PS1.6cd & PSV】瑜伽直接知覺（yogipratyakṣa）

| | |
|---|---|
| PS・PSV | tathā<br>同樣<br>**yoginām**<br>瑜伽行者所見， |
| PSṬ | 56,11**tathā yoginām**iti / yathā mānasamavikalpakaṃ pratyakṣam, tathā yoginām api /<br>「**同樣，瑜伽行者所見**」，就像意是脫離分別想像的直接知覺，同樣的，對瑜伽行者而言也是。<br>yogaḥ samādhiḥ / sa yeṣāmasti, te **yogin**aḥ /<br>修習方法是專注思維特定的對象。對他們而言，有〔修習這個〕方法，他們就是**修習瑜伽行者**。 |
| PV | |
| PVIN | |
| 漢傳 | |

| | |
|---|---|
| PS・PSV | **gurunirdeśāvyavakīrṇārthamātradṛk //6//**<br>僅僅是脫離老師言教的認識對象。<br>**yoginām** apy āgamavikalp**āvyavakīrṇa**m **arthamātra**darśanaṃ pratyakṣam.<br>即使**對諸瑜伽行者，脫離**經教所傳的教法，看見的**僅僅是認識對象**的是直接知覺。 |
| PSṬ | **gurūnirdeśāvyavakīrṇam**iti /atra viṣayeṇa viṣayiṇo nirdeśād**āgamavikalpo gurunirdeśa**śabdenoktaḥ /<br>所謂「**脫離老師言教**」：關於這一點，是就對境而言，**經教所傳的教法**是由於有關對境的指示，是通過**老師言教的說明**所說。<br>ten**āvyavakīrṇaṃ** rahitamityarthaḥ / etena spaṣṭāvabhāsitvamapi tasya labdham, nirvikalpasya spaṣṭatvāvyabhicāritvāt / **mātra**śabdo'dhyā |

| | |
|---|---|
| | ropitārthavyavacchedārthaḥ /<br>因此，「**脫離**」是有「無」的意思。通過上面所述，對境的所得也是分明顯示，因為脫離分別想像就是分明決定的緣故。「**僅僅**」這一語詞，是指被增加的對象是排除的對象。<br>tena yadbhūtārthaviṣayamāryasatyadarśanavat tadeva pramāṇam nābhūtārthaviṣayam viplutam pṛthivīkṛtsnādi /<br>因此，當對於真實對境是如同見聖諦時，那麼，這就是有效的認識而不是相反於非實的對境，〔如同見（darśanavat）〕地遍等。<br>57,2nanu cāyamartho vakṣyamāṇādevāpavādāllabhyate, tadkim **mātra**grahaṇena /<br>難道不是這樣嗎？因為這個對象的取得，正是與將說的矛盾之故，那麼，「**僅僅**」一詞有什麼用呢？<br>satyametat,tathāpi prādhānyajñāpanārthamasya lakṣaṇavākya evāyamarthaḥ paridīpitaḥ /<br>真實是下面所述，儘管是最尊敬的人教誨的認識對象，這個對象所顯示正是這個對象的標記所說。<br>prādhānyaṃ punarmokṣahetutvāt / nirvikalpakatvaṃ punastasya spaṣṭāvabhāsitvaṃ ca bhāvanāniṣpattiphalatvāt / yadbhāvanāniṣpattiphalaṃ jñānam, tannirvikalpaṃ spaṣṭāvabhāsi ca bhavati /<br>再者，因為最尊敬的人是解脫因的緣故。又，不依於感官的認識是對象的分明顯示的性質，以及因為〔對象是〕明顯所成的結果。在明顯所成的結果是認識時，那麼，脫離分別想像是〔由於〕明了顯現。<br>tadyathā kāmaśokādyupaplutānāṃ priyāviṣayaṃ jñānam / tathā ca yogijñānam / svabhāvaḥ //<br>例如對歡樂、悲痛等泛濫而言，喜好於非對境的認識。瑜伽者的認識也是同樣的。使用的是自身行相的邏輯（自性因）。 |
| PV | cf.PV 3.285 (=PVIN1.31) (PSṬ57,5-6a). Rāhula Sāṅkṛtyāyana,【§3.6. Yogi-pratyakṣa】, p.204<br>tasmād bhūtam abhūtaṃ vā yad yad evābhibhāvyate \|<br>因此，〔要知道〕某個實存體是現有或非現有，就是可以讓人走近 |

| | |
|---|---|
| | 它〔來證明〕。<br>bhāvanāpariniṣpattau tat sphuṭākalpadhīphalaṃ \|\|<br>那麼，顯示完成〔的認識〕時，明了顯現的就是脫離分別的見解，就是結果。<br>cf.PV 3.282（=PVIN1.29）（PSṬ57,6-7b）. Rāhula Sāṅkṛtyāyana,【ga. svasaṃvedane sāṃkhyamatanirāsaḥ】, p.203<br>kāmaśokabhayônmādacaurasvapnâdyupaplutāḥ \|<br>被憂愁、恐怖、迷悶、怨賊、夢等所惱害，<br>abhūtān api paśyanti purato'vasthitān iva \|\|<br>他們也是見到非現有，如同以前就已經存在。 |
| PVIN | |
| 漢傳 | 諸修定者，離教分別：<br>1.窺基《因明入正理論疏》卷3：「問：言修定者，離教分別，豈諸定內不緣教耶？答：雖緣聖教，不同散心計名屬義，或義屬名，兩各別緣，名離分別，非全不緣，方名現量。若不爾，無漏心應皆不緣教。」（大正四四・139中）<br>2.慧沼《因明義斷》卷1：「因明現量離名分別者，非謂不緣名、句、文等云：『離名分別』，以不如名定執其義，亦不謂義定屬其名」（大正四四・156下- 157上）；慧沼《因明入正理論續疏》卷1：「問：言修定者，離教分別，豈諸定內不緣教耶？答：雖緣聖教，不同散心，計名屬義，或義屬名，但藉能詮，而悟所詮，然不分別定相屬義，故云離教分別；非全不緣，方名現量。若不爾者，應無漏心，皆不緣教，八地〔巳>已〕去，何須佛說！」（卍續藏經八六・883下）。<br>3.澄觀《大方廣佛華嚴經隨疏演義鈔》卷13：「現量亦緣名等自相，如《理門論》說。不緣者，不緣名義相繫屬故」（大正三六・95下）。<br>4.淨眼《因明入正理論後疏》：「《理門論》云：『又，於貪等諸自證分，諸修定者離分別，皆是現量。』。此顯分別之心，猶如動水增減所緣，不名現量；無分別心，譬於明鏡稱可所取，故名現量。」（卍新纂續藏五三・900中） |

【PSV on 1.7ab】

| | |
|---|---|
| PS・PSV | yadi rāgādisvasaṃvittiḥ pratyakṣam, kalpanājñānam api nāma. satyam etat.<br><br>〔反對者：〕如果欲望等認識本身的認知是直接知覺，則概念構想的了知（分別智）也是稱為直接知覺。〔陳那回答：〕確實如此〔分別心亦是直接知覺〕。<br><br>**kalpanāpi svasaṃvittāv iṣṭā nārthe vikalpanāt / (7ab)**<br><br>**概念構想對於自我認知，是可以承認〔是直接知覺〕，但對於〔外在〕認識對象不是〔直接知覺〕，因為〔後者〕有分別構想。**<br><br>tatra viṣaye rāgādivad eva apratyakṣatve ’pi svaṃ saṃvettīti na doṣaḥ.<br><br>因此，正是如同欲望等，即便針對〔外在〕對境不是直接知覺（apratyakṣa），但它是認知自身〔，所以是直接知覺〕。因此（iti），並沒有過失。 |
| PSṬ | 57,8**kalpanājñānamapināme**ti / asyāyamarthaḥ ─ yatsvasaṃvedyam, tatsvādhigamaṃ prati pratyakṣam, rāgādijñānavat / tathā ca kalpanājñānamiti svabhāvaḥ /<br><br>「**概念構想的了知也是稱為直接知覺**」：認識的這個對象——凡自我認知認識的對象，它是對於認識本身的認識，就是直接知覺，如同欲望等認識。同樣地，所謂概念構想的了知是採用自身行相邏輯（自性因）。<br><br>**satyametad**ityādineṣṭasiddhiṃ darśayati / evaṃ manyate ─ yatra viṣaye yajjñānaṃ śabdasaṅketagrāhi, tattatra śabdadvāreṇa tasya viṣayagrahaṇātsavikalpakaṃ bhavati,svarūpaṃ cāśakyasamayaṃ yathoktaṃ prāk / atastatrādhigantavye sarvaṃ jñānaṃ pratyakṣameveti //<br><br>通過「**確實如此**」等等，使見到有效的合法性。如是思考——在對境所在之處，當認識認取言詞的假名，則此處通過言詞的方法，它就變成是擁有分別，因為認識是執取對境的緣故，然而，如同前面所說的，自身行相是不能使用語言習慣。因此，當對境所在之處是應被認取時，則一切認識只能是直接知覺。 |
| PV | |

| PVIN | |
|---|---|
| 漢傳 | 1.淨眼《因明入正理論後疏》所說：三、一切自證分，四者、一切定心，名離分別故。理門論〔27〕云：「又，於貪等諸自證分，諸修定者離分別，皆是現量。」此顯分別之心，猶如動水增減所緣，不名現量；無分別心，譬於明鏡稱可所取，故名現量。」（卍新纂續藏五三・900中）〔27〕貪等ノ自証ノ現量，修定者ノ現量ヲ示ス。《正理門論》ノ本文。<br><br>2.善珠《因明論疏明燈鈔》說：又於貪等諸自證分者，釋云：一切心心所，據自證分，竝是現量。然貪等者：貪等不善心、無貪等善心，及無記等諸有分別之心，普皆等取。然前五識及散意識同緣現量，并後所說定心現量。於中雖皆有自證分，非此所說，以五識等見分，已是現量之體，豈勞別說彼自證也！故今但明貪、瞋等心，有分別故。於見分中，容可量其比量、非量，而不妨於自證分皆名現量。〔4〕兩方三釋。一云：依世親菩薩，但立二分，其貪等見分，若望心外本性相境，不相攝故，非是量攝。若望自心所見影像相分，名自證分，以其見分攝相分緣，故是現量。二云：依無性菩薩，立有三分。一、相分，二、見分，三、自證分。據第三自證分，得見分自相，故是現量。三云：若依親光等，立有四分，於前三分，加證自證分。第二見分，於所現相，或倒非倒，或量非量；第三、第四：一向無倒，證其自相，故是現量。（大正六八・421中）〔4〕兩＝西<甲> |

| PS・PSV | evaṃ tāvat pratyakṣam.<br><br>如是已說直接知覺。<br><br>7cd-8ab似直接知覺----------缺 |
|---|---|
| PSṬ | 57,14**evaṃ tāvatpratyakṣam**iti **tāvac**chabdaḥ krame / pratyakṣamuktvā tadābhāsābhidhānamiti kramaḥ //<br><br>所謂「**如是已說直接知覺**」：「**已說**」一詞是指所採取的立場。先說了直接知覺，接著陳述似現這個方法。<br><br>7cd—8ab似直接知覺缺 |

| PV | |
|---|---|
| PVIN | |
| 漢傳 | |

【PS1.8c & PSV】量

| PS・PSV | atra ca<br>而在我們學派當中<br>**savyāpārapratītatvāt pramāṇaṃ**<br>由於〔認識〕是帶有行為被體驗到，才被稱為認識手段； |
|---|---|
| PSṬ | 65,7**atra** cetyasmanmate / **savyāpārapratītatvād**iti saha vyāpāreṇa pratītyatvādityarthaḥ / etatpramāṇatvopacāranibandhanam /<br>「**而在我們學派當中**」是指在我們思想體系當中。「**由於〔認識〕是帶有行為被體驗到**」這句話：是與行為一起被認識到這樣的意思。這個說法是日常生活語言運用當中，把它看作是認識手段的原因。 |
| PV | |
| PVIN | |
| 漢傳 | |

【PS1.8d】

| PS・PSV | phalaṃ eva sat //8//<br>實際上，僅僅是認識結果。 |
|---|---|
| PSṬ | **pramāṇaṃ phalameva sad**iti /pramāṇasyādhigamaḥ phalam / tacca svayameva tadātmakamiti tato na vyatiriktam //<br>〔但〕「**實際上，認識手段僅僅是結果**」：結果就是認識手段所達到的認識，而它（pramāṇa），正是認識本身，具有它（pramāṇa）的性質，所以，〔認識結果〕與它沒有區別。 |
| PV | cf.PV3.307ab (PSṬ65,9-10a) / Ce'ePV3.307a (PSṬ66,3b). Rāhula Sāṅkṛtyāyana,【§3.8.1. Arthasārūpya (3.301-319)】, p.210:<br>sā ca tasyâtmabhūtaiva tena nârthāntaraṃ phalaṃ \| 3.307ab |

| | |
|---|---|
| | 而正是這種具有認識對境的行相性質，成為認識的內在性質，通過此，而不是其他的認識對象是結果。 |
| PVIN | |
| 漢傳 | **《因明正理門論本》卷1：「又於此中，無別量果。以即此體似義生故，似有用故，假說為量。」（大正三二・3中）**<br><br>**《因明入正理論》卷1：「於二量中，即智名果，是證相故。如有作用而顯現故，亦名為量。」（大正三二・12下）** |

【PSV on 1.8cd】

| | |
|---|---|
| PS・PSV | na hy atra bāhyakānām iva pramāṇād arthāntaraṃ phalam. tasyaiva tu phalabhūtasya<br><br>在我們學派當中，不像那些主張認識對象是外在的外在實在論者那樣，認識結果並不是與認識手段的認識對象不同的東西。而是，認識手段恰恰是認識結果的認識， |
| PSṬ | 65,11**na hyatra bāhyakānāmiva pramāṇādarthāntaraṃ phalam**iti mā bhūdihāpi tadvadeva doṣaḥ / tasyaiva tvityādināyamarthaḥ sūcitaḥ ─ naiva vyavasthitasvabhāvaṃ kiñcidasti sādhyaṃ sādhanaṃ vā , pratītirūpānupātitvātsarvatra sādhyasādhanavyavahārasya / ihāpi cāsti /<br><br>**因為，在我們的學派當中，不像那些主張認識對象是外在的外在實在論者那樣，認識結果並不是與認識手段的認識對象不同的東西，**所以，這裡也絕不會有像外在實在論那樣的錯誤。通過「**而是，認識手段恰恰是**〔認識結果的認識〕」等等這句話，闡明如下的話──完成的對象或完成的手段，都不具有相互獨立的性質。因為，在任何情況下，對完成的對象或完成的手段的指稱，都是伴隨認識行相來理解。而且，這裡也是存在。 |
| PV | |
| PVIN | |
| 漢傳 | 窺基《因明入正理論疏》卷3提到伏難：<br><br>述曰：第四明量果也。或除伏難：謂有難云：「如尺秤等為能量，絹布等為所量，記數之智為量果」。汝此二量，火無常等為所量，現、比量智為能量，何者為量果？或薩婆多等難：我以境為所量，根為能量──彼以根見等，不許識見，故根為能量──依根所起心及心所而為量果。汝大乘中，即智為能量，復何為量果？或〔3〕 |

| | |
|---|---|
| | 諸外道等執：境為所量，諸〔4〕識為能量，神我為量果——彼計神我為能受者、知者等故——汝佛法中既不立我，何為量果？智即能量故。（大正四四・140中）〔3〕〔諸〕ィ－【原】。〔4〕識＝智ィ【原】。<br><br>《因明入正理論疏》卷3：「論主答云：於此二〔5〕量，即智名果：即者，不離之義，即用此量智，還為能量果。」（大正四四・140中）〔5〕量＋（中）ィ【原】。 |

| | |
|---|---|
| PS・PSV | jñānasya viṣayākaratayā utpattyā savyāpārapratītiḥ. tām upādāya pramāṇatvam upacaryate nirvyāpāram api sat.<br><br>由於〔認識〕產生是帶有對境的行相產生，所以，被看作是帶有行為。由於這個〔帶有行為的〕因素，日常語言運用中被稱為認識手段，實際上，儘管並不具任何行為。 |
| PSṬ | 65,14**jñānasyā**dhigamarūpatvātsādhyatvapratītiriti phalatvamupacaryate / **tasyaiva** ca **viṣayākāra**parigrahāt**savyāpārapratītir**iti **pramāṇatvamupacaryate**, vyavahriyata ityarthaḥ / tathā hi tajjñānaṃ viṣayākāratāṃ dadhānaṃ **nirvyāpāramapi sat**svaviṣaye'dhigamātmanā vyāpāreṇa khyāti nānyathā / tasmāt saiva tasyātmabhūtā viṣayākāratā pramāṇamiti //<br><br>由於**認識**是具有獲取認識行相的這種型態，被看作是完成的對象的認識，因此，才被比喻作結果。**正是這個**〔帶有行為出現的〕**認識**，由於具有抓取**〔認識〕對境的行相**的行為，**被看作是帶有行為**，所以，**日常語言運用中被稱為認識手段**，有日常語言中稱指的交流意思。換言之，這種認識由於採納認識對境的行相，**實際上，儘管並不具任何行為**，但是，它還是被說成是具有對自身的對境的獲取行為的本質，僅僅如此而已。因此，正是這種具有認識對境的行相性質，成為認識的內在性質，〔認識〕帶有認識對境的行相之事實是認識手段。 |
| PV | Ce'ePV3.307c-308b (PSṬ66,1-2a) . Rāhula Sāṅkṛtyāyana,【§3.8.1. Arthasārūpya (3.301-319)】, p.210-211<br><br>dadhānaṃ tac ca tām ātmany arthâdhigamanâtmanā \|\| **3.307cd**<br><br>而且這種認識由於採納它〔認識對境的行相〕，具有獲取自身中的認識對象的行為的本質。 |

| | |
|---|---|
| | savyāpāram ivâbhāti vyāpāreṇa svakarmaṇi \|3.308ab<br>燈光似乎有作用，具有作用就是在自己的功能上。 |
| PVIN | |
| 漢傳 | 淨眼《因明入正理論後疏》卷1：論曰：如有作用而顯現故，亦名為量者。述曰：此釋伏難也。難云：若取心外境，可使名為量，既唯取自心，應不名為量。今論主為解云：此中名量者，非如〔□@□〕〔□@□〕物、舒光照物等實有作用，但譬如明鏡，現眾色像，鏡不至質，質不入鏡，現彰以質，故名為照。心緣於境，亦復如是，心不至境，境不入心，心似境現，似有作用，假名為量故。《理門》云：「又於此中，無別量果，以即此体，似義生故，似有用故，假說為量。」（卍新纂續藏五三・901下） |

| | |
|---|---|
| PS・PSV | |
| PSṬ | 66,4yuktaṃ caitat / tathā hi na kriyāsādhanamityeva sarvasyāḥ kriyāyāḥ sarvaṃ sādhanaṃ sarvā vā kriyā sarvasya sādhyā , anavasthāprasaṅgāt , kiṃ tarhi tasyāḥ kriyāyāstatsādhanam , yā yataḥ sādhanādavyavadhānena prasiddhimupayāti / saiva ca tasya kriyā sādhyā /<br>而且這個說法是正確的。具體解說如下：僅僅是「完成某一行為」這句話，並不是表示任何行為只有一個完成手段，或者任何行為是任何完成手段的完成對象，因為會有無窮的過失之故，而是這個完成手段是對一個完成行為〔，並不是所有〕。一個行為和完成手段之間，不是不相干，〔這個行為〕才會被看成是成立。正是這個行為才是完成手段的行為所完成對象。<br>tatra rūpādau karmaṇyanubhavātmanā sādṛśyātmano jñānasya tena svabhāvena karaṇabhūtena bhāvyam , yenedaṃ nīlasya jñānam , idaṃ pītasyeti vibhāgena vyavasthā kriyate / anyathā sarvaṃ jñānaṃ sarvasyārthasya syāt, na vā kasyacitkiñcit , aviśeṣāt //<br>在這種情況下，認識有與對色等動作的經驗性質相似的本質，作為它的本質應該被理解成為原因，通過這樣的分別，才會有這是對藍色的認識，這是對黃色的認識，因此，以這樣區別方式，人們才有這樣的分別。否則，任何認識都是對任何認識對象的認識，或者根本就沒有認識，因為沒區別之故。 |

| | |
|---|---|
| | 66,11indriyāderāvilatādibhedo niyāmaka iti cet , na , tasyājñānasvabhāvatvāt sarvajñānahetutvācca nāpi sannikarṣaḥ ,ata eva / nāpyarthālocanam , asati viṣayasārūpye ’rthālocanasyaivāsiddheḥ / viśeṣaṇajñānamapi, ata eva //<br>〔對手解釋：〕其實是感官等的汙染程度等的不同，才會確定〔感官〕，不是〔勝主慧所說〕，因為感官不是認識本身，而且因為感官是任何認識的原因。也不是連繫〔感官與對象〕，而是僅僅是由此產生。也不是對對象的觀察，因為如果沒有與認識對象相似的行相，那麼，對認識對象的觀察是不成立的。正是同樣的原因，才會有各種不同的認識。 |
| PV | cf.PV3.301 (PSṬ66,4-7d): Rāhula Sāṅkṛtyāyana.<br>【§3.8.1. Arthasārūpya (3.301-319)】, p.208<br>kriyāsādhanam ity eva sarvaṃ sarvasya karmaṇaḥ /<br>完成手段是完成手段的行為，就是「完成某一行為」這句話，<br>sādhanaṃ na hi tat tasyāḥ sādhanaṃ yā kriyā yataḥ \|\|<br>一個行為的成立是來自完成手段,因為沒有完成手段，就沒有完成行為。<br>cf.PV3.302 (PSṬ66,7-9e).Rāhula Sāṅkṛtyāyana,<br>【§3.8.1. Arthasārūpya (3.301-319)】, p.209<br>tatrânubhavamātreṇa jñānasya sadṛśâtmanaḥ /<br>因此，認識僅僅只有通過經驗，因為以相似為本質，<br>bhāvyaṃ tenâtmanā yena pratikarma vibhajyate \|\|<br>作為它的本質是應被理解〔成為原因〕，通過這樣的理解，才會有相應行動的分別。<br>cf.PV3.312ab (PSṬ67,1a).Rāhula Sāṅkṛtyāyana,<br>【§3.8.1. Arthasārūpya (3.301-319)】, p.212<br>sarvasāmānyahetuttvād akṣāṇām asti nêdṛśam \|<br>因為諸感官是所有普遍性的原因，不是這樣的〔認識〕。<br>cf.PV3.310a-c’(PSṬ67,1-3b). Rāhula Sāṅkṛtyāyana,<br>【§3.8.1. Arthasārūpya (3.301-319)】, p.212 |

| | |
|---|---|
| | **ālocanâkṣasambandhaviśeṣaṇadhiyāmataḥ** \|<br>與知覺感官特定連繫〔感官與對象〕有關的方法，<br>**nêṣṭaṃ prāmāṇyam eteṣāṃ vyavadhānāt kriyāṃ prati** \|\|<br>那些方法不被承認是量，因為隱蔽有關行為的作用。 |
| PVIN | Ernst Steinkellner《PVIN》I.32,15-33,1（e-e Ci'e PSṬ67,1-2）：<br>nārthālocanam, atādrūpye tasyaiva tadarthālocanatvāsiddheḥ / tathā viśeṣaṇajñānam,<br>並不是對認識對象的觀察，因為如果不是形式的同一性，那麼，對它而言，具有這個認識對象的觀察性質是不成立。各種不同的認識也是同樣的。 |
| 漢傳 | |

| | |
|---|---|
| PS・PSV | |
| PSṬ | 67,4 tasmādyo 'yaṃ niyamo nīlasyaiveyamadhigatiḥ pītasyaiva cetyādikaḥ , so 'rthasārūpyādanyato na sidhyati / tatastadeva sādhanamarthādhigateḥ, sarvakārakopayoge'py asyārthasyeyamadhigatiriti sambandhasya tata evāvyavadhānena siddheḥ / tacca tasya sādhanatvaṃ vyavasthāsamāśrayatvena, na tu nirvartakatvena , abhedāt //<br>所以，當認識只能是這個對藍色的認識，只能是這個對黃色的認識等等這樣的限定，則這個認識是不能通過與認識對象相似性以外的東西來認識。所以，只能是與認識對象的相似性，才是對認識對象之認識的完成，儘管所有原因全具備了，但是，這個認識是對這個認識對象的認識，所以，對這種連結，只能從認識〔的限定〕，通過〔相似性的成就之〕無間隔才能成立。而且，這個〔與認識對象的相似性〕就是它（認識）的成就因素，〔是因為相似性〕是作為確定〔各種主體和客體〕的基礎，而不是製造認識的，因為〔能成和所成〕沒有分別之故。 |
| PV | cf.PV3.304-5c' (PSṬ67,4-5e): Rāhula Sāṅkṛtyāyana,<br>【§3.8.1. Arthasārūpya (3.301-319)】, p.209 |

| | |
|---|---|
| | tasmād yato ’syâtmabhedo’syâdhigatir ity ayaṃ \|<br>kriyāyāḥ karmaniyamaḥ siddhā sā tatprasādhanā \|\| 3.304<br>因此，由於這個認識本身就是不同，這個認識就是方法， 所以，這個認識是受限於認識對象（karma），就〔通過與認識對象相似的〕行為來說，只要行為成立，認識就完成。<br>arthena ghaṭayaty enāṃ na hi muktvârtharūpatāṃ \|<br>anyaḥ svabhedāj❶ jñānasya bhedako’pi kathañcana \|\| 3.305<br>與認識對象合併來觀察，因為這兩者沒有除去認識對象的行相，〔與認識對象相似性以外的〕其他的決定性也是幾乎沒有，因為認識有本身的差別。<br>cf.PV3.306ab (PSṬ67,5g). Rāhula Sāṅkṛtyāyana,<br>【§3.8.1. Arthasārūpya (3.301-319)】,p.210<br>tasmāt prameyâdhigateḥ sādhanaṃ meyarūpatā \|<br>因此，只能是與認識對象的相似性，認識的完成就是應被認知的行相這一事實。<br>cf.PV3.311ab (PSṬ67,5-6h).Rāhula Sāṅkṛtyāyana,<br>【§3.8.1. Arthasārūpya (3.301-319)】,p.211<br>sarveṣām upayoge 'pi kārakāṇāṃ kriyāṃ prati \|<br>即使有關所有原因的作用全具備了，<br>cf.PV3.315c (PSṬ67,7i). Rāhula Sāṅkṛtyāyana,<br>【§3.8.1. Arthasārūpya (3.301-319)】, p.213<br>tadvyavasthâ rayatvena<br>〔因為相似性〕行為是作為確定〔各種主體和客體〕的基礎， |
| PVIN | |
| 漢傳 | |

| | |
|---|---|
| PS・<br>PSV | |

| | |
|---|---|
| PSṬ | 67,9 syādetat—vastuno'bhedājjñānāṃśayoraikye yaiva kriyā tadeva kārakam / ato hatametaditi / tadasat, yato vastuno'bhede'pi yo'yaṃ dharmabhedaḥ prameyarūpatārthādhigatiśceti, so'bhyupagamyata eva vyāvṛttibhedopakalipataḥ, vyāvṛttibhedopakalpitaḥ, abhinne'pi vastuni vijñānapratibhāsabhedena sādhyasādhanavyavasthādarśanācca /<br><br>〔反對者〕也許會有如下問題——從實際意義上來說，如果說認識的兩個部分沒有區別，會變成同一性，那麼，這個所作就是作者，因此，這個說法是無用的。〔你〕這個說法是不對的，因為從實際意義上來說，儘管沒有區別，但是，由於這個謂語的不同，認識主體具有認識對象的行相，以及對某個具體客體的認識，因此，想像互相分離的區別，應該是可以被接受的，實際上，即使沒有區別，但可通過認識主體顯相區別，而且因為所成、能成是分開顯現。<br><br>yathā nipīyamānaṃ madhumadayati, ātmanātmānaṃ dhārayati, buddhyā gṛhṇātīti nāyaṃ vastusanniveśī sādhyasādhanavyavahāra ityacodyametat //<br><br>如同蜜自己被滲透甜的成分一般，蜜使喝的人滿足〔既是所作又是作者〕，由〔認識〕自己持有認識本身，是通過認識來認識，所以，並不是與這個實體相連繫，〔使用日常語言來〕指稱所成、能成〔的分別〕，所以，這個說法並不存在可被指責之處。 |
| PV | cf.PV3.315 'b-d (PSṬ67,121): Rāhula Sāṅkṛtyāyana,<br>【§3.8.1. Arthasārūpya (3.301-319)】, p.213<br><br>dhiyo 'ṃśayoḥ \| 3.315'b<br><br>把思慮分成兩個部分<br><br>tadvyavasthâśrayatvena sādhyasādhanasaṃsthitiḥ \|\| 3.315cd<br><br>〔因為相似性〕行為是作為確定〔各種主體和客體〕的基礎，是在所立和能立之上。 |
| PVIN | Ernst Steinkellner《PVIN》I.33,6-8 ([1-1]Ci'e PSṬ 67,9-68,2): vastvabhedāt kriyākaraṇayoraikyavirodha iti cet, na, dharmabhedābhyupagamāt /<br><br>如果〔論敵認為：〕「因為存在物沒有不同，而說認識結果和原因是一樣，是與（真正的）同一性相矛盾。」〔那我們就說：〕不會這樣，因為法的差別應該是可以接受的；<br><br>abhinne'pi vastuni śaktibhedena vyavasthābhedadarśanācca nāyaṃ |

| | |
|---|---|
| | vastusanniveśī vyavahāraḥ /<br>又因為不同狀態可以通過於功能不同而顯現，即便存在物沒有不同。所以，語言運用與實際連繫。 |
| 漢傳 | |

| | |
|---|---|
| PS・PSV | tad yathā phalaṃ hetvanurūpam utpadyamānaṃ heturūpaṃ gṛhṇātīty kathyate nirvyāpāram api, tadvad atrāpi.<br>譬如結果是帶著因〔的行相〕而產生，<br>同時感覺抓取因的行相，儘管結果不具行為，我們所要討論話題也是同樣的。 |
| PSṬ | 68,3kathaṃ yathāvyāpāramantareṇāpi tadvattayā pratibhāsata ityāha — **tadyathe**tyādi / iha nīlādyākāra eka evānubhūyate / sa vijñānasyātmab hūto'vaśyamabhyupeyaḥ / anyathā tasyārthena sambandho na syāt / na ca tasmāttadākāramatadākāraṃ vā bahirvyatiriktaṃ vastūpalabhyate / na cālambanaṃ ghaṭate / kathaṃ ca na ghaṭate / yathā ca na ghaṭate , tathā vādavidhiparīkṣāyāṃ vakṣyati //<br>為什麼就像儘管認識沒有帶行為，但是，顯現出像似帶有行為——說**譬如**〔結果是帶著因〔的行相〕而產生，同時感覺抓取因的行相，儘管結果不具行為〕等等。在這裡，被經驗到的僅僅是一個藍色等行相。它必須被承認是認識的性質所成。否則，認識和認識對象之間的連繫就不可能。不過，因為不管是帶有行相或不帶行相，只要是外在的事體，就不可能〔成為所緣〕被認識。因為，〔外在實存物〕不可能成為所緣緣被觀察到。而為何不被觀察到呢？而如同不被觀察，就如同〈觀論軌〉所說。 |
| PV | |
| PVIN | |
| 漢傳 | |

## 【PSV on 1.9a】自我認知是果

| | |
|---|---|
| PS・PSV | |

| | |
|---|---|
| PSṬ | 68,8yadapīdaṃ kalpyate — satsvapyanyeṣu hetuṣu jñānakāryāniṣpattiḥ kāraṇāntaraṃ sūcayati / sa bāhyo'rthaḥ syāt / tasmādvyatirekato bāhyārthasiddhiriti, tadapyayuktam, yato vijñānakāryāniṣpattirvijñānavāsanāparipākavaikalyādapi sambhavati / tasmānna vijñānavyatiriktasya kasyacitsaṃvittiḥ sambhavati /<br><br>這個也是想像出來的——儘管種種的因已經存在，但是，認識作為〔因的〕結果是沒有被完成，表示還有別的原因。它（別的原因）可能就是指外在的認識對象。由此差別，可以證明外在認識對象成立，〔是獨立於認識主體，〕這也是不對的，由於認識的結果沒有產生，〔不一定是外在的原因，〕也是可能由於認識主體作為熏習成熟還未完成而產生。因此，任何脫離認識主體的認識是不可能產生的。<br><br>vijñānameva tu svasaṃviditamutpadyata iti svasaṃvittireva phalam / bhavatu nāma bāhyārthaḥ, tathāpi yathāsaṃvedanameva viṣayo niścīyata iti tadeva phalaṃ yuktam / na hi yathāsvabhāvamanubhavo'rthasya, yato yathāsau vyavasthitasvarūpastathā śakyeta niścetum, sarvajñānānāmekākāratvaprasaṅgāt /<br><br>然而，被自我認知到的正是認識主體產生出來的，所以，自我認知才是結果。你儘管可以說，有外在的對象〔，但是，我們不會討論這個問題〕，儘管如此，這個認識對境被確定，只能是如同〔你的〕認知那樣，所以，結果理應只能是這個〔被確定的認識對境〕。因為按照自身存在，經驗並不是就外在對象而言，必須是按照那個被確定〔之認識〕的自身行相，這個認識才能被確定，否則，會有所有認識都是一樣行相之荒謬的結論。<br><br>anekākārāstu vijñaptayaḥ / tathā hyekasminneva vastuni pratipattṛbhedena paṭumandatādibhirākārairanugatāni vijñānānyupalabhyante / na caikaṃ vastvanekākāram, anekatvaprasaṅgāt //<br><br>但是，〔實際上，〕各種認識是會有不同的行相。換言之，僅僅在單一存在物上，由於認識者不同，會有被清晰或不清晰的種種不同行相所覆蓋的了知就產生出來。〔是因為不同的認識主體的認識有不同行相〕而不是一個存在物有不同的行相，否則，〔如果一個存在物有多個行相，那就不是一個存在物，而〕會產生多個存在物的荒謬結論。 |

| | |
|---|---|
| PV | cf.PV3.341（PSṬ68,12-15d）. Rāhula Sāṅkṛtyāyana,【〔16〕gha. grāhyagrāhakapratibhāsavyavasāyaḥ〕】, p.222<br>vidyamāne 'pi bāhyârthe yathânubhavam eva saḥ \|<br>niścitâtmā svarūpeṇa nânekâtmatvadoṣataḥ \|\| 3.341<br>儘管〔你說〕外部的對象是實在，這個認識對境只能是按照〔你的認知〕經驗，作為認識〔主體〕行相是以確定為本質，不然，會有多個存在物的荒謬結論。 |
| PVIN | Ernst Steinkellner《PVIN》I.43,10-11 (z-zPSṬ68,8f)：<br>satsu samartheṣu anyeṣu hetuṣu jñānakāryāniṣpattiḥ<br>如果即使別的有〔引生認識〕的能力的原因已經存在，作為結果的認識仍然沒有被引生，<br>kāraṇāntaravaikalyaṃ sūcayati /sa bāhyo'rthaḥ syāt ,<br>表示還有別的原因的不存在。它（別的原因）可能就是指外在的認識對象，<br>Ernst Steinkellner《PVIN》I.43,9 (y-yCi'ePSṬ68,9）：<br>bāhyasiddhiḥ syādvyatirekataḥ // (k.58)<br>可以通過〔原因和結果的〕共同不存在而證明外在〔認識對象〔的存在〕。<br>Ernst Steinkellner《PVIN》I.36,11-13 (i-iCi'e PSṬ68,12-14)：<br>vidyamāne'pi hi bāhye'rthe yathāsvasaṃvedanamevārthaniṣpattestadeva phalaṃ yuktam /<br>因為即使外在認識對象是存在，由認識對象所成的只能是如同自我認知那樣，所以，認識結果（phala）理應只能是這個〔自我認知〕。<br>na hyarthasya yathāsvabhāvaṃ vyavasthitiḥ ,<br>因為認識對象沒有按照自身存在（svabhāva）來被確定。<br>Ernst Steinkellner《PVIN》I.36,13 (k-kCi' PSṬ68,15-69,1)：<br>sarvajñānānāmekākāratvaprasaṅgāt / anekākārāstu vijñaptayaḥ , |

| | |
|---|---|
| | 否則，會有所有認識都是一樣行相之荒謬的結論。但是，〔實際上，〕各種認識是會有不同的行相。 |
| 漢傳 | 慧沼《成唯識論了義燈》卷3：又解云：行於相故，帶相行故名行相。此即平聲，相通影、質。……若取行於相故名行相者，恐非論意。又不應言：行相不同，違教及理。以心、心所行於境相，無差別故。……問：相者是境，行者是心，如何說了名為行相？答：能行於相，名為行相，有財釋。或相之行，依主釋。不得難云：若取行於境相名行相，即違教理及心心所行於境相無差別故者。此意難云：論說識、受、想等作用各別故違教，及心所作用各別，若取行於境相，王、所同緣，如何各別？此難不然。論云：了別、領納等作用各異者，據能行說，不約所行。識即能了，行於境相，受即領納，行於境相。云：作用各異，約取境用異。不取緣境之時，取諸境相行解用異。以無分別智不作諸境別行相故。雖後得智及分別心，緣境之時作諸行解，不取此釋。識之行相，以不遍故。今本論意：但取心起，行於境相，名為行相，即通一切。不取行解，名為行相，不通一切故。（大正四三・723上-中） |

【PS on 1.9a】

| | |
|---|---|
| PS・PSV | **svasaṃvittiḥ phalaṃ vātra; (9a)**<br><br>**不過，在我們學派當中，自我認知是認識結果；** |
| PSṬ | 69,4ato nārthasya yathāsvabhāvaṃ niścayaḥ śakyate kartumiti sandhāno bāhyetarapakṣayorekenaiva sūtreṇa phalaviśeṣavyavasthāṃ cikīrṣurāha—**svasaṃvittiḥ phalaṃ vātre**ti / pūrvaṃ viṣayasaṃvittiḥ phalamuktā / ato vikalpārtho vāśabdaḥ / **atre**ti pūrvokte pratyakṣe //<br><br>因此，〔經量部和瑜伽派〕都考慮到〔認識對象〕不可能按照認識對象的自身存在來做確定，同時，又想通過一句經文，在外境論者和內境論者的兩個體系之間，對特殊的認識結果作確定，而說以下的話：〔不只前述認識手段看作是結果，〕「**或者在我們學派當中，自我認知是認識結果**」。先前已說認知到對境是果。因此，「**或者**」一詞是指不同的對象。所謂「在我們學派當中」，是指先前所說的直接知覺。 |
| PV | |
| PVIN | |

| 漢傳 | 窺基《因明入正理論疏》卷3：「或此中意，約三分明：能量見分，量果自證分，體不離用，即智名果。是能證彼見分相故，相謂行相體相，非相分名相。」（大正四四・140中-下） |
|---|---|

【PSV on 1.9a】

| PS・PSV | dvyābhāsaṃ hi jñānam utpadyate svābhāsaṃ viṣayābhāsaṃ ca.<br>因為認識生起，帶有兩種顯相，也就是自身的顯相和對境的顯相。 |
|---|---|
| PSṬ | 69,8**svābhāsaṃ viṣayābhāsaṃ ce**ti / svamābhāso'syeti **svābhāsaṃ** svarūpābhāsam, grāhakākāramityarthaḥ / svarūpamevāsya jñānasyābhāsaḥ, yadeva hi jñānasya jñānarūpatvaṃ, tenaiva svena rūpeṇābhāsata iti kṛtvā /<br>**「自身的顯相和對境的顯相」：自身的顯相**就是這個對認識自身的顯相，是自身行相的顯相，指的是認識主體行相的意思。只有認識自身的行相才是這個認識的顯相，先作這樣的設想：因為認識行相只能是認識的認識行相，正是通過自身的行相而顯相。<br>**viṣayābhāsaṃ ce**ti / atra yadā bāhyo viṣaya āśrīyate, tadā viṣayasyevābhāso'syeti vigrahaḥ yadā tu nāśrīyate, tadā viṣaya ābhāso'syeti /viṣayaḥ punaratra grāhyāṃśaḥ,tatra viṣayavyavahārāt /<br>**「和對境的顯相」**：在這個複合詞中分析說：如果是就外在的對境而言，那麼，似乎是外境的對境的顯相，而如果不是外在的對境，那麼，就是〔內在〕對境〔本身〕的顯相。再者，在這裡對境指的是認識客體方面，於此，因為是用來指稱對境。 |
| PV | |
| PVIN | |
| 漢傳 | 窺基《成唯識論述記》卷3：論：此了別用，見分所攝。<br>述曰：謂於所緣相分之上有了別。有即行相故，是識見分，非是餘分。然行相有二：一者見分，如此文說。即一切識等，皆有此行相，於所緣上定有。二者影像相分，名為行相。其一切識或有或無，所緣不定故。如此論下，所緣緣中，出二所緣緣體。又瑜伽等說：同一所緣是也。今此且約諸識定有者說，或與小乘別體者說。以影像相為行相者，小乘同故。<br>然唯初解，無第二者：第八俱時五心所法，如何可說同一所緣不同 |

| | |
|---|---|
| | 一行相？故須二解。以影像相為行相者，出《集量》文。（大正四三・317中） |

| | |
|---|---|
| PS・PSV | tasyobhayābhāsasya yat svasaṃvedanaṃ tat **phalam**.<br>對認識的兩種顯相的自我認知就是**認識結果**。 |
| PSṬ | **tasye**tyādi /satyasati vā bāhye'rtha **ubhayābhāsa**ṃ jñānaṃ saṃvedyate / **tasya yatsvasaṃvedanaṃ** svānubhavaḥ, **tatphalaṃ** bhaviṣyati //<br>以「**認識的**」為首的這句話：不管外在對象的存在或不存在，認識都是**帶有兩種顯相**被認知到。**對這個**〔帶兩種顯相〕**而言，對它的自我認知**都是對自我的經驗，就應該是**認識的結果**。 |
| PV | |
| PVIN | |
| 漢傳 | |

【PSV on 1.9b】

| | |
|---|---|
| PS・PSV | kiṃ kāraṇam.<br>為什麼呢？ |
| PSṬ | 69,16kiṃ kāraṇamiti kayā yuktyā / na hi svasaṃvittiḥ sambhavatītyeva phalatvena kalpayituṃ yujyate / bāhyārthapakṣe tvasambhāvanīyamevaitat / viṣayasya hyadhigamāya cakṣurādayo vyāpāryante, na tu vijñānasya / na ca vijñānopalabdhireva viṣayopalabdhiḥ, vijñānādviṣayabhedāt / ataḥ svasaṃvitteḥ phalatvamanupapannamiti manyamānasya praśnaḥ //<br>「**為什麼呢？**」：〔自我認知就是結果〕是以什麼方式證明呢？〔反對者認為：〕如果僅僅是因為自我認知具有結果的性質才成為可能的這種想法，這是不對的。因為對於外境論者，這事並不可能成立。因為對對境的取得是眼等感官起作用，而不是識。不過，僅僅對識的認取並不就是對對境的認取，由於對境不同於識之故。所以，〔反對者〕所思慮的問題是：自我認知是結果是未經證實。 |
| PV | |

| PVIN | |
|---|---|
| 漢傳 | |

【PS 1.9b＆PSV】

| | | |
|---|---|---|
| PS・PSV | **tadrūpo hy arthaniścayaḥ / (9b)**<br>**因為對認識對象的確定性，是認識必須是具有行相。**<br>yadā hi saviṣayaṃ jñānam arthaḥ ,<br>因為，如果認識對象是指帶有對境的認識， | |
| PSṬ | 70,3**tadrūpo hyarthaniścaya** iti kāraṇam / **yadā hī**tyādyasyaiva vivaraṇam / hiśabdo yasmādarthe / yasmādyadā saviṣayaṃ jñānamarthaḥ, tadā svasaṃvedanānurūpamarthaṃ pratipadyate pratipatteṣṭamaniṣṭaṃ vā /<br>〔陳那：〕理由就是「**因為對認識對象的確定性，是認識必須是具有行相**」。以「**因為，如果**」為首的這句話，就是這個的解釋。"hi"這一詞是因為的意思。因為，如果認識對象是指帶有對境的認識，那麼，與自我認知的行相一致的認識對象就被認識到，不論〔對這個認識對象〕是想要或不想要接受的事實。<br>tasmātsvasaṃvittiḥ phalaṃ yujyate / saviṣayamiti / saha viṣayeṇa saviṣayam / tatrāntarjñeyapakṣe grāhyāṃśalakṣaṇena viṣayeṇa saviṣayam, tatraiva viṣayavyavasthānāt / bāhyārthapakṣe tu bāhyena / tatra | 70,11kathaṃ punarātmanaivātmānamanubhavati jñānam / na hi tasyaiva karmakartṛkaraṇabhāvo yujyata iti cet, evametat / naiva tasya paramārthataḥ karmādibhāvaḥ / tathāpi tādātmyātprakāśavat tatra tathāvyavahāro na virudhyate / prakāśo hyātmaprakāśanaṃ bhavati, na pradīpāntaramapekṣate / nāpyātmānaṃ bhāvataḥ prakāśayati / kevalaṃ prakāśātmatayotpadyamāna ātmanaḥ prakāśaka ityucyate / tadvadanubhavātmanopajāyamānā buddhirātm anaḥ prakāśiketi vyavahriyate / bāhyapakṣe'pi yathāsaṃvedanamevārtho'vasīyate / na hi yathārthamanubhava iti prāgevoktam //<br>〔反對者提出〕再者，認識怎麼可能只通過自己體會它自己呢？因為不可能單單只有認識承擔認識對象、認識主體、認識手段〔三種功能〕，應該如此理解——從真實義上說，認識根本就 |

| | | |
|---|---|---|
| | vijñaptimātratāyāṃ vijñānavyatiriktasya vastuno'bhāvādbuddhireva yadeṣṭaṃ svamākāramanubha vati,tadeṣṭamarthaṃ niścinoti, viparyayādviparītam //<br><br>所以，自我認知是結果是正確的。所謂「**帶有對境**」：伴隨對境就是**帶有對境**。因此，在認為認識對象是內在的體系上，帶有對境是被定義為認識客體方面的對境，因為確定對境的只有在認識客體方面。而，與此相反，是對那些認為認識對象是外在的體系而言。因為在唯識派看來，由於脫離識的實存體是不存在（原因），如果正是這個認識按照自己意欲經驗到自己的行相，那麼，就能確定自己想要的認識對象，相反的，就會以相反的方式進行認識。 | 沒有認識對象等的分別。儘管如此，〔對此三種功能，〕由於是同一性之故，就像燈光，由於光和自身是一體，同樣照亮自己，表達諸如此類的日常語言的使用不應該受到阻礙。因為燈光能照耀自我，不依靠別的燈。即使沒有照耀自我。其實，〔光不是照亮自己，〕只是帶有光的性質產生，才說自己擁有照明。與此相同，具有經驗性質產生時，認識〔是認識自己〕，才被稱為照亮自己。儘管對外境論者（經量部）而言，認識對象只能是按照認知〔，而不是按照認識對象〕。其實，沒有經驗是根據認識對象〔來的〕，這個是前面已經說過的。 |
| PV | cf.PV3.340 (PSṬ70,9-10a): Rāhula Sāṅkṛtyāyana,【〔16〕gha. grāhyagrāhakapratibhāsavyavasāyaḥ〕】, p.221<br><br>yadîṣṭâkāra ātmā syād anyathā vânubhūyate \|<br><br>如果按照自己的意欲經驗到〔自己的〕行相，就是自己想要的〔認識對象〕，或者，以不是自己意欲的方式去理解〔自己不想要的〕。<br><br>iṣṭo 'niṣṭo 'pi vā tena bhavaty arthaḥ praveditaḥ \|\| | cf.PV3.329 (PSṬ70,13b). Rāhula Sāṅkṛtyāyana,【ga. nīlādyanubhavaprasiddhiḥ】, p.218<br><br>**prakāśamānas tādātmyāt svarūpasya prakāśakaḥ /**<br><br>**〔對此三種功能，〕就像燈光，自身的行相的給光者和被照耀者是同一性的，**<br><br>**yathā prakāśo 'bhimatas tathā dhīr ātmavedinī \|\|**<br><br>**如同設想照明一般，對於思維也是同樣的，有自身和擁有知覺。** |

| | | |
|---|---|---|
| | 不管是按照自己的意願與否，認識對象之所行處也是通過它而成。 | |
| PVIN | | |
| 漢傳 | 善珠《因明論疏明燈鈔》：天主既依陳那造論，唯自證分，名為量果，〔2〕由未〔3〕建第四分故，故云：「能量見分，量果自證分，體不離用，即智名果」等。問：豈二量果，唯智自證，何故但說智名果耶？答：此有二解。一云：由智用勝，就智彰名，果實通取諸自證分。二云：諸心心所，自證分體，證見審決，總說智名，故無有失。是能證彼見分相故者，即釋論文：「是證相故」。何故二量即自證分名量果者？即釋成云：謂由二量證自體分，是能證智，二量見分自體相故，故名〔4〕果量。又解：是能證知二量見分之自體相，故名量果。此後解意：是能證分自體相故，故自證分說名量果。有說：自證是能證知自、共相故者，非也。聖說後二，名內分故。若體若緣，俱名內故，若證自、共，名緣外故。若許緣外，應外分故，由是應知：前解為正。或依世親，說證二相，亦無過失，彼不立有自證分故。今此依陳那作論，故不取也。相謂行相體相，非相分名相者，若自證分緣見分時，即緣行相，非境相分也。（大正六八・426上-中） | 元曉《大乘起信論別記》卷1：「《集量論》意：雖其見分不能自見，而有自證分用，能證見分之體，以用有異故。向內起故，故以燈炎為同法喻。由是義故，不相違背。又復此經論中，為顯實相故，就非有義，說無自見。《集量論》主，為立假名故，依非無義，說有自證。然假名不動實相，實相不懷假名，不懷不動，有何相違。如此中說，離見無相故。見不見相。而餘處說，相分非見分故，見能見相分。如是相違，何不致怪？當知，如前亦不相懷。又說，為顯假有故，說有相有見；為顯假無故，說無相無見。假有不當於有故。不動於無。假無不當於無故。不懷於有。不懷於有故，宛然而有。不動無故，宛然而無。故如是甚深因緣道理，蕭焉靡據，蕩然無礙，豈容違諍於其問哉。」（大正四四・236中）❷ |

| | |
|---|---|
| PS・PSV | tadā svasaṃvedanānurūpam arthaṃ pratipadyata iṣṭam aniṣṭaṃ vā .<br>那麼，與自我認知的行相一致的認識對象就被認識到，不論〔對這個認識對象〕是想要或不想要的。{以上是瑜伽行派的觀點} |
| PSṬ | 71,1**atha saṃvedanānurūpamarthaṃ pratipadyata iṣṭamaniṣṭaṃ ve**tyetāvadeva kiṃ noktam /kiṃ **yadā hi saviṣayaṃ jñānamarthaḥ, tade**tyanena / asti prayojanam ,yasmātprāksvasaṃvedanaṃ pramāṇamuktam, tena ca jñānasvarūpameva saṃvedyata iti svasaṃvedanaṃ tasyaiva phalamiti sphuṭamavasīyate / tataśca **svasaṃvedanānurūpaṃ hyarthaṃ pratipadyata iṣṭamaniṣṭaṃ** vetīyatyucyamāne svasaṃvedanameva pratyakṣamadhikṛtyedaṃ phalavyavasthānamiti kasyacidāśaṅkā syāt /<br>〔反對者：〕難道不是已經說過了嗎？認識是「**與自我認知的行相一致的認識對象就被認識到，不論〔對這個認識對象〕是想要或不想要的**」。為什麼還要說——「**因為，如果認識對象是指帶著對境的認識，那麼**」，這句話有什麼用呢？是有作用的，因為前面已說過自我認知是認識手段，而通過此要獲得確定的是：僅僅認識之自身的行相被認知到，因此，自我認知才是認識手段的結果。所以，「**因為與自我認知行相一致的認識對象被認識到，這個認識對象可以是自己想要或不想要**」，既然這麼說，就會產生這樣的疑惑：關於直接知覺是僅只自我認知，才由此確定這個結果。<br>sarvasya ca pramāṇasyedaṃ phalamiti / ata āśaṅkānivāraṇārtham — **yadā hi saviṣayaṃ jñānamartha** ityuktam / **artha**śabdaścāyaṃ prameyavacanaḥ /<br>但是，〔實際上〕所有的認識手段都是結果。所以，為了消除猜測的想法才說：「**因為，如果認識對象是指帶著對境的認識**」。而「**認識對象**」這個詞說的是被認識的對象。<br>**saviṣayam**iti ca sākalye'vyayībhāvaḥ / ata etaduktaṃ bhavati—na kevalaṃ yadā jñānaṃ pramāṇasya prameyamapekṣate, tadā svasaṃvedanānurūpamarthaṃ pratipadyata iti svasaṃvittiḥ phalam, api tu yadāpi viṣayam, tadāpīti //<br>而「帶有對境」指的是整個的不變的狀態（帶有對境的認識）。因此，〔陳那寓意下述而說〕如下所說——不僅僅是當認識是觀待於認識主體的認識對象時，則「**按照與自我認知行相一致來認識這個認識對象**」，因此，自我認知是果，而且，只要有對境，也是帶著對境現起。 |

| PV | |
|---|---|
| PVIN | |
| 漢傳 | |

## 【PSV on 1.9c】回應外在認識對象

| PS・PSV | yadā tu bāhya evārthaḥ prameyaḥ , tadā<br>{經量部觀點}然而，當認識對象正是在外的認識對象時，那麼， |
|---|---|
| PSṬ | 71,12ihāsati bāhye'rthe svasaṃvedanaphalavyavasthāyāṃ grāhakākārasya prāmāṇyaṃ vakṣyati / tataścāsati bāhye'rthe prameye yathā svasaṃvedanaphalavyavasthāne grāhakākāraḥ pramāṇamiṣṭam, tathā sati bāhye'rthe prameye grāhakākāra eva pramāṇamityāśaṅkā syāt /<br>當外在對象不存在，就確立自我認知是結果，則認識主體的行相，被說成是認識手段。還有一個疑惑：就像沒有外在對象是認識對象，在確定自我認知是結果時，認識主體的行相被看作是認識手段，以同樣的方式，有外在對象的認識對象上，認識手段就是認識主體的行相。<br>atastannirāsāyāha —yadā tvityādi / bāhye prameye svasaṃvedanaphalavyavasthāyām<br>為了消除前述猜測的想法而說——以「然而，當」為首的這句話。有外在認識對象的情況下，確立自我認知是果， |
| PV | |
| PVIN | |
| 漢傳 | |

## 【PS on 1.9cd'】認識手段是對境顯相不是如同唯識派所說是認識主體的行相

| PS・PSV | **viṣayābhāsataivāsya pramāṇaṃ, (9c-d1)**<br>這個認識的認識手段，只有對境顯相的事實， |
|---|---|
| PSṬ | api **viṣayābhāsataiva** jñānasya **pramāṇam**iṣyate, na tu vijñāptimātratāvadgrāhakākāraḥ // |

| | |
|---|---|
| | 也認為這個認識的**認識手段只有對境顯相的事實**，然而，不是如同唯識派所說是認識主體的行相。 |
| PV | |
| PVIN | |
| 漢傳 | |

【PSV on 1.9cd'】

| | |
|---|---|
| PS・PSV | tadā hi jñāna-svasaṃvedyam api svarūpam anapekṣyārth**ābhāsataivāsya pramāṇam**.<br><br>那麼，儘管認識是自我認知認識的對象，也是自身行相，〔這點是瑜伽行派的觀點，〕關於此點，暫且擱置。〔我們來探討與經量部可以共同達成的認識：〕所謂**認識僅僅是**指具有認識對象的**顯相**。 |
| PSṬ | 72,3nanu yadāpi bāhyo'rthaḥ prameya iti pakṣaḥ, tadāpi grāhakākāro'bhimata eva, tasya svasaṃvedyatvāt / tatkimiti tadā pramāṇatvena na vyavasthāpyata ityāha — **tadā hi jñānasvasaṃvedyamapī**tyādi / jñānasya svasaṃvedyamiti vigrahaḥ / yadyapi sarvakālaṃ svasaṃvedyamasti **svarūpam**, tathāpi tad **anapekṣya** jñānasya bāhye prameye viṣay**ābhāsataiva pramāṇam**, na svābhāsatā, bāhye'rthe tasyāḥ sādhanatvāyogāt / ayogastvaparārthatvāt / grāhakākāro hyātmaviṣayaḥ kathaṃ bāhye'rthe pramāṇaṃ syāt / na hyanyaviṣayasyānyatra prāmāṇyaṃ yuktam //<br><br>難道不是這樣嗎？主張即便認識對象指的是外在的存在物，仍然是看作認識主體的行相，因為認識主體的行相是自我認知能理解的對象。那麼，請你說一下，為什麼這種情況下，它不能被確立是作為認識手段？所以，〔陳那〕說—— 以「**那麼，儘管認識是自我認知認識的對象**」為首的這句話，語法分析為：對認識而言，是自我認知認識的對象。儘管在任何時候，〔認識的〕**自身行相**，總是自我認知認識的對象，即使這樣，把這點**擱置**，在認識對象是外在時，**認識手段正是**認識**具有對境的顯相事實**，但不是自我的顯相事實，因為在認識對象是外在的前提下，成立它的認識的完成是不可能的。而說不可能是因為對象不一樣。因為認識主體的行相是以自身作為它的對境，對外在對象而言，怎麼可能是認識手段呢？因為對一個對境的認識不可能是對另一個對境的有效認識。 |

| | |
|---|---|
| PV | Ce’PV3.346’c (PSṬ72,8a): Rāhula Sāṅkṛtyāyana,<br>〔gha. grāhyagrāhakapratibhāsavyavasāyaḥ〕, p.223<br>grāhakā 'tmā 'parārthatvād bāhyeṣv artheṣv apekṣyate❸ ‖ 3.346 ‖<br>能取的本質是因為對象不一樣。<br>長行：grāhakākāro 'parārthatvāt 能取的行相是因為對象不同。 |
| PVIN | |
| 漢傳 | |

【PS 1.9'd & PSV】

| | |
|---|---|
| PS・PSV | yasmāt so ’rthaḥ<br>因為這個認識對象是<br>**tena mīyate //9//**<br>**通過它的顯相而被認識到。** |
| PSṬ | 72,10**yasmād**ityādinā tasya prāmāṇye kāraṇamāha / **mīyata** iti niścīyate /<br>通過以「**因為**」為首的那句話，〔陳那〕說明為什麼它是具有有效性的原因。**被認識到**就是被確定。 |
| PV | |
| PVIN | |
| 漢傳 | |

| | |
|---|---|
| PS・PSV | yathā yathā hy arthākāro jñāne pratibhāti śubhāśubhāditvena, tat tadrūpaḥ sa viṣayaḥ pramīyate.<br>〔經量部：〕分別按照認識對象的行相是如何在認識中顯現，作為顯著、不顯著的東西〔顯現在認識中〕，那麼，認識對境是以這樣的具體行相被認識到。 |
| PSṬ | 72,10**yathā yathe**tyādi / jñānasya jñeyākāravaśena bāhyo’rtho niścīyata ityarthaḥ / atra ca yathā dhūmenāgniranumīyata ityucy ate, na cāsau sākṣāttenānumīyate, kiṃ tarhi taddhetukena dhūmajñānena, tathā yadyapi —**so’rthastena mīyata** ityucyate, tathāpi tatsādhanayā |

svasaṃvideti veditavyam / tathā hi **yathā yathārthākāro jñāne** sanniviśate **śubhāśubhādi**rūpeṇa, tathā tathā svasaṃvittiḥ prathateb/ yathā yathā ca sā khyāti, tathā tathārtho niścīyate śubhāśubhādirūpādiḥ /

以「**分別按照**」為首的那句話。有外在的認識對象，通過認識的認識對象的行相來被確定這樣的意思。這裡，像人們所說那樣：火依煙霧而推論出來，而不是那個直接通過它來推理出來，而是通過對煙的認識（感官的直接知覺），推論火的原因，同樣的，即使說：「**這個認識對象，是通過它的顯相而被認識到**」，不過，還是應理解為是通過自我認知來成立認識。換言之，**分別按照認識對象的行相以顯著、不顯著等**方式直接地進入認識裡，同樣的，自我認知也是這樣揭示。分別按照它如何被認識到，這個認識對象是以顯著、不顯著等方式被確定的。

yadi hi tadākāramutpannaṃ syāt, tadā tādṛśasyātmanaḥ saṃvittiḥ syāt / tataśca tadvaśādviṣayaniścayo bhavet, nānyathā / tasmādviṣay**ābhāsatā pramāṇam** //

因為如果〔認識〕是以認識對象的行相產生的話，那麼，這樣的認識會是對它自己的認知。那麼，對境由此而得以確定，僅僅如此而已。所以，才說具有認識對境的**顯相是認識手段**。

73,3nanu ceha viṣayasārūpyasya saṃvidaṃ prati sādhanatvaṃ pratipādayitumiṣṭam / ato yasmātsā khyāti tadvaśāditi vaktavye kimartham — **yasmātso'rthastena mīyata** ityuktam / asti prayojanam / sā hi svasaṃvit, arthasaṃvido yatkāryamarthaniścayaḥ, tatkaroti / ata upacāreṇārthasaṃvideva kāryato draṣṭavyetyamumarthaṃ sūcayitumevamuktam /

難道不是這樣嗎？這裡為了考慮立論，才對於與認識對境的相似性之認知的認可。那麼，因此，既然要說由此，〔意識的〕認知被認識〔，亦即藉助於意識，認識對象才能確定〕，為什麼還要說：「因此，認識對象由具有認識對象的顯相而**被認識到**〔，而不說通過意識〕」呢？是有原因的。因為這一自我認識造就對象認識的（arthasaṃvidas）結果，即對對象的確定。所以，在日常語言的運用層面上說，對認識對象的認知，只能從結果被看見，所以，為了說明這個意思，〔陳那〕才會這樣說。

evaṃ hi pramāṇaphalayorviṣayabhedo na bhavati, yatraiva sādhanaṃ bāhye, tatraiva saṃviditi kṛtvā //

<table>
<tr><td></td><td>因為這樣，認識手段和認識結果，沒有不同的對境，先作這樣設想：只有在對外在認識對象完成認識的地方，在那地方產生的認識都是認知。<br><br>73,9kathaṃ tarhi svasaṃvittiḥ phalam uktam / paramārthatas tādātmyātsvasaṃvittiḥ phalamuktam / upacāreṇa tu kāryato'rthasaṃvittireva sā draṣṭavyetyaviruddham /<br><br>為什麼在這種情況下，還說自我認知（svasaṃvitti）是結果？從真實義上說，由於具有同一性，自我認知才被說是果，但是，從世俗〔的日常語言〕來看，由於〔看到的是〕結果，所以，自我認知要被看到，只有對認識對象的認知，所以，〔這點〕並不存在矛盾。<br><br>iha vijñaptimātratāyāṃ grāhakākāraḥ pramāṇam, grāhyākāraḥ prameyamiti vakṣyati / atastatra codyamāśaṅkate //<br><br>但是，對唯識派而言，認識主體的行相是認識手段（內在主體），被認識的行相是認識對象（內在客體）。關於這點，〔陳那說自我認知是果，因為〕下面會有〔來自瑜伽派〕提出問題反對。</td></tr>
<tr><td>PV</td><td>cf.PV3.349ab (PSṬ72,14-15b). Rāhula Sāṅkṛtyāyana, 【〔gha. grāhyagrāhakapratibhāsavyavasāyaḥ〕】, p.224<br><br>yathā niviśate so 'rtho yataḥ sā prathate tathā<br><br>由於如同認識對象進入〔認識〕自我認知也是同樣揭示。<br><br>長行的說明: yataḥ kāraṇāt yathārtho jñānātmani niviśate tathā sā svasaṃvittiḥ prathate khyāti<br><br>cf.PV3.350a (PSṬ73,7a): Rāhula Sāṅkṛtyāyana,〔gha. grāhyagrāhakapratibhāsavyavasāyaḥ〕, p.224<br><br>tasmād viṣayabhedo'pi na：因此，〔認識手段和認識結果〕沒有不同的對境。長行中的說明和勝主慧同樣的：tasmāt pramāṇa-phalayor vviṣaya-bhedopi nāsti |<br><br>cf.PV3.350b-d (PSṬ73,9-10c): Rāhula Sāṅkṛtyāyana,〔gha. grāhyagrāhakapratibhāsavyavasāyaḥ〕, p.224<br><br>svasaṃvedanaṃ phalam<br><br>已經說過自我認知是認識結果</td></tr>
</table>

| | |
|---|---|
| | uktaṃ svabhāva-cintāyāṃ tādātmyād artha-saṃvidaḥ ǁ 3.350 ǁ<br>根據自身行相的思維，對認識對象的認知是由於具有同一性。 |
| PVIN | |
| 漢傳 | |

## 【PSV on 1.9'd】回應唯識・瑜伽派

| | |
|---|---|
| PS・PSV | |
| PSṬ | 73,13tatredaṃ codyam — kathaṃ punarabhinnātmano jñānasya grāhakākārādivibhāgaḥ, yenāsatyapi bāhye'rthe pramāṇādi syāditi / atastatparihārāyāha—evamityādi / asyāyaṃ samudāyārthaḥ / naiva tattvatastasya vibhāgo'sti, kevalamavidyopaplutaistadgrāhakākārādivibhāgavadiva lakṣyate / ato yathādarśanamiyaṃ pramāṇaprameyavyavasthā kriyate, na yathātattvamiti / kathaṃ punaravibhaktaṃ sattathā pratibhāsate / yathā mantrādyupaplutākṣāṇāṃ mṛcchakalādayo hastyādirūparahitā api hastyādirūpāḥ pratibhāsante, yathā ca dūre maruṣu mahānalpo'pyābhāti, tathedamapyavidyāndhānāṃ jñānamatathābhūtamapi tathābhāti / na ca śakyate kalpayitum — mantrādisāmarthyātte tathaivotpannā iti, yato'nupaplutadarśanaistaddeśa sannihitaistathā na tṛśyante //<br>這個棘手問題在這裡——再者，為什麼沒有區分之性質的認識，會有認識主體〔、認識客體〕的行相等區分呢？以至於儘管沒有外在的認識對象，還有認識手段〔、認識結果〕等的差別。所以，為了排除此問題說——以「**如此**」為首的這句話。這是對前述問題的整個〔回應〕主張。從真實義上說，認識是絕對沒有作任何區分，只有對那些被無明所蒙蔽的人，認識才會被他看成似乎如同認識主體的行相等的區分，所以，按照〔被無明蒙蔽的他們錯誤〕觀察來看，來確定認識主體、認識對象的分別，而不是按照真實。再者，為什麼說認識不能區分，但現實顯現是區分的？如同對那些已經被咒語等影響眼睛的人而言，一塊一塊的泥土顯現大象等的行相，儘管泥土不具大象等的行相〔，但是，還是呈現大象的行相〕，以及如同在很遠的地方看沙漠，也像是很廣濶的曠野，這裡也是同樣的，對被無明遮蔽的人而言，認識儘管成為非實，還是成為可見。上述是不能作這樣想像——即大象等等如此真正產生，借助於咒語 |

| | |
|---|---|
| | 等力量產生，因為對那些不受影響所見的人，以及傳遞實際場所的人而言，他們是不會看到同樣的。 |
| PV | Ce'ePV3.355cd (PSṬ74,3b) : Rāhula Sāṅkṛtyāyana,〔gha. grāhyagrāhakapratibhāsavyavasāyaḥ〕,p.226<br>dūre yathā vā maruṣu mahān alpo'pi dṛśyate ‖ 3.355 ‖<br>如同在很遠地方看沙漠，或者看到廣濶的曠野。 |
| PVIN | |
| 漢傳 | |

| | |
|---|---|
| PS・PSV | evaṃ jñāna-saṃvedanaṃ anekākāram upādāya tathā tathā pramāṇaprameyatvam upacaryate.<br>按照前面所述認識過程，基於對〔感官〕認識的〔自我〕認知，由於不同的行相，所以，諸如此類分別通過這一方法，有認識手段、認識對象的區別。 |
| PSṬ | 74,7**evam**iti yathoktaṃ **dvyābhāsaṃ jñānam**iti / **jñānasaṃvedanam**iti jñānasya karmaṇaḥ saṃvedanaṃ darśanam / kimbhūtam / **anekākāram** / anekā ākārā yasya, tattathoktam / te punarākārāḥ, ya anena bhrāntena nirīkṣyante,<br>所謂「**按照前面所述認識過程**」，就是如同前述所說，認識是具有**兩種顯相的認識**。所謂「**基於對〔感官〕認識的〔自我〕認知**」就是把認識當作有動作的行為來了知，就是對認識的認知的觀察。實際情況是怎樣呢？是**由於不同的行相**。某樣東西具有不同的行相，它就被這樣稱呼。再者，這些種種不同的行相，指的〔是主體和客體之間不同顯相，〕是被那些腦子混亂的人所觀察到〔，真實並不是這樣〕，<br>grāhakapratibhāsādayaste vivakṣitāḥ / **upādāy**eti tatpramāṇanibandhanaṃ gṛhītvā /<br>這些行相就是說認識主體和認識客體的區分顯相等。所謂「**通過這一方法**」是指認識基於認識手段。<br>**tathā tathe**tyādi / nirvikalpe tāvadgrāhakākāraḥ kalpanāpoḍhaṃ |

| | |
|---|---|
| | pratyakṣaṃ **pramāṇa**m, spaṣṭapratibhāso grāhyākāraḥ svalakṣaṇaṃ prameyam / liṅgaje 'pi grāhakā kāro'numānaṃ **pramāṇam**, vyaktibhedā nuyāyīvāspaṣṭapratibhāso grāhyākāraḥ sāmānyalakṣaṇaṃ **prameya**miti / **upacaryata** iti vyavahriyate /<br><br>以「**諸如此類分別**」為首的這句話，首先，討論脫離分別想像，這個認識主體的行相作為除去概念構想的直接知覺是**認識手段**，帶有清楚顯現的認識客體行相，是作為自相，是**認識對象**。儘管通過邏輯標記（徵相）所產生出來的〔認識，對這樣的認識來說〕，就是認識主體的行相，是推理認識的**認識手段**，認識客體的行相是具有不清晰的顯像，就好像是跟隨不同的個體，分別與個體相連繫的共相，是**認識對象**。所謂「**區別**」就是按照日常語言的習慣用法來稱呼〔他們為認識手段、認識對象〕。 |
| PV | cf.PV3.330'd (PSṬ74,9e): Rāhula Sāṅkṛtyāyana,〔gha. grāhyagrāhakapratibhāsavyavasāyaḥ〕,p.218<br><br>yathā bhrāntair nirīkṣyate \|\| 3.330 \|\|<br><br>如同被腦子混亂所觀察到 |
| PVIN | |
| 漢傳 | 此處是就三分以及假名為量來解。<br><br>慧沼述《因明入正理論續疏》卷1：此自證分亦名為量，亦彼見分，或此相分，亦名為量。不離能量故，如言唯識等。此順陳那三分義解。故《理門》云：「又於此中，無別量果。以即此體，似義生故，似有用故，假說為量」。（卍續藏經八六‧886中）<br><br>智周《因明入正理論疏前記》卷3也解明慧沼所說：如色言唯識者，此意唯識中，境、心及識，皆名唯識，舉喻成意者，顯自證、見分、相分等，皆名為量。（卍續藏經八六‧978上）<br><br>善珠《因明論疏明燈鈔》：如言唯識等者，攝境歸識，言唯識時，境、心及識，無不唯識。即自證分、見分、相分，皆名為量。心、境唯量，豈非唯識！此順陳那三分義解等者，若立三分，明三量者，相分為所量，見分為能量，自證分為量果。（大正六八‧426下） |

（PSV on 1.9d'）

| | |
|---|---|
| PS‧PSV | |

| | |
|---|---|
| PSṬ | etenaitatsūcayati — vyāvahārikasya pramāṇasya prameyasya cedaṃ svarūpamuktamatrāpi vipratipannānāṃ sammohanirāsāya /lokottarameva tu vibhramavivekanir malamanapāyi pāramārthikaṃ **pramāṇaṃ** tasyaiva ca gocaro bhūtaṃ **prameya**miti //<br>通過上面所說，是要說明下述——對按照日常語言運用稱呼為認識手段、認識對象的，這都被說成具有自身行相，即使在這裡也是為了消除那些對此有錯誤認識的迷惑。〔儘管陳那說了這樣的話，〕但是，清除錯誤的區別只有出世，有關真實義上的認識，這樣的認識才是**認識手段**，只有它所認識的範圍才是正確的**認識對象**。 |
| PV | |
| PVIN | Ernst Steinkellner《PVIN》I.44,2-5 (b-bCe'e PSṬ75,1-3)：<br>sāṃvyavahārikasya caitatpramāṇasya rūpamuktam , atrāpi pare mūḍhā visaṃvādayanti lokamiti /<br>而對一般理解而言，這個已經被說是認識手段的形式，即使其他〔認識對象〕在這裡也是，使不確實欺誑世間。<br>cintāmayīmeva tu prajñāmanuśīlayanto vibhramavivekanirmalamanapāyi pāramārthikapramāṇam<br>因為如同慧，僅依思維而生一般的種種行動，清除錯誤的區別，只有真實量。 |
| 漢傳 | |

【PSV on 1.9'd】

| | |
|---|---|
| PS・PSV | nirvyāpārās tu sarvadharmāḥ.<br>但是，一切經驗到的現象是脫離行為的。 |
| PSṬ | 75,4**nirvyāpārāstu sarvadharmā** iti / etena tasya jñānasaṃvedanasya bhrāntatvamudbhāvitam / na hi tattvataḥ kasyaciddharmasyānekākāradar śanātmako vyavahāraḥ sambhavati, ākārāṇāmapariniṣpannatvāt /<br>〔陳那〕說：「**但是，一切經驗到的現象是脫離行為的**」。通過這句話（etena）揭示了將一認識〔作主客體分別〕的認知是錯誤的。因為，從實際意義上說，對任何一種現象而言，不可能有認識主客體之間交流的認識活動，來展示不同行相的性質，因為種種行相不 |

| | |
|---|---|
| | 是獨立存在。<br><br>bhrāntireva tu sā, yadavidyāndhāstadavedyavedakākāramapi jñānaṃ tathā paśyanti / yadi tarhyatattvavidāṃ sarvameva jñānamupaplutam, kathaṃ pramāṇetaravyavasthā /<br><br>然而，它只能是錯誤的，凡無知所造成盲目的人看到的認識，儘管表明對認識〔的認識主體、客體〕的行相的無知，他們還要把它看成有這樣的行相。那麼，如果對不能按照實際意義去認識的人來說，所有認識如被洪水泛濫的錯誤，那麼，如何確定什麼才是正確的認識和錯誤的認識？<br><br>upaplavavāsanāviśeṣasadbhāvāt / yato jalādipratibhāsino jñānātsparśanā hlādatṛptyādipratyayānāṃ sambhavaḥ, tadvyavahārāvisaṃvādāpekṣayā pramāṇam, itarattathāvidhavāsanāvirahādapramāṇamityadoṣaḥ //<br><br>因為遭遇熏習的區別是真實的存在，〔什麼區別呢？〕從顯現水等這樣的認識，產生接觸、舒適、滿足等概念，進一步說，如果考慮到實際生活使用的表達方式，可以得到認識的有效性來看，顯現為水就是有效的認識，（從本體論上來看都不存在，但此就實際效用來區分正確或錯誤） 反之，與這樣的熏習脫離開來，就不是正確的認識，所以，沒有過失。 |
| PV | |
| PVIN | |
| 漢傳 | |

（PSV on 1.9d'）

| | |
|---|---|
| PS・PSV | |
| PSṬ | 75,12atha yadidaṃ kāryātkāraṇānumānam, tatkatham / kathaṃ ca na syāt / yato dhūmapratibhāsi jñānaṃ pūrvamevāvirbhavati, paścādanalapratibhāsi / na hi tatprāgdhūmapratibhāsino jñānātsaṃvedyate / tato'nagnijanya eva dhūmaḥ syāditi katham tenāgneranumānam / naiṣa doṣaḥ /<br><br>〔反對者：〕再者，怎麼可能這個因的推理通過果？〔勝主慧反詰：〕為什麼不可能呢？〔反對者回答：〕因為某個具有煙的顯現 |

<table>
<tr><td></td><td>的認識已經在前產生，於後時有火顯現〔的認識產生〕。因為〔火的顯現〕認識不能從在前具有煙的顯現的認識被認知。由於煙只能無火生時才有，所以，怎麼可能通過煙推理對火的認識？〔勝主慧回答：〕這樣的錯誤不存在。<br><br>dahanākārajñānajananavāsanāviśeṣānugata eva hi cittasantāno dhūmābhāsāṃ dhiyamutpādayati, na tu yaḥ kaścit / atas taṃ gamayaddhūmajñānaṃ prabodhapaṭuvāsanāṃ dahanākārāṃ buddhiṃbhaviṣyantīṃ pratipatturgamayati / atra hi hetudharmānumānena rasāde rūpādivadanumānaṃ bhavatītyacodyam //<br><br>其實是帶著有關火的行相認識始生的特殊熏習的思想流程，由此產生煙的顯相的認識，而不是任何一個。然後，關於煙的認識會讓火被認識到，火的行相的認識是被強烈分明的熏習喚醒，造成將來的認識〔，由煙就產生對火的認識〕。因為，在這裡指的是從因推理認識的特性，所以，不存在這樣的指責：即這是推理認識，就像從味道等推理色等認識。</td></tr>
<tr><td>PV</td><td>Ce'ePV3.395a-d' (PSṬ76,2-4b) .Rāhula Sāṅkṛtyāyana,〔ka. nārthāt smṛtiḥ〕, p.237<br><br>tatrāpi dhūmābhāsā dhīḥ prabodhapaṭuvāsanām |<br><br>即使在這裡，煙的顯相認識產生火的認識，是強烈分明的熏習喚醒，<br><br>gamayed agninirbhāsām dhiyam eva na pāvakam || 3.395 ||<br><br>沒有表明的正是使火的不顯相產生的認識。<br><br>Ce'ePV1.9bc (PSṬ76,4c). Rāhula Sāṅkṛtyāyana,【Svārthānumāna】, p.288<br><br>hetunā yaḥ samagreṇa kāryotpādonumīyate |<br><br>hetunā yaḥ samagreṇa kārya-utpādas anumīyate |<br><br>通過所有的因推斷認識結果<br><br>arthāntarānapekṣatvāt sa svabhāvonuvarṇṇitaḥ || 1.9 ||<br><br>artha-antara-anapekṣatvāt sa svabhāvas anuvarṇitaḥ<br><br>因為不依靠另一個認識對象，由於它是描述自身行相。</td></tr>
</table>

| PVIN | |
|---|---|
| 漢傳 | 窺基《因明入正理論疏》卷3：論：了知有火或無常等。<br><br>述曰：此即舉果顯智，明正比量，智為了因；火、無常等，是所了。果以其因有現、比不同，果亦兩種，火、無常別。了火從烟，現量因起；了無常等，從所作等比量因生。此二望智，俱為遠因。藉此二因，緣因之念，為智近因。**憶本先〔1〕知所有烟處，必定有火；憶瓶所作，而是無常**。故能生智，了彼二果。故《理門》云：「謂於所比審觀察智，從現量生，或比量生，及憶此因與所立宗不相離念。由是成前舉所說力，念因同品定有等故。是近及遠比度因故，俱名比量。」……問：言比量者，為比量智，為所觀因？答：即所觀因，及知此聲所作因智。此未能生比量智果，知有所作處，即與無常宗不相離，能生此者，念因力故。問：若爾，現量、比量及念，俱非比量智之正體，何名比量？答：此三能為比量之智，近遠生因，因從果名。故《理門》云：「是近是遠，比量因故，俱名比量」。（大正四四・140上）〔1〕知＝智ィ【原】。<br><br>慧沼《因明入正理論續疏》卷1：「述曰：此明了因果。或舉所了果，意明能了因，正顯自悟比量故。了謂了因，即前生果。然下云：於二量中，即智名果者，以生因果，即體是量。一體義分，難故偏辨。不爾，此中攝因不盡。正比量智，而為了因。火、無常等，是所了果。以其因有現、比不同，果亦兩種，火、無常別了。火從烟，量因起，了無常等，從所作等比量因生。此二望智，俱為遠因，是量具故，是量境故。或緣於因三相之智，望了宗智，猶疎於念，故說為遠，名為量具；或緣此二因之智，及緣因之念，為智近因。憶本先知所有烟處，必定有火；憶瓶所作，而是無常，故能生智了彼二果。初解遠、近，理將為勝。故《門論》中舉二量〔已>已〕，後別說念。准彼即是以境并了因智俱，名現、比量。故《理門》云：『謂於所比審觀察智，從現量生，或比量生，及憶此因與所立宗不相離念，由是成前，舉所說力，念因同品定有等故。是近及遠，比度因故，俱名比量』。問：現量者，為境為〔1〕必？答：二種俱是。境，現量所緣，從心名現量；或體顯現，為心所量，名為現量。問：此言比量者，為比量智？為所觀因？答：即所觀因，及知此聲所作因智。此未能生比量智果，知有所作處，即與無常宗不相離者，是念力故。能生比智，皆名比量。然比量體，正取解宗之智。故下云：『於二量中，即智名果，亦名為量故』。問：若爾，現量知因智念，俱非比量智之正體，何名比量？答：此 |

| | |
|---|---|
| | 三能為比量之智，近、遠生因，因從果名。故《理門》云：『是近及遠，比量因故，俱名比量』。又云：此依作具、作者而說，如似伐樹，斧等為作具，人為作者，彼樹得倒，人為近因，斧為遠因。有云：斧親斷樹為近因，人持於斧，疎非親因，此現、比量為作具，憶因之念為作者。或復翻此，簡前二釋，故名比量。然前解正。又解：作者正了宗智，作具即是現、比二因，及憶因宗不相離念，俱名比量者，依作者、作具而說故。此解俱名量所以，不欲宣解能生比智近、遠之因。問：《理門論》中，現、比量境及緣因念，隨其所應，俱名現、比。如何此中但說於智？何理得知彼於現境，亦名現量，比量之因，亦名比量？答：《理門論》云。問：何故此中與前現量別異遠立？此問詞為現二門。此處亦應於其比果，說為比量；彼處亦應於其現因，說為現量。俱不遮止。此答詞，即互明也。今者此中但出量體，略彼作具之與作者，略廣故爾。」（卍續藏經八六・884中-885中）〔1〕必疑心。 |

## 【PS1.10 & PSV】三分與雙重行相

| | |
|---|---|
| PS・PSV | āha ca<br><br>接著說：<br><br>**yadābhāsaṃ prameyaṃ tat pramāṇaphalate punaḥ / grāhakākārasaṃvittyos**<br><br>**帶有顯相就是認識對象，認識主體的行相及認知，就分別是認識手段和認識結果。**<br><br>**trayaṃ nātaḥ pṛthak kṛtam //10//**<br><br>**因此，〔認識對象、認識手段、認識結果〕三者不能被看作相分離。** |
| PSṬ | 76,6**āha ce**tyādinā tāṃ prameyādivyavasthāṃ darśayati / **ya ābhāso**'syeti vigrahaḥ / svāṃśasya ca mānatvena vidhānādiha viṣayābhāso gṛhyate / **prameyaṃ tad**iti sa viṣayābhāsaḥ prameyam / **pramāṇaphalate punargrāhakākārasaṃvittyor**iti grāhakākārasya pramāṇatā, saṃvitteḥ phalatā / atra ca yadyapi **saṃvitti**śruteralpāctaratvam, tathāpi grāhakākārasya pramāṇatvāttasya ca vyutpādyatvenādhikṛtatvādab hyarhitatvam / ato **grāhakākāra**śabdasyaiva pūrvanipātaḥ /**trayaṃ nātaḥ pṛthakkṛtam**iti / trayasyāpi tattvato'pariniṣpannatvāt, na jñānātpṛthakkaraṇam // |

| | |
|---|---|
| | 通過以「**接著說**」開始的這句話，對認識對象等的確定，得到說明。分析：「一個認識**帶有顯相**」。由於認識自身方面是被定義為認識手段，所以，這裡指的是認識對境的顯相。「**就是認識對象**」是指帶有對境的顯相就是認識對象。「**認識主體的行相及認知，就分別是認識手段和認識結果**」是指認識主體的行相就是認識手段，這個認知就是結果。而在這裡儘管認知這個詞是比較少，雖然如此，因為認識主體的行相是認識手段，而且它是作為需要被解釋的討論話題，是有比目前從事的更重要的作用。所以，**認識主體的行相**這個詞就被放在前頭。「**因此，三者不能被看作相分離**」：因為三者的確也不是真實的存在，所以，不能從認識中區別開來。 |
| PV | |
| PVIN | |
| 漢傳 | 窺基《因明入正理論疏》卷3：「或此中意約三分明。能量見分，量果自證分，體不離用，即智名果。是能證彼見分相故。相謂行相體相，非相分名相。如有作用而顯現者，簡異正量——彼心取境，如〔7〕日舒光，如鉗鉗物，親照〔8〕境故——今者大乘依自證分，起此見分取境功能，及彼相分為境生識，是和緣假，如有作用。自證能起故言『而顯現』，故不同彼執直實取。此自證分，亦名為量，亦彼見分，或此相分，亦名為量，不離能量故，如色言唯識。此順陳那三分義解。」（大正四四・140中-下）〔7〕日＝月ィ【原】。〔8〕境＝執ィ【原】。<br><br>慧沼《因明入正理論續疏》卷1：「或此中意約三分明。能量見分，量果自證分，體不離用，即智名果，是能證彼見分相故。相謂行相體相，非相分名相。如有作用而顯現者，簡異正量——彼心取境，如日舒光，如鉗鉗物。親照執故——今者大乘依自證分，起此見分，取境功能。及彼相分，為境生識，是緣知假，如有作用。自證能起故云：『而顯現』，故不同彼執直實取境。此自證分，亦名為量，亦彼見分，或此相分，亦名為量，不離能量故，如言唯識等。此順陳那三分義解。故《理門》云：『又於此中無別量果。以即此體似義生故。似有用故。假說為量。』」（卍續藏經八六・886中）<br><br>善珠《因明論疏明燈鈔》：次文即釋無別體義。論文意云：以即於此自證分〔7〕體，於中即有似義相分，轉變生故，復有見分，似有用故，故不離此相、見分〔8〕外，說自證分，以為量果。故《唯識》云：相、見所依自體名事，即自證分。然論文云：假說為量 |

| | 者，應知假門自有二種。一者「假立名言」之假，不能實詮所詮之義。所以詮火，火不燒口，又復喚瓶，瓶無體性，而今現量全無此假。二者唯識體事中，其實是識轉變似三，即三分門非別似別，故名為假，現量於此，不妨取假。且如見分，已是假有。自證證時，說〔9〕為現量，復亦是假。故論文云：「假說為量」。若望親取自相義邊，復不妨實，以其實故，前〔10〕文簡棄假立無異諸門分別故，須識此文意差互也。（大正六八・427中-下）〔7〕〔體〕－<甲>〔8〕〔外〕－<甲>〔9〕〔為〕－<甲>〔10〕〔文〕－<甲> |
|---|---|

【PSV on1.11ab】

| PS・PSV | atha dvirūpaṃ jñānam iti kathaṃ pratipādyam.<br><br>那麼，如何說明認識具有雙重行相呢？ |
|---|---|
| PSṬ | 77,1iha dvirūpatāmaṅgīkṛtya svasaṃvitteḥ phalatvamuktam / na ca taddvairūpyaṃ jñānasyopapadyate, tadupapattyabhāvāt^iti matvā pṛcchati—**atha dvirūpam**ityādi / kasmātpunastrairūpye praṣṭavye dvirūpatāpraśnaḥ / dvairūpye siddhe svasaṃvittirapi sidhyatītyabhiprāyāt / dvairūpye hi siddhe viṣayasārūpyamātmabhūtaṃ jñānasya saṃvedyata ityarthādātmasaṃvedanaṃ sidhyati //<br><br>在〔陳那《集量論》〕這裡，首先承認〔認識〕有雙重行相，才會說自我認知是結果。而這個認識的雙重性質是不可能產生的，它的合理性不存在〔需要證明〕，有了這樣的想法，就提出問題——「**那麼，如何說明認識具有雙重行相呢？**」等等，〔因為陳那緊接第10頌說三種行相後，問如何解釋雙重行相，所以，有人〕說：為什麼要對雙重行相提問，而不是對三種行相的質疑？〔陳那回答說：〕由於有這樣的意圖——如果雙重性被證明，〔第三種行相〕自我認知也會被證明。因為當雙重性得到證明時，認識作為它本身，由於具有和認識對境相同的行相，也會被認知到的這樣一個意義，自我認知也會得到〔間接〕證明。 |
| PV | cf.PV3.425ab (PSṬ77,3-4b). Rāhula Sāṅkṛtyāyana,【ka. buddhir arthākārā】, p.245<br><br>dvairūpyasādhanenāpi prāyaḥ siddhaṃ svavedanam<br><br>主要是由於完成雙重性，也會成立自我認知 |

| PVIN | |
|---|---|
| 漢傳 | |

【PS1.11ab】

| PS・PSV | **viṣayajñāna-taj jñānaviśeṣāt tu dvirūpatā / (11ab)**<br><br>而認識具有雙重行相是由於認識對對境的認識的這個〔對境〕有特殊性。 |
|---|---|
| PSṬ | 77,6**viṣayajñānatajjñānaviśeṣāttv**ityādi / **viṣayajñāna**ṃ rūpādigrāhi cakṣurādivijñānam / viṣayajñāne tajjñānaṃ **viṣayajñānatajjñāna**m /<br><br>以「**而〔認識具有雙重行相〕是由於認識對對境的認識的這個〔對境〕有特殊性**」為首這句話：**對對境的認識**是對色等的認取者（grāhi），是眼等的了知。對這樣東西的理解，這樣東西是在感官認識產生的，就是在感官認識產生的，對它的理解。<br><br>atra yadi **tac**chabdena viṣayajñānaṃ sambadhyeta, tasyopādānamanarthakaṃ syāt,vināpi tena viṣayajñānālambanasya jñānasya pratīteḥ / tasmāt**tac**chabdopādānasāmarthyādguṇabhūto'pi viṣayaḥ sambadhyate, anyasyehāprakṛtatvāt / tadetaduktaṃ bhavati —viṣayajñāne viṣayākāraṃ jñānamiti / tadeva viśeṣaḥ / tathā hi tadviṣayajñānādadhikena viṣayākāreṇa viśiṣyate /<br><br>〔關鍵在“tat”如何理解？〕在這個複合詞當中，如果通過“tat”這個詞，指的是與“viṣayajñāna”相連接，那麼，使用“tat”就會變得毫無意義，即便沒有“tat”這個詞，第二重認識（jñānasya）是以第一重認識（viṣaya-jñāna）作為認識對象（ālambana），這也是完全可以理解。所以，由於通過使用“tat”這個詞，指的是〔與第一重認識〕同一的對境（“viṣaya”），僅管〔此〕對境已變成第二位，還是屬於它（第一重認識的對境），〔為什麼呢？〕因為，其他不是主要的〔，也就是只有“viṣaya”是討論主題〕。下述是〔陳那〕想要說的——具有認識對境的行相的〔第二重〕認識，是對〔第一重〕對境的認識產生。這點正是它的特殊性。換言之，這是〔第二重認識被作了特殊的規定，〕通過它的對境行相〔變化，而具有特殊性〕，是附加（adhika）的，而且是因為對〔第一重〕對境的認識而被特殊化。<br><br>parābhiprāyeṇaivamuktam / paro hi viṣayajñānasyānubhavākāraṃ |

| | |
|---|---|
| | kevalamicchati / tajjñānasya tvanubhavākāro'pyasti / atra ca buddheranubhavākārasya siddhatvātsa na sādhyate/na hi sa kaścidvādī, yo jñānasya jñānarūpaṃ necchati / viṣayākārastu na siddhaḥ parasyeti / tena dvairūpyaṃ sādhyate //<br><br>〔陳那〕這麼說是由於考慮到論敵的想法。因為論敵只有承認對境認識的經驗行相。但是，對第二重認識（tat-jñāna）而言，也是有經驗的行相。而〔在《集量論》〕這裡，因為認識的經驗行相已經得到證實，它不再被證明。因為沒有任何理論家（vādin）會不承認：「認識是具有認識的行相」這一點〔，所以，這點不用討論〕。而〔要討論的是，後面的認識會具有在前的〕對境行相這一點，對他人而言，是不成立，所以，雙重性質要被證明。 |
| PV | |
| PVIN | |
| 漢傳 | 窺基《成唯識論述記》：於所緣相分之上有了別。有即行相故，是識見分，非是餘分。然行相有二：一者見分，如此文說。即一切識等，皆有此行相，於所緣上定有。二者影像相分，名為行相。其一切識或有或無，所緣不定故。<br><br>然唯初解，無第二者：第八俱時五心所法，如何可說同一所緣不同一行相？故須二解。以影像相為行相者，出《集量》文。（大正四三・317中）<br><br>如理集《成唯識論疏義演》：以見分為行相，即識上親相分名所緣，然此相分而是定有。夫心起時，皆變相故，即相分相似，名「同一所緣」也；見分各別，名「不同一行相」。二者即以影像相分名為行相，其一切識或有或無。或有者，後得智有影像相分，或無者，正體智緣如時，無影像故，故云或無。<br><br>又《瑜伽》說：同一所緣是也者，證影像相分，是所緣同者，以行相相似故。意云：雖影像相分是行相，然行相相似數等，名同所緣也。（卍續藏經七九・145上-下） |

【PSV on1.11ab】

| | |
|---|---|
| PS・PSV | **viṣay**e hi rūpādau yaj **jñāna**ṃ tad arthasvābhāsam eva. viṣayajñāne tu yaj **jñāna**ṃ tad viṣayānurūpajñānābhāsaṃ svābhāsaṃ ca.<br><br>因為對諸如色等**認識對境**而言，**認識**（一）都絕對具有認識對象的 |

| | |
|---|---|
| | 顯相和認識本身（一）的顯相。而對認識對境的認識的認識而言，也會有〔兩種顯相：〕與認識對境行相一致的認識（一）顯相和認識本身（二）顯相。 |
| PSṬ | 78,3**viṣaye hīti** / **hi**śabdo'vadhāraṇe bhinnakramaśca / **tadarthasvâbhāsameve**tyetatpramāṇaphalam / tatrārthābhāsaṃ viṣayākāratvāt, svābhāsamanubhavākāratvāt /<br><br>「**因為對〔諸如色等〕認識對境而言**」：〔首先，〕「**因為**」這個詞，是為了強調〔認識對境〕，但，〔放的位置不恰當，〕這是語法的例外，不合常規的詞序。「**認識絕對會有認識對象的顯相和認識自身的顯相**」，這點指的是認識手段和結果。認識有對象的顯相，因為認識具有認識對境的行相，認識具有認識自身的顯相是因為具有經驗的行相。<br><br>**viṣayânurūpajñānâbhāsam**iti rūpādarviṣayasyānurūpaṃ jñānaṃ viṣayajñānameva, tadābhāsaṃ viṣayākāraviṣayajñānākāramityarthaḥ / anena viṣayākāraṃ viṣayajñānaṃ svajñānenālambyata ityeṣa heturuktaḥ / yatra hi jñāne yadvastu yenākāreṇa pratibhāsate, tattadākārameva tenālambyata ityetadyuktam /<br><br>解釋「**與認識對境行相一致的認識（一）顯相**」這句話，所謂對對境的認識，是指對諸如色等認識對境而言，與此行相一致的認識，這個認識的顯相是指具有認識對境的行相之對境的認識行相這樣一個意義。通過這句話，說明這個理由：即對具有對境的行相之對境的認識，被認識自己的認識所認知，這是有道理的。因為對任何認識而言，當某個實存體以它自身的行相在某個認識中顯現出來，那麼，這個實存體就是以它的行相被那個認識所認知。<br><br>tathā hi sāsnādyākāreṇa gauḥ svajñāne pratibhāsamānastadākāra eva tenālambyate / viṣayajñānajñāne ca viṣayākārānuraktaviṣaya jñānākāra upalabhyate, na tu tadvyatirekeṇa kiñcidākārāntaram / na cāpratibhāsamānastasya viṣayo yujyate, atiprasaṅgāt / tasmādviṣayākāraṃ viṣayajñānaṃ svajñānenālambyata ityeṣa hetvartho labhyate /<br><br>具體來說，〔譬如說〕一頭牛，在對它的認識上，是以它的頸下垂肉的行相顯現出來，只能以這個頸下垂肉的行相被那個認識所認知。在對認識對境的認識的認識當中，有認識對境的認識行相〔，實際上〕是被認識對境的行相所染，〔這樣的帶有認識對境的行相 |

| | |
|---|---|
| | 特徵〕就被認識了，而不是與此不同的任何一個別的行相。而且也不會是不顯現的那樣東西的對境，因為如果是，就會得極其荒謬的結論。所以，對具有對境行相的對境認識，被對它的認識所認知，因此，這個行相是作為因被認識到。<br><br>**svâbhāsaṃ ce**ti viṣayākāraviṣayajñānābhāsaṃ satsvarūpeṇāpi pratibhāsata ityarthaḥ //<br><br>然後，再討論「**和認識本身（二）顯相**」有這樣一個意義：把帶有對境行相的對境認識的顯相，以其自身行相再次顯現給現有的（第二重）認識。 |
| PV | |
| PVIN | |
| 漢傳 | 關於第一重認識是陳那《觀所緣緣論》中所說：<br><br>「內色如外現，為識所緣緣，許彼相在識，及能生識故。」外境雖無，而有內色似外境現，為所緣緣。許眼等識帶彼相起及從彼生，具二義故。此內境相，既不離識，如何俱起能作識緣？<br><br>「決定相隨故，俱時亦作緣，或前為後緣，引彼功能故。」境相與識定相隨故，雖俱時起，亦作識緣。因明者說，若此與彼有無相隨，雖俱時生，而亦得有因果相故。或前識相為後識緣，引本識中，生似自果功能令起，不違理故。若五識生〔＊〕唯緣內色，如何亦說眼等為緣？<br><br>「識上色功能，名五根應理，功能與境色，無始互為因」以能發識比知有根，此但功能，非外所造故。本識上，五色功能名眼等根，亦不違理。功能發識，理無別故。在識在餘，雖不可說，而外諸法，理非有故。定應許此在識非餘，此根功能與前境色，從無始際，展轉為因。謂此功能至成熟位，生現識上五內境色。此內境色，復能引起異熟識上五根功能。根、境二色與識一異或非一異，隨樂應說，如是諸識，〔1〕惟內境相為所緣緣。理善成立。（大正三一・888下- 889上）〔＊9-2〕唯＝惟【宋】【元】【明】【宮】＊。〔1〕惟＝唯【宋】【元】【明】【宮】。<br><br>關於兩種行相：<br><br>窺基《成唯識論掌中樞要》卷2也提到兩種行相：<br><br>行相有二：一、影像相名行相，何故即似本境？二、見分名行 |

| | |
|---|---|
| | 相，何故不似耶？答：影像名行相，見分之行解相狀，見分之行〔1〕但境相貌，見分名行相，行於境體中故。如無分別智無〔2〕狀相，故似不似。又未必影像相一向似境，無為緣等即不似故。（大正四三・647下- 648上）〔1〕〔但〕－？。〔2〕狀相＝相狀【丁】。<br><br>道邑《成唯識論義蘊》卷2也提及兩釋：<br><br>然唯初解至不同一行相者，准下兩釋「同一所緣不同一行相」。一云：本質是一，相分各異，名「同一所緣不同一行相」。二云：相分相似，名「同所緣」，見分各異，名「不同一行相」。若唯以行，見名行相，即第八俱五數，但成後解，便無前義。以第八心心所，本質各異，非同一故。除第八識，餘心心所，有本質、影像者，皆成兩解，故須雙取見、相二分，俱名行相，疏之意也。（卍續藏經七八・833上-下）<br><br>窺基《大乘法苑義林章》卷5：依《集量》說「疎所緣緣，一切心生決定皆有」（大正四五・342下）<br><br>《成唯識論述記》卷4：「有二境色。一、俱時見分識所變者，二、前念識相為後識境，引本識中生似自果功能令起，不違理故。即是前念相分所熏之種，生今現行之色識故。說前相是今識境，不用前識為今所緣，如親相分能生見分。」（大正四三・381上） |

| | |
|---|---|
| PS・PSV | anyathā yadi viṣayānurūpam eva viṣaya-jñānaṃ syāt<br><br>否則，如果對對境的認識，只有與對境相似的行相，<br><br>svarūpaṃ vā,jñānajñānam api viṣayajñānenāviśiṣṭaṃ syāt.<br><br>或者只有自身的行相，對認識的認識也可能與對對境的認識是無差別。 |
| PSṬ | 78,15**anyathe**ti dvirūpatābhāve / **yadi viṣayānurūpameva viṣayajñānaṃ syād**iti nānubhavarūpamapi / nanu ca naiva kaścidviṣayaikarūpaṃ jñānamicchati, tatkimarthamidamuktam / viṣayākāre jñāne sādhyamāne kvacidiyamāśaṅkā syāt — viṣayākāraṃ cejjñānaṃ pratipadyate, svarūpaparityāgenaiva pratipadyata iti /<br><br>「否則」這一詞是如果說認識不具雙重行相（位格關係）。**如果說對對境的認識只有與對境行相一致的話**，而沒有經驗的行相。難道 |

| | |
|---|---|
| | 這不是要被承認的嗎？任何認識只具有一個對境的行相，〔這是公認的，〕為什麼還要說〔具兩種行相〕這樣的話呢？證明認識具有認識對境的行相時，總是會有這樣的疑惑——如果認識是具有對境的行相而生起的話，那麼，就只能捨棄自身的行相而生起。（這是反對者的意見）<br><br>atastāṃ nirākartuṃ svarūpamajahadeva tadviṣayākāramanukarotīti darśanārthametaduktam / **svarūpaṃ ve**ti / anubhavākārameva vā, na viṣayākāramapi / **jñānajñānamapi viṣayajñānenāviśiṣṭaṃ syād**iti / **jñānajñānaṃ** viṣayajñānālambanajñānam , tad**viṣayajñānenāviśiṣṭam**aviśeṣitaṃ bhavet /<br><br>所以，為了消除這個疑惑，為了說明認識採納認識對境的行相，〔採納〕同時並不會放棄自身行相，因此，〔陳那〕才會說這樣的話。「**或者只有自身的行相**」：或者只有經驗的行相，而沒有對境的行相。「**對認識的認識就和對對境的認識不會有區別**」：「**對認識的認識**」是以〔第一重〕對境的認識作為所緣來認識，這個認識**就不會被〔第一重〕對境認識所限定**，即不會被區分。<br><br>viṣayānukārānuraktaviṣayajñānākāratvena viśeṣeṇa viśiṣṭaṃ notpāditaṃ syādityarthaḥ /<br><br>上述亦即可能由採納對境行相賦予特徵的對境認識的行相特殊性所規定的認識就會無法產生這樣的意思。 |
| PV | |
| PVIN | |
| 漢傳 | |

| | |
|---|---|
| PS・PSV | |
| PSṬ | 79,6yadi hyālambanenātmīyākārānugataṃ svajñānamutpādyata ityetadasti,tadā viṣayajñānādutpadyamānaṃ jñānaṃ yathoktākāraviśiṣṭaṃ syāt /<br><br>實際上，如果如下所說是對的話，即〔對某個物體的認識，而〕這個認識是被這個物體的自身行相所覆蓋（anugata），而且通過認識對象產生對它的認識，那麼，才會有從對境認識產生的認識，才會 |

有被如上所說的特殊性行相所規定的認識。

asati tvasminyathā viṣayaḥ svajñānaṃ na viśeṣayati, svasārūpyeṇa viśeṣeṇa viśiṣṭaṃ na-utpādayati, tathā viṣayajñānamapi svajñānaṃ na viśeṣayet / viśeṣayati ca /

但是，如果不是這樣的情況，就會出現如同對境，不能對它的（sva）認識作特殊規定，與認識對象自身相似行相的特殊性所規定的這個認識也不會產生，就像對對境的認識也是不能對它的認識作出某種特殊規定。〔這個認識也不能以與它行相一致的特殊性所規定。〕但是，實際上是作了規定。

tasmādviṣayajñānasyāpyasti viṣayākāraḥ / yadyadākāraṃ svajñānenālambyate, tadākāraṃ tadbhavati /

因此，就對對境的認識（第一重認識）而言，〔在被第二重認識時，〕也是必須帶有對境的行相〔否則，就不會對第二重認識作規定〕。當某個實存體，以它自己的行相被對它自己的認識所認識，那麼，這個實存體在對它的認識中，帶著它的行相。

tadyathā sāsnādimadākāraḥ svajñānenālambyamāno gauḥ sāsnādimadākāraḥ / viṣayākāraṃ ca viṣayajñānaṃ svajñānenālamb yate,tadākāro'yamālambyata ityasyā vyavasthāyāstadākāranibandha natvāt / tasyāṃ sādhyāyāmidaṃ kāryam / tadākāratve tu svabhāvaḥ / viṣayānubhavajñānaṃ cātropalakṣaṇamātram / cintājñānamapi yathācintitārthākāraṃ jñānākāraṃ ca svajñānenopalabhyate /

譬如牛以有頸下垂肉的行相是被對它的認識，當作認識對象來認識，這個牛必須帶著牛的頸下垂肉的行相。帶著對境的行相的對境認識會被它的認識所認知，具有對境（tad）的行相是被這個認識所認知，作這樣的確定，是由於具有它的行相的理由。如果它是要被證明的命題，這個理由是果（k　rya）。若是通過行相推知，使用的是自身存在（svabh　va）。而在這裡對對境經驗的認識，僅僅是通過實例而言。對某種想法的認識也是這樣，按照它被想過的對象行相，以這樣認識行相被它自己的認識所認識。

tathā hi yathā viṣayajñānajñānaṃ viṣayānubhavajñānasya na kev alāmartharūpatāmanubhavarūpatāṃ vā pratyeti, api tvīdṛgarthaṃ tajjñānamāsīdityubhayākāraṃ gṛhṇāti, tathedṛgarthākārā cintāsīditi svajñānena gṛhyate //

| | |
|---|---|
| | 具體來說，就如同對對境認識的認識，不僅要承認具有對境經驗的認識是認識對象的行相，或者是經驗的行相，而且也是認取兩種行相：「有這樣的認識對象以及對這樣東西的認識」，而且會被它自己的認識所認識：「以這樣的認識對象行相以及對它的想法。」 |
| PV | |
| PVIN | |
| 漢傳 | |

| | |
|---|---|
| PS・PSV | |
| PSṬ | 80,4syādetat —nirākārameva viṣayajñānamutpadyate / tasmiṃstvarthakār yatayārthakāryametajjñānamityeṣā smṛtirbhavati / tasyāṃ satyāmanubha vajñānaheturapyarthaḥ smaryate / tataḥ paścādbhrāntyānubhavajñānama rthena saṃyojyārthākāratayādhyavasyati /<br><br>會有這樣的〔無相說〕反對：對對境的認識絕對是不帶行相產生。但是，在這個過程中，由於是認識對象的結果，這個認識不過是認識對象的結果，所以，認識對象的結果成為記憶。的確，對於認識對象的結果，認識對象也會被記憶為造成對經驗認識的原因。此後，由於迷誤的原因，把經驗的認識和認識對象相連接，才會判定〔經驗的認識〕具有認識對象的行相。 |
| PV | |
| PVIN | |
| 漢傳 | |

| | |
|---|---|
| PS・PSV | na cottarottarāṇi jñānāni pūrvaviprakṛṣṭaviṣayābhāsāni syuḥ, tasyāviṣayatvāt. ataś ca siddhaṃ dvairūpyaṃ jñānasya.<br><br>每個後來的認識就不會有以前消失的認識對境的顯相，因為這個〔以前消失的〕對境不是後來認識的對境。所以，證明認識必須帶有雙重性。 |

<table>
<tr><td>PSṬ</td><td>80,7na ca yāvatā bhrāntena pratipattrā tattathāvasīyate, tāvatā tadākārameva tadbhavatīti yuktamityāha — na cottarottarāṇītyādi / cakāro'vadhāraṇe /<br><br>不過，認識絕對不是真的具有這樣的行相，如同被迷誤的認識者對它作如此判斷那樣，所以，說所謂認識具有認識對象的行相〔是錯誤（以上是無相論者的觀點），陳那〕對此回答：以「每個後來的認識就不會有〔以前消失的認識對境的顯相〕」為首的那句話。“ca”這個字是限制在一定的實例。<br><br>80,8uttarottarāṇi viṣayajñānajñānādīni tāni pūrvasyānubhavajñānasya yo viṣaya uttarottarajñānāpekṣayā jñānāntaritatvādviprakṛṣṭastadābhāsāni naiva bhavanti, naiva prāpnuvantītyarthaḥ / kutaḥ / tasyāviṣayatvāt / tasya yathoktasyārthasyottarottarajñānānāmaviṣayatvāt /<br><br>每個後來的認識是對對境認識的認識等等，每個後來的認識，絕對不會有以前已經消失認識對境的顯相，〔因為〕對境對以前經驗的認識而言，通過觀待每個後來的認識，因為已經是相隔很遠的認識，是消失的東西，〔每個後來的認識〕就是不會獲得〔這樣的認識對境的顯相〕。為什麼呢？因為這個〔以前消失的〕對境不是後來認識的對境。如前所說的認識的對象，對於後來不斷出現的認識而言，因為不是後來認識的對境。<br><br>80,12yadi sa teṣāmapi viṣayaḥ syāt, tadā tad utpanneṣu teṣvarthakāryatayā rthakāryāṇyetāni jñānānītyeṣā smṛtiḥ syāt / tatasteṣāmapi hetuḥ so'rthaḥ smaryeta / tataśca tenārthena saṅkalayya tatpratibhāsitvena bhrāntena pratipattrā gṛhyeran /<br><br>如果〔前面認識的〕對境對這些後來認識而言，也是對境的話，那麼，這些後來的認識就會被這樣記憶：當作前面認識對象的結果，由於它們是認識對象的結果，當它們如此產生時它們就被如此記住了。〔認識會被記成對象的結果，〕因此，對象也會被記成它們的因〔，因果關係也被記住了〕。然後，由於〔每個後來的認識〕和這樣的認識對象結合，所以，他們才會被那些迷誤的認識者，當作是具有它的顯相而被認知。<br><br>na cāsau teṣāṃ viṣayaḥ, kiṃ tarhyādyasyaiva jñānasya / tatastadevārthasāmarthyabhāvi saṃyojyārthena tadākāratayā gṛhyeta, nottarottarāṇi, teṣāṃ tadaviṣayatvāt /<br><br>其實，這個對境不是後來認識的對境，而是第一重認識的〔對</td></tr>
</table>

| | |
|---|---|
| | 境〕。因此，正是這個認識藉助於對象的力量而產生，所以，要和對象相連繫，帶著對象的行相被認知，而不是每個後來的認識，對他們而言，因為它不是對境。<br><br>81,3gṛhyante ca tānyapyarthākārānukāritayā / tathā hy uttarottarasya jñānasyaikaika ākāro'dhika upalabhyate / ghaṭajñānajñānena hi ghaṭākāraṃ jñānamālambamānaḥ saha ghaṭākāreṇa ghaṭākāraṃ jñānamāsīditi pratyeti / tajjñānena tu ghaṭajñānajñānamālambamāno ghaṭajñānajñānamāsīditi saha ghaṭajñānākāreṇa ghaṭajñānajñānam / evamuttareṣvapi veditavyam /<br><br>所有後來的認識，也是採納對象行相產生而被認知。具體來說，每個後來的認識都要認取每一個被附加的行相。〔譬如〕把帶有瓶子的行相的認識當作他的認識對象的人，就會帶著瓶子的行相來作認識，而且以對瓶子的認識的認識形式，他會想剛才有個帶著瓶子的行相的認識。更進一步〔，以剛才所說認識的認識方式〕，把對瓶子的認識的認識，作為認識對象的人，就會帶著瓶子的認識行相，產生瓶子的認識的認識，是帶著瓶子認識的行相的認識，而且他會想剛才有個瓶子的認識的認識。按照前面所述，以後不斷產生的認識也是應該如此理解。<br><br>81,8tadevamuttarottarajñānāni pūrvaviprakṛṣṭārthākārāṇi gṛhyante / na ca teṣāṃ svaviṣayaḥ, yatastvaduktayā nītyā tathā gṛhyeran / tasmāttāni svabhāvata eva tadākārāṇi bhavantītyabhyupeyam / na cādyasya jñānasya viṣayākāraśūnyatve pūrvaviprakṛṣṭārthābhāsāni bhavanti yathoktaṃ prāk / tasmāttadapyarthābhāsameṣṭavyam / **ataśca siddhaṃ dvairūpyam** //<br><br>如此後來不斷產生的認識，就會帶著以前久遠或已消逝的對象行相來認知，而不是帶著它們自己的對境，所以，它才會像你所說原理那樣被認知。所以，就其本質而言，這些認識必須是帶有對境的行相，這點必須被承認。不過，如果第一重認識，不帶有對境的行相，那麼，這個認識就不會帶有第一重已經久遠的認識對象的顯相。如前所說。所以，第一重認識也是帶有對象顯相，這點必須被承認。**所以，證明認識必須帶有雙重性**。 |
| PV | cf.p.80[a] (cf.PV3.381a-c') (PSṬ81,9c). Rāhula Sāṅkṛtyāyana,<br>【〔ka. nārthāt smṛtiḥ〕】, p.233<br>arthakāryatayā jñānasmṛtāv arthasmṛter yadi<br>artha-kāryatayā jñāna-smṛtāv artha-smṛter yadi |

| | 由於是認識對象的結果，如果對認識對象的記憶是對認識的記憶<br>bhrāntyā saṅkalanaṃ;<br>因為混亂，就堆積在一起了； |
|---|---|
| PVIN | |
| 漢傳 | |

| PS・PSV | （總解PSV: viṣayajñāne tu yaj **jñānaṃ** tad viṣayānurūpajñānābhāsaṃ svābhāsaṃ ca. 而對認識對境的認識的認識而言，也會有〔兩種顯相：〕與認識對境行相一致的認識（一）顯相和認識本身（二）顯相。） |
|---|---|
| PSṬ | 81,13**viṣayajñāne tu yajjñānam, tadviṣayānurūpajñānābhāsaṃ svābhāsaṃ ce**tyetadeva kutaḥ , yatastadvaśena viṣayajñānasya viṣayasārūpyaṃ syāditi cet, yatastasya viṣayajñānasambandhinau taddvārāyātau viṣayākārānubhavākārau tṛtīyaśca svābhāsalakṣaṇa ākāra ityete traya ākārāḥ svajñānenālambyante / etacca—uttarottarasya jñānasyaikaika ākāro'dhika upalabhyata ityanena sampratyevākhyātam / tatkimiti vismaryate /<br>〔論敵〕置疑：「**這個認識是從對對境的認識產生的〔第二重認識〕，具有與對境的行相一致的認識的顯相以及對〔第一重〕對境的認識的認識本身的顯相**」，為什麼就是這樣？由於通過此，對對境的認識，如果是和認識對境相同行相的話，那麼，對這個認識而言，由於各別與對境、認識相連繫，通過此途徑而被認識的兩種行相：〔所執〕對境的行相和〔能執〕經驗的行相二個，再加上第三個是具有認識本身顯相特徵的行相，所以，這三種行相被自己的認識當作認識對象而被認知。前面已經說過的——每個後來的認識，都要認取每一個附加的行相，通過這樣的說法，〔三分說〕就得完整的解釋。剛剛說過的話，〔你〕怎麼會忘掉呢？<br>82,3tasmāttatrāpi viṣayānurūpajñānākāratayā sādhyeyadyadākāraṃ svajñānenālambyata ityādi sādhanaṃ vijñeyam /<br>因此，即使在這裡〔第二重認識帶著認識行相〕是具有與對境行相一致的認識行相是要被證明的論題時，任何東西它被它自己的認識所認知時，它必須帶著它的行相而被認知，由此可以證明〔認識是 |

| | |
|---|---|
| | 帶著與認識對境行相一致的認識行相〕，這應該被理解為是能成法。<br>82,5nanvevaṃ tajjñānādiṣvapi sādhanaṃ vācyamityanavasthā syāt / naitadasti / yasya hi jñānasya sannikṛṣṭo viṣayaḥ,tatra sandeho jāyate — kimayaṃ nīlākāro viṣayasya, jñānaṃ tu nirākāram, uta jñānasyeti / yasya tu jñānasya viprakṛṣṭo viṣayastadānīṃ nāstīti niścitaḥ, tasya viṣayākāratāṃ prati saṃśayo na bhavatyeveti nānavasthā //<br>〔論敵說〕難道不是這樣嗎？如你所說，儘管對認識等等，也是需要說證明它的理由，這樣下去就會永無止盡。不會這樣的。因為對這樣的認識而言，有靠近現有的認識對境，才會產生這樣的疑惑：難道這個藍色行相是屬於認識對境的，而認識是不帶行相的嗎？或者〔藍色的行相〕屬於認識的。對那些比較久遠的認識對象的認識而言，在這狀況下，根本就沒有這樣的疑惑，這點是肯定的，對那些比較久遠的認識而言，對於具有認識對境的行相上，不會有疑惑，也就不會有無窮的狀態。 |
| PV | |
| PVIN | |
| 漢傳 | 同一所緣不同一行相 |

## 【PS 1.11c & PSV】後時的記憶證明認識具有雙重性

| | |
|---|---|
| PS・PSV | **smṛter uttarakālaṃ ca (11c)**<br>又因為後時的記憶， |
| PSṬ | 82,10**smṛteruttarakālaṃ ce**tyādi / pūrvamekasya viṣayajñānasya viṣayasārūpyeṇa viśeṣeṇa dvairūpyaṃ sādhitam / idānīṃ jñānānāṃ parasparavivekena smṛteḥ sādhyate / yathā hi parasparavilakṣaṇeṣu rū pādiṣvanubhūteṣvanyonyavivekena smṛtirbhavati, tathā jñāneṣvapi / **tasmādasti dvirūpatā jñānasya** /<br>以「**又因為後時的記憶**」為首的這句話。對在前的單個對境的認識而言，是具有雙重性質，通過與對境行相一致的特殊性就已被證明。現在，諸認識的雙重性還要被證明，是通過每個認識記憶是彼此不同來被證明。換言之，當對那些彼此不同特徵的色等認識對境被經驗時，由於互不相同，記憶就產生，如同記憶〔會對前二有不同記憶〕，對〔後面的〕認識也是。**由於這個原因，認識具有雙重行相**。 |

| PV | |
|---|---|
| PVIN | |
| 漢傳 | |

【PSV on 1.11c】

| | |
|---|---|
| PS・PSV | dvairūpyam iti sambandhaḥ. yasmāc cānubhavottarakālaṃ viṣaya iva jñāne 'pi smṛtir<br><br>utpadyate, tasmād asti dvirūpatā jñānasya svasaṃvedyatā ca<br><br>要與〔認識具有〕雙重性連繫。就如同對認識對象有經驗的認識一樣，對於〔認識的〕認識，也會有記憶產生，由於這個原因，認識具有雙重行相並且必須是應被自我認知認識的事實。 |
| PSṬ | 82,13anyathānubhavamātreṇa pratyarthamaviśiṣṭeṣu sarvajñāneṣu bhedenānanubhūteṣu rūpajñānamāsīnmama, na śabdajñānamiti śabdajñānaṃ vā na rūpajñānamiti yeyaṃ vivekena smṛtiḥ, sā na syāt //<br><br>否則，對任何對象而言，〔記憶〕僅僅以經驗來記憶，〔而不是如前述以不同來記憶〕如果這樣，一切認識是沒有區別的，有區別卻不被經驗到，對我而言，有個關於色的認識而不是關於聲音的認識，或者聽到聲音的認識而不是看到某種色的認識，這樣的記憶，以不同形式產生的記憶，就不可能了（亦即就不會有不同的記憶）。<br><br>83,4syādetat — yathānubhavātmatve tulye sāmagrībhedātsukhādibhedo bhavati, tathā prativiṣayamaparāparasāmagrīkṛto bhedaḥ sūkṣmo'sti / ato vivekena smṛtirbhaviṣyatīti /<br><br>會有以下反對意見：正如同如果〔任何的認識〕具有經驗的性質，那麼，性質上都是一樣，由於因緣聚合體是不同，才會有快感、悲痛等的不同心理產生，才會有不同的認識（內在），同樣的，對於各個對境，會有細微的不同，是由各不相同的因緣聚合體所造成。在此以後，將會有不同型態的記憶。<br><br>83,6asadetat / spaṣṭo hi bhedaḥ smṛtinibandhanam / tathā hi kasmiṃścidupekṣāsthānīye viṣaye yajjñānaṃ dhārāvāhi, tasyāpyaparāparendriyādisāmagrī / tathāpi na bhedena smaraṇaṃ yatheyanto buddhikṣaṇā vyatītā iti / yathā ca |

| | |
|---|---|
| | yamalakayorākārasāmye'pyasti bhāvato bhedaḥ, tathāpyaspaṣṭatvāttasya na bhedena pratyabhijñānaṃ bhavati, kiṃ tarhi tayoḥ parasparaṃ samāropaḥ / tasmādaspaṣṭabhede'rthe na vivekinī smṛtirbhavati /<br><br>這是不對的。因為清楚的差別會與記憶相連繫（因果連繫）。具體來說，在某種情況下，認識對象受到忽略時，具有流程的認識（意識流），對它而言，也會有各不相同的原因如感官等的因緣聚合體。儘管如此差別，記憶力並不是如同已經過去的剎那的認識那樣來記憶〔，所以，因緣聚合體差別和記憶沒有關係，以此駁斥論敵〕。如同兩個雙胞胎，儘管外表很像，但是，他們內在的個性會有差別一樣，同樣的，由於認識對象已經久遠模糊，看起來是不帶有差別，雖然二人不同，還會作出錯誤的指稱。由於認識對象的差別不清楚，所以，對它們產生不帶區別的記憶。<br><br>83,11ato'rthakṛtaḥ kaścidanubhavasyāsti viśeṣaḥ, yato vivekena smṛtirbha vatītīcchatārthasārūpyameṣṭavyam / tataśca siddhaṃ dvirūpaṃ jñānamiti //<br><br>所以，有對象所造成的某些經驗是有差別，以至於有後來種種不同的記憶產生，由於這個是被承認的，所以認識是具有與認識對象一致的行相，這是應該被承認的。所以，認識具有兩種行相就得到證明。<br><br>83,14svasaṃvedyatā cetyanenānantaroktāyā evopapatteḥ sādhyāntaramāha / na kevalaṃ smṛteruttarakālaṃ dvairūpyaṃ siddhaṃ jñānasya, api tu svasaṃvedanamapi,yatpramāṇaphalatveneṣṭam / asti tāvajjñānasya kutaścidanubhavaḥ / ataḥ smṛtirapi syāt /<br><br>通過「並且必須是自我認知認識的對象」這句話，緊隨其後要說的就是在論證程序上，有另一個要被證明的命題（謂語）。因為後時的記憶不僅僅是用來證明認識具有雙重性，而且還能證明自我認知。自我認知是被認作認識結果〔，這就是第三分〕。首先，〔不管源於什麼認識對象，〕產生的認識要被經驗到，然後，才會有記憶。 |
| PV | |
| PVIN | |
| 漢傳 | 惠沼《成唯識論了義燈》卷2：「要集云：汎論憶事即有二種。一者能憶心，二、所憶境。若能憶心唯第六識，與念相應，故能憶 |

| | 之。故《唯識二十論》云：與念相應，意識能憶。過去諸識所受之境，雖滅無體，前念諸識領彼境界，熏成種子不失等也。於所憶境即有二義：謂憶曾受境，或憶曾能受心，此心即由自證分力，故今能憶等。今謂此釋未能盡理，何者？有異熟心不能熏種，由誰為因，後時能憶？又宿住智所緣之境，非皆曾受，佛果八識皆能憶前，不唯第六故義不盡。」（大正四三・687下- 688上） |
|---|---|

## 【PS 1.11d & PSV】後時記憶證明自我認知

| | |
|---|---|
| PS・PSV | kiṃ kāraṇam.<br>為什麼呢？<br>**na hy asāv avibhāvite //11//**<br>**〔當這個認識是還未被經驗時，〕對它的記憶是絕對不可能。**<br>na hy ananubhūtārthavedanasmṛtī rūpādismṛtivat.<br>如果對認識對象的認知還沒有被經驗的話，那麼，就不會有對它的記憶，如同對色等的記憶。 |
| PSṬ | 84,1tāvatā tu kutaḥ **svasaṃvedyate**ti matvā pṛcchati — **kiṃ kāraṇam**iti / ātmanaiva jñānasyānubhavo yuktaḥ, nānyeneti niścityāha — **na hyasāv**ityādi / asyāyamarthaḥ — yatra smṛtiḥ, tatrānubhavaḥ, **rūpādivat** / asti ca smṛtiriti kāryam //<br>有了——就這個而言，你還會說前面認識**是自我認知認識的對象**——這種想法之後，詢問：「**為什麼呢？**」。認識的經驗只能通過認識自身產生，這才是合理，而不是通過別的，對此作了肯定之後，陳那說：「〔當這個認識是還未被經驗時，〕**對它的記憶是絕對不可能**。」等等。這句話是有如下含義——凡是對某種東西有記憶的，就必須要有對它的經驗，如同對色等〔有經驗才有記憶〕。記憶有這樣的因果關係。 |
| PV | |
| PVIN | |
| 漢傳 | |

## 【PS1.12 & PSV】

| | |
|---|---|
| PS・PSV | syād etat—rūpādivaj jñānasyāpi jñānāntareṇānubhavaḥ. tad apy ayuktam, yasmāj **jñānāntareṇānubhave 'niṣṭhā** anavasthā iti tajjñāne |

| | |
|---|---|
| | **jñānāntareṇa** anubhūyamāne. kasmāt.<br>會有人（論敵）提到如下：如果一個認識，也會被另一個認識所經驗，如色等的對境，也會被另外的認識所經驗。則這說法也是不對的，如果〔你說不是認識自身的認識〕當〔認識〕被別的認識經驗時，就會出現無窮無盡的結果。<br>所謂無窮無盡的結果是對這個認識對境的認識〔不是被這個認識本身所認識，而〕是**被另外的不同認識**所經驗。為什麼呢？ |
| PSṬ | 84,4**syādetad**ityādinā **jñānāntareṇānubhavo** 'bhīṣṭa eva / ataḥ siddhasādhyateti parābhiprāyamāviṣkaroti / **jñānāntareṇe**tyādinā siddhasādhyatāṃ pariharati /<br>通過「**會有人〔論敵〕提到如下：**」等等這句話，闡明論敵（他者）的意圖：**〔如果一個認識，也會〕被另一個認識所經驗**，這點是必須得到證明。所以，這是顯示對已證明要再被證明的命題。〔陳那〕駁回以下的說法：由於〔論敵說〕**認識被別的認識〔所經驗〕**等等，是對已證明要再證明的命題。 |
| PV | |
| PVIN | |
| 漢傳 | |

| | |
|---|---|
| PS・PSV | **tatrāpi hi smṛtiḥ / (12'b)**<br>因為對這個〔認識〕而言，還會有記憶。 |
| PSṬ | |
| PV | |
| PVIN | |
| 漢傳 | |

| | |
|---|---|
| PS・PSV | yena **hi** jñānena taj jñānam anubhūyate, **tatrāpy** uttarakālaṃ **smṛtir** dṛṣṭā yuktā .<br>**因為**這個〔對境的〕認識被另一認識所經驗，對經驗它的認識而 |

| | |
|---|---|
| | 言，必然要承認後時會有**記憶**。<br><br>tatas tatrāpy anyena jñānena anubhave 'navasthā syāt.<br><br>然後，對〔經驗它的〕認識，還會再被另一個認識所經驗，〔對經驗認識再有記憶，〕如此就會無窮無盡。 |
| PSṬ | 84,7**yena hi jñānena jñānamanubhūyate, tatrāpyuttarakālaṃ smṛtirdṛṣṭā** / na cānanubhūte cānanubhūte smṛtiry**uktā** / tato 'nyena tadālambanena jñānena bhāvyam / **tatrāpi** ca **smṛtiḥ** / **tatastatrāpyanyene**ti / ato jñānāntareṇ**ānubhave 'navasthā** jñānānām /<br><br>**因為這個〔對境的〕認識被另一認識所經驗，對經驗它的認識而言，必然要承認後時會有記憶**。雖然，沒有不被經驗過的〔感官認識不可能被有分別來〕認識，但是，**必然**不會有不被經驗的〔將來產生在意識的〕記憶。〔如果一個認識被另一個認識，〕那麼，另外的認識就必須把前面的認識當作認識對象來認識。**對另外的認識，也是作認識的認識**，才會有**記憶**。所謂「**然後，對經驗它的認識，還會再被另一個認識所經驗**」。如果這樣的話，**對一個經驗**還會被另外的認識再次經驗，這些認識就會**無窮無盡**。 |
| PV | |
| PVIN | |
| 漢傳 | |

| | | |
|---|---|---|
| PS・PSV | **viśayāntarasañcāras tathā na syāt sa (=sañcāra) ceṣyate //12//**<br><br>如果這樣的話，〔認識只會緣前識，認識從一個對境〕轉移到另一個對境，就會變得不可能。但是，這種認識轉移一般認為是可能的。〔所以，論敵的主張是與一般認識相違矛盾。〕 | |
| PSṬ | 84,10ekajñānābhinirhṛtāyā meva jñānaparamparāy āmuttarottarāṇi jñānāni pūrvapūrvajñānā lambanānyanantāni prasajyanta ityarthaḥ / tathā sati ko doṣa ityāha — **viṣayāntarasañcāra** | 85,1syādetat — mā bhūdantyasya jñānasya jñānāntarasaṃvedyatvaṃ smṛtiśca / tadekamananubhūtamasmṛtameva cāstām / ato viṣayāntarasañcāraḥ syāditi /<br><br>〔反對者口氣緩和說：〕可能可以這樣理解：到了認識鎖鍊的最後階段，〔並不是如陳那所說，〕絕不是被另外一個認識所 |

<table>
<tr><td></td><td>ityādi / viṣayāntare jñānasya pravṛttirna syāt / iṣyate ca / tatra yato jñānātsañcāraḥ, tasya svasaṃvedanaṃ syāt //<br><br>意思是說：如果第一重認識的這樣的認識鎖鍊，是在一個認識產生，認識必然導出這樣的結果：每個後來的認識不斷的取每個過去的認識作為認識對象，這樣就會無窮無盡。如果是這樣的話，會有什麼樣的不對呢？──以「〔造成與我們日常生活經驗相反的東西就出來，認識就不可能出現從一個對境〕轉移到另一個對境」這句話為首等等。認識不可能轉移到另一個認識對境，但是，轉移是被大家所承認的。從對某個認識對象的某個認識轉移出來，對轉移的出發點的認識而言，就是自我認知。</td><td>認知的對象，然後對此最後認識還會有記憶。〔因為這樣就不會沒完沒了。〕只有唯一最後的認識，才有可能一直不被別的再次經驗，也不會被別的再次記憶。這樣的話，才可以轉移到另一個對境。<br><br>ayuktametat / tathā hi yadyantyaṃ jñānaṃ nānubhūyeta, tataḥ sarvāṇi pūrvakālabhāvīni jñānānyananubhūtāni syuḥ, tadupalambhasya parokṣatvāt / yasya yadupalambhaḥ parokṣaḥ, na tattenānubhūtam / tadyathā devadattasya jñānaṃ devadattānubhūtaṃ yajñadattena / parokṣaścātmasamb andhipūrvakālabhāvijñānopalambh aḥ prāṇinaḥ / viruddhavyāptaḥ /atha vā yadapratyakṣopalambham, na tatpratyakṣam, parokṣavat / tathā cānanubhūtopalambhaṃ jñānam / viruddhavyāptaḥ //<br><br>這個說法是不對的。具體來說，如果最後的認識不能被經驗，那麼，每個前面時段所出現的認識，都可以成為不被經驗的，因為前面的認識〔時間久遠，對後來的認識而言〕是不可直接觀察到。對某個認識而言，如果對這個認識〔由於時間久遠〕已經是不可直接觀察到，那麼，這個認識就不可能被它經驗。例如天授的認識是被天授所經驗，不能被他人所經驗。對人來說，不能直接觀察的只能是對和自身相連繫的過去時段形成的認識的感知〔，不是別的〕。因為和周遍相矛盾。或者是某個非直接知覺的感知，它就不是直接知覺，如同不能直接觀察。這樣的話，最後的認識是不再被經驗取得的感知。因為和周遍相矛盾。</td></tr>
<tr><td>PV</td><td colspan="2"></td></tr>
<tr><td>PVIN</td><td colspan="2"></td></tr>
</table>

| 漢傳 | |
|---|---|

| | |
|---|---|
| PS・PSV | tasmād avaśyaṃ svasaṃvedyatā jñānasyābhyupeyā. sā ca phalam eva.<br><br>所以，我們必須承認認識可以被自我認知所認識。而自我認知恰恰就是結果。<br><br>tathā pratyakṣaṃ kalpanāpoḍham iti sthitam.<br><br>如是，直接知覺是離概念構想，因此，被確定。 |
| PSṬ | 85,9syādetat — yadātmanānubhūtaṃ jñānam, tadeva pratyakṣaṃ bhavati / tena parairyadanubhūtam, na tatpratyakṣamiti / sa tarhyātmānubhavaḥ kutaḥ siddhaḥ /<br><br>這個說法可能是——只有被自身經驗過的認識，才是直接知覺。所以，被別的認識所經驗的認識，則不是直接知覺。如果這樣的話，怎麼證明被自身所經驗的呢？〔下面說證明是有困難。〕<br><br>yadi hyanubhavaḥ sidhyet, tadātmani paratra veti syādvibhāgaḥ / sa eva tvasiddhaḥ / tasyāsiddhāvubhayatrāpi parokṣatvenāviś eṣādātmanyayamanubhavo nānyatretyetatparokṣopalambhena durjñānam / tatkuta ātmānubhavaḥ / yadi hi grāhyopalambhāsi ddhāvapi vastu pratyakṣamiṣyate, sarvamidaṃ jagatpratyakṣaṃ syāt, apratyakṣopalambhatvenāviśeṣāt / na ca bhavati / **tasmātsvasaṃvedyatā jñānasyābhyupeyeti** //<br><br>其實，如果經驗是可被證實，則會產生不確定性：經驗發生是在認識自身或是在另外的認識？而就這種分辨本身，其實是沒法證成的。當分辨本身不能證實時，在認識自身或者另外的認識的兩者情況下，都〔不是很明確的，〕是由於不能直接觀察到，因為是不具有差別性，所以，這個經驗是在自身，而不在別的認識產生，這個說法由於是不能直接觀察的感知，所以，很難知道它。自我的經驗是如何呢？其實，如果因為某個實存體即使認識對象和認識對象的取得二者都不成立，還是被認為是直接知覺，則這個世間可能全是直接知覺，〔這樣仍然〕當作不是直接知覺的方式取得認識，因為不具有差別性。不過，沒有這樣的認識。**因此，認識是自我認知所認識的事實，這點是被承認**如上。 |
| PV | |

| PVIN | |
|---|---|
| 漢傳 | |

## 【註解】

❶ 按照PVP.PVM.，修改anya svabhedo而成。宮坂本，頁82註305-2。

❷ 同樣引文也出現在另本，元曉《起信論疏記》卷3：「問：如《集量論》說：『諸心心法，皆證自體，是名現量。若不爾者，如不曾見，不應憶念。』此中經說云：『不自見』。如是相違，云何會通？答：此有異意。欲不相違，何者？此經論意。欲明離見分外，無別相分。相分現無所見，亦不可說即此見分反見見分，非二用故。外向起故，故以刀指為同法喻。《集量論》意，雖其見分不能自見，而有自證分用，能證見分之體，以用有異故。向內起故，故以燈燄為同法喻。由是義故，不相違背。又復此經論中，為顯實相故，就非有義說無自見。《集量論》主為立假名故，依非無義，說有自證。然假名不動實相，實相不壞假名，不壞不動，有何相違！如此中說，離見無相，故見不見相。而餘處說相分非見分，故見能見相分，如是相違，何不致怪？當知如前，亦不相壞。又說為顯假有，故說有相有見；為顯假無，故說無相無見。假有不當於有，故不動於無；假無不當於無，故不壞於有。不壞於有，故宛然而有；不動於無，故宛然而無。如是甚深因緣道理，蕭焉靡據，蕩然無礙，豈容違諍於其間哉。」（卍續藏經七一・661上-下）

❸ 按照宮坂宥勝，p.88, 347d，更改 apekṣate 為 apekṣyate。註347-1依PVP.是 apekṣyate。

# 附錄五

## 略語表、略號表及參考書目

關於這品的譯註，將會對照以下版本，並以簡寫表之於後。

### 【略語表】

| 版本 | 簡寫 |
|---|---|
| Ernst Steinkellner, *Dignāga's Pramāṇasamuccaya, Chapter 1*, http://www.oeaw.ac.at/ias/Mat/dignaga_PS_1.pdf, 2005 | PS（偈頌）<br>PSV（陳那釋文） |
| Ernst Steinkellner,Helmut Krasser, Horst Lasic: *Jinendrabuddhi's Visalamalavati Pramanasamuccayatika: Chapter 1,* Part 1: Critical Edition and Part 2: Diplomatic Edition, China Tibetology Research Center, Austrian Academy of Sciences, China Tibetology Publishing House, Austrian Academy of Sciences Press, Beijing-Vienna, 2005 | PSṬ |
| 武邑尚邦〈『集量論』本文の註釋的研究〉，《龍谷大學論集》351/354，1956/1957 | 《武邑》 |
| Masaaki Hattori, *Dignaga on Perception,being the Pratyaksapariccheda of Dignaga's Pramanasamuccaya from the Sanskrit fragments and the Tibetan versions*, Cambridge, Massachusetts: Harvard University Press,1968 | 《服部》 |
| 軌範師域龍造．呂澂〈集量論釋略抄〉，《內學年刊》第四輯，臺北：鼎文書局，1975 | 《呂》 |
| 陳那造．法尊法師譯《集量論略解》，北京：新華書店，1982 | 《法尊》 |

| | |
|---|---|
| 陳那・韓鏡清譯《集量論・現量品第一》；Jinendrabuddhi 勝帝釋慧註，《集量論解說・現量品第一》。皆為手稿本 | 《韓》 |
| 何建興《集量論・現量品》中譯，http://www3.nccu.edu.tw/~96154505/5-2.pdf | 《何》 |
| *Pramāṇavārttikavṛtti: Dharmakīrti's Pramāṇavārttika with acommentary by Manorathanandin.* Ed.RĀHULA SĀṄKṚTYĀYANA. (Appendix to Journal of Bihar and Orissa Research Society, Vols. XXIV, XXV, XXVI) Patna, 1938-1940.） | PVV |
| *Dharmakīrti's Pramāṇaviniścayaḥ,*Chapters 1 and 2.critically edited by Ernst teinkellner, Beijing : China Tibetology ; Vienna : Austrian Academy of Sciences Press, 2007 | PVIN |

## 【略號表】

| | |
|---|---|
| 〔 〕 | 方括弧內的字是插入語,，補足原文使能順讀 |
| （ ） | 括號內的字是解釋前詞 |
| PSṬ51,8 | PSṬ中的頁數，行數，下標 |
| PSṬ74,9e | 表示此文對照PV，是在PSṬ的74頁第9行的 e 段文 |
| PVIN I.25,6-7（f-fPSṬ55,7-9e） | PVIN I 的第25頁，第6-7行的 f 段文，對照於PSṬ的第55頁，第7-9行的 e 段文 |

# 【參考書目】

## (一) 原典資料

《大方廣佛華嚴經隨疏演義鈔》，唐・澄觀述，《大正藏》冊三六。
《大乘百法明門論開宗義記》，唐・曇曠撰，《大正藏》冊八五。
《大乘法苑義林章》，唐・窺基撰，《大正藏》冊四五。
《大乘法苑義林章決擇記》，唐・智周撰，《卍續藏》冊九八。
《大乘法苑義林章補闕》，唐・慧沼撰，《卍續藏》冊九八。
《大乘阿毘達磨集論》，無著菩薩造，唐・玄奘譯，《大正藏》冊三一。
《大乘阿毘達磨雜集論》，安慧菩薩糅，唐・玄奘譯，《大正藏》冊三一。
《大乘起信論別記》，新羅・元曉撰，《大正藏》冊四四。
《大乘起信論廣釋卷第三、四、五》，唐・曇曠撰，《大正藏》冊八五。
《大乘唯識論》，天親菩薩造，陳・真諦譯，《大正藏》冊三一。
《大乘廣百論釋論》，聖天菩薩本護法菩薩釋，唐・玄奘譯，《大正藏》冊三十。
《仁王經疏》，唐・圓測撰，《大正藏》冊三三。
《因明入正理論》，商羯羅主菩薩造，唐・玄奘譯，《大正藏》冊三二。
《因明入正理論後疏》，唐・淨眼續撰，《卍新纂續藏》冊五三。
《因明入正理論疏》，唐・窺基撰，《大正藏》冊四四。
《因明入正理論疏抄》，唐・智周撰，《卍續藏》冊五三。
《因明入正理論疏前記》，唐・智周，《卍續藏》冊八六。
《因明入正理論義纂要》，唐・慧沼，《大正藏》冊四四。
《因明大疏抄》，日本・藏俊，《大正藏》冊六八。
《因明大疏裡書》，日本・明詮，《大正藏》冊六九。
《因明正理門論本》，大域龍菩薩造，唐・玄奘譯，《大正藏》冊三五。
《因明義斷》，唐・慧沼撰，《大正藏》冊四四。
《因明論疏明燈鈔》，日本・善珠，《大正藏》冊六八。
《成唯識論》，護法菩薩等造，唐・玄奘譯，《大正藏》冊三一。

《成唯識論了義燈》，唐・慧沼述，《大正藏》冊四三。
《成唯識論別抄》，唐・窺基撰，《卍續藏》冊七七。
《成唯識論述記》，唐・窺基撰，《大正藏》冊四三。
《成唯識論疏抄》，唐・靈泰撰，《卍續藏》冊八十。
《成唯識論疏義演》，唐・如理集，《卍續藏》冊七九。
《成唯識論掌中樞要》，唐・窺基撰，《大正藏》冊四三。
《成唯識論義蘊》，唐・道邑撰，《卍續藏》冊七八。
《成唯識論演祕》，唐・智周，《大正藏》冊四三。
《成唯識論學記》，新羅・太賢集，《卍續藏》冊八十。
《成唯識寶生論》，護法菩薩造，唐・義淨譯，《大正藏》冊三一。
《百論》，提婆菩薩造婆藪開士釋，姚秦・鳩摩羅什譯，《大正藏》冊三十。
《佛地經論》，親光菩薩等造，唐・玄奘譯，《大正藏》冊二六。
《宋高僧傳》，宋・贊寧等撰，《大正藏》冊五十。
《宗鏡錄》，宋・延壽集，《大正藏》冊四八。
《金七十論》，陳・真諦譯，《大正藏》冊五四。
《阿毘達磨大毘婆沙論》，五百大阿羅漢等造，唐・玄奘譯，《大正藏》冊二七。
《阿毘達磨俱舍論》，尊者世親造，唐・玄奘譯，《大正藏》冊二九。
《阿毘達磨俱舍釋論》，婆藪盤豆造，陳・真諦譯，《大正藏》冊二九。
《阿毘達磨順正理論》，眾賢造，唐・玄奘譯，《大正藏》冊二九。
《俱舍論記》，唐・普光述，《大正藏》冊四一。
《俱舍論頌疏》，唐・圓暉述，《大正藏》冊四一。
《般若波羅蜜多心經贊》，唐・圓測撰，《大正藏》冊三三。
《起信論疏記》，新羅・元曉疏并別記，《卍續藏》冊四五。
《唯識二十論》，世親菩薩造，唐・玄奘譯，《大正藏》冊三一。
《唯識二十論述記》，唐・窺基，《大正藏》冊四三。
《唯識分量決》，日本・善珠撰，《大正藏》冊七一。
《成唯識論述記序釋》，日本・善珠撰，《大正藏》冊六五。

《唯識論》，天親造，後魏・瞿曇般若流支譯，《大正藏》冊三一。
《勝宗十句義論》，慧月造，唐・玄奘譯，《大正藏》冊五四。
《無相思塵論》，陳那菩薩造，陳・真諦譯，《大正藏》冊三一。
《菩薩地持經》，北涼・曇無讖譯，《大正藏》冊三十。
《華嚴五教止觀》，隋・杜順，《大正藏》冊四五。
《開元釋教錄》，唐・智昇撰，《大正藏》冊五五。
《貞元新定釋教目錄》，唐・圓照撰，《大正藏》冊五五。
《大唐故三藏玄奘法師行狀》，唐・冥祥撰，《大正藏》冊五十。
《大唐大慈恩寺三藏法師傳》，唐・慧立本，彥悰箋，《大正藏》冊五十。
《瑜伽師地論》，彌勒說，唐・玄奘譯，《大正藏》冊三十。
《瑜伽師地論略纂》，唐・窺基撰，《大正藏》冊四三。
《瑜伽師地論略纂》，唐・窺基撰，《大正藏》冊四三。
《瑜伽論記》，唐・遁倫集撰，《大正藏》冊四二。
《解捲論》，陳那菩薩造，陳・真諦譯，《大正藏》冊三一。
《解深密經》，唐・玄奘譯《大正藏》冊一六。
《解深密經疏》，唐・圓測，《卍續藏》冊三四。
《隨相論（解十六諦義）》，德慧造，陳・真諦譯，《大正藏》冊三二。
《顯揚聖教論》，無著造，唐・玄奘譯，《大正藏》冊三一。
《觀所緣緣論》，陳那菩薩造，唐・玄奘譯，《大正藏》冊三一。
《觀所緣論釋》，護法菩薩造，唐・義淨譯，《大正藏》冊三一。

## （二）中文資料（按作者姓名筆畫順序）

### 印順

1952 《中觀論頌講記》，新竹：正聞。
1970/1978 《唯識學探源》，臺北：正聞。
1981 《以佛法研究佛法》，臺北：正聞。
1985 《印度之佛教》，臺北：正聞。
1988 《印度佛教思想史》，臺北：正聞。

**朱慶之**

2000 〈佛經翻譯中的仿譯及其對漢語詞匯的影響〉，《中古近代漢語研究》第一輯，上海教育出版社。

**何建興**

2001 〈陳那論感官知覺及其對象〉，《正觀雜誌》17 。

2004 〈法上《正理滴論廣釋．現量品》譯註〉，《正觀雜誌》，第31期，頁5-77。

**吳汝鈞**

1996 《佛學研究方法論》，臺北：臺灣學生書局。

2009 〈陳那的知識論研究〉，《正觀雜誌》49。

**呂澂**

1996 《印度佛學源流略講》第四、五講，《呂澂佛學論著選集》四，濟南：齊魯書社。

**呂澂 著・藍吉富 主編**

1983 〈略述正量部佛學〉，《印度佛學源流略講》，《現代佛學大系》23，新店：彌勒。

**沈劍英**

2006 〈唐 淨眼因明疏抄的敦煌寫卷〉，張忠義、光泉、剛曉主編，《因明新論：首屆國際因明學術研討會文萃》，北京：中國藏學出版社。

2007 〈《因明入正理論後疏》研究（上）〉，《正觀雜誌》43。

**林鎮國**

2002 《辯證的行旅》，臺北：立緒文化。

**法尊**

2002 《法尊法師論文集》，臺北：大千。

**舍爾巴茨基著 宋立道・舒曉煒譯**

1997 《佛教邏輯》，北京：商務印書館。

**姚治華**

2006 〈論陳那的自證說〉，《現象學與人文科學》3。

**張忠義・光泉・剛曉 主編**

2006 《因明新論：首屆國際因明學術研討會文萃》，北京：中國藏學出版社。

**陳一標**

2007 〈唯識學「行相」（ākāra）之研究〉，《正觀雜誌》43。

**陳那 造・法尊 譯編**

1982 《集量論略解》，北京：中國社會科學出版社。

**蔡奇林**

2004 〈「六群比丘」、「六眾苾芻」與「十二眾青衣小道童兒」論佛典中「數・（群/眾）・名」仿譯式及其對漢語的影響〉，《佛學研究中心學報》9。

**釋惠敏・釋齋因**

1996 《梵語初階》，臺北：法鼓文化。

## （三）日文資料

**Natalia Kanaeva, 前川健一譯**

2008 〈インド瑜伽行派 におけるkalpanāとvikalpaの概念について〉，《東洋学術研究》47-2。

**三枝充悳**

1987 《インド仏教人名辞典》，京都：法藏館 。

**三浦宏文**

2006 〈ヴァィシェーシカ学派のparatva・aparatvaについて〉，《東洋學研究》43，東京：東洋大學東洋學研究所。

2008 《インド実在論思想の研究：プラシャスタパーダの体系》，東京：ノンブル社。

**大野義山**

1953　〈安慧唯識に於けるvikalpaとparikalpita〉，《印佛研》1-2。

**小林久泰**

2008　〈仏教論理学派における知覺の分類再考〉，《印佛研》56-2。

**上山大峻**

1990　《敦煌佛教の研究》，京都：法藏館。

**久間泰賢**

2008　〈ジネーンドラブッディにおける「意による知覚」と「自己認識」〉，《論集》13。

**中村了昭**

1982　《サーンクヤ哲学の研究—インドの二元論—》，東京：大東出版社。

**中村元**

1982　《サーンクヤ哲学の研究—インドの二元論—》，東京：大東出版社。

**戸崎宏正**

1979　《仏教認識論の研究》上巻，東京：大東出版社。

1979　〈仏教における現量論の系譜〉，《理想》549。

**木村誠司**

1999　svalakṣaṇaとsāmānyalakṣaṇaについて（I），《駒澤短期大學佛教論集》第5號。

**片岡啟**

2009　〈『集量論』I 9解釈の問題点——デイグナーガとーンドラブツデイ——〉，《印佛研》58-1。

2011　〈Pramāṇasamuccayaṭīkā ad I 8cd-10和訳〉，《南アジア古典学》。

**加藤利生**

1993　〈Nyāyavārttika ad NS，IV.2.31-35に於ける唯識說批判〉，《仏教学研究》49，龍谷大学仏教学会。

**本多恵**

1996 《クマーリラの哲学　上》，京都：平樂寺書店。

**矢板秀臣**

2005 《仏教知識論の原典研究》，成田山新勝寺成田山仏教研究所。

**伊藤康裕**

2008 〈安慧の唯識說の一考察——prakhyānaの用例をめぐって—〉，《印佛研》56-2。

**吉水清孝**

1985 〈クマーリラによる無形象知識論の方法について〉，《印佛研》34-1。

**吉田哲**

2008 〈ジネーンドラブ デ の「自己認識」理解〉，龍谷大學大學院文學研究科紀要編集委員會，《龍谷大學大學院文學研究科紀要》30。

2010 〈デイグナーガの分別の定義—五種類の語について—〉，《印佛研》58-2。

2011 〈仏教認識論におけるpramāṇaの兩義性〉，龍谷仏教学会《仏教学研究》67，京都:百華苑。

2012a 〈ジネーンドラブッディによる意知覚解 〉，《佛教學研究》68。

2012b 〈Pramanasamuccayatika 第一章（ad PS I 6 - 8ab & PSV）和訳〉，龍谷大学佛教学研究室年報 16。

**宇井伯壽**

1965 《印度哲學研究》第五，東京：岩波書店。

**寺石悦章**

1995 〈Ślokavārttika，Śunyavāda章における仏教学說批判〉，《印佛研》43-2。

**早島理**

2003 《梵藏漢対校 E-TEXT『大乘阿毘達磨集論』・『大乘阿毘達磨雜集論』》vol.III，瑜伽行思想研究會（代表者早島理）。

**村上真完**

1986 〈ヴァイシェーシカ（勝論）派の認識論と言語表示〉，《東北大學文學部 研究年報》36，仙台：東北大學文學部。

1991 《インド哲学概論》，京都：平樂寺書店。

**沖和史**

1988 〈仏教学說の諸体系 4唯識〉《インド仏教》1，《岩波講座 東洋思想》第8卷，東京：岩波書店。

**岡崎康浩**

1990 〈初期ニヤーヤ学派における知覺論の展開——Vācaspatimiśraに帰せられる知覺論をめぐって——〉，《印佛研》38-2。

**服部正明**

1954 〈佛教論理學派の現量說に關する一考察〉，《印佛研》2-1。

**河村孝照**

1993 〈曇曠資料の整理について〉，《東洋学論叢》18。

**武邑尚邦**

1968 《仏教論理学の研究》，京都：百華苑。

**金倉圓照**

1971 《インドの自然哲学》，京都：平樂寺書店。

**長友泰潤**

1993 〈意における知覺について〉，《知の邂逅——仏教と科學・塚本啟祥教授還曆記念論文集》，東京：佼成出版社。

1995 《印度哲学のマナス観》，東北大學文學部博士論文。

**桂紹隆**

1982 《因明正理門論研究》〔五〕，《広島大学文学部紀要》42。

1984 〈ディグナーガの認識論と論理学〉，《講座・大乘仏教9 認識論と論理学》，東京：春秋社。

**梶山雄一**

1989 〈世界・存在・認識 3存在と認識〉《インド仏教》3，《岩波講座東洋思想》第10巻，東京：岩波書店。

**船山徹**

2012 〈認識論—知覚の理論とその展開〉，桂紹隆、齋藤明、下田正弘、末木文美士編《シリーズ大乗仏教 第9巻 認識論と論理学》，東京：春秋社。

**湯田豊**

1978 《インド哲学の諸問題》，東京：大東出版社。

**菅沼晃**

1994 《新・サンスクリットの基礎〔上〕》，東京：平河出版社。

**菅原泰典**

1984 〈kalpaとkalpanāś——特に二世親說に関して〉，《印佛研》32-2。

**塚本啟祥、松長有慶、磯田熙文 編著（略為塚本啟詳等）**

1990 《梵語仏典の研究》 III、IV論書篇，京都：平樂寺書店。

**福原亮嚴 監修、井ノ口泰淳等 校閲・水田惠純等 著**

1973 《阿毘達磨俱舍論本頌の研究：界品・根品・世間品》，京都：永田文昌堂。

## （四）歐文資料

**小野 基・高島 淳**

2006 *keyword In Context Index to Jinendrabuddhi's Viśālāmalavatī Pramāṇasamuccayaṭīkā Chapter I*，東京：東京外国語大学アジア・アフリカ言語文化研究所。

**Gary A.Tubb and Emery R.Boose**

2007 *SCHOLASTIC SANSKRIT A HANDBOOK FOR STUDENTS*, New York: The American Institute of Buddhist Studies at Columbia University.

**JOHN TABER**

2005 *A Hindu Critique of Buddhist Epistemology. Kumārila on perception. The "Determination of Perception" chapter of Kumārila Bhaṭṭa's Ślokavārttika. Translation and commentary.* London AND NewYork, RoutledgeCurzon.

**JUNJIE CHU**

2006 *ON DIGNĀGA'S THEORY OF THE OBJECT OF COGNITION AS PRESENTED IN PSV1*, Journal of the International Association of Buddhist Studies ,Vol.29, No.2. (2008) pp.211-253.

**Richard P. Hayes**

1983 *Jinendrabuddhi*, Journal of the American Oriental Society, Vol.103, No.4.

中華佛學研究所論叢 53

# 陳那現量理論及其漢傳詮釋

## Dignāga's Theory of Perception and Its Chinese Interpretations


| | |
|---|---|
| 著者 | 釋仁宥 |
| 出版 | 法鼓文化 |
| | |
| 總監 | 釋果賢 |
| 總編輯 | 陳重光 |
| 編輯 | 李金瑛、胡琡珮 |
| 美術設計 | 胡琡珮 |
| 地址 | 臺北市北投區公館路186號5樓 |
| 電話 | (02)2893-4646 |
| 傳真 | (02)2896-0731 |
| 網址 | http://www.ddc.com.tw |
| E-mail | market@ddc.com.tw |
| 讀者服務專線 | (02)2896-1600 |
| 初版一刷 | 2015年8月 |
| 建議售價 | 新臺幣800元 |
| 郵撥帳號 | 50013371 |
| 戶名 | 財團法人法鼓山文教基金會—法鼓文化 |
| 北美經銷處 | 紐約東初禪寺<br>Chan Meditation Center (New York, USA)<br>Tel: (718)592-6593 Fax: (718)592-0717 |

法鼓文化





國家圖書館出版品預行編目資料

陳那現量理論及其漢傳詮釋 / 釋仁宥著. -- 初版.
-- 臺北市：法鼓文化, 2015. 08
面； 公分
ISBN 978-957-598-680-3 ( 平裝 )

1. 因明

222.14 104011661